Einführung in die internationale Rechnungslegung

Frank Althoff

Einführung in die internationale Rechnungslegung

Die einzelnen IAS/IFRS

Frank Althoff
Gießen, Deutschland

ISBN 978-3-8349-2999-0   ISBN 978-3-8349-3709-4 (eBook)
DOI 10.1007/978-3-8349-3709-4

Die Deutsche Nationalbibliothek verzeichnet diese Publikation in der Deutschen Nationalbibliografie;
detaillierte bibliografische Daten sind im Internet über http://dnb.d-nb.de abrufbar.

Springer Gabler
© Gabler Verlag | Springer Fachmedien Wiesbaden 2012

Einbandentwurf: KünkelLopka GmbH, Heidelberg

Gedruckt auf säurefreiem und chlorfrei gebleichtem Papier

Springer Gabler ist eine Marke von Springer DE.
Springer DE ist Teil der Fachverlagsgruppe Springer Science+Business Media
www.springer-gabler.de

Vorwort

Die internationale Rechnungslegung hat seit langem in Gestalt der International Financial Reporting Standards (IFRS) auch in die deutsche **Rechnungslegungspraxis** Einzug gehalten. Weder Mitarbeiter im Rechnungswesen, noch Controller, Wirtschaftsprüfer, Berater oder Bilanzanalysten können über kurz oder lang den IFRS aus dem Wege gehen. Dies gilt insbesondere für die Konzernrechnungslegung, zunehmend aber auch für Jahresabschlüsse, die in Deutschland zwar weiterhin verpflichtend nach dem HGB aufzustellen sind, allerdings für Offenlegungszwecke freiwillig durch einen nach den IFRS aufgestellten sog. Einzelabschluss ersetzt werden dürfen.

Der **Aufbau dieses Lehrbuchs** folgt einer Zweiteilung in einen Teil I, in dem die Rechnungslegung im Jahres- bzw. Einzelabschluss erläutert wird, und in einen Teil II, der aufbauend auf dem ersten Teil nur die konzernspezifischen Besonderheiten enthält. Beide Teile sind bewusst nicht nach Themenbereichen, wie z.B. ‚Sachanlagen' oder ‚Umlaufvermögen', gegliedert, sondern die einzelnen Kapitel behandeln jeweils geschlossen einen Rechnungslegungsstandard. Da die IFRS ein eigenständiges, komplexes Rechnungslegungssystem darstellen, ermöglicht nach meiner Auffassung allein die unmittelbare Arbeit mit den einzelnen Standards das Verständnis der internationalen Rechnungslegungsregeln. Zu diesem Zweck wurden in die Erläuterungen stets Hinweise auf die jeweilige Regelung im Standard aufgenommen, und zu Beginn eines Kapitels finden Sie, gekennzeichnet durch ‚▶', den Hinweis auf die dem folgenden Kapitel zugrunde liegenden Paragrafen des Standards zum Vor- oder Nachlesen. Die Gewöhnung an die Arbeit mit dem Standard soll Sie nicht nur mit den aus Sicht des deutschen (Gesetzes-)Sprachgebrauchs teilweise befremdend anmutenden Formulierungen der IFRS vertraut machen. Vielmehr fällt es Ihnen dann auch leichter, die zahlreichen, laufenden Änderungen der IFRS besser einordnen zu können und für Probleme, die über diese Einführung hinausgehen, in der i.d.R. ebenfalls nach Standards gegliederten Kommentarliteratur Lösungen zu finden.

In den **einzelnen Kapiteln** werden Ihnen ausgehend von einem Überblick über den jeweils erläuterten Standard zunächst die fachlichen Grundlagen mit zahlreichen Kurzfällen und Abbildungen nahegebracht. Hierbei werden alle bis zum 31.12.2011 veröffentlichten neuen und geänderten Standards (einschl. IFRS 9 – IFRS 13, IAS 1 n.F. und IAS 19 n.F.) berücksichtigt, wobei diese – soweit es die IFRS erlauben – in der Reihenfolge der Posten in Bilanz und Gesamtergebnisrechnung, gefolgt von den anderen Rechnungslegungsbestandteilen, behandelt werden. Der Schwerpunkt liegt hierbei auf den bereits von der EU übernommenen und damit in Deutschland anzuwendenden Standards. Bedeutende aktuelle Entwicklungen auf EU- oder IASB-Ebene werden in gesonderten Kapiteln kurz dargestellt. Zur Festigung Ihrer Kenntnisse wird Ihnen in einem jeweils vorletzten Kapitel zu den einzelnen

Standarderläuterungen eine Wiederholung des Standards in Stichworten angeboten, an die sich jeweils Hinweise zur Vertiefung anschließen. Diese Hinweise sollen Ihnen Gewissheit darüber geben, welche Aspekte nicht Gegenstand dieser Einführung in die IFRS sein können; sie sollen Ihnen aber insbesondere Anhaltspunkte zur Fortbildung Ihres Wissens anhand der Kommentarliteratur liefern.

Ich wünsche Ihnen viel Spaß und Erfolg bei der Einarbeitung in die komplexe, aber auch ungemein spannende Welt der internationalen Rechnungslegung!

Bad Nauheim, im Dezember 2011   Frank Althoff

Inhaltsverzeichnis

Übersicht über die Standards in diesem Lehrbuch

Standard	Gegenstand	Kapitel
RK	Rahmenkonzept für Abschlüsse	1.2
-	Leitliniendokument Lageberichterstattung	2.29
IFRS für KMU	IFRS für kleine und mittelgroße Unternehmen	-
IFRS 1	Erstmalige Anwendung der International Financial Reporting Standards	3.5
IFRS 2	Aktienbasierte Vergütung	2.20
IFRS 3	Unternehmenszusammenschlüsse	3.1 und 5.2
IFRS 4	Versicherungsverträge	3.3
IFRS 5	Zur Veräußerung gehaltene langfristige Vermögenswerte und aufgegebene Geschäftsbereiche	2.5
IFRS 6	Exploration und Evaluierung von Bodenschätzen	2.6
IFRS 7	Finanzinstrumente: Angaben	2.22
IFRS 8	Geschäftssegmente	2.25
IFRS 9	Finanzinstrumente	2.13.2
IFRS 10	Konzernabschlüsse	5.1
IFRS 11	Gemeinschaftliche Vereinbarungen	5.3.2
IFRS 12	Angaben zu Beteiligungen an anderen Unternehmen	5.5
IFRS 13	Bemessung des beizulegenden Zeitwerts	3.2
IAS 1	Darstellung des Abschlusses	1.3
IAS 2	Vorräte	2.9
IAS 7	Kapitalflussrechnungen	2.24
IAS 8	Rechnungslegungsmethoden, Änderungen von rechnungslegungsbezogenen Schätzungen und Fehler	3.4
IAS 10	Ereignisse nach dem Bilanzstichtag	1.4
IAS 11	Fertigungsaufträge	2.10
IAS 12	Ertragsteuern	2.21
IAS 16	Sachanlagen	2.1
IAS 17	Leasingverhältnisse	2.3

Standard	Gegenstand	Kapitel
IAS 18	Umsatzerlöse	2.18
IAS 19	Leistungen an Arbeitnehmer	2.16
IAS 20	Bilanzierung und Darstellung von Zuwendungen der öffentlichen Hand	2.19
IAS 21	Auswirkungen von Wechselkursänderungen	2.27
IAS 23	Fremdkapitalkosten	2.11
IAS 24	Angaben über Beziehungen zu nahe stehenden Unternehmen und Personen	2.23
IAS 26	Bilanzierung und Berichterstattung von Altersversorgungsplänen	2.17
IAS 27	Konzern- und Einzelabschlüsse	2.8 und 5.1
IAS 28	Anteile an assoziierten Unternehmen	5.4
IAS 29	Rechnungslegung in Hochinflationsländern	2.28
IAS 31	Anteile an Gemeinschaftsunternehmen	5.3.1
IAS 32	Finanzinstrumente: Darstellung	2.14
IAS 33	Ergebnis je Aktie	2.26
IAS 34	Zwischenberichterstattung	3.6
IAS 36	Wertminderung von Vermögenswerten	2.4
IAS 37	Rückstellungen, Eventualschulden und Eventualforderungen	2.15
IAS 38	Immaterielle Vermögenswerte	2.2
IAS 39	Finanzinstrumente: Ansatz und Bewertung	2.13.1
IAS 40	Als Finanzinvestition gehaltene Immobilien	2.7
IAS 41	Landwirtschaft	2.12

Abkürzungsverzeichnis

abzgl.	abzüglich
AfA	Absetzung für Abnutzung
AG	Aktiengesellschaft
AktG	Aktiengesetz
BGB	Bürgerliches Gesetzbuch
BilMoG	Bilanzrechtsmodernisierungsgesetz
bzgl.	bezüglich
c.p.	ceteris paribus (unter sonst gleichen Umständen)
DRS	Deutscher Rechnungslegungs Standard
DRSC	Deutsches Rechnungslegungs Standards Committee e.V.
DSR	Deutscher Standardisierungsrat
ED	Exposure Draft
EStG	Einkommensteuergesetz
etc.	et cetera
EU	Europäische Union
EUR	Euro
f.	folgende(r) (Seite, Paragraf)
ff.	folgende (Seiten, Paragrafen, Kapitel)
FIFO	First-in-First-out
GAAP	Generally Accepted Accounting Principles
ggf.	gegebenenfalls
GmbH	Gesellschaft mit beschränkter Haftung
GmbHG	Gesetz betreffend die Gesellschaften mit beschränkter Haftung
GrESt	Grunderwerbsteuer
grds.	grundsätzlich
GuV	Gewinn- und Verlustrechnung

HB	Handelsbilanz
HGB	Handelsgesetzbuch
IAS	International Accounting Standard
IASB	International Accounting Standards Board
IDW	Institut der Wirtschaftsprüfer in Deutschland e.V.
IFRIC	International Financial Reporting Interpretations Committee
IFRS	International Financial Reporting Standard
i.d.R.	in der Regel
insb.	insbesondere
i.S.d.	im Sinne des/der
i.V.m.	In Verbindung mit
KG	Kommanditgesellschaft
KMU	kleine und mittelgroße Unternehmen
lt.	laut
m.a.W.	mit anderen Worten
m.w.N.	mit weiteren Nachweisen
n.F.	neue Fassung
PublG	Publizitätsgesetz
RIC	Rechnungslegungs Interpretations Committee
RK	Rahmenkonzept
Rn.	Randnummer
SIC	Standing Interpretations Committee
s.o.	siehe oben
sog.	so genannte(r)
s.u.	siehe unten

Tz.	Textziffer
u.a.	unter anderem
UmwG	Umwandlungsgesetz
u.s.w.	und so weiter
vgl.	Vergleiche
VO	Verordnung
WpHG	Wertpapierhandelsgesetz
z. B.	zum Beispiel
ZGE	Zahlungsmittelgenerierende Einheit

Literaturverzeichnis

[1] Assmann, H.-D./Döhmel, D./Dreyling, G./Hönsch, H./Koller, I./Mülbert, P. O./Schneider, U. H.: Wertpapierhandelsgesetz (WpHG), 5. Aufl., Köln.

[2] Baetge, J./Hayn, S./Ströher, Th. (2009): IFRS 3 – Unternehmenszusammenschlüsse (Business Combinations), in: Baetge/Dörner/Kleekämper/Wollmert/Kirsch (Hrsg.), Rechnungslegung nach International Accounting Standards (IAS), 2. Aufl., 15. Ergänzungslieferung, Stuttgart.

[3] Baetge, J./Kirsch, H.-J./Thiele, S. (2011): Bilanzen, 11. Aufl., Düsseldorf.

[4] Baetge, J./Kirsch, H.-J./Thiele, S. (2011): Konzernbilanzen, 9. Aufl., Düsseldorf.

[5] Bruns, C./Hülsberg, F. (2009): IAS 26 – Bilanzierung und Berichterstattung von Altersversorgungsplänen, in: Münchener Kommentar zum Bilanzrecht, Band 1 IFRS, München.

[6] Buschhüter, M. (2011): IAS 29 – Financial Reporting in Hyperinflationary Economies, in: Buschhüter/Striegel (Hrsg.), Kommentar Internationale Rechnungslegung IFRS, 1. Aufl., Wiesbaden.

[7] Ebbers, G. (2011): IFRS 4 – Insurance Contracts, in: Buschhüter/Striegel (Hrsg.), Kommentar Internationale Rechnungslegung IFRS, 1. Aufl., Wiesbaden.

[8] Erchinger, H./Melcher, W. (2011): IFRS-Konzernrechnungslegung – Neuerungen nach IFRS 10, in: Der Betrieb, 22/2011, S. 1229-1238.

[9] Friedhoff, M./Berger, J. (2011): IAS 39 – Financial Instruments: Recognition and Measurement, in: Buschhüter/Striegel (Hrsg.), Kommentar Internationale Rechnungslegung IFRS, 1. Aufl., Wiesbaden.

[10] Fuchs, A. (2009): Wertpapierhandelsgesetz (WpHG): Kommentar, 1. Aufl., München.

[11] Große, Jan-Velten (2011): IFRS 13 „Fair Value Measurement" – Was sich (nicht) ändert, in: Kapitalmarktorientierte Rechnungslegung, 6/2011, S. 286-296.

[12] Kirsch, H.-J./Ewelt-Knauer, C. (2011): Abgrenzung des Vollkonsolidierungskreises nach IFRS 10 und IFRS 12, in: Betriebs-Berater, 26/2011, S. 1641-1645.

[13] Kleinmanns, H. (2011): IAS 40 – Investment Properties, in: Buschhüter/Striegel (Hrsg.), Kommentar Internationale Rechnungslegung IFRS, 1. Aufl., Wiesbaden.

[14] Köster, O. (2011): IFRS 2 – Share-based Payment, in: Buschhüter/Striegel (Hrsg.), Kommentar Internationale Rechnungslegung IFRS, 1. Aufl., Wiesbaden.

[15] Küting, K./Mojadadr, M. (2011): Das neue Control-Konzept nach IFRS 10, in: Kapitalmarktorientierte Rechnungslegung, 6/2011, S. 273-285.

[16] Küting, K./Seel, C. (2011): Die Abgrenzung und Bilanzierung von joint arrangements nach IFRS 11 – Änderungen aus der grundlegenden Überarbeitung des IAS 31 und Auswirkungen auf die Bilanzierungspraxis, in: Kapitalmarktorientierte Rechnungslegung, 7-8/2011, S. 342-350.

[17] Küting, K./WeberC.-P. (2010): Der Konzernabschluss, 12. Aufl., Stuttgart.

[18] Maas, J./Back, C./Singer, K. (2011): IAS 16 – Property, Plant and Equipment, in: Buschhüter/Striegel (Hrsg.), Kommentar Internationale Rechnungslegung IFRS, 1. Aufl., Wiesbaden.

[19] Meyer (2011): IAS 2 - Inventories, in: Buschhüter/Striegel (Hrsg.), Kommentar Internationale Rechnungslegung IFRS, 1. Aufl., Wiesbaden.

[20] Meyer (2011): IAS 34 – Interim Financial Reporting, in: Buschhüter/Striegel (Hrsg.), Kommentar Internationale Rechnungslegung IFRS, 1. Aufl., Wiesbaden.

[21] Pellens, B./Fülbier, R.U./Gassen, J./Sellhorn, Th. (2011): Internationale Rechnungslegung, 8. Aufl., Stuttgart.

[22] Pellens, B./Obermüller, Ph./Riemenschneider, S. (2011): Reform der Bilanzierung von leistungsorientierten Pensionsverpflichtungen nach IFRS: Der IAS 19 revised im Überblick, in: Kapitalmarktorientierte Rechnungslegung, 12/2011, S. 561-566.

[23] Schwager, Ch./Schween, C. (2011): IAS 21 – The Effects of Changes in Foreign Exchange Rates, in: Buschhüter/Striegel (Hrsg.), Kommentar Internationale Rechnungslegung IFRS, 1. Aufl., Wiesbaden.

[24] Wulff, I./Seebacher, K. (2011): Bilanzierung von Leasingverhältnissen nach dem Right-of-Use-Approach, in: Kapitalmarktorientierte Rechnungslegung, 6/2011, S. 322-331.

[25] Zülch, H./Popp, M. (2011): IFRS 10 – Consolidated Financial Statements: Ein erster Überblick über das neue Control-Konzept, in: Deutsches Steuerrecht, 32/2011, S. 1532-1538.

[26] Zülch, H./Willms, J. (2005): Exploration und Bewertung von mineralischen Ressourcen – Eine kritische Betrachtung des IFRS 6, in: Kapitalmarktorientierte Rechnungslegung, 3/2005, S. 116-122.

Teil 1 Der Jahresabschluss nach IFRS

1 Grundlegende Themen

1.1 Der IFRS-Jahresabschluss in Deutschland

Die handelsrechtliche Rechnungslegung in Deutschland ist traditionell durch den Gläubigerschutz geprägt. Sie ist überdies eng verflochten mit gesellschaftsrechtlichen, insolvenzrechtlichen und nicht zuletzt mit der steuerlichen Gewinnermittlung. Nur langsam vermag sich die Handelsbilanz von diesen Wurzeln und Verflechtungen zu lösen. Hierfür darf der Wegfall der umgekehrten Maßgeblichkeit der Steuer- für die Handelsbilanz nach dem Bilanzrechtsmodernisierungsgesetz (BilMoG)[1] als einer der ersten Schritte verstanden werden. Durch das BilMoG war letztlich auch eine Modernisierung der handelsrechtlichen Rechnungslegung und ihre Annäherung an internationale Rechnungslegungsgrundsätze, wie denen nach IFRS, beabsichtigt. Das BilMoG sah in seinem ersten Entwurf sogar noch für alle Kapitalgesellschaften die Möglichkeit vor, anstelle eines handelsrechtlichen Jahresabschlusses einen IFRS-Jahresabschluss aufzustellen, der lediglich im Anhang eine nach handelsrechtlichen Grundsätzen aufgestellte Bilanz und GuV enthalten sollte.[2] Diese Möglichkeit wurde im Zuge des Gesetzgebungsverfahrens jedoch verworfen, was auf die bereits angedeutete historische Entwicklung der Rechnungslegung nach dem HGB und deren Verflechtung im deutschen Rechtssystem begründet werden kann. Diese Gründe lassen sich letztlich auf die unterschiedlichen Zwecksetzungen der Rechnungslegung nach HGB einerseits und nach IFRS andererseits zurückführen.

Folgt man der Auffassung nach Baetge/Kirsch/Thiele (2011, S. 91-102) [3] zur Bestimmung der handelsrechtlichen Rechnungslegungszwecke, so lassen sich diese den Zwecken des IFRS-Abschlusses nach der **Abbildung 1.1** gegenüberstellen. Die handelsrechtliche Rechnungslegung[3] dient zum einen dem Zweck der **Dokumentation**, der sich aus der Buchführungspflicht nach § 238 Abs. 1 HGB ableiten lässt. Die Buchführungspflicht verlangt vom bilanzierenden Kaufmann im Kern, alle Zahlungsvorgänge und Güterströme vollständig, richtig und systematisch zu erfassen. Diese Erfassung soll übersichtlich, vollständig und nachvollziehbar erfolgen, wodurch erst die weiteren Rechnungslegungszwecke erfüllt werden können. So soll der **Rechenschaftszweck** den Adressaten des Jahresabschlusses, z.B. Gesellschaftern, Banken oder Lieferanten, einen zutreffenden Einblick in die Geschäftstätigkeit und den Erfolg des Bilanzierenden im abgelaufenen Geschäftsjahr ermöglichen. Besonders bei Kapitalgesellschaften, bei denen die Informationsverfügbarkeit zwischen Gesellschaftern und Gläubigern einerseits und der Unternehmensleitung andererseits ungleichmäßig verteilt ist, kommt der Unternehmensleitung bzw. dem Kaufmann die Pflicht zu, über die Verwendung des durch Gesellschafter und Gläubiger anvertrauten Kapitals mittels des Jahresabschlusses Rechenschaft abzulegen. Der Rechenschaftszweck umfasst auch die Information des Kaufmanns gegenüber sich selbst, um zu ermitteln wie erfolg-

---

[1] Vgl. Bundesgesetzblatt 2009, Teil I, S. 1102.
[2] Vgl. § 264e E-HGB des Referentenentwurfs zum BilMoG.
[3] Vgl. zur handelsrechtlichen Rechnungslegung Baetge/Kirsch/Thiele (2011), S. 91-102.

reich er im vergangenen Geschäftsjahr gewirtschaftet hat und ob ggf. Bestandsrisiken für sein Unternehmen bestehen. Mit dem dritten Zweck der (nominellen) **Kapitalerhaltung** soll sichergestellt werden, dass das Unternehmen als Quelle von Zahlungen erhalten bleibt, d.h. dass die Eigner bzw. Gesellschafter oder auch der Fiskus dem Unternehmen nicht die Substanz und Haftungsmasse entnimmt. Der nach der handelsrechtlichen GuV ermittelte Jahreserfolg dient hierbei als Orientierungsgröße für Ausschüttungen bzw. Entnahmen der Gesellschafter. Hierüber hinausgehenden Vermögensauskehrungen des Unternehmens mindern dessen Möglichkeiten, weiterhin geschäftliche Erfolge zu erzielen und im Falle einer Insolvenz eine ausreichende Haftungsmasse für die Gläubiger bereitzustellen. Sehr deutlich wird dies am Beispiel der AG, bei der den Aktionären die ursprünglichen Einlagen nicht zurückgewährt werden dürfen (§ 57 AktG), mithin maximal nur der sich aus Entnahmen bestimmter Rücklagen und dem Jahresergebnis des abgelaufenen und ggf. vorangegangenen Geschäftsjahres zusammensetzende Bilanzgewinn zur Ausschüttung an die Aktionäre bereitsteht.

Abbildung 1.1   Rechnungslegungszwecke nach HGB und IFRS

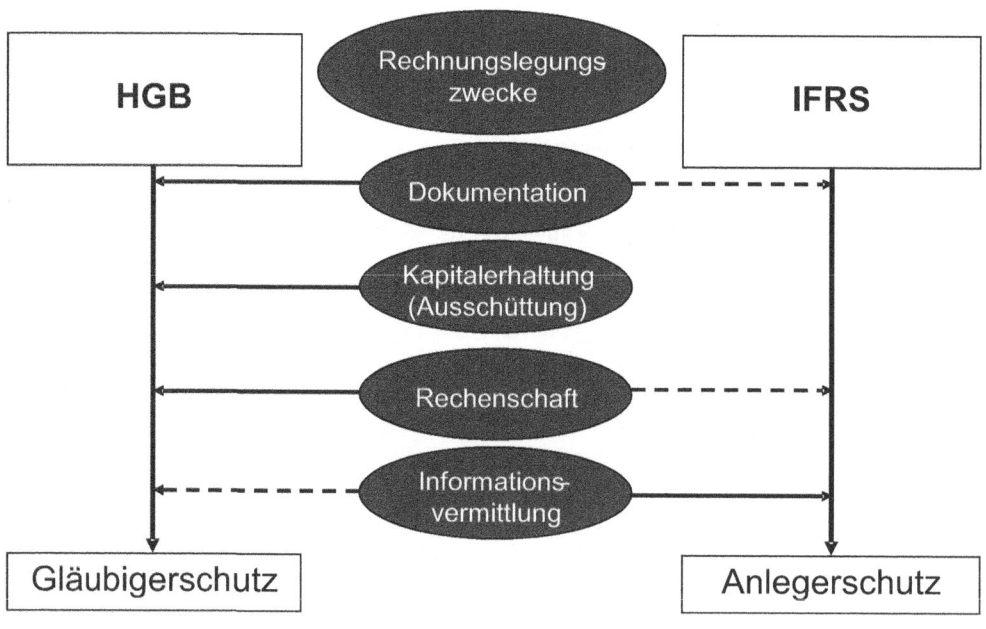

Damit zeigt sich, dass das handelsrechtliche Zwecksystem stark auf den Gläubigerschutz ausgerichtet ist, indem den Gläubigern aussagekräftige Informationen über das Unternehmen bereitgestellt werden sollen und das Unternehmen als zukünftige Zahlungsquelle mit ausreichender Haftungssubstanz erhalten werden soll. Da die Gläubiger zur Sicherung ihrer eigenen Ansprüche und Vermögenspositionen gegenüber dem bilanzierenden Unternehmen eine zurückhaltende Ausschüttungspolitik und damit eine eher konservative und vorsichtige Gewinnermittlung bevorzugen, ist der handelsrechtliche Jahresabschluss in besonderem Maße durch das Vorsichtsprinzip geprägt. Das HGB verlangt damit allgemein eine vorsichtige Bewertung des Vermögens und der Schulden, mithin eine Berücksichtigung aller vorhersehbaren Risiken und Verluste sowie die Berücksichtigung von Gewinnen erst bei deren Realisation (§ 252 Abs. 1 Nr. 4 HGB). Die durch den Jahresabschluss bereitgestellten Daten dienen letztlich aber auch anderen Interessengruppen, wie z.B. den Gesellschaftern selbst, Investoren, Kunden oder Arbeitnehmern als Informationsquelle zur Einschätzung der wirtschaftlichen Lage des Unternehmens.

Die **Zwecke der Rechnungslegung nach IFRS** legen im Vergleich zum HGB-Abschluss einen anderen Schwerpunkt. Zwar bedingt auch ein IFRS-Abschluss eine vollständige und richtige Dokumentation der Zahlungsvorgänge und Güterströme im abgelaufenen Geschäftsjahr. Nach dem Rahmenkonzept der IFRS (vgl. 1.2) und nach IAS 1 (vgl. 1.3) besteht die Zielsetzung der IFRS-Rechnungslegung jedoch insbesondere darin, solche **Informationen** über die wirtschaftliche Lage des Unternehmens bereitzustellen, die für die Adressaten des Abschlusses bei deren wirtschaftlichen Entscheidungen nützlich und damit entscheidungsrelevant sind. Diese Adressaten sollen in die Lage versetzt werden, durch den Jahresabschluss die wirtschaftliche Lage und die Fähigkeit des Unternehmens, zukünftig Zahlungsmittel zu erwirtschaften, beurteilen zu können (RK.OB4). Aus den verschiedenen Gruppen von Adressaten, die sich für den Abschluss eines Unternehmens interessieren, greifen die IFRS exemplarisch die Investoren (am Kapitalmarkt) und die Fremdkapitalgeber als primär zu berücksichtigende Adressatengruppe heraus (RK.OB2). Dies verdeutlicht den besonderen Bezug der IFRS zu Unternehmen, die sich an öffentlichen Kapitalmärkten, wie z.B. den Börsen, Kapital beschaffen, und erklärt, weshalb die IFRS in besonderem Maße durch das Bemühen um die Bereitstellung realistischer, möglichst aktueller und zukunftsgerichteter Informationen geprägt sind. Folgerichtig besteht der dominierende Grundsatz der Rechnungslegung nach IFRS in der Vermittlung entscheidungsnützlicher Informationen im Rahmen des sog. ‚True and Fair View‘ (vgl. 1.2.3). Der Rechenschaftszweck, wie er im handelsrechtlichen Sinne verstanden wird, tritt gegenüber diesen Bedürfnissen der Kapitalinvestoren zurück und wird in RK.OB4 nur angedeutet. Für die nominelle Kapitalerhaltung durch eine vorsichtige Bemessung des Ausschüttungs- bzw. Entnahmepotenzials bleibt hingegen kaum Raum.

Bedingt durch diese Unterschiede hat sich der deutsche Gesetzgeber bislang nicht dazu durchringen können, den handelsrechtlichen Jahresabschluss pflicht- oder wahlweise durch einen IFRS-Abschluss zu ersetzen. Bilanzierungspflichtige deutsche Unternehmen haben daher noch stets einen **Jahresabschluss** nach den Rechnungslegungsregeln des HGB aufzustellen und feststellen zu lassen. Allerdings besteht nach § 325 Abs. 2a, 2b HGB die Möglichkeit, statt des HGB-Jahresabschlusses einen IFRS-Jahresabschluss offenzulegen, der bei Prüfungspflicht des Unternehmens auch durch einen Wirtschaftprüfer testiert sein muss. Ein solcher ausschließlich für Zwecke der Offenlegung verwendbarer IFRS-Jahresabschluss, in der Terminologie des Gesetzes ‚**Einzelabschluss**‘ genannt, hat ungeachtet der Anforderungen der im Übrigen vollständig anzuwendenden, in der EU anwendbaren IFRS-Standards ergänzende Angaben bzw. Bestandteile zu enthalten, die sich aus den folgenden handelsrechtlichen Vorschriften ergeben:

- § 243 Abs. 2 HGB Klarheit und Übersichtlichkeit des Jahresabschlusses,

- § 244 HGB Aufstellung in deutscher Sprache und in EURO,

- § 245 HGB Unterzeichnung des Abschlusses,

- § 257 HGB Aufbewahrung von Unterlagen,

- § 264 Abs. 2 S. 3 HGB zum sog. ‚Bilanzeid‘,

- § 285 Nr. 7 HGB Angabe der durchschnittlichen Arbeitnehmerzahl,

- § 285 Nr. 8b) HGB Angabe des Personalaufwands bei Anwendung des Umsatzkosten-verfahrens,

- § 285 Nr. 9 HGB Angaben zu Bezügen der Geschäftsführung und des Aufsichts- bzw. Beirats,

- § 285 Nr. 10 HGB Angabe der Mitglieder der Geschäftsführung und des Aufsichtsrats,

- § 285 Nr. 11 HGB Angabe zum Anteilsbesitz,

- § 285 Nr. 11a HGB Angaben persönlich haftender Kapitalgesellschaften,

- § 285 Nr. 14 HGB Angaben zum Mutterunternehmen,

- § 285 Nr. 15 HGB Angaben zu persönlich haftenden Gesellschaftern eine Personenge-sellschaft i.S.d. § 264a HGB,

- § 285 Nr. 16 HGB Angaben über die Entsprechenserklärung einer börsennotierten AG nach § 161 AktG,

- § 285 Nr. 17 HGB Angaben zum Abschlussprüferhonorar.

Diese Form- und Angabepflichten sind teilweise bereits durch die anzuwendenden IAS/IFRS abgedeckt. Der deutsche Gesetzgeber möchte jedoch mit diesen ausdrücklichen gesetzlichen Ergänzungen sichergehen, dass die genannten Angaben in einem IFRS-Einzelabschluss enthalten sind und insoweit keine Erleichterung gegenüber einem HGB-Jahresabschluss entstehen kann. Andererseits können bzgl. der ergänzenden Angabepflich-ten zwar rein handelsrechtliche Erleichterungen nach § 286 Abs. 1, 3 und 5 HGB in An-spruch genommen werden; dies gilt unter Bezugnahme auf § 286 Abs. 1 HGB jedoch nur insoweit, als nicht die Anwendung der IFRS beeinträchtigt werden (§ 325 Abs. 2a S. 6 HGB).

Da die IFRS derzeit nicht verpflichtend die Aufstellung eines Lageberichts verlangen, hat der deutsche Gesetzgeber in § 325 Abs. 2a S. 4 HGB klargestellt, dass auch im Falle der Offenlegung eines IFRS-Einzelabschlusses ein Lagebericht nach § 289 HGB aufzustellen und offenzulegen ist. Dieser hat auch auf den IFRS-Jahresabschluss Bezug zu nehmen. Der zur Offenlegung vorgesehene IFRS-Einzelabschluss erfährt auch eine gewisse gesellschafts-rechtliche Legitimation, indem er bei einer AG durch den Aufsichtsrat (§ 170 Abs. 1 S. 2,

§ 171 Abs. 4 AktG) und bei der GmbH durch die Gesellschafter (§ 46 Nr. 1a, § 42 Abs. 4 S. 2 GmbHG) zu billigen ist.

Im Gegensatz zum Jahresabschluss darf ein **Konzernabschluss** eines deutschen Mutterunternehmens in jedem Fall nach den Vorschriften der IFRS aufgestellt werden (§ 315a Abs. 3 HGB). Für kapitalmarktorientierte Unternehmen besteht aufgrund der sog. IAS-Verordnung der EU[4] nach § 315a Abs. 1, 2 HGB gar eine Pflicht zur Aufstellung des Konzernabschlusses nach den Vorschriften der IFRS (ausführlich vgl. 4.1). Zusammenfassend ergibt sich die Anwendung der IFRS im deutschen Rechtsraum aus **Abbildung 1.2**.

Abbildung 1.2   IFRS in der deutschen Rechnungslegung

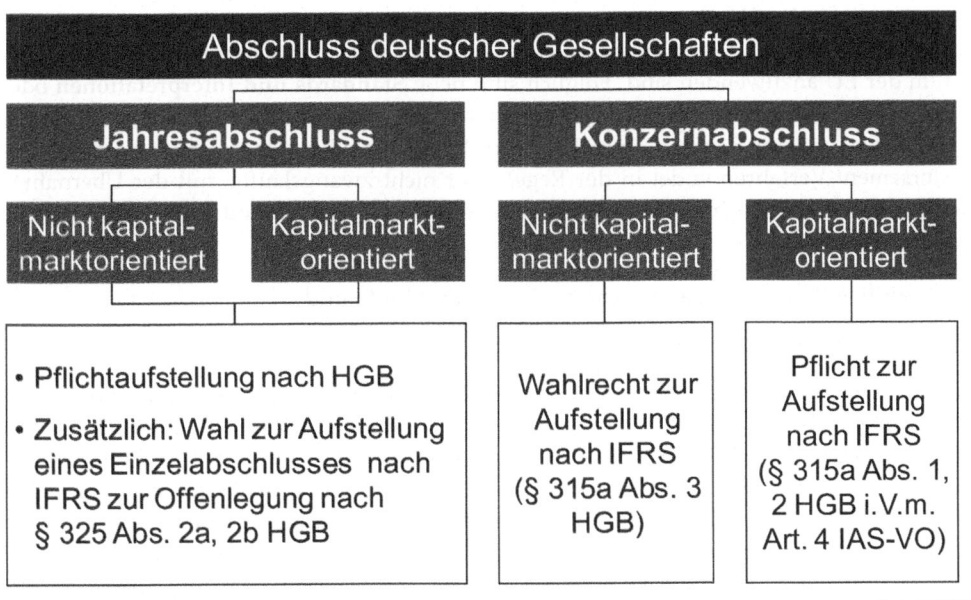

Das hiernach anzuwendende **Regelwerk der internationalen Rechnungslegungsstandards** lässt sich unterteilen in:

■   ein erläuterndes Vorwort,

■   das Rahmenkonzept für die Aufstellung und Darstellung von Abschlüssen,

■   die einzelnen Rechnungslegungsstandards zu konkreten Rechnungslegungsfragen:

–   die bis 2001 veröffentlichten International Accounting Standards (IAS),
–   die ab 2001 veröffentlichten International Financial Reporting Standards (IFRS),

---

[4] VO EG 1606/2002.

■ die Interpretationen für konkrete Anwendungs- oder Auslegungsfragen bestehender Standards.

Die **Entwicklung und Verabschiedung** des Rahmenkonzepts (RK) und der eigentlichen Standards, IAS bzw. IFRS, erfolgt durch den International Accounting Standards Board (IASB) mit Sitz in London. Die Interpretationen, SIC bzw. IFRIC genannt, erarbeitet das International Financial Reporting Interpretations Committee (IFRIC), ein Gremium des IASB und Nachfolgeorganisation des Standing Interpretations Committee (SIC).

Damit werden die internationalen Rechnungslegungsregeln zunächst außerhalb des rechtlichen Einflussbereichs des deutschen Gesetzgebers und der EU auf Ebene einer privaten internationalen Organisation entwickelt. Zur Erlangung ihrer **rechtlichen Verbindlichkeit** im europäischen und somit auch im deutschen Rechtsraum bedürfen sie daher der Anerkennung durch die EU. Dies erfolgt im sog. ‚Endorsement-Verfahren', in dem formell entschieden und über EU-Verordnungen festgelegt wird, welche Standards und Interpretationen in der EU anzuwenden sind. Folglich sind neue **Standards und Interpretationen** oder deren Änderungen erst dann in der EU anzuwenden, wenn sie dieses formelle Verfahren durchlaufen und im Rahmen einer EU-Verordnung für anwendbar erklärt wurden. Das Endorsement-Verfahren endet in der Regel, aber nicht zwangsläufig, mit der Übernahme der internationalen Rechnungslegungsregeln des IASB. Derzeit (Stand 31.12.2011) sind von der EU insgesamt

■ 37 gültige Rechnungslegungsstandards (IAS und IFRS) und

■ 29 gültige Interpretationen (SIC und IFRIC)

übernommen worden. Daneben bestehen zwei Verlautbarungen des IASB, die keine eigentlichen Standards darstellen. Dies ist zum einen das **Rahmenkonzept**, das die auch auf EU-Ebene zu beachtende konzeptionelle Basis der Rechnungslegung nach IAS/IFRS darstellt, das jedoch nie das offizielle Endorsement-Verfahren der EU durchlaufen hat (vgl. 1.2.1). Zum anderen hat der IASB **Leitlinien zur Lageberichterstattung** verabschiedet, die jedoch ebenfalls keinen Rechnungslegungsstandard, sondern lediglich einen unverbindlichen Hinweis darstellen. Da diese Leitlinien daher auch nicht zur Übernahme durch die EU vorgesehen sind, wird auf sie in diesem Lehrbuch nur kurz eingegangen (vgl. 2.29). Ein bei seiner Entstehung zunächst vielbeachteter, umfassender Standard des IASB, der eigens für nicht kapitalmarktorientierte kleine und mittelgroße Unternehmen entwickelt wurde – der **IFRS für KMU** (IFRS für kleine und mittelgroße Unternehmen) – wurde vom IASB im Juli 2009 veröffentlicht. Dieser Standard bezweckt vornehmlich, diesen nicht kapitalmarktorientierten Unternehmen durch zahlreiche Ausnahmen und Vereinfachungen zu den anderen Standards (sog. ‚Full IFRS') eine leichtere und bezogen auf die Informationsbedürfnisse ihrer Abschlussadressaten zielgerichtetere Rechnungslegung nach IAS/IFRS zu ermöglichen. Auf europäischer Ebene wird eine explizite und vollständige Übernahme des IFRS für KMU jedoch derzeit ausgeschlossen, und es werden für diesen Unternehmenskreis vielmehr besondere europäische Regelungen auf Basis der bisherigen EU-Richtlinien zur

Rechnungslegung angestrebt.[5] Daher wurde auf die Aufnahme des IFRS für KMU in dieses Lehrbuch verzichtet.

Die von der EU übernommenen Standards entfalten hingegen unter Berücksichtigung der in den einzelnen Verlautbarungen festgelegten zeitlichen Anwendungsregeln auch Bindungswirkung für die Rechnungslegung nach IFRS in Deutschland. Für den deutschen Rechtsraum werden zudem durch verschiedene nationale Organisationen **ergänzende Stellungnahmen** zur Anwendung der IFRS erarbeitet. Dies sind zum einen Rechnungslegungsinterpretationen und –hinweise des Rechnungslegungs Interpretations Committee (RIC), eines Gremiums des Deutschen Rechnungslegungs Standards Committee e.V., Berlin. Außerdem verabschiedet das Institut der Wirtschaftsprüfer in Deutschland e.V. (IDW) Stellungnahmen zur Anwendung einzelner IAS bzw. IFRS in Deutschland.

Da der IASB und das IFRIC in einem **laufenden Prozess**, u.a. auch zur gegenseitigen Annäherung der IFRS und der US-amerikanischen Rechnungslegungsregeln (US-GAAP), neue oder geänderte Standards und Interpretationen verabschiedet, befindet sich auch das Endorsement-Verfahren der EU zur Anerkennung dieser Regeln in einem laufenden Prozess, der stets in neuen Verordnungen der EU mündet. Hierdurch bedingt werden wiederum auch national erarbeitete Standards zur Anwendung der IFRS angepasst oder erweitert. Die Anwender der internationalen Rechnungslegungsregeln sehen sich daher einem laufenden Lern- und Anpassungsprozess ausgesetzt, der eine ständige Beobachtung der Entwicklungen auf den Ebenen des IASB, der EU und der nationalen Organisationen verlangt.

1.2   Das Rahmenkonzept nach IFRS

1.2.1   Überblick zum Rahmenkonzept

▶   Vorwort und Einführung zu Rahmenkonzept

Das Rahmenkonzept (RK) des IFRS-Regelwerks enthält die **konzeptionelle Basis** der Rechnungslegung nach IAS/IFRS. Es ist aber <u>kein</u> eigenständiger IFRS-Standard! Daher vermag es auch nicht, Regelungen aus einzelnen Standards einschränken oder gar außer Kraft setzen. Eindeutige Regelungen in den Standards gehen daher dem Rahmenkonzept immer vor! Aufgabe des Rahmenkonzepts ist es vielmehr, den mit der Rechnungslegung nach IFRS befassten Personen (z.B. nach IFRS bilanzierende Unternehmen, Wirtschaftsprüfer, der IASB selbst) eine konzeptionelle Basis und Unterstützung in ihrer Arbeit zu liefern (vgl. RK-Einführung des IASB). Konkret kann das Rahmenkonzept dann zur Anwendung kommen, wenn die Standards im Rahmen einer sog. Regelungslücke i.S.d. IAS 8.10 keine eindeutige Lösung eines Rechnungslegungsproblems enthalten (vgl. 3.4.2). Aber selbst dann

---

[5]   Vgl. insbesondere Proposal for a Directive of the European Parliament and of the Council über den Jahresabschluss, den konsolidierten Abschluss und damit verbundene Berichte von Unternehmen bestimmter Rechtsformen vom 25.10.2011 (KOM(2011) 684 final), Abschnitt 3.3., S. 9.

kommt dem Rahmenkonzept keine hervorgehobene Stellung zu. Allerdings sind zahlreiche im Rahmenkonzept verankerte Grundsätze in den IAS 1 (vgl. 1.3) eingegangen, und im Rahmen der Überarbeitung des Rahmenkonzepts und der Fortentwicklung der Standards (vgl. 1.2.7) legt der IASB verstärkt Wert auf eine Konvergenz der IFRS mit dem Rahmenkonzept.

Vor diesem Hintergrund ist das Rahmenkonzept nie im Rahmen des **Endorsement-Verfahrens** von der EU übernommen worden. Es wurde lediglich in seiner in 2003 gültigen Fassung als Anhang eines Kommentars zur IAS-Verordnung und zu EU-Rechnungslegungsrichtlinien abgedruckt. Diese Fassung des Rahmenkonzepts wurde im September 2010 geändert, und sie unterliegt einem weiteren Änderungsprozess in mehreren Stufen (vgl. 1.2.7). Die geänderte Fassung liegt jedoch nicht in offiziell übersetzter Form vor. Daher wird im Folgenden auf die originär vom IASB veröffentlichte Fassung des Rahmenkonzepts in englischer Sprache Bezug genommen, die derzeit im Überblick wie folgt **aufgebaut** ist:

- Zielsetzung IFRS-Abschlüssen (Kapitel 1 - OB)

- Grundsätze (Qualitative Charakteristika) der IFRS-Rechnungslegung (Kapitel 3 - QC)

- Das (verbliebene) Rahmenkonzept in seiner Fassung von 1989 (Kapitel 4)
  - Zu Grunde liegende Annahmen (RK.4.1)
  - Die Abschlussposten (RK.4.2-4.36)
  - Ansatz (Erfassung) von Abschlussposten (RK.4.37-4.53)
  - Bewertung der Abschlussposten (RK.4.54-4.56)
  - Kapital- und Kapitalerhaltungskonzepte (RK.4.4.57-4.65).

Das **Kapitel 1** ersetzt die bisherigen Ausführungen zur Zielsetzung der IFRS-Rechnungslegung im aus 1989 datierenden Rahmenkonzept (RK.1-21 alt). Die neue Bezeichnung der einzelnen Paragrafen orientiert sich an dem Inhalt des Kapitels: Zielsetzung, abgeleitet aus dem Englischen für ‚Objektive', kurz ‚OB' (Beispiel: RK.OB2). Das **Kapitel 2** ist bisher noch nicht veröffentlicht und soll Grundsätze zum rechnungslegenden Unternehmen enthalten. **Kapitel 3** ersetzt die bisherigen Ausführungen zu den qualitativen Anforderungen an den Abschluss (RK.24-46 alt). Die neue Bezeichnung der einzelnen Paragrafen orientiert sich wie in Kapitel 1 an dem Inhalt des Kapitels: Grundsätze, abgeleitet aus dem Englischen für ‚Qualitative Characteristics', kurz ‚QC' (Beispiel: RK.QC4). Die noch nicht geänderten Teile des Rahmenkonzepts aus 1989 (RK.22f., RK.47-110) sind in **Kapitel 4** zusammengefasst und behalten vorerst ihre (nahezu) unveränderte Gültigkeit.

1.2.2 Die Zielsetzung von IFRS-Abschlüssen

▶ RK.OB1-OB21

Wie bereits eingangs zu diesem Lehrbuch erläutert (vgl. 1.1), legen die **Zwecke der Rechnungslegung nach IFRS** im Vergleich zum HGB-Abschluss einen anderen Schwerpunkt. Nach RK.OB2 ff. und nach IAS 1 (vgl. 1.3.2) besteht die Zielsetzung der IFRS-

Rechnungslegung insbesondere darin, solche **Informationen** über die wirtschaftliche Lage des Unternehmens bereitzustellen, die für die Adressaten des Abschlusses bei deren wirtschaftlichen Entscheidungen nützlich und damit entscheidungsrelevant sind. Die Adressaten sollen in die Lage versetzt werden, durch den Jahresabschluss die wirtschaftliche Lage und die Fähigkeit des Unternehmens, zukünftig Zahlungsmittel zu erwirtschaften, beurteilen zu können (RK.OB4). Aus den verschiedenen Gruppen von Adressaten, die sich für den Abschluss eines Unternehmens interessieren, greifen die IFRS besonders die Investoren (am Kapitalmarkt) als primär zu berücksichtigende Adressatengruppe neben den Kreditgebern (RK.OB2 f.). Somit besteht der dominierende Grundsatz der Rechnungslegung nach IFRS in der Vermittlung entscheidungsnützlicher Informationen, die z.B. im Falle anstehender Kauf- oder Verkaufsüberlegungen der Investoren Relevanz entfalten. Der Rechenschaftszweck, wie er im handelsrechtlichen Sinne als Information über die Verwendung des durch Gesellschafter und Gläubiger anvertrauten Kapitals verstanden wird, tritt gegenüber diesen Bedürfnissen der Kapitalinvestoren zurück und wird in RK.OB4 auch nur angedeutet.

Die entscheidungsnützlichen Informationen umfassen entsprechend der HGB-Terminologie die Vermögens-, Finanz- und Ertragslage eines Unternehmens. Zur Vermittlung solcher in RK.OB13-OB21 näher beschriebenen Informationen und deren Entwicklung im Vorjahresvergleich bedient sich die IFRS-Rechnungslegung zumindest:

- einer Bilanz zur Darstellung der Vermögens- und Schuldposten,

- einer Gesamtergebnisrechnung zur Darstellung der abgegrenzten Erträge und Aufwendungen,

- einer Kapitalflussrechnung zur Darstellung der Zahlungsflüsse (Cashflows).

Auf der Grundlage solcher Informationen sollte es den Abschlussadressaten des IFRS-Abschusses nicht nur möglich sein, die gegenwärtige wirtschaftliche Situation des Unternehmens abzuschätzen, sondern auch fundierte Einschätzungen über dessen zukünftige Entwicklung zu formulieren.

1.2.3   Grundsätze der Rechnungslegung

▶   RK.QC1-QC39; RK.4.1

Die Rechnungslegungsgrundsätze nach IFRS lassen sich im Wesentlichen aus dem Rahmenkonzept entnehmen. Diese werden teilweise in IAS 1 wieder aufgegriffen und damit zum Standard erhoben. IAS 1 enthält auch über das Rahmenkonzept hinausgehende Grundsätze (vgl. 1.3) die das in der folgenden Abbildung im Überblick dargestellte System des Rahmenkonzepts ergänzen.

Abbildung 1.3   Grundsatzsystem nach dem Rahmenkonzept

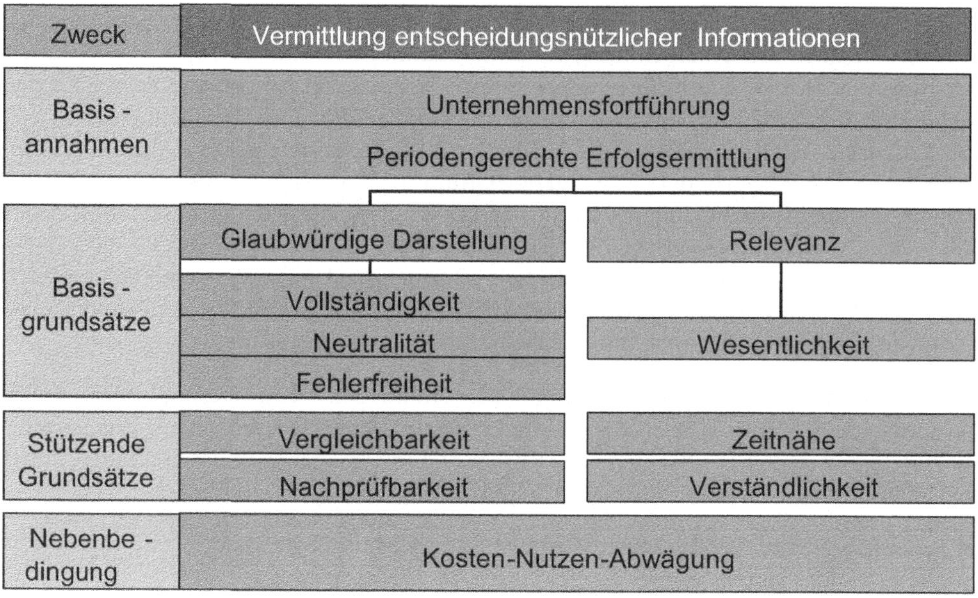

Zweck	Vermittlung entscheidungsnützlicher Informationen	
Basis - **annahmen**	Unternehmensfortführung	
	Periodengerechte Erfolgsermittlung	
Basis - **grundsätze**	Glaubwürdige Darstellung	Relevanz
	Vollständigkeit	
	Neutralität	Wesentlichkeit
	Fehlerfreiheit	
Stützende **Grundsätze**	Vergleichbarkeit	Zeitnähe
	Nachprüfbarkeit	Verständlichkeit
Nebenbe - **dingung**	Kosten-Nutzen-Abwägung	

Entsprechend der Zwecksetzung des IFRS-Abschlusses besteht der wichtigste Grundsatz der Rechnungslegung nach IFRS in der Vermittlung entscheidungsnützlicher Informationen im Rahmen des sog. ‚True and Fair View' bzw. der ‚Fair Presentation' (vgl. auch IAS 1.15). Hiernach ist die wirtschaftliche Lage des Unternehmens entsprechend den tatsächlichen Verhältnisse darzustellen.

Als Basisannahme ist nach RK.4.1 und IAS 1.25 f. zunächst von der **Fortführung des rechnungslegenden Unternehmens** auszugehen. Ist diese Annahme nicht mehr haltbar, z.B. weil ein Insolvenzverfahren sehr wahrscheinlich ist oder bereits eingeleitet wurde, hat dies weitreichenden Konsequenzen für die Rechnungslegung, indem z.B. der Bewertung der Vermögenswerte Liquidationswerte statt fortgeführter Anschaffungskosten oder beizulegender Zeitwerte zugrunde zu legen sind. Als zweite grundlegende, im Rahmenkonzept nur mittelbar enthaltene Annahme (RK.OB17; RK.4.47 ff.) ist das **Konzept der Periodenabgrenzung** zu beachten (IAS 1.27-28). Nach diesem Konzept sind die Geschäftsvorfälle unabhängig von Zahlungszeitpunkten dann zu erfassen, wenn sie die im Rahmenkonzept enthaltenen Kriterien für Vermögenswerte, Schulden, Eigenkapital, Erträge und Aufwendungen (vgl. 1.2.4) erfüllen.

Die Basisgrundsätze (fundamental qualitative characteristics), die diese stützenden Grundsätze (enhancing qualitative characteristics) und die Nebenbedingung (cost contraint) sind Gegenstand des Kapitals 3 des Rahmenkonzepts. Die Informationen des IFRS-Abschlusses genügen dem Basisgrundsatz der **Relevanz** gem. RK.QC6-QC10 dann, wenn die Art der

Informationen die wirtschaftlichen Entscheidungen der Adressaten beeinflussen können, wodurch der besondere Zusammenhang dieses Grundsatzes mit dem vorrangigen Rechnungslegungszweck der Vermittlung entscheidungsrelevanter Informationen deutlich wird. Dieser Grundsatz wird durch den Grundsatz der **Wesentlichkeit** relativiert, der nach RK.QC11 eine Grenze für die Klassifizierung einer Information als relevant i.S.d. Primärgrundsatzes vorsieht. Nach RK.QC11 sind Informationen dann als wesentlich einzustufen, wenn ihr Weglassen oder ihre fehlerhafte Darstellung die auf der Basis des Abschlusses getroffenen wirtschaftlichen Entscheidungen der Adressaten beeinflussen könnten. Die Wesentlichkeitsgrenze ist im Rahmenkonzept allerdings nicht allgemein quantifiziert und daher unternehmensindividuell zu bestimmen.

Als zweiten Basisgrundsatz führt RK.QC12 ff. die **glaubwürdige Darstellung** an. Diese umfasst eine vollständige Darstellung der der Rechnungslegung zugrunde liegenden Informationen und Annahmen (RK.QC13), die frei ist von Verzerrungen oder Manipulationen und damit **neutral** (RK.QC14) und die **fehlerfrei** ist, wobei sich die Fehlerfreiheit im Rahmen von Schätzungen allein auf die Systematik und die Annahmen der Schätzung beziehen kann (RK.QC15).

Da beide Basisgrundsätze grundsätzlich gleichberechtigt nebeneinander stehen und zu erfüllen sind (RK.QC17), wird in RK.QC18 die folgende **Prüffolge zur Erfüllung der Basisgrundsätze** vorgegeben:

1. Beurteilung der Relevanz eines Sachverhalts,

2. Identifizierung der Information über den Sachverhalt,

3. Beurteilung der Glaubwürdigkeit der Darstellung des Sachverhalts auf Basis dieser Information.

Ist hiernach eine glaubwürdige Darstellung des relevanten Sachverhalts nicht möglich, ist die Prüfung für die nächstrelevante Information über den Sachverhalt zu wiederholen; andernfalls erfolgt dessen Darstellung im IFRS-Abschluss.

Als stützender Grundsatz wirkt zunächst der Grundsatz der **Vergleichbarkeit** (RK.QC20-QC25), der den unternehmensexternen Vergleich mit anderen Unternehmen sowie den unternehmensinternen Vergleich desselben Unternehmens im Zeitablauf umfasst. Der Vergleichbarkeit dient die Stetigkeit der Anwendung von Bilanzierungsmethoden auf vergleichbare Sachverhalte. Unter **Nachprüfbarkeit** ist nach RK.QC26-QC28 sowohl die direkte Nachprüfbarkeit, z.B. durch Nachzählen von Vermögenswerten, als auch die indirekte Nachprüfbarkeit, z.B. durch Nachvollziehen der Ermittlung der Herstellungskosten, zu verstehen. Insbesondere die indirekte Nachprüfbarkeit verlangt daher im Abschluss enthaltene Informationen zu der Bilanzierung zugrunde gelegten Annahmen und zur Methodik der Verarbeitung von Informationen im Abschluss. Außerdem hat die Berichterstattung des rechnungslegenden Unternehmens **zeitnah** zu erfolgen, denn je älter eine Information ist, desto weniger entscheidungsnützlich ist sie für die Abschlussadressaten (RK.QC29). Im Einzelfall kann es im Falle komplexer Sachverhalte schwierig sein, im IFRS-Abschluss dem Grundsatz der **Verständlichkeit** angemessen nachzukommen. Hierbei darf indes nicht zugunsten der Verständlichkeit auf die Verarbeitung und Darstellung komplexer Informationen verzichtet werden. Vielmehr ist von ausreichenden Kenntnissen der Abschlussadressaten bzw. deren Bereitschaft zur Inanspruchnahme von Beratern auszugehen (RK.QC30-QC32). Bei **Zielkonflikten** zwischen den qualitativen Anforderungen der stützenden Grundsätze ist gem. RK.QC33 f. fachkundig und verantwortungsvoll abzuwägen, welchem Grundsatz im Hinblick auf eine glaubwürdige Darstellung relevanter Informationen (i.S.d. Basisgrundsätze) der Vorrang einzuräumen ist.

Ein weiterer möglicher Zielkonflikt ergibt sich aus RK.QC35-QC39, wonach eine **Abwägung von Nutzen und Kosten** der Informationen vorzunehmen sind. Hiernach kann von einem Unternehmen nicht verlangt werden, sämtliche für alle Abschlussadressaten relevanten Informationen glaubwürdig darzustellen. Vielmehr hat es abzuwägen, ob eine Information die für ihre Gewinnung und Darstellung erforderlichen Kosten wert ist.

1.2.4   Ansatz der Abschlussposten

▶   RK.4.2-4.53

Das Rahmenkonzept enthält grundlegende Aussagen zum Inhalt der Bilanz (Vermögenswerte, Schulden, Eigenkapital) und zur Gesamtergebnisrechnung (Erträge, Aufwendungen). Formal trennt das Rahmenkonzept zwischen der Definition der Inhalte von Bilanz und GuV einerseits (RK.4.2-4.36) und den Bedingungen für deren Ansatz andererseits (RK.4.37-4.53). Im Folgenden sollen Definition und Ansatzbedingungen gemeinsam für die Abschlussposten behandelt werden.

Die in der IFRS-Bilanz anzusetzenden Vermögenswerte und Schulden haben sowohl ihre Definition zu erfüllen als auch die konkreten Ansatzkriterien. Damit bietet sich die folgende Prüfreihenfolge ist für den Ansatz von **Vermögenswerten** an:

1. Ist die Definition eines Vermögenswerts erfüllt (RK.4.4(a); RK.4.8-4.14)?

   „Ein Vermögenswert ist eine Ressource, die auf Grund von *Ereignissen der Vergangenheit* in der *Verfügungsmacht des Unternehmens* steht, und von der erwartet wird, dass dem Unternehmen aus ihr *künftiger wirtschaftlicher Nutzen* zufließt."

2. Sind die Ansatzkriterien erfüllt (RK.4.38; RK4.39-45)?

   a. Wahrscheinlichkeit eines Nutzenzuflusses aus dem zu beurteilenden Vermögensvorteil?

   b. Verlässliche Bewertbarkeit des Vermögensvorteils?

3. Enthalten Standards gesonderter Regelungen zum Ansatz von Vermögenswerten?

Fall:

Sind die folgenden Vermögensvorteile als Vermögenswerte in der IFRS-Bilanz zu aktivieren?

a. Forderung aus einer vertraglich zugesagten Warenlieferung, bei deren Auslieferung schon wahrscheinlich ist, dass der Schuldner nicht zahlen kann;

b. Gemietetes Bürogebäude;

c. Selbst geschaffene Marke, für die von Dritten schon ein Kaufpreis i.H.v. 40 TEUR geboten wurde.

Lösung:

a. Aktivierungsverbot, da aufgrund des nicht wahrscheinlichen Nutzenzuflusses die Ansatzkriterien nicht erfüllt sind;

b. Aktivierungsverbot, da mangels Verfügungsmacht des Mieters über das Bürogebäude aus Sicht des bilanzierenden Unternehmens die Definition des Vermögenswerts nicht erfüllt ist (Anm.: Eine andere Lösung kann sich im Falle von Leasing aus IAS 17 (vgl. 2.3) ergeben).

c. Definition und Ansatzkriterien sind offenbar erfüllt; aber der Standard IAS 38.63 verbietet den Ansatz selbst geschaffener Marken.

Abbildung 1.4   Ansatz von Vermögenswerten und Schulden

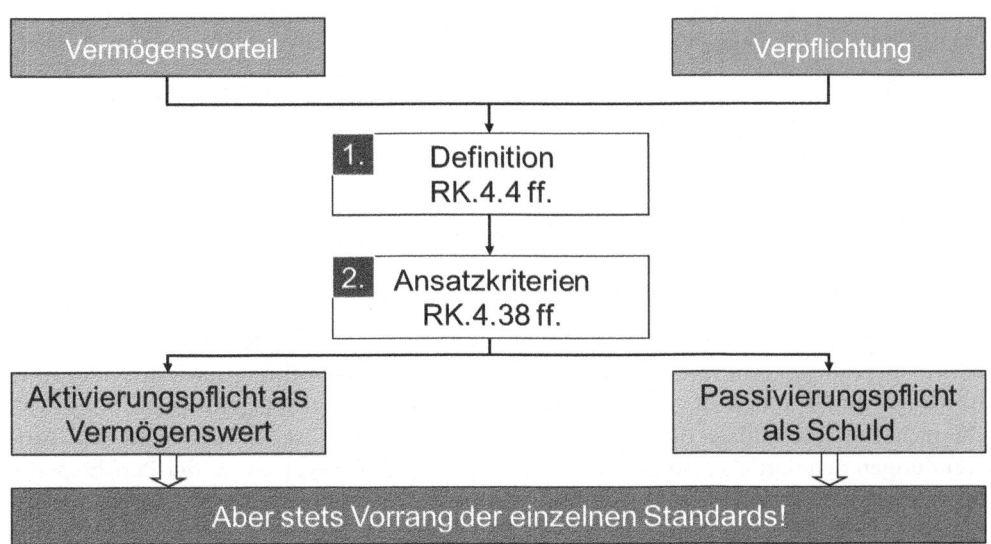

In ähnlicher Weise wie bei den Vermögenswerten ist hinsichtlich des Ansatzes von Schulden zu verfahren. Hier ergibt sich die folgende Prüfreihenfolge:

1. Ist die Definition einer Schuld erfüllt (RK.4.4(b); RK.4.8-15.19)?

   „Eine Schuld ist eine *gegenwärtige Verpflichtung* des Unternehmens, die *aus Ereignissen der Vergangenheit* entsteht und deren Erfüllung für das Unternehmen erwartungsgemäß mit einem *Abfluss von Ressourcen* mit wirtschaftlichem Nutzen verbunden ist."

2. Sind die Ansatzkriterien erfüllt (RK.4.38; RK4.39-43; RK.4.46)?

   a. Wahrscheinlichkeit eines Nutzenabflusses aus der zu beurteilenden Verpflichtung?
   b. Verlässliche Bewertbarkeit der Verpflichtung?

3. Enthalten Standards gesonderter Regelungen zum Ansatz von Vermögenswerten?

Fall:

Sind die folgenden Verpflichtungen als Schulden in der IFRS-Bilanz zu passivieren?

a. Erwerb von Ware gegen erst nach dem Abschlussstichtag zu liefernde Erzeugnisse;

b. Reparaturkosten für einen am Stichtag erwarteten Schaden an einer Maschine.

Lösung:

a. Es ist eine Schuld gegeben, die als Sachleistungsverpflichtung zu einem Ressourcenabfluss führen wird und daher in der Bilanz zu passivieren ist.

b. Am Stichtag ist der Schaden noch nicht verursacht, so dass keine Schuld vorliegt, die durch Ereignisse in der Vergangenheit begründet ist.

Das **Eigenkapital** ist nach RK.4.4(c) einfach als Saldo zwischen Vermögenswerten und Schulden definiert. Tatsächlich sind die Regelungen zum Ansatz von Eigenkapital, insbesondere die Abgrenzung zwischen Eigen- und Fremdkapital, sehr komplex und in IAS 32 in einem eigenen Standard geregelt (vgl. 2.14). Nach RK.4.20 kann es sinnvoll sein, das Eigenkapital nach seiner Herkunft weiter zu unterteilen, wie es z.B. im HGB nach § 266 Abs. 3, Bst. A in gezeichnetes Kapital und in die einzelnen gesellschaftsrechtlich vorgesehenen Rücklagenarten verlangt wird.

Unter einem **Ertrag** ist nach RK.4.25(a) eine Zunahme des wirtschaftlichen Nutzens in der Berichtsperiode in Form von Zuflüssen oder Erhöhungen von Vermögenswerten oder einer Abnahme von Schulden zu verstehen, die zu einer Erhöhung des Eigenkapitals führt, welche nicht auf eine Einlage der Anteilseigner zurückzuführen ist. Entsprechend sind **Aufwendungen** definiert als eine Abnahme des wirtschaftlichen Nutzens in der Berichtsperiode in Form von Abflüssen oder Verminderungen von Vermögenswerten oder einer Erhöhung von Schulden, die zu einer Abnahme des Eigenkapitals führen, welche nicht auf Ausschüttungen an die Anteilseigner zurückzuführen ist. Damit stellt das RK hinsichtlich der Erträge und Aufwendungen auf Eigenkapitalveränderungen, die nicht durch die Gesellschafter veranlasst sind, ab. Hierbei wird zum einen zwischen Erträgen und Aufwendungen unterschieden, die der gewöhnlichen Geschäftstätigkeit oder der nicht gewöhnlichen Geschäftstätigkeit erwachsen. Als Besonderheit des IFRS-Regelwerks wird zum anderen zwischen ergebniswirksamen Erträgen und Aufwendungen einerseits und ergebnisneutral zu erfassenden Erträgen und Aufwendungen andererseits differenziert. Die Darstellung von Erträgen und Aufwendungen in der sog. Gesamtergebnisrechnung ist jedoch im IAS 1 und damit in einem Standard geregelt, auf den an dieser Stelle verwiesen wird (vgl. 1.3).

Fall:

Sind die folgenden Eigenkapitalveränderungen nach IFRS als Ertrag bzw. Aufwand zu erfassen?

a. Zugeflossener Geldbetrag aus einer Kapitalerhöhung;

b. Warenverkauf auf Ziel;

c. Neubewertung von Sachanlagen nach IAS 16 zum beizulegenden Zeitwert über die fortgeführten AK hinaus;

d. Dividendenzahlung.

Lösung:

a. Kein Ertrag, sondern ergebnisneutral zu erfassende Einlage;

b. Ertrag, der unabhängig vom Zahlungszeitpunkt ergebniswirksam zu erfassen ist;

c. Ertrag aus der Neubewertung, der allerdings ergebnisneutral im sog. sonstigen Ergebnis zu erfassen ist (vgl. 2.1.4.2);

d. Kein Aufwand, sondern ergebnisneutral zu erfassende Ausschüttung.

1.2.5 Bewertung der Abschlussposten

► RK.4.54-4.56

Im Rahmenkonzept werden nicht einzelnen Vermögenswerten und Schulden bestimmte Bewertungsmaßstäbe zugeordnet. Dies ist den einzelnen Standards vorbehalten. So wird z.B. die Zugangsbewertung von Sachanlagen in IAS 16.15 geregelt und hierbei auf die Definition der Anschaffungs- oder Herstellungskosten in IAS 16.6 zurückgegriffen. Daher genügt es an dieser Stelle, wenn Sie die in RK.4.55 gegebenen Definitionen zu historischen Anschaffungs- oder Herstellungskosten, zu Wiederbeschaffungskosten, zum Veräußerungswert (bzw. Erfüllungsbetrag) und insbesondere zum Barwert durchlesen.

1.2.6 Kapital- und Kapitalerhaltungskonzept

► RK.4.57-4.65

Die in der derzeitigen Fassung des Rahmenkonzepts noch enthaltenen Ausführungen zu Kapitalerhaltungskonzepten sind für die Rechnungslegung nach IFRS ohne Bedeutung und allenfalls aus allgemein betriebswirtschaftlicher Sicht interessant. Zum Verständnis der Rechnungslegung nach IFRS tragen sie damit wenig bei, weshalb auf Erläuterungen dieses Themenkomplexes an dieser Stelle verzichtet wird.

1.2.7   Aktuelle Entwicklungen

Im Rahmen eines Projekts zur Konvergenz des Rahmenkonzepts nach IFRS und US-GAAP wurde das IFRS-Rahmenkonzept bereits mit den Kapiteln 1 und 3 umfassend überarbeitet. Diese Änderungen sind in die vorstehenden Ausführungen eingearbeitet. Weitere Änderungen des Rahmenkonzepts sollen in mehreren Phasen erfolgen:

■ Phase B zu Abschlussposten und Ansatzkriterien

■ Phase C zur Bewertung

■ Phase D zur berichterstattenden Einheit

■ Phase E zu Ausweis und Angaben

■ Phase F zu Zweck und Normenhierarchie

■ Phase G zu gemeinnützigen Unternehmen

■ Phase H zu evtl. verbleibenden Fragestellungen.

Mit diesen Phasen wird das Rahmenkonzept in mehreren Schritten durch neue Regelungen ersetzt und ergänzt. Die noch nicht ersetzten Teile des bestehenden Rahmenkonzepts, die aktuell in dessen Kapitel 4 enthalten sind, behalten vorerst ihre Gültigkeit.

1.2.8   Wiederholung des Rahmenkonzepts in Stichworten

Rekapitulieren Sie den Inhalt dieses Kapitels anhand der folgenden Stichworte:

■ Keine übergeordnete Bedeutung des Rahmenkonzepts im Verhältnis zu den Standards;

■ Vermittlung entscheidungsnützlicher Informationen als dominierender Rechnungslegungszweck der IFRS;

■ dem Rechnungslegungszweck nachgeordnetes Grundsatzsystem;

■ Definitions- und Ansatzkriterien für Vermögenswerte und Schulden;

■ Ansatz von Eigenkapital erfordert nicht nur eine Saldobildung, sondern insbesondere die Abgrenzung zu Fremdkapital nach IAS 32;

■ Abgrenzung der in der Gesamtergebnisrechnung zu erfassenden Erträge und Aufwendungen von durch die Anteilseigner des bilanzierenden Unternehmens veranlassten Eigenkapital-Veränderungen;

■ Bewertungsregeln sind im Wesentlichen den einzelnen Standards vorbehalten.

1.3   IAS 1 - Darstellung des Abschlusses

1.3.1   Überblick zum IAS 1

▶   IAS 1.1-8A

IAS 1 wurde durch den IASB im Juli 2011 geringfügig angepasst. Diese Änderungen wurden bislang noch nicht von der EU übernommen (vgl. 1.3.7). In der im Folgenden zunächst erläuterten Fassung des Standards, in der er das **Endorsement-Verfahren** der EU am 18.02.2011 durchlaufen hat, hat IAS 1 die Darstellung von IFRS-Abschlüssen, Anwendungsleitlinien für die Struktur und Mindestanforderungen an den Inhalt der Abschlüsse zum **Gegenstand** (IAS 1.1). Damit ergänzt IAS 1 auch das Rahmenkonzept. Zusätzlich greift IAS 1 im Rahmenkonzept dargelegte Rechnungslegungsgrundsätze teilweise wieder auf und erhebt diese damit zum Standard. IAS 1 enthält auch über das Rahmenkonzept hinausgehende Grundsätze die das in **Abbildung 1.3** im Überblick dargestellte System ergänzen.

Der Standard ist im Überblick wie folgt **aufgebaut**:

- Zielsetzung des Standards (IAS 1.1)

- Anwendungsbereich des Standards (IAS 1.2-6)

- Definitionen (IAS 1.7-8A)

- Zweck, Vollständigkeit und Merkmale des Abschlusses (IAS 1.9-46)

- Struktur und Inhalt des Abschlusses (IAS 1.47-138)

- Vorschriften zum zeitlichen Anwendungsbereich des Standards (IAS 1.139-140).

Aufgrund seiner grundlegenden Bedeutung für IFRS-Abschlüsse hat IAS 1 einen umfassenden **Anwendungsbereich**. Er ist grundsätzlich auf alle IFRS-Abschlüsse anzuwenden (IAS 1.2 f.). Ausgenommen sind Zwischenberichte, die in IAS 34 (vgl. 3.6) gesondert geregelt sind und auf die nur die Paragrafen 15-35 des IAS 1 anzuwenden sein sollen (IAS 1.4). Für bestimmte nicht gewinnorientierte Unternehmen (IAS 1.5) sowie Unternehmen, die nach IAS 32 (vgl. 2.14) kein Eigenkapital ausweisen dürfen, sind ggf. Anpassungen der in IAS 1 vorgesehenen Abschlusspositionen erforderlich. Allerdings gehen Bilanzierungsregeln zu bestimmten Geschäftsvorfällen den allgemein gehaltenen Regeln des IAS 1 vor (IAS 1.3). Auf die in IAS 1.7 ff. gegebenen **Definitionen** wird im Folgenden in den einzelnen Kapiteln, die sich am Aufbau des IAS 1 orientieren, eingegangen. Bitte lesen Sie diese Definitionen vorab und nochmals sobald sie im Folgenden erwähnt werden!

1.3.2   Allgemeines zum Abschluss

▶   IAS 1.9-53; IAS 1.111

Nach dem Rahmenkonzept der IFRS (vgl. 1.2.2) und nach IAS 1.9 besteht die **Zielsetzung** der IFRS-Rechnungslegung insbesondere darin, solche Informationen über die wirtschaftliche Lage des Unternehmens bereitzustellen, die für die Adressaten des Abschlusses bei deren wirtschaftlichen Entscheidungen nützlich und damit entscheidungsrelevant sind. Außerdem legt das Management durch den Abschluss gegenüber den Unternehmenseignern Rechenschaft über das anvertraute Vermögen ab. Dieser Rechenschaftszweck, der im Rahmenkonzept (RK.OB4) nur angedeutet wird, wird zwar in IAS 1.9 ausdrücklich erwähnt. Er tritt jedoch gegenüber der Informationsvermittlung an die Kapitalinvestoren zurück.

Vor dem Hintergrund dieser Zielsetzung hat ein IFRS-Abschluss nach IAS 1.9 bestimmte Informationen zur Einschätzung der Vermögens-, Finanz- und Ertragslage durch die Abschlussadressaten zu enthalten, die in der Vorgabe der **Rechnungslegungsinstrumente** ihren Niederschlag finden. In Bezug auf den Gegenstand der Rechnungslegung differenzieren die IFRS nur hinsichtlich der Kapitalmarktorientierung des rechnungslegenden Unternehmens. Rechtsform und Größe des Unternehmens sind insoweit (anders als nach HGB) nicht relevant. Nach IAS 1.10 besteht ein vollständiger IFRS-Abschluss unbenommen vergleichender Angaben für Vorjahre aus

a.   einer Bilanz zum Abschlussstichtag,

b.   einer Gesamtergebnisrechnung für die Rechnungsperiode,

c.   einer Eigenkapitalveränderungsrechnung für die Rechnungsperiode,

d.   einer Kapitalflussrechnung für die Rechnungsperiode,

e.   dem Anhang.

Kapitalmarktorientierte Unternehmen, deren Eigen- oder Schuldtitel öffentlich gehandelt werden oder die künftig jegliche Art von Finanzierungsinstrumenten an einem öffentlichen Markt emittieren möchten, sind zudem zur Veröffentlichung einer Segmentberichterstattung gem. IFRS 8.2 verpflichtet (vgl. 2.25). Börsennotierte Unternehmen, deren Aktien oder potenzielle Aktien öffentlich gehandelt werden bzw. die die entsprechende Handelszulassung beantragt haben, haben darüber hinaus nach IAS 33.2 über das Ergebnis je Aktie zu berichten (vgl. 2.26). Lediglich als Empfehlung wurde in IAS 1.13-14 der Hinweis aufgenommen, außerhalb des Abschlusses und damit außerhalb des Regelungsbereichs der IFRS Informationen zur Unternehmenslage in den Geschäftsbericht aufzunehmen. Hierzu bestehen mittlerweile die – allerdings unverbindlichen – Leitlinien zur Lageberichterstattung (vgl. 2.29). Ein in Deutschland ansässiges Unternehmen, das einen IFRS-Abschluss statt eines HGB-Abschlusses veröffentlichen muss oder möchte, hat jedoch verpflichtend einen

Lagebericht zu erstellen, wenn es hierzu auch bei Aufstellung und Offenlegung eines HGB-Abschlusses verpflichtet wäre (vgl. 1.1).

IAS 1 enthält grundlegende Regelungen zur Bilanz, Gesamtergebnisrechnung, Eigenkapitalveränderungsrechnung und zum Anhang (IAS 1.47). Die anderen genannten Rechnungslegungsinstrumente werden in eigenen Standards geregelt. So enthält IFRS 8 Vorschriften zur Segmentberichterstattung und IAS 33 Vorgaben zum Ergebnis je Aktie. Informationen zur finanziellen Situation durch die Kapitalflussrechnung sind in IAS 7 (vgl. 2.24) vorgegeben (IAS 1.111).

Die Systematik der **allgemeinen Rechnungslegungsgrundsätze** nach dem Rahmenkonzept (vgl. 1.2) wird in IAS 1 teilweise wiederholt und damit zum Standard erhoben sowie ergänzt. Die Einhaltung dieser IFRS-Rechnungslegungsgrundsätze sowie der einzelnen Standards führt gem. IAS 1.15 zu dem Ergebnis, dass die aus der Rechnungslegung gewonnenen Abschlüsse ein den tatsächlichen Verhältnissen entsprechendes Bild der wirtschaftlichen Lage und der Cashflows im Sinne einer ‚fair presentation' vermitteln. Diesem Ergebnis, das nach IAS 1.15 auch als Anforderung an IFRS-Abschlüsse formuliert wird, wird der Stellenwert einer – wenngleich beschränkten – Generalnorm zugesprochen, an der sich die in äußerst seltenen Fällen erlaubten Abweichungen von den Standards und Interpretationen nach IFRS zu orientieren haben (IAS 1.19 ff.). Daneben werden in IAS 1 folgende Prinzipien der Rechnungslegung nach IFRS herausgestellt, die die zum Rahmenkonzept in **Abbildung 1.3** dargestellten Prinzipien (vgl. 1.2.3) zum Standard erheben bzw. ergänzen:

- Als Basisannahme ist nach RK.4.1 und IAS 1.25 f. zunächst von der **Fortführung des rechnungslegenden Unternehmens** auszugehen. Ist diese Annahme nicht mehr haltbar, z.B. weil ein Insolvenzverfahren sehr wahrscheinlich ist oder bereits eingeleitet wurde, hat dies weitreichenden Konsequenzen für die Rechnungslegung, indem z.B. der Bewertung der Vermögenswerte Liquidationswerte statt fortgeführter Anschaffungskosten oder beizulegender Zeitwerte zugrunde zu legen sind.

- Als zweite bereits im Rahmenkonzept enthaltene Basisannahme (RK.OB17; RK.4.47 ff.) ist das **Konzept der Periodenabgrenzung** zu beachten (IAS 1.27-28). Nach diesem Konzept sind die Geschäftsvorfälle unabhängig von Zahlungszeitpunkten dann zu erfassen, wenn sie die im Rahmenkonzept enthaltenen Kriterien für Vermögenswerte, Schulden, Eigenkapital, Erträge und Aufwendungen (vgl. 1.2.4) erfüllen.

- Als Basisgrundsätze werden bereits im Rahmenkonzept die **Relevanz** (RK.QC6-QC10) und die **Wesentlichkeit** (RK.QC11) angeführt, die in IAS 1.29 ff. auch auf die Darstellung gesonderter Posten im Abschluss anzuwenden sind. Die Wesentlichkeit eines Postens (IAS 1.7) ist dann gegeben, wenn die Art der Informationen die wirtschaftlichen Entscheidungen der Adressaten beeinflussen, wobei Art und Umfang des Postens zu berücksichtigen sind. Damit entspricht die in IAS 1 geforderte Wesentlichkeit der Darstellung begrifflich die Relevanz und die Wesentlichkeit i.S.d. Rahmenkonzepts.

■ Als stützender Grundsatz wirkt nach dem Rahmenkonzept die **Vergleichbarkeit**
   (RK.QC20-QC25):

   – Der Vergleichbarkeit dient die **Stetigkeit** der Anwendung von Bilanzierungsmetho-
      den auf vergleichbare Sachverhalte. Nach IAS 1.45 f. ist die Stetigkeit auch hinsicht-
      lich der Darstellung bzw. des Ausweises im Abschluss zu beachten. Ausnahmen
      sind dann zulässig, wenn eine andere als die in den früheren Abschlüssen erfolgte
      Darstellung zu einer geeigneteren Darstellung führt oder ein Standard eine andere
      Darstellung (erstmals) vorschreibt.

   – Insbesondere der unternehmensinternen Vergleichbarkeit im Zeitablauf dient die
      Angabe von Vorjahreswerten, die nach IAS 1.38 ff. gefordert wird. Eine geänderte
      Darstellung im aktuellen Jahr verlangt hierbei grundsätzlich auch eine entsprechen-
      de Änderung der Vorjahresbeträge. Die Änderung von Rechnungslegungsmethoden
      ist Gegenstand des IAS 8 (vgl. 3.4).

■ Nach IAS 1.32 ff. dürfen grundsätzlich weder Vermögenswerte mit Schulden noch Erträge mit Aufwendungen verrechnet werden. Dieses **Saldierungsverbot** darf nur dann
   durchbrochen werden, wenn die Saldierung durch einen (anderen) Standard ausdrücklich zugelassen oder gar vorgeschrieben wird. So wird z.B. der Erlös aus einem Anla-
   genabgang mit dem Buchwert der abgegangenen Anlage saldiert und nur der Differenzbetrag als Ertrag bzw. Aufwand erfasst (IAS 1.34(a)).

■ Die in IAS 1.36 f. angeführte **Häufigkeit der Berichterstattung** wird in Deutschland
   durch das HGB bzw. das WpHG vorgegeben. IAS 1 geht von einer mindestens jährlichen Berichterstattung zu einem grundsätzlich gleichbleibenden Abschlussstichtag aus.
   Dies deckt sich mit den nationalen Reglungen. Verändert ein Unternehmen seinen Abschlussstichtag, z.B. vom 30.09. auf den 31.12., so ist in Deutschland im Jahr der Umstellung für ein Rumpfgeschäftsjahr (01.10. bis 31.12.) ein Abschluss aufzustellen, bevor der
   darauf folgende Abschluss zum 31.12. ein volles Kalenderjahr umfasst. In Fällen der
   Umstellung des Abschlussstichtages sind ergänzende Angaben erforderlich, da die Vorjahreswerte des Abschlusses ggf. nicht mit den Werten des aktuellen (umgestellten) Geschäftsjahrs übereinstimmen (IAS 1.36).

Daneben lässt sich aus IAS 10 (vgl. 1.4) das **Stichtagsprinzip** herleiten. IFRS-Abschlüsse
sind nach IAS 1.49 ff. eindeutig als solche zu **bezeichnen** und von anderen Informationen
erkennbar abzugrenzen.

Fall:

Der Rechnungswesenleiter einer <u>nicht</u> kapitalmarktorientierten AG hat den IFRS-
Jahresabschluss soweit aufgestellt. Er fragt sich jedoch, ob er eine Segmentberichterstattung aufstellen und ein Ergebnis je Aktie ermitteln muss oder darf und ob er die einschlägigen Standards IFRS 8 und IAS 33 überhaupt beachten muss.

Lösung:

Eine Pflicht zur Erstellung einer Segmentberichterstattung entfällt mangels Kapitalmarkt-orientierung (IFRS 8.2). Mangels Börsennotierung ist auch kein Ergebnis je Aktie zu ermitteln (IAS 33.2). Die AG darf ihren Jahresabschluss jedoch freiwillig um diese Bestandteile erweitern. In diesem Falle sind die beiden Standards aber zwingend zu beachten.

1.3.3   Bilanz

▶   IAS 1.54-80A

Mit der Bilanz sollen umfassende Informationen über die Vermögenslage (Aktivseite) und die Finanzlage (Passivseite) vermittelt werden. Sie darf in Konto- oder in Staffelform aufgestellt werden, wobei in der Praxis die Staffelform vorherrscht. Ein festes Gliederungsschema, wie z.B. für den handelsrechtlichen Jahresabschluss nach § 266 HGB, wird jedoch nicht verpflichtend vorgegeben (IAS 1.57), wodurch die Vergleichbarkeit von Abschlüssen verschiedener Unternehmen erschwert wird. Allerdings ist IAS 1.54 eine **Mindestgliederungstiefe** zu entnehmen (bitte lesen!), die unternehmensindividuell erweitert werden kann. So kann z.B. die Aufgliederung der einzelnen Eigenkapitalposten in der Bilanz bzw. im Anhang des IFRS-Abschlusses aus IAS 1.54(q)-(r) i.V.m. IAS 1.78(e) abgeleitet werden. Danach erscheint es in den meisten Fällen zulässig, das Eigenkapital in der Bilanz in Anlehnung an die handelsrechtlichen Vorgaben in § 266 Abs. 3 HGB aufzugliedern. Dies gilt indes nicht uneingeschränkt für die Abgrenzung der einzelnen Posten vom Fremdkapital und für ausstehende Einlagen sowie für eigene Anteile (hierzu vgl. 2.14.3).

Zwar enthält IAS 1 – wie erwähnt – keine detaillierte Gliederungsvorgabe. Allerdings verlangt der Standard in seinen Paragrafen 60 ff., dass die Bilanzposten der Aktivseite und der Passivseite nach ihrer **Fristigkeit** zu ordnen sind, es sei denn, eine Anordnung der Posten nach ihrer Liquidität ist zuverlässiger und relevanter. Hiernach könnte sich beispielhaft die folgende Bilanzgliederung (in Staffelform) anbieten:

Aktivseite

■ Langfristige Vermögenswerte

   – Immaterielle Vermögenswerte
   – Sachanlagen
   – Als Finanzinvestitionen gehaltene Immobilien
   – Finanzanlagen
   – Latente Steuern

■ Kurzfristige Vermögenswerte

   – Vorräte
   – Forderungen aus Lieferungen und Leistungen
   – Andere Forderungen und sonstige Vermögenswerte
   – Zahlungsmittel und Zahlungsmitteläquivalente

Passivseite

■ Eigenkapital (Gezeichnetes Kapital, Rücklagen, Bilanzgewinn)

■ Langfristige Schulden

   – Langfristige finanzielle Schulden
   – Übrige langfristige Verbindlichkeiten
   – Pensionsverpflichtungen
   – Übrige langfristige Rückstellungen
   – Latente Steuern

■ Kurzfristige Schulden

   – Verbindlichkeiten aus Lieferungen und Leistungen
   – Übrige kurzfristige finanzielle Schulden
   – Sonstige kurzfristige Verbindlichkeiten
   – Kurzfristige Rückstellungen

Die Frage, wann **Vermögenswerte als kurzfristig** einzustufen sind, wird in IAS 1.66 ff. beantwortet. Erfüllt ein Vermögenswert nicht mindestens eines der folgenden Kriterien, so ist er im Umkehrschluss als langfristig einzustufen:

a. Realisierung der Vermögenswerte wird innerhalb des normalen Geschäftszyklus erwartet oder der Vermögenswert wird zum Verkauf/Verbrauch innerhalb dieses Zeitraums gehalten;

b. Vermögenswert wird primär für Handelszwecke gehalten;

c. Realisierung des Vermögenswerts wird innerhalb von zwölf Monaten nach dem Abschlussstichtag erwartet;

   oder

d. Vermögenswert ist Zahlungsmittel bzw. Zahlungsmitteläquivalent i.S.d. IAS 7 (es sei denn, deren Liquidierbarkeit ist für einen Zeitraum von mind. zwölf Monaten eingeschränkt).

In ähnlicher Weise werden in IAS 1.69 ff. **kurzfristige Schulden** abgegrenzt. Erfüllen Schulden nicht eines der folgenden Kriterien, so sind sie im Umkehrschluss als langfristig einzustufen:

a. die Erfüllung der Schuld wird innerhalb des normalen Geschäftszyklus erwartet;

b. die Schuld wird primär zu Handelszwecken gehalten

c. die Erfüllung der Schuld wird innerhalb von zwölf Monaten nach dem Abschlussstichtag erwartet oder

d. das Unternehmen hat kein uneingeschränktes Recht, die Erfüllung der Verpflichtung um mindestens zwölf Monate nach dem Abschlussstichtag zu verschieben.

<u>Fall:</u>

Ordnen Sie die folgenden Bilanzposten den Kategorien kurzfristige/langfristige Vermögenswerte und kurzfristige/langfristige Schulden zu:

- Gezeichnetes Kapital

- Forderungen aus Lieferungen und Leistungen

- Dauerhaft gehaltene Beteiligungen

- Passive latente Steuern

- Darlehensverbindlichkeit mit langjährigem Tilgungsplan

- Kontokorrentschuld

- Rücklagen

- Vorräte

<u>Lösung:</u>

■ Gezeichnetes Kapital: Bestandteil des Eigenkapitals (keine Schuld)

■ Forderungen aus Lieferungen und Leistungen: kurzfristige Vermögenswerte

■ Dauerhaft gehaltene Beteiligungen: langfristige Vermögenswerte

■ Passive latente Steuern: Langfristige Schulden (IAS 1.56)

■ Darlehensverbindlichkeit mit langjährigem Tilgungsplan: Langfristige Schulden

■ Kontokorrentschuld: kurzfristige Schulden

■ Rücklagen: Bestandteil des Eigenkapitals (keine Schuld)

■ Vorräte: kurzfristige Vermögenswerte

1.3.4   Gesamtergebnisrechnung

▶   IAS 1.81-105

Die Gesamtergebnisrechnung soll die Ertragslage des Unternehmens widerspiegeln, indem sie detaillierte Informationen über den Umfang und die Quelle(n) der Ertragskraft des

Unternehmens liefert. Die Gesamtergebnisrechnung nach IFRS besteht letztlich aus **zwei Teilen** (IAS 1.7). Dies ist zum einen die Gewinn- und Verlustrechnung (GuV) und zum anderen das sonstige Ergebnis.

Abbildung 1.5   Die Gesamtergebnisrechnung im Überblick

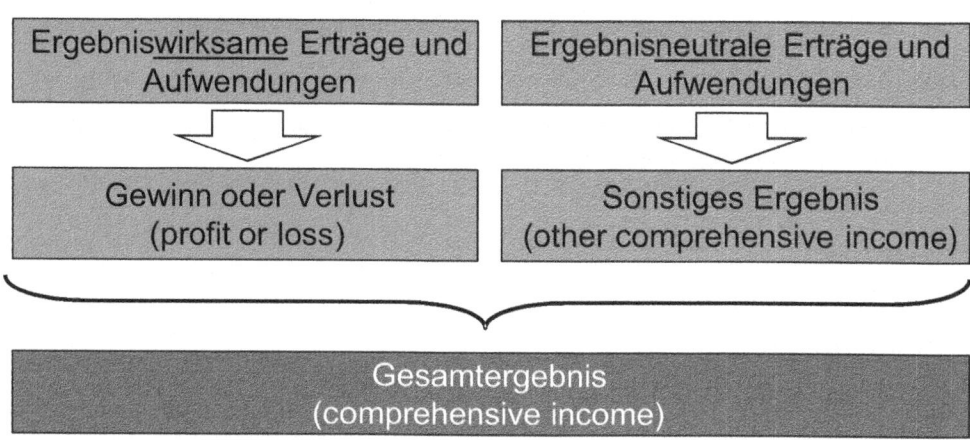

In der **GuV** werden die ergebniswirksamen Erträge und Aufwendungen sowie deren Saldo als Ergebnis der Rechnungsperiode bzw. als Periodenerfolg (Jahresergebnis) dargestellt. Diese GuV entspricht systematisch der handelsrechtlichen GuV nach § 275 HGB. Ebenso wie nach § 275 HGB ist es den Unternehmen nach IAS 1.99 ff. gestattet, zwischen dem Gesamtkostenverfahren und dem Umsatzkostenverfahren zu wählen. Im Gesamtkostenverfahren werden alle in der Rechnungsperiode angefallenen Aufwendungen nach ihrer Art erfasst, und die Aufwendungen für die nicht abgesetzten Erzeugnisse werden durch einen Ertragsposten (Bestandsveränderungen) ausgeglichen (IAS 1.102). Im international üblicheren Umsatzkostenverfahren werden – gegliedert nach Unternehmensfunktionen – von vorneherein nur solche Aufwendungen erfasst, die auf in der Rechnungsperiode abgesetzte Erzeugnisse entfallen. Beide Methoden führen zum gleichen Periodenergebnis. Allerdings sind bei Anwendung des Umsatzkostenverfahrens ergänzende Angabe zu Aufwandsarten erforderlich (IAS 1.104).

Daneben werden nach den IFRS erforderliche bzw. erlaubte ergebnisneutrale Erträge und Aufwendungen als sog. **sonstiges Ergebnis** erfasst (IAS 1.7). Das sonstige Ergebnis stellt im Vergleich zur handelsrechtlichen Rechnungslegung eine Besonderheit dar, da bestimmte Regelungen nach IFRS die Erfassung unrealisierter Erträge (und zugehöriger Aufwendungen) zulassen, die nicht ergebniswirksam, sondern getrennt von der GuV ergebnisneutral zu erfassen sind. Als Beispiel dient die Bewertung von Sachanlagen gem. IAS 16 nach dem sog. Neubewertungsmodell über die (fortgeführten) historischen Anschaffungskosten hinaus (vgl. 2.1.4.2). Der Betrag, um den der angesetzte Zeitwert die (fortgeführten) historischen Anschaffungskosten übersteigt, ist bei Ausübung des Wahlrechts zur Neubewertung im sonstigen Ergebnis zu erfassen. Das sonstige Ergebnis geht dann bilanziell in die sog. Neubewertungsrücklage als Bestandteil des Eigenkapitals ein. Die folgenden weiteren Komponenten können nach den Vorschriften anderer Standards als ergebnisneutral im sonstigen Ergebnis zu erfassen sein (vgl. IAS 1.7):

- Veränderungen der Neubewertungsrücklage im Rahmen der Bewertung von Anlagevermögen nach IAS 16 (Sachanlagen) bzw. IAS 38 (immaterielle Vermögenswerte);

- Versicherungsmathematische Gewinne aus leistungsorientierten Altersvorsorgeplänen nach IAS 19.93A;

- Ergebnis aus der Umrechnung des Abschlusses eines ausländischen Geschäftsbetriebs nach IAS 21;

- Ergebnis aus der Neubewertung von zur Veräußerung verfügbaren finanziellen Vermögenswerten nach IAS 39;

- Effektiver Teil des Ergebnisses aus Sicherungsinstrumenten bei einer Absicherung von Zahlungsströmen nach IAS 39.

Diese beiden Komponenten, das Jahresergebnis (Gewinn oder Verlust) und das sonstige Ergebnis, ergeben in der Summe das **Gesamtergebnis des Unternehmens**. Das Gesamtergebnis kann unter entsprechender Kennzeichnung gem. IAS 1.81 alternativ in einer einheitlichen Darstellung oder in einer in GuV und Gesamtergebnis getrennten Darstellung gezeigt werden. Dabei darf sie in Konto- oder in Staffelform aufgestellt werden, wobei die Staffelform in der Praxis üblicher ist. Ein festes Gliederungsschema der Gesamtergebnisrechnung ist allerdings wie bei der Bilanz nicht vorgegeben. In IAS 1.82 findet sich lediglich eine Mindestgliederungstiefe für die GuV (IAS 1.82(a)-(f)) und für das sonstige Ergebnis (IAS 1.82(g)-(h)) sowie für den Ausweis des Gesamtergebnisses (IAS 1.82(i)). Ferner enthält IAS 1.97 die Vorgabe, das die dort aufgelisteten Posten (bitte lesen!) gesondert in der Gesamtergebnisrechnung oder im Anhang anzugeben sind, wenn sie wesentlich sind. Außerdem ist in IAS 1.87 geregelt, dass kein Ausweis außerordentlicher Posten erfolgen darf. Dass sich hierin die Gliederungsvorgaben des IAS 1 für die Gesamtergebnisrechnung erschöpfen, erschwert die Vergleichbarkeit mit Abschlüssen anderer Unternehmen, die in ihrer Gesamtergebnisrechnung ggf. andere Posten in einer anderen, ebenfalls nach IAS 1 zulässigen Untergliederung zeigen.

Fall:

Im abgelaufenen Geschäftsjahr hat eine GmbH Umsatzerlöse i.H.v. 500 TEUR bei einem Materialeinsatz i.H.v. 150 TEUR und einem Personalaufwand i.H.v. 50 TEUR erzielt. Es wurden alle und nur im abgelaufenen Geschäftsjahr produzierte Fertigerzeugnisse abgesetzt. Außerdem wurde ein unbebautes Grundstück nach dem Neubewertungsmodell des IAS 16 erstmals zu seinem Zeitwert von 120 TEUR (Anschaffungskosten 100 TEUR) angesetzt.

Stellen Sie den Gesamterfolg der GmbH unter Zugrundelegung des Gesamtkostenverfahrens in der GuV nach beiden zulässigen Varianten dar!

Lösung:

a. Ein Abschlussbestandteil

        – Umsatzerlöse   500 TEUR
        – Materialaufwand 150 TEUR
        – Personalaufwand   50 TEUR
           Gewinn   300 TEUR
        – Neubewertung   20 TEUR
           Gesamtergebnis 280 TEUR

b. Zwei Abschlussbestandteile

    1. Gewinn- und Verlustrechnung

        – Umsatzerlöse   500 TEUR
        – Materialaufwand 150 TEUR
        – Personalaufwand   50 TEUR
           Gewinn   300 TEUR

    2. Gesamtergebnisrechnung

        – Gewinn lt. GuV   300 TEUR
        – Neubewertung   20 TEUR
           Gesamtergebnis 280 TEUR

1.3.5   Eigenkapitalveränderungsrechnung

▶   IAS 1.106-110

Die Eigenkapitalveränderungsrechnung hat den **Zweck**, auch solche Veränderungen des Eigenkapitals zu offenbaren, die nicht lediglich aus (ergebniswirksamen und ergebnisneutralen) Ergebnisbeiträgen lt. Gesamtergebnisrechnung, sondern auch aus Transaktionen zwischen dem Unternehmen und seinen Eigentümern resultieren (IAS 1.109). Nach IAS 1.106 sind daher in der Eigenkapitalveränderungsrechnung das Gesamtergebnis in einer Summe und getrennt hiervon die Kapitaltransaktionen mit den Eigentümern des Unternehmens, wie Kapitalerhöhungen, Kapitalherabsetzungen und Dividendenauszahlungen, darzulegen. Ausschüttungen sind hierbei entweder gesondert als Kapitaltransaktion mit den Eigentümern oder aber im Anhang zu zeigen (IAS 1.107).

Die **Form** der Eigenkapitalveränderungsrechnung kann sich nach dem folgenden – stark vereinfachten – Schema der **Tabelle 1.1** orientieren, bei dem in der Horizontalen die einzelnen Eigenkapitalposten und in der Vertikalen die Ereignisse, die das Eigenkapital in der Höhe und in seiner Zusammensetzung verändert haben, aufgeführt werden.

Tabelle 1.1   Vereinfachte Eigenkapitalveränderungsrechnung

	Gezeichnetes Kapital	Kapital-rücklage	Gewinn-rücklage einschl. Jahreserfolg	Neubewer-tungsrücklage	Summen
Stand 01.01.					
Kapitalerhö-hungen					
Kapitalherab-setzungen					
Dividenden-zahlungen					
Gesamter-gebnis					
Vereinnah-mung der Neubewer-tungsrücklage					
Stand 31.12.					

Fall:

Erstellen Sie mit den folgenden Angaben die Eigenkapitalveränderungsrechnung zum 31.12.01!

- Zum 01.01.01 waren nur gezeichnetes Kapital i.H.v. 80 TEUR, Gewinnrücklagen i.H.v. 20 TEUR und eine Neubewertungsrücklage i.H.v. 12 TEUR vorhanden;

- Kapitalerhöhung in 01 mit 10.000 jungen Aktien zum Nennwert von 1 EUR/Stück und einem Ausgabepreis von 3 EUR/Stück;

- Das Gesamtergebnis 01 i.H.v. 98 TEUR entfällt mit 8 TEUR auf die Neubewertung eines unbebauten Grundstücks nach dem Neubewertungsmodell des IAS 16;

- Im Gesamtergebnis enthaltene Abschreibungen entfallen i.H.v. 3 TEUR auf Neube-wertungsbeträge aus Vorjahren, die aus der Neubewertungsrücklage in die Gewinn-rücklagen umzubuchen sind.

- Für das Vorjahr wurde eine Dividende i.H.v. 18 TEUR gezahlt.

Lösung:

	Gezeichnetes Kapital	Kapital-rücklage	Gewinn-rücklage einschl. Jahreserfolg	Neubewer-tungsrücklage	Summen
Stand 01.01.	80	-	20	12	112
Kapitalerhö-hungen	+10	+20	-	-	+30
Kapitalherab-setzungen	-	-	-	-	-
Dividenden-zahlungen	-	-	-18	-	-18
Gesamter-gebnis	-	-	+90	+8	+98
Vereinnah-mung der Neubewer-tungsrücklage			+3	-3	
Stand 31.12.	90	20	95	17	222

Erläuterungen zu dieser Lösung:

■ Im Rahmen der Kapitalerhöhung erhöht sich das gezeichnete Kapital um den Nennbe-trag der jungen Aktien, das hierüber hinausgehende Agio ist nach gesellschaftsrechtli-chen Vorgaben in die Kapitalrücklage einzustellen (§ 272 Abs. 2 Nr. 1 HGB).

■ Das Gesamtergebnis ist aufzuteilen in den Gewinn lt. GuV, der hier in die Gewinnrück-lagen eingehen soll, und in das sonstige Ergebnis, das in die Neubewertungsrücklage eingeht (vgl. 2.1.4.2).

■ Soweit planmäßige Abschreibungen auf Neubewertungsbeträge aus Vorjahren entfal-len, ziehen sie eine Umbuchung aus der Neubewertungs- in die Gewinnrücklage nach sich (vgl. 2.1.4.2).

1.3.6 Anhang

▶ IAS 1.112-138

Der Anhang fasst gem. IAS 1.10(e) die maßgeblichen Bilanzierungs- und Bewertungsme-thoden zusammen. Er enthält außerdem weitere Erläuterungen, die in den einzelnen Stan-dards verlangt werden sowie Angaben, die wahlweise in den anderen Rechnungslegungs-instrumenten oder im Anhang zu machen sind (vgl. z.B. IAS 1.77 ff. und IAS 1.97 ff.). Der

Anhang dient damit der **Erläuterung, Ergänzung und Entlastung** von Bilanz und GuV. Eine Korrekturfunktion für unrichtige Daten aus Bilanz oder Gesamtergebnisrechnung kommt ihm jedoch nicht zu, da gem. IAS 1.18 die Anwendung ungeeigneter Bilanzierungs- und Bewertungsmethoden weder durch die Angabe der Methoden, noch durch Anhangangaben oder zusätzliche Erläuterungen geheilt werden kann. In der Praxis kommt dem Anhang des IFRS-Abschlusses eine besondere Bedeutung für den IFRS-Abschlussadressaten zu. Im Rahmen der Analyse des Abschlusses durch die Adressaten sind diese insbesondere auf qualitative und weitere quantitative Informationen im Anhang angewiesen, die eine Interpretation des IFRS-Abschlusses erst ermöglichen.

Nach den Vorgaben des IAS 1 setzt sich der **Inhalt** des Anhangs zusammen aus

- Informationen, die entweder in der Bilanz oder im Anhang darzustellen sind (IAS 1.77-80A),

- Informationen, die entweder in der Gesamtergebnisrechnung oder im Anhang darzustellen sind (IAS 1.97-105),

- Angaben zu den Rechnungslegungsmethoden (IAS 1.117-124),

- Angaben zu Schätzungsunsicherheiten (IAS 1.125-133),

- Angaben zum Kapital des Unternehmens (IAS 1.134-136A),

- Weiteren Angaben nach IAS 1.137-138.

Daneben verlangen die anderen Standards des IFRS-Regelwerks zahlreiche Angabepflichten, die in der Praxis regelmäßig im Anhang erfolgen. Generell ist nach IAS 1.113 bei Posten aus den Rechnungslegungsinstrumenten, wie z.B. Bilanz oder Gesamtergebnisrechnung, direkt (z.B. durch numerische Verweise) zu vermerken, an welcher Stelle im Anhang des Abschlusses Erläuterungen zu dem jeweiligen Posten zu finden sind. Hierdurch soll der Übersichtlichkeit des im Übrigen recht umfangreichen Anhangs in IFRS-Abschlüssen Genüge getan werden.

Die grobe **Struktur der Darstellung** der erforderlichen Angaben im Anhang des IFRS-Abschlusses ergibt sich aus IAS 1.114:

a. Bestätigung der Übereinstimmung mit IFRS

b. Angabe der (wesentlichen) Rechnungslegungsmethoden

c. Ergänzende Informationen zu den einzelnen Posten der anderen Abschlussbestandteile

d. Andere Angaben, z.B.

- Eventualverbindlichkeiten i.S.d. IAS 37 und nicht bilanzierte vertragliche Verpflichtungen
- Nicht finanzielle Angaben i.S.d. IFRS 7 (Angaben zu Finanzinstrumenten).

1.3.7   Änderung des IAS 1 und aktuelle Entwicklungen

Im Juli 2011 hat der IASB eine Änderung des IAS 1 veröffentlicht, die allerdings noch nicht das Endorsement-Verfahren der EU durchlaufen hat. Nach diesen Änderungen haben im Falle der getrennten Darstellung der GuV und der **Überleitung zum Gesamtergebnis** diese beiden Rechnungen im Abschluss unmittelbar aufeinander zu folgen, was aber bereits jetzt in der Praxis der Regelfall ist. Außerdem wurde festgelegt, dass bei der **Darstellung des sonstigen Ergebnisses** in beiden Darstellungsvarianten der Gesamtergebnisrechnung zu trennen ist zwischen solchen Ergebnisbestandteilen, die in Zukunft niemals die GuV berühren werden, und solchen, die zukünftig in die GuV umgebucht werden könnten (sog. ‚recycling‘). Weitere geringfügigere Anpassungen des IAS 1 sind im Rahmen der jährlichen Verbesserungen in 2011 zu erwarten, die in ihrem Entwurf klarstellende Aussagen zur Angabe von Vergleichszahlen aus Vorjahren und Anpassungen aufgrund des geänderten Rahmenkonzepts vorsehen (vgl. hierzu ED/2011/2 des IASB).

1.3.8   Wiederholung des IAS 1 in Stichworten

Machen sie sich die wesentlichen Inhalte des IAS 1 anhand der folgenden Stichworte klar:

- Vermittlung entscheidungsnützlicher Informationen als dominierender Rechnungslegungszweck der IFRS;

- Bilanz, Gesamtergebnisrechnung, Eigenkapitalveränderungsrechnung, Kapitalflussrechnung und Anhang als für alle Unternehmen verpflichtende Rechnungslegungsinstrumente;

- Einzelne Rechnungslegungsgrundsätze;

- Gliederung der Bilanzposten nach Fristigkeit;

- Gesamtergebnis als Summe aus Jahresergebnis (Gewinn oder Verlust) und sonstigem Ergebnis;

- Zwei Darstellungsvarianten der Gesamtergebnisrechnung;

- Darstellungen den Veränderungen des Eigenkapitals in der Eigenkapitalveränderungsrechnung;

- Erläuterung, Ergänzung und Entlastung als Funktionen des Anhangs.

1.3.9   Hinweise zur Vertiefung

Die folgenden Aspekte wurden in der vorstehenden Einführung zu IAS 1 nicht eingehend behandelt und empfehlen sich daher zur Vertiefung anhand der einschlägigen Kommentarliteratur:

■ Zulässigkeit der Abweichungen von Regelungen der IFRS nach IAS 1.19-24;

■ Veröffentlichung einer zusätzlichen Vergleichsbilanz im Falle einer Fehlerkorrektur (IAS 1.10(f));

■ Einzelheiten zur Eigenkapitalveränderungsrechnung nach IAS 1.106-110, wie z.B. die Berücksichtigung rückwirkender Anwendungen bzw. Anpassungen i.S.d. IAS 8.

1.4 IAS 10 - Ereignisse nach dem Stichtag

1.4.1 Überblick zum IAS 10

▶ IAS 10.1-3

IAS 10 wurde am 26.11.2009 mit dem Abschluss des **Endorsement-Verfahrens** von der EU übernommen. Der Standard hat die Bilanzierung und Angabe von Ereignissen nach dem Abschlussstichtag zum **Gegenstand**, auch soweit diese Auswirkungen auf die Annahme der Unternehmensfortführung haben. Sein Aufbau ist vor dem Hintergrund dieser engen Problemstellung unmittelbar verständlich:

■ Zielsetzung des Standards (IAS 10.1)

■ Anwendungsbereich des Standards (IAS 10.2)

■ Definitionen (IAS 10.3-7)

■ Erfassung und Bewertung von Ereignissen (IAS 10.8-13)

■ Auswirkungen von Ereignissen auf die Unternehmensfortführung (IAS 10.14-16)

■ Angaben (IAS 10.17-22)

■ Vorschriften zum zeitlichen Anwendungsbereich des Standards (IAS 10.23-24).

Für das Verständnis dieses Standards erlangt die **Definition** des Ereignisses nach dem Bilanzstichtag eine besondere Bedeutung. Nach IAS 10.3 sind unter Ereignissen nach dem Bilanzstichtag vorteilhafte oder nachteilige Ereignisse, die zwischen dem Bilanzstichtag und dem Tag eintreten, an dem der Abschluss zur Veröffentlichung genehmigt wird. Hierbei wird unterschieden zwischen

a. Berücksichtigungspflichtigen Ereignissen, die (lediglich) weitere Hinweise zu Gegebenheiten darstellen, die bereits am Bilanzstichtag vorgelegen haben, und

b. Nicht zu berücksichtigenden Ereignissen, die Gegebenheiten darstellen, die erst nach dem Bilanzstichtag eingetreten sind.

Die weiteren Erläuterungen unter der Überschrift ‚Definitionen' haben bereits regelnden Charakter und sind Gegenstand des folgenden Kapitels.

1.4.2   Berücksichtigung von Ereignissen nach dem Stichtag

▶   IAS 10.3-13

Die Definitionen nach IAS 10.3 machen bereits deutlich, dass der Standard die aus der HGB-Rechnungslegung unter dem Konflikt ‚Wertaufhellung vs. Wertbegründung' bekannte Problemstellung behandelt. Bei der Abgrenzung von bis zum Abschlussstichtag berücksichtigungspflichtigen und nicht berücksichtigungsfähigen Ereignissen kommt eine entscheidende Bedeutung der Frage zu, ob das Ereignis sich auf eine Gegebenheit bezieht, die bereits vor oder erst nach dem Abschlussstichtag eingetreten ist. Außerdem muss ein Ereignis i.S.d. IAS 10 bis zu dem Tag eintreten, an dem „der Abschluss zur Veröffentlichung genehmigt wird". Dies erfordert in einem ersten Schritt die Abgrenzung des Zeitraums, innerhalb dessen Ereignisse überhaupt fallen müssen, um von IAS 10 erfasst zu werden (Aufhellungszeitraum).

Abbildung 1.6   Berücksichtigung von Ereignissen im Aufhellungszeitraum

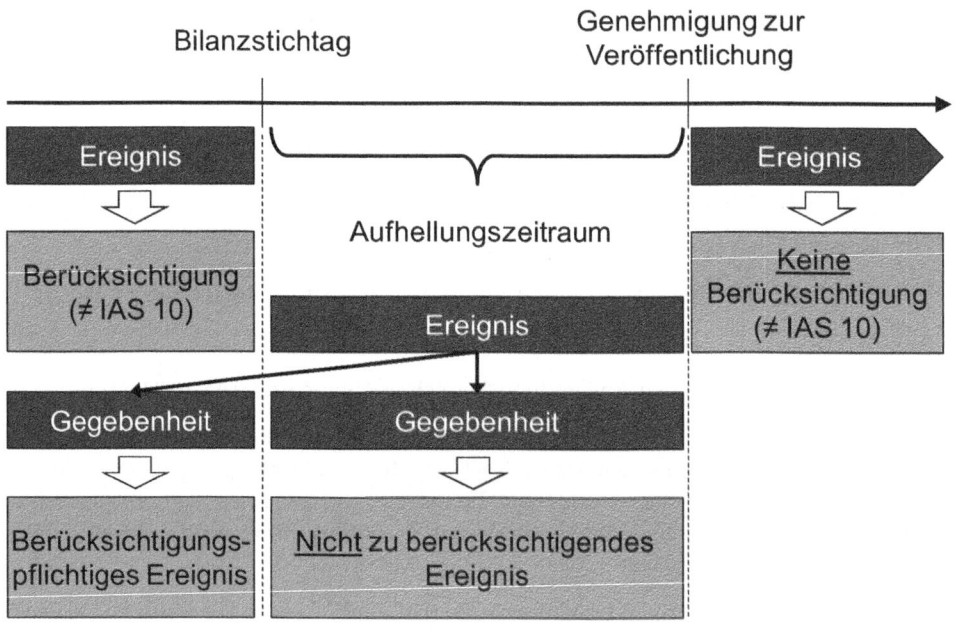

IAS 10 behandelt ausschließlich Ereignisse im Aufhellungszeitraum – übrigens ein Begriff, den IAS 10 nicht verwendet, der sich für das Verständnis des Standards jedoch anbietet. Ereignisse, die bis zum Abschlussstichtag eingetreten sind, sind selbstverständlich noch im Abschluss zu verarbeiten. Treten Ereignisse nach Ablauf des Aufhellungszeitraums ein, so fallen diese nicht unter IAS 10, und sie können in den meisten Fällen praktisch auch nicht mehr berücksichtigt werden, da bereits erste (gesellschaftsrechtliche) Schritte zur Veröffentlichung des Abschlusses eingeleitet wurden.

Der **Aufhellungszeitraum** ist hinsichtlich seines Beginns (mit der juristischen Sekunde) nach dem Bilanzstichtag eindeutig umrissen. Fraglich ist jedoch, wann ein Abschluss als „zur Veröffentlichung genehmigt" gilt, wodurch das Ende des Aufhellungszeitraums festgelegt ist. In Deutschland ist diese Frage insbesondere vor dem Hintergrund der Rechtsform des bilanzierenden Unternehmens zu beantworten, weshalb die in IAS 10.4-7 getroffenen Erläuterungen nur bedingt ohne Weiteres auf deutsche Verhältnisse angewendet werden können. Bei einer AG ist das Ende des Aufhellungszeitraums in Übereinstimmung mit IAS 10.6 am Tag des Entschlusses zur Vorlage des Abschlusses an den Aufsichtsrat (§§ 170 Abs. 1, 171 AktG) gegeben. Dies gilt entsprechend für eine GmbH, für die kraft Satzung ein Aufsichtsrat bestellt wurde (§ 52 Abs. 1 i.V.m. §§ 170,171 AktG). Die Geschäftsführer einer GmbH ohne eingerichteten Aufsichtsrat haben den Jahresabschluss und den Lagebericht unverzüglich nach der Aufstellung den Gesellschaftern zum Zwecke der Feststellung vorzulegen, wodurch sicherlich das spätestdenkbare Ende des Aufhellungszeitraums bei einer solchen GmbH definiert wird (IAS 10.5). Letztlich ist der Tag, an dem der Abschluss als „zur Veröffentlichung genehmigt" gilt, in IAS 10 nicht eindeutig beschrieben. Dieser Zeitpunkt ist daher im Einzelfall unter Berücksichtigung der Satzung bzw. des Gesellschaftsvertrags des bilanzierenden Unternehmens zu bestimmen. Die Vorabveröffentlichung einzelner Teile des Jahresabschlusses markiert jedenfalls nicht das Ende des Aufhellungszeitraums (IAS 10.7).

<u>Fall</u>:

Eine AG stellt ihren Jahresabschluss zum 31.12.01 auf. Der Vorstand betrachtet die Jahresabschlussarbeiten am 01.03.02 als beendet. Der Abschlussprüfer beendet seine Prüfungshandlungen vor Ort am 12.03.02. Der Abschluss wird dem Aufsichtsrat der AG am 15.03.02 vorgelegt. Am 30.03.02 erfolgt eine Presseerklärung zum Jahresabschluss 01, der am 04.04.02 festgestellt und kurz danach im Bundesanzeiger offen gelegt wird.

Bestimmen Sie den Aufhellungszeitraum!

<u>Lösung</u>:

Der Aufhellungszeitraum beginnt am 01.01.02 und endet mit Vorlage an den Aufsichtsrat am 15.03.02. Insbesondere das Datum der Presseerklärung und die tatsächliche Offenlegung sind für das Enddatum irrelevant. Das gilt für die Presseerklärung auch dann, wenn Sie vor der Vorlage an den Aufsichtsrat erfolgen würde, da sie nur ausgewählte Teile des Jahresabschluss, insbesondere das Ergebnis, zum Gegenstand hat (IAS 10.7).

Nach Festlegung des Aufhellungszeitraums stellt sich die Frage, wann konkret ein **Ereignis** vorliegt. Insbesondere wirft die Definition nach IAS 10.3 die Frage auf, wodurch sich ein Ereignis und eine Gegebenheit unterscheiden. Diese Unterscheidung wird in IAS 10 nicht ausdrücklich getroffen. Die Beispiele für berücksichtigungspflichtige Ereignisse in IAS 10.9 und für nicht zu berücksichtigende Ereignisse in IAS 10.11 sowie IAS 10.22 lassen jedoch deutlich werden, dass Ereignisse i.S.d. IAS 10 lediglich bessere Informationen über bilanzierungsrelevante Gegebenheiten liefern. So ist z.B. das Ereignis „Beendigung eines gerichtlichen Verfahrens mit Zahlungspflicht des Bilanzierenden" ein Hinweis darauf, dass zuvor bereits die Gegebenheit „Bestehen einer wahrscheinlichen Verpflichtung" vorgelegen hat (IAS 10.9(a)). Deutlicher wird der Unterschied, wenn das Ereignis „Einleitung eines Insolvenzverfahrens eines Kunden" darauf hindeutet, dass zuvor bereits wirtschaftliche Schwierigkeiten des Kunden bestanden, die Hinweise zu der bilanzierungsrelevanten Frage „Wertminderung der Forderung gegenüber dem Kunden" geben (IAS 10.9(b)(i)).

Entscheidend ist dann, ob die Gegebenheit bereits am Bilanzstichtag objektiv vorgelegen hat und das Ereignis im Aufhellungszeitraum lediglich (bessere) Informationen hierzu liefert. In diesem Fall ist diese Information als berücksichtigungspflichtiges Ereignis im Abschluss der abgelaufenen Periode noch zu berücksichtigen (IAS 10.8). Ist die Gegebenheit hingegen erst nach dem Bilanzstichtag eingetreten, so darf die (bessere) Information aufgrund des Ereignisses im Aufhellungszeitraum nicht mehr verarbeitet werden, sondern ist Gegenstand des nächsten Abschlusses (IAS 10.10). So deutet z.B. das Ereignis „Einleitung eines Insolvenzverfahrens eines Kunden" nach dem Bilanzstichtag sicherlich darauf hin, dass bereits zum Stichtag wirtschaftliche Schwierigkeiten des Kunden bestanden, die eine Wertminderung der Forderung gegenüber diesem Kunden rechtfertigen (IAS 10.9(b)(i)). Ist jedoch nachweisbar der Insolvenzgrund erst nach dem Stichtag des bilanzierenden Unternehmens eingetreten, z.B. durch eine unabsehbare Zahlungsunfähigkeit aufgrund unerwartet zurückgezogener Kreditlinien, und entstehen erst hierdurch wirtschaftliche Schwierigkeiten des Kunden, so ist die für die Bewertung der Forderung relevante Gegebenheit erst dem neuen Jahr zuzuordnen, weshalb die Forderung gegenüber dem Kunden erst im folgenden Abschluss wertgemindert werden dürfte. Dieses Beispiel verdeutlicht, dass die Abgrenzung in der Praxis oftmals schwierig ist.

Eine eindeutige Regelung sieht IAS 10 hingegen für **Ausschüttungen an die Anteilseigener** des bilanzierenden Unternehmens vor. Hier stellt sich die Frage, ob Ausschüttungen bereits im Abschluss der abgelaufenen Periode, für die die Ausschüttung erfolgen soll, als Schulden gegenüber den Anteilseignern zu erfassen sind. Nach IAS 10.12 f. ist eine Schuld für die Verpflichtung zur Auszahlung von Dividenden erst dann in der IFRS-Bilanz zu passivieren, wenn über die Ausschüttung beschlossen wurde. Ausschüttungen deutscher Kapitalgesellschaften werden im Regelfall jedoch erst nach Abschluss des Geschäftsjahres unter Vorlage des festgestellten Jahresabschlusses beschlossen (§ 174 Abs. 1 AktG; § 29 Abs. 1 GmbHG). Da der Ausschüttungsbeschluss in Deutschland i.d.R. erst im Folgejahr gesellschaftsrechtlich zulässig ist, darf daher zum Bilanzstichtag auch keine Ausschüttungsverbindlichkeit für eine Dividende, die sich auf das abgelaufene Geschäftsjahr bezieht, passiviert werden. Allerdings sind bis zum Ende des Aufhellungszeitraums beschlossene Ausschüttungen nach IAS 1.107 entweder in der Eigenkapitalveränderungsrechnung oder im Anhang anzugeben.

Für den Zeitpunkt der Erfassung **erhaltener Dividenden** im IFRS-Abschluss des Anteilseigners enthält IAS 18.30(c) eine Sonderregelung (vgl. 2.18.6).

<u>Fall:</u>

Ein Unternehmen schließt mit zweien seiner Vorstandsmitglieder A und B im März 02 eine schriftliche Vereinbarung zur Zahlung von Pensionsleistungen nach dem altersbedingten Ausscheiden dieser Geschäftsführer (IAS 19). Die Vereinbarung ist ausdrücklich eine „Klarstellung" zu bereits mündlich getroffenen und rechtlich nicht zu beanstandenden Vereinbarungen, die mit A im November 01 und mit B im Januar 02 jeweils mit Wirkung ab Datum der mündlichen Vereinbarung getroffen wurden. Der IFRS-Abschluss wird im April aufgestellt und an den Aufsichtsrat zur Prüfung weitergeleitet.

Sind diese Verpflichtungen im Abschluss zum 31.12.01 grundsätzlich nach IAS 10 zu berücksichtigen?

<u>Lösung:</u>

Die schriftliche Vereinbarung stellt ein aus Unternehmenssicht nachteiliges Ereignis i.S.d. IAS 10.3 dar, das zwischen dem Bilanzstichtag 31.12.01 und dem Tag der Genehmigung zur Veröffentlichung des Abschlusses im April 02 eintritt. Hinsichtlich des Vorstands A gibt dieses Ereignis (lediglich) substanzielle Hinweise zu einer Gegebenheit, hier die mündliche Vereinbarung, die bereits vor dem Stichtag vorgelegen hat. Insoweit liegt ein berücksichtigungspflichtiges Ereignis vor, das bei der Bemessung der Pensionsverpflichtungen des Unternehmens nach IAS 19 zum 31.12.01 zu berücksichtigen ist (IAS 10.8). Hinsichtlich der Vereinbarung mit Vorstand B bezieht sich das Ereignis auf eine Gegebenheit, hier die rechtlich wirksame mündliche Vereinbarung aus Januar 02, das erst nach dem Bilanzstichtag eingetreten ist. Es handelt sich damit um ein nicht zu berücksichtigendes Ereignis, das nicht mehr in die Bemessung der Pensionsverpflichtung zum 31.12.01 eingeht.

1.4.3   Unternehmensfortführung

▶   IAS 10.14-16

Ein Basisgrundsatz der IFRS ist der Grundsatz der Unternehmensfortführung (RK.4.1 und IAS 1.25 f.). Ist **bis zum Bilanzstichtag** davon auszugehen, dass das Unternehmen aufgelöst wird oder seinen Geschäftsbetrieb, z.B. aufgrund eines eingeleiteten Insolvenzverfahrens, eingestellt wird, so darf der Abschluss nicht mehr unter der Prämisse der Unternehmensfortführung aufgestellt werden. Insbesondere stellt sich dann die Frage, ob statt von Fortführungswerten die Liquidationswerte der einzelnen Vermögenswerte anzusetzen sind.

Sind die Gründe, die gegen eine Unternehmensfortführung sprechen, erst **nach dem Bilanzstichtag** eingetreten, sind diese Gründe nach der im vorangegangenen Kapitel dargestellten Logik des IAS 10 als nicht zu berücksichtigende Ereignisse i.S.d. IAS 10 für den vorangegangenen Abschluss unerheblich. Von diesen Grundsätzen weicht IAS 10 jedoch ab und verlangt in seinen Paragrafen 14 f., dass der Grundsatz der Unternehmensfortführung auch dann für den vorangegangenen Bilanzstichtag nicht mehr zugrunde zu legen ist, wenn erst im Aufhellungszeitraum nach dem Stichtag die Gründe eintreten, die gegen eine Unternehmensfortführung sprechen. Hintergrund dieser Regelung ist, dass ein unter der

Fortführungsannahme aufgestellter Abschluss keinen Informationswert mehr hat, wenn bereits bei seiner Veröffentlichung feststeht, dass das Unternehmen nicht fortgeführt wird und die Werte des Abschlusses damit nicht mehr aussagekräftig sind.

1.4.4   Angaben

▶   IAS 10.17-22

IAS 10 sieht Angaben in Bezug auf Ereignisse nach dem Bilanzstichtag vor, die im Überblick wie folgt eingruppiert werden:

- Angaben zum Zeitpunkt der Genehmigung zur Veröffentlichung des Abschlusses, mithin zum Ende des Aufhellungszweitraums (IAS 10.17-18),

- Angaben zu den nicht zu berücksichtigenden Ereignissen nach dem Bilanzstichtag (IAS 10.21-22).

Darüber gilt nach IAS 10.19-20 das Grundprinzip der Erfassung berücksichtigungspflichtiger Ereignisse auch für alle (Anhang-)Angaben im IFRS-Abschluss.

1.4.5   Wiederholung des IAS 10 in Stichworten

- Berücksichtigung aller Ereignisse bis zum Abschlussstichtag;

- Im Aufhellungszeitraum (Bilanzstichtag bis zur Genehmigung der Veröffentlichung des Abschlusses): Berücksichtigung nur solcher Ereignisse, die sich auf Gegebenheiten beziehen, die vor dem Abschlussstichtag stattgefunden haben;

- Keine Berücksichtigung von Ereignissen nach dem Aufhellungszeitraum;

- Besonderheit: Beurteilung Unternehmensfortführung auch anhand von Ereignissen im Aufhellungszeitraum.

1.4.6   Hinweise zur Vertiefung

Folgende, in den vorangegangenen Kapiteln nicht eingehend behandelte Aspekte bieten sich zur Vertiefung anhand der einschlägigen Kommentarliteratur an:

- Einzelfälle berücksichtigungspflichtiger und nicht zu berücksichtigender Ereignisse nach dem Abschlussstichtag (IAS 10.8 ff.);

- IFRS-Abschluss nach Wegfall der Prämisse der Unternehmensfortführung (IAS 10.14 ff.).

2 Spezielle Themen des Rechenwerks

2.1 IAS 16 - Sachanlagen

2.1.1 Überblick zum IAS 16

▶ IAS 16.1-6

Gegenstand dieses Standards, der in der hier zugrunde gelegten Fassung am 03.06.2009 das Endorsement-Verfahren durchlaufen hat, sind Bilanzierungsfragen zum Ansatz und zur Bewertung von Sachanlagen. Zum **Ausweis** der Sachanlagen vgl. 1.3.3. Der IAS 16 ist wie folgt **aufgebaut**:

- Zielsetzung des Standards (IAS 16.1)
- Anwendungsbereich des Standards (IAS 16.2-5)
- Definitionen (IAS 16.6)
- Ansatz der Sachanlagen (IAS 16.7-14)
- Bewertung bei erstmaligem Ansatz (IAS 16.15-28)
- Folgebewertung (IAS 16.29-66)
- Ausbuchung von Sachanlagen (IAS 16.67-72)
- Angaben (IAS 16.73-79)
- Vorschriften zum zeitlichen Anwendungsbereich des Standards (IAS 16.80-83).

Durch IAS 16 werden nicht die Ansatz- und Bewertungsfragen sämtlicher Sachanlagen geregelt. Für bestimmte Sachanlagen ist er gar nicht **anwendbar** (IAS 16.3):

a. Zur Veräußerung gehaltene langfristige Vermögenswerte und aufgegebene Geschäftsbereiche nach IFRS 5 (vgl. 2.5),

b. Biologische Vermögenswerte in der Landwirtschaft nach IAS 41 (vgl. 2.12),

c. Vermögenswerte aus der Exploration und Evaluierung von Bodenschätzen nach IFRS 6 (vgl. 2.6),

d. Abbau- und Schürfrechte sowie Bodenschätze.

Soweit darüber hinaus andere Standards spezielle Regelungen für den Ansatz und für die Bewertung von Sachanlagen vorsehen, wie z.B. IAS 17 zur Bilanzierung von Leasingverhältnissen (vgl. 2.3) oder IAS 40 zu als Finanzinvestitionen gehaltenen Immobilien (vgl. 2.7), so gehen diese spezifischen Vorschriften denen des IAS 16 vor (IAS 16.2, 16.4 f.).

In IAS 16.6 werden einleitend einige wichtige **Definitionen** gegeben, die für das Verständnis des Standards von besonderer Bedeutung sind. So wird durch die Definition des Begriffs ‚Sachanlagen' als

- materielle Vermögenswerte,

- die für Zwecke der Herstellung oder der Lieferung von Gütern und Dienstleistungen, zur Vermietung an Dritte oder für Verwaltungszwecke gehalten werden

und

- die erwartungsgemäß länger als eine Periode genutzt werden,

auch der inhaltliche Anwendungsbereich des IAS 16 abgegrenzt. Bitte lesen Sie die einzelnen, in ihrer Reihenfolge ungeordneten Definitionen in IAS 16.6 und lesen Sie diese nochmals, sobald diese Begriffe in den folgenden Kapiteln verwendet werden!

2.1.2   Ansatz der Sachanlagen

▶   IAS 16.7-14; IAS 16.67-72

Erfüllt ein Vermögenswert die Definition für Sachanlagen nach IAS 16.6, so ist er nach IAS 16.7 gleichwohl erst dann in der Bilanz anzusetzen, wenn

a. es wahrscheinlich ist, dass er künftig zu einem Nutzenzufluss für das Unternehmen führen wird und

b. seine Anschaffungs- oder Herstellungskosten verlässlich bewertet werden können.

Hierdurch werden i.d.R alle Sachanlagen erfasst, die die Definition nach IAS 16.6 erfüllen. Auch Ersatzteile und Wartungsgeräte, die eigentlich den Vorräten zugehörig sind, sind dann als Sachanlagen zu aktivieren, wenn sie für den Kaufmann bedeutend sind und voraussichtlich länger als eine Periode genutzt werden (IAS 16.8).

Allerdings erscheint es nach dem allgemeinen Wesentlichkeitsgrundsatz (vgl. 1.2) zulässig, **geringwertige Wirtschaftsgüter**, insbesondere solche, die in Anlehnung an die steuerlichen Regeln (§ 6 Abs. 2, Abs. 2a EStG) zu Anschaffungskosten bis zu 150 EUR bzw. 410 EUR erworben wurden, nicht als Aktivposten anzusetzen, sondern sofort als Aufwand zu erfassen. Auch der Ansatz eines Sammelpostens nach diesen steuerlichen Vorschriften für Vermögenswerte mit Anschaffungskosten bis zu 1.000 EUR kann unter Wesentlichkeitsaspekten in der IFRS-Bilanz zulässig sein.[6] Ausdrücklich erlaubt IAS 16.9 auch die Möglichkeit, einzelne weniger bedeutende Sachanlagen zusammen anzusetzen und im Folgenden gemeinsam als Gruppe zu bewerten.

Im Zusammenhang mit einer Besonderheit der IFRS – dem sog. **Komponentenansatz** nach IAS 16.43 ff. (vgl. 2.1.4.1) – sind auch Ersatzgegenstände für Teile einer einheitlichen Sach-

---

6   Vgl. Maas/Back/Singer (2011), IAS 16, Rn. 40.

anlage (Komponenten) als nachträgliche Anschaffungs- oder Herstellungskosten anzusetzen (IAS 16.13). Dies lässt sich leicht am Beispiel eines Flugzeugs verdeutlichen, dessen Triebwerk während der Nutzungsdauer des Flugzeugs mehrfach auszutauschen ist. Das neu eingesetzte Triebwerk ist dann mit seinen Anschaffungskosten anzusetzen, so dass sich der Buchwert des Flugzeugs insgesamt um einen ggf. verbliebenen Restwert des ausgetauschten Triebwerks mindert und um die Anschaffungskosten für das neue Triebwerk erhöht.

Auch Kosten für planmäßige **Generalüberholungen** sind als nachträgliche Anschaffungs- oder Herstellungskosten anzusetzen, wenn Sie die Kriterien nach IAS 16.7 erfüllen (IAS 16.14). Dies lässt sich ebenfalls am Beispiel eines Flugzeugs erklären, bei dem von Vorneherein feststeht, dass es aus Sicherheitsgründen Generalüberholungen zu unterziehen ist. Hiervon sind laufende Wartungskosten zu unterscheiden, die für sich nicht diese Ansatzkriterien, insbesondere nicht den Nutzenzufluss, erfüllen können und daher als Aufwand zu erfassen sind (IAS 16.9). Eine Abgrenzung kann sich in der Praxis als schwierig erweisen und wird letztlich unter Rückgriff auf den Umfang und die Höhe der angefallenen Kosten vorgenommen.

Ausgetauschte Ersatzteile oder bei Durchführung einer zur Aktivierung führenden Generalüberholung noch nicht voll abgeschriebene Kosten der vorangegangenen Generalüberholungen sind ebenso wie insgesamt abgehende Sachanlagen auszubuchen (IAS 16.67 ff.). Ein zur **Ausbuchung** führende Abgang einer Sachanlage oder einer Komponente kann insbesondere durch Verschrottung oder Verkauf erfolgen. Der zum Zeitpunkt des Abgangs ggf. erzielte Veräußerungserlös abzüglich des zum Abgangszeitpunkt vorhandenen Restbuchwerts der Sachanlage ist als Gewinn bzw. Verlust in der Gesamtergebnisrechnung des Kaufmanns zu erfassen. Bei der Bestimmung des Abgangszeitpunkts sind die allgemeinen Grundsätze des IAS 18 zu den Umsatzerlösen (vgl. 2.18) anzuwenden.

Fall:

Ein für Unternehmenszwecke genutztes Flugzeug steht zum 31.12.01 mit 212 TEUR zu Buche. Hiervon entfallen 12 TEUR auf die beiden Triebwerke. Noch am 31.12.01 werden diese durch zwei neue Triebwerke ersetzt, die zuvor für jeweils 50 TEUR neu erworben wurden. Die beiden ersetzten Triebwerke werden noch am 31.12.01 zum Barpreis i.H.v. insgesamt 3 TEUR an einen Schrotthändler übergeben.

Behandlung im IFRS-Abschluss des Unternehmens (ohne USt)?

Lösung:

Zum 31.12.01 sind die neuen Triebwerke als Ersatzteile des Flugzeugs zu aktivieren und erhöhen um insgesamt 100 TEUR dessen Buchwert.

Buchung: Flugzeug   100   an   Bank   100

Die veräußerten Triebwerke sind auszubuchen und mindern in Höhe ihres Restbuchwerts (insgesamt 12 TEUR) den Buchwert des Flugzeugs. In Höhe der Differenz zwischen erzieltem Veräußerungserlös (3 TEUR) und dem Restbuchwert der Triebwerke (12 TEUR) entsteht ein in der GuV zu erfassender Veräußerungsverlust.

Buchung:	Kasse	3	an	Flugzeug	12
	Veräußerungsverlust	9			

2.1.3 Zugangsbewertung der Sachanlagen

▶   IAS 16.10; IAS 16.15-28

Aktivierungspflichtige Sachanlagen, wie z.B. Grundstücke oder Betriebs- und Geschäftsausstattung, werden i.d.R. entgeltlich erworben. In diesen Fällen erfolgt die Zugangsbewertung ausgehend von den Anschaffungskosten. Werden Sachanlagen selbst hergestellt, so orientiert sich der Zugangswert an dessen Herstellungskosten im Unternehmen. In IAS 16 selbst wird jedoch nicht grundlegend zwischen Anschaffungs- oder Herstellungskosten unterschieden. Es wird lediglich darauf hingewiesen, dass die Herstellungskosten für eine selbst geschaffene Sachanlage wie im Falle selbst geschaffener Vorräte (Fertigerzeugnisse) nach IAS 2 (vgl. 2.9) ermittelt werden (IAS 16.22). Besonderheiten, die sich aus den Paragrafen 16-19 des IAS 16 ergeben, sind jedoch zu beachten.

In IAS 16.6 werden die **Anschaffungs- oder Herstellungskosten** nur grundsätzlich umrissen. Demnach sind die Herstellungskosten bzw. die Anschaffungskosten um die abziehbare Umsatzsteuer (Vorsteuer) sowie Anschaffungspreisminderungen, wie z.B. Rabatte und Skonti zu mindern. Dem Zugang direkte zurechenbare Kosten zur Versetzung des Vermögenswerts in den gewünschten betriebsbereiten Zustand, wie z.B. Transport- oder Montagekosten, erhöhen den Zugangswert (zu weiteren Beispielen vgl. IAS 16.17). Der Zugangswert erhöht sich ebenfalls, sofern aus dem Zugang einer Sachanlage zukünftige Verpflichtungen resultieren, wie z.B. die Verpflichtung zum Rückbau eines selbst hergestellten Gebäudes auf fremdem Grund und Boden oder aus der öffentlich-rechtlichen Verpflichtung zum Rückbau eines Kraftwerks. Diese Erhöhung des Zugangswerts entspricht dem Zugangswert der für diese Verpflichtung zu bildenden Rückstellung nach IAS 37 (vgl. 2.15).

Nach IAS 16.19 sind bestimmte Kosten ausdrücklich **nicht aktivierungsfähig**, so u.a. Verwaltungs- und andere allgemeine Gemeinkosten. Auch Kosten, die anfallen, nachdem sich der Vermögenswert in betriebsbereitem Zustand befindet, sind grundsätzlich nicht aktivierungsfähig (zu Beispielen vgl. IAS 16.20). **Nachträgliche Anschaffungs- oder Herstellungskosten**, durch die dem bestehenden Vermögenswert etwas wirtschaftlichen Nutzen Stiftendes und verlässlich Bewertbares (i.S.d. IAS 16.7) hinzugefügt wird (IAS 16.10), sind jedoch zu erfassen. Bereits bei der Frage des Ansatzes im vorangegangenen Kapitel wurden Kosten für den Ersatz von Komponenten einer einheitlichen Sachanlage oder für deren Wartung erörtert. Diese sind im Falle der Ansatzpflicht als nachträgliche Anschaffungskosten zum Buchwert der Sachanlage hinzuzuaktivieren.

Darüber hinaus sind **Fremdkapitalzinsen** nach den Grundsätzen des IAS 23 (vgl. 2.11) aktivierungsfähig. Die in IAS 16.28 genannten **Zuwendungen der öffentlichen Hand** können den Zugangswert nach Maßgabe des IAS 20 (vgl. 2.19) mindern.

Damit lässt sich aus IAS 16 das folgende **Schema zur Ermittlung der Anschaffungs- bzw. Herstellungskosten** einer Sachanlage ableiten:

    Anschaffungspreis bzw. Herstellungskosten

−   Anschaffungspreisminderungen

+   Direkt zurechenbare Kosten zur Herbeiführung der Betriebsbereitschaft

+   Mit dem Zugang verbundene zukünftige Verpflichtungen

−   Einbeziehungsverbote nach IAS 16.19 und IAS 16.20

+   Nachträgliche Anschaffungs- oder Herstellungskosten

+   Ggf. Fremdkapitalzinsen nach IAS 23

−   Ggf. Zuwendungen der öffentlichen Hand nach IAS 20

=   Anschaffungs- bzw. Herstellungskosten einer Sachanlage

Als einen Sonderfall zur Bemessung der Anschaffungs- oder Herstellungskosten verlangt IAS 16.23, dass bei einem unüblich **langen Zahlungsziel** der Gegenwert des Barpreises als abgezinster vereinbarter Kaufpreis, mithin der Barwert, den Anschaffungskosten zugrunde zu legen ist.

Einen zweiten Sonderfall stellt der Erwerb im **Tausch** gegen andere Vermögenswerte dar, der in IAS 16.24-26 geregelt ist. Die Anschaffungskosten für im Tausch erworbene Sachanlagen ermitteln sich demnach grundsätzlich in Höhe des beizulegenden Zeitwerts (IAS 16.6) des hingegebenen Vermögenswerts. Dem liegt wie beim Kauf gegen finanzielle Mittel der Gedanke zugrunde, dass die Anschaffungskosten den Wert beschreiben, den der Kaufmann aufwendet – beim Tausch ist dies der aktuelle Wert des hingegebenen Vermögenswerts.

> <u>Fall:</u>
>
> Erwerb eines unbebauten Grundstücks gegen Hingabe eines (vor drei Jahren käuflich erworbenen) Patents (Buchwert bei Tausch: 150 TEUR; Zeitwert bei Tausch: 200 TEUR). Der Zeitwert des Grundstücks beträgt 210 TEUR. Nebenkosten (Notar, GrESt etc.) sind i.H.v. 10 TEUR angefallen und sofort per Banküberweisung beglichen worden. Mit dem Erwerb ist die öffentlich-rechtliche Verpflichtung zur Beseitigung von bestehenden Altlasten in drei Jahren verbunden. Diese Kosten betragen in drei Jahren rd. 50 TEUR (Barwert dieser Kosten bei Kauf 35 TEUR).
>
> *Buchen Sie den Zugang!*

<u>Lösung:</u>

Die Anschaffungskosten für das Grundstück lassen sich wie folgt ermitteln:

- Zeitwert des hingegebenen Patents: 200 TEUR (IAS 16.24)

- Nebenkosten des Erwerbs: 10 TEUR (IAS 16.16)

- Barwert der Verpflichtung: <u>35 TEUR</u> (IAS 16.16(c), IAS 16.23)

- Anschaffungskosten   245 TEUR

Buchung:	Grundstück	245	an	Patent	150
				Ertrag Patentabgang	50
				Bank	10
				Rückstellung	35

2.1.4   Folgebewertung der Sachanlagen

Dem bilanzierenden Kaufmann stehen nach IAS 16.29 zwei verschiedene Methoden zur Folgebewertung von Sachanlagen zur Wahl. Dies ist zum einen das Anschaffungskostenmodell (IAS 16.30), bei dem sich die Folgebewertung durchgehend an den Anschaffungsbzw. Herstellungskosten orientiert. Zum anderen wird mit dem Neubewertungsmodell (IAS 16.31-42) eine eher aktuelle Bewertung der Sachanlagen bezweckt. Nach beiden Modellen sind planmäßige Abschreibungen, (außerplanmäßige) Wertminderungen und ggf. Wertaufholungen zu berücksichtigen.

2.1.4.1   Anschaffungskostenmodell

▶   IAS 16.30; IAS 16.43-66

Nach dem Anschaffungskostenmodell sind die Anschaffungs- bzw. Herstellungskosten von abnutzbaren Sachanlagen um planmäßige Abschreibungen zu mindern. Unabhängig von ihrer Abnutzbarkeit ist der Zugangswert bzw. der aktuelle Restbuchwert von Sachanlagen auf einen (außerplanmäßigen) Wertminderungsbedarf hin zu untersuchen.

Damit lässt dich die Folgebewertung der Sachanlagen nach dem Anschaffungskostenmodell in folgendem **Schema** zusammenfassen, wobei unter kumulierten Abschreibungen die Summe der Abschreibungen für die bisherigen Jahre der Nutzung zu verstehen ist:

Anschaffungs- bzw. Herstellungskosten

– (kumulierte) Abschreibungen abnutzbarer Sachanlagen

– (kumulierte) Wertminderungen i.S.d. IAS 36

+ Wertaufholungen nach Wertminderungen

= Restbuchwert zum Stichtag

Während die (außerplanmäßigen) **Wertminderungen** einem gesonderten Standard (dem IAS 36) vorbehalten sind (vgl. 2.4), sind die **planmäßigen Abschreibungen** in IAS 16.43-62 geregelt. Hieraus ergeben sich auch die Komponenten zur Bestimmung der planmäßigen Abschreibung nach **Abbildung 2.1**:

Abbildung 2.1 Planmäßige Abschreibungen auf Sachanlagen

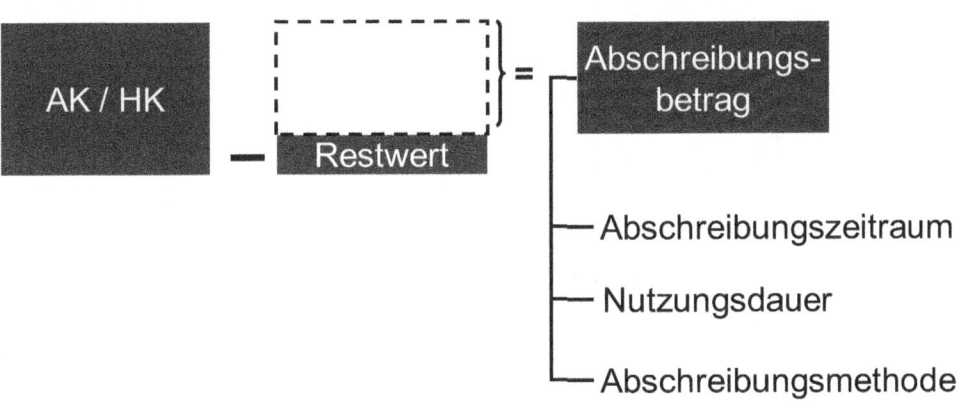

Der **Abschreibungsbetrag** entspricht i.d.R. dem sich aus den Anschaffungs- bzw. Herstellungskosten ergebenden Zugangswert. Von diesem ist der Restwert als der geschätzte Erlös bei Abgang des Vermögenswerts am Ende dessen Nutzungsdauer (vgl. IAS 16.6) abzusetzen. In der Praxis spielt dieser Restwert jedoch kaum eine Rolle (IAS 16.53).

Der Abschreibungsbetrag ist sodann planmäßig über die Nutzungsdauer des Vermögenswerts zu verteilen (IAS 16.50). Die **Abschreibung beginnt** hierbei ab dem Zeitpunkt der Betriebsbereitschaft der Sachanlage. Sie endet, wenn der Vermögenswert, z.B. aufgrund dessen Verschrottung, abgeht (dann Ausbuchung), wenn er zur Veräußerung vorgesehen ist (dann Übergang zur Bewertung nach IFRS 5 - vgl. 2.5) oder wenn seine Nutzungsdauer abgelaufen ist.

Die **Nutzungsdauer** ist nach deren Definition in IAS 16.6 der Zeitraum, über den der Vermögenswert voraussichtlich von dem Unternehmen nutzbar ist, oder aber die mit diesem

Vermögenswert im Unternehmen voraussichtlich zu erzielende Anzahl an Produktionseinheiten. Einige Anhaltspunkte zur Ermittlung der Nutzungsdauer sind in IAS 16.56 aufgezählt. Wichtig ist, dass die Nutzungsdauer betriebsindividuell zu ermitteln ist und insbesondere auch die Investitions- bzw. Desinvestitionspolitik des Unternehmens zu berücksichtigen hat. Die allgemeine wirtschaftliche Nutzbarkeit eines Vermögenswerts ist daher für die Bestimmung dessen Nutzungsdauer i.S.d. IAS 16 nicht maßgeblich (IAS 16.57). Für steuerliche Zwecke ermittelte Nutzungsdauern, insbesondere aus den sog. AfA-Tabellen, dürfen damit nicht ohne Weiteres in den IFRS-Abschluss einfließen.

Mit der Definition der Nutzungsdauer, die auf einen Zeitraum oder auf mit dem Vermögenswert erzielbare Produktionseinheiten abzielt, sind bereits die Methoden zur Verteilung des Abschreibungsbetrags über dessen Nutzungsdauer angedeutet (vgl. hierzu IAS 16.60-62). IAS 16 sieht keine bestimmte, allgemein gültige **Abschreibungsmethode** vor, sondern verlangt vom Kaufmann die Auswahl derjenigen Abschreibungsmethode, die dem erwarteten Verlauf des Verbrauchs bzw. der Nutzung am besten entspricht. Ausdrücklich – aber nicht abschließend – werden genannt:

- die lineare Abschreibung, bei der der Abschreibungsbetrag in gleichmäßigen Beträgen über die Nutzungsdauer verteilt wird,

- die degressive Abschreibung, bei der sich die jährlichen Abschreibungsbeträge z.B. durch Anwendung eines einheitlichen Prozentsatzes auf den verbliebenen Abschreibungsbetrag, im Verlauf der Nutzung mindern,

- die leistungsabhängige Abschreibung, die den jährlichen Abschreibungsbetrag anhand des Verhältnisses der im jeweiligen Jahr nachgewiesenen Nutzung (z.B. die Kilometerleistung eines LkW) oder Leistung (z.B. Produktionseinheiten) zum voraussichtlich gesamten Nutzungs-/Leistungspotenzial der Sachanlage (vgl. Definition der Nutzungsdauer) bemisst.

Die einmal gewählte Methode ist stetig fortzuführen und darf allenfalls bei tatsächlichen Änderungen des Nutzenverlaufs geändert werden (IAS 16.62).

Fall:

Ein Unternehmen hat am 01.01.01 eine sofort einsatzbereite Maschine zum (Netto-)Preis i.H.v. 105 TEUR angeschafft. Die wirtschaftliche Nutzbarkeit einer solchen Maschine liegt bei sieben Jahren, die steuerlichen AfA-Tabellen verlangen eine Abschreibung über fünf Jahre. Das Unternehmen wird die Maschine jedoch bereits nach 5 Jahren zum voraussichtlichen Preis i.H.v. 5 TEUR veräußern.

Berechnen Sie alternativ die lineare und die degressive Abschreibung (Abschreibungssatz 40%) über den Abschreibungszeitraum!

Lösung:

Der Abschreibungsbetrag beträgt nach Abzug des Restwerts (5 TEUR) von den Anschaffungskosten (105 TEUR) 100 TEUR. Die Abschreibungen sind ab Betriebsbereitschaft am

01.01.01 über die Nutzungsdauer von 5 Jahren vorzunehmen, da die Maschine voraussichtlich über diesen Zeitraum im Unternehmen genutzt wird. Weder die wirtschaftliche, noch die nach dem Steuerrecht unterstellte Nutzungsdauer sind nach IFRS maßgeblich.

Die linearen Abschreibungen betragen damit jährlich (100 TEUR / 5 Jahre =) 20 TEUR. Demgegenüber mindert sich der jährliche Abschreibungsbetrag bei der degressiven Abschreibung, da der konstante Abschreibungssatz von 40% auf den um die bisherigen (kumulierten) Abschreibungen geminderten Abschreibungsbetrag (nicht auf den ursprünglichen Abschreibungsbetrag) angewendet wird. Hierdurch bedingt verbleibt im letzten Jahr der Nutzungsdauer eine hohe Restabschreibung.

	Lineare Abschreibung		Degressive Abschreibung	
Jahr	Abschreibung	Restlicher Abschreibungsbetrag	Abschreibung	Restlicher Abschreibungsbetrag
Zugang		100.000		100.000
01	20.000	80.000	40.000	60.000
02	20.000	60.000	24.000	36.000
03	20.000	40.000	14.400	21.600
04	20.000	20.000	8.640	12.960
05	20.000	0	12.960	0
Summen	100.000		100.000	

Der jeweilige Restbuchwert der Maschine ist der restliche Abschreibungsbetrag, erhöht um den Restwert i.H.v. 5 TEUR. Letzterer wird nicht in die Abschreibungen einbezogen.

Eine Besonderheit zur Ermittlung der Abschreibungsbeträge liegt nach IAS 16.43-47 im sog. ‚Komponentenansatz' der bereits in den vorangegangenen Kapiteln zum Ansatz (vgl. 2.1.2) und zur Zugangsbewertung (vgl. 2.1.3) angesprochen wurde. Demnach sind nur für Zwecke der Abschreibungsbemessung wesentliche (wahlweise auch nicht wesentliche) technische Komponenten eines einheitlich anzusetzenden Vermögenswerts unter Zugrundelegung einer individuellen Nutzungsdauer und Abschreibungsmethode abzuschreiben. Z.B. werden die Triebwerke eines Flugzeugs über eine andere Nutzungsdauer abgeschrieben als der restliche (Haupt-)Teil des Flugzeugs, ohne dass sie getrennt vom Flugzeug angesetzt oder gar ausgewiesen werden. Die Abschreibungen des Flugzeugs insgesamt ergeben sich damit aus der Summe verschiedener Abschreibungsbeträge der Komponenten sowie des restlichen Teils des Flugzeugs.

2.1.4.2   Neubewertungsmodell

▶   IAS 16.31-42; IAS 16.43-66

Dem bilanzierenden Kaufmann ist es freigestellt, Sachanlagen nach dem Neubewertungs-modell zu bewerten. Dieses Wahlrecht erfährt nach IAS 16.36-38 dahingehend eine Ein-schränkung, dass es nur einheitlich für alle art- bzw. verwendungsgleichen Gruppen von Sachanlagen, wie z.B. für unbebaute Grundstücke oder Büroausstattung, ausgeübt werden darf (vgl. zu Beispielen IAS 16.37). In Abhängigkeit von den tatsächlichen oder erwartbaren Wertschwankungen für das neubewertete Anlagevermögen ist diese Neubewertung jähr-lich, zumindest aber alle drei bis fünf Jahre, zu wiederholen (IAS 16.34).

Bei Anwendung des Neubewertungsmodells werden die Sachanlagen zum **beizulegenden Zeitwert** angesetzt, sofern sich dieser Wert verlässlich bestimmen lässt (IAS 16.31). Der beizulegende Zeitwert ist nach IAS 16.6 definiert als der Betrag, zu dem ein Vermögenswert zwischen sachverständigen, vertragswilligen und voneinander unabhängigen Geschäfts-partnern getauscht werden könnte (zur zukünftigen Ermittlung des beizulegenden Zeit-werts nach IFRS 13 vgl. 3.2). Vorzugsweise soll bei der Ermittlung dieses Werts von den aktuellen Marktpreisen im Zeitpunkt der Neubewertung angesetzt werden (IAS 16.32). Bei Fehlen eines solchen Marktpreises, z.B. bei am Markt kaum veräußerbaren Spezialmaschi-nen, ist nach IAS 16.33 der Ertragswert (diskontierte erwartete Erträge) oder der Wiederbe-schaffungswert (Wiederbeschaffungspreis abzgl. (fiktiver) Abschreibungen für die bisheri-ge Nutzungsdauer – vgl. IAS 16.35(a)) zugrunde zu legen.

Übersteigt z.B. im Rahmen der Neubewertung eines unbebauten Grundstücks dessen bei-zulegende Zeitwert i.H.v. 160 TEUR die historischen Anschaffungs- bzw. Herstellungskos-ten (Zugangswert) eines Grundstücks i.H.v. 120 TEUR, so führt die Neubewertung zu ei-nem Ausweis noch nicht durch Verkauf am Markt realisierter Beträge. In Anerkennung der Tatsache, dass der Mehrbetrag aufgrund der Neubewertung, im Beispiel (160 – 120 =) 40 TEUR, nur einen reinen Buchgewinn darstellt, wird dieser Betrag im IFRS-Abschluss **ergebnisneutral** erfasst. Die IFRS lösen diese ergebnisneutrale Erfassung, indem der positi-ve Differenzbetrag zwischen dem beizulegendem Zeitwert und dem (ggf. um planmäßige Abschreibungen) fortgeführten Zugangswert nicht in der GuV, sondern im ‚sonstigen Er-gebnis' erfasst werden. Dieses sonstige Ergebnis, im Beispiel 40 TEUR, wird zwar in der Gesamtergebnisrechnung gezeigt, jedoch nicht im Jahresergebnis lt. GuV bzw. in den Ge-winnrücklagen. Dieses sonstige Ergebnis wird vielmehr der gesondert im Eigenkapital auszuweisenden Neubewertungsrücklage zugeführt (siehe hierzu auch IAS 1 - vgl. 1.3.4). Wird der im Rahmen des Neubewertungsmodells ermittelte Mehrbetrag später durch Ver-äußerung am Markt realisiert, wird dieser ehemals ergebnisneutral ermittelte Betrag, der bei Verkauf in der Neubewertungsrücklage enthalten ist, in die Gewinnrücklage umge-bucht.

Fall:

Ein im Jahr 01 für 120 TEUR bar angeschafftes unbebautes Grundstück wird im Jahr 03 zum beizulegenden Zeitwert i.H.v. 160 TEUR neubewertet. Im Jahr 05 wird es zum dann aktuellen Buchwert veräußert.

Buchen Sie die Bewertungsmaßnahmen in den einzelnen Jahren! Vernachlässigen Sie hierbei aus Vereinfachungsgründen latente Steuern (IAS 12).

Lösung:

Buchung 01:	Grundstück	120	an	Bank	120
Buchung 03:	Grundstück	40	an	Sonstiges Ergebnis	40
	(sonstiges Ergebnis	40	an	Neubewertungs-rücklage	40)
Buchung 05:	Bank	160	an	Grundstück	160
	Neubewertungs-rücklage	40	an	Gewinnrücklagen	40

Dies schlägt sich in Bilanz und Gesamtergebnisrechnung wie folgt nieder:

Jahr	Buchwert 31.12.	Sonstiges Ergebnis	GuV	Neubewertungs-rücklage 31.12.	Gewinn-rücklagen 31.12.
01	120	-	-	-	-
02	120	-	-	-	-
03	160	40	0	40	-
04	160	-	-	-	-
05	-	-	-	-	40

In den auf die erstmalige Neubewertung folgenden Geschäftsjahren sind vom (neuen) Buchwert zum einen **planmäßige Abschreibungen** aber auch (außerplanmäßige) **Wertminderungen** abzusetzen. Beide Wertkorrekturen können einerseits auf den (um gedachte planmäßige Abschreibungen) fortgeführten historischen Zugangswert und andererseits auf den hierüber hinausgehenden Teil aus der früheren Neubewertung des Vermögenswerts entfallen. Je nachdem, welcher Teil des neubewerteten Buchwerts durch Abschreibungen oder Wertminderungen verringert wird, resultieren hieraus unterschiedliche Wirkungen auf die Darstellung im Gesamtergebnis und innerhalb der Rücklagen:

■ Planmäßige Abschreibungen (IAS 16.41)

– Erfassung in voller Höhe als Aufwand (GuV)
– Umbuchung der Neubewertungsrücklage in die Gewinnrücklage, soweit die Abschreibungen auf den Neubewertungsgewinn aus Vorjahren entfällt

- Wertminderungen (IAS 16.40)

  - Zunächst Minderung des ‚sonstigen Ergebnisses', da die Wertminderung vorrangig auf einen Neubewertungsgewinn aus Vorjahren entfällt
  - Aufwand (GuV), soweit die Wertminderung darüber hinaus auf den (um gedachte planmäßige Abschreibungen) fortgeführten historischen Zugangswert entfällt

- Werterhöhungen / erstmalige Neubewertung (IAS 16.39)

  - Erfassung als Ertrag (GuV) bis zur Höhe des (um gedachte planmäßige Abschreibungen) fortgeführten historischen Zugangswertes
  - Sonstiges Ergebnis, soweit der (um gedachte planmäßige Abschreibungen) fortgeführte historische Zugangswert überschritten wird

Fall:

Anschaffung einer Maschine am 01.01.01 bar zu 100 TEUR, die über fünf Jahre linear abzuschreiben ist. Zum 31.12.02 beträgt der beizulegende Zeitwert 90 TEUR und 5 TEUR zum 31.12.04.

Buchen Sie die Bewertungsmaßnahmen in den einzelnen Jahren! Vernachlässigen Sie hierbei aus Vereinfachungsgründen latente Steuern (IAS 12).

Lösung:

Die Maschine ist ab 03 ausgehend vom Neubewertungswert i.H.v. 90 TEUR planmäßig über die verbliebenen drei Jahre der Nutzungsdauer abzuschreiben, mithin um 30 TEUR p.a. Hiervon entfallen 10 TEUR auf den Neubewertungsgewinn aus 02 (1/3 v. 30 TEUR). Insoweit ist die Neubewertungsrücklage in die Gewinnrücklage umzubuchen.

Buchung 01:	Maschine	100	an	Bank	100
	Abschreibung (GuV)	20	an	Maschine	20
Buchung 02:	Abschreibung (GuV)	20	an	Maschine	20
	Maschine	30	an	Sonstiges Ergebnis	30
	(sonstiges Ergebnis	30	an	Neubewertungs-rücklage	30)
Buchung 03:	Abschreibung (GuV)	30	an	Maschine	30
	Neubewertungs-rücklage	10	an	Gewinnrücklagen	10

Am 31.12.04 beträgt der Buchwert der Maschine nur noch 30 TEUR. Dieser Betrag setzt sich zum einen zusammen aus den fortgeführten Anschaffungskosten i.H.v. 20 TEUR (AK 100 TEUR abzgl. gedachte planmäßige Abschreibungen für vier Jahre). Weitere 10 TEUR resultieren noch aus der Neubewertung in 02 (30 TEUR abzgl. planmäßige Abschreibungen für zwei (von drei) Jahren). Dies entspricht dem aktuellen Stand der Neubewertungsrücklage. Zum 31.12.04 ist jedoch eine Wertminderung i.H.v. 25 TEUR auf 5 TEUR vorzunehmen. Diese ist nicht etwa anteilig, sondern vorrangig vom verbliebenen Neube-

wertungsgewinn aus 02 i.H.v. 10 TEUR abzusetzen. Der Restbetrag der Wertminderung ist ergebniswirksam in der GuV zu erfassen. In 05 wird der Restbuchwert am Ende der Nutzungsdauer abgeschrieben. Diese Abschreibung entfällt in voller Höhe auf den ursprünglichen Zugangswert.

Buchung 04:	Abschreibung (GuV)	30	an	Maschine	30
	Neubewertungs-rücklage	10	an	Gewinnrücklagen	10
	Sonstiges Ergebnis	10	an	Maschine	10
	(Neubewertungs-rücklage	10	an	Sonstiges Ergebnis	10)
	Wertminderung (GuV)	15	an	Maschine	15
Buchung 05	Abschreibung (GuV)	5	an	Maschine	5

Dies schlägt sich in Bilanz und Gesamtergebnisrechnung wie folgt nieder:

Jahr	Buchwert 31.12.	Sonstiges Ergebnis	GuV	Neubewertungs-rücklage 31.12.	Gewinn-rücklagen 31.12.
Zugang	100				
01	80		-20		-20
02	90	+30	-20	30	-40 (-20-20)
03	60		-30	20	-60 (-40-30+10)
04	5	-10	-45	0	-95 (-60-45+10)
05	0		-5	-	-100 (-95-5)

Da in einer deutschen Steuerbilanz die Bewertung von Wirtschaftsgütern über deren fortgeführten historische Zugangswert hinaus nicht zulässig ist (§ 6 EStG), ergeben sich durch die Neubewertung in der IFRS-Bilanz i.d.R. Unterschiede zur Steuerbilanz, die sich durch Abschreibungen, Wertminderungen oder Verkauf der Vermögenswerte wieder ausgleichen. Daher sind im Rahmen des Neubewertungsmodells stets auch **latente Steuern** nach IAS 12 zu bilanzieren (vgl. 2.21).

2.1.5   Angaben

▶   IAS 16.73-79

Zu den Sachanlagen sind im IAS 16.73-79 zahlreiche Angaben vorgesehen, die in der Praxis in den Anhang aufgenommen werden. Diese betreffen im Überblick

- Bewertungsgrundlagen und deren Änderungen (IAS 16.73-76, IAS 16.78 i.V.m. IAS 36),

- Überleitungsrechnung der Buchwerte vom Beginn bis zum Ende des Geschäftsjahres, vergleichbar dem handelsrechtlichen Anlagespiegel nach § 268 Abs. 2 HGB (IAS 16.73(e)),

- Besondere Angaben bei Anwendung des Neubewertungsmodells (IAS 16.77),

- Freiwillige Angaben (IAS 16.79).

2.1.6   Aktuelle Entwicklungen

Am 22.06.2011 wurde vom IASB im Rahmen des jährlichen Verbesserungsprojekts auch eine kleinere Änderung des IAS 16 im Entwurf vorgelegt (ED/2011/2). Hiernach soll klargestellt werden, dass Wartungsgeräte nur dann den Sachanlagen zuzuordnen sind, wenn sie voraussichtlich länger als eine Periode im Unternehmen genutzt werden. Die endgültige Verabschiedung dieser Änderung durch den IASB und der Abschluss des Endorsement-Verfahrens sind Voraussetzung für ihre verpflichtende Anwendung auf EU-Ebene.

2.1.7   Wiederholung des IAS 16 in Stichworten

Rekapitulieren Sie die wesentlichen Inhalte des IAS 16 anhand der folgenden Stichworte:

- IAS 16 enthält keine Regelungen zum Ausweis (IAS 1) und zur (außerplanmäßigen) Wertminderung (IAS 36);

- Regeln zum Ansatz und zur Zugangsbewertung enthalten Besonderheiten, insbesondere bzgl. des Komponentenansatzes, der Bilanzierung von Generalüberholungen und des Erwerbs durch Tausch;

- Folgebewertung wahlweise nach dem Anschaffungskostenmodell (fortgeführte Anschaffungskosten) oder nach dem Neubewertungsmodell (Wahlrecht unter Beachtung der Stetigkeit);

- Neubewertungsmodell verlangt die Bewertung zum beizulegenden Zeitwert unabhängig von der Höhe der (fortgeführten) Anschaffungs- oder Herstellungskosten;

- Erfassung der Erträge aus der Zeitwertbewertung im Neubewertungsmodell grundsätzlich ergebnisneutral im sonstigen Ergebnis der Gesamtergebnisrechnung ohne Berührung der GuV, soweit der Zeitwert die fortgeführten Anschaffungs- oder Herstellungskosten übersteigt; sonstiges Ergebnis geht in die Neubewertungsrücklage ein.

2.1.8 Hinweise zur Vertiefung

Einige Fragestellungen konnten im Rahmen dieser Einführung in den Standard lediglich angesprochen werden. Zu diesen Problembereichen aus der Bilanzierung von Sachanlagen wird eine Vertiefung anhand der einschlägigen Kommentarliteratur empfohlen:

- Besonderheiten bei Anschaffungskosten im Rahmen von Tauschgeschäften (IAS 16.24-26);

- Änderungen des Abschreibungsplans (IAS 8);

- Komponentenansatz (IAS 16.43 ff.);

- Entschädigungen für Wertminderungen (IAS 16.65 f.);

- Bilanzierung latenter Steuern im Zusammenhang mit der Neubewertung von Sachanlagen (IAS 12).

2.2 IAS 38 – Immaterielle Vermögenswerte

2.2.1 Überblick zum IAS 38

▶ IAS 38.1-17

IAS 38 in seiner am 23.03.2010 durch die EU übernommenen Fassung ist wie folgt **aufgebaut**:

- Zielsetzung (IAS 38.1)

- Anwendungsbereich des Standards (IAS 38.2-7)

- Definitionen (IAS 38.8-17)

- Ansatz und Bewertung (IAS 38.18-67)

- Erfassung als Aufwand (IAS 38.68-71)

- Folgebewertung (IAS 38.72-111)

- Stilllegungen und Abgänge (IAS 38.112-117)

- Angaben (IAS 38.118-128)

- Vorschriften zum zeitlichen Anwendungsbereich des Standards (IAS 38.129-133).

Der Standard tritt hinter den **Anwendungsbereich** anderer Standards zurück und betrifft damit nicht alle Arten und Gruppen immaterieller Vermögenswerte (vgl. hierzu die Aufzählung in IAS 38.2-3). Aus praktischer Sicht sind die folgenden Anwendungsausschlüsse des IAS 38 hervorzuheben:

- Immaterielle Vermögenswerte des Umlaufvermögens (IAS 2 bzw. IAS 11),

- Immaterielle Vermögenswerte, die unter IAS 17 Leasingverhältnisse fallen – beachte aber IAS 38.6,

- Finanzielle Vermögenswerte i.S.d. IAS 32,

- Vermögenswerte aus der Exploration und Evaluierung von Bodenschätzen nach IFRS 6 (vgl. 2.6),

- Bei einem Unternehmenszusammenschluss i.S.d. IFRS 3 erworbener Geschäfts- oder Firmenwert,

- Zur Veräußerung gehaltene, langfristige immaterielle Vermögenswerte, die unter den Anwendungsbereich des IFRS 5 fallen.

In SIC-32 werden außerdem spezielle Regelungen für die bilanzielle Behandlung von Websitekosten getroffen. Zum **Ausweis** der immateriellen Vermögenswerte vgl. 1.3.3.

In IAS 38.8 werden für das Verständnis des Standards vorab **Definitionen** gegeben. Die immateriellen Vermögenswerte (des Anlagevermögens), der **Gegenstand** des IAS 38, werden hiernach definiert als identifizierbare, nicht monetäre Vermögenswerte ohne physische Substanz. Beispiele zu immateriellen Vermögenswerten, wie Computersoftware, Patente oder Absatzrechte, finden sich in IAS 38.9.

Fall:

Könnte ein immaterieller Vermögenswert i.S.d. IAS 38.8 vorliegen?

a. Ein neues Buchaltungsprogramm wurde neu erworben und liegt nun dem Rechnungswesenleiter auf einer CD vor.

b. Im Auftrag eines Kunden wurde eine spezielle Computersoftware entwickelt.

Lösung:

a. Auch wenn mit der CD eigentlich ein physischer Vermögenswert vorliegt, ist die darauf aufgespielte Software als wesentlicher einzustufen, so dass insgesamt ein immaterieller Vermögenswert i.S.d. IAS 38 vorliegt (vgl. auch IAS 38.4).

b. Die Computersoftware ist von Vorneherein zur Veräußerung bestimmt. Sie wird daher nicht durch IAS 38, sondern durch IAS 2 (ggf. durch IAS 11) erfasst (IAS 38.3(a)).

Bitte lesen Sie auch die anderen Definitionen in IAS 38.8 und lesen Sie diese nochmals, sobald diese Begriffe in den folgenden Kapiteln verwendet werden!

2.2.2   Ansatz der immateriellen Vermögenswerte

▶   IAS 38.18-64; IAS 38.68-71

Ein immaterieller Vermögenswert im Anwendungsbereich des IAS 38 ist nicht bereits dann anzusetzen, wenn er nur die Definition nach IAS 38.8 erfüllt. Zur Aktivierung bedarf es zusätzlich zum einen der Erfüllung von besonderen Definitionskriterien und zum anderen dem Vorliegen spezifischer Ansatzkriterien (vgl. IAS 38.18). Sind alle Kriterien erfüllt, so besteht eine Aktivierungspflicht des Vermögenswerts.

Nach den **Definitionskriterien** muss ein immaterieller Vermögenswert

1. identifizierbar sein (IAS 38.11 f.), d.h.

   a. separierbar i.S. einer Trennbarkeit vom Unternehmen durch Verkauf, sonstige Über-
      tragung auf Dritte, Lizenzierung, Vermietung oder Tausch und/oder
   b. mit vertraglichen bzw. gesetzlichen Rechten unterlegt.

2. durch das bilanzierende Unternehmen beherrscht werden (IAS 38.13 ff.) i.S. einer Verfügungsmacht, z.B. durch juristisch durchsetzbare Rechte oder andere tatsächliche
   Möglichkeiten, die wirtschaftlichen Zugriff auf den Nutzen des Vermögenswerts si-
   chern

3. zu einem künftigen wirtschaftlichen Nutzen führen, z.B. durch Erlöse oder Kostenein-
   sparungen.

Fall:

Könnte nach den Definitionskriterien ein immaterieller Vermögenswert i.S.d. IAS 38.8 vorliegen?

a. Das bilanzierende Unternehmen verlässt sich bei seinen Umsatzplanungen auf einen
   nicht auf vertraglichen Rechten basierenden Kundenstamm.

b. Ein neues Personalentwicklungskonzept wurde erfolgreich abgeschlossen.

Lösung:

a. Wenn nicht rechtliche Verpflichtungen der Kunden, z.B. durch konkrete Verkaufsver-
   träge, bestehen, ist nicht gesichert, dass der Kunde den Anbieter nicht wechselt. Der
   Kundestamm mag zwar identifizierbar sein und zu einem zukünftigen Nutzen führen;
   er ist jedoch durch das bilanzierende Unternehmen nicht beherrschbar und darf daher
   in der Bilanz nicht als gesonderter immaterieller Vermögenswert angesetzt werden
   (IAS 38.16).

b. Ein neues Personalentwicklungskonzept mag dem Unternehmen einen zukünftigen
   Nutzen stiften. Jedoch ist dieser Nutzen nicht identifizierbar, da er weder vom Unter-
   nehmen getrennt werden kann, noch mit Rechten unterlegt ist. Außerdem ist er durch
   das Unternehmen nicht beherrschbar, insbesondere nicht vor dem Hintergrund der
   Kündigungsmöglichkeiten der Arbeitnehmer (IAS 38.15). Es darf daher bereits nach den
   Definitionskriterien kein immaterieller Vermögenswert angesetzt werden.

Die für eine Aktivierung zusätzlich zu den Definitionskriterien erforderlichen **Ansatzkriterien** verlangen

■ die Wahrscheinlichkeit des Nutzenzuflusses und

■ Die verlässliche Bewertbarkeit der Anschaffungs- oder Herstellungskosten.

Die **Wahrscheinlichkeit des Nutzenzuflusses** ist nach der „bestmöglichen Einschätzung des Managements" des Unternehmens zu beurteilen, wobei die wirtschaftlichen Rahmenbedingungen und „substanzielle Hinweise" zu berücksichtigen sind (IAS 38.21 f.). Letztlich handelt es sich um eine Ermessensentscheidung, die allerdings begründeter Annahmen bedarf.

Die **verlässliche Bewertbarkeit** der Anschaffungs- oder Herstellungskosten bereitet in der Praxis je nach Zugangsart größere Probleme. Im Rahmen eines gesonderten **Erwerbs** eines einzelnen immateriellen Vermögenswerts steht i.d.R. weder die Wahrscheinlichkeit eines Nutzenzuflusses, noch die verlässliche Bewertbarkeit des Vermögenswerts infrage (IAS 38.25 f.). Bei Erwerb von den Definitionskriterien genügenden immateriellen Vermögenswerten im Rahmen von Unternehmenszusammenschlüssen liegt ein entgeltlicher Erwerb dieser Vermögenswerte vor, der auf einen Nutzenzufluss hindeutet und der nach IAS 38.33 und 38.35 auch grundsätzlich eine verlässliche Zugangsbewertung erlaubt. Für den Erwerb immaterieller Vermögenswerte im Wege des Tauschs gegen andere Vermögenswerte ist nach IAS 38.47 eine verlässliche Bewertbarkeit gegeben, wenn zumindest einer der Zeitwerte der getauschten Güter annehmbar geschätzt werden kann. Letztlich besteht nach IAS 38.45 im Rahmen der Zugangsbewertung beim Tausch eine Wertuntergrenze in Höhe des Buchwerts des hingegebenen Vermögenswerts (vgl. 2.2.3), so dass insoweit durch den Standard selbst eine verlässliche Bewertbarkeit erreicht wird. In vergleichbarer Weise wird die Frage der verlässlichen Bewertbarkeit beim Erwerb immaterieller Vermögenswerte durch Zuwendung bzw. Beteiligung der öffentlichen Hand gelöst, indem die Wertzuweisung nach IAS 38.44 unter Anwendung des IAS 20 erfolgt (vgl. 2.19).

Problematischer erscheint die Verlässlichkeit der Zugangsbewertung wie aber auch die Erfüllung der anderen Ansatzkriterien bei der Beurteilung **selbst geschaffener immaterieller Vermögenswerte** (des Anlagevermögens), deren Wert nicht – wie etwa im Umlaufvermögen – kurzfristig nach Fertigstellung am Markt erprobt wird. Auch die Identifizierung und die Feststellung eines wirtschaftlichen Nutzens solcher unphysischer und nicht durch den Markt bestätigter Vermögenswerte kann die Praxis im Einzelfall vor Probleme stellen.

Dem begegnet der Standard mit folgenden Regelungen zum Ansatz:

■ Aufteilung der Produktionsphase in eine Forschungs- und in eine Entwicklungsphase (IAS 38.52);

■ Aktivierungsverbot für Herstellungskosten der Forschungsphase (IAS 38.54 ff.);

■ Aktivierungspflicht für Herstellungskosten der Entwicklungsphase unter weiteren Bedingungen (IAS 38.57 ff.).

Auch diese Regelungen sind jedoch wieder mit Anwendungsproblemen behaftet. So enthält zwar IAS 38.8 Definitionen zu den Begriffen „Forschung" und „Entwicklung". Diese lassen sich in der Praxis in konkreten Einzelfällen allerdings nicht immer eindeutig anwenden. Hier stellt sich z.B. für einen Pharmakonzern die Frage, ab welcher Stufe im Rahmen der Zulassung eines neuen Medikaments „...die eigenständige und planmäßige Suche mit der Aussicht, zu neuen wissenschaftlichen oder technischen Erkenntnissen zu gelangen" beendet und mit der eigentlichen Entwicklung i.S. ihrer Definition nach IAS 38.8 begonnen wird. Diese Trennung erlangt bei der Aktivierung selbst geschaffener immaterieller Vermögenswerte des Anlagevermögens immense Bedeutung, da Forschungskosten nicht angesetzt werden dürfen (IAS 38.54 ff.) und eine mangelnde Trennbarkeit ein Aktivierungsverbot nach sich zieht (IAS 38.53).

Abbildung 2.2   Aktivierung selbst geschaffener immaterieller Vermögenswerte

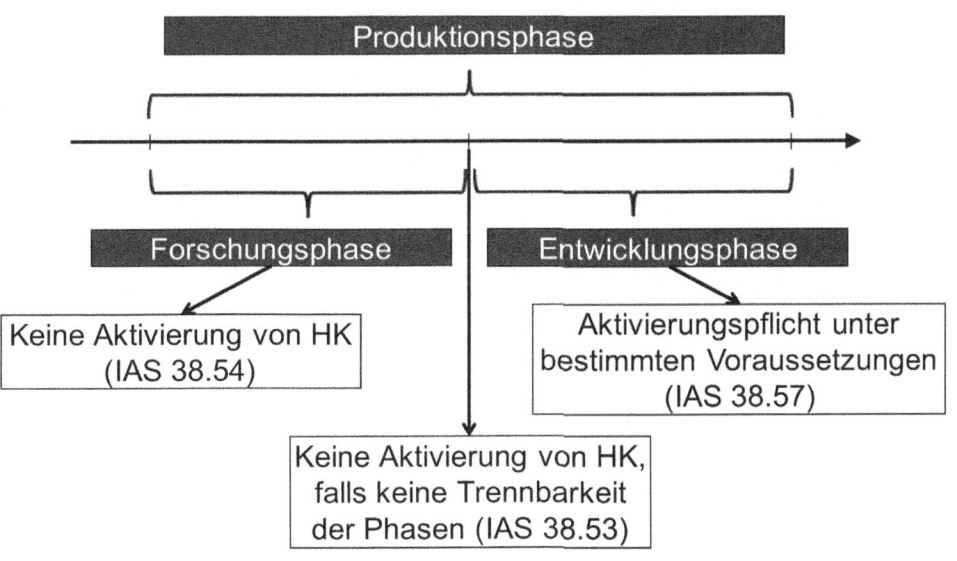

Beispiele zur Forschungsphase finden sich in IAS 38.56 und zur Entwicklungsphase in IAS 38.59. Hierdurch gibt der Standard auch Hinweise auf die Trennbarkeit dieser beiden Phasen.

Insbesondere bei in der **Entwicklungsphase** befindlichen immateriellen Vermögenswerten ist neben der Bewertbarkeit auch der wirtschaftliche Nutzen unsicher. Im Gegensatz zu einem Abbruch der Herstellung materieller Vermögenswerte hinterlässt eine gescheiterte Entwicklung immaterieller Vermögenswerte i.d.R. auch kein verwertbares Restvermögen. Daher werden in IAS 38.57 sechs weitere Aktivierungskriterien genannt, die kumulativ zu erfüllen sind, bevor ein unfertiger immaterieller Vermögenswert aktiviert werden darf:

- Technische Realisierbarkeit der Fertigstellung des immateriellen Vermögenswerts,

- Absicht des Unternehmens, den Vermögenswert tatsächlich fertig zu stellen und ihn zu nutzen oder zu veräußern,

- Fähigkeit des Unternehmens, den fertigen Vermögenswert zu nutzen oder zu veräußern,

- Beleg des künftigen wirtschaftlichen Nutzens durch Eigennutzung oder Veräußerung,

- Bestehen technischer, finanzieller und sonstiger Ressourcen zum erfolgreichen Abschluss der Entwicklung,

- Verlässliche Bewertbarkeit, insbesondere durch Zurechnung der Entwicklungskosten im Rahmen zuverlässiger Kostenrechnungssysteme.

Fall:

Der Schoko-GmbH sind für ein Patent zur Produktion besonders gaumenfreundlicher Schokoladenbonbons eindeutig zurechenbare Entwicklungskosten entstanden. Das Patent wurde von den eigenen Mitarbeitern der GmbH entwickelt. Es wird für die eigene Produktion genutzt, da nach vorliegenden Ergebnissen von Marktstudien und aufgrund erwarteter Kostenreduzierungen künftig mit hohen Gewinnen aus der Nutzung des Patents zu rechnen ist. Die vorliegenden Kaufangebote für das Patent sollen nicht angenommen werden.

Für die Erteilung des Patents im Jahr 01 sind der Schoko-GmbH bis zum Stichtag 31.12.01 Kosten entstanden. Forschungsphase und Entwicklungsphase lassen sich hinsichtlich der Kosten eindeutig trennen. Es ist unstreitig, dass das Patent durch die Schoko-GmbH abschließend entwickelt und technisch umgesetzt werden kann und soll. Hierzu erforderliche personelle und finanzielle Ressourcen stehen bereit. Entsprechende Vertriebswege für die neuartigen Bonbons sind vorbereitet bzw. bestehen bereits.

Liegt ein aktivierungspflichtiger immaterieller Vermögenswert i.S.d. IAS 38 vor?

Lösung:

Definitionskriterien:

- Identifizierbarkeit: für das Patent ist eine rechtliche Grundlage (ebenso Separierbarkeit) gegeben;

- Beherrschung: gerichtlich durchsetzbare Rechte des Patentinhabers, die die alleinige Verfügungsmacht dem Patentinhaber zuordnen, sind gegeben;

- Künftiger wirtschaftlicher Nutzen: Es wird (nachweisbar) mit hohen/höheren Gewinnen gerechnet.

Allgemeine Ansatzkriterien:

■ Künftiger wirtschaftlicher Nutzen wird der GmbH auch wahrscheinlich zufließen;

■ Verlässliche Bewertbarkeit ist bei abgrenzbaren Entwicklungskosten gegeben.

Besondere Kriterien für selbst geschaffene immaterielle Vermögenswerte in der Entwicklungsphase

■ Technische Realisierbarkeit: gegeben

■ Absicht fertigzustellen: gegeben

■ Fähigkeit zur Nutzung: gegeben

■ Zukünftiger wirtschaftlicher Nutzen: durch erwartete höhere Gewinne gegeben

■ Ressourcen: angabegemäß gegeben

■ Bewertbarkeit: abgabegemäß gegeben.

Damit ist das Patent aktivierungspflichtig.

In der Praxis wird die Aktivierungspflicht für selbst geschaffene immaterielle Vermögenswerte des Anlagevermögens indes oftmals umgangen, indem einzelne dieser Kriterien, insbesondere die Abgrenzbarkeit der Entwicklungsphase, nicht eindeutig belegt werden. Damit besteht ein **faktisches Aktivierungswahlrecht**, durch das eine aufwändige Aktivierung vermieden werden kann.

Neben den Forschungskosten (IAS 38.54) unterliegen weitere Kosten einem ausdrücklichen **Aktivierungsverbot**:

■ Selbst geschaffener Geschäfts- oder Firmenwert, mithin der Betrag, um den der Unternehmenswert den Wert des bilanzierten Vermögens abzgl. Schulden (Reinvermögen) übersteigt (IAS 38.48 ff.),

■ „Katalog" selbstgeschaffener immaterieller Vermögenswerte nach IAS 38.63 f., da diese ihrem Wesen nach nicht vom selbst geschaffenen Geschäfts- oder Firmenwert getrennt werden können:

   – Markennamen,
   – Drucktitel,
   – Verlagsrechte,
   – Kundenlisten,
   – Ähnliche Sachverhalte.

Fall:

Die Idee-AG möchte die folgenden Kosten in ihrem IFRS-Jahresabschluss aktivieren:

a. Patent, das zum Verkauf an einen Kunden bestimmt ist

b. Kosten für die Erforschung neuer Rohöl-Ersatzstoffe

c. Kosten für die Entwicklung einer Marke für ein selbst vertriebenes Produkt

d. Anschaffungskosten einer von der Konkurrenz erworbenen Marke

Darf/muss die AG die Kosten aktivieren?

Lösung:

a. Patent zum Verkauf an Kunden: Ansatzpflicht als Vorräte IAS 2 (bzw. IAS 11)

b. Erforschung Ersatzstoffe: Aktivierungsverbot (IAS 38.54)

c. Eigenentwicklung einer Marke: Aktivierungsverbot (IAS 38.63)

d. Erworbene Marke: Aktivierungspflicht (da nicht selbst geschaffen).

Nicht aktivierbare Kosten für immaterielle Vermögenswerte des Anlagevermögens sind als Aufwand in der Periode zu erfassen, in der sie anfallen (IAS 38.68 ff.). Eine Nachaktivierung einmal als Aufwand erfasster Kosten kommt nicht in Betracht (IAS 38.71).

Ein **Abgang** eines immateriellen Vermögenswerts des Anlagevermögens kann insbesondere durch Verkauf erfolgen (IAS 38.112 ff.). Der zum Zeitpunkt des Abgangs ggf. erzielte Veräußerungserlös abzüglich des zum Abgangszeitpunkt vorhandenen Restbuchwerts der des immateriellen Vermögenswerts ist als Gewinn bzw. Verlust in der Gesamtergebnisrechnung des Kaufmanns zu erfassen. Bei der Bestimmung des Abgangszeitpunkts sind die allgemeinen Grundsätze des IAS 18 – Umsatzerlöse (vgl. 2.18) anzuwenden.

2.2.3   Zugangsbewertung der immateriellen Vermögenswerte

▶   IAS 38.24-47; IAS 38.65-67

Gesondert angeschaffte immaterielle Vermögenswerte sind zu deren **Anschaffungskosten** anzusetzen. Zu diesen gehören nach IAS 38.27-31 der Erwerbspreis abzgl. Anschaffungspreisminderungen und zzgl. direkt zurechenbarer Kosten, die bis zur Herstellung der Betriebsbereitschaft des immateriellen Vermögenswerts angefallen sind. Es kann bei der Ermittlung der Anschaffungskosten letztlich in entsprechender Weise wie bei den Sachanlagen verfahren werden (vgl. 2.1.3). So wird auch bei der Anschaffung immaterieller Vermögenswerte mit langfristigem Zahlungsziel der Barwert als (Teil der) Anschaffungskosten zugrunde gelegt (IAS 38.32). Der Standard enthält zur Verdeutlichung Beispiele für direkt zurechenbare Kosten (IAS 38.28) und für nicht aktivierbare Kosten (IAS 38.29 ff.), auf die an dieser Stelle verwiesen sei.

Der Zugangswert nach Erwerb immaterieller Vermögenswerte durch **Zuwendung bzw. Beteiligung der öffentlichen Hand** erfolgt nach IAS 38.44 unter Anwendung des IAS 20 (vgl. 2.19). Hiernach ist dem Bilanzierenden die grundsätzliche Wahl gegeben, den Vermögenswert mit einem Wert nach Abzug der Zuwendung zu aktivieren (Nettodarstellung) oder aber den beizulegenden Zeitwert des Vermögenswerts anzusetzen, dem ein Passivposten für die Zuwendung gegenübersteht (Bruttodarstellung).

Ein im Rahmen eines **Unternehmenszusammenschlusses** erworbener, die Definitions- und Ansatzkriterien erfüllender immaterieller Vermögenswert gilt als entgeltlich erworben und wird im Rahmen der Aufteilung der Gesamtanschaffungskosten für das erworbene Reinvermögen zu seinem Zeitwert angesetzt. Dieser Wert ist vorrangig aus einem Marktpreis auf einem aktiven Markt zu ermitteln. Sofern für den immateriellen Vermögenswert – wie in der Praxis bei dieser Vermögensart oftmals gegeben – kein aktiver Markt i.S.d. Definition nach IAS 38.8 existiert, kann auch auf Verfahren aus vergleichbaren Transaktionen zurückgegriffen werden, wie z.B. auf Barwertverfahren (IAS 38.40 f.). Diese Zeitwertermittlung ändert sich durch den zukünftig anzuwendenden IFRS 13 (vgl. 3.2).

Durch **Tausch** erworbene immaterielle Vermögenswerte sind grundsätzlich zum beizulegenden Zeitwert des hingegebenen Vermögenswerts erstzubewerten. Falls dieser Wert nicht verlässlich ermittelbar ist, ist der beizulegende Zeitwert des erhaltenen immateriellen Vermögenswerts zugrundezulegen. Diese Zeitwertbewertung setzt voraus, dass das Tauschgeschäft eine sog. wirtschaftliche Substanz hat (IAS 38.45). Wirtschaftliche Substanz hat ein Tauschgeschäft, wenn es die wirtschaftliche Lage des Unternehmens, insbesondere seine zukünftigen Cashflows ändert (IAS 38.46). Ist diese Voraussetzung nicht gegeben oder ist weder für den hingegebenen, noch für den erhaltenen Vermögenswert ein Zeitwert verlässlich ermittelbar, dann erfolgt die Zugangsbewertung des erworbenen immateriellen Vermögenswerts zum Buchwert des im Tausch hingegebenen Vermögenswerts (IAS 38.45).

Selbst geschaffene immaterielle Vermögenswerte sind zu ihren Herstellungskosten anzusetzen, die sich bereits nach den Ansatzregeln (vgl. 2.2.2) ausschließlich aus den Entwicklungskosten zusammensetzen. Es genügt jedoch nicht, zum Bilanzstichtag das Vorliegen aller Definitions- und Ansatzkriterien festzustellen und sodann sämtliche Entwicklungskosten des Geschäftsjahres zu aktivieren. Denn es sind nur solche Entwicklungskosten anzusetzen, die nach der – i.d.R. unterjährigen – Erfüllung aller Kriterien für den Ansatz eines Vermögenswerts angefallen sind (IAS 38.65). Die Herstellungskosten umfassen von diesen Entwicklungskosten alle Einzelkosten und einzeln zurechenbaren Gemeinkosten (IAS 38.66). Insbesondere Vertriebs-, Verwaltungs- und sonstige Gemeinkosten sind demnach grundsätzlich nicht in die Herstellungskosten einzubeziehen. Zu Beispielen für weitere nicht aktivierbare Kosten vgl. IAS 38.67. Eine Nachaktivierung einmal als Aufwand erfasster Kosten scheidet nach IAS 38.71 aus.

<u>Fall:</u>

Die Herstellung eines neuen Medikaments ist gem. Einschätzung des Bilanzierenden am 01.07.01 nach Erteilung einer behördlichen Genehmigung in die Entwicklungsphase übergegangen. Die Kriterien für den Ansatz eines immateriellen Vermögenswerts sind ab dem 01.08.01 gegeben. Folgende Kosten fallen bis zum Bilanzstichtag 31.12.01 an:

- Forschungsgemeinkosten 01.02.-31.07.01:   50 TEUR

- Forschungseinzelkosten 01.08.-30.09.01:   10 TEUR

- Allgemeine Verwaltungsgemeinkosten 01.08.-31.12.01:   12 TEUR

- Entwicklungseinzelkosten 01.07.-31.07.01:   11 TEUR

- Entwicklungseinzelkosten 01.08.-31.12.01:   90 TEUR

Ermitteln Sie den Wertansatz für den immateriellen Vermögenswert zum 31.12.01!

Lösung:

- Forschungsgemeinkosten 01.02.-31.07.01: kein Ansatz von Forschungskosten (IAS 38.54)

- Forschungseinzelkosten 01.08.-30.09.01: kein Ansatz von Forschungskosten (IAS 38.54)

- Allgemeine Verwaltungsgemeinkosten 01.08.-31.12.01: kein Ansatz (IAS 38.67(a))

- Entwicklungseinzelkosten 01.07.-31.07.01: kein Ansatz vor Erfüllung aller Kriterien (IAS 38.65)

- Entwicklungseinzelkosten 01.08.-31.12.01: Ansatz i.H.v. 90 TEUR

Der Zugang des Vermögenswerts erfolgt im Jahr 01 i.H.v. 90 TEUR. Etwaige Wertminderungen (vgl. Folgekapitel) sind zu berücksichtigen.

2.2.4   Folgebewertung der immateriellen Vermögenswerte

▶   IAS 38.72-111

Die Folgebewertung immaterieller Vermögenswerte des Anlagevermögens nach IAS 38 entspricht weitgehend der Folgebewertung der Sachanlagen, weshalb insoweit auf die entsprechenden Ausführungen zu IAS 16 verwiesen wird (vgl. 2.1.4). Auch für immaterielle Vermögenswerte ist wahlweise das Anschaffungskostenmodell (IAS 38.74) oder das Neubewertungsmodell (IAS 38.75-87) zugelassen. Letzteres ermöglicht eine aktuelle Zeitbewertung immaterieller Vermögens auch über die historischen Anschaffungs- oder Herstellungskosten hinaus. Abgesehen davon, dass das Neubewertungsmodell nur einheitlich für alle immateriellen Vermögenswerte einer Gruppe anwendbar ist (IAS 38.72 f.), setzt es einen aktiven Markt voraus, der für diese Vermögensart in der Praxis regelmäßig nicht gegeben ist (IAS 38.78). Damit ist das Neubewertungsmodell für immaterielle Vermögenswerte i.d.R. kaum praktikabel.

Beiden Modellen ist jedoch die Verrechnung planmäßiger Abschreibungen und (außerplanmäßiger) Wertminderungen gemein. **Wertminderungen** werden nach IAS 38.111 auch für immaterielle Vermögenswerte des Anlagevermögens grundsätzlich durch IAS 36 geregelt (vgl. 2.4).

Der den planmäßigen Abschreibungen zugrunde zu legende **Abschreibungsbetrag** entspricht wie beim Sachanlagevermögen i.d.R. dem sich aus den Anschaffungs- bzw. Herstellungskosten ergebenden Zugangswert. Von diesem ist theoretisch auch ein Restwert als der geschätzte Erlös bei Abgang des Vermögenswerts am Ende dessen Nutzungsdauer (vgl. IAS 38.8) abzusetzen, um den Abschreibungsbetrag zu ermitteln. Bereits bei der Abschreibungsbemessung im Sachanlagevermögen spielt dieser Restwert in der Praxis kaum eine

Rolle (IAS 16.53). Eingedenk der ungleich schwierigeren Veräußerbarkeit ‚gebrauchter‘ immaterieller Vermögenswerte ist nach IAS 38.100 folgerichtig grundsätzlich ein Restwert i.H.v. 0 anzusetzen. Ausnahmen bestehen dann, wenn ein solcher Restwert von einer dritten Partei garantiert wird bzw. bei geplanter Veräußerung ein aktiver Markt besteht, aus dem ein solcher Restwert hergeleitet werden kann.

Die Bestimmung der **Nutzungsdauer** eines immateriellen Vermögenswerts erweist sich in der Praxis oftmals als schwierig, zumal diese Vermögenswerte keiner unmittelbaren physischen Abnutzung zugänglich sind. Anhaltspunkte und Beispiele zur Bestimmung der Nutzungsdauer eines immateriellen Vermögenswerts enthalten die Paragrafen 90-96 des IAS 38. So können z.B. bei Computersoftware die technische Überalterung oder bei Patenten deren Ablauf zur Bestimmung der Nutzungsdauer herangezogen werden.

Sind für einen Vermögenswert keine solcher Anhaltspunkte erkennbar, so ist von einer **unbestimmten Nutzungsdauer** auszugehen, da nicht abgesehen werden kann, wie lange der Vermögenswert Cashflows für das Unternehmen erzeugen wird (IAS 38.88). In einem solchen Sonderfall, der z.B. bei Taxilizenzen o.ä. Vermögenswerten eintreten kann, darf der Vermögenswert nicht planmäßig abgeschrieben werden (IAS 38.107). Er ist jedoch mindestens jährlich und bei Vorliegen entsprechender Anhaltspunkte auf eine (außerplanmäßige) Wertminderung hin zu überprüfen (IAS 38.108, 38.110, IAS 36). Ferner ist jährlich zu prüfen, ob sich nachträglich eine Nutzungsdauer ermitteln lässt (IAS 38.109), die dann nach IAS 8 (vgl. 3.4) im Rahmen planmäßiger Abschreibungen zu berücksichtigen wäre.

Der **Abschreibungsbeginn** für immaterielle Vermögenswerte mit bestimmbarer Nutzungsdauer entspricht dem Zeitpunkt der Betriebsbereitschaft des Vermögenswerts. Sie endet, wenn der Vermögenswert ausgebucht wird, wenn er zur Veräußerung vorgesehen ist (dann Übergang zur Bewertung nach IFRS 5 - vgl. 2.5) oder wenn seine Nutzungsdauer abgelaufen ist (IAS 38.97).

Als **Abschreibungsmethode** kommen grundsätzlich alle Methoden, wie z.B. die lineare, degressive oder leistungsorientierte Abschreibung in Betracht. Die gewählte Methode muss jedoch dem erwarteten Verbrauch des immateriellen Vermögenswerts entsprechen (IAS 38.97 f.). Es erscheint in der Praxis schwer vorstellbar, dass immaterielle Vermögenswerte, wie z.B. Computersoftware oder Nutzungsrechte, einen degressiven oder gar leistungsabhängigen Nutzungsverlauf aufweisen. Daher wird i.d.R. die lineare Abschreibungsmethode zu wählen sein.

Mindestens einmal jährlich sind die Annahmen zur Einschätzung der Nutzungsdauer und zur Abschreibungsmethode durch das bilanzierende Unternehmen zu **überprüfen**. Anpassungen des Abschreibungsplans erfolgen unter Beachtung des IAS 8 (vgl. 3.4).

<u>Fall:</u>

Ein Unternehmen hat ein Patent käuflich erworben, das in zwei Jahren ausläuft und damit grundsätzlich für alle Konkurrenten nutzbar wäre. Das Unternehmen geht jedoch davon aus, dass es den Konkurrenten nicht gelingen wird, die neuen technischen Erkenntnisse vor Ablauf von weiteren zwei Jahre in konkurrenzfähige Produkte umzusetzen.

Ist das Patent abzuschreiben und wenn ja, über welche Nutzungsdauer?

Lösung:

Das Patent hat eine bestimmbare Nutzungsdauer von zwei bzw. vier Jahren. Da der gesetzliche Schutz aus dem Patent in zwei Jahren abläuft, darf dieser Zeitraum bei der Bestimmung der Nutzungsdauer nicht überschritten werden (IAS 38.94).

2.2.5   Angaben

▶   IAS 38.118-128

Da immaterielle Vermögenswerte nicht physisch greifbar und nicht zuletzt deshalb auch schwieriger einer angemessenen Bewertung zugänglich sind, sieht der Standard zahlreiche Angabepflichten vor. Diese ergeben sich auch aus den Besonderheiten der unbegrenzten Nutzungsdauer und des Neubewertungsmodells. Sie betreffen im Überblick:

■ Bewertungsgrundlagen und deren Änderungen (IAS 38.118(a)-(d), 38.120 f., 38.123),

■ Überleitungsrechnung der Buchwerte vom Beginn bis zum Ende des Geschäftsjahres, vergleichbar dem handelsrechtlichen Anlagespiegel nach § 268 Abs. 2 HGB (IAS 38.118(e)),

■ Angaben zu bestimmten immateriellen Vermögenswerten (IAS 38.122),

■ Angaben aufgrund der Anwendung des Neubewertungsmodells (IAS 38.124 f.),

■ Als Aufwand erfasste Forschungs- und Entwicklungskosten (IAS 38.126 f.),

■ Freiwillige Angaben (IAS 38.128).

2.2.6   Wiederholung des IAS 38 in Stichworten

Zur Wiederholung die wesentlichen Regelungen des IAS 38:

■ IAS 38 bezieht sich ausschließlich auf Anlagevermögen;

■ Grundsätzliches Aktivierungsgebot bei Erfüllung spezifischer Definitions- und Ansatzkriterien;

■ Weitere sechs Aktivierungskriterien für noch in der Entwicklung befindliche immaterielle Vermögenswerte;

- Bei selbst geschaffenen immateriellen Vermögenswerten Aktivierungsverbot für Forschungskosten und insgesamt für die Herstellungskosten, falls sich Forschungs- und Entwicklungsphase nicht trennen lassen;

- Aktivierungsverbote für den selbst geschaffenen Geschäfts- oder Firmenwert und für von diesem nur schwer trennbare selbst geschaffene immaterielle Vermögenswerte (Marken, Drucktitel etc.);

- Zugangsbewertung zu Anschaffungs- bzw. Entwicklungskosten (keine Nachaktivierung von bereits als Aufwand erfassten Entwicklungskosten);

- Folgebewertung unter Berücksichtigung planmäßiger Abschreibungen (im (Regel-)Fall einer bestimmbaren Nutzungsdauer) sowie Wertminderungen (IAS 36).

2.2.7   Hinweise zur Vertiefung

Zu den folgenden Problembereichen, die in der Einführung der vorangegangenen Kapitel nicht behandelt bzw. lediglich angesprochen wurden, empfiehlt sich eine Vertiefung anhand der einschlägigen Kommentarliteratur:

- Erwerb immaterieller Vermögenswerte im Rahmen von Unternehmenszusammenschlüssen (IAS 38.33-43; IFRS 3);

- Erwerb durch eine Zuwendung der öffentlichen Hand (IAS 38.44, IAS 20);

- Trennung von Forschung und Entwicklung (IAS 38.8, IAS 38.54 ff.);

- Nachträgliche Anschaffungs-/Herstellungskosten für immaterielle Vermögenswerte (insb. nach Unternehmenserwerben IAS 38.42 f.);

- Bilanzierung von Websitekosten (SIC-32).

2.3   IAS 17 - Leasingverhältnisse

2.3.1   Überblick zum IAS 17

▶   IAS 17.1-6

In seiner von der EU am 23.03.2010 übernommenen Fassung (Abschluss des **Endorsement-Verfahrens**) hat IAS 17 die Bilanzierung von Leasingverhältnissen sowohl im Abschluss des Leasingnehmers als auch in der Bilanz des Leasinggebers zum **Gegenstand**. Die Leasingbilanzierung nach IFRS befindet sich jedoch seit geraumer Zeit in Überarbeitung. Ein bereits im August 2010 veröffentlichter Standardentwurf zur Änderung der Leasingbilanzierung nach IFRS (ED/2010/9) wird vom IASB nochmals überarbeitet. Ein geänderter Entwurf soll im ersten Halbjahr 2012 vom IASB veröffentlicht werden. Dem ersten Entwurf zufolge wird sich die Leasingbilanzierung nach IFRS voraussichtlich wesentlich ändern. Da der zweite Entwurf jedoch noch nicht vom IASB veröffentlicht worden und darauf folgend erst noch von der EU zu übernehmen ist, wird auf die neuen Entwicklungen nur kurz gesondert eingegangen (vgl. 2.3.6) und im Folgenden IAS 17 in seiner gültigen Fassung erläutert. Im Überblick ist dieser Standard wie folgt **aufgebaut**:

- Zielsetzung des Standards (IAS 17.1)

- Anwendungsbereich des Standards (IAS 17.2-3)

- Definitionen (IAS 17.4-6)

- Einstufung von Leasingverhältnissen (IAS 17.7-19)

- Leasingverhältnisse in den Abschlüssen der Leasingnehmer (IAS 17.20-35)

- Leasingverhältnisse in den Abschlüssen der Leasinggeber (IAS 17.36-48)

- Sale-and-lease-back-Transaktionen (IAS 17.49-57)

- Vorschriften zum zeitlichen Anwendungsbereich des Standards (IAS 17.58-70).

Der **Anwendungsbereich** des Standards erfasst Leasingverhältnisse, die in IAS 17.4 als Vereinbarungen definiert werden, bei denen der Leasinggeber dem Leasingnehmer gegen eine Zahlung oder gegen eine Reihe von Zahlungen das Recht auf Nutzung eines Vermögenswerts für einen vereinbarten Zeitraum überträgt. Ein klarer Unterschied zwischen einem Mietverhältnis und einem Leasingverhältnis ist hieraus nicht abzuleiten. Allerdings drückt die Wortwahl der Definition ‚Übertragung eines Rechts auf Nutzung' aus, das bei einem Leasingvertrag mehr Rechte vom rechtlichen Eigentümer auf den Nutzer übertragen werden als beim bloßen Mietverhältnis. Dieses ‚Mehr' an Nutzungsrechten stellt eine wesentliche Grundlage für die Leasingbilanzierung nach IAS 17 dar und kommt z.B. darin zum Ausdruck, dass sog. Mietkaufverträge, bei denen dem Mieter zum Abschluss der Mietzeit das Recht zum käuflichen Erwerb des bislang gemieteten Vermögenswerts eingeräumt wird, ebenfalls unter IAS 17 fallen (IAS 17.6).

In Abgrenzung zu anderen Standards ist IAS 17 nicht auf Leasingvereinbarungen über nicht regenerative Ressourcen und über Lizenzvereinbarungen für bestimmte immaterielle Vermögenswerte anzuwenden (IAS 17.2). Außerdem ist er nicht zur Bewertung von Vermögenswerten i.S.d. IAS 40 (als Finanzinvestitionen gehaltene Immobilien) und i.S.d. IAS 41 (Landwirtschaft) heranzuziehen.

2.3.2 Grundzüge der Leasingbilanzierung nach IAS 17

▶   IAS 17.7-19

Das **Kernproblem** der Leasingbilanzierung nach IAS 17 besteht in der Frage, wem der Gegenstand des Leasingvertrags, das Leasingobjekt, zuzurechnen ist. Aus der Antwort auf diese Frage ergibt sich die grundsätzliche Bilanzierung der Leasingraten fast zwangsläufig. Als denkbare Lösungen kommen hier zum einen die Bilanzierung eines bloßen Mietverhältnisses in Betracht mit der bilanziellen Folge, dass das Leasingobjekt weiterhin beim

Leasinggeber bilanziert wird und die Leasingraten Ertrag des Leasinggebers bzw. Aufwand des Leasingnehmers darstellen. Zum anderen könnte das Leasingobjekt auch dem Leasingnehmer (Mieter) zugerechnet werden mit der Folge, dass dieser das Leasinggeschäft bilanziell ähnlich einem Ratenkauf abbildet.

IAS 17 löst dieses Problem, indem er das Leasingobjekt bilanziell derjenigen Vertragspartei zuordnet, die die **Mehrheit der Chancen und Risiken** aus dem Leasingobjekt trägt (IAS 17.7). Chancen erwachsen hiernach aus der gewinnbringenden Nutzung oder Veräußerung des Leasingobjekts. Risiken können insbesondere aus einer verringerten gewinnbringenden oder gar verlustbringenden Nutzung oder aus einem Wertverlust des Leasingobjekts resultieren. Letztlich wird damit in Anlehnung an die entsprechende handelsrechtliche Terminologie die Frage nach dem wirtschaftlichen Eigentum an dem Leasingobjekt gestellt. Hierzu werden die in der Praxis in den unterschiedlichsten Varianten ausgestalteten Leasingverhältnisse nach ihrem wirtschaftlichen Gehalt unterteilt in sog. Operating-Leasing und Finanzierungsleasing (IAS 17.8 f.). Aus der Einteilung von Leasingverträgen in diese beiden Gruppen ergeben sich die bilanziellen Konsequenzen im IFRS-Abschluss.

Abbildung 2.3   Leasingbilanzierung nach IAS 17

Als **Finanzierungsleasing** sind nach IAS 17.4 und IAS 17.8 solche Leasingverträge einzuordnen, bei denen – unabhängig von der Übertragung des rechtlichen Eigentums – im Wesentlichen alle mit dem Eigentum verbundenen Risiken und Chancen eines Vermögenswerts übertragen werden. Umgekehrt liegt **Operating-Leasing** vor, wenn nicht im Wesentlichen alle mit dem Eigentum verbundenen Risiken und Chancen eines Vermögenswerts übertragen werden und somit kein Finanzierungsleasing gegeben ist (IAS 17.4; IAS 17.8).

In der Praxis ist nach diesen Definitionen eine eindeutige Trennung zwischen diesen beiden Gruppen nicht immer einfach, da Leasingverträge erfahrungsgemäß im Detail – nicht zuletzt mit Blick auf die bilanziellen Konsequenzen – sehr unterschiedlich ausgestaltet werden. Daher werden zur weiteren Hilfestellung in IAS 17.10 f. Indizien genannt, deren Vereinbarung für Finanzierungsleasing und damit gegen Operating-Leasing spricht (bitte arbeiten Sie diese beiden Paragrafen durch). Dies sind wohlgemerkt nur Indizien, nicht Kriterien oder gar Voraussetzungen, zumal diese Indizien in Leasingverträgen unterschiedlich ausgestaltet sein können. Letztlich ist entsprechend der in der Rechnungslegung nach IFRS grundlegend bedeutsamen wirtschaftlichen Betrachtungsweise zu entscheiden, ob die vertraglichen Vereinbarungen im Einzelfall eher für Finanzierungs- oder für Operating-Leasing sprechen.

Fall:

In einem Leasingvertrag ist geregelt, dass dem Leasingnehmer am Ende der Vertragslaufzeit das rechtliche Eigentum an dem Leasingobjekt übertragen wird. Außerdem wird als Leasingobjekt eine die besonderen Verhältnisse des Leasingnehmers berücksichtigende Spezialmaschine vereinbart.

Entscheiden und begründen Sie, ob diese beiden Vereinbarungen für oder gegen Finanzierungsleasing sprechen!

Lösung:

Die vorab getroffene Vereinbarung zum Übergang des rechtlichen Eigentums nach dem Ende der Vertragslaufzeit spricht für Finanzierungsleasing (IAS 17.10(a)), da durch den sicheren Verbleib des Leasingobjekts beim Leasingnehmer dieser die wesentlichen Chancen und Risiken trägt.

Im Falle von ‚Spezialleasing‘ würde ein wirtschaftlich operierendes, vom Leasingnehmer unabhängiger Leasinggeber darauf achten, die wesentlichen Chancen aus dem Leasingobjekt während des Mietzeitraums abgeschöpft zu haben (sog. Vollamortisation), da das Leasingobjekt später aus Sicht des Leasinggebers nicht mehr verwertbar wäre. Daher spricht bereits die Art des Leasingobjekts dafür, dass die Vereinbarungen so gestaltet sind, dass der Leasingnehmer die wesentlichen Chancen und Risiken aus dem Leasingobjekt trägt (IAS 17.10(e)).

2.3.3 Ansatz bei Leasinggeber und Leasingnehmer

▶ IAS 17.20-24; IAS 17.36-38

Im Falle des **Finanzierungsleasings** aktiviert der Leasingnehmer als wirtschaftlicher Eigentümer das Leasingobjekt in seiner IFRS-Bilanz. Diesem Vermögenswert steht bei ihm eine Schuld für die vereinbarten, zukünftig zu zahlenden Leasingraten gegenüber (IAS 17.20). Der Leasinggeber hat das Leasingobjekt auszubuchen und gleichzeitig eine Forderung für die vereinbarten, zukünftig zu erhaltenen Leasingraten einzubuchen (IAS 17.36).

Stellt die Leasingvereinbarung **Operating-Leasing** dar, so darf der Leasingnehmer das Leasingobjekt mangels wirtschaftlichen Eigentums nicht aktivieren. Die Leasingraten sind in seinem Abschluss wie bei einem bloßen Mietverhältnis als Aufwand zu erfassen (IAS 17.33). Das Leasingobjekt wird vielmehr in der Bilanz des Leasinggebers aktiviert, und die Leasingraten stellen bei diesem wie ‚normale' Mieteinnahmen Ertrag dar (IAS 17.49 ff.).

Fall:

Eine AG (Leasinggeber) verleast ihre nicht mehr benötigte Produktionsmaschine an eine GmbH (Leasingnehmer). Der Buchwert der Maschine sowie die nach IAS 17 bewerteten zukünftigen Leasingzahlungen mögen jeweils 100 TEUR betragen.

Buchen Sie den Vertrag alternativ als Finanzierungs-Leasing und als Operating-Leasing beim Leasinggeber und beim Leasingnehmer!

Lösung:

a. Finanzierungs-Leasing

Buchung Leasinggeber:

Buchung:	Leasingforderung	100	an	Maschine	100

Buchung Leasingnehmer:

Buchung:	Maschine	100	an	Leasing-verbindlichkeit	100

b. Operating-Leasing

Zu Beginn des Leasingvertrags sind keine Buchungen erforderlich, da die Maschine bisher beim Leasinggeber aktiviert war und sich dies durch den Leasingvertrag nicht ändert. Die Leasingraten werden grundsätzlich wie bei einem Mietverhältnis als Ertrag beim Leasinggeber bzw. als Aufwand beim Leasingnehmer erfasst (zu Einzelheiten vgl. 2.3.4.2).

2.3.4   Bewertung bei Leasingnehmer und Leasinggeber

2.3.4.1   Finanzierungsleasing

▶   IAS 17.25-32; IAS 17.36-48

Der **Leasingnehmer** hat auf der Aktivseite seiner Bilanz das Leasingobjekt als Vermögenswert zu aktivieren. Dem steht die Schuld für die zukünftigen Leasingzahlungen gegenüber (vgl. 2.3.3). Dem Vermögenswert und der Schuld sollen im Rahmen der **Erstbewertung** grundsätzlich der jeweils gleiche Wert zugewiesen werden, der sich mit dem niedrigeren Wert aus dem beizulegenden Zeitwert (zur Definition vgl. IAS 17.4) des Leasinggegenstands einerseits und dem Barwert der zukünftigen mindestens an den Leasinggeber zu leistenden Zahlungen (Mindestleasingzahlungen; zur genauen Definition vgl. IAS 17.4) andererseits ermittelt. Die Mindestleasingzahlungen werden hierbei vorrangig mit dem dem Leasingverhältnis zugrunde liegenden Zinssatz und nur falls dieser nicht ermittelbar ist, mit dem Grenzfremdkapitalzinssatz (zur Definition vgl. IAS 17.4) des Leasingnehmers abgezinst. Unabhängig vom verwendeten Zinssatz sind anfängliche, der Vertragsentstehung direkt zurechenbare Kosten des Leasingnehmers (IAS 17.4) dem Zugangswert des Leasingobjekts zuzuschlagen, so dass dieser von der Höhe der Schuld abweichen kann (IAS 17.24).

Im Rahmen der **Folgebewertung** ist beim Leasinggeber zum einen das **Leasingobjekt abzuschreiben**. Dies erfolgt nach den allgemeinen Grundsätzen für Sachanlagen nach IAS 16 (vgl. 2.1.4.1) und für immaterielle Vermögenswerte nach IAS 38 (vgl. 2.2.4). Allerdings schreibt IAS 17.27 eine spezifische Berechnung des Abschreibungszeitraums vor. Ist nach den Bedingungen des Leasingvertrags nicht davon auszugehen, dass am Ende der Vertragslaufzeit der Leasingnehmer das Eigentum an dem Leasingobjekt erwirbt, z.B. weil eine sehr ungünstige Kaufoption ohne Andienungsrecht (Verkaufsoption) des Leasinggebers vereinbart wurde, so bemisst sich der Abschreibungszeitraum nach dem kürzeren Zeitraum aus Vertragslaufzeit und wirtschaftlicher Nutzungsdauer. Andernfalls ist von der wirtschaftlichen Nutzungsdauer des Leasingobjekts auszugehen.

Schwieriger gestaltet sich die Erfassung der **Leasingzahlungen** beim Leasingnehmer. Diese setzen sich wirtschaftlich aus einen Tilgungsanteil der Schuld gegenüber dem Leasinggeber und einem Zinsanteil für die Überlassung des Fremdkapitals zusammen. Für Zwecke der Bilanzierung ist diese Aufteilung nachzuvollziehen, d.h. der Tilgungsanteil mindert die Schuld und der Zinsanteil stellt Aufwand des Leasingnehmers dar. Ist z.B. für einen zweijährigen Finanzierungsleasing-Vertrag eine jährliche Leasingrate i.H.v. 6.050 EUR vereinbart für ein Leasingobjekt, dessen beizulegender Zeitwert bei Vertragsbeginn 10.500 EUR beträgt, enthalten die Leasingraten i.H.v. insgesamt 12.100 über zwei Jahre einen Tilgungsanteil i.H.v. 10.500 EUR und einen Zinsanteil i.H.v. (12.100 – 10.500 =) 1.600 EUR. Nach IAS 17.25 ist dieser Betrag so auf die beiden Perioden der Vertragslaufzeit zu verteilen, dass ein konstanter Zinssatz auf die verbliebene Schuld angesetzt wird – dies ist der interne Zinssatz, im Beispiel errechenbar mit 10% (durch Auflösung der Gleichung: $6.050/(1,x)^2$ + $6.050/(1,x) = 10.500$). Im Beispiel kann die erste Leasingrate somit aufgespalten werden in einen Zinsanteil i.H.v. (10.500 x 10% =) 1.050 EUR, und in einen Tilgungsanteil i.H.v. (6.050 – 1.050 =) 5.000 EUR. Alternativ darf der Zinssatz auch nach einem Näherungsverfahren ermittelt werden (IAS 17.26).

Fall:

Ein ab dem 01.01.01 wirksamer zweijähriger Finanzierungsleasing-Vertrag sieht jährliche Leasingraten i.H.v. 6.050 EUR für eine Maschine (wirtschaftliche Nutzungsdauer: 4 Jahre) vor, deren beizulegender Zeitwert bei Vertragsbeginn 10.500 EUR beträgt. Der interne Zinsfuß sei mit 10% vorgegeben. Außerdem ist vertraglich geregelt, dass die Maschine nach Ablauf der Vertragslaufzeit nicht vom Leasingnehmer erworben werden kann.

Buchen Sie die Auswirkungen des Vertrags aus Sicht des Leasingnehmers!

Lösung:

Im Jahr 01 sind die Maschine als Vermögenswert und die Schuld mit einem Wert von 10.500 EUR einzubuchen, da sich hier beizulegender Zeitwert der Maschine und Barwert der Mindestleasingzahlungen ($6.050/(1{,}10)^2 + 6.050/1{,}10 =$) 10.500 entsprechen.

| Buchung 01a: | Maschine | 10.500 | an | Verbindlichkeit | 10.500 |

Die Abschreibung auf die Maschine ist, da die Übernahme des Leasingobjekts nach Ablauf der Vertragslaufzeit sogar ausgeschlossen ist, für den kürzeren Zeitraum aus Vertragslaufzeit und wirtschaftlicher Nutzungsdauer, mithin für zwei Jahre vorzunehmen.

| Buchung 01b: | Abschreibung | 5.250 | an | Maschine | 5.250 |

Die Leasingrate für 01 ist aufzuteilen in einen Zinsanteil (10.500 x 10% =) 1.050 EUR und in einen Tilgungsanteil i.H.v. (6.050 – 1.050 =) 5.000 EUR.

| Buchung 01c: | Verbindlichkeit | 5.000 | an | Bank | 6.050 |
| | Zinsaufwand | 1.050 | | | |

In 02 ist die Abschreibung wie in 01 (Buchung 01b) vorzunehmen. Die Leasingrate für 02 ist ausgehend von einer Restschuld i.H.v. (10.500 – 5.000 =) 5.500 EUR aufzuteilen in einen Zinsanteil (5.500 x 10% =) 550 EUR und in einen Tilgungsanteil i.H.v. (6.050 - 550 =) 5.500 EUR. Damit ist die Schuld getilgt. Der in 01 und 02 insgesamt erfasste Zinsaufwand von (1.050 + 550 =) 1.600 entspricht erwartungsgemäß der Differenz zwischen der Summe der Leasingzahlungen einerseits (12.100) und dem Zugangswert der Schuld von 10.500.

| Buchung 02b: | Verbindlichkeit | 5.500 | an | Bank | 6.050 |
| | Zinsaufwand | 550 | | | |

Der **Leasinggeber** darf das Leasingobjekt aus einem Finanzierungsleasing-Vertrag nicht (mehr) aktivieren. Er hat jedoch auf der Aktivseite seiner Bilanz eine Forderung für die zukünftigen Leasingraten zu aktivieren (vgl. 2.3.3). Deren **Zugangswert** entspricht dem Nettoinvestitionswert, der sich nach IAS 17.4 als Barwert der Summe aus Mindestleasing-zahlungen und nicht vertraglich garantiertem Restwert (= Bruttoinvestitionswert) ermittelt. Direkt mit der Vertragsentstehung zusammenhängende Kosten sind hierbei nach IAS 17.38 zu berücksichtigen. Im Rahmen der **Folgebewertung** sind die eingehenden Leasingraten nach der gleichen Systematik wie beim Leasingnehmer (s.o.) in einen Tilgungsanteil, der von der Forderung abzusetzen ist, und in einen Zinsanteil, der ergebniswirksam als Ertrag erfasst wird, aufzuteilen.

Fall:

Wie im obigen Fall zur Bilanzierung beim Leasingnehmer sieht ein ab dem 01.01.01 wirksamer zweijähriger Finanzierungsleasing-Vertrag ab 01 eine jährliche Leasingrate i.H.v. 6.050 EUR für eine Maschine vor. Die Maschine stand bei Beginn des Leasingver-hältnisses beim Leasinggeber mit 10.500 EUR zu Buche. Der interne Zinsfuß sei mit 10% vorgegeben. Nach Ablauf der Vertragszeit beträgt der Restwert 0 EUR.

Buchen Sie die Auswirkungen des Vertrags aus Sicht des Leasinggebers!

Lösung:

Der Zugangswert der Forderung beträgt $(6.050/(1,10)^2 + 6.050/1,10 =)$ 10.500 EUR und ist zu Beginn des Jahres 01 einzubuchen. Die Maschine ist auszubuchen.

Buchung 01a:	Forderung	10.500	an	Maschine	10.500

Die vereinbarte Leasingrate für 01 ist analog zur Vorgehensweise beim Leasingnehmer aufzuteilen in einen Zinsanteil (10.500 x 10% =) 1.050 EUR und in einen Tilgungsanteil i.H.v. (6.050 – 1.050 =) 5.000 EUR.

Buchung 01b:	Bank	6.050	an	Forderung	5.000
				Zinsertrag	1.050

Die Leasingrate für 02 ist ausgehend von einer Restforderung i.H.v. (10.500 – 5.000 =) 5.500 EUR aufzuteilen in einen Zinsanteil (5.500 x 10% =) 550 EUR und in einen Tilgungsanteil i.H.v. (6.050 - 550 =) 5.500 EUR. Damit ist die Forderung getilgt.

Buchung 02:	Bank	6.050	an	Forderung	5.500
				Zinsertrag	550

2.3.4.2 Operating-Leasing

▶ IAS 17.33-34; IAS 17.49-57

Beim **Leasingnehmer** entfällt eine Erstbewertung, da er das Leasingobjekt im Rahmen von Operating-Leasing-Verträgen nicht aktivieren darf. Die vom Leasingnehmer zu leistenden Leasingraten sind periodengerecht (vgl. IAS 1.27 f.) als Aufwand zu erfassen. Hierbei unterstellt IAS 17.33 f., dass unabhängig von den tatsächlichen Zahlungszeitpunkten eine lineare Verteilung der Leasingraten als Aufwand des Leasingnehmers zugrunde zu legen ist. Eine andere, z.B. degressive, Verteilung der Leasingraten ist im Einzelfall mit dem Nutzungsverlauf des Leasingobjekts zu begründen. Entspricht die zugrunde zu legende Verteilung der Leasingraten nicht den während der Rechnungsperiode zu leistenden Zahlungen, so sind letztere als Forderungen oder Verbindlichkeiten zu erfassen.

Der **Leasinggeber** hat das Leasingobjekt in seiner Bilanz nach den allgemeinen Grundsätzen zu bewerten. So richtet sich die Höhe der Anschaffungskosten und der planmäßigen Abschreibungen nach IAS 16 bzw. IAS 38, wobei allerdings der Zugangswert um durch den Abschluss des Leasingvertrags entstandene Kosten zu erhöhen ist (IAS 17.49; IAS 17.51 ff.). Ferner sind Wertminderungstests nach IAS 36 zu erfassen (IAS 17.54). Die vereinbarten Leasingraten sind grundsätzlich linear (oder nach einem anderen begründbaren Verlauf) als Ertrag zu vereinnahmen (IAS 17.49 ff.). Damit entspricht die Systematik der Ertragserfassung beim Leasinggeber der Systematik der Aufwandserfassung beim Leasingnehmer.

<u>Fall:</u>

Im Rahmen eines Operating-Leasing-Vertrags mit dreijähriger Laufzeit über eine Maschine (Anschaffungskosten 27 TEUR; Abschreibungsdauer: 3 Jahre) wird vereinbart, dass dem ersten mietfreien Jahr 01 zwei nachschüssige Jahresraten i.H.v. jeweils 15 TEUR folgen. Gründe, die gegen eine lineare Verteilung der Leasingraten sprechen, werden nicht vorgebracht.

Buchen Sie die Jahre 01 bis 03 beim Leasingnehmer und beim Leasinggeber!

<u>Lösung:</u>

Bei einer linearen Verteilung der Leasingraten werden jährlich – unabhängig vom Zahlungszeitpunkt – ((15 + 15) TEUR / 3 Jahre =) 10 TEUR als Aufwand (Leasingnehmer) bzw. Ertrag (Leasinggeber) erfasst. Dies erfordert beim Leasingnehmer für das erste mietfreie Jahr den Ansatz einer Verbindlichkeit und spiegelbildlich in der Bilanz des Leasinggebers den Ansatz einer Forderung. Der Leasinggeber hat außerdem die Maschine zu aktivieren und nach IAS 16 über drei Jahre abzuschreiben.

a. <u>Buchung Leasingnehmer:</u>

Buchung 01:	Leasingaufwand	10	an	Verbindlichkeit	10
Buchung 02:	Leasingaufwand	10	an	Bank	15
	Verbindlichkeit	5			

Buchung 03:	Leasingaufwand	10	an	Bank	15
	Verbindlichkeit	5			

b. <u>Buchung Leasinggeber</u>:

Buchung 01:	Abschreibung	9	an	Maschine	9
	Forderung	10	an	Leasingertrag	10
Buchung 02:	Abschreibung	9	an	Maschine	9
	Bank	15	an	Leasingertrag	10
				Forderung	5
Buchung 03:	Abschreibung	9	an	Maschine	9
	Bank	15	an	Leasingertrag	10
				Forderung	5

2.3.5   Angaben

▶   IAS 17.31-32; IAS 17.35; IAS 17.47-48; IAS 17.56-57

Die Angabepflichten finden sich im IAS 17 nicht wie in anderen Standards des IFRS-Regelwerks in einem gesonderten Abschnitt, sondern an folgenden Stellen:

- für den Leasingnehmer
  - bzgl. Finanzierungsleasing in IAS 17.31 f. zzgl. zu den Angabepflichten aufgrund der Bilanzierung des Leasingobjekts nach IAS 16, IAS 36, IAS 38 und ggf. IAS 40 oder IAS 41,
  - bzgl. Operating-Leasing in IAS 17.35;
- für den Leasinggeber
  - bzgl. Finanzierungsleasing in IAS 17.47 f.,
  - bzgl. Operating-Leasing in IAS 17.56 f. zzgl. zu den Angabepflichten aufgrund der Bilanzierung des Leasingobjekts nach IAS 16, IAS 36, IAS 38 und ggf. IAS 40 oder IAS 41.

Zusätzlich sind die Angabepflichten nach IFRS 7 (vgl. 2.22) zu befolgen, da Leasingverhältnisse zu den Finanzinstrumenten gehören.

2.3.6   Aktuelle Entwicklungen

Die Leasingbilanzierung nach IFRS befindet sich jedoch seit geraumer Zeit in Überarbeitung, wodurch eine Konvergenz mit den entsprechenden Regelungen der US-GAAP herbeigeführt werden soll. Bereits im August 2010 hat der IASB einen Standardentwurf zur Änderung der Leasingbilanzierung nach IFRS (ED/2010/9) veröffentlicht. Dieser wird vom IASB nochmals überarbeitet, und ein geänderter Entwurf soll im ersten Halbjahr 2012 veröffentlicht werden. Unter Zugrundelegung der im ersten Standardentwurf vorgesehenen Regeln wird sich die Leasingbilanzierung nach IFRS voraussichtlich wesentlich ändern.

Die in diesem ersten Entwurf vorgesehene Systematik[7] der zukünftigen Leasingbilanzierung basiert nicht mehr auf einer Einteilung der Leasingverhältnisse in Finanzierungs- und Operating-Leasing. Der **Leasingnehmer** hat demnach vielmehr für alle Leasingverhältnisse, die in den (ebenfalls geänderten) Anwendungsbereich des neuen Standards fallen, ein Nutzungsrecht zu aktivieren und abzuschreiben. Dem steht auf der Passivseite der Bilanz des Leasingnehmers eine bei Zugang mit dem Barwert zu bewertende Leasingverbindlichkeit gegenüber (sog. ‚Right-of-use-Approach‘). Die Leasingraten sind wie nach IAS 17 in einen Zins- und in einen Tilgungsanteil aufzuteilen; der Tilgungsanteil mindert die Verbindlichkeit und der Zinsanteil wird als Aufwand erfasst.

Für die Bilanzierung beim **Leasinggeber** ist nach dem ersten Entwurf hingegen die Einschätzung erforderlich, welcher Vertragspartner die überwiegenden Chancen und Risiken aus dem Leasingobjekt trägt. Verbleiben die wesentlichen Chancen und Risiken beim Leasinggeber, sind nach dem sog. ‚Performance-Obligation-Approach‘ in der Bilanz des Leasinggebers auf der Aktivseite das Leasingobjekt sowie eine Leasingforderung und auf der Passivseite eine Leistungsverpflichtung auszuweisen. Forderung und Verbindlichkeit entsprechen bei Zugang dem Barwert der vereinbarten Leasingraten. Die Verbindlichkeit ist über die Nutzungsdauer aufzulösen, und die Forderung entsprechend IAS 39 bzw. zukünftig IFRS 9 (vgl. 2.13) zu bilanzieren.

Werden hingegen die wesentlichen Chancen und Risiken auf den Leasingnehmer übertragen, so hat der Leasinggeber nach dem sog. ‚Derecognition-Approach‘ wie beim ‚Performance-Obligation-Approach‘ eine Leasingforderung zu aktivieren und zu bewerten. Indes ist in diesem Fall das Leasingobjekt aus der Bilanz des Leasinggebers auszubuchen.

Die Veröffentlichung eines endgültigen Standards durch den IASB wird frühestens für das zweite Halbjahr 2012 erwartet. Bis zum Abschluss des sich hieran anschließenden Endorsement-Verfahrens der EU ist in der EU der IAS 17 in der vorgestellten Fassung weiterhin anzuwenden.

---

[7]   Vgl. Wulff/Seebacher (2011), S. 322 ff.

2.3.7   Wiederholung des IAS 17 in Stichworten

Anhand der folgenden Stichworte können Sie die Kernpunkte des IAS 17 rekapitulieren:

- Kernfrage der Leasingbilanzierung ist die Frage, welche Vertragspartei das Leasingobjekt als wirtschaftlicher Eigentümer zu aktivieren hat;

- Einordnung von Leasingverträgen als Finanzierungsleasing oder Operating-Leasing;

- Finanzierungsleasingverträge werden bei den Vertragsparteien ähnlich wie ein Ratenkauf abgebildet (Aktivierung des Leasingobjekts beim Leasingnehmer);

- Operating-Leasingverträge werden bei den Vertragsparteien wie ein bloßes Mietverhältnis abgebildet (Aktivierung des Leasingobjekts beim Leasinggeber);

- Leasingbilanzierung nach IFRS wird sich voraussichtlich in absehbarer Zeit wesentlich ändern.

2.3.8   Hinweise zur Vertiefung

Folgende Aspekte zur Leasingbilanzierung nach IAS 17 empfehlen sich zur Vertiefung anhand der einschlägigen Kommentarliteratur:

- Feststellung, ob eine Vereinbarung ein Leasingverhältnis enthält (IFRIC 4);

- Besonderheiten beim Leasing von Grundstücken (IAS 17.15A-19);

- Bilanzierung durch Händler oder Hersteller, die als Leasinggeber tätig sind (IAS 17.43-46; IAS 17.55);

- Ermittlung des Abzinsungssatzes (IAS 17.20; IAS 17.25 f.);

- Näherungsverfahren zur Aufteilung der Leasingraten in Tilgungs- und Zinsanteil (IAS 17.26);

- Sale-and-lease-back-Transaktionen (IAS 17.58-66);

- Bilanzierung von finanziellen Anreizen des Leasinggebers zum Abschluss eines Operating-Leasing-Vertrags (SIC-15).

2.4   IAS 36 - Wertminderung von Vermögenswerten

2.4.1   Überblick zum IAS 36

▶   IAS 36.1-6

Gegenstand des IAS 36 in seiner am 23.03.2010 von der EU übernommenen Fassung (Abschluss des **Endorsement-Verfahrens**) ist die Identifizierung, Bemessung und Abbildung außerplanmäßiger Wertminderungen sowie Wertaufholungen. Der Standard ist wie folgt **aufgebaut**:

- Zielsetzung des Standards (IAS 36.1)

- Anwendungsbereich des Standards (IAS 36.2-5)

- Definitionen (IAS 36.6)

- Identifizierung wertgeminderter Vermögenswerte (IAS 36.7-17)

- Bestimmung der Höhe der Wertminderung (IAS 36.18-57)

- Abbildung der Wertminderung im Jahresabschluss (IAS 36.58-64)

- Besonderheit: Zahlungsmittelgenerierende Einheiten (IAS 36.65-108)

- Wertaufholung (IAS 36.109-125)

- Angaben (IAS 36.126-137)

- Vorschriften zum zeitlichen Anwendungsbereich des Standards (IAS 36.138-141)

- Anhang A: Barwert-Verfahren zur Ermittlung des Nutzungswerts

- Anhang C: Prüfung der Wertminderung von zahlungsmittelgenerierenden Einheiten.

Der **Anwendungsbereich** des IAS 36 wird dessen Paragrafen 2-5 erheblich eingeschränkt, da andere Standards eigene Regelungen für außerplanmäßige Wertminderungen vorhalten, wie z.B. IAS 2 für Vorräte. Letztlich verbleibt der folgende positive Anwendungsbereich des IAS 36:

- Sachanlagevermögen i.S.d. IAS 16,

- Immaterielle Vermögenswerte des Anlagevermögens i.S.d. IAS 38

- Nur bestimmte, ausdrücklich genannte finanzielle Vermögenswerte (IAS 36.4):
    - Tochterunternehmen i.S.d. IAS 27 (bzw. IFRS 10),
    - Assoziierte Unternehmen i.S.d. IAS 28,
    - Gemeinschaftsunternehmen i.S.d. IAS 31.

Die Wertminderungen aller anderen Vermögenswerte werden je nach Vermögensart durch Regelungen in den jeweils einschlägigen Standards IAS 2, IAS 11, IAS 12, IAS 19, IAS 39 (bzw. IFRS 9), IAS 40, IAS 41 und IFRS 4 geregelt. Gleiches gilt für zur Veräußerung gehaltene langfristige Vermögenswerte und aufgegebene Geschäftsbereiche, die nach IFRS 5 (vgl. 2.5) zu bewerten sind.

Planmäßige Abschreibungen werden nicht in IAS 36, sondern in IAS 16 für die Sachanlagen (vgl. 2.1.4) und in IAS 38 für die immateriellen Vermögenswerte des Anlagevermögens (vgl. 2.2.4) geregelt. Diese beiden Standards verweisen hinsichtlich außerplanmäßiger Wertminderungen auf IAS 36.

Von den in IAS 36.6 vorab gegebenen **Definitionen** der in diesem Standard verwendeten Begriffe lesen Sie bitte jetzt die Definitionen zum Buchwert, zum Wertminderungsaufwand und zum erzielbaren Betrag. Diese Begriffe sind zentral für das Verständnis des Standards.

2.4.2   Identifizierung wertgeminderter Vermögenswerte

▶   IAS 36.7-17

Nach IAS 36.8 ist eine (außerplanmäßige) Wertminderung eines unter seinen Anwendungsbereich fallenden Vermögenswerts dann vorzunehmen, wenn dessen Buchwert unter dessen erzielbarem Betrag liegt. Bevor die Höhe des erzielbaren Betrags und damit auch eines Wertminderungsbedarfs aufwändig bestimmt wird, klärt der Standard, in welchen Fällen bzw. wann überhaupt eine Prüfung auf Wertminderung erfolgen soll (**Wertminderungstest**). Verlangt der Standard keine solche Prüfung, so ist auch kein erzielbarer Betrag zu ermittel. IAS 36 folgt damit dem Grundsatz der Wirtschaftlichkeit.

IAS 36 unterscheidet zwischen sachlichen und **zeitlichen Anlässen** für einen Wertminderungstest. Jährliche Wertminderungstests, die auch zu einem festen unterjährigen Zeitpunkt vor dem Abschlussstichtag durchgeführt werden können, sind verpflichtend für folgende Vermögenswerte vorgeschrieben (IAS 36.10 f.):

- Immaterielle Vermögenswerte mit einer unbestimmten Nutzungsdauer,

- Immaterielle Vermögenswerte, die noch nicht betriebsbereit/nutzbar sind,

- Bei einem Unternehmenszusammenschluss erworbener Geschäfts- oder Firmenwert.

Daneben sieht IAS 36 **sachliche Anlässe** zur Vornahme eines Wertminderungstests vor. Hierbei stellt der Standard auf Indikatoren ab, die sich ergeben können aus

- externen Informationsquellen, wie z.B. Marktpreisentwicklungen,

- internen Informationsquellen, wie z.B. technische Überalterung bzw. physische Beschädigungen oder

- hohen Dividendenzahlungen der unter IAS 36 fallenden finanziellen Vermögenswerte (s.o.).

Weitere – allerdings in ihrer Aufzählung nicht abschließende – Indikatoren enthalten die Paragrafen 12-14 des Standards.

Ist ein solcher Indikator für einen Vermögenswert gegeben, so ist dieser Vermögenswert – auch wenn für ihn nach IAS 36.10 f. bereits ein jährlicher Wertminderungstest verpflichtend vorgesehen ist (s.o.) – auf eine Wertminderung hin zu überprüfen (IAS 36.8). Lediglich, wenn davon ausgegangen werden kann, dass der erzielbare Betrag eines Vermögenswerts trotz Vorliegens eines Indikators dessen Buchwert übersteigt, kann aus Wesentlichkeitsgründen auf einen Wertminderungstest verzichtet werden (IAS 36.15 f.).

Fall:

Der Buchwert einer Maschine beträgt 80 TEUR. Der erzielbare Betrag für diese Maschine stützt sich auf dessen Nutzungswert i.H.v. 190 TEUR. Die Maschine wird im Unternehmen weiterhin genutzt, ohne dass Einschränkungen in ihrer Auslastung feststellbar oder absehbar sind. Der Marktpreis für diese Maschine ist gleichwohl deutlich gesunken.

Ist ein Wertminderungstest durchzuführen?

Lösung:

Der gesunkene Marktpreis stellt einen Indikator für eine Wertminderung dar (IAS 36.12(a)). Dies verlangt grundsätzlich einen Wertminderungstest zum Abschlussstichtag. Da gleichwohl davon auszugehen ist, dass der Nutzungswert der Maschine im Unternehmen ihren Buchwert deutlich übersteigt, kann aus Wesentlichkeitsgründen auf einen solchen – im Einzelfall durchaus aufwändigen – Test verzichtet werden (IAS 36.15).

2.4.3   Bestimmung der Wertminderungshöhe

▶   IAS 36.18-57

Ist ein Wertminderungstest durchzuführen, so ist im zweiten Schritt zu prüfen, ob überhaupt eine Wertminderung vorliegt. Eine Wertminderung ist dann im IFRS-Abschluss abzubilden, wenn der erzielbare Betrag den Buchwert eines Vermögenswerts unterschreitet. In diesem Fall ist auf diesen niedrigeren erzielbaren Betrag abzuwerten. Die **Höhe der Wertminderung** ergibt sich somit aus der Differenz zwischen Buchwert und (niedrigerem) erzielbaren Betrag.

Der **erzielbare Betrag** ist definiert (IAS 36.6, 36.18) als der höhere der beiden Beträge aus beizulegendem Zeitwert abzüglich der Verkaufskosten einerseits und dem Nutzungswert eines Vermögenswerts andererseits. Damit ist eine Wertminderung eines Vermögenswerts nur dann erforderlich, wenn weder beizulegender Zeitwert (abzgl. Verkaufskosten), noch der Nutzungswert den Buchwert übersteigen. Übersteigt einer der beiden Werte den Buchwert, kommt eine Wertminderung nicht in Betracht.

Abbildung 2.4   Ermittlung des erzielbaren Betrags

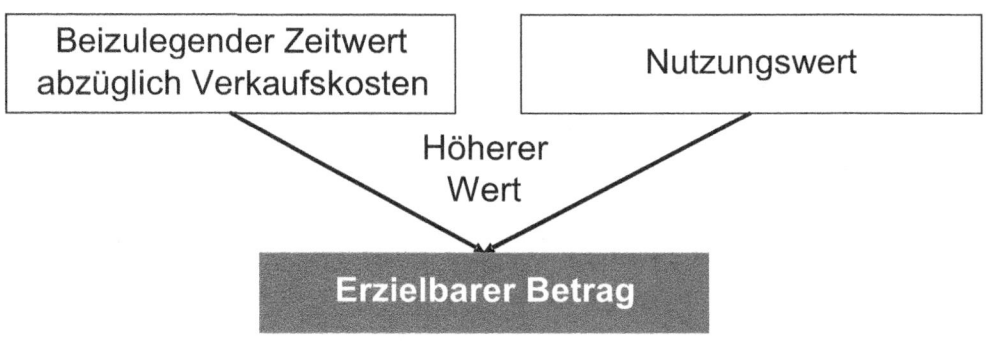

Beizulegender Zeitwert
abzüglich Verkaufskosten

Nutzungswert

Höherer
Wert

Erzielbarer Betrag

Fall:

Eine einzeln zu bewertende Maschine weist zum Abschlussstichtag einen (vorläufigen) Buchwert i.H.v. 300 TEUR auf. Es ist ein Wertminderungstest durchzuführen, bei dem zunächst ein Zeitwert nach Veräußerungskosten i.H.v. 320 TEUR und ein Nutzungswert i.H.v. 280 TEUR ermittelt wird.

Ist eine Wertminderung vorzunehmen?

Lösung:

Der erzielbare Betrag ist beim Wertminderungstest mit dem höheren der beiden ermittelten Werte, hier mit dem Zeitwert nach Veräußerungskosten i.H.v. 320 TEUR anzusetzen. Damit übersteigt der erzielbare betrag den Buchwert des Vermögenswerts, so dass eine Wertminderung nicht in Betracht kommt.

Zur Ermittlung des erzielbaren Betrags müssen damit grundsätzlich stets zwei Werte ermittelt werden. Von dieser „Doppelbewertung" sind drei **Ausnahmen** zugelassen:

1. Übersteigt bereits einer der beiden Werte den Buchwert des Vermögenswerts, darf auf die Ermittlung des zweiten Werts verzichtet werden, da in einem solchen Fall ohnehin keine Wertminderung vorgenommen wird (IAS 36.19);

2. Falls der beizulegende Zeitwert (abzgl. Verkaufskosten) eines Vermögenswerts nicht verlässlich ermittelt werden kann, so wird der Nutzungswert als erzielbarer Betrag gewählt (IAS 36.20);

3. Ist der Nutzungswert eines Vermögenswerts voraussichtlich nicht wesentlich höher als sein beizulegender Zeitwert, dann darf auf die Ermittlung des Nutzungswerts verzichtet werden, und der beizulegende Zeitwert beschreibt den erzielbaren Betrag (IAS 36.21).

Das Ausmaß der durch diese Ausnahmen erreichten Erleichterung wird deutlich, wenn man sich vergegenwärtigt, wie diese beiden Werte eigentlich zu ermitteln sind. Der **beizulegende Zeitwert abzgl. Verkaufskosten** lässt sich mathematisch einfach als Differenzbetrag ermitteln. Allerdings stellt IAS 36 Anforderungen an die Ermittlung des Zeitwerts in einer Wertehierarchie:

1. Vorrangig soll der Zeitwert aus einem bereits abgeschlossenen Kaufvertrag abgeleitet werden (IAS 36.25).

2. Im Regelfall liegt ein solcher Kaufvertrag nicht vor, so dass auf einen Marktpreis abgestellt werden kann, zu dem ein entsprechender Vermögenswert auf einem aktiven Markt (IAS 36.6: homogene Produkte, jederzeit verfügbare vertragswillige Käufer und Verkäufer, veröffentlichte Preise) gehandelt wird (IAS 36.26).

3. Ist auch ein solcher Marktpreis nicht ermittelbar, ist auf geeignete Schätzverfahren, erst kurz zurückliegende vergleichbare Transaktionen oder Bewertungsmodelle zurückzugreifen (IAS 36.27).

Als Verkaufskosten kommen z.B. Gerichts- und Anwaltskosten oder Transaktionssteuern in Betracht (IAS 36.28 f.).

Demgegenüber ist der **Nutzungswert** definiert als Barwert der künftigen Cashflows, der voraussichtlich aus einem Vermögenswert oder einer zahlungsmittelgenerierenden Einheit abgeleitet werden kann (IAS 36.6).

Abbildung 2.5   Barwertbetrachtung Nutzungswert

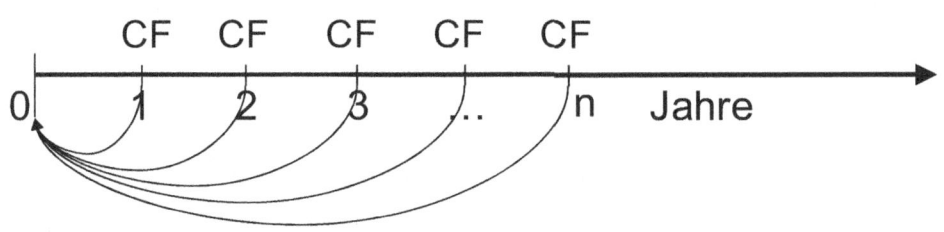

Eine solche Barwertbetrachtung verlangt die Ermittlung zweier Parameter:

- der voraussichtlichen Cashflows, d.h. der Ein- und Auszahlungen aus der Nutzung und aus dem Abgang des Vermögenswerts (IAS 36.39), sowie

- des Diskontierungszinssatzes, eines Vorsteuerzinssatzes, der auf Basis einer risikolosen Zinskomponente auch die Risiken aus dem Investment in diesen Vermögenswert einbezieht und der allgemeine Preissteigerungen (Inflationswirkungen) nur dann berücksichtigt, wenn die Cashflows nominal, d.h. ohne Inflationsbereinigung, ermittelt werden (IAS 36.40, IAS 36.55).

Barwertbetrachtungen bergen stets Ermessensspielräume bei der Schätzung der Cashflows und der Wahl des Diskontierungszinssatzes. IAS 36 versucht dieser Gefahr einer unangemessenen bzw. einer bilanzpolitischen Überlegungen gehorchenden Ausübung der Ermessensspielräume des Bilanzierenden durch detaillierte Regelungen in IAS 36.33-54 zu den Cashflows, in IAS 36.55-57 zur Herleitung des Zinssatzes und allgemein in Anhang A des Standards zu begegnen.

Fall:

Der (vorläufige) Buchwert einer noch zwei Jahre nutzbaren Maschine beträgt zum Abschlussstichtag 230 TEUR. Der beizulegende Zeitwert abzgl. Verkaufskosten betrage 220 TEUR. In den beiden letzten Jahren der Nutzungsdauer betrage der Cashflow jeweils 125 TEUR. Der Diskontierungszinssatz beträgt alternativ

a. 5%

b. 7%

Ergibt sich ein Wertminderungsbedarf?

Lösung:

a. Der Nutzungswert als Barwert der Cashflows beträgt rd. 232 TEUR und übersteigt den beizulegenden Zeitwert abzgl. Verkaufskosten. Der erzielbare Betrag beträgt damit 232 TEUR und übersteigt den Buchwert des Vermögenswerts, so dass keine Wertminderung vorzunehmen ist.

b. Der Nutzungswert als Barwert der Cashflows beträgt rd. 226 TEUR und übersteigt den beizulegenden Zeitwert abzgl. Verkaufskosten. Der erzielbare Betrag beträgt damit 226 TEUR und ist geringer als der Buchwert des Vermögenswerts, so dass eine Wertminderung i.H.v. (230 – 226 =) 4 TEUR vorzunehmen ist.

Die „Doppelbewertung" macht das **betriebswirtschaftliche Kalkül** des IAS 36 zur Bestimmung des Wertminderungsbedarfs offensichtlich. Der Unternehmer steht vor der Entscheidung, einen Vermögenswert weiter zu nutzen – hierfür steht der Nutzungswert – oder bei mangelndem Nutzen zu veräußern – hierfür steht der beizulegende Zeitwert abzgl. Verkaufskosten. IAS 36 unterstellt, dass der Unternehmer immer die erfolgversprechendste Alternative wählt, so dass nur auf den höchsten dieser beiden Werte abzuschreiben ist.

2.4.4   Abbildung der Wertminderung im Jahresabschluss

▶   IAS 36.58-64

Nach IAS 36.59 ist eine Wertminderung pflichtmäßig vorzunehmen, wenn der erzielbare Betrag eines Vermögenswerts dessen Buchwert unterschreitet. Die Wertminderung ist grundsätzlich als **Aufwand in der GuV** zu erfassen (IAS 36.60 f.).

Sofern der zu bewertende Vermögenswert jedoch nach dem **Neubewertungsmodell** (vgl. vgl. 2.1.4.2 für Sachanlagen, vgl. 2.2.4 für immaterielle Vermögenswerte des Anlagevermögens) bewertet wird, ist zu differenzieren (vgl. 2.1.4.2):

- Soweit die Wertminderung auf einen Neubewertungsgewinn aus Vorjahren entfällt, ist sie Teil des ‚sonstigen Ergebnisses' und mindert die Neubewertungsrücklage.

- Nur soweit die Wertminderung auf den (um gedachte planmäßige Abschreibungen) fortgeführten historischen Zugangswert entfällt, liegt in der GuV zu erfassender Aufwand vor.

Nach Vornahme einer (außerplanmäßigen) Wertminderung nach IAS 36 ist bei abnutzbaren Vermögenswerten der Abschreibungsplan anzupassen. Die Höhe der planmäßigen Abschreibungen ist im Folgejahr unter Verteilung des neuen Buchwerts (ggf. abzgl. Restwert) auf die Restnutzungsdauer zu bestimmen (IAS 36.63).

Fall:

Die Anschaffungskosten für ein unbebautes Grundstück betrugen im Jahr 01 insgesamt 120 TEUR. In 02 erfolgte eine Neubewertung auf 200 TEUR. In 03 beträgt der erzielbare Betrag 100 TEUR.

Buchen Sie die erforderliche Bewertungsmaßnahme in 03 nach dem Neubewertungsmodell!

Lösung:

Aufgrund der Neubewertung in 02 wurde die Neubewertungsrücklage um 80 TEUR aufgestockt. In 03 ist eine Wertminderung i.H.v. 100 TEUR vorzunehmen, die die Neubewertung aus 02 vollständig aufzehrt. Insoweit (80 TEUR) ist kein Aufwand in der GuV zu erfassen sondern ein (negatives) sonstiges Ergebnis, das die Neubewertungsrücklage in entsprechender Höhe mindert. Die darüber hinausgehende Wertminderung i.H.v. 20 TEUR ist hingegen als Aufwand in der GuV zu erfassen.

Buchung 03:	Sonstiges Ergebnis	80	an	Grundstück	100
	Wertminderungs-aufwand (GuV)	20			
	(Neubewertungs-rücklage	80	an	Sonstiges Ergebnis	80)

2.4.5   Besonderheit: Zahlungsmittelgenerierende Einheit

▶   IAS 36.65-108

Im Folgenden sollen lediglich die **Grundzüge** der Prüfung eines Wertminderungsaufwands im Rahmen sog. zahlungsmittelgenerierender Einheiten im Überblick dargestellt werden. **Hintergrund** der umfassenden Regelungen in IAS 36 zu diesem Thema ist, dass Vermögenswerte zwar grundsätzlich einzeln auf Wertminderungen zu untersuchen sind, eine

Ermittlung des erzielbaren Betrags für einen einzelnen Vermögenswert jedoch nicht immer möglich ist (IAS 36.66). Als Beispiel gibt der Standard in Paragraf 68 eine private Förderbahn eines Bergwerks, für die als Zeitwert nur ihr Schrottwert und mangels Einzel-Zurechenbarkeit von Cashflows kein Nutzungswert ermittelt werden kann. Die Cashflows werden vielmehr durch das Bergwerk insgesamt erzielt, und die Bahn hat hieran einen nicht objektiv messbaren Anteil.

Derartige Fälle sucht der IAS 36 zu lösen, indem die Prüfung eines Wertminderungsbedarfs – im Beispiel für die Bahn – von dem erzielbaren Betrag der **zahlungsmittelgenerierenden Einheit (ZGE)** – im Beispiel das Bergwerk insgesamt – ausgeht. Eine zahlungsmittelgenerierende Einheit wird hierzu definiert als kleinste identifizierbare Gruppe von Vermögenswerten, die Mittelzuflüsse erzeugen, die weitgehend unabhängig von den Mittelzuflüssen anderer Vermögenswerte oder anderer Gruppen von Vermögenswerten sind (IAS 36.6). Vereinfacht ausgedrückt, wird hierdurch die kleinstmögliche Gruppe von Vermögenswerten gesucht, der Cashflows unmittelbar zurechenbar sind (vgl. auch IAS 36.68 einschl. Beispiel). Zahlungsmittelgenerierende Einheiten können im Einzelfall auch Produktlinien, Werke oder geografische Bereiche sein (vgl. IAS 36.130(d)(i)).

Eine solche ZGE kann Vermögenswerte enthalten, die teilweise auch anderen ZGE zuzurechnen sind, wie z.B. die Hauptverwaltung des Unternehmens – im Beispiel die Unternehmenszentrale, die verschiedene Bergwerke koordiniert (**gemeinschaftliche Vermögenswerte**). Ebenso können erworbene **Geschäfts- oder Firmenwerte** – ggf. auch teilweise – einer ZGE zuzurechnen sein. Dies erfordert eine **angemessene Zuordnung bzw. Aufteilung** dieser gemeinschaftlichen Vermögenswerte (IAS 36.100-103) sowie von Geschäfts- oder Firmenwerten (IAS 36.74-87) auf die einzelnen ZGE. Anhaltspunkte für eine solche Aufteilung können sich aus dem Verhältnis der Buchwerte der ZGE (bzw. der Summe der Buchwerte der einzelnen Vermögenswerte einer ZGE) zueinander liefern.

Nach dieser Zuordnung von gemeinschaftlichen Vermögenswerten sowie Geschäfts- oder Firmenwerten lässt sich der **Buchwert der ZGE** als Summe der der direkt und anteilig zu berücksichtigenden Buchwerte ermitteln. Im Beispiel des Bergwerks gehen in den Buchwert der ZGE des Bergwerks u.a. der Buchwert der Bahn, aber auch Teile des Buchwerts der Hauptverwaltung ein.

Dieser Buchwert der einzelnen ZGE ist sodann mit dem jeweils **erzielbaren Betrag der ZGE** abzugleichen. Im Bergwerksbeispiel ist unmittelbar einleuchtend, dass für das Bergwerk wenn nicht ein beizulegender Zeitwert, dann doch jedenfalls Cashflows und damit ein Nutzungswert ermittelt werden können. Ist der hierdurch ermittelte erzielbare Betrag niedriger als der Buchwert der ZGE ist gleichzeitig festgestellt, dass und in welcher Höhe eine Wertminderung vorzunehmen ist (IAS 36.104).

Fraglich ist jedoch noch, auf welche Vermögenswerte der ZGE diese Wertminderung entfällt. Der Standard enthält hierzu in IAS 36.104-108 relativ eindeutige Regelungen, nach denen die festgestellte Wertminderung auf die einzelnen Vermögenswerte der ZGE **aufzuteilen** ist. Im Grundsatz wird zunächst ein in der ZGE ggf. erfasster Anteil eines erworbenen Geschäfts- oder Firmenwerts im Buchwert gemindert. Ein hiernach verbleibender

Wertminderungsbedarf wird auf die anderen Vermögenswerte im Verhältnis deren Buchwerte innerhalb der ZGE aufgeteilt und von den einzelnen Vermögenswerten abgesetzt. Hierbei darf ein ggf. ermittelbarer erzielbarer Betrag eines einzelnen Vermögenswerts jedoch nicht unterschritten werden.

Zusammenfassend lassen sich folgende Bearbeitungsschritte identifizieren:

1. Abgrenzung einer ZGE

2. Aufteilung (Schlüsselung) von Geschäfts- oder Firmenwerten bzw. gemeinschaftlichen Vermögenswerten auf die ZGE

3. Ermittlung des Buchwerts der ZGE

4. Ermittlung des erzielbaren Betrags der ZGE

5. Ermittlung eines Wertminderungsbedarfs durch Vergleich des Buchwerts und des erzielbaren Betrags der ZGE

6. Aufteilung einer ggf. erforderlichen Wertminderung auf die einzelnen Vermögenswerte der ZGE (vorrangig vom Geschäfts- oder Firmenwert, Restbetrag grds. nach Buchwerten).

In den Fällen, in denen der erzielbare Betrag eines einzelnen Vermögenswerts nicht sinnvoll ermittelt werden kann, hält IAS 36 damit eine theoretisch fundierte und komplexe Lösung zur Ermittlung eines Wertminderungsbedarfs vor. Allerdings ist dieser Weg durch zahlreiche Ermessensspielräume des Bilanzierenden, z.B. bei der Abgrenzung einer ZGE oder der Schlüsselung gemeinschaftlicher Vermögenswerte, gekennzeichnet, die nicht zwingend zu einem eindeutigen Ergebnis führen müssen.

2.4.6 Wertaufholung

▶   IAS 36.109-125

Ein einmal wertgeminderter Vermögenswert ist an jedem folgenden Abschlussstichtag daraufhin zu überprüfen, ob der Wertminderungsbedarf fortbesteht oder eine Wertaufholung zu verzeichnen ist (IAS 36.110). Dieser Prüfung sind vergleichbare Indikatoren zugrunde zu legen wie der Prüfung einer Wertminderung (IAS 36.111 ff.). Führen in Folgeperioden nach einer Wertminderung Veränderungen der bei der Ermittlung des (niedrigeren) erzielbaren Betrags verwendeten Schätzparameter eines Vermögenswerts zu einer Erhöhung dessen erzielbaren Betrags, ist zwingend eine Wertaufholung vorzunehmen – **Wertaufholungspflicht** (IAS 36.114).

Die Wertaufholung darf jedoch im Normalfall nur bis zu den fortgeführten Anschaffungs- oder Herstellungskosten reichen (IAS 36.117). D.h., dass der ursprüngliche Zugangswert des Vermögenswerts in einer Nebenrechnung bzw. Nebenbuchhaltung unter Verrechnung planmäßiger Abschreibungen so fortzuführen ist, als habe keine Wertminderung stattgefunden. Dieser Wert markiert grundsätzlich die **Obergrenze** für eine Wertaufholung. Die

Wertaufholung ist insoweit als Ertrag in der GuV zu erfassen. Eine **Ausnahme zu dieser Obergrenze** besteht dann, wenn der wertgeminderte Vermögenswert nach dem Neubewertungsmodell bewertet wird (vgl. 2.4.4). In diesem Fall darf auf einen die fortgeführten Anschaffungs- oder Herstellungskosten übersteigenden Wert zugeschrieben werden. Allerdings ist dann die Werterhöhung nur bis zur Höhe des (um gedachte planmäßige Abschreibungen) fortgeführten historischen Zugangswertes Ertrag (GuV). Darüber hinaus erhöht die Wertaufholung das sonstiges Ergebnis und damit die Neubewertungsrücklage (IAS 36.118 ff.).

Auch einer **Wertminderung im Rahmen einer ZGE** (vgl. 2.4.5) ist in entsprechender Weise aufzuholen (IAS 36.122 ff.). Allerdings darf hierbei eine Wertminderung eines Geschäfts- oder Firmenwerts nicht rückgängig gemacht werden – Wertaufholungsverbot (IAS 36.124). Nach einer Wertaufholung ist der **Abschreibungsplan anzupassen**, um den neuen Buchwert auf die Restnutzungsdauer zu verteilen (IAS 36.121).

Fall:

Ermitteln Sie den Buchwert zum 31.12.04 und zum 31.12.05!

Lineare Abschreibung einer Produktionsmaschine über zehn Jahre:

- Anschaffungskosten 01.01.01:   400 TEUR

- Wertminderung 02 auf: 240 TEUR

- Erzielbarer Betrag 04:   250 TEUR

Lösung:

Jahr	Zugangswert / Buchwert 31.12.	GuV-Effekt	Fortgeführter Zugangswert
Zugang	400	-	400
01	360	-40	360
02	240	(-40 - 80 =) -120	320
03	210	(240 / 8 Jahre =) -30	280
04	(max.) 240	(-30 + 60 =) +30	240
05	200	(240 / 6 Jahre =) -40	200

2.4.7 Angaben

▶ IAS 36.126-137

Wertminderungen und Wertaufholungen verlangen umfangreichen Angaben zu Anlass, Höhe und Ergebnisauswirkungen. Diese können teilweise auch in einen Anlagespiegel, wie er nach IAS 16 erstellt werden kann, integriert werden (IAS 36.128).

Die Bewertung von ZGE's und der in ihnen enthaltenen Geschäfts- oder Firmenwerte ist mit besonderen Schwierigkeiten behaftet. Daher werden zu diesem Problembereich zusätzlich weitergehende Angaben nach IAS 36.134-137 gefordert.

2.4.8 Aktuelle Entwicklungen

Durch den im Mai 2011 vom IASB veröffentlichten, aber noch nicht von der EU übernommenen gesonderten Standard IFRS 13 zur Zeitwertbewertung ergeben sich auch Änderungen des IAS 36. So entfallen im bisherigen IAS 40 Regelungen zur Zeitwertermittlung (Paragrafen 25-27); andere wurden inhaltlich geändert und an IFRS 13 angepasst (Paragrafen 5, 6, 12, 20, 78, 105, 111, 130, 134) oder neu eingefügt (Paragrafen 25A, 53A). In den vorstehenden Erläuterungen wurde aufgrund des noch nicht abgeschlossenen Endorsement-Verfahrens der EU auf die bisherige Fassung des IAS 36 Bezug genommen. Die zukünftig insbesondere für die Ermittlung des beizulegenden Zeitwerts abzgl. Verkaufskosten nach IAS 36 bedeutsamen Neuregelungen des IFRS 13 werden in einem gesonderten Kapitel erläutert (vgl. 3.2).

2.4.9 Wiederholung des IAS 36 in Stichworten

In wenigen Stichworten zusammengefasst, lassen sich die wesentlichen Inhalte des IAS 36 rekapitulieren:

- Wichtige Anwendungsbereiche des Standards sind (außerplanmäßige) Wertminderungen auf Sachanlagen i.S.d. IAS 16 und auf immaterielle Vermögenswerte des Anlagevermögens i.S.d. IAS 38;

- Jährliche und hiervon unabhängig bei Vorliegen von bestimmten Indikatoren durchzuführende Wertminderungstests;

- Wertminderungsgebot auf den niedrigeren erzielbaren Betrag;

- Erzielbarer Betrag ist der höhere Betrag aus dem beizulegendem Zeitwert (abzgl. Verkaufskosten) und dem Nutzungswert;

- Besonderheit: Wertminderungstest auf Ebene einer sog. zahlungsmittelgenerierenden Einheit, wenn erzielbarer Betrag nur für eine Gruppe von Vermögenswerten ermittelbar ist;

■ Wertaufholungsverbot für einen Geschäfts- oder Firmenwert;

■ Wertaufholungsgebot für alle anderen Vermögenswerte bis max. zur Höhe der fortgeführten Anschaffungs- oder Herstellungskosten.

2.4.10   Hinweise zur Vertiefung

Folgende Aspekte waren zur Darstellung in den vorstehenden Kapiteln nicht bzw. nicht in
der möglichen Tiefe erforderlich:

■ Ermittlung der Cashflows, die dem Nutzungswert zugrunde liegen (IAS 36.33-54);

■ Ermittlung des Diskontierungszinssatzes, der dem Nutzungswert zugrunde liegt
   (IAS 36.55-57);

■ Wertminderung im Rahmen zahlungsmittelgenerierender Einheiten sowie Geschäfts-
   oder Firmenwert (IAS 36.65-108).

2.5   IFRS 5 - Zur Veräußerung gehaltene
            langfristige Vermögenswerte und aufgegebene
            Geschäftsbereiche

2.5.1   Überblick zum IFRS 5

▶   IFRS 5.1-5B

IFRS 5 hat mit EU-Verordnung vom 23.03.2010 das **Endorsement-Verfahren** durchlaufen.
Dieser Standard wurde vom IASB zwischenzeitlich durch IFRS 9 (Finanzinstrumente) geändert. Da das Endorsement des IFRS 9 jedoch verschoben wurde und die Änderungen
speziell auf Finanzinstrumente ausgerichtet sind, werden diese in der folgenden Einführung nicht berücksichtigt. Der Aufbau des IFRS 5 in seiner derzeit in der EU anzuwendenden Fassung zeigt im Überblick die folgenden Themenbereiche:

■ Zielsetzung des Standards (IFRS 5.1)

■ Anwendungsbereich des Standards (IFRS 5.2-5B)

■ Einstufung langfristiger Vermögenswerte oder Veräußerungsgruppen (IFRS 5.6-14)

■ Bewertung langfristiger Vermögenswerte oder Veräußerungsgruppen (IFRS 5.15-29)

■ Darstellung (Ausweis) und Angaben (IFRS 5.30-42)

■ Vorschriften zum zeitlichen Anwendungsbereich des Standards (IFRS 5.43-45)

■ Definitionen (Anhang A des Standards)

■ Anhang B: Ergänzungen zu Anwendungen (IFRS 5.B1).

Bereits aus diesem Aufbau ist bei genauerer Betrachtung der **Gegenstand** des Standards
erkennbar. Dieser erfasst für langfristige Vermögenswerte und Veräußerungsgruppen, die
zur Veräußerung vorgesehen sind, Regelungen zu deren Bewertung und Ausweis (zzgl.
Angaben). Für die in der Bezeichnung des IFRS 5 ebenfalls enthaltenen aufgegebenen Geschäftsbereiche werden hingegen lediglich Vorschriften zum Ausweis und zu Angaben,
nicht jedoch zur Bewertung, vorgehalten.

Zur **Definition** eines **langfristigen Vermögenswerts** wird in IFRS 5.3 auf die entsprechende Einordnung in der Bilanz nach IAS 1 verwiesen (vgl. 1.3.3). Wann ein langfristiger Vermögenswert als zur Veräußerung gehalten gilt, ergibt sich aus der Kategorisierung in
IFRS 5.6 ff., die noch gesondert erläutert wird (vgl. 2.5.2). Wichtig ist, dass es bei der Anwendung des IFRS 5 letztlich darauf ankommt, dass langfristige Vermögenswerte dazu
bestimmt sind, aus dem Unternehmensvermögen abzugehen. Dieser Abgang kann durch
Veräußerung oder aber auch durch eine Sachausschüttung an Anteilseigner erfolgen
(IFRS 5.5A). Sind langfristige Vermögenswerte zusammen mit anderen langfristigen oder
kurzfristigen Vermögenswerte und Schulden zur gemeinsamen Veräußerung (oder Ausschüttung) bestimmt, so ist IFRS 5 auf diese gesamte **Veräußerungsgruppe** anzuwenden
(IFRS 5.A; IFRS 5.4). Unter einem **aufgegebenen Geschäftsbereich** ist demgegenüber nach
IFRS 5.A/IFRS 5.32 ein abgrenzbarer Unternehmensbestandteil (vgl. IFRS 5.31) zu verstehen, der

a. einen gesonderten wesentlichen Geschäftszweig oder geografischen Geschäftsbereich
    darstellt,

b. Teil eines einzelnen abgestimmten Plans zur Veräußerung eines gesonderten wesentli-
    chen Geschäftszweigs oder geografischen Geschäftsbereichs ist oder

c. ein mit Weiterveräußerungsabsicht erworbenes Tochterunternehmen darstellt.

Die Abgrenzung zwischen Veräußerungsgruppen und Geschäftsbereichen kann in der
Praxis Schwierigkeiten bereiten, die einer Einzelfallentscheidung vorbehalten sind. Gleich-
wohl ist die Unterscheidung von Bedeutung, da für Veräußerungsgruppen gesonderte
Bewertungs- und Ausweis- sowie Angabevorschriften bestehen.

Durch diese Definitionen ist der sachliche **Anwendungsbereich** des IFRS 5 bereits in seinen
Grundzügen abgesteckt. Folgende Vermögenswerte sind jedoch ausdrücklich von der Anwendung des IFRS 5 nach dessen Paragraf 5 ausgenommen:

■ Latente Steueransprüche nach IAS 12,

■ Finanzielle Vermögenswerte im Anwendungsbereich des IAS 39 (bzw. IFRS 9),

■ Immobilien, die nach IAS 40 als Finanzinvestitionen zum beizulegenden Zeitwert bilan-
    ziert werden,

- Vermögenswerte, die nach IAS 41 (Landwirtschaft) bilanziert werden,

- Vertragliche Rechte im Rahmen von Versicherungsverträgen nach IFRS 4.

Außerdem ist IFRS 5 dann nicht anzuwenden, wenn Sachanlagen, die zur Vermietung an Kunden gehalten werden, nach IAS 16.68A in die Vorräte umzugliedern sind. Im Übrigen gehen für in den Anwendungsbereich des IFRS 5 fallende Vermögenswerte dessen Bilanzierungsregeln und Angabevorschriften den Regelungen anderer Standards vor, es sei denn, diese Standards verlangen spezifische Angaben (IFRS 5.5B).

2.5.2   Kategorisierung

▶   IFRS 5.6-14, IFRS 5.26

Die nach IFRS 5 erforderliche Kategorisierung betrifft ausschließlich zur Veräußerung oder Ausschüttung gehaltene langfristige Vermögenswerte (sowie Veräußerungsgruppen) und damit nicht aufgegebene Geschäftsbereiche. Nur wenn ein langfristiger Vermögenswert (oder eine Veräußerungsgruppe) bestimmte Kriterien erfüllt, kommen die Bilanzierungsregeln des IFRS 5 zur Anwendung. Hierzu wird nach der Art des voraussichtlichen Abgangs unterschieden, wie die folgende Abbildung verdeutlicht.

Abbildung 2.6   Kategorisierung nach IFRS 5

Unter IFRS 5 fallende Vermögenswerte / Veräußerungsgruppen	
Zur Veräußerung gehalten (IFRS 5.6-12)	**Zur Ausschüttung gehalten (IFRS 5.12A)**

•Vermögenswert sofort veräußerbar
•Veräußerung höchstwahrscheinlich
  – Verkaufsplan beschlossen
  – Beginn der Umsetzung des Plans
  – Angebot zu einem üblichen Preis
  – Veräußerung innerhalb eines Jahres erwartet
  – Planänderung unwahrscheinlich
  – Ggf. erforderliche Zustimmung der Unternehmenseigner höchstwahrscheinlich
	•Vermögenswert sofort ausschüttbar
	•Ausschüttung höchstwahrscheinlich
	  – Maßnahmen zur Ausschüttung eingeleitet
	  – Ausschüttung innerhalb eines Jahres erwartet
	  – Änderung des Ausschüttungsvorhabens unwahrscheinlich
	  – Ggf. erforderliche Zustimmung der Unternehmenseigner höchstwahrscheinlich

Wurde ein langfristiger Vermögenswert nur für Zwecke der Weiterveräußerung erworben, darf dieser in Ergänzung der vorgenannten Kriterien nur dann nach IFRS 5 bilanziert werden, wenn das Einjahreskriterium erfüllt ist und die anderen Kriterien innerhalb von drei Monaten nach Erwerb (nicht nach dem Abschlussstichtag) erfüllt werden (IFRS 5.11).

Die Kategorisierung ist bereits im Zeitpunkt des Vorliegens aller Kriterien vorzunehmen. Hierbei ist das Stichtagsprinzip zu beachten, so dass eine Bilanzierung nach IFRS 5 das Vorliegen aller Voraussetzungen zum Stichtag bedingt (IFRS 5.12). Werden die Voraussetzungen nach dem Abschlussstichtag, aber noch vor der Genehmigung des Abschlusses erfüllt, so sind allerdings ergänzende Angaben im IFRS-Abschluss erforderlich (IFRS 5.12).

Sofern nicht in der Handlungsmacht des bilanzierenden Unternehmens liegende Umstände dazu führen, dass sich der Verkauf über die Einjahresfrist hinaus verzögern wird, folgt hieraus keine Pflicht zur Umkategorisierung der Vermögenswerte, solange die anderen Voraussetzungen nach IFRS 5.6-12 erfüllt sind (IFRS 5.9). Fällt jedoch im Nachhinein auch nur eine Voraussetzung weg, so ist IFRS 5 insoweit nach dessen Paragraf 26 nicht mehr anwendbar. Der Vermögenswert bzw. die Veräußerungsgruppe ist dann umzukategorisieren (zu den Bewertungskonsequenzen in diesem Fall vgl. 2.5.3).

Fall:

Sind die folgenden Vermögenswerte als zur Veräußerung oder zur Ausschüttung gehalten?

a. Grundstück, dass lt. Vorstandsbeschluss und signalisierter Zustimmung des Aufsichtsrats aus Liquiditätsgründen innerhalb von drei Monaten veräußerst werden soll; Maßnahmen zur Veräußerung zu einem angemessenen Preis sind zum Stichtag bereits eingeleitet; ein Kaufinteressent wurde jedoch bis zur Aufstellung des Abschlusses noch nicht gefunden.

b. Selbst hergestellte Produkte, die nach den im abgelaufenen Geschäftsjahr eingeleiteten Verkaufsbemühungen bereits wenige Tage nach dem Abschlussstichtag veräußert waren.

c. Der Vorstand möchte gerne eine alte Maschine veräußern, sofern sich für diese ein angemessener Preis erzielen lässt. Andernfalls soll die Maschine weiterhin in der eigenen Produktion eingesetzt werden. Bereits vor dem Abschlussstichtag wurde die Maschine potenziellen Käufern zu einem besonders hohen Preis angeboten, der von den Interessenten jedoch als unangemessen hoch empfunden wurde.

Lösung:

a. Die Voraussetzungen nach IFRS 5.6 ff. setzten nicht voraus, dass ein Kaufinteressent bereits gefunden sein muss. Das Grundstück fällt daher in den Anwendungsbereich des IFRS 5.

b. Es handelt sich um Fertigerzeugnisse, die kurzfristige Vermögenswerte darstellen und damit nicht in den Anwendungsbereich des IFRS 5 fallen (IFRS 5.3 i.V.m. IAS 1.66).

c. In diesem Fall erscheint der angebotene Preis als marktunüblich hoch. Zudem ist eine
    Änderung des Plans wahrscheinlich, wenn dem Vorstand der am Markt realisierbare
    Preis zu niedrig erscheint. IFRS 5 ist nicht anzuwenden.

2.5.3   Bewertungsvorschriften des IFRS 5

▶   IFRS 5.15-29

Zum Zeitpunkt der erstmaligen Kategorisierung (vgl. 2.5.2) von Vermögenswerten bzw.
Veräußerungsgruppen als zur Veräußerung oder zur Ausschüttung gehalten ist deren
Erstbewertung nach IFRS 5 vorzunehmen. Wie die Kategorisierung selbst, so ist auch die
Erstbewertung ggf. während des Geschäftsjahres und nicht erst am Abschlussstichtag vorzunehmen. Bis zu diesem Zeitpunkt, zu dem die Kriterien nach IFRS 5.6-12A erstmals erfüllt werden, sind die Vermögenswerte (und ggf. Schulden der Veräußerungsgruppe) nach
den Standards zu bewerten, nach denen sie auch bisher bewertet wurden (IFRS 5.18). So ist
z.B. eine Maschine, die die Kriterien des IFRS 5 erstmals am 01.07.01 erfüllt, bis zum
30.06.01 nach IAS 16 zu bewerten und daher um planmäßige Abschreibungen sowie ggf.
Wertminderungen nach IAS 36 zu mindern. Zu diesem Zeitpunkt erfolgt eine Erstbewertung der Vermögenswerte bzw. der gesamten Veräußerungsgruppe (IFRS 5.4) nach dem
Schema der folgenden Abbildung.

Abbildung 2.7   Erstbewertung nach IFRS 5

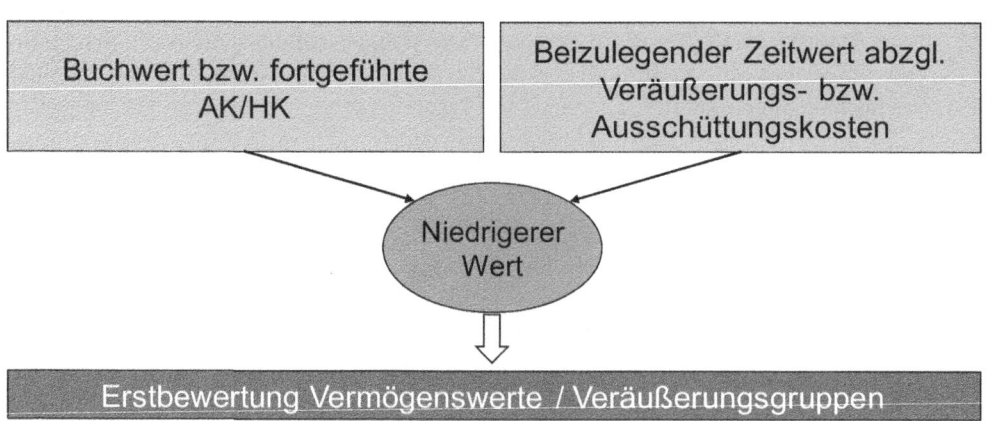

Damit wird im Ergebnis keine Bewertung zu einem höheren Betrag als zu den fortgeführten Anschaffungs- oder Herstellungskosten zugelassen. Ein aus der Veräußerungsabsicht
folgender drohender Aufwand wird jedoch frühzeitig erfasst bevor der Vermögenswert
bzw. die Veräußerungsgruppe abgeht. Dieser Aufwand ist ergebniswirksam als Wertminderung in der GuV zu erfassen (IFRS 5.20).

Fall:

Eine in der Produktion genutzte Maschine steht zum 01.01.01 mit einem Wert i.H.v. 60 TEUR zu Buche. Die Restnutzungsdauer beträgt 5 Jahre. Am 01.10.01 liegen erstmals alle Voraussetzungen zur Annahme eines zur Veräußerung gehaltenen langfristigen Vermögenswerts vor. Zu diesem Zeitpunkt beträgt der beizulegende Zeitwert der Maschine 55 TEUR. Aufgrund des aufwendigen Abbaus und Transports der Maschine ist mit verkaufsbedingten Kosten i.H.v. 5 TEUR zu rechnen.

Mit welchem Betrag ist die Maschine in 01 nach IFRS 5 erstzubewerten?

Lösung:

Der Buchwert der Maschine beträgt nach Vornahme planmäßiger Abschreibungen i.H.v. (60 TEUR / 5 J. x ¾ =) 9 TEUR zum 30.09.01 letztlich 51 TEUR. Der beizulegende Zeitwert abzgl. Veräußerungskosten beträgt (55 TEUR – 5 TEUR =) 50 TEUR, so dass dieser Betrag niedriger ist als der Buchwert und damit nach IFRS 5.15 anzusetzen ist. Somit erfolgt eine Wertminderung bei der Erstbewertung.

Im Rahmen der **Folgebewertung** zur Veräußerung oder zur Ausschüttung gehaltener langfristiger Vermögenswerte sind für diese nach IFRS 5.25 **keine planmäßigen Abschreibungen** mehr vorzunehmen! Dies erscheint konsequent, da solche Vermögenswerte ja nicht mehr im Unternehmen genutzt werden und zu (laufenden) Umsatzerlösen führen, wie es planmäßige Abschreibungen suggerieren würden. Indes sind Schuldzinsen oder sonstige Aufwendungen im Zusammenhang mit solchen Vermögenswerten weiterhin als Aufwand zu erfassen.

Allerdings sind **Wertminderungen** gegenüber dem bei der Erstbewertung nach IFRS 5 angesetzten Wert ergebniswirksam zu erfassen, wenn der beizulegende Zeitwert abzgl. Veräußerungs- bzw. Ausschüttungskosten in Folgeperioden sinkt (IFRS 5.20). Eine in späteren Jahren ggf. festzustellende **Wertaufholung** ist ebenfalls ergebniswirksam vorzunehmen und darf maximal den Betrag der bislang nach IFRS 5 oder zuvor nach IAS 36 auf diesen Vermögenswert entfallenden Wertminderungen erreichen (IFRS 5.20).

Für Zwecke der Folgebewertung von **Veräußerungsgruppen** ist zu differenzieren, hinsichtlich der Vermögenswerte, die einzeln betrachtet eigentlich nicht unter IFRS 5 fallen würden (insb. kurzfristige Vermögenswerte und Schulden) und der langfristigen Vermögenswerte der Veräußerungsgruppe. Erstere sind in einem ersten Schritt nach IFRS 5.19 nach den für sie eigentlich geltenden IFRS zu bewerten (z.B. Vorräte nach IAS 2 oder Rückstellungen nach IAS 37). Erst danach ist für die Veräußerungsgruppe der (niedrigere) beizulegende Zeitwert abzgl. der Veräußerungs- bzw. Ausschüttungskosten zu ermitteln und der Bewertung zugrunde zu legen. Eine Wertminderung oder spätere Wertaufholung für eine Veräußerungsgruppe hat anteilig entsprechend der Buchwerte (wie eine Wertaufholung für eine zahlungsmittelgenerierende Einheit nach IAS 36 - vgl. 2.4.5) zu erfolgen, wobei eine Wertminderung vorrangig von einem in der Veräußerungsgruppe etwaig enthaltenen Geschäfts- oder Firmenwert abzusetzen ist und bei einer Wertaufholung ein wertgeminderter Geschäfts- oder Firmenwert außer Acht zu lassen ist (IFRS 5.23).

Am Tag der Realisierung der ursprünglich beabsichtigten Veräußerung ist der Vermögenswert bzw. die Veräußerungsgruppe **auszubuchen**. Hierbei entsteht ein Ertrag bzw. Verlust aus dem Abgang i.H.d. Differenz zwischen Veräußerungserlöses (abzgl. der Veräußerungskosten) und dem nach IFRS 5 angesetzten Wert (IFRS 5.24).

Entfallen nachträglich die Voraussetzungen zur Bilanzierung nach IFRS 5 ist nach IFRS 5.26 eine **Umkategorisierung** des betroffenen Vermögenswerts bzw. der Veräußerungsgruppe erforderlich (vgl. 2.5.2). Den diesen nunmehr nicht mehr nach IFRS 5 zu bewertenden Vermögenswerten ist nach IFRS. 5.27 ein Wert zuzuweisen, der dem niedrigeren Betrag aus

- dessen fortgeführten Anschaffungs- oder Herstellungskosten, wenn IFRS 5 in den vergangenen Perioden nicht angewendet worden wäre, und

- dem erzielbaren Betrag zum Zeitpunkt des Wegfalls der Voraussetzungen nach IFRS 5.6 ff.

entspricht. Der erzielbare Betrag ermittelt sich hierbei nach IFRS 5.A wie nach IAS 36 (vgl. auch **Abbildung 2.4**) als der höhere Betrag aus dem beizulegenden Zeitwert abzüglich Verkaufskosten und dem Nutzungswert (zur Ermittlung des erzielbaren Betrags vgl. 2.4.3).

<u>Fall</u>:

Eine zur Veräußerung gehaltene, ehemals in der eigenen Produktion genutzte Maschine wird zum 01.10.01 nach IFRS 5 mit einem Wert von 50 TEUR erstbewertet (s. Fall oben). Diese Maschine war bei Anschaffung mit einem Bankdarlehen fremdfinanziert worden, für das in 01 monatlich 1.000 EUR Schuldzinsen zu zahlen waren. Zum 31.12.01 beträgt der beizulegende Zeitwert der Maschine 50 TEUR, die Veräußerungskosten sind mit 5 TEUR zu veranschlagen. In 02 wird die Maschine nach Abzug der Veräußerungskosten für 43 TEUR veräußert.

Nehmen Sie die Buchungen nach dem 01.10.01 für 01 und für 02 vor!

<u>Lösung</u>:

Ab dem 01.10.01 sind für die Maschine keine planmäßigen Abschreibungen mehr vorzunehmen. Allerdings sind die Schuldzinsen weiterhin als Aufwand zu erfassen (IFRS 5.25). Zum 31.12.01 ist außerdem ein Wertminderungstest vorzunehmen. Da der beizulegende Zeitwert abzüglich Veräußerungskosten i.H.v. (50 TEUR – 5 TEUR =) 45 TEUR den Wert aus der Erstbewertung i.H.v. 50 TEUR unterschreitet, ist eine Wertminderung i.H.v. 5 TEUR zu erfassen.

In 02 wird dann ein Veräußerungsverlust i.H.v. (45 TEUR – 43 TEUR =) 2 TEUR realisiert.

Buchung 01:	Zinsaufwand	3	an	Bank	3
	Wertminderungs-aufwand	5	an	Maschine	5
Buchung 02:	Bank	43	an	Maschine	45
	Veräußerungsverlust	2			

2.5.4 Ausweisvorschriften des IFRS 5

▶ IFRS 5.30-40

Hinsichtlich zur Veräußerung oder Ausschüttung gehaltener **Vermögenswerte bzw. Veräußerungsgruppen** ist nach IFRS 5.1(b) und IFRS 5.37 ff. lediglich deren gesonderter, unsaldierter Ausweis innerhalb der Bilanz vorgesehen. Die Hauptgruppen dieser Vermögenswerte (und ggf. Schulden) sind – mit Ausnahme neu erworbener Tochterunternehmen – in der Bilanz oder im Anhang gesondert anzugeben (IFRS 5.38 f.). Ein gesonderter Ausweis der mit ihnen in Zusammenhang stehenden Gewinne und Verluste in der Gesamtergebnisrechnung ist nicht verlangt, wohl aber der gesonderte Ausweis der ggf. ergebnisneutral im sonstigen Ergebnis zu erfassenden Erträge und Aufwendungen (IFRS 5.38).

Die Ausweis- und Angabevorschriften enthalten in IFRS 5.31-36A im Gegensatz zu den Bewertungsvorschriften des Standards auch Regelungen für **aufgegebene Geschäftsbereiche** (zum Begriff vgl. 2.5.1). So ist in der Gesamtergebnisrechnung – mit Ausnahme für neu erworbene Tochterunternehmen – die Summe aus dem Nachsteuerergebnis des aufgegebenen Geschäftsbereichs und der Ergebniswirkungen nach Steuern aus dessen Bewertung zum beizulegenden Zeitwert abzüglich Verkaufskosten gesondert auszuweisen (IFRS 5.33(a)). Eine weitere Untergliederung dieses Postens nach den Vorgaben des IFRS 5.33(b) darf wahlweise auch im Anhang des IFRS-Abschlusses erfolgen. Die Angaben in der Gesamtergebnisrechnung bzw. in der GuV nach IAS 1 haben dort in einem gesonderten Abschnitt zu erfolgen. Außerdem sind die einzelnen, dem aufgegebenen Geschäftsbereich zuzuordnenden Netto-Cashflows im Abschluss oder in dessen Anhang anzugeben (IFRS 5.33(c)). Der Betrag der den Eigentümern des Mutterunternehmens zuzurechnenden Erträge aus fortzuführenden und aus aufgegebenen Geschäftsbereichen ist wahlweise im Anhang oder in der Gesamtergebnisrechnung anzugeben (IFRS 5.33(d)).

2.5.5 Angaben

▶ IFRS 5.41-42

Über die Angabepflichten nach IFRS 5.31-40 hinaus, die wahlweise in Bilanz bzw. Gesamtergebnisrechnung oder Anhang erfolgen dürfen, sind für zur Veräußerung bzw. Ausschüttung gehaltene langfristige Vermögenswerte oder Veräußerungsgruppen nach IFRS 5.41 weitere Angaben erforderlich, die die nach IFRS 5 bewerteten Vermögenswerte näher beschreiben und deren Bilanzierungsauswirkungen erläutern. Zusätzliche Angaben sind erforderlich, wenn ehemals nach IFRS 5 bilanzierte Vermögenswerte, z.B. aufgrund aufgegebener Verkaufsabsicht, umzukategorisieren sind. Mit den nach IFRS erforderlichen Ausweis- und Angabepflichten sollen die Abschlussadressaten letztlich in die Lage versetzt werden, die Auswirkungen dieser Vermögenswerte auf die IFRS-Rechnungslegung besser abschätzen zu können (IFRS 5.30).

2.5.6   Wiederholung des IFRS 5 in Stichworten

Mithilfe der folgenden Stichworte lässt sich der Inhalt des Standards rekapitulieren:

- Schwerpunkt des IFRS 5: Bewertung und Ausweis bei beabsichtigten Abgängen (Veräußerung, Ausschüttung) langfristiger Vermögenswerte oder Veräußerungsgruppen;

- Kategorisierung zum Zeitpunkt des Vorliegens der Voraussetzungen;

- Zum Zeitpunkt der Kategorisierung Erstbewertung zum niedrigeren Wert aus Buchwert und beizulegendem Zeitwert abzgl. Kosten des Abgangs;

- Folgebewertung: nur Wertminderungen, keine planmäßigen Abschreibungen;

- Bei nachträglichem Entfall der/einer der Voraussetzungen zur Anwendung des IFRS 5 Umkategorisierung zum dann erzielbaren Betrag (vgl. IAS 36);

- Für aufgegebene Geschäftsbereiche nur Ausweis- und Angabevorschriften.

2.5.7   Hinweise zur Vertiefung

Zur Vertiefung des hier einführend vorgestellten IFRS 5 bieten sich insbesondere die folgenden Themenbereiche an:

- Angrenzung von Veräußerungsgruppen und aufgegebenen Geschäftsbereichen (IFRS 5.A; IFRS 5.4; IFRS 5.31 ff.);

- Auswirkungen eines Verkaufsplans für eine Beteiligung, die den Verlust der Beherrschung zur Folge hat, auf den Konzernabschluss (IFRS 5.8A; IFRS 5.36A);

- Zur Stilllegung bestimmte langfristige Vermögenswerte (IFRS 5.13-14);

- Einzelheiten zur Erst- und Folgebewertung von Veräußerungsgruppen (IFRS 5.4; IFRS 5.19; IFRS 5.20 ff.);

- Einzelheiten zu Wertminderungen und Wertaufholungen im Rahmen der Folgebewertung von Veräußerungsgruppen (IFRS 5.19; IFRS 5.22-23).

2.6   IFRS 6 – Exploration und Evaluierung von Bodenschätzen

2.6.1   Überblick zum IFRS 6

▶   IFRS 6.1-5

IFRS 6 ist ein im Wesentlichen branchenspezifischer Standard für Unternehmen der rohstofffördernden Industrie, dessen letzte Änderungen am 03.11.2008 das **Endorsement-Verfahren** der EU durchlaufen haben. Auch für diese Unternehmen behandelt er nur einen begrenzten Problembereich, indem er die Bilanzierung von Vermögenswerten zum **Gegenstand** hat, die im Rahmen der Exploration von Bodenschätzen, wie z.B. von Erdöl- oder Erdgasvorkommen, aktiviert werden. Der Standard ist im Überblick wie folgt **aufgebaut:**

■ Zielsetzung des Standards (IFRS 6.1-2)

■ Anwendungsbereich des Standards (IFRS 6.3-5)

■ Ansatz von Vermögenswerten für Exploration und Evaluierung (IFRS 6.6-7)

■ Bewertung von Vermögenswerten für Exploration und Evaluierung (IFRS 6.8-14)

■ Darstellung und Ausweis (IFRS 6.15-17)

■ Wertminderungen (IFRS 6.18-22)

■ Angaben (IFRS 6.23-25)

■ Vorschriften zum zeitlichen Anwendungsbereich des Standards (IFRS 6.23-26)

■ Definitionen (Anhang A des Standards).

Der **Anwendungsbereich** des Standards ist nach IFRS 6.3 sachlich beschränkt auf die Bilanzierung von Ausgaben für Exploration und Evaluierung von Bodenschätzen. Die damit für die Abgrenzung des Anwendungsbereichs des Standards unabdingbare **Definition** des Begriffs ‚Exploration und Evaluierung von Bodenschätzen' ergibt sich aus Anhang A des IFRS 6 und umfasst

■ die Suche nach Bodenschätzen, nachdem das Unternehmen das Recht zur Exploration eines bestimmten Gebietes erhalten hat und

■ die Feststellung der technischen Durchführbarkeit und der ökonomischen Realisierbarkeit der Gewinnung gefundener Bodenschätze.

Vergegenwärtigt man sich den vereinfachten Prozess der Gewinnung von Bodenschätzen, beginnend mit der Auswahl eines auf Bodenschätze zu untersuchenden Gebiets, dem Erhalt des Rechts zu Probebohrungen durch die zuständige Gebietskörperschaft, der Durchführung von Probebohrungen, dem Finden von Bodenschätzen, der anschließenden Beurteilung der technischen Machbarkeit und der abschließenden Förderung der Bodenschätze, wird deutlich, dass IFRS 6 nur für einen Ausschnitt aus diesem Gesamtprozess anwendbar ist.

Abbildung 2.8   Anwendungsbereich des IFRS 6

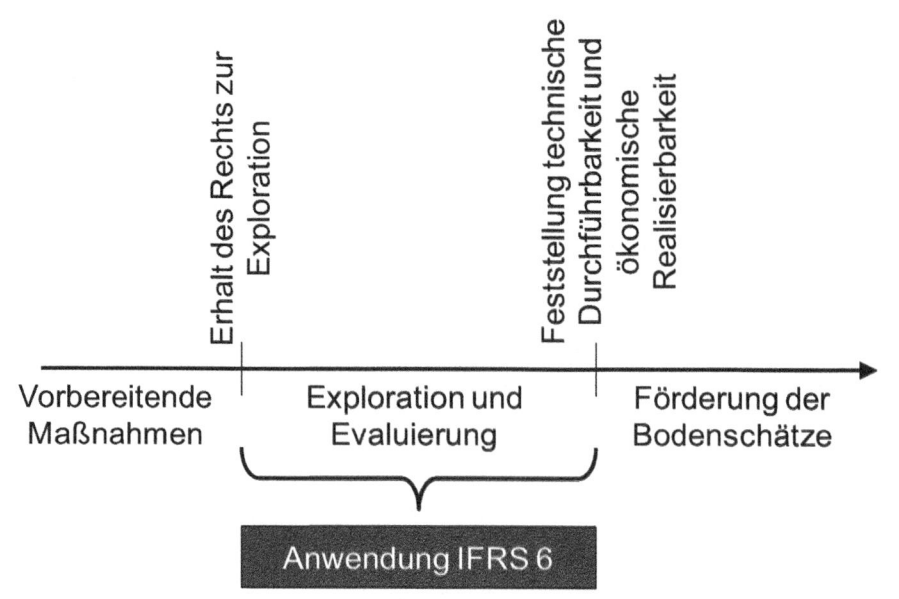

Die Exploration und Evaluierung beginnt i.d.R. mit dem Erhalt des Rechts zur Exploration des Staates bzw. der zuständigen Gebietskörperschaft. Ausgaben die zuvor anfallen, z.B. für die allgemeinen Suchverfahren zur Abgrenzung eines erfolgversprechenden Gebiets, für das sich Probebohrungen oder –grabungen lohnen, fallen damit nicht unter den Anwendungsbereich des IFRS 6 und sind nach den allgemeinen Bilanzierungsregeln der IFRS, insb. nach IAS 16 (vgl. 2.1) und IAS 38 (vgl. 2.2) zu bilanzieren.

Wenn (einzelne) Probebohrungen zu dem Fund von Bodenschätzen geführt haben, werden diese nicht ohne weitere Prüfung abgebaut. Vielmehr prüft das projektleitende Unternehmen vorab, ob die Förderung technisch realisierbar und wirtschaftlich rentabel ist. Sobald diese Einschätzung abgeschlossen ist, endet der Anwendungsbereich des IFRS 6. Alle nachfolgenden Ausgaben zur Vorbereitung und Förderung der Bodenschätze sind wieder nach den allgemeinen Rechnungslegungsregeln der IFRS, insbesondere nach IAS 16 (vgl. 2.1) und IAS 38 (vgl. 2.2) zu prüfen.

2.6.2 Ansatz von Vermögenswerten

▶ IFRS 6.6-7; IFRS 6.9-11; IFRS 6.13-14

Beispiele für Vermögenswerte aus der Exploration und Evaluierung von Bodenschätzen lassen sich IFRS 6.16 entnehmen. Hiernach können in dieser Phase sowohl immaterielle Vermögenswerte, wie z.B. Bohrrechte, als auch materielle Vermögenswerte, wie z.B. Fahrzeuge und Bohrinseln, aktivierbar sein.

Die Standards im IFRS-Regelsystem enthalten keine allgemeinen Ansatzregeln für **Vermögenswerte** aus dem Zeitraum der Exploration und Evaluierung. Leider schließt auch IFRS 6 diese Regelungslücke nicht mit konkreten Ansatzregeln, sondern verweist in IFRS 6.6 vielmehr darauf, dass das bilanzierende Unternehmen selbst Rechnungslegungsregeln zu entwickeln hat, die den allgemein gehaltenen Anforderungen des IAS 8.10 gerecht werden. Danach müssen die gewählten Rechnungslegungsregeln zu Abschlussinformationen führen, die

a. für die Abschlussadressaten entscheidungserheblich sind und

b. zuverlässig sind mit Blick auf die Darstellung einer den tatsächlichen Verhältnissen entsprechenden wirtschaftlichen Lage (einschl. Cashflow), auf die Erfassung des wirtschaftlichen Gehalts und auf die Beachtung der Grundsätze der Neutralität, der Vorsicht und der Vollständigkeit.

Während jedoch in IAS 8.11 f. zur Entwicklung solcher Rechnungslegungsregeln im Falle von Regelungslücken Normen vorgegeben sind, deren Regelungen in einer verbindlichen Reihenfolge (entsprechende Anwendung anderer Standards, Beachtung der Grundsätze des RK, Verlautbarungen anderer Standards mit dem RK vergleichbaren Grundsätzen) abzuprüfen und einzuhalten sind (vgl. 3.4), ist diese Normenhierarchie nach IFRS 6.7 ausdrücklich nicht verpflichtend anzuwenden. Damit legt IFRS 6.7 bemerkenswerterweise fest, dass bei der Antwort auf die Frage, ob im Rahmen der Exploration und Evaluierung von Bodenschätzen Vermögenswerte anzusetzen sind, vergleichbare Regelungen in anderen Standards, das RK der IFRS oder Verlautbarungen anderer Standardsetter nicht pflichtmäßig zu berücksichtigen sind! Damit ist der Ansatz von Vermögenswerten nach IFRS 6 branchenüblichen oder sonstigen international üblichen Rechnungslegungsvorgehen überlassen. Eine **Eingrenzung** der Ansatzregeln erfolgt lediglich auf sehr allgemeiner Basis

■ mit den o.g. Grundsätzen nach IAS 8.10 (IFRS 6.6) und

■ mit der Forderung, dass aktivierte Vermögenswerte mit der Suche nach bestimmten Bodenschätzen in Verbindung gebracht werden können (IFRS 6.9).

Einer **Änderung der Ansatzmethoden von Vermögenswerten** der Explorations- und Evaluierungsphase ist nach IFRS 6.13 f. zwar nur dann zulässig, wenn die neue Methode die Bilanzierung näher an die Erfüllung der Grundsätze des IAS 8 (s.o.) heranbringt. Gleichwohl muss auch die neue Methode nicht zu einer vollständigen Übereinstimmung mit diesen Grundsätzen führen.

Durch diese Ansatzregeln des IFRS 6 werden den Bilanzierenden somit erhebliche Ermessensspielräume eingeräumt, die zu einer mangelnden Übereinstimmung mit den allgemeinen Rechnungslegungsgrundsätzen der IFRS, insbesondere zu einer mangelnden Vergleichbarkeit der Abschlüsse verschiedener Unternehmen der gleichen Branche, führen können. Daher wird IFRS 6 in der Literatur zu Recht stark kritisiert.[8] Der Hintergrund für diese IFRS-untypischen, weit auslegbaren Regeln wird hiernach wohl darin gesehen, dass die Hemmschwelle von Unternehmen der rohstofffördernden Industrie zur Anwendung der IFRS allgemein herabgesetzt werden sollte, indem bisherige Rechnungslegungsweisen beibehalten werden dürfen.

Aus der Exploration und Evaluierung von Bodenschätzen ergeben sich in der Praxis i.d.R. zukünftige **Verpflichtungen**, insbesondere solche zu Beseitigung und Wiederherstellung, wie z.B. der Abbau von Probeförderanlagen. Solche Verpflichtungen sind nach den Regeln des IAS 37 (vgl. 2.15) zu bilanzieren (IFRS 6.11).

2.6.3   Bewertung von Vermögenswerten

2.6.3.1   Zugangsbewertung

▶   IFRS 6.8-10; IFRS 13-14

Auch die Zugangsbewertung von Vermögenswerten der Explorations- und Evaluierungsphase wird in IFRS 6 nicht eindeutig und abschließend geregelt. Wie bei der Frage des Ansatzes (vgl. 2.6.2) wird es grundsätzlich dem bilanzierenden Unternehmen selbst überlassen, geeignete Bewertungsmethoden zu entwickeln, die allerdings den Ansprüchen des IAS 8.10 genügen müssen. Zur weiteren Eingrenzung verlangt IFRS 6.8 lediglich, dass die einzelnen, angesetzten Vermögenswerte mit den Anschaffungs- oder Herstellungskosten zu bewerten sind (IFRS 6.8). Außerdem werden – unverbindlich und in nicht abschließender Aufzählung – Beispiele für aktivierbare Ausgaben gegeben. So können nach IFRS 6.9 folgende Ausgaben für eine Aktivierung in Betracht kommen:

■ Erwerb von Rechten zur Exploration,

■ Topografische, geologische, geochemische und geophysikalische Studien,

■ Probebohrungen,

■ Erdbewegungen,

■ Probeentnahmen,

■ Beurteilung der technischen Durchführbarkeit und der ökonomischen Realisierbarkeit einer Förderung.

---

[8]   Vgl. Zülch, H./Willms, J. (2005), S. 120ff.

Ausgaben für die Erschließung der Bodenschätze werden nach IFRS 6.10 ausdrücklich von der Zugangsbewertung ausgenommen. Dies ergibt sich jedoch bereits aus der Abgrenzung des Begriffs der Exploration und Evaluierung (vgl. 2.6.1), der die konkrete Erschließung von Bodenschätzen nicht mit einschließt. Erschließungskosten sind daher außerhalb des Anwendungsbereichs des IFRS 6 nach dem RK (vgl. 1.2) und IAS 38 (vgl. 2.2) zu bilanzieren.

In der **Praxis** haben sich Bewertungsmethoden zur Bewertung von Vermögenswerten der Explorations- und Evaluierungsphase herausgebildet:[9]

■ Aktivierung ausschließlich von Ausgaben für erfolgreiche Explorationen – Ausgaben für nicht erfolgreiche Explorationen werden als Aufwand erfasst; oder

■ Aktivierung sämtlicher Ausgaben für Explorationen und Evaluierungen.

Nach IFRS 6 sind beide genannten Methoden zulässig.

2.6.3.2   Folgebewertung

▶   IFRS 6.12; IFRS 6.18-22

Die einzelnen aktivierten Vermögenswerte aus der Exploration und Evaluierung von Bodenschätzen sind auf Basis ihres jeweiligen Zugangswerts (vgl. 2.6.3.1) folgezubewerten. Im **Grundsatz** des IFRS 6.12 richtet sich die Folgebewertung der materiellen Vermögenswerte nach IAS 16 (vgl. 2.1.4) und die der immateriellen Vermögenswerte nach IAS 38 (vgl. 2.2.4). Sie umfasst damit neben der planmäßigen Abschreibung abnutzbarer Vermögenswerte auch Wertminderungen i.S.d. IAS 36.

In IFRS 6.18 wird auch explizit die grundsätzliche Anwendbarkeit des IAS 36 zur Identifizierung und Bestimmung von **Wertminderungen** hingewiesen. Allerdings finden sich in IFRS 6.19 f. und in IFRS 6.21 f. zwei Besonderheiten, die zu beachten sind.

Zum einen sind die Regelungen nach IAS 36.8-17 zur **Identifizierung eines Wertminderungsbedarfs** (vgl. 2.4.2) gem. IFRS 6.19 nicht anzuwenden. An deren Stelle treten in IFRS 6.20 in einer nicht vollständigen Aufzählung genannte Anlässe, nur bei deren Vorliegen ein Wertminderungstest nach IAS 36 überhaupt zu erfolgen hat. In allen anderen Fällen kann eine solche Prüfung unterbleiben. Solche Anlässe sind:

a. Der erfolgte oder nahende Ablauf des Explorationsrechts;

b. In einem bestimmten Gebiet sind keine (weiteren) Ausgaben für Exploration und Evaluierung geplant;

c. Die Fortsetzung von Explorations- und Evaluierungstätigkeiten wird mangels Erfolg eingestellt;

---

[9]   Vgl. im Folgenden Zülch, H./Willms, J. (2005), S. 117 f., m.w.N.

d. der Wert der aktivierten Vermögenswerte wird nicht (vollständig) durch die Verwertung der Rohstoffvorkommen gedeckt.

Zum anderen bestehen Besonderheiten bei der Ermittlung des erzielbaren Betrags im Rahmen von **zahlungsmittelgenerierenden Einheiten**. Wenn für einen einzelnen Vermögenswert dessen erzielbarer Betrag nicht festgestellt werden kann, dann erfolgt eine näherungsweise Ermittlung des erzielbaren Betrags im Rahmen einer zahlungsmittelgenerierenden Einheit (vgl. 2.4.5). Nach IFRS 6.21 f. wird es in das Ermessen des bilanzierenden Unternehmens gestellt, geeignete Methoden zur Zuordnung von Vermögenswerten der Exploration und Evaluierung von Bodenschätzen zu einzelnen zahlungsmittelgenerierenden Einheiten zu entwickeln. Bei der Zuordnung von Vermögenswerten i.S.d. IFRS 6 zu zahlungsmittelgenerierenden Einheiten ist das bilanzierende Unternehmen von der Berücksichtigung der gesonderten Regeln nach IAS 36 befreit. Zwar darf für diese Zwecke eine zahlungsmittelgenerierende Einheit nicht größer sein als ein Geschäftssegment i.S.d. IFRS 8, allerdings darf ein Wertminderungsbedarf nach IFRS 6.22 auch auf Ebene mehrerer zahlungsmittelgenerierender Einheiten erfolgen.

<u>Fall:</u>

Die Gas-AG verspricht sich nach intensiven Untersuchungen eines bestimmten Gebiets in Nordrhein-Westfalen förderfähige Erdgasvorkommen in bestimmten Gesteinsschichten. Für die Untersuchungen aus 01 wendete das Unternehmen 100 TEUR auf. Noch in 01 erhält die AG das Recht zu Probebohrungen. Für dieses Recht sind bis zum Ende des Jahres 01 Ausgaben i.H.v. 30 TEUR angefallen, die branchenüblich aktiviert werden, da sie für Abschlussadressaten entscheidungsrelevant und zuverlässig ermittelbar sind. Dies gilt für die weiteren, nach Erteilung des Bohrrechts entstandenen Kosten i.H.v. 15 TEUR (01), 25 TEUR (02) und 40 TEUR (03) nicht. Über das Jahr 03 hinaus sollen planmäßig unabhängig vom Erfolg der Bohrungen keine weiteren Maßnahmen durchgeführt werden. Ende 02 stellt sich heraus, dass die entdeckten Erdgasvorkommen nur mit besonders hohem und wohl wirtschaftlich nicht mehr vertretbarem Aufwand aus den Gesteinsmassen herausgelöst werden können. Die AG möchte möglichst viele Ausgaben aktivieren!

Erläutern Sie die Bilanzierung in den Jahren 01-03 nach IFRS 6!

<u>Lösung:</u>

Die Voruntersuchungen in 01 für insgesamt 100 TEUR fallen vor Beginn der Exploration und Evaluierung an. Nach den gegebenen Informationen können sie wohl nicht nach IAS 16 oder IAS 38 aktiviert werden und stellen somit Aufwand in 01 dar.

Die Aktivierung des Bohrrechts als immaterieller Vermögenswert steht in Einklang mit IAS 8.10 und damit im Gegensatz zu den anderen Folgekosten, die diese Anforderungen nicht erfüllen, auch im Einklang mit IFRS 6. Planmäßige Abschreibungen sind nach IFRS 6 i.V.m. IAS 38.74 über eine Nutzungsdauer von drei Jahren (Planungszeitraum) vorzunehmen. Die Anwendung des Neubewertungsmodells scheitert i.d.R. an dem Vorliegen eines aktiven Markts (IAS 38.75).

Mit der Erkenntnis hoher Kosten Ende 02 liegt nach IFRS 6.20(d) ein Anlass zur Vornahme einer Wertminderungsprüfung nach IAS 36 vor, die ggf. auf Ebene einer (oder mehrerer) zahlungsmittelgenerierender Einheiten zu prüfen ist.

2.6.4   Ausweis der Vermögenswerte

▶   IFRS 6.15-17; IFRS 6.25

Die im Rahmen der Exploration und Evaluierung von Bodenschätzen nach den vorstehenden Grundsätzen aktivierten Vermögenswerte sind als materielle oder als immaterielle Vermögenswerte einzustufen (IFRS 6.15). Hiernach richtet sich die Folgebewertung entsprechend IAS 16 oder IAS 38 (vgl. 2.6.3.2). Der Ausweis erfolgt hingegen insgesamt in einem **gesonderten Bilanzposten** (IFRS 6.25).[10] Ist die Explorations- und Evaluierungsphase beendet und sind die Vermögenswerte dieser Phase noch werthaltig (IFRS 6.18 ff. i.V.m. IAS 36), so sind diese ggf. umzugliedern. Ein Ausweis als Vermögenswerte aus der Exploration und Evaluierung kommt dann nicht mehr in Betracht (IFRS 6.17).

2.6.5   Angaben

▶   IFRS 6.23-25

Die nach IFRS 6.23 ff. erforderlichen Angaben sollen die durch die Exploration und Evaluierung bedingten und nach IFRS 6 erfassten Beträge kennzeichnen und erläutern sowie hinsichtlich ihrer Bewertung verständlich machen (IFRS 6.2(c) und 6.23). Die Angaben betreffen im Überblick:

■ die angewandten Rechnungslegungsmethoden (IFRS 6.24(a)),

■ die Höhe der Auswirkungen auf die Vermögens-, Finanz- und Ertragslage sowie auf den Cashflow aus betrieblicher Tätigkeit (IFRS 6.24(b)),

■ in Abhängigkeit von der Einstufung der aktivierten Vermögenswerte als materielle oder als immaterielle Vermögenswerte die in IAS 16 bzw. in IAS 38 geforderten Angaben (IFRS 6.25).

2.6.6   Wiederholung des IFRS 6 in Stichworten

Die wesentlichen Inhalte des IFRS 6 lassen sich wie folgt kennzeichnen:

■ Branchenspezifischer Standard, der nur für den Zeitraum der Exploration und Evaluierung von Bodenschätzen anzuwenden ist;

■ Zulässigkeit des Ansatzes von Vermögenswerten nach branchenüblichen Bilanzie-

---

[10]   Vgl. Zülch, H./Willms, J. (2005), S. 120.

rungsweisen, die nicht vollends mit den Grundsätzen des IFRS-Regelwerks übereinstimmen müssen;

■ Zulässigkeit der Zugangsbewertung nach branchenüblichen Bilanzierungsweisen, die allerdings mit den IFRS-Rechnungslegungsgrundsätzen vereinbar sein müssen;

■ Folgebewertung nach allgemeinen Grundsätzen mit Besonderheiten beim Wertminderungstest i.S.d. IAS 36;

■ Ausweis aktivierter Vermögenswerte in der Explorations- und Evaluierungsphase in einem gesonderten Bilanzposten.

2.6.7　Hinweise zur Vertiefung

IFRS 6 ist ein branchenspezifischer Standard, dessen Erleichterungscharakter gegenüber den Anforderungen anderer Standards sich erst vollends erschließt, wenn man die Branchenusancen der Rechnungslegung in der rohstofffördernden Industrie kennt. Diese – gelebten und nicht stets aus Normen entnehmbaren – Rechnungslegungsregeln finden sich vereinzelt in der Kommentarliteratur zu IFRS 6 und lassen sich hieran vertiefen. Auf die Prüfung von Wertminderungen von Vermögenswerten aus der Exploration und Evaluierung von Bodenschätzen im Rahmen von zahlungsmittelgenerierenden Einheiten (IFRS 6.21 f.) wurde vorstehend ebenfalls nur grundlegend eingegangen.

2.7　IAS 40 – Als Finanzinvestitionen gehaltene Immobilien

2.7.1　Überblick zum IAS 40

▶　　　IAS 40.1-15

Der **Gegenstand** dieses in der hier zugrunde gelegten Fassung am 23.01.2009 von der EU übernommenen Standards (**Endorsement-Verfahren**) sind Regelungen zur Bilanzierung von als Finanzinvestition gehaltenen Immobilien (IAS 40.1 f.). Als Finanzinvestition gehaltene Immobilien sind nach IAS 40.5 **definiert** als Immobilien (Grundstücke und/oder Gebäude), die vom Bilanzierenden ausschließlich zu Renditezwecken (Erzielung von Mieteinnahmen, Wertsteigerungen) gehalten werden und nicht

a.　vom Eigentümer selbst genutzt werden (zur Herstellung oder Lieferung von Gütern bzw. zur Erbringung von Dienstleistungen oder für Verwaltungszwecke) oder

b.　im Rahmen der gewöhnlichen Geschäftstätigkeit des Unternehmens verkauft werden.

Solche Immobilien unterscheiden sich somit insbesondere dadurch von nicht als Finanzinvestition gehaltenen Immobilien, dass sie Cashflows erzeugen, die weitgehend unabhängig von den anderen Vermögenswerten des Unternehmens sind (IAS 40.7). Erfüllt eine Immobilie diese Kriterien nicht, so ist sie im Falle der Eigennutzung nach IAS 16 (vgl. 2.1) und im Falle des beabsichtigten Verkaufs im Rahmen der gewöhnlichen Geschäftstätigkeit nach IAS 2 (vgl. 2.9) bzw. IAS 11 (vgl. 2.10) zu bilanzieren. Beispiele und nähere Erläuterungen zur Abgrenzung zu Immobilien, die nicht i.S.d. IAS 40 als Finanzinvestitionen gehalten werden, gibt der Standard in seinen Paragrafen 8 bis 15. Hiernach können auch Teile von Immobilien unter den Anwendungsbereich des IAS 40 fallen, wenn diese Teile gesondert verkauft oder im Rahmen von Finanzierungsleasingverträgen gesondert vermietet werden können (IAS 40.10).

Im Falle von Leasingverhältnissen hat grundsätzlich derjenige Vertragspartner IAS 40 im Rahmen der Folgebewertung zu beachten, der nach den Grundsätzen des IAS 17 das Leasingobjekt in seine Bilanz aufzunehmen hat (IAS 40.3, IAS 40.5, IAS 40.9(e)). Hierüber hinaus beeinflusst der **Anwendungsbereich** des IAS 40 nicht die Bilanzierung von Leasingverhältnissen nach IAS 17 (IAS 40.3). Ferner ist IAS 40 nach seinem Paragrafen 4 nicht anzuwenden auf biologische Vermögenswerte i.S.d. IAS 41 und auf Abbau- und Schürfrechte sowie nicht regenerative Ressourcen, wie z.B. Erdöl oder Erdgas.

Die folgenden Kapitel folgen – mit Ausnahme der Erläuterungen zum Ansatz, die auch die Regelungen zu Abgängen umfassen – weitgehend dem **Aufbau** des Standards, der sich im Überblick wie folgt darstellt:

- Zielsetzung des Standards (IAS 40.1)

- Anwendungsbereich des Standards (IAS 40.2-4)

- Definitionen (IAS 40.5-15)

- Ansatz der als Finanzinvestitionen gehaltenen Immobilien (IAS 40.16-19)

- Zugangsbewertung (IAS 40.20-29)

- Folgebewertung (IAS 40.30-56)

- Übertragungen (IAS 40.57-65)

- Abgänge (IAS 40.66-73)

- Angaben (IAS 40.74-79)

- Vorschriften zum zeitlichen Anwendungsbereich des Standards (IAS 40.80-86).

Regelungen zum **Ausweis** von als Finanzinvestitionen gehaltenen Immobilien finden sich nicht im IAS 40. Sie sind jedoch nach IAS 1.54(b) gesondert in der IFRS-Bilanz auszuweisen.

2.7.2 Ansatz der Immobilien

▶ IAS 40.16-19; IAS 40.66-73

Die als Finanzinvestitionen gehaltenen Immobilien sind in Überbeinstimmung mit den Regelungen des Rahmenkonzepts nach RK.4.38 ff. (vgl. 1.2.4) nur dann als Vermögenswerte in der IFRS-Bilanz **anzusetzen**, wenn (IAS 40.16)

a. es wahrscheinlich ist, dass dem Unternehmen der künftige wirtschaftliche Nutzen aus der Immobilie zufließen wird, und

b. die Anschaffungs- oder Herstellungskosten der Immobilie verlässlich bewertet werden können.

Nachträgliche Anschaffungs- oder Herstellungskosten, die nicht der täglichen Instandhaltung zuzuordnen sind, sind zu aktivieren, wenn sie anfallen (IAS 40.17 f.). Im Falle des Ersatzes von Teilen der Immobilie sind diese bei Erfüllung der Kriterien nach IAS 40.16 anzusetzen; die ausgebauten Teile sind auszubuchen (IAS 40.19, IAS 40.68).

Die **Ausbuchung** einer als Finanzinvestition gehaltenen Immobile i.S.d. IAS 40 ist gem. IAS 40.66 bei Ihrem Abgang, insb. bei Verkauf, oder bei Wegfall der Ansatzkriterien (s.o.), z.B. bei Stilllegung, vorzunehmen. Zur Bestimmung des Zeitpunkts des Abgangs sind die Grundsätze des IAS 18 (vgl. 2.18) anzuwenden, wenn nicht aufgrund des Abschlusses eines Leasingvertrags der Standard IAS 17 (vgl. 2.3) zur Anwendung kommt (IAS 40.67).

Allgemeinen Buchungsgrundsätzen entsprechend, entsteht in Höhe des Unterschiedsbetrags zwischen dem Nettoveräußerungserlös und dem Buchwert bei Ausbuchung ein Gewinn oder Verlust (IAS 40.69 f.). Von Dritten erhaltene Entschädigungsleistungen, die Wertminderungen, die Aufgabe oder den Verlust der Immobilie ausgleichen sollen, sind ebenfalls ergebniswirksam zu erfassen.

Fall:

Eine eigentlich in der Transportbranche tätige AG erwirbt im Jahr 01 eine Wohnimmobilie, die zu fremden Wohnzwecken bestimmt ist und von der sich die AG eine enorme Wertsteigerung verspricht. Hierzu zahlt die AG bei Anschaffung neben dem eigentlichen Kaufpreis Grunderwerbsteuer und Notargebühren. In 02 werden in zwei Wohnungen die Innenwände herausgebrochen zwecks Zusammenlegung dieser Wohnungen und hierdurch höherer Mieten. Außerdem wird in 03 ein Anbau fertiggestellt, der die vermietbare Wohnfläche erweitert. Daneben fallen regelmäßige Kosten für die Instandhaltung des Gebäudes an. Nachdem die Immobilienpreise in 05 rasant gestiegen sind, veräußert die AG die Immobilie in 06 zu einem Preis i.H.v. 300 TEUR bei einem zu diesem Zeitpunkt nach IFRS nicht zu beanstandenden Buchwert i.H.v. 180 TEUR.

Wie sind die anfallenden Kosten bilanziell zu behandeln?

<u>Lösung:</u>

Die Immobilie ist bei Erwerb in 01 zu aktivieren. In die Aktivierung sind die Anschaffungsnebenkosten einzubeziehen. Da die Immobilie ausschließlich zu Renditezwecken gehalten wird, ist sie nach IAS 40 zu bilanzieren.

In 02 sind die herausgebrochenen Innenwände auszubuchen. Im Jahr 03 sind die Kosten für den Anbau zu aktivieren. Die Kosten für die laufend anfallenden Instandhaltungsarbeiten sind hingegen jährlich bei ihrem Anfall als Aufwand zu erfassen.

In 06 erzielt die AG durch die Veräußerung der Immobilie einen Gewinn i.H.v. (300 TEUR-180 TEUR =) 120 TEUR.

2.7.3   Zugangsbewertung der Immobilien

▶   IAS 40.20-29

Wie bereits im vorangegangenen Kapitel angeklungen ist, erfolgt die Zugangsbewertung von als Finanzinvestition gehaltenen Immobilien zu deren **Anschaffungs- bzw. Herstellungskosten** (zur Definition vgl. IAS 40.5) einschl. der direkt zurechenbaren Erwerbsnebenkosten (IAS 40.20 f.). Ausdrücklich ausgenommen von der Aktivierung sind nach IAS 40.23 grundsätzlich Anlaufkosten bei ‚Inbetriebnahme‘ der Immobilie, anfängliche Betriebsverluste sowie ungewöhnlich hohe Aufwendungen in Form von Material, Personal oder anderen Ressourcen bei Herstellung oder Entwicklung der Immobilie. Hinsichtlich der darüber hinausgehend in IAS 40 nicht weiter erläuterten Herstellungskosten muss auf den entsprechenden Begriff nach IAS 16 (vgl. 2.1.3) zurückgegriffen werden.

Bei einem vereinbarten **langen Zahlungsziel** des Kaufpreises ist der Barwert des Kaufpreises als Anschaffungskosten zugrunde zu legen (IAS 40.24). Die zunächst in gleicher Höhe zu passivierende Verbindlichkeit ist in den Folgeperioden ergebniswirksam aufzuzinsen.

Die Anschaffungskosten für im **Tausch** erworbene Immobilien ermitteln sich wie beim Erwerb von nach IAS 16 zu bilanzierenden Vermögenswerten (IAS 16.6) grundsätzlich in Höhe des beizulegenden Zeitwerts (zur Definition vgl. IAS 40.5) des hingegebenen Vermögenswerts (IAS 40.27 ff.). Dem liegt wie beim Kauf gegen finanzielle Mittel der Gedanke zugrunde, dass die Anschaffungskosten den Wert beschreiben, den der Kaufmann aufwendet – beim Tausch ist dies der aktuelle Wert des hingegebenen Vermögenswerts. Kann dieser Wert nicht verlässlich bewertet werden, so ist der beizulegende Zeitwert der erhaltenen Immobilie als Anschaffungskosten heranzuziehen. Hat der Tauschvorgang keinen wirtschaftlichen Gehalt oder ist keiner der beiden beizulegenden Zeitwerte zuverlässig ermittelbar, so sind die Anschaffungskosten der erworbenen Immobilien in Höhe des Buchwerts des hingegebenen Vermögenswerts (ggf. zzgl. einer Barzahlung) zu bemessen.

2.7.4　　Folgebewertung der Immobilien

▶　　IAS 40.30-32C

Nach erfolgter Zugangsbewertung kann die Immobilie nach zwei verschiedenen Verfahren der Folgebewertung vorgenommen werden Dies sind zum einen das Modell des beizulegenden Zeitwerts, nach dem die Immobilien GuV-wirksam zum Zeitwert bewertet wird, und zum anderen das Anschaffungskostenmodell, das die Folgebewertung zu fortgeführten Anschaffungs- oder Herstellungskosten vorsieht (IAS 40.30). Jedoch ist auch bei der letztgenannten Methode der beizulegende Zeitwert der Immobilie zu ermitteln und im Anhang anzugeben (IAS 40.32).

Abbildung 2.9　　Folgebewertung nach IAS 40

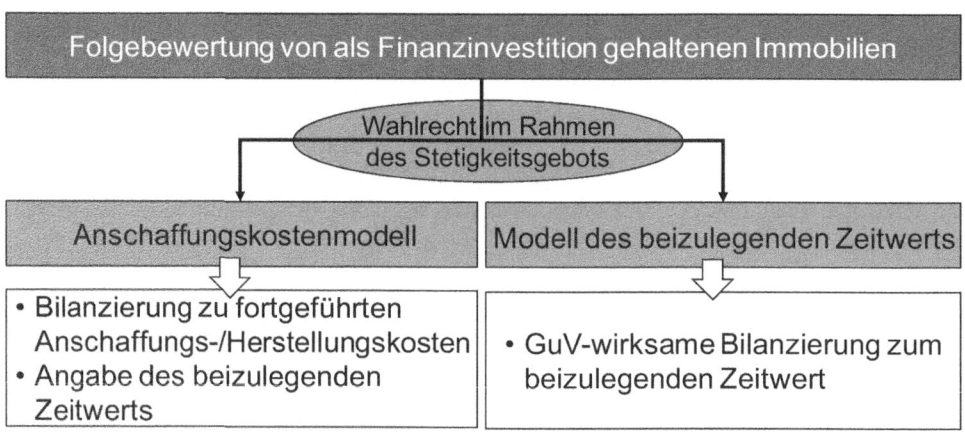

Die gewählte Methode ist nach dem **Stetigkeitsgebot** in IAS 40.30 grundsätzlich auf alle als Finanzinvestitionen gehaltenen Immobilien einheitlich anzuwenden. Eine Änderung der Methode im Zeitablauf ist nur unter den Bedingungen des IAS 8 (vgl. 3.4) zulässig, wenn die bisher nicht angewandte Methode zu verlässlicheren und sachgerechteren Informationen im Abschluss führt. In IAS 40.31 macht der IASB jedoch deutlich, dass er diese Voraussetzung bei einem beabsichtigten Wechsel auf das Anschaffungskostenmodell regelmäßig nicht als gegeben betrachtet.

2.7.4.1　　Anschaffungskostenmodell

▶　　IAS 40.56

Nach dem Anschaffungskostenmodell sind die Immobilien entsprechend den Regeln des IAS 16 (vgl. 2.1) zu fortgeführten Anschaffungskosten zu bewerten. Dies bedeutet insbesondere die Verrechnung planmäßiger Abschreibungen und ggf. die Buchung von Wertminderungen zum Abschlussstichtag nach IAS 36 (IAS 40.56). Ist die Immobilie als zur Veräußerung gehalten i.S.d. IFRS 5 (vgl. 2.5) einzustufen, so richtet sich die weitere Bilanzierung der Immobilie nach diesem Standard.

Fall:

Eine AG erwirbt zu Beginn des Jahres 01 ein bebautes Grundstück für Renditezwecke zu Anschaffungskosten i.H.v. insgesamt 200 TEUR, die mit 110 TEUR auf das Gebäude entfallen. Erwerbsnebenkosten entfallen mit 10 TEUR auf das Gebäude und i.H.v. 5 TEUR auf den Grund und Boden. Die laufenden Betriebskosten betragen 12 TEUR p.a. Dem stehen Mieteinnahmen i.H.v. 30 TEUR p.a. gegenüber. Das Gebäude hat eine Nutzungsdauer von 40 Jahren. Am Ende des Jahres 03 wird die Immobilie aufgrund einer unerwarteten Wertsteigerung in 03 für insgesamt 250 TEUR veräußert.

Wie ist nach dem Anschaffungskostenmodell des IAS 40 in den Jahren 01 bis 03 zu bilanzieren, wenn aus Vereinfachungsgründen latente Steuern (IAS 12) vernachlässigt werden können?

Lösung:

In den Jahren 01 bis 03 sind die laufenden Betriebskosten jeweils als Aufwand und die eingehenden Mieten jeweils als Ertrag der Periode zu erfassen. Das Gebäude selbst ist nach IAS 40 in 01 mit einem Wert von (110 + 10 =) 120 TEUR zu aktivieren und in der Folge im Anschaffungskostenmodell zu fortgeführten Anschaffungskosten zu bewerten, wobei jährliche Abschreibungen i.H.v. (120 TEUR / 40 Jahre =) 3 TEUR zu verrechnen sind. Hiernach verbleibt Ende 03 ein Restbuchwert i.H.v. 111 TEUR für das Gebäude. Der Buchwert für den nicht abnutzbaren Grund und Boden entspricht den historischen Anschaffungskosten i.H.v. (90 + 5 =) 95 TEUR. Da die Immobilie Ende 03 für insgesamt 250 TEUR veräußert wird, entsteht zu diesem Zeitpunkt ein Veräußerungsgewinn i.H.v. (250 TEUR – 111 TEUR – 95 TEUR =) 44 TEUR.

2.7.4.2   Modell des beizulegenden Zeitwerts

▶   IAS 40.33-55

Das **Prinzip** des Neubewertungsmodells erscheint methodisch relativ einfach, indem eine als Finanzinvestition gehaltene Immobilie zum Bilanzstichtag zu ihrem beizulegenden Zeitwert neu bewertet wird (IAS 40.33, IAS 40.38). Etwaige Wertunterschiede zum Buchwert der Vorperiode werden ergebniswirksam als Ertrag oder Aufwand in der GuV erfasst (IAS 40.35). Damit entfallen das Erfordernis planmäßiger Abschreibungen und die Prüfung von Wertminderungen i.S.d. IAS 36. Soweit durch die Zeitwertbewertung nach IFRS Unterschiede zur Steuerbilanz, in der in Deutschland als Bewertungsobergrenze die fortgeführten Anschaffungs- oder Herstellungskosten anzusetzen sind, entstehen, sind im IFRS-Abschluss latente Steuern nach IAS 12 (vgl. 2.21.3) zu erfassen.

Problematisch an dem Modell des beizulegenden Zeitwerts ist allerdings die **Ermittlung des beizulegenden Zeitwerts** selbst. Dieser Ermittlung sind die Paragrafen 36-52 gewidmet, die zukünftig durch den noch nicht von der EU übernommenen IFRS 13 (vgl. 3.2) ergänzt und teilweise ersetzt werden. So entfallen durch IFRS 13 die Paragrafen 42-47, 49 und 51. In der gegenwärtig bis zum Abschluss des Endorsement-Verfahrens noch gültigen Fassung des IAS 40 wird der beizulegende Zeitwert in IAS 40.5, IAS 40.36 definiert als der Betrag, zu dem ein Vermögenswert zwischen sachverständigen (vgl. IAS 40.42), vertragswilligen (vgl. IAS 40.43) und voneinander unabhängigen (vgl. IAS 40.44) Geschäftspartnern getauscht werden könnte. Dieser Wert soll einen möglichst objektivierten Wert darstellen, der nach IAS 40.49 frei ist von Wertaufschlägen eines Immobilienportfolios, von Synergieeffekten und von lediglich den gegenwärtigen Eigentümer betreffenden Rechten, Einschränkungen oder Pflichten aus der Immobilie. Transaktionskosten für den Fall eines gedachten Verkaufs sind ebenso wenig zu berücksichtigen (IAS 40.37) wie mögliche Nebenabreden zum Vertrag (IAS 40.36). Bei der Ermittlung des beizulegenden Zeitwerts ist darüber hinaus zu beachten, dass in ihm implizit enthaltene Vermögenswerte, wie z.B. Fahrstuhlanlagen oder vermietete Möbel, nicht neben diesem Zeitwert, den sie bereits beeinflusst haben, noch einmal und damit doppelt angesetzt werden (IAS 40.50).

Bei der Ermittlung des beizulegenden Zeitwerts empfiehlt der Standard in IAS 40.32 die Hinzuziehung eines geeigneten Wertgutachters. Unabhängig von der Hinzuziehung eines Gutachters ist bei der Wertermittlung vorzugsweise auf einen aktuellen Marktwert für hinsichtlich Art, Lage und Zustand vergleichbare Immobilien abzustellen (IAS 40.45). Unterschieden ist durch Wertzu- oder –abschläge Rechnung zu tragen. Ist hiernach ein aktueller Marktwert nicht verlässlich ermittelbar, gibt IAS 40.46 eine Auswahl von Informationsquellen, die die Zeitwertermittlung stützen können:

a. aktuelle Preise eines aktiven Markt für nicht vergleichbare Immobilien, die aber an die zu bewertende Immobilie angepasst werden können,

b. ältere Preise auf weniger aktiven Märkten, die an die aktuellen Marktbedingungen angepasst werden können,

c. auf den zukünftigen Mieterträgen und Aufwendungen basierende Barwerte der prognostizierten marktbezogenen Cashflows.

Hierbei ist diejenige Quelle zugrunde zu legen, die die verlässlichste Schätzung des beizulegenden Zeitwerts verspricht (IAS 40.47).

Ist **keine verlässliche Ermittlung des beizulegenden Zeitwerts** einer Immobilie gewährleistet, so ist zu differenzieren. Wurde die Immobilie bereits bislang nach dem Modell des beizulegenden Zeitwerts folgebewertet, so darf nicht zum Anschaffungskostenmodell gewechselt werden (IAS 40.53B i.V.m. IAS 40.55). Es ist vielmehr weiterhin die bestmögliche Schätzung des beizulegenden Zeitwerts vorzunehmen. Der mangelnden Verlässlichkeit ist durch Anhangangaben (IAS 40.78) Rechnung zu tragen.

Wird hingegen erstmals eine Immobilie hergestellt oder angeschafft, für die der beizulegende Zeitwert nicht verlässlich ermittelbar ist, so ist weiter zu differenzieren. War die Immobilie bei ihrem Zugang bereits fertiggestellt, ist bis zur Ausbuchung der Immobilie das Anschaffungskostenmodell, wie es in IAS 40.56 entsprechend IAS 16 vorgesehen ist, anzuwenden (IAS 40.53). Der Übergang zum Modell des beizulegenden Zeitwerts ist nicht zulässig.[11] Eine noch nicht fertiggestellte Immobilie ist hingegen nach dem Modell des beizulegenden Zeitwerts zu bewerten, sobald dieser Wert verlässlich ermittelbar ist, spätestens jedoch bei ihrer Fertigstellung (IAS 40.53-53A).

Fall:

Eine AG stellt während des Jahres 01 auf fremdem Grund und Boden ein Gebäude für Renditezwecke her. Die Herstellungskosten betragen insgesamt 120 TEUR. Die laufenden Betriebskosten betragen bereits ab 01 jährlich 12 TEUR. Dem stehen ab 02 Mieteinnahmen i.h.v. 30 TEUR p.a. gegenüber. Die Immobilie hat eine Nutzungsdauer von 40 Jahren. Zum 31.12.01 wird für das Gebäude verlässlich ein beizulegender Zeitwert i.h.v. 130 TEUR ermittelt. Aufgrund schwächerer Marktaktivitäten hält der Rechnungswesenleiter der AG die verlässliche Ermittlung des beizulegenden Werts ab 02 nicht mehr für möglich. Nach seinen Schätzungen nach dem Discounted Cashflow-Verfahren dürfte der beizulegende Zeitwert jedoch zum 31.12.02 auf 110 TEUR gesunken sein. Am Ende des Jahres 03 wird das Gebäude aufgrund einer unerwarteten Wertsteigerung in 03 für insgesamt 130 TEUR veräußert.

Wie ist nach dem Modell des beizulegenden Zeitwerts des IAS 40 in den Jahren 01 bis 03 zu bilanzieren, wenn aus Vereinfachungsgründen latente Steuern (IAS 12) vernachlässigt werden können? Gehen Sie hierbei davon aus, dass nur das Gebäude, nicht aber der (fremde) Grund und Boden im IFRS-Abschluss der AG anzusetzen sind.

Lösung:

In den Jahre 01 bis 03 sind die laufenden Betriebskosten jeweils als Aufwand und die eingehenden Mieten ab 02 jeweils als Ertrag der Periode zu erfassen. Das Gebäude ist zunächst i.H.d. Herstellungskosten mit 120 TEUR zu aktivieren. Abschreibungen sind im Modell des beizulegenden Zeitwerts nicht vorzunehmen. Zum 31.12.01 ist die ergebniswirksame Zeitwertbewertung auf 130 TEUR vorzunehmen:

Buchung 01:	Gebäude	10	an	Ertrag	10

Da die Immobilie bereits in 01 nach dem Modell des beizulegenden Zeitwerts folgebewertet wurde, darf in 02 nicht auf das Anschaffungskostenmodell gewechselt werden, obwohl der beizulegende Zeitwert nicht mehr verlässlich ermittelbar ist. Es ist die bestmögliche Schätzung des beizulegenden Zeitwerts, hier 110 TEUR zugrunde zu legen, wodurch sich der Buchwert des Gebäudes um 20 TEUR mindert.

Buchung 02:	Aufwand	20	an	Grundvermögen	20

---

[11] Vgl. Kleinmanns (2011), IAS 40, Rn. 50.

In 03 ist der Abgang des Gebäudes zu verbuchen. Hierbei entsteht ein Veräußerungsgewinn i.H.v. (130 TEUR – 110 TEUR =) 20 TEUR.

Buchung 03:	Bank	130	an	Grundvermögen	110
				Ertrag	20

2.7.5 Übertragungen

▶   IAS 40.57-75

Erfolgt eine **Änderung der Nutzung** einer Immobilie, die nunmehr als Finanzinvestition gehalten wird oder bislang gehalten wurde, so stellt sich vor dem Hintergrund der Anwendung des IAS 40 die Frage der folgenden Bewertung dieser Immobilie und der ggf. erforderlichen Bilanzierung des Übergangs (IAS 40.57 f.). Ein solcher vom Standard als ‚Übertragung' bezeichneter Vorgang bewegt sich im Spannungsfeld der Anwendung des IAS 40 einerseits und des IAS 16 (Sachanlagen) bzw. IAS 2 (Vorräte) andererseits. Allerdings stellt IAS 40.58 klar, dass eine Übertragung in diesem Sinne nicht vorliegt, wenn eine als Finanzinvestition gehaltene Immobilie veräußert werden soll (keine Übertragung in das Vorratsvermögen) oder saniert wird (keine Übertragung in das (selbst genutzte) Anlagevermögen).

Die Bilanzierung des Übergangs und der Folgebewertung der Immobilie orientiert sich nach IAS 40.59 ff. daran, ob das Anschaffungskostenmodell oder das Modell des beizulegenden Zeitwerts angewendet wurde (bei Übertragungen <u>aus</u> dem Anwendungsbereich des IAS 40) bzw. zukünftig angewendet werden soll (bei Übertragungen <u>in</u> den Anwendungsbereich des IAS 40). Die Rechtsfolgen der hiernach kategorisierten Umgliederungen ergeben sich aus der folgenden **Abbildung 2.10**. Während bei einer Übertragung unter Anwendung des Anschaffungskostenmodells des IAS 40 lediglich eine Ausweisänderung erfolgt, ist im Rahmen der Anwendung des Modells des beizulegenden Zeitwerts weiter zu differenzieren (IAS 40.59).

Abbildung 2.10   Übertragungen aus und in den Anwendungsbereich des IAS 40

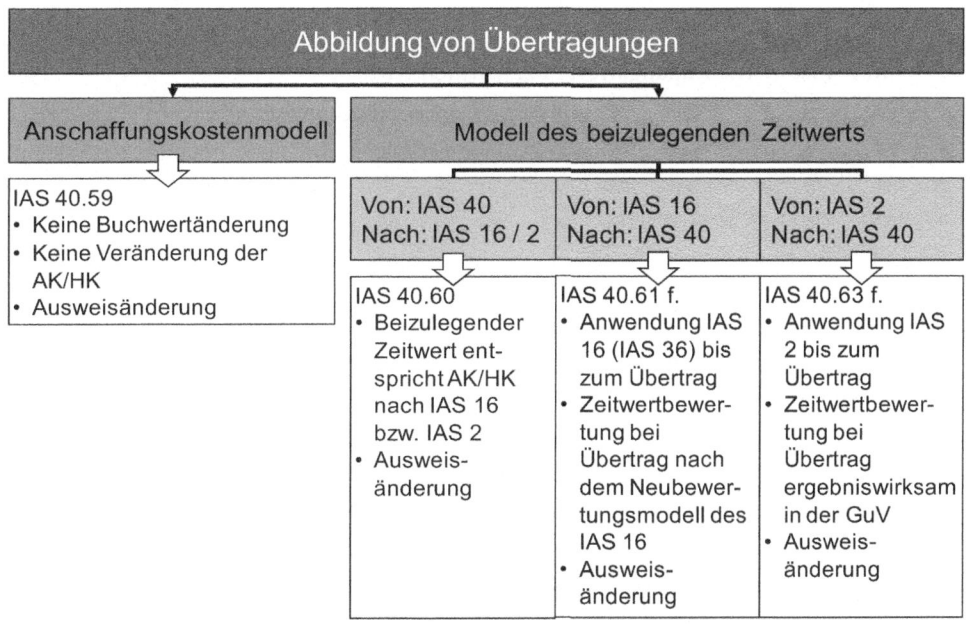

Ein Beispiel für eine **Übertragung aus dem Anwendungsbereich des IAS 40** in den des IAS 16 ist der Beginn der Selbstnutzung und ein Beispiel für die Übertragung in den Anwendungsbereich des IAS 2 der Beginn der Entwicklung mit der Absicht des Verkaufs der bislang als Finanzinvestition gehaltenen Immobilie (vgl. zu weiteren Beispielen IAS 40.57). Hinsichtlich der Rechtsfolgen einer **Übertragung aus dem Anwendungsbereich des IAS 16** (bei bisheriger Selbstnutzung) in den Anwendungsbereich des IAS 40 verweist IAS 40.61 auf die Anwendung des IAS 16 bis zum Zeitpunkt des Übertrags. Im Zeitpunkt des Übertrags ist die Immobilie zu ihrem beizulegenden Zeitwert zu bewerten, allerdings nicht ergebniswirksam nach IAS 40, sondern nach den Neubewertungsmodell des IAS 16 (vgl. 2.1.4.2). Somit ist in diesem Fall – wie in IAS 40.62 in Übereinstimmung mit IAS 16.39 ff. angeführt wird – wie folgt zu verfahren:

■ Wertminderungen gegenüber dem bisherigen Buchwert

   – Zunächst Minderung des ‚sonstigen Ergebnisses', soweit die Wertminderung auf einen Neubewertungsgewinn aus Vorjahren entfällt
   – Aufwand (GuV), soweit die Wertminderung darüber hinaus auf den (um gedachte planmäßige Abschreibungen) fortgeführten historischen Zugangswert entfällt

- Werterhöhungen gegenüber dem bisherigen Buchwert

    – Erfassung als Ertrag (GuV) bis zur Höhe des (um gedachte planmäßige Abschreibungen) fortgeführten historischen Zugangswertes
    – Sonstiges Ergebnis, soweit der (um gedachte planmäßige Abschreibungen) fortgeführte historische Zugangswert überschritten wird.

Die **Übertragung aus dem Anwendungsbereich des IAS 2** (Vorräte) in denjenigen des IAS 40 ist hingegen wie bei ihrem Verkauf ergebniswirksam vorzunehmen (IAS 40.64). Ebenso ist die Bewertung einer für Renditezwecke selbst erstellten bzw. entwickelten Immobilie GuV-wirksam (IAS 40.65).

<u>Fall:</u>

Buchen Sie die folgenden Übertragungen! Gehen sie hierbei jeweils von einem beizulegenden Zeitwert der Immobilie im Übertragungszeitpunkt i.H.v. 150 TEUR aus.

a. Eine bislang im Anschaffungskostenmodell des IAS 40 bewertete Immobilie (Buchwert bei Übertrag 120 TEUR) wird zukünftig vollständig selbst genutzt.

b. Eine bislang nach dem Modell des beizulegenden Zeitwerts des IAS 40 bewertete Immobilie (Buchwert bei Übertrag 150 TEUR) wird zukünftig vollständig selbst genutzt.

c. Ein bislang selbst genutztes unbebautes Grundstück (Anschaffungskosten 100 TEUR, Wertminderung nach IAS 36 im Vorjahr 10 TEUR, Buchwert bei Übertrag 90 TEUR) wird zukünftig als Finanzanlage gehalten und nach dem Modell des beizulegenden Zeitwerts des IAS 40 bewertet.

d. Eine bislang zum Verkauf bestimmte und unter den Vorräten ausgewiesene Immobilie (Buchwert bei Übertrag 130 TEUR) wird zukünftig als Finanzinvestition gehalten und nach dem Modell des beizulegenden Zeitwerts des IAS 40 bewertet.

e. Eine bislang als Finanzinvestition gehaltene Immobilie (Buchwert 150 TEUR), die nach dem Modell des beizulegenden Zeitwerts des IAS 40 bewertet wird, soll veräußert werden.

<u>Lösung:</u>

a. <u>Anschaffungskostenmodell: Übertragung von IAS 40 nach IAS 16</u>

   Es ist lediglich eine Umgliederung (Ausweisänderung) in der Bilanz vorzunehmen.

   Buchung: Sachanlagen   120   an   Finanzinvestitionen   120

b. Zeitwertmodell: Übertragung von IAS 40 nach IAS 16

Es ist eine Umgliederung (Ausweisänderung) in der Bilanz vorzunehmen. Für die Folgebewertung der Immobilie gilt deren beizulegender Zeitwert bei Übertragung als Anschaffungskosten nach IAS 16.

Buchung: Sachanlagen   150   an   Finanzinvestitionen   150

c. Zeitwertmodell: Übertragung von IAS 16 nach IAS 40

Hier ist zu berücksichtigen, dass die Rückgängigmachung der Wertaufholung ergebniswirksam und die darüber hinausgehende Werterhöhung auf 150 TEUR nach dem Neubewertungsmodell des IAS 16 ergebnisneutral unter Erhöhung des sonstigen Ergebnisses (und damit der Neubewertungsrücklage) erfolgt (zu diesen Grundlagen des Neubewertungsmodells nach IAS 16 vgl. 2.1.4.2).

Buchung: Sachanlagen   60   an   Ertrag (GuV)   10

                                                 Sonstiges Ergebnis   50

            (Sonstiges Ergebnis   50   an   Neuwertungsrücklage   50)

            Finanzinvestitionen   150   an   Sachanlagen   150

d. Zeitwertmodell: Übertragung von IAS 2 nach IAS 40

Die Übertragung erfolgt zum beizulegenden Zeitwert. Die Differenz zwischen beizulegendem Zeitwert und bisherigem Buchwert nach IAS 2 wird wie bei einem Verkauf ergebniswirksam in der GuV erfasst.

Buchung: Finanzinvestitionen   150   an   Vorräte   130

                                                 Ertrag (GuV)   20

e. Ausbuchung

Es liegt nach IAS 40.58 kein Übertrag vor, sondern es ist nach IAS 40.66 ff. erst bei Veräußerung eine Ausbuchung vorzunehmen (vgl. 2.7.2).

2.7.6   Angaben

▶   IAS 40.74-79

Die erforderlichen Angaben zur Bilanzierung als Finanzinvestitionen gehaltener Immobilien i.S.d. IAS 40 sind wie folgt strukturiert:

- Angaben unabhängig vom gewählten Bewertungsmodell (IAS 40.74-75),

- Angaben bei Anwendung des Modells des beizulegenden Zeitwerts (IAS 40.76-78),

- Angaben bei Anwendung des Anschaffungskostenmodells.

Von diesen Angabepflichten sind hervorzuheben die Pflicht zur Angabe des beizulegenden Zeitwerts der Immobilie(n) trotz deren bilanzieller Bewertung nach dem Anschaffungskostenmodell (IAS 40.79(e)) sowie unabhängig vom Bewertungsmodell Angaben zur Ermittlung des beizulegenden Zeitwerts (IAS 40.75(d)-(e)).

2.7.7   Aktuelle Entwicklungen

Durch den im Mai 2011 vom IASB veröffentlichten, aber noch nicht von der EU übernommenen gesonderten Standard IFRS 13 zur Zeitwertbewertung ergeben sich auch Änderungen des IAS 40. So entfallen im bisherigen IAS 40 Regelungen zur Zeitwertermittlung (Paragrafen 42-47, 49, 51, 75(d)); andere wurden inhaltlich geändert und an IFRS 13 angepasst (Paragrafen 5, 26, 29, 32, 40, 48, 53, 53B, 78-80, 85B). In den vorstehenden Erläuterungen wurde aufgrund des noch nicht abgeschlossenen Endorsement-Verfahrens der EU auf die bisherige Fassung des IAS 40 Bezug genommen. Die zukünftig für das Modell des beizulegenden Zeitwerts nach IAS 40 bedeutsamen Neuregelungen nach IFRS 13 werden in einem gesonderten Kapitel erläutert (vgl. 3.2).

2.7.8   Wiederholung des IAS 40 in Stichworten

Die wesentlichen Bilanzierungsregeln des IAS 40 lassen sich anhand der folgenden Stichworte rekapitulieren:

- Gesonderter Standard für zu Renditezwecken gehaltenen Immobilien;

- Ansatz und Zugangsbewertung nach allgemeinen Regeln;

- Folgebewertung wahlweise entweder nach dem Anschaffungskostenmodell (zu fortgeführten Anschaffungs- oder Herstellungskosten) oder nach dem Modell des beizulegenden Zeitwerts (GuV-wirksame Zeitwertbewertung) unter Beachtung des Stetigkeitsgebots;

- Spezifische Regelungen für die Bilanzierung von Übertragungen zwischen Bewertungsmodellen verschiedener Standards (IAS 40, IAS 16, IAS 2) aufgrund von Nutzungsänderungen von Immobilien.

2.7.9   Hinweise zur Vertiefung

Zur weiteren Vertiefung anhand der einschlägigen Kommentarliteratur werden die folgenden Aspekte aus dem Bereich der Bilanzierung von als Finanzinvestitionen gehaltenen Immobilien empfohlen:

■ Anwendung des IAS 40 auf Immobilien, die im Rahmen von Operating-Leasingverträgen vermietet werden (IAS 40.6, IAS 40.8, IAS 40.34);

■ Latente Steuern aufgrund des Unterschieds zwischen dem Bilanzansatz in der IFRS-Bilanz und in der Steuerbilanz (IAS 12, vgl. 2.21.3).

2.8   IAS 27 – Beteiligungen im Einzelabschluss

2.8.1   Überblick zum IAS 27

▶   IAS 27.1-8, IAS 27.39

IAS 27 hat in seiner am 03.06.2009 von der EU übernommenen Fassung (**Endorsement-Verfahren**) neben der in diesem Kapitel erläuterten Bilanzierung von Beteiligungen im IFRS-Jahresabschluss insbesondere die Konzernrechnungslegung zum **Gegenstand**. Die Vorschriften des IAS 27 zur Konzernrechnungslegung wurden durch den IASB jedoch am 12.05.2011 durch den neuen IFRS 10 ersetzt, der sich ausschließlich mit dem Konzernabschluss befasst (vgl. 5.1). Das Endorsement-Verfahren zum IFRS 10 steht noch aus. In IAS 27 verbleiben die Regelungen zur Bilanzierung von Anteilen im IFRS-Jahresabschluss inhaltlich nahezu unverändert. Änderungen durch den ebenfalls noch nicht von der EU endorsten IFRS 11 werden in einem gesonderten Kapitel dargestellt (zu den Änderungen vgl. 2.8.5).

Der **Inhalt des IAS 27** betrifft, soweit er sich auf den Jahresabschluss bezieht, neben dem Anwendungsbereich des Standards, Definitionen sowie Angabepflichten insbesondere die Bilanzierung von

■ Anteilen an Tochterunternehmen,

■ Anteilen an gemeinschaftlich geführten Unternehmen und

■ Anteilen an assoziierten Unternehmen.

im Jahresabschluss nach IFRS. Hierdurch ist auch bereits der **Anwendungsbereich** des IAS 27 umrissen.

Tochterunternehmen sind **definiert** als Unternehmen, die von dem bilanzierenden Unternehmen beherrscht werden (zu Einzelheiten vgl. 5.1.3). Gemeinschaftsunternehmen sind nach IAS 31.3 solche Unternehmen, die basierend auf vertraglichen Vereinbarungen mindestens zweier Partner über eine wirtschaftliche Tätigkeit gemeinschaftlich geführt werden (zu Einzelheiten vgl. 5.3). Demgegenüber übt das die Anteile bilanzierende Unternehmen auf sog. assoziierte Unternehmen i.S.d. IAS 28.2 lediglich einen maßgeblichen Einfluss aus, der nicht zur Annahme eines Tochter- oder Gemeinschaftsunternehmens genügt (zu Einzelheiten vgl. 5.4).

Damit werden nicht erfasst solche Anteile an Unternehmen, auf die nicht mindestens ein maßgeblicher Einfluss i.S.d. IAS 28.6-10 ausgeübt wird. Solche Unternehmen stellen weder Tochterunternehmen, noch gemeinschaftlich geführte Unternehmen oder assoziierte Unternehmen dar. Sie sind vielmehr als Finanzinstrumente nach IAS 39 bzw. IFRS 9 zu bilanzieren (vgl. 2.13).

2.8.2 Bewertung der Anteile

▶ IAS 27.38; IAS 27.38B-38.C, IAS 27.40

Anders als im Konzernabschluss sind im Jahresabschluss des Gesellschafters nicht die einzelnen Vermögenswerte und Schulden von Beteiligungsunternehmen zu erfassen, sondern die Anteile an den anderen Unternehmen als selbständige Vermögenswerte. Die in den Anwendungsbereich des IAS 27 fallenden Anteile an anderen Unternehmen (vgl. 2.8.1) sind **wahlweise** zu bewerten:

- zu Anschaffungskosten oder

- nach IAS 39 bzw. IFRS 9.

Dieses Wahlrecht ist jedoch innerhalb der drei Kategorien Tochterunternehmen, Gemeinschaftsunternehmen oder assoziierte Unternehmen einheitlich für alle Unternehmen der jeweiligen Kategorie auszuüben. Eine weitere **Einschränkung des Wahlrechts** ergibt sich dann, wenn die Anteile zur Veräußerung gehalten werden und daher unter den Anwendungsbereich des IFRS 5 fallen (vgl. 2.5), der den Bewertungsregeln anderer Standards vorgeht. Ferner schließt eine im Konzernabschluss des Mutterunternehmens vorgenommene Bilanzierung nach IAS 39 bzw. IFRS 9 eine Erfassung zu Anschaffungskosten im IFRS-Jahresabschluss des Mutterunternehmens aus.

Im Rahmen der Bewertung zu **Anschaffungskosten** werden die Unternehmensanteile zu Anschaffungskosten zzgl. etwaiger Anschaffungsnebenkosten erstbewertet. Wertminderungen sind nach den Grundsätzen des IAS 36 (Wertminderung von Vermögenswerten) zu prüfen und zu bilanzieren (vgl. 2.4). Die Bewertung nach IAS 39 bzw. IFRS 9 ergibt sich ausschließlich aus diesen beiden komplexen Standards (vgl. 2.13).

2.8.3 Erfassung von Dividenden

▶ IAS 27.38A, IAS 36.12

Dividenden sind nach IAS 27.36A zu dem **Zeitpunkt** im IFRS-Jahresabschluss des Gesellschafters als Ertrag zu vereinnahmen, wenn der Rechtsanspruch auf diese Dividende entsteht. Dies ist nach deutschem Gesellschaftsrecht für Kapitalgesellschaften regelmäßig dann der Fall, wenn ein formeller Gewinnverwendungsbeschluss des Beteiligungsunternehmens gefasst wurde. Im Falle eines Ergebnisabführungsvertrags entsteht dieser Rechtsanspruch jedoch bereits früher zum Abschlussstichtag des Beteiligungsunternehmens.

Unter Hinweis auf IAS 36.12(h) ist im Zusammenhang mit dem Erhalt von Dividenden ergänzend zu beachten, dass diese **Anhaltspunkte für eine Wertminderung** der Anteile darstellen können, nämlich dann wenn

- der Buchwert der Anteile im Jahresabschluss höher ist als die (auf Zeitwerten basierenden) Buchwerte der Nettovermögenswerte des Beteiligungsunternehmens im Konzernabschluss des Gesellschafters

oder

- die erhaltene Dividende höher ist als das Gesamtergebnis des Beteiligungsunternehmens in der Periode, in der die Dividende festgestellt wird.

Fall:

Eine Holding AG hält seit 01 Anteile an zwei Tochterunternehmen. Mit Tochterunternehmen A wurde ein Ergebnisabführungsvertrag geschlossen. Tochterunterunternehmen B schüttet jährlich sein Jahresergebnis zzgl. 5% aus den bereits vor Anteilserwerb durch die Holding AG vorhandenen Gewinnrücklagen an die AG aus. Beide Tochterunternehmen haben lt. Jahresabschluss zum 31.12.01 jeweils ein Jahresergebnis i.H.v. 100 TEUR erzielt.

Wie sind die Dividenden im IFRS-Jahresabschluss der Holding AG zum 31.12.01 abzubilden?

Lösung:

Die Anteile an beiden Gesellschaften fallen unter IAS 27, da es sich lt. Sachverhalt um Tochterunternehmen handelt. Der Anspruch der AG auf Ergebnisabführung des Ergebnisses von A entsteht mit dem Abschlussstichtag von A am 31.12.01 und ist daher noch zum 31.12.01 ergebniswirksam zu vereinnahmen.

Auf das Ergebnis von B hat die AG erst mit dem Ergebnisverwendungsbeschluss einen Anspruch, so dass die Dividendenvereinnahmung erst im Jahr 02 erfolgen darf. Da B zusätzlich (vor Anteilserwerb durch die AG bereits bestehende) Rücklagen an die AG ausschüttet, ist ein Wertminderungsbedarf nach IAS 36 zu prüfen.

2.8.4   Angaben

▶   IAS 27.42-43

Die nach IAS 27 für den IFRS-Jahresabschluss vorgesehenen Angaben betreffen im Überblick:

- die Begründung für einen Verzicht auf die Aufstellung eines Konzernabschlusses,

- die Kenntlichmachung des Jahresabschlusses als solchen zur Abgrenzung vom Konzernabschluss,

- eine Auflistung wesentlicher Anteile, die unter den Anwendungsbereich des IAS 27 fallen,

- eine Beschreibung der Bilanzierungsmethode der nach IAS 27 bilanzierten Anteile.

2.8.5   Geänderter IAS 27

Durch die am 12.05.2011 vom IASB veröffentlichten, aber noch nicht durch die EU übernommenen (Endorsement-Verfahren) geänderten Standard ergeben sich in Bezug auf den Jahresabschluss keine inhaltlichen Änderungen des IAS 27. Es wurden lediglich die bislang in IAS 27 enthaltenen konzernspezifischen Regelungen zugunsten deren Aufnahme in den IFRS 10 gestrichen, und die den Jahresabschluss betreffenden Paragrafen wurden neu nummeriert sowie in eine logischere Reihenfolge gebracht. Der neue IAS 27 ist hiernach wie folgt aufgebaut:

- Zielsetzung des Standards (IAS 27.1)

- Anwendungsbereich des Standards (IAS 27.2-3)

- Definitionen (IAS 27.4-8)

- Bilanzierungsregeln für den Jahresabschluss (IAS 27.9-14)

- Angaben (IAS 27.15-17)

- Vorschriften zum zeitlichen Anwendungsbereich des Standards (IAS 27.18-20).

Damit ändern sich für Zwecke des Jahresabschlusses im Vergleich zu den Ausführungen in den vorangegangenen Kapiteln (vgl. 2.8.1 ff.) im Wesentlichen lediglich die Paragrafen-Verweise. Hinsichtlich der Konzernrechnungslegung wird auf ein gesondertes Kapitel zu IAS 27/IFRS 10 verwiesen (vgl. 5.1).

2.8.6   Änderungen durch IFRS 11

Die Vorschriften des IAS 31 zur Erfassung von Anteilen an Gemeinschaftsunternehmen wurden vom IASB am 12.05.2011 durch den neuen IFRS 11 (Gemeinschaftliche Vereinbarungen) ersetzt. Nach Abschluss des **Endorsement-Verfahrens** durch die EU werden die im Vergleich zum IAS 31 in IFRS 11 vorgenommenen Änderungen auch die Bilanzierung von Anteilen an Gemeinschaftsunternehmen in IFRS-Jahresabschlüssen europäischer Unternehmen beeinflussen. Ein Überblick sowie weitere Einzelheiten zu IFRS 11 sind im 2. Teil dieses Lehrbuchs zur Konzernrechnungslegung enthalten (vgl. 5.3.2).

IFRS 11 enthält Regelungen zur Bilanzierung von gemeinschaftlichen Vereinbarungen im IFRS-Jahresabschluss. Hierzu verweist der neue Standard nur noch teilweise auf IAS 27 und hält im Übrigen eigene Vorschriften zur Bilanzierung im Jahresabschluss vor. Das Verständnis dieser Bilanzierungsregeln setzt ein Grundverständnis der **Terminologie** des IFRS 11 voraus.

Abbildung 2.11   Terminologie des IFRS 11

Nach IFRS 11.A und IFRS 11.4 f. ist unter einer **gemeinschaftlichen Vereinbarung** eine vertragliche Vereinbarung zwischen mindestens zwei Parteien zu verstehen, die bei ihrer Tätigkeit eine gemeinschaftliche Kontrolle ausüben. Gemeinschaftliche Kontrolle ist dann gegeben, wenn die die Kontrolle ausübenden Parteien Entscheidungen über ihre Tätigkeit nur einstimmig treffen dürfen.

Gemeinschaftsunternehmen sind nach ihrer Definition in IFRS 11.A vereinfacht ausgedrückt Anteile an rechtlichen Einheiten, insb. an Gesellschaften, die keine weiteren Rechte und Pflichten der Gesellschafter begründen. Die Anteilsinhaber haben allein Rechte am Nettovermögen des so verstandenen Gemeinschaftsunternehmens. Die Bilanzierung von Anteilen an Gemeinschaftsunternehmen richtet sich danach, ob der Bilanzierende zu denjenigen Anteilsinhabern gehört, die das Gemeinschaftsunternehmen (gemeinschaftlich) beherrschen oder zumindest einen maßgeblichen Einfluss auf diese Gemeinschaftunternehmen ausüben können:

■ Übt der Bilanzierende mindestens einen maßgeblichen Einfluss auf das Gemeinschaftunternehmen aus, so sind die Anteile im IFRS-Jahresabschluss des Bilanzierenden nach IAS 27 zu erfassen (IFRS 11.26(b), IFRS 11.27(b)). Es besteht insoweit ein grundsätzliches Wahlrecht zur Bilanzierung der Anteile zu Anschaffungskosten oder nach IAS 39 bzw. IFRS 9 (vgl. 2.8.2).

■ In allen anderen Fällen sind die Anteile an dem Gemeinschaftunternehmen nach IFRS 9 (bzw. IAS 39) zu bilanzieren (IFRS 11.27(b)).

Eine **gemeinschaftliche Tätigkeit** ist nach ihrer Definition in IFRS 11.A dann gegeben, wenn die Beteiligten nicht Rechte am Nettovermögen haben, wie im Falle des Gemeinschaftsunternehmens, sondern sich aus der gemeinschaftlichen Vereinbarung den Beteiligten einzeln zurechenbare Rechte an den einzelnen Vermögenswerten und Pflichten aus den einzelnen Schulden ergeben. In diesem Fall hat der Anteilsinhaber i.d.R. in seinem IFRS-Jahresabschluss grundsätzlich (nur) die anteiligen Vermögenswerte, Schulden, Aufwendungen und Erträge zu erfassen. Es wird also kein einheitlicher Vermögenswert im Sinne eines Gesellschaftsanteils bilanziert.

2.8.7   Wiederholung des IAS 27 in Stichworten

In wenigen Stichworten zusammengefasst, enthält IAS 27 die folgenden Kernpunkte:

- IAS 27 regelt in seiner derzeitig von der EU übernommenen Fassung die Bilanzierung von Anteilen an Tochterunternehmen, Gemeinschaftsunternehmen und assoziierten Unternehmen im Jahresabschluss und im Konzernabschluss;

- Die Regelungen zum Konzern wurden vom IASB in den noch nicht von der EU übernommenen IFRS 10 überführt;

- Im Jahresabschluss dürfen die Anteile (einheitlich für die einzelnen drei Kategorien) jeweils zu Anschaffungskosten oder nach IAS 39/IFRS 9 bewertet werden;

- Dividendenerträge sind zu erfassen, sobald ein Rechtsanspruch auf sie entstanden ist;

- IAS 27 hat auch Bedeutung für die Bewertung von Gemeinschaftsunternehmen i.S.d. noch nicht von der EU übernommenen IFRS 11 (Gemeinschaftliche Vereinbarungen).

2.8.8   Hinweise zur Vertiefung

Folgende Aspekte wurden in diesem Kapital nicht bzw. nicht eingehend diskutiert und empfehlen sich daher für eine Vertiefung anhand anderer Kapitel diese Lehrbuchs bzw, anhand der einschlägigen Kommentarliteratur:

- Bewertung von Anteilen im Jahresabschluss nach Umstrukturierungen im Konzern (IAS 27.38B-38C);

- Wertminderungen von Vermögenswerten nach IAS 36 bei Bilanzierung zu Anschaffungskosten (vgl. 2.4);

- Bewertung von Finanzinstrumenten nach IAS 39 bzw. IFRS 9 (vgl. 2.13);

- Erfassung gemeinschaftlicher Vereinbarungen im Konzernabschluss (vgl. 5.3.2).

2.9   IAS 2 - Vorräte

2.9.1   Überblick zum IAS 2

▶   IAS 2.1-8

IAS 2 wurde in seiner zuletzt geänderten Fassung am 31.01.2009 mit Abschluss des **Endorsement-Verfahrens** von der EU übernommen. **Gegenstand** des Standards ist seiner Bezeichnung folgend die Bilanzierung von Vorräten. Bereits aus dem Aufbau des IAS 2 ist erkennbar, dass er seinen Schwerpunkt auf die Bewertung der Vorräte (IAS 2.1) legt:

- Zielsetzung des Standards (IAS 2.1)

- Anwendungsbereich des Standards (IAS 2.2-5)

- Definitionen (IAS 2.6-8)

- Bewertung von Vorräten (IAS 2.9-33)
    - Anschaffungs- oder Herstellungskosten (IAS 2.10-22)
    - Kosten-Zuordnungsverfahren (IAS 2.23-27)
    - Nettoveräußerungswert (IAS 2.28-33)

- Erfassung als Aufwand (IAS 2.34-35)

- Angaben (IAS 2.36-39)

- Vorschriften zum zeitlichen Anwendungsbereich des Standards (IAS 2.40-42).

Der **Anwendungsbereich** des IAS 2 wird in dessen Paragrafen 2-5 negativ abgegrenzt, d.h. dass die folgenden Vermögenswerte nicht von IAS 2 berührt werden:

- Fertigungsaufträge i.S.d. IAS 11 (vgl. 2.10),

- Finanzinstrumente i.S.d. IAS 32 (vgl. 2.14) und IAS 39/IFRS 9 (vgl. 2.13).

Darüber hinaus ist sein Einfluss hinsichtlich der Bilanzierung biologischer Vermögenswerte i.S.d. IAS 41 (vgl. 2.12) und Vorräte von Warenmaklern/-händlern begrenzt.

2.9.2 Ansatz von Vorräten

▶ RK.4.4(a); RK.4.8-4.14; RK.4.38-45; IAS 2.6; IAS 2.34-35

Vorräte sind dann in der IFRS-Bilanz anzusetzen, wenn sie Vermögenswerte darstellen, d.h. sie müssen zunächst die Definitionskriterien nach RK.4.4(a), RK.4.8-4.14 sowie die Ansatzkriterien nach RK.4.38 ff. erfüllen (vgl. 1.2.4). Nach der **Definition** in IAS 2.6 sind diese Vermögenswerte dann nach den Bilanzierungsregeln für Vorräte zu erfassen, wenn sie

a. zum Verkauf im normalen Geschäftsgang gehalten werden,

b. sich in der Herstellung für einen solchen Verkauf befinden oder

c. die als Roh-, Hilfs- und Betriebsstoffe dazu bestimmt sind, bei der Herstellung oder der Erbringung von Dienstleistungen verbraucht zu werden.

Damit fallen unter Beachtung des Anwendungsbereichs des Standards grundsätzlich Handelswaren, fertige und unfertige Erzeugnisse sowie Roh-, Hilfs- und Betriebsstoffe unter den Begriff der Vorräte i.S.d. IAS 2. Zum Umfang der Vorräte vgl. auch IAS 2.8.

Vorräte sind im Grundfall erst dann aus der IFRS-Bilanz **auszubuchen**, wenn „...die zugehörigen Erträge realisiert sind." (IAS 2.34), d.h. wenn die Vorräte bestimmungsgemäß veräußert (oder unplanmäßig vernichtet) wurden. Erst dann stellen sie Aufwand dar. Nach IAS 2.35 können Vorräte aber auch zur Herstellung von selbstgenutzten Sachanlagen dienen, z.B. wenn ein Bauunternehmer eigene Baustoffe (Vorräte) für eine zur Eigennutzung bestimmte Lagerhalle verwendet. In diesem Fall gehen die Kosten für die Vorräte in die Herstellungskosten der Sachanlage ein und werden mit dieser über die Nutzungsdauer der Sachanlage abgeschrieben.

Fall:

Fallen die folgenden Posten eines Fahrradhandels mit Werkstatt unter die Vorräte i.S.d. IAS 2?

a. Radmuttern

b. Schrauben in der Verankerung der Kasse

c. Fahrräder in der Werkstatt

Lösung:

a. Roh-, Hilfs- und Betriebsstoffe (IAS 2.6(c))

b. Teil der Sachanlagen

c. In einer Werkstatt stehen die Fahrräder i.d.R. im Eigentum des Kunden, so dass die Werkstatt die Fahrräder mangels Verfügungsmacht (RK.4.4(a)) nicht bilanzieren darf. Zum Verkauf im eigenen Namen und auf eigene Rechnung des Unternehmens stehende Fahrräder wären Fertigerzeugnisse bzw. Handelswaren und damit den Vorräten zugehörig.

2.9.3   Bewertung der Vorräte

2.9.3.1   Anschaffungs- und Herstellungskosten

▶   IAS 2.10-20

In die **Anschaffungskosten** von Vorräten sind alle Kosten des Erwerbs sowie sonstige Kosten einzubeziehen, die angefallen sind, um die Vorräte an ihren derzeitigen Ort und in ihren derzeitigen Zustand zu versetzen (IAS 2.10). Damit setzen sich die Komponenten der Anschaffungskosten wie folgt zusammen:

	Anschaffungspreis	(IAS 2.11)
+	Anschaffungsnebenkosten	(IAS 2.11, 2.16, 2.18)
–	Anschaffungspreisminderungen	(IAS 2.11)
+	Sonstige Kosten	(IAS 2.15, 2.17)
=	Anschaffungskosten der Vorräte	

Bitte lesen Sie die hinter der jeweiligen Komponente genannten Paragrafen des IAS 2, die neben allgemeinen Erläuterungen auch zahlreiche Beispiele enthalten! Kernpunkt der Regelung ist der finale Zusammenhang zwischen den angefallenen Kosten und der Versetzung der Vorräte an ihren derzeitigen Ort und in ihren derzeitigen Zustand. Hinsichtlich der Zugangsbewertung ist besonders auf die Einbeziehung von Fremdkapitalkosten nach IAS 23 (vgl. 2.11) hinzuweisen sowie auf die Behandlung von im vereinbarten Anschaffungspreis enthaltenen Finanzierungselementen (insb. bei langfristigen Zahlungszielen) als Zinsaufwand (IAS 2.18).

> Fall:
>
> Ermitteln Sie die Höhe der Anschaffungskosten der zum Weiterverkauf bestimmten Maschine!
>
> - Anschaffungspreis ohne Umsatzsteuer 100 TEUR, bei Zahlung erst in 30 Tagen 110 TEUR,
>
> - Transportkosten i.H.v. 1.190 EUR einschl. abziehbarer Umsatzsteuer,
>
> Vertriebskosten: 2 TEUR.

<u>Lösung</u>:

Die Anschaffungskosten setzen sich zusammen aus dem Anschaffungspreis nach Abzug der als Zinsaufwand zu erfassenden Finanzierungselemente aufgrund eines langen Zahlungsziels nach IAS 2.18 (100 TEUR). Die Transportkosten gehören nach Abzug der abziehbaren Vorsteuer i.H.v. 1 TEUR zu den Anschaffungskosten, soweit sie vom Unternehmen getragen werden (IAS 2.11). Vertriebskosten gehören nicht in die Anschaffungskosten der Waren (IAS 2.16(d)). Die gesamten Anschaffungskosten betragen somit 101 TEUR.

In die **Herstellungskosten** von Vorräten sind alle Kosten der Herstellung sowie sonstige Kosten einzubeziehen, die angefallen sind, um die Vorräte an ihren derzeitigen Ort und in ihren derzeitigen Zustand zu versetzen (IAS 2.10). Damit setzen sich die Komponenten der Herstellungskosten wie folgt zusammen:

	Einzelkosten	(IAS 2.12)
+	Variable Produktionsgemeinkosten	(IAS 2.12)
+	Fixe Produktionsgemeinkosten	(IAS 2.12-13)
+	<u>Sonstige Kosten</u>	<u>(IAS 2.15-18)</u>
=	Herstellungskosten der Vorräte	

Bitte lesen Sie die hinter der jeweiligen Komponente genannten Paragrafen des IAS 2, die allgemeine Erläuterungen enthalten! Kernpunkt der Regelung ist wie bei den Anschaffungskosten der finale Zusammenhang zwischen den angefallenen Kosten und der Versetzung der Vorräte an ihren derzeitigen Ort und in ihren derzeitigen Zustand. Ein genaues

Schema zur Ermittlung der Herstellungskosten lässt sich IAS 2 nicht entnehmen. Im Einzelnen enthalten die oben genannten Komponenten folgende Kosten:[12]

- Einzelkosten

    - Materialeinzelkosten
    - Fertigungseinzelkosten
    - Sondereinzelkosten der Fertigung

- Variable Produktionsgemeinkosten

    - Materialgemeinkosten
    - Fertigungsgemeinkosten

- Fixe Produktionsgemeinkosten

    - Abschreibungen des Anlagevermögens
    - Verwaltungskosten, soweit Herstellungsbezug gegeben ist
    - Aufwendungen für soziale Einrichtungen, freiwillige soziale Leistungen und betriebliche Altersversorgung, soweit Herstellungsbezug gegeben ist

- Sonstige Kosten

    - Steuern, soweit Herstellungsbezug gegeben ist
    - Fremdkapitalkosten nach den Regeln des IAS 23

In Bezug auf Herstellungskosten ist zum einen besonders auf die Aktivierungsverbote nach IAS 2.16 und auf die Einbeziehung von Fremdkapitalkosten nach IAS 23 (vgl. 2.11) hinzuweisen. Ferner ist das Verbot der Aktivierung von Leerkosten nach IAS 2.13 zu beachten. Leerkosten entstehen dann, wenn eine Produktionsmaschine nicht voll ausgelastet ist. Für diesen Fall ist vorgesehen, dass fixe Produktionsgemeinkosten (und nur diese), wie z.B. Abschreibungen auf die Produktionsanlage, den mit der Maschine produzierten Erzeugnissen nur unter Zugrundelegung einer normalen Auslastung der Maschine zugerechnet werden dürfen. Andernfalls würden die gleichbleibend hohen Abschreibungen der geringeren Anzahl an Fertigerzeugnissen zugerechnet und somit deren Stück-Herstellungskosten erhöhen, ohne dass für diesen höheren Wert ein sachlicher Grund vorliegt.

Fall:

Eine Produktionsmaschine wird planmäßig i.H.v. 20.000 EUR p.a. abgeschrieben. Bei Normalbeschäftigung werden auf dieser Maschine 5.000 Produkte gefertigt. Ohne Berücksichtigung der Abschreibungen auf die Maschine betragen die Herstellungskosten 30 EUR je Stück.

Ermitteln Sie die Herstellungskosten je Stück für die im Geschäftsjahr hergestellten Produkte, wenn

---

[12]   Vgl. Meyer (2011), IAS 2, Rn. 27-47.

  a. tatsächlich 8.000 Produkte gefertigt werden!

  b. tatsächlich nur 4.000 Produkte gefertigt werden!

<u>Lösung:</u>

a. Die fixen Produktionsgemeinkosten betragen bei der gegebenen Überauslastung der Maschine (20.000 EUR / 8.000 Stück =) 2,50 EUR, so dass die Herstellungskosten pro Stück (30 + 2,50 =) 32,50 EUR betragen.

b. Es ist eine Unterauslastung der Maschine gegeben. Die fixen Produktionsgemeinkosten betrügen grundsätzlich (20.000 EUR / 4.000 Stück =) 5 EUR je Stück. Nach IAS 2.13 sind Leerkosten jedoch nicht zu aktivieren und die fixen Produktionsgemeinkosten unter der Annahme einer Normalauslastung der Maschine auf die hergestellten Produkte zu schlüsseln. Daher sind die Herstellungskosten i.H.v. 30 EUR um fixe Produktionsgemeinkosten i.H.v. (20.000 EUR / 5.000 Stück =) 4 EUR auf insgesamt 34 EUR zu erhöhen.

2.9.3.2 Bewertungsvereinfachungsverfahren

▶   IAS 2.21-27

Zur Ermittlung der Anschaffungs- bzw. Herstellungskosten sind in IAS 2 Bewertungsvereinfachungsverfahren vorgesehen. Während die Bewertungsvereinfachungsverfahren für Anschaffungs- und Herstellungskosten nach IAS 2.21-22 wahlweise angewendet werden dürfen, sind die Kosten-Zuordnungsverfahren nach IAS 2.23-27 bei Vorliegen der Voraussetzungen pflichtmäßig anzuwenden.

Abbildung 2.12   Bewertungsvereinfachungsverfahren für Vorräte nach IAS 2

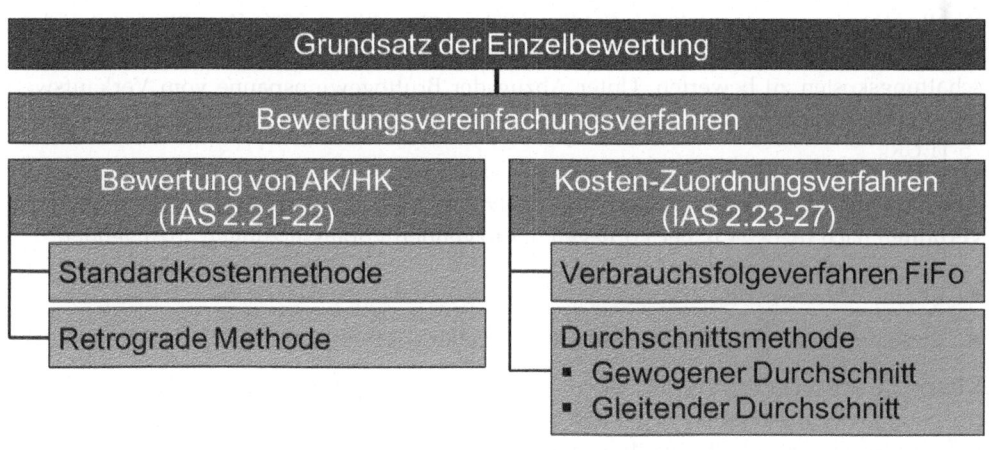

Die beiden zulässigen Verfahren nach IAS 2.21 f. dürfen angewendet werden, wenn deren Ergebnisse den tatsächlichen Anschaffungs- oder Herstellungskosten nahe kommen. Nach der **Standardkostenmethode** werden die zum Abschlussstichtag zu bewertenden Vorräte (Ist-Menge) nach Planpreisen auf der Basis der im Betrieb normalen Höhe des Material- und Personaleinsatzes, einer normalen Leistungsfähigkeit sowie der normalen Auslastung der Produktionsmaschinen ermittelt (IAS 2.21). Betragen z.B. die diesen Ansprüchen genügenden Planpreise 5 EUR/Stück, so wird der gesamte Endbestand zum Stichtag zu diesem Stückpreis bewertet. Diese Methode setzt voraus, dass die Standardkosten regelmäßig überprüft und ggf. angepasst werden.

Die „im Einzelhandel verwendete Methode", auch **retrograde Methode** genannt, setzt große Stückzahlen an Vorräten mit einer hohen Umschlaghäufigkeit und ähnlichen Bruttogewinnmargen (Homogenität) voraus. Die letztgenannte Voraussetzung ist deshalb so wichtig, weil die Anschaffungskosten bei dieser Methode durch den Abzug einer angemessenen prozentualen Bruttogewinnmarge vom Verkaufspreis der Vorräte ermittelt werden (IAS 2.22). Hierbei gilt:

$$Bruttogewinnspanne = \frac{Verkaufspreis - Anschaffungskosten}{Verkaufspreis}$$

$$Anschaffungskosten = Verkaufspreis - (Verkaufspreis \; x \; Bruttogewinnspanne)$$

Fall:

Im Geschäftsjahr 01 hat eine AG Vorräte einer bestimmten Art für 250 TEUR eingekauft; der Anfangsbestand war mit 50 TEUR angesetzt worden. Anfangsbestand und Zukäufe in 01 haben insgesamt einen Verkaufspreis i.H.v. 400 TEUR, von dem jedoch nur 300 TEUR realisiert, mithin als Umsatzerlöse erfasst wurde.

Ermitteln Sie den Wert dieser Vorräte zum 31.12.01 nach der retrograden Methode!

Lösung:

Die Bruttogewinnspanne beträgt (((400 – 300) / 400) x 100 =) 25%. Zum Stichtag sind im Lager vorhandene Vorräte mit einem Verkaufswert i.H.v. (400 – 300=) 100 TEUR zu Anschaffungskosten zu bewerten. Unter Abzug der Bruttogewinnspanne vom Verkaufswert der Vorräte ermitteln sich Anschaffungskosten des Bestands i.H.v. (100 x (100-25)% =) 75 TEUR.

Abweichend vom Einzelbewertungsgrundsatz (IAS 2.23) sind **Bewertungsvereinfachungsverfahren** nach IAS 2.24 ff. bei Vorliegen der folgenden Voraussetzungen anzuwenden:

■ große Stückzahlen der zu bewertenden Vorräte und

■ diese Vorräte sind normalerweise untereinander austauschbar.

Klassische Beispiele für Vorräte, die diese Voraussetzungen erfüllen sind Sand oder Kies, die beim Lieferungsempfänger zu den Vorräten zu rechnen sind. Bei Vorliegen dieser Voraussetzungen besteht die Pflicht, eine Bewertungsvereinfachungsmethode anzuwenden und innerhalb dieser nach IAS 2.25 das Wahlrecht, die Vorräte entweder nach dem Verbrauchsfolgeverfahren FiFo (First-in-First-out) oder nach der Durchschnittsmethode zu bewerten. Vorräte von ähnlicher Beschaffenheit und Verwendung sind jedoch nach dem gleichen Verfahren zu bewerten (Stetigkeit nach IAS 2.25).

Das **FiFo-Verfahren** unterstellt für Zwecke der Bewertung, dass die zuerst erworbenen bzw. hergestellten Vorräte auch zuerst veräußert wurden. Das bedeutet gleichzeitig, dass sich der bilanzielle Wert des Jahresendbestands aus den zuletzt zugekauften bzw. hergestellten Vorräten zusammensetzt (IAS 2.27). Damit wird der Endbestand tendenziell zu am Stichtag aktuellen Preisen bewertet.

Demgegenüber wird bei der **Durchschnittsmethode** der durchschnittliche Stückpreis der Vorräte anhand des Anfangsbestands und der im Geschäftsjahr getätigten Zukäufe ermittelt. IAS 2.27 stellt hierbei zwei Varianten dieser Methode zur Auswahl:

- Der sog. gewogene Durchschnitt wird einmalig am Ende der Periode ermittelt.

- Im Rahmen der Methode des gleitenden Durchschnitts wird der durchschnittliche Stückpreis auch unterjährig bei jeder zusätzlich erhaltenen Lieferung berechnet.

Fall:

Ermitteln Sie den Buchwert der Vorräte anhand des FiFo-Verfahrens sowie des gewogenen und des gleitenden Durchschnitts!

	Datum	Stück	AK/Stück	Wert
Anfangsbestand	01.01.01	10.000	1,00	10.000
Zugang	03.04.01	+5.000	0,50	2.500
Abgang	09.09.01	-13.000		
Zugang	23.12.01	+3.000	1,50	4.500
Endbestand	31.12.01	5.000		

Lösung:

a. FiFo-Methode

Der Endbestand setzt sich aus den letzten Zukäufen zusammen:

	Datum	Stück	AK/Stück	Wert
Vom Zugang	23.12.01	3.000	1,50	4.500
Vom Zugang	03.04.01	2.000	0,50	1.000
Vom Anfangsbestand	01.01.01	0	1,00	0
Endbestand	31.12.01	5.000		**5.500**

b. Gewogener Durchschnitt

Zum 31.12.01 wird der durchschnittliche Stückpreis aus Anfangsbestand und aller Zukäufe berechnet:

	Datum	Stück	AK/Stück	Wert
Anfangsbestand	01.01.01	10.000	1,00	10.000
Zugang	03.04.01	+5.000	0,50	2.500
Zugang	23.12.01	+3.000	1,50	4.500
Anfangsbestand + Zugänge		18.000		17.000
Endbestand	31.12.01	5.000	(17' / 18' ≈) 0,94	**4.700**

c. Gleitender Durchschnitt

Nach jedem Zugang werden die durchschnittlichen Stückpreise unter Berücksichtigung der Abgänge zwischen zwei Zugängen berechnet:

	Datum	Stück	AK/Stück	Wert
Anfangsbestand	01.01.01	10.000	1,00	10.000
Zugang	03.04.01	+5.000	0,50	+2.500
Zwischenwert		*15.000*		*12.500*
Abgang	09.09.01	-13.000	(12,5' / 15'≈) 0,83	-10.790
Zugang	23.12.01	+3.000	1,50	+4.500
Zwischenwert		*5.000*		*6.210*
Endbestand	31.12.01	5.000	(6.210/ 5'=) 1,242	**6.210**

2.9.3.3   Werthaltigkeitsprüfung

▶   IAS 2.9, IAS 2.28-34

Zum Abschlussstichtag sind die Vorräte mit ihrem niedrigeren Wert aus Anschaffungs- oder Herstellungskosten oder **Nettoveräußerungswert** zu bewerten (IAS 2.9). Damit ergibt sich eine Abschreibungspflicht auf den niedrigeren Nettoveräußerungswert. Nach seiner Definition ist dieser wie folgt zu ermitteln:

Geschätzter erzielbarer Verkaufserlös

−   Geschätzte (noch anfallende) Kosten bis zur Fertigstellung

−   Geschätzte (noch anfallende) notwendige Vertriebskosten

=   Nettoveräußerungswert der Vorräte

Der Nettoveräußerungswert wird somit grundsätzlich aus Daten des Absatzmarktes gewonnen. Hierbei ist zu berücksichtigen, ob die Verkaufspreise der Vorräte zum Stichtag bereits ganz oder teilweise durch vertragliche Vereinbarungen festgelegt sind (IAS 2.31).

Eine **Besonderheit** ist in IAS 2.32 zur Bestimmung des Abwertungsbedarfs von Roh-, Hilfs- und Betriebsstoffen geregelt. Danach ist eine Abwertung dieser Vorräte nur dann erforderlich, wenn die Fertigprodukte, in deren Produktion die zu bewertenden Roh-, Hilfs- und Betriebsstoffe eingehen werden, nicht mindestens zu deren Herstellungskosten veräußert werden können. Solange also die Fertigerzeugnisse noch einen positiven Gewinnbeitrag versprechen, ist keine Abwertung der noch auf Lager befindlichen Roh-, Hilfs- und Betriebsstoffe zu prüfen. Deutet jedoch ein Preisrückgang dieser Stoffe darauf hin, dass die Herstellungskosten der Fertigerzeugnisse deren Nettoveräußerungswert überschreiten (z.B. aufgrund sinkender Verkaufserlöse), so sind auch die Roh-, Hilfs- und Betriebsstoffe auf abzuwerten. Bei der nun erforderlichen Bestimmung des Nettoveräußerungswerts für diese Stoffe ist es erlaubt, nicht den geschätzte Veräußerungserlös, sondern den Wiederbeschaffungswert der Roh-, Hilfs- und Betriebsstoffe zugrunde zu legen.

Steigt der Nettoveräußerungswert von Vorräten in folgenden Jahren, so besteht eine **Wertaufholungspflicht** (IAS 2.33). Die Wertobergrenze der Wertaufholung stellen hierbei die historischen Anschaffungs- oder Herstellungskosten der Vorräte dar.

Fall:

Ermitteln Sie den Buchwert der Fertigerzeugnisse zu den Abschlussstichtagen 01-03!

-   01: Herstellungskosten 4.100 EUR einschl. Vertriebskosten i.H.v. 100 EUR;

-   02: Geschätzter Verkaufspreis 4.300 EUR; noch anfallende Vertriebskosten 500 EUR;

-   03: Nettoveräußerungswert neu geschätzt auf 4.150 EUR.

Lösung:

■   01: Keine Aktivierung der Vertriebskosten (IAS 2.16(d)); Buchwert 4.000 EUR;

■   02: Abwertung auf den Nettoveräußerungswert i.H.v. (4.300 − 500 =) 3.800 EUR;

■   03: Wertaufholungspflicht auf den Nettoveräußerungswert i.H.v. 4.150 EUR, max. aber auf die historischen Herstellungskosten i.H.v. 4.000 EUR (IAS 2.33).

2.9.4   Ausweis der Vorräte

▶   IAS 2.37

Nach IAS 1.54(g) wären die Vorräte in der dort vorgegebenen Mindestgliederung der Bilanz in einem Posten auszuweisen. IAS 2 selbst enthält keine darüber hinausgehenden verpflichtenden Vorgaben zum Ausweis der Vorräte in der IFRS-Bilanz. Allerdings ist IAS 2.37 zu entnehmen, dass der IASB die folgende Gliederung der Vorräte für „verbreitet" hält und damit empfiehlt:

a. Handelswaren,

b. Roh-, Hilfs- und Betriebsstoffe,

c. Unfertige Erzeugnisse,

d. Fertigerzeugnisse.

2.9.5   Angaben

▶   IAS 2.36-39

So wie die Bilanzierungsregeln des IAS 2 ihren Schwerpunkt auf die Bewertung der Vorräte legen, erfassen auch die Angabepflichten hauptsächlich Informationen zur Bewertung. Die Angabepflichten zum aufgegliederten Buchwert der Vorräte nach IAS 2.37 können auch durch den entsprechenden bilanziellen Ausweis erfüllt werden (vgl. 2.9.4).

2.9.6   Wiederholung des IAS 2 in Stichworten

Rekapitulieren Sie die wesentlichen Inhalte des IAS 2 anhand der folgenden Kernpunkte:

■ Keine Anwendung auf Fertigungsaufträge (IAS 11) und Finanzinstrumente (IAS 32; IAS 39 bzw. IFRS 9);

■ Ansatz der zum Verkauf bzw. Verbrauch bestimmten Vermögenswerte nach allgemeinen Grundsätzen des Rahmenkonzepts;

■ Zugangsbewertung zu Anschaffungs- oder Herstellungskosten darf unter bestimmten Voraussetzungen auch nach Vereinfachungsverfahren erfolgen (Standardkostenmethode, Retrograde Methode);

■ Folgebewertung bei Vorliegen der Voraussetzungen abweichend vom Einzelbewertungsgrundsatz nach Bewertungsvereinfachungsverfahren (FiFo; gewogene/gleitende Durchschnittsmethode);

■ Wertminderungspflicht bei gesunkenem und Wertaufholungspflicht bei wieder gestiegenem Nettoveräußerungswert (Wertobergrenze: Anschaffungs-/Herstellungskosten).

2.9.7   Hinweise zur Vertiefung

Die folgenden Aspekte empfehlen sich zur Vertiefung anhand der einschlägigen Kommentarliteratur, um die in den vorangegangenen Kapiteln erläuterten Grundzüge der Vorratsbilanzierung zu ergänzen:

■ (kostenrechnerische) Details zu den Komponenten der Herstellungskosten (IAS 2.10-18);

■ Herstellungskosten bei Kuppelproduktion, d.h. Bestimmung der Herstellungskosten, wenn in einem Produktionsgang mehrere Produkte entstehen (IAS 2.14);

■ Herstellungskosten bei Dienstleistungsunternehmen (IAS 2.19);

■ Herstellungskosten bei landwirtschaftlichen Erzeugnissen (IAS 2.20);

■ Einbezug von Fremdkapitalkosten in die Herstellungskosten nach IAS 2.17 i.V.m. IAS 23 (vgl. 2.11);

■ Bildung von Drohverlustrückstellungen nach IAS 2.31 i.V.m. IAS 37 (vgl. 2.15).

2.10   IAS 11 - Fertigungsaufträge

2.10.1   Überblick zum IAS 11

▶   IAS 11.1-6

Die nach seiner letzten Änderung durch den IASB am 17.12.2008 von der EU übernommene (**Endorsement-Verfahren**) Fassung des IAS 11 wird voraussichtlich durch den sich derzeit noch im Entwurfsstadium befindlichen geänderten IAS 18 (Umsatzerlöse) angepasst bzw. ersetzt (vgl. 2.10.6). Der derzeit gültige Standard ist wie folgt **aufgebaut**:

■ Zielsetzung des Standards

■ Anwendungsbereich des Standards (IAS 11.1-2)

■ Definitionen (IAS 11.3-6)

■ Zusammenfassung und Segmentierung von Fertigungsaufträgen (IAS 11.7-10)

■ Auftragserlöse (IAS 11.11-15)

■ Auftragskosten (IAS 11.16-21)

■ Erfassung von Auftragserlösen und Auftragskosten (IAS 11.22-35)

■ Erfassung erwarteter Verluste (IAS 11.36-37)

■ Veränderungen von Schätzungen (IAS 11.38)

■ Angaben (IAS 11.39-45)

■ Vorschriften zum zeitlichen Anwendungsbereich des Standards (IAS 11.46).

Der **Anwendungsbereich** des IAS 11 erstreckt sich auf die Bilanzierung von Fertigungsaufträgen im IFRS-Abschluss des Auftragnehmers (IAS 11.1). Ein Fertigungsauftrag ist **definiert** als ein Vertrag über eine kundenspezifische Fertigung einzelner Gegenstände oder einer Anzahl von Gegenständen, die hinsichtlich Design, Technologie und Funktion oder hinsichtlich ihrer endgültigen Verwendung aufeinander abgestimmt oder voneinander abhängig sind (IAS 11.3). Dies sind z.B. angenommene Aufträge zur Fertigung von speziellen Maschinen oder Bauwerken. Solche Fertigungsaufträge sind (vereinfacht) abzugrenzen von der Produktion für den anonymen Markt, d.h. ohne Kenntnis des Kunden bei Produktionsbeginn. Letztere fallen als Vorräte unter den Anwendungsbereich des IAS 2 (vgl. 2.9), der im Falle von Fertigungsaufträgen i.S.d. IAS 11 nicht anzuwenden ist (IAS 2.2(a)).

Mit seinem sachlichen Anwendungsbereich ist auch der **Gegenstand** des IAS 11 abgegrenzt. Allerdings unterscheidet der Standard nach zwei unterschiedlichen Grundformen der vertraglichen Ausgestaltung von Fertigungsaufträgen (IAS 11.3):

■ Festpreisverträge sind Fertigungsaufträge, für die der Auftragnehmer einen festen Preis vereinbart. So trägt allein der Auftragnehmer das Risiko steigender Fertigungskosten.

■ Kostenzuschlagsverträge sind Fertigungsaufträge, bei denen der Auftragnehmer die abrechenbaren Kosten gegenüber dem Auftraggeber zzgl. eines vereinbarten prozentualen Aufschlags auf diese Kosten abrechnet. Hierdurch trägt auch der Auftraggeber das Risiko steigender Fertigungskosten.

Abbildung 2.13   Gegenstand des IAS 11

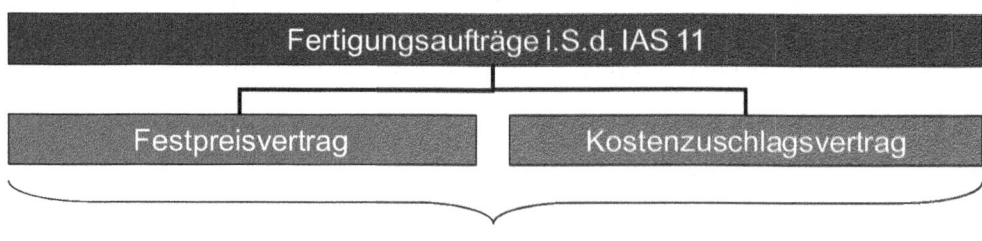

Diese Unterscheidung ist wichtig für die später zu behandelnden Fragen der Bilanzierung von Fertigungsaufträgen (vgl. 2.10.2). Deren **Kernproblem** besteht darin, bei Fertigungsaufträgen, die zum Abschlussstichtag noch nicht abgeschlossen sind, festzulegen, ob und ggf. in welcher Höhe zum Abschlussstichtag bereits Umsatzerlöse zu erfassen sind und wie die dem Auftrag zuzurechnenden Auftragskosten auf die einzelnen Geschäftsjahre zu verteilen sind (vgl. Zielsetzung des Standards).

2.10.2   Systematik des IAS 11

▶   IAS 11.7-24

Bei der Bilanzierung von langfristigen Fertigungsaufträgen besteht – wie bereits erwähnt – das **Kernproblem** darin, zum Abschlussstichtag zu beurteilen, ob und ggf. in welcher Höhe bereits Auftragserlöse (zu Einzelheiten vgl. IAS 11.11-15) und angefallene Auftragskosten (zu Einzelheiten vgl. IAS 11.16-21) in GuV und Bilanz zu erfassen sind. Das Hauptaugenmerk gilt hierbei den Auftragserlösen, die in der Denke des **HGB** streng genommen vor der endgültigen oder teilweisen Abnahme durch den Auftraggeber noch nicht realisiert und damit nicht als Umsatzerlöse erfasst werden dürfen (§ 252 Abs. 1 Nr. 4 HGB). Nach dieser sog. Completed-Contract-Methode des HGB werden die aktivierungsfähigen Auftragskosten als Herstellungskosten für unfertige Erzeugnisse in der Bilanz erfasst. Erst nach erfolgter (Teil-)Abnahme durch den Auftraggeber werden die zugehörigen Umsatzerlöse als Ertrag und die Herstellungskosten der vergangenen Perioden als Aufwand erfasst. Dies kann besonders bei sehr langen Auftragsfertigungen im Abschluss des Auftragnehmers zu erheblichen Ergebnisschwankungen im Zeitablauf führen. Außerdem wird in der Bilanz der Leistungsfortschritt nur andeutungsweise berücksichtigt. Die Erfassung langfristiger Fertigungsaufträge in der deutschen **Steuerbilanz** folgt dieser Systematik des HGB.

Demgegenüber verfolgt **IAS 11** das Ziel, nützliche Informationen zum Stand des Fertigungsauftrags und zur während der Periode erbrachten Leistung des Auftragnehmers bereitzustellen. Dies soll dadurch erreicht werden, dass die dem Fertigungsauftrag zuordenbaren Erträge und Kosten anteilig entsprechend dem Leistungsfortschritt frühzeitig in Bilanz und GuV des Auftragnehmers Eingang finden (IAS 11.22). D.h. dass anders als bei der im HGB gebräuchlichen Completed-Contract-Methode auch für unfertige Leistungen anteilig Umsatzerlöse und Aufwendungen erfasst werden, obwohl diese bei strenger Sichtweise noch nicht realisiert sind (IAS 11.25 f.).

Eine solche Bilanzierung – die im Detail in den beiden folgenden Kapiteln erläutert wird – setzt voraus, dass der (unfertige) Fertigungsauftrag nach den allgemeinen Kriterien des Rahmenkonzepts als Vermögenswert identifiziert werden kann (vgl. Zielsetzung des IAS 11 i.V.m. RK.4.4(a) und RK.4.38 ff.). Auch wenn diese Voraussetzungen in der Mehrzahl der Fertigungsaufträge zutreffen, so führt die nach IAS 11 beabsichtigte Bilanzierung doch zu zwei **Problemen**:

1. Die anteilige Erfassung von Umsatzerlösen und Aufwendungen verlangt die **Messbarkeit des Leistungsfortschritts**. Dies gestaltet sich in der Praxis, z.B. bei einer aus vielen Einzelteilen bestehenden Spezialmaschine, nicht immer einfach. Hierzu werden in IAS 11.30 f. drei Verfahren – ohne Verpflichtung – vorgeschlagen:

    a. Verhältnis der bis zum Stichtag angefallenen Kosten zu den am Stichtag geschätzten gesamten (einschl. der zukünftig anfallenden) Kosten des Fertigungsauftrags;
    b. Begutachtung der erbrachten Leistung;
    c. Vollendung eines physischen Teils des Fertigungsauftrags.

Von diesen Verfahren findet in der Praxis die Variante zu a. (sog. Cost-to-cost-Methode) die weiteste Verbreitung.

2. Ferner verlangt eine Bilanzierung nach dem Leistungsfortschritt die **Verlässlichkeit der Schätzung** von Auftragserlösen, Auftragskosten und damit des Ergebnisses des Fertigungsauftrags (IAS 11.22). Der Standard sieht hierzu getrennt für Festpreisverträge (IAS 11.23) und für Kostenzuschlagsverträge (IAS 11.24) Kriterien vor, die jeweils kumulativ zu erfüllen sind (bitte lesen Sie die genannten Paragrafen). In Abhängigkeit davon, ob hiernach eine verlässliche Schätzung möglich ist, oder nicht, entscheidet sich die Methode der Bilanzierung nach IAS 11 (IAS 11.32), wie in der folgenden **Abbildung 2.14** dargestellt.

Abbildung 2.14   Die Bilanzierungsmethoden nach IAS 11

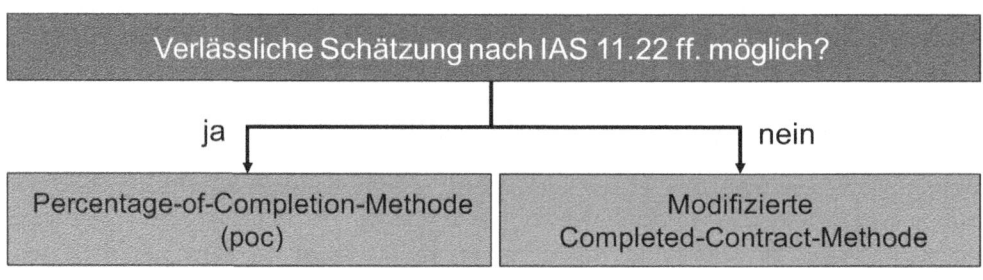

Die Percentage-of-Complition-Methode (vgl. 2.10.3) und die modifizierte Completed-Contract-Methode (vgl. 2.10.4) werden in den beiden folgenden Kapiteln dargestellt.

2.10.3   Percentage-of-Completion-Methode

▶   IAS 11.25-31

Im Rahmen der Percentage-of-Completion-Methode werden Umsatzerlöse entsprechend dem Fertigstellungsgrad des Auftrages erfasst. In Höhe der hiernach ab dem Herstellungsbeginn erfassten Umsatzerlöse wird der Fertigungsauftrag in der IFRS-Bilanz aktiviert. Den Umsatzerlösen stehen in der GuV die angefallenen Aufwendungen gegenüber, so dass es zu einer Gewinnauswirkung kommt, obwohl der Auftraggeber das fertige Werk noch nicht abgenommen hat. Hierbei ist die folgende **Vorgehensweise** angezeigt:

1. Ermittlung des prozentualen Fertigstellungsgrades, der in der Praxis regelmäßig nach dem Verhältnis der bis zum Stichtag angefallenen Kosten (kumulierte Kosten) zu den am Stichtag geschätzten gesamten (einschl. der zukünftig anfallenden) Kosten des Fertigungsauftrags.

Entsprechend dem Fertigstellungsgrad Erfassung der anteiligen vertraglich vereinbarten Auftragserlöse als Umsatzerlöse des Geschäftsjahres. In Höhe der Umsatzerlöse erhöht sich der Bilanzwert der Fertigungsaufträge
(Buchung: Fertigungsaufträge an Umsatzerlöse).

2. Erfassung der bis zum Stichtag angefallenen Kosten (kumulierte Kosten) als Aufwand (im Umsatzkostenverfahren als Herstellungskosten des Umsatzes; im Gesamtkostenverfahren Verzicht auf die Erfassung einer Bestandserhöhung).

Ergänzend ist zu berücksichtigen, dass das deutsche **Steuerrecht** eine Vereinnahmung von Umsatzerlösen vor deren Realisation nicht kennt. Vielmehr sind die unfertigen Erzeugnisse zu ihren (steuerlichen) Herstellungskosten zu aktivieren, und erst bei Realisation des Gewinns sind Umsatzerlöse und Aufwendungen aus der Herstellung zu erfassen. Es entsteht somit bis zur Fertigstellung des Auftrages ein Unterschied zwischen dem (höheren) Bilanzwert in der IFRS-Bilanz und dem (niedrigeren) Buchwert in der Steuerbilanz, dem durch **passive latente Steuern** nach IAS 12 Rechnung zu tragen ist (zu latenten Steuern vgl. 2.21.3).

> Fall:
>
> Im Auftrag eines Kunden wird eine Spezialmaschine im Rahmen eines Festpreisvertrags über die Geschäftsjahre 01 bis 04 gefertigt. Die erwarteten gesamten Auftragskosten für diese Jahre liegen bei 400 TEUR, von denen 80 TEUR in 01, 120 TEUR in 02 und jeweils 100 TEUR in den Jahren 03 und 04 anfallen. Planmäßig wird die fertige Maschine in 04 für den vorab fest vereinbarten Verkaufspreis i.H.v. 700 TEUR an den Auftraggeber übergeben.
>
> *Ermitteln Sie den Bilanzansatz und die Gewinnauswirkung (nach dem Umsatzkostenverfahren) nach der Percentage-of-Completion-Methode (Messung des Leistungsfortschritts nach angefallenen Kosten) für die Geschäftsjahre 01 bis 04*
>
> *a. ohne Berücksichtigung latenter Steuern,*
>
> *b. mit Berücksichtigung latenter Steuern bei einem Steuersatz i.H.v. 40%.*

<u>Lösung:</u>

a. <u>Ohne Berücksichtigung latenter Steuern</u>

	01	02	03	04
Kosten jährlich	80	120	100	100
Kosten kumuliert	80	200	300	400
Gesamtkosten	400	400	400	400
Fertigstellungsgrad	20%	50%	75%	100%
Steigerung		+30%	+25%	+25%
Bilanz				
Fertigungsaufträge	140*	350**	525	-
Forderungen	-	-	-	700
GuV				
Umsatzerlöse	140*	210**	175	175
HK des Umsatzes	-80	-120	-100	-100
Gewinnauswirkung	+60	+90	+75	+75

*　　Auftragserlöse gesamt 700 TEUR x 20% = 140 TEUR

**　Anteilige Umsatzerlöse für 02 erhöhen den Bilanzwert aus 01:
　　　Auftragserlöse gesamt 700 TEUR x Steigerung in 03 um 30% = 210 TEUR

Es wird ersichtlich, dass der (erwartete) Gewinn aus dem Fertigungsauftrag i.H.v. insgesamt (700 – 400 =) 300 TEUR entsprechend dem Leistungsfortschritt auf die einzelnen Fertigungsjahre verteilt wird. Bei Abnahme des fertigen Werks in 04 entsteht dann die Forderung gegenüber dem Auftraggeber.

b. <u>Mit Berücksichtigung latenter Steuern</u>

In der Steuerbilanz werden nur die angefallenen Herstellungskosten (Annahme: Herstellungskosten nach IFRS und Steuerbilanz entsprechen sich) aktiviert, in der IFRS-Bilanz hingegen die höheren anteiligen Auftragserlöse. In der Steuerbilanz wird der Gewinn somit erst im Jahr 04 nach Abnahme durch den Auftraggeber erfasst und besteuert. Um in der IFRS-Bilanz zu zeigen, dass die nach IFRS frühzeitig erfassten anteiligen Gewinne aus dem Auftrag später noch versteuert werden, sind in der IFRS-Bilanz ab 01 passive latente Steuern als zukünftige Steuerlast zu erfassen (zu Einzelheiten latenter Steuern vgl. 2.21.3). Auf die somit für jedes Jahr zu ermittelnde Differenz zwischen IFRS- und Steuerbilanz sind durch Anwendung des vorgegebenen Steuersatzes von 40% die passiven latenten Steuern zu ermitteln, die erst mit Fertigstellung des Auftrags in 04 zu einem tatsächlichen Steueraufwand führen:

	01	02	03	04
IFRS-Bilanz	140	350	525	
Steuerbilanz	80	200	300	
Differenz	60	150	225	
Veränderung der Differenz		+90	+75	
Latente Steuern 40% (GuV)	-24	-36	-30	+90
Tatsächliche Steuern (GuV)*				-120
Steuerschuld (Bilanz)	24	60	90	120

* Auf den Gewinn aus dem Fertigungsauftrag i.H.v. ((700 – 400) x 40% =) 120 TEUR

Damit wirkt sich der Fertigungsauftrag in der IFRS-Bilanz unter Berücksichtigung latenter Steuern wie folgt aus:

	01	02	03	04
Kosten jährlich	80	120	100	100
Kosten kumuliert	80	200	300	400
Gesamtkosten	400	400	400	400
Fertigstellungsgrad	20%	50%	75%	100%
Steigerung		+30%	+25%	+25%
Bilanz				
Fertigungsaufträge	140	210	175	-
Forderungen	-	-	-	700
Latente Steuerschuld	24	60	90	0
Tatsächliche Steuerschuld				120
GuV				
Umsatzerlöse	140	210	175	175
HK des Umsatzes	-80	-120	-100	-100
Latente Steuern	-24	-36	-30	+90
Tatsächliche Steuern	-	-	-	-120
Gewinnauswirkung	+36	+54	+45	+45

2.10.4   Modifizierte Completed-Contract-Methode

▶   IAS 11.32-35

Nach der sog. modifizierten Completed-Contract-Methode werden zwar ebenfalls Umsatz-erlöse erfasst, jedoch nicht in anteiliger Höhe der erwarteten/vereinbarten gesamten Um-satzerlöse, sondern nur in Höhe der im Geschäftsjahr angefallenen Auftragskosten. Damit stehen den Umsatzerlösen gleich hohe Aufwendungen gegenüber, so dass sich aus den Fertigungsaufträgen im Saldo noch kein Gewinn ergibt. Dieser wird erst dann erfasst, wenn entweder der Gewinn bei Auftragsabnahme realisiert wurde oder wenn die Gründe für eine mangelnde Verlässlichkeit der Schätzung (diese führten erst zur Anwendung dieser Methode - vgl. 2.10.2) entfallen sind und nunmehr aufgrund einer verlässlichen Schätzung die Percentage-of-Completion-Methode anzuwenden ist (IAS 11.35). Damit beschränkt sich der Unterschied zwischen der (nach HGB und in der deutschem Steuerbilanz anzuwen-denden) Completed-Contract-Methode und der modifizierten Completed-Contract-Methode auf den Ausweis von Umsatzerlösen und Aufwendungen in der GuV – eine Ge-winnauswirkung ergibt sich bei beiden Varianten dieser Methode nicht. Es empfiehlt sich das folgende **Vorgehen**:

1.   Erfassung von Umsatzerlösen in Höhe der Herstellungskosten des Geschäftsjahres. In Höhe der Umsatzerlöse erhöht sich der Bilanzwert der Fertigungsaufträge:
     (Buchung: Fertigungsaufträge an Umsatzerlöse).

2.   Erfassung der bis zum Stichtag angefallenen Kosten (kumulierte Kosten) als Aufwand (im Umsatzkostenverfahren als Herstellungskosten des Umsatzes; im Gesamtkostenver-fahren Verzicht auf die Erfassung einer Bestandserhöhung).

Latente Steuern fallen bei dieser Methode nur insoweit an, als die Herstellungskosten in der Steuerbilanz von denen in der IFRS-Bilanz abweichen. Systematische Differenzen auf-grund der Anwendung des IAS 11 ergeben sich i.d.R. nicht.

<u>Fall</u>:

Im Auftrag eines Kunden wird eine Spezialmaschine im Rahmen eines Festpreisvertrags über die Geschäftsjahre 01 bis 04 gefertigt. Die erwarteten gesamten Auftragskosten für diese Jahre liegen bei 400 TEUR, von denen 80 TEUR in 01, 120 TEUR in 02 und jeweils 100 TEUR in den Jahren 03 und 04 anfallen. Planmäßig wird die fertige Maschine in 04 für den vorab fest vereinbarten Verkaufspreis i.H.v. 700 TEUR an den Auftraggeber übergeben.

Ermitteln Sie den Bilanzansatz und die Gewinnauswirkung (nach dem Umsatzkostenverfahren) nach der modifizierten Completed-Contract-Methode für die Geschäftsjahre 01 bis 04!

Lösung:

	01	02	03	04
Kosten jährlich	80	120	100	100
Kosten kumuliert	80	200	300	400
Bilanz				
Fertigungsaufträge	80	200	300	-
Forderungen	-	-	-	700
GuV				
Umsatzerlöse	80	120	100	400
HK des Umsatzes	-80	-120	-100	-100
Gewinnauswirkung	0	0	0	+300

Die Buchung der im Jahr 04 lautet (ohne Erfassung des Aufwands):

Buchung:	Forderungen	700	an	Fertigungsaufträge	300
				Umsatzerlöse	400

Es wird ersichtlich, dass der Gewinn aus dem Fertigungsauftrag zwar – wie bei der Completed-Contract-Methode – erst im Jahr der Abnahme durch den Auftraggeber entsteht. Allerdings werden in den vorangehenden Geschäftsjahren der Fertigung Umsatzerlöse und zugehörige Aufwendungen in der GuV erfasst, die den Leistungsfortschritt für die Abschlussadressaten erkennbar dokumentieren.

2.10.5   Angaben

▶   IAS 11.39-45

Zwar ist es das Ziel des IAS 11, entscheidungsnützliche Informationen über den Leistungsfortschritt von langfristigen Fertigungsaufträgen zu vermitteln. Gleichzeitig ist dem Standardsetter jedoch bewusst, dass beide Methoden zum Ausweis unrealisierter Erlöse bzw. Erträge führen. Vor diesem Hintergrund werden umfangreiche Angaben verlangt, anhand derer die Abschlussadressaten die in den Bilanz- und GuV-Posten enthaltenen Unsicherheiten besser abschätzen können. Von diesen Angaben können hervorgehoben werden:

- die nach IAS 11 im Geschäftsjahr erfassten Auftragserlöse (IAS 11.39(a)),

- die Methoden zur Ermittlung der Auftragserlöse und des Fertigstellungsgrads (IAS 11.39(b)-(c)),

- nach IAS 11 erfasste kumulierte Kosten und ausgewiesene Gewinne (IAS 11.40(a)),

- die Beträge erhaltener Anzahlungen und von Einbehalten (IAS 11.40(b)-(c)).

2.10.6   Aktuelle Entwicklungen

IAS 11 formuliert gemeinsam mit IAS 18 (vgl. 2.18) die wesentlichen Vorschriften zur Erlös-realisierung im Regelungssystem der IFRS. Nach einem langjährigen Projekt zur Annähe-rung der diesbezüglichen Vorschriften der IFRS und der US-GAAP wird der IASB voraus-sichtlich gegen Ende des Jahres 2012 einen neuen Standard veröffentlichen, der IAS 11 und IAS 18 ersetzen wird.

Nach dem am 14.11.2011 durch den IASB vorgelegten Entwurf für einen solchen neuen Standards (ED/2011/6 – Revenue from Contracts with Customers) deutet sich mit Blick auf die Fertigungsaufträge an, dass die Percentage-of-Completion-Methode in ihrer bisherigen Form nicht mehr fortgeführt wird. Die Erfassung von Umsatzerlösen könnte dann sehr viel stärker als bisher daran gekoppelt werden, dass der Auftraggeber bereits (teilweise) Verfü-gungsmacht über den zu fertigenden Gegenstand erlangt hat. Die aktuellen Entwicklungen sind abzuwarten. Der neue Standard wird jedoch erst nach dem Abschluss des Endorse-ment-Verfahrens in der EU und auch dann voraussichtlich erst für Geschäftsjahre, die nach dem 31.12.2014 beginnen, verpflichtend anzuwenden sein.

2.10.7   Wiederholung des IAS 11 in Stichworten

Die wesentlichen Aspekte des IAS 11 lassen sich in Stichworten wiederholen:

- Problem der Erfassung von Umsatzerlösen und Auftragskosten bei Bilanzierung eines zum Abschlussstichtag noch nicht abgeschlossenen kundenspezifischen Fertigungsauf-trags;

- Wenn Gewinnbeitrag des Auftrags verlässlich schätzbar ist, dann anteilige Erfassung von Umsatzerlösen entsprechend dem Leistungsfortschritt (Percentage-of-Completion-Methode);

- Wenn Gewinnbeitrag des Auftrags nicht verlässlich schätzbar ist, dann Erfassung von Umsatzerlösen in Höhe der im Geschäftsjahr angefallenen und als Aufwand zu erfas-senden Herstellungskosten (modifizierte Completed-Contract-Methode).

2.10.8   Hinweise zur Vertiefung

Die folgenden Aspekte im Zusammenhang mit der Bilanzierung von Fertigungsaufträgen sind zur Vertiefung zu empfehlen:

- Details zum Gegenstand von Auftragserlösen (IAS 11.11-15) und Auftragskosten (IAS 11.16-21);

- Erfassung erwarteter Verluste aus Fertigungsaufträgen nach IAS 11.26, IAS 11.36 f. i.V.m. IAS 37 (vgl. 2.15);

- Veränderungen von Schätzungen im Zusammenhang mit der Bilanzierung von Fertigungsaufträgen nach IAS 11.38 i.V.m. IAS 8 (vgl. 3.4).

2.11   IAS 23 - Fremdkapitalkosten

2.11.1   Überblick zum IAS 23

▶   IAS 23.2-7

IAS 23 hat die Frage der Aktivierung von Fremdkapitalkosten als Anschaffungs- oder Herstellungskosten zum **Gegenstand** (IAS 23.2). Die durch Abschluss des **Endorsement-Verfahrens** am 23.01.2009 durch die EU übernommene Fassung des Standards ist wie folgt aufgebaut:

- Grundprinzip (IAS 23.1)

- Anwendungsbereich (IAS 23.2-4)

- Definitionen (IAS 23.5-7)

- Ansatz von Fremdkapitalkosten (IAS 23.8-25)

- Angaben (IAS 23.26)

- Vorschriften zum zeitlichen Anwendungsbereich des Standards (IAS 23.27-30).

Der sachliche **Anwendungsbereich** des IAS 23 wird zum einen durch den Begriff der **Fremdkapitalkosten** abgegrenzt, der grundsätzlich alle im Zusammenhang mit der Aufnahme von Fremdkapital angefallenen Kosten eines Unternehmens erfasst (IAS 23.5), ohne dass hierdurch bereits deren uneingeschränkte Aktivierung vorweggenommen wird. Beispiele für Fremdkapitalkosten werden in IAS 23.6 gegeben. Negativ wird der Begriff der Fremdkapitalkosten durch Kosten für als Eigenkapital zu qualifizierende Finanzierungen abgegrenzt (IAS 23.3), die nicht in den Anwendungsbereich des Standards fallen.

Der Anwendungsbereich wird außerdem durch den Begriff des **qualifizierten Vermögenswerts** umrissen, der definiert ist als ein Vermögenswert, für den ein beträchtlicher

Zeitraum erforderlich ist, um ihn in seinen beabsichtigten gebrauchs- oder verkaufsfähigen Zustand zu versetzen (IAS 23.5). Beispiele zu solchen Vermögenswerten, wie Fabrikationsanlagen oder immaterielle Vermögenswerte, werden in IAS 23.7 gegeben. Nach Paragraf 7 werden die folgenden Vermögenswerte <u>nicht</u> als qualifizierte Vermögenswerte und damit vom Anwendungsbereich des IAS 23 erfasst:

- Finanzielle Vermögenswerte, wie z.B. Beteiligungen,

- Vorräte (IAS 2), die über einen kurzen Zeitraum hergestellt werden,

- Vermögenswerte, die sich bereits bei ihrem Erwerb in ihrem beabsichtigten gebrauchs- oder verkaufsfähigen Zustand befinden.

Damit konzentriert sich IAS 23 auf die längerfristige Herstellung von Vermögenswerten, ohne allerdings genau zu umreißen, was unter einem „beträchtlichen Zeitraum" oder einen „kurzen Zeitraum" i.S.d. Definition eines qualifizierten Vermögenswerts zu verstehen ist. Diese Auslegung bleibt damit der Interpretation des Bilanzierenden überlassen. In jedem Fall werden Fertigungsaufträge i.S.d. IAS 11 und i.d.R. auch die Herstellung von Sachanlagen (IAS 16) oder immateriellen Vermögenswerten des Anlagevermögens i.S.d. IAS 38 unter den Anwendungsbereich des IAS 23 fallen.

Eine **wahlweise Anwendung** des IAS 23 gewährt dessen Paragraf 4 für die folgenden Vermögenswerte:

- Qualifizierte Vermögenswerte, die (nach Maßgabe anderer Standards, wie z.B. des IAS 41) zum beizulegenden Zeitwert bewertet werden,

- Vorräte, die in großen Mengen wiederholt gefertigt werden (Massenproduktion).

Zumindest die letztgenannte Kategorie dürfte in der Praxis jedoch regelmäßig bereits dem Anwendungsausschluss aufgrund der Definition des qualifizierten Vermögenswerts unterliegen, da solche Vorräte auch grundsätzlich über einen kurzen Zeitraum hergestellt werden.

2.11.2   Grundsatz zur Aktivierung von Fremdkapitalkosten

▶   IAS 23.1, IAS 23.8-9

Nach dem **Grundprinzip** des IAS 23.1 sind direkt zuordenbare Fremdkapitalkosten pflichtmäßig als Anschaffungs- oder Herstellungskosten des Vermögenswerts zu aktivieren. Eine Aktivierung erfolgt bei Vorliegen der weiteren Voraussetzungen auch dann, wenn der hiernach ermittelte Buchwert des qualifizierten Vermögenswerts höher ist als dessen erzielbarer Betrag (IAS 23.16). Diese Differenz wird ggf. als Wertminderung durch andere Standards, insbesondere nach IAS 36 (vgl. 2.4) erfasst.

Die Aktivierung der Fremdkapitalkosten verlangt jedoch die Erfüllung der folgenden, kumulativ zu erfüllenden **allgemeinen Voraussetzungen** (IAS 23.8 f.):

- Die Fremdkapitalkosten können direkt dem Erwerb, dem Bau oder der Herstellung eines qualifizierten Vermögenswerts zugeordnet werden;

- Es ist wahrscheinlich, dass dem Unternehmen hieraus ein künftiger wirtschaftlicher Nutzen erwächst und

- Die Kosten können verlässlich bewertet werden.

Andere Fremdkapitalkosten, die dem Vermögenswert nicht direkt zugeordnet werden können, sind nicht zu aktivieren, sondern als Aufwand in der GuV des bilanzierenden Unternehmens zu erfassen (IAS 23.1, IAS 23.8). Welche Fremdkapitalkosten nach IAS 23 das Kriterium der direkten Zuordenbarkeit erfüllen, ist Gegenstand der Erläuterungen des folgenden Kapitels.

<u>Fall:</u>

Ein Unternehmen stellt eine Spezialmaschine A zu vorläufigen Herstellungskosten i.H.v. 100 TEUR selbst her. Zur Finanzierung des Herstellungsprozesses wurde ein Darlehen über 80 TEUR aufgenommen, für das während der Herstellung der Maschine Zinsen i.H.v. 8 TEUR anfallen.

Eine weitere benötigte Spezialmaschine B wird aus Zeitgründen von einem anderen Unternehmen zum Preis von 100 TEUR (ohne USt) erworben und gebrauchsfertig geliefert. Der Kaufpreis wird durch Eigenmittel i.H.v. 20 TEUR und über ein Darlehen i.H.v. 80 TEUR finanziert. Durch die Investition der Eigenmittel entgeht dem Unternehmen bis zum Ende des Erwerbsjahres einen Zinsertrag i.H.v. 5 TEUR. Für das Darlehen fielen im Erwerbsjahr Fremdkapitalzinsen i.H.v. 8 TEUR.

Ermitteln Sie die Zugangswerte der beiden Maschinen!

<u>Lösung:</u>

Maschine A ist nach IAS 23 (i.V.m. IAS 16) zu ihren Herstellungskosten einschließlich der direkt zuordenbaren Fremdkapitalkosten i.H.v. insgesamt 108 TEUR zu aktivieren.

Maschine B ist zu ihren Anschaffungskosten zu aktivieren (IAS 16), die nach IAS 23 grundsätzlich auch direkt zuordenbare Fremdkapitalkosten umfassen. Maschine B wird jedoch gebrauchsfertig geliefert und erfüllt damit nicht die Kriterien eines qualifizierten Vermögenswerts nach IAS 23.7, wodurch die Aktivierung von Fremdkapitalkosten nach IAS 23 generell ausgeschlossen wird. Die entgangenen Zinserträge auf Eigenmittel fallen außerdem nicht unter den Begriff der Fremdkapitalkosten nach IAS 23.3/23.5.

2.11.3   Direkte Zuordenbarkeit von Fremdkapitalkosten

▶   IAS 23.10-15

Nach IAS 23.10 sind Fremdkapitalkosten dann einem qualifizierten Vermögenswert direkt zuordenbar i.S.d. IAS 23.8, wenn sie im (gedachten) Fall des Verzichts auf die Anschaffung bzw. Herstellung des Vermögenswerts nicht angefallen wären. Eine direkte Zuordenbarkeit ist damit leicht für **Zweckfinanzierungen** bei solchen Kosten herzuleiten, die auf eigens für die Anschaffung oder Herstellung des qualifizierten Vermögenswerts aufgenommenes Fremdkapital entfallen (IAS 23.10). Hiernach sind beispielsweise Zinsen für ein Darlehen, das aufgenommen wurde, um die Herstellung eines Gebäudes zu finanzieren, bei Vorliegen der weiteren Voraussetzungen grundsätzlich zu aktivieren. Wird jedoch, wie in einem Herstellungsprozess üblich, nicht das gesamte, bereits in voller Höhe erhaltene Fremdkapital benötigt und zwischenzeitlich teilweise zinsbringend angelegt, mindern diese Zinserträge die aktivierbaren Fremdkapitalkosten (IAS 23.12 f.).

Problematisch erscheint die Ermittlung des Betrags der Fremdkapitalkosten, die vermieden worden wären, wenn der qualifizierte Vermögenswert nicht beschafft worden wäre, dann, wenn das bilanzierende Unternehmen keinen gesonderten Kredit für die Beschaffung oder Herstellung aufnimmt, sondern die Finanzierung über **allgemeine Mittel**, d.h. über mehrere Fremdkapitalarten (z.B. Darlehen, Anleihen) gestaltet und/oder diese Fremdkapitalbestandteile mehreren Investitionsvorhaben gleichzeitig dienen. Eine eindeutige Zurechnung von Fremdkapitalkosten ist in diesen Fällen nur schwerlich bzw. nicht mehr möglich. Wären gleichwohl weniger Fremdkapitalkosten angefallen, falls der Vermögenswert nicht beschafft worden wäre, liegen nach IAS 23.10 trotzdem direkt zuordenbare Fremdkapitalkosten vor, deren Höhe zu ermitteln ist. Die Ermittlung stützt sich hierbei nach IAS 23.14 vereinfachend auf eine Durchschnittsbetrachtung, indem auf die Herstellungskosten des Vermögenswerts ein **Finanzierungskostensatz** angewendet wird.

Abbildung 2.15   Zuordenbare Fremdkapitalkosten für allgemeine Mittel

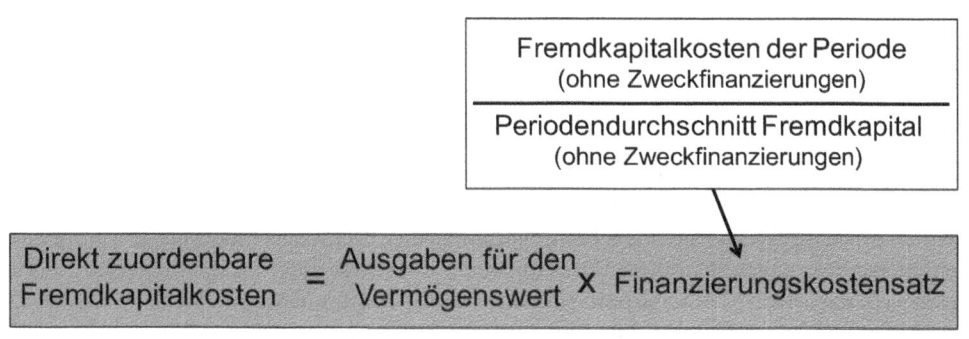

Dieser Finanzierungskostensatz ermittelt sich wiederum als gewogener Durchschnitt der allgemeinen Fremdkapitalkosten, d.h. ohne Kosten für Zweckfinanzierungen, für die allgemeinen Kredite, d.h. ohne Fremdkapital aus Zweckfinanzierungen, des Unternehmens in der abgelaufenen Rechnungsperiode.

Fall:

Für die am 01.12.01 begonnene Herstellung einer Maschine A fallen noch in 01 Herstellungskosten i.H.v. 100 TEUR an. Die Fremdkapitalkosten des herstellenden Unternehmens in 01 betragen insgesamt für Fremdkapital 20 TEUR. Das Fremdkapital betrug zum 01.01.01 insgesamt 260 TEUR und zum Abschlussstichtag 300 TEUR. In diesen Beträgen ist ein in 01 in unveränderter Höhe bestehendes Darlehen über 80 TEUR zur Finanzierung einer Maschine B enthalten, für das in 01 insgesamt 5 TEUR Fremdkapitalkosten angefallen sind.

In welcher Höhe sind in die Herstellungskosten der Maschine A Fremdkapitalkosten einzubeziehen?

Lösung:

Die Maschine A wurde über allgemeine Mittel finanziert. Die zu aktivierenden Fremdkapitalkosten bestimmen sich anhand des Finanzierungskostensatzes. Dieser ermittelt sich – unter Ausschluss der Zweckfinanzierung für Maschine B wie folgt:

■ Periodendurchschnitt Fremdkapital: $((260-80) + (300-80)) / 2 = 200$ TEUR

■ Fremdkapitalkosten der Periode: $20 - 5 = 15$ TEUR

■ Finanzierungskostensatz: 15 TEUR / 200 TEUR = 7,5%

■ Ausgaben für den Vermögenswert: 100 TEUR in einem Monat. Da die Herstellungskosten in der Praxis unregelmäßig anfallen, kann nach IAS 23.18 der durchschnittliche Buchwert des Vermögenswerts in der Rechnungsperiode als Näherungswert herangezogen werden.

■ Direkt zuordenbare Fremdkapitalkosten: 100 TEUR x 7,5% x 1/12 = 625 EUR.

Aus der Lösung wird deutlich, dass Fremdkapitalkosten nur insoweit zu berücksichtigen sind, wie sie auf den Zeitraum der Herstellung bzw. Anschaffung entfallen. Wie dieser Zeitraum nach IAS 23 umrissen wird, ist Gegenstand des folgenden Kapitels.

2.11.4   Aktivierungszeitraum

Einem qualifizierten Vermögenswert direkt zuordenbare Fremdkapitalkosten werden nur insoweit in dessen Anschaffungs- oder Herstellungskosten einbezogen, wie sie auf den Zeitraum ab dem „Anfangszeitpunkt" (IAS 23.17 ff.) bis zum Ende der Aktivierung (IAS 23.22 ff.) entfallen. Fremdkapitalkosten, die auf längere Unterbrechungen in der Herstellung bzw. Fertigstellung entfallen, sind nicht aktivierbar (IAS 23.20 f.).

Abbildung 2.16 Aktivierungszeitraum

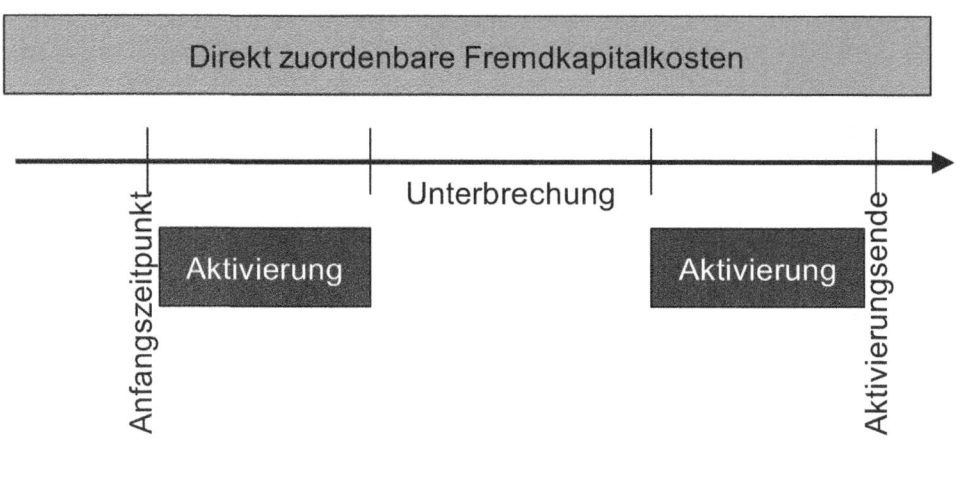

Der **Anfangszeitpunkt** wird durch drei Merkmale gekennzeichnet, die nach IAS 23.17 kumulativ vorliegen müssen:

a. Es fallen Ausgaben für den Vermögenswert an (vgl. hierzu IAS 23.18);

b. Es fallen Fremdkapitalkosten an;

c. Es werden die erforderlichen Arbeiten durchgeführt, um den qualifizierten Vermögenswert für seinen beabsichtigten Gebrauch oder Verkauf herzurichten, z.B. Beginn der Herstellung bzw. Montage (vgl. hierzu IAS 23.19).

Fremdkapitalkosten, die auf eine längere **Unterbrechung** der Herrichtung für den beabsichtigten Gebrauch bzw. für den Verkauf entfallen, sind nicht aktivierbar. Eine solche Unterbrechung wird in IAS 23.21 durch Beispiele negativ abgegrenzt.

Fremdkapitalkosten, die ab dem Zeitpunkt anfallen, ab dem die Herstellung in wesentlichen Teilen abgeschlossen ist, sind nicht mehr zu aktivieren (**Aktivierungsende**). Dieser Zeitpunkt ist dadurch markiert, dass der qualifizierte Vermögenswert bestimmungsgemäß gebraucht bzw. verkauft werden kann (IAS 32.22). Dies ist im Regelfall mit Abschluss der physischen Arbeiten gegeben. Nachlaufende Verwaltungsarbeiten oder geringfügige Veränderungen des Vermögenswerts zögern diesen Zeitpunkt nicht hinaus (IAS 23.23).

2.11.5   Angaben

Nach IAS 23.26 sind im Falle der Aktivierung von Fremdkapitalkosten

a. der Betrag der in der Rechnungslegungsperiode aktivierten Fremdkapitalkosten und

b. der bei der Ermittlung der Fremdkapitalkosten zugrunde gelegte Finanzierungskosten-
    satz

anzugeben. Die Angaben erfolgen in der Praxis regelmäßig im Anhang des Jahresabschlusses.

2.11.6   Wiederholung des IAS 23 in Stichworten

Die wesentlichen Kernpunkte des Standards in Stichworten:

■ Grundsätzliche Aktivierungspflicht für Fremdkapitalkosten, die direkt dem Erwerb
   bzw. der Herstellung sog. qualifizierter Vermögenswerte zugeordnet werden können;

■ Zuordnung von Fremdkapitalkosten, die nicht auf Zweckfinanzierungen entfallen, nach
   einem durchschnittlichen Finanzierungskostensatz;

■ Aktivierung nur solcher Fremdkapitalkosten, die auf den Aktivierungszeitraum entfallen.

2.11.7   Hinweise zur Vertiefung

Die folgenden Aspekte des IAS 23 können anhand der einschlägigen Kommentarliteratur
über die vorstehenden Ausführungen hinaus vertieft werden:

■ Arten von Fremdkapitalkosten (IAS 23.5 f.);

■ Umfang der in den Finanzierungskostensatz aufzunehmenden Fremdkapitalkosten
   (IAS 23.14);

■ Details zum Beginn des Aktivierungszeitraums (IAS 23.18 f.);

■ Details zur Unterbrechung des Aktivierungszeitraums (IAS 23.21);

■ Ende des Aktivierungszeitraums bei Fertigstellung von Teilen eines qualifizierten
   Vermögenswerts (IAS 23.24 f.).

2.12   IAS 41 - Landwirtschaft

2.12.1   Überblick zum IAS 41

▶   IAS 41.1-9

IAS 41, der am 31.01.2009 das **Endorsement-Verfahren** durchlaufen hat, wurde vom IASB zwischenzeitlich durch IFRS 9 (Finanzinstrumente) geändert. Da das Endorsement des IFRS 9 jedoch verschoben wurde und die Änderungen speziell auf Finanzinstrumente ausgerichtet sind, werden diese in der folgenden Einführung nicht berücksichtigt. In seiner in der EU anzuwendenden Fassung enthält IAS 41 **branchenspezifische Regelungen** zur Bilanzierung biologischer Vermögenswerte und landwirtschaftlicher Erzeugnisse. Der Standard ist wie folgt aufgebaut:

■ Zielsetzung des Standards

■ Anwendungsbereich des Standards (IAS 41.1-4)

■ Definitionen (IAS 41.5-9)

■ Ansatz und Bewertung (IAS 41.10-33)

■ Zuwendungen der öffentlichen Hand (IAS 41.34-38)

■ Angaben (IAS 41.40-53)

■ Vorschriften zum zeitlichen Anwendungsbereich des Standards (IAS 41.58-60).

Durch IAS 41 wird nicht die Bilanzierung sämtlicher Vermögenswerte landwirtschaftlicher Betriebe geregelt. Er ist ausdrücklich **nicht anwendbar** auf (IAS 41.3):

a. Grundstücke, die vorrangig nach IAS 16 (vgl. 2.1) bzw. nach IAS 40 (vgl. 2.7) zu bilanzieren sind,

b. Immaterielle Vermögenswerte, die vorrangig nach IAS 38 zu bilanzieren sind (vgl. 2.2),

c. Landwirtschaftliche Erzeugnisse nach der Ernte, die vorrangig nach IAS 2 oder nach einem anderen anwendbaren Standard zu bilanzieren sind (vgl. 2.9).

Der Anwendungsbereich des IAS 41 wird nach IAS 41.2 positiv abgegrenzt auf

a. Biologische Vermögenswerte,

b. Landwirtschaftliche Erzeugnisse zum Zeitpunkt der Ernte,

c. Zuwendungen der öffentlichen Hand.

Die für das Verständnis des Standards wichtigsten **Definitionen** nach IAS 41.5 ff. betreffen zum einen den biologischen Vermögenswert, der lebende Tiere oder lebende Pflanzen umfasst. Zum anderen ist das landwirtschaftliche Erzeugnis als das geerntete Produkt der biologischen Vermögenswerte des Unternehmens definiert. Der Unterschied zwischen beiden Begriffen lässt sich unmittelbar anhand der in IAS 41.4 gegebenen Beispiele erläutern. Hiernach ist z.B. das Schaf der biologische Vermögenswert und die Schafwolle das landwirtschaftliche Erzeugnis als (ein) Produkt des Schafs. Die weiterverarbeitete Wolle, z.B. in Form von Garn, fällt jedoch nicht mehr in den Anwendungsbereich des IAS 41. Bitte lesen Sie auch die anderen Definitionen in IAS 41.5-9 und lesen Sie diese nochmals, sobald diese Begriffe in den folgenden Kapiteln verwendet werden.

2.12.2   Ansatz

▶   IAS 41.10-11

Biologische Vermögenswerte und landwirtschaftliche Erzeugnisse sind nach IAS 41.10 nur dann anzusetzen, wenn

a. das Unternehmen den Vermögenswert aufgrund von Ereignissen der Vergangenheit beherrscht,

b. es wahrscheinlich ist, dass dem Unternehmen aus dem Vermögenswert ein wirtschaftlicher Nutzen zufließen wird und

c. der beizulegende Zeitwert oder die Anschaffungs- bzw. Herstellungskosten des Vermögenswerts verlässlich bewertet werden können.

Diese Voraussetzungen stimmen im Wesentlichen mit den Definitions- und Ansatzkriterien nach RK.4.4 (a) und RK.4.38 überein. Sie unterscheiden sich inhaltlich hinsichtlich der dritten Voraussetzung, die nicht nur eine verlässliche Bewertbarkeit der Anschaffungs- bzw. Herstellungskosten, sondern auch des beizulegenden Zeitwerts verlangt. Der beizulegende Zeitwert spielt eine bedeutende Rolle bei der Bewertung biologischer Vermögenswerte und landwirtschaftliche Erzeugnisse nach IAS 41.

2.12.3   Bewertung

▶   IAS 41.12-38

In der **Bilanz** sind die unter den Anwendungsbereich des IAS 41 fallenden Vermögenswerte grundsätzlich wie folgt zu bewerten:

■   Biologische Vermögenswerte sind bei Zugang und im Rahmen der Folgebewertung zu ihren beizulegenden Zeitwerten abzüglich der (voraussichtlichen) Verkaufskosten zu bewerten. Ist im Zugangszeitpunkt der beizulegende Zeitwert ausnahmsweise nicht verlässlich ermittelbar, so dürfen (nur) im Rahmen der Zugangsbewertung die Anschaffungs- bzw. Herstellungskosten abzüglich evtl. Wertminderungen zugrunde gelegt werden (IAS 41.12).

■   Landwirtschaftliche Erzeugnisse sind im Zeitpunkt der Ernte ebenfalls mit ihrem beizulegenden Zeitwert abzüglich der (voraussichtlichen) Verkaufskosten zu bewerten. Eine

Ausnahme hiervon – wie im Falle der biologischen Vermögenswerte – lässt der Standard nicht zu (IAS 41.32). Die Folgebewertung dieser Erzeugnisse richtet sich jedoch nach IAS 2 (vgl. 2.9), wobei der nach IAS 41 ermittelte Zugangswert den Ausgangswert für die Bewertung nach IAS 2 darstellt (IAS 41.13).

Aus dieser Zeitwertbewertung entstehende Gewinne oder Verluste sind in der **Gesamtergebnisrechnung** ergebniswirksam, d.h. innerhalb der GuV, zu erfassen (IAS 41.26 ff.). Z.B. ist ein Schaf als biologischer Vermögenswert zu seinem beizulegenden Zeitwert abzgl. Verkaufskosten zu bewerten. Die nach der Schur (in der Sprache des IAS 41 nach der „Ernte") des Schafs vorhandene Wolle ist als landwirtschaftliches Erzeugnis ebenfalls zum beizulegenden Zeitwert abzüglich Verkaufskosten zu bewerten. Es ist zu prüfen, ob der beizulegende Zeitwert des Schafs nach der Schur gesunken ist. Die erstmals anzusetzende Wolle ist ergebniswirksam zu aktivieren. Die ggf. ermittelte Minderung des beizulegenden Zeitwerts des Schafs ist ebenfalls ergebniswirksam in der Gesamtergebnisrechnung zu erfassen.

Entscheidende Bedeutung kommt im Rahmen der Bewertung offenbar dem **Begriff des beizulegenden Zeitwerts** zu, der im IAS 41 definiert ist als der Betrag, zu dem zwischen sachverständigen, vertragswilligen und voneinander unabhängigen Geschäftspartnern ein Vermögenswert getauscht oder eine Schuld beglichen werden könnte (IAS 41.8). Hierbei wird auf den jeweiligen Standort des Vermögenswerts abgestellt, so dass ggf. Transportkosten zum Abzug zu bringen sind (IAS 41.9). Die Regelungen zur Zeitwertermittlung werden zukünftig durch den noch nicht von der EU übernommenen IFRS 13 (vgl. 3.2) ergänzt und teilweise ersetzt. So entfallen durch IFRS 13 im IAS 41 die Paragrafen 9, 17-21 und 23. Die Paragrafen 8, 15, 16, 25 und 30 des IAS 41 werden an die Zeitwertermittlung nach IFRS 13 angepasst.

Die Frage, wie der beizulegende Zeitwert für Zwecke des IAS 41 konkret ermittelt werden kann, ergibt sich aber für EU-Unternehmen derzeit noch aus IAS 41.15-25. Hiernach besteht eine Reihenfolge der Methoden, nach denen beizulegende Zeitwerte zu ermitteln sind:

1. Besteht ein aktiver Markt (zur Definition vgl. IAS 41.8) für den zu bewertenden Vermögenswert, so ist der an diesem Markt notierte aktuelle Preis abzüglich der Verkaufskosten als beizulegender Zeitwert zugrunde zu legen (IAS 41.17).

2. Existiert kein aktiver Markt, so orientiert sich die Ermittlung des beizulegenden Zeitwerts an dem jüngsten Markttransaktionspreis, Marktpreisen für ähnliche Vermögenswerte und/oder Branchen-Benchmarks (IAS 41.18 f.).

3. Führen auch die Ermittlungsbemühungen zu 2. nicht zu ausreichend eindeutigen Ergebnissen, ist der beizulegende Zeitwert als Barwert der mit dem Vermögenswert verbundenen zukünftigen Netto-Cashflows zu berechnen. Hierbei bleiben Finanzierungskosten, Steuern oder Kosten zur Wiederaufbereitung, z.B. von Böden nach der Ernte, unberücksichtigt (IAS 41.20-23).

4. Kann ein solcher Barwert nicht ermittelt werden, können unter bestimmten, in IAS 41.24 genannten Bedingungen auch die Anschaffungs- bzw. Herstellungskosten zur Annäherung an den beizulegenden Zeitwert herangezogen werden (IAS 41.24).

Verkaufspreise, die sich aus bereits abgeschlossenen Absatzverträgen der zu bewertenden Vermögenswerte ergeben, sind nicht zwingend mit dem beizulegenden Zeitwert (abzüglich Verkaufskosten) gleichzusetzen. Der beizulegende Zeitwert soll vielmehr die am Bilanzstichtag aktuelle Marktsituation widerspiegeln (IAS 41.16).

Fall:

Der alte Zuchtbulle eines landwirtschaftlichen Zuchtbetriebs steht mit seinem bisherigen beizulegenden Zeitwert i.H.v. 1.600 EUR zu Buche. Zwar beträgt der Marktpreis für den Bullen am Bilanzstichtag 1.800 EUR; bei den jüngsten Verkäufen vergleichbarer Zuchtbullen für jeweils 1.500 EUR hat sich jedoch bereits gezeigt, dass sich der Markt negativ entwickelt. Das Unternehmen veräußert den Bullen daher kurz vor dem Bilanzstichtag noch zum Preis von 1.700 EUR; Liefertermin in sechs Monaten. Der Käufer rechnet sich anhand der erwarteten Preise für Samen und Unterhaltskosten des Bullen einen Netto-Cashflow für die noch verbliebenen Lebensjahre des Tieres i.H.v. 1.750 EUR aus. Die Verkaufskosten betragen ebenso wie die Transportkosten jeweils 1 TEUR.

Lösung:

Der Zuchtbulle ist am Bilanzstichtag mit seinem beizulegenden Zeitwert abzüglich Verkaufskosten zu bewerten. Der beizulegende Zeitwert ermittelt sich aus dem am Stichtag vorhandenen Marktpreis i.H.v. 1.800 EUR, wobei vorausgesetzt wird, dass es sich hierbei um einen aktiven Markt i.S.d. IAS 41.8 handelt. Dieser Marktpreis ist vorrangig vor Vergleichspreisen aus jüngsten Verkäufen und vor dem Netto-Cashflow zu berücksichtigen. Auch der tatsächlich vereinbarte Verkaufspreis für das erst in sechs Monaten zu liefernde Tier ist nach IAS 41.16 nicht maßgeblich. Von dem Marktpreis sind die Transportkosten (IAS 41.9) und die Verkaufskosten (IAS 41.12) abzuziehen, so dass der Bulle zum Stichtag mit 1.798 EUR zu bewerten ist.

Buchung: Viehbestand   198   an   Ertrag (GuV)   198

2.12.4   Angaben

▶   IAS 41.40-57

Da die Zeitwerbewertung stets mit gewissen Unsicherheiten hinsichtlich der getroffenen Annahmen und der Ausnutzung von Ermessensspielräumen verbunden ist, verlangt IAS 41 erwartungsgemäß umfangreiche Angaben, die in der Praxis im Anhang des IFRS-Abschlusses erfolgen. Im Überblick werden folgende Angaben verlangt:

- Allgemeine Angaben (IAS 41.40-53), wie z.B.

  - Bewertungsergebnis,
  - Beschreibung der Gruppen biologischer Vermögenswerte und deren Bewertung,
  - Mengengerüst der Vermögenswerte,
  - eingeschränkte Eigentumsrechten an biologischen Vermögenswerten,
  - Überleitungsrechnung der Zeitwerte von den letzten zu den aktuellen Abschlusswerten,

- Angaben, wenn der beizulegende Zeitwert für biologische Vermögenswerte nicht ermittelt werden kann (IAS 41.54-56),

- Angaben über Zuwendungen der öffentlichen Hand (IAS 41.57).

2.12.5 Wiederholung des IAS 41 in Stichworten

Zusammenfassend lassen sich die wesentlichen Regelungen dieses branchenspezifischen Standards in einigen Stichworten wiedergeben:

- Anwendung auf biologische Vermögenswerte und landwirtschaftliche Erzeugnisse nur bis zu deren Ernte;

- Grundsätzlich ergebniswirksame Bewertung zum beizulegenden Zeitwert abzgl. Verkaufskosten;

- Grundsätze der Zeitwertermittlung sind (zukünftig) aus IFRS 13 zu entnehmen.

2.12.6 Hinweise zur Vertiefung

In den vorangegangenen Kapiteln wurde ein intensiver Überblick über die Regelungen dieses branchenspezifischen Standards gegeben. In der Praxis ergeben sich Anwendungsprobleme insbesondere bei der Ermittlung des beizulegenden Zeitwerts (IAS 41.16 ff. bzw. IFRS 13). Einzelheiten hierzu können ebenso wie die Ausführungen zur Erfassung von öffentlichen Zuwendungen durch ein landwirtschaftlich tätiges Unternehmen (IAS 41.34 ff.) der einschlägigen Kommentarliteratur entnommen werden.

2.13 IAS 39 / IFRS 9 - Finanzinstrumente: Ansatz und Bewertung

2.13.1 Finanzinstrumente nach IAS 39

2.13.1.1 Überblick zum IAS 39

► IAS 39.1-13

In seiner derzeitigen Fassung hat IAS 39 das **Endorsement-Verfahren** der EU mit Verordnung vom 18.02.2011 durchlaufen. IAS 39 ist einer der komplexesten Standards des IFRS-Regelwerks und in der Vergangenheit zudem Gegenstand zahlreicher Diskussionen und Änderungen. Der Standard soll ersetzt werden durch IFRS 9, der bereits teilweise vom IASB veröffentlicht wurde, dessen verpflichtender Erstanwendungszeitpunkt jedoch in 2011 auf Geschäftsjahre, die nach dem 31.12.2014 beginnen, verschoben wurde. Die Übernahme dieses neuen Standards durch die EU ist daher noch nicht erfolgt. Hintergrund dieser Verschiebung durch den IASB ist, dass die noch ausstehenden Teile des neuen IFRS 9 später als durch den IASB geplant fertiggestellt werden können. Auf IFRS 9 wird daher in einem gesonderten Kapitel eingegangen (vgl. 2.13.2).

Gegenstand des IAS 39 ist ausschließlich der Ansatz und die Bewertung von Finanzinstrumenten. Deren Darstellung im IFRS-Abschluss ist in IAS 32 (vgl. 2.14) geregelt, so dass sich beide Standards inhaltlich ergänzen. Angabepflichten zu Finanzinstrumenten sind im IAS 39 nicht (mehr) enthalten; diese finden sich gemeinsam mit den Angabepflichten, die sich aus der Anwendung des IAS 32 ergeben, in IFRS 7 (zum Überblick vgl. 2.22).

Der **Aufbau** des Standards deutet bereits seinen umfangreichen und komplexen Regelungsinhalt an:

- Zielsetzung des Standards (IAS 39.1)

- Anwendungsbereich (IAS 39.2-7)

- Definitionen (IAS 39.8-13)

- Ansatz und Ausbuchung (IAS 39.14-42)

- Bewertung (IAS 39.43-70)

- Sicherungsgeschäfte (IAS 39.71-102)

- Vorschriften zum zeitlichen Anwendungsbereich des Standards (IAS 39.103-110)

- Anhang A: Leitlinien für die Anwendung (IAS 39.A1-A133)

Zu den **Definitionen** der Begriffe Finanzinstrument, finanzieller Vermögenswert, finanzielle Verbindlichkeit und Eigenkapitalinstrument verweist IAS 39.8 auf die entsprechenden Definitionen in IAS 32 (vgl. 2.14.1). Hiernach ist ein Finanzinstrument definiert als ein Vertrag, der gleichzeitig bei dem einen Unternehmen zu einem finanziellen Vermögenswert und bei dem anderen Unternehmen zu einer finanziellen Verbindlichkeit oder zu einem Eigenkapitalinstrument führt (IAS 32.11). Grundsätzlich fallen alle Finanzinstrumente i.d.S. in den **Anwendungsbereich** des IAS 39. Allerdings sind in IAS 39.2-7 Ausnahmen vom Anwendungsbereich formuliert, die Finanzinstrumente aus folgenden Bereichen betreffen:

■ nach IAS 27 zu bilanzierende Anteile an Tochterunternehmen, nach IAS 28 zu bilanzierende assoziierte Unternehmen und nach IAS 31 zu erfassende Anteile an Gemeinschaftsunternehmen, soweit diese Standards nicht ausdrücklich auf IAS 39 verweisen,

■ mit Einschränkungen Rechte und Verpflichtungen aus Leasingverträgen nach IAS 17,

■ Rechte und Verpflichtungen aus Altersversorgungsplänen nach IAS 19,

■ Eigenkapitalinstrumente des Emittenten,

■ mit Einschränkungen Rechte und Verpflichtungen aus Versicherungsverträgen nach IFRS 4,

■ Termingeschäfte im Zusammenhang mit Unternehmenszusammenschlüssen,

■ mit Einschränkungen (vgl. IAS 39.4) Kreditzusagen,

■ mit Einschränkungen Rechte und Verpflichtungen aus IFRS 2,

■ Erstattungen für nach IAS 37 zurückgestellte Verpflichtungen,

■ mit Einschränkungen Warenterminkontrakte.

In IAS 39 versucht der Standardsetter, möglichst alle in der Finanzwelt vorkommenden Transaktionen und Positionen zu erfassen, die zu Finanzinstrumenten führen. Hierdurch wird der Standard selbst sehr unübersichtlich und kaum mehr aus sich selbst heraus verständlich. Im Rahmen dieser Einführung in die IFRS soll daher im Folgenden lediglich ein Überblick über die Regeln und Funktionsweisen des IAS 39 gegeben werden. Dieser soll nur die Grundlage schaffen, komplexere Finanzinstrumente des Wirtschaftslebens standardkonform zu bilanzieren. Hierzu dienen die in den Hinweisen zur Vertiefung (vgl. 2.13.1.7) gegebenen Ansatzpunkte, die anhand der Kommentarliteratur durchdrungen werden können.

An geeigneten Stellen der folgenden Kapitel wird auf die in IAS 39.8-13 (i.V.m. IAS 32) gegebenen und für das Verständnis des Standards wichtigen Definitionen eingegangen. Bitte lesen Sie diese Definitionen vorab einmal durch!

2.13.1.2   Ansatz von Finanzinstrumenten

▶   IAS 39.14-42

Zur Definition von Finanzinstrumenten verweist IAS 39.8 auf IAS 32. Danach ist ein Finanzinstrument **definiert** als Vertrag, der gleichzeitig bei dem einen Unternehmen zu einem finanziellen Vermögenswert und bei dem anderen Unternehmen zu einer finanziellen

Verbindlichkeit oder zu einem Eigenkapitalinstrument führt (IAS 32.11). Der **Ansatz** eines finanziellen Vermögenswerts bzw. einer finanziellen Verbindlichkeit hat dann zu erfolgen, wenn das bilanzierende Unternehmen einen solchen Vertrag geschlossen hat.

Fraglich ist, wann die **Ausbuchung** von Finanzinstrumenten vorzunehmen ist. Die diesbezüglichen Regelungen für **finanzielle Vermögenswerte** sind in IAS 39.15-37 sehr komplex geraten. Diese Komplexität ist insbesondere vor dem Hintergrund verständlich, dass in der Praxis Forderungsverkäufe in den verschiedensten Variationen vorzufinden sind, die IAS 39 zu erfassen sucht. Ohne auf Details einzugehen, lässt sich die Ausbuchung finanzieller Vermögenswerte auf die folgenden zwei Grundfälle zurückführen:

a. Sind die Ansprüche des Unternehmens auf Zahlungen aus dem finanziellen Vermögenswert erloschen, wie z.B. nach Erfüllung einer Forderung durch den Schuldner, so ist der finanzielle Vermögenswert nach IAS 39.17(a) aus der Bilanz auszubuchen (z.B. Buchung: Bank an Forderungen).

b. Hat das Unternehmen, das den finanziellen Vermögenswert hält, diesen übertragen, so hat es diesen nach IAS 39.17(b) ebenfalls auszubuchen. Allerdings werden in IAS 39.18 ff. hohe Anforderungen an eine auch bilanziell zu erfassende Übertragung gestellt. Daher sind im Falle einer Übertragung finanzieller Vermögenswerte die folgenden beiden Voraussetzungen kumulativ zu erfüllen, um eine Ausbuchung vornehmen zu dürfen:

- Das Unternehmen hat sein Recht auf Erhalt von Zahlungen auf einen Dritten übertragen (IAS 39.18(a)) oder es hat sich verpflichtet, diese Zahlungen an einen Dritten weiterzuleiten (IAS 39.18(b) i.V.m. IAS 39.19 mit weiteren Einzelheiten) und
- Das Unternehmen hat Chancen und Risiken aus dem übertragenen finanziellen Vermögenswert mitübertragen (IAS 39.20). Diese Frage ist in der Praxis mitunter nur sehr schwer zu beantworten, weshalb für ihre Beantwortung in den Paragrafen 21-35 besonders detaillierte Regelungen eingerichtet wurden.

In diesem Fall b. ist dabei nicht nur zu prüfen, ob, sondern auch in welchem Umfang Chancen und Risiken mitübertragen wurden, denn danach richtet sich die Bilanzierung der Übertragung gem. IAS 39.20:

- Werden so gut wie alle Chancen und Risiken vom Verkäufer zurückbehalten, so darf dieser den finanziellen Vermögenswert nicht ausbuchen (IAS 39.20(b)).
- Werden so gut wie alle Chancen und Risiken vom Verkäufer mitübertragen, so ist der finanzielle Vermögenswert vom Verkäufer auszubuchen (IAS 39.20(a)).
- Kann nicht beantwortet werden, ob so gut wie alle Chancen und Risiken übertragen wurden, weil sich die Vertragsparteien nach der Übertragung die Chancen und Risiken aus dem finanziellen Vermögenswert teilen, so hat derjenige Vertragspartner den Vermögenswert zu bilanzieren, der die Verfügungsgewalt hat (IAS 39.20(c) i.V.m. IAS 39.24-34 mit weiteren Einzelheiten). Ist dies der Käufer, hat der Verkäufer eine Ausbuchung vorzunehmen. Ist dies der Verkäufer, so hat dieser (nur noch) den Teil des Vermögenswerts zu bilanzieren, für den er das Risiko trägt.

Damit lässt sich die Ausbuchung finanzieller Vermögenswerte vereinfacht auf die Fälle des Erlöschens (Fall a.) und der Übertragung der wesentlichen Chancen und Risiken (Fall b.) reduzieren. Ergänzend ist auf die Bilanzierung der Gestellung von finanziellen Vermögenswerten als Sicherheiten zu verweisen, die in IAS 39.37 gut erklärt wird, jedoch bereits mit den allgemeinen Bilanzierungsgrundsätzen der IFRS herleitbar ist.

Die **Ausbuchung finanzieller Verbindlichkeiten** ist in IAS 39.39-42 geregelt. Danach hat eine Ausbuchung zu erfolgen, wenn die Verbindlichkeit getilgt wurde, z.B. durch Zahlung, Aufrechnung, Verjährung oder auch durch endgültigen Erlass. Differenzen zwischen dem erhaltenen Tilgungsbetrag und dem Buchwert der Verbindlichkeit sind ergebniswirksam zu erfassen (IAS 39.41). Eine Umschuldung durch wesentliche Änderung der Vertragsbedingungen der finanziellen Verbindlichkeit ist als Tilgung der alten und Aufnahme einer neuen Verbindlichkeit zu bilanzieren.

> <u>Fall</u>:
>
> Eine AG veräußert am 29.12.01 ihren gesamten Wertpapierbestand (Buchwert 100 TEUR) zum Preis von 110 TEUR an ihre Hausbank. Gleichzeitig wird vereinbart, dass die Wertpapiere am 02.01.02 zum Preis von 110 TEUR wieder an die AG zurückübertragen werden.
>
> Außerdem veräußert die AG Forderungen aus Lieferungen und Leistungen (Buchwert 80 TEUR) zum Preis von 70 TEUR an die Bank. Die Bank übernimmt die Eintreibung der Forderungen und hat keinerlei Regressansprüche aus den Forderungen mehr gegenüber der AG.
>
> *Wie sind die Wertpapiere und Forderungen im Abschluss der AG zum 31.12.01 zu bilanzieren?*

<u>Lösung</u>:

Die Wertpapiere wurden zwar rechtlich übertragen. Tatsächlich hat die AG aber aufgrund der gleichzeitig abgeschlossenen kurzfristigen Rückkaufvereinbarung sämtliche Chancen und Risiken aus den Wertpapieren (Kursschwankungen, Dividenden) zurückbehalten, so dass eine Ausbuchung nicht erfolgen darf. Der erhaltene Kaufpreis ist daher als Verbindlichkeit zu bilanzieren:

Buchung:	Bank	110	an	Verbindlichkeiten	110

Die Forderungen hingegen hat die AG regresslos (echtes Factoring) an die Bank veräußert. Daher ist die Forderung auszubuchen. Der erzielte Veräußerungsverlust i.H.v. (80 – 70 =) 10 TEUR ist ergebniswirksam zu buchen:

Buchung:	Bank	70	an	Forderungen	80
	Aufwand	10			

2.13.1.3　Bewertung von Finanzinstrumenten

▶　IAS 39.43-70

IAS 39 trennt nach Bewertungsregeln für finanzielle Vermögenswerte und für finanzielle Verbindlichkeiten. Für die Bewertung **finanzieller Vermögenswerte** ist entscheidend, welcher der vier in IAS 39.45 genannten Kategorien diese zuzuordnen sind.

Abbildung 2.17　Kategorien finanzieller Vermögenswerte nach IAS 39

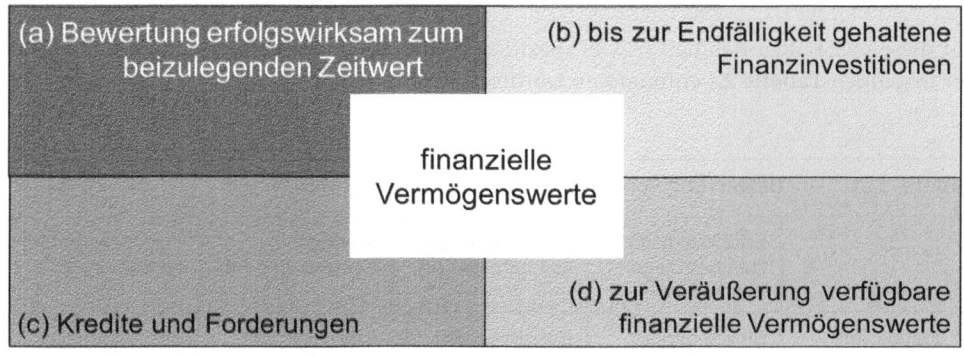

Aus den in IAS 39.9 gegebenen Definitionen (bitte lesen!) lässt sich entnehmen, welche Finanzinstrumente den einzelnen Kategorien zugehörig sind:

a.　Kategorie: Bewertung erfolgswirksam zum beizulegenden Zeitwert

Hierunter fallen zwei verschiedene Gruppen. Zum einen ist hierunter pflichtmäßig der Handelsbestand an finanziellen Vermögenswerten (z.B. Aktien) zu fassen, der im Wesentlichen zur Erzielung kurzfristiger Gewinne dient. Zum anderen fallen hierunter finanzielle Vermögenswerte, die bestimmte Voraussetzungen erfüllen müssen (vgl. Definition dieser Kategorie in IAS 39.9, Buchstabe (b)(i) und Buchstabe (b)(ii) sowie IAS 39.11A)[13], und dann freiwillig zum beizulegenden Zeitwert bewertet werden dürfen (sog. Fair Value-Option).

b.　Kategorie: Bis zur Endfälligkeit gehaltene Finanzinvestitionen

Diese Kategorie enthält nicht derivative finanzielle Vermögenswerte mit festen oder bestimmbaren Zahlungen und einer festen Laufzeit, die nicht unter die anderen drei Kategorien zu fassen sind. Hierbei muss das bilanzierende Unternehmen diese Vermögenswerte auch bis zu deren Fälligkeit halten wollen und (wirtschaftlich) können.

---

[13]　Zu Einzelheiten vgl. z.B. Friedhoff/Berger (2011), IAS 39, Rn. 110-115.

c. Kategorie: Kredite und Forderungen

Hierunter fallen nicht derivative finanzielle Vermögenswerte mit festen oder bestimmbaren Zahlungen, die nicht an einem aktiven Markt notiert sind, die nicht unter die Kategorien a. oder d. fallen. Beispiele können sein Forderungen aus Lieferungen und Leistungen oder Darlehen.

d. Kategorie: Zur Veräußerung verfügbare finanzielle Vermögenswerte

Dies sind nicht derivative finanzielle Vermögenswerte, die vom bilanzierenden Unternehmen als zur Veräußerung verfügbar bestimmt wurden und/oder die nicht unter eine der anderen drei Kategorien fallen.

Für diese vier Kategorien hält IAS 39 spezifische Bilanzierungsregeln vor, die im Überblick der folgenden **Tabelle 2.1** entnommen werden können.

Tabelle 2.1   Bewertung von Finanzinstrumenten nach IAS 39

	Erfolgswirksam zum beizulegenden Zeitwert (a)	Bis zur Endfälligkeit gehalten (b)	Kredite und Forderungen (c)	Zur Veräußerung verfügbar (d)
Zugangswert (IAS 39.43 f.)	Beizulegender Zeitwert	Beizulegender Zeitwert	Beizulegender Zeitwert	Beizulegender Zeitwert
Transaktionskosten (IAS 39.43)	Aufwand	Teil des Zugangswerts	Teil des Zugangswerts	Teil des Zugangswerts
Grundsatz der Folgebewertung (IAS 39.46; IAS 39.55-57)	Beizulegender Zeitwert Wertänderungen werden in der GuV erfasst	Fortgeführte Anschaffungskosten Wertänderungen aufgrund der Anwendung der Effektivzinsmethode werden in der GuV erfasst	Fortgeführte Anschaffungskosten Wertänderungen aufgrund der Anwendung der Effektivzinsmethode werden in der GuV erfasst	Beizulegender Zeitwert Wertänderungen werden grundsätzlich ergebnisneutral erfasst
Wertminderungen (IAS 39.58-70)	ergebniswirksam	ergebniswirksam	ergebniswirksam	ergebniswirksam, soweit unter dem Zugangswert

Ergänzende Anmerkungen:

■ Finanzinvestitionen in Eigenkapitalinstrumente, für die kein auf einem aktiven Markt notierter Preis vorliegt (z.B. GmbH-Anteile) und deren beizulegender Zeitwert nicht verlässlich ermittelt werden kann, sowie Derivate auf solche Eigenkapitalinstrumente, die nur durch Andienung erfüllt werden können, sind mit den Anschaffungskosten zu bewerten (IAS 39.46(c)).

■ Der beizulegende Zeitwert bei Zugang entspricht i.d.R. den Anschaffungskosten für den finanziellen Vermögenswert (vgl. aber zur Zeitwertermittlung IAS 39.48 und zukünftig IFRS 13 (vgl. 3.2)).

■ Die im Rahmen der Bewertung zu fortgeführten Anschaffungskosten bewerteten finanziellen Vermögenswerte sind nach der sog. Effektivzinsmethode folgezubewerten (vgl. IAS 39.9). Hiernach wird, wie z.B. bei einem Zerobonds, dessen Wert allein durch Zeitablauf aufgrund angesammelter Zinsen zunimmt, der Buchwert eines finanziellen Vermögenswerts jährlich um die anteiligen Zinsen bis zu seinem Rückzahlungsbetrag zugeschrieben.

■ Werden Wertänderungen ergebnisneutral erfasst (Kategorie d.) so bedeutet dies, dass sie im sonstigen Ergebnis erfasst werden und dann bilanziell in die Neubewertungsrücklage eingehen. Wird ein solcher Vermögenswert später veräußert, so ist ein auf diese Vermögenswerte entfallendes, noch in der Neubewertungsrücklage enthaltenes Ergebnis ergebniswirksam über die GuV auszubuchen.

Aufgrund der unterschiedlichen Bilanzierung einschl. unterschiedlicher Ergebnisauswirkungen könnten Unternehmen in Abhängigkeit von ihrer wirtschaftlichen Situation oder der Erwartung über Kursentwicklungen daran gelegen sein, finanzielle Vermögenswerte von einer in eine andere Kategorie zu überführen (**Umkategorisierung**). Solche Umkategorisierungen unterliegen daher, falls sie überhaupt zulässig sind, strengen Voraussetzungen, die an dieser Stelle nicht im Einzelnen erörtert werden (vgl. IAS 39.50-54).

Die Bewertung **finanzieller Verbindlichkeiten** nach IAS 39 gestaltet sich demgegenüber weniger komplex. Bei ihrem **Zugang** sind diese nach IAS 39.43 ebenfalls mit ihrem beizulegenden Zeitwert anzusetzen. Hierbei darf der beizulegende Zeitwert einer kurzfristigen Verbindlichkeit nicht niedriger sein als ihr Barwert (IAS 39.49).

Für die **Folgezeit** ist grundsätzlich vorgesehen, dass eine finanzielle Verbindlichkeit zu ihren fortgeführten Anschaffungskosten bewertet wird (IAS 39.47). Es ist allerdings auch denkbar, dass finanzielle Verbindlichkeiten als Teil des Handelsbestands oder freiwillig erfolgswirksam zu ihrem beizulegenden Zeitwert bewertet werden (IAS 39.47(a)). Weitere hier nicht weiter erörterte Ausnahmen von der Bewertung zu fortgeführten Anschaffungskosten ergeben sich aus IAS 39.47(b)-(d).

Fall:

Ein finanzieller Vermögenswert (ohne zu berücksichtigende Zinsen), der in 01 zu 500 EUR zzgl. 5 EUR Nebenkosten angeschafft wurde, hat am Ende des Geschäftsjahres einen beizulegenden Zeitwert i.H.v. 520 EUR. Dieser Wert sinkt bis zum 31.12.02 auf 490 EUR.

Nehmen Sie für 01 und 02 alternativ für alle Kategorien nach IAS 39.45 die erforderlichen Buchungen vor! Vernachlässigen Sie hierbei aus Vereinfachungsgründen latente Steuern.

Lösung:

a. Kategorie: Bewertung erfolgswirksam zum beizulegenden Zeitwert

Buchung 01:	Wertpapiere	500	an	Bank	505
	Aufwand	5			
	Wertpapier	20	an	Ertrag	20
Buchung 02:	Aufwand	30	an	Wertpapiere	30

b. Kategorie: Bis zur Endfälligkeit gehaltene Finanzinvestitionen

| Buchung 01: | Wertpapiere | 505 | an | Bank | 505 |
| Buchung 02: | Aufwand | 15 | an | Wertpapiere | 15 |

c. Kategorie: Kredite und Forderungen

Wie zu b.

d. Kategorie: Zur Veräußerung verfügbare finanzielle Vermögenswerte

Buchung 01:	Wertpapiere	505	an	Bank	505
	Wertpapier	15	an	Sonstiges Ergebnis	15
	(Sonstiges Ergebnis	15	an	Neubewertungs-rücklage	15)
Buchung 02:	Sonstiges Ergebnis	30	an	Wertpapiere	30
	(Neubewertungs-rücklage	30	an	Sonstiges Ergebnis	30)

Wäre der Wertrückgang zum 31.12.02 als (dauerhafte) Wertminderung einzustufen, wäre zusätzlich die Differenz zwischen Zugangswert und niedrigerem Wert zum Stichtag ergebniswirksam als Aufwand zu buchen. Das Gegenkonto wäre die Neubewertungsrücklage, da insoweit die Wertminderung bereits realisiert ist. Die Neubewertungsrücklage betrüge hiernach (+15 (01) – 30 (02) + 15 (02b) =) 0 EUR.

| Buchung 02b: | Aufwand | 15 | an | Neubewertungs-rücklage | 15 |

2.13.1.4   Bilanzierung von Sicherungsbeziehungen

▶   IAS 39.71-102

Im Wirtschaftsleben suchen Unternehmen, sich gegen **Risiken** abzusichern. Solche Risiken können sich zum **Beispiel** aus Währungsschwankungen von Forderungen oder Verbindlichkeiten ergeben. Hält ein deutsches Unternehmen beispielsweise eine erst in einem Jahr fällige Forderung, die auf 1 Mio. JPY lautet und die bei Einbuchung zu einem Kurs von 100 JPY je EUR mit 10.000 EUR bewertet wurde, ist das deutsche Unternehmen einem Wechselkursänderungsrisiko ausgesetzt. Verändert sich der Kurs bis zur Zahlung durch den Schuldner auf 125 JPY je EUR, erhält das deutsche Unternehmen für die 1 Mio. JPY nur noch umgerechnet 8.000 EUR und erleidet einen Verlust i.H.v. 2.000 EUR. Dieses Risiko kann das deutsche Unternehmen umgehen, indem es bereits bei Forderungsentstehung ein Devisentermingeschäft abschließt, vermöge dessen es in einem Jahr 1 Mio. JPY zu einem vorab festgelegten Kurs von 100 JPY je EUR verkaufen wird. Dann entsteht bei Zahlung kein Verlust, da der Zahlungseingang in 1 Mio. JPY zwar umgerechnet 8.000 EUR beträgt, die 1 Mio. JPY jedoch durch den im Termingeschäft festgelegten Kurs in 10.000 EUR eingetauscht werden können. Andererseits würden natürlich umgekehrt etwaige Kursgewinne, wenn sich der Kurs z.B. auf 80 JPY je EUR ändert und der Zahlungseingang umgerechnet 12.500 EUR betragen würde, kompensiert, da die erhaltenen 1 Mio. JPY ja aufgrund des Termingeschäfts in jedem Falle in (nur) 10.000 EUR umzutauschen sind.

In diesem kurzen Beispiel wurde das Risiko aus einem Grundgeschäft – hier die auf ausländische Währung lautende Forderung – durch ein Sicherungsgeschäft – hier das Devisentermingeschäft – abgesichert. Ein Verlust im Grundgeschäft wird durch einen Gewinn im Sicherungsgeschäft kompensiert. Umgekehrt wird ein Gewinn im Grundgeschäft durch einen Verlust im Sicherungsgeschäft kompensiert. Im Ergebnis erhält das deutsche Unternehmen den Betrag von umgerechnet 10.000 EUR.

Abbildung 2.18   Grundmodell der Sicherungsbeziehungen

Das **Problem der Bilanzierung** solcher Sicherungsbeziehungen besteht nun darin, dass zwar das Grundgeschäft, im Beispiel die Forderung, bilanziell erfasst und mit etwaigen Verlusten bewertet wird. Demgegenüber gilt das Devisentermingeschäfts des Beispiels als schwebendes Geschäft, für das ein Gewinn noch nicht realisiert ist. Lediglich ein Verlust aus diesem Sicherungsgeschäft wäre nach IAS 37 als Drohverlustrückstellung zu erfassen.

Die Erfassung eines Verlusts aus dem Grundgeschäft, ohne den korrespondierenden Gewinn aus dem Sicherungsgeschäft zu zeigen, würde den wirtschaftlichen Sachverhalt jedoch auch falsch wiedergeben.

Aus diesem Grunde sind in IAS 39.71-102 Regelungen zur **Bilanzierung von Sicherungsbeziehungen** geschaffen worden. Im Rahmen dieser komplexen Regelungen stellt der Standard ebenfalls auf ein Grundgeschäft ab, dessen Risiken durch ein Sicherungsgeschäft kompensiert werden. Ohne auf die Einzelheiten der Anforderungen an ein Grundgeschäft (IAS 39.78-84) und an ein Sicherungsgeschäft (IAS 39.72-77) einzugehen, lässt sich – stark vereinfacht – festhalten, dass sich ein Grundgeschäft aus bilanzierten oder nicht bilanzierten Vermögensvorteilen oder Verpflichtungen ergeben kann. Ebenfalls stark vereinfacht kann ein Sicherungsgeschäft i.d.R. – mit Ausnahme der Absicherung von Währungsrisiken – als ein Derivat identifiziert werden. Wichtig ist hierbei, dass Vertragspartner des Sicherungsgeschäfts ein unternehmensfremder Dritter ist, mithin die abzusichernden unternehmensinternen Risiken aus dem Unternehmen hinaus verlagert werden (IAS 39.73). Neben weiteren in IAS 39.88 genannten, eher formalen Bedingungen ist eine weitere Voraussetzung zur Abbildung von Sicherungsbeziehungen nach IAS 39 insbesondere, dass die Sicherungsbeziehung effektiv sein muss, d.h. das sich die Ergebnisse aus Grund- und Sicherungsgeschäfte im Wesentlichen ausgleichen (IAS 39.88(b)). Diese Effektivität ist vom bilanzierenden Unternehmen nicht nur im Vorhinein einzuschätzen, sondern auch im Nachhinein nachzuweisen, wobei das Verhältnis der Wertänderungen von Sicherungs- und Grundgeschäft zwischen 80 und 125% zu liegen hat.

Die Bilanzierung von die Voraussetzungen nach IAS 39.88 erfüllenden Sicherungsbeziehungen hängt von der **Art des Sicherungsgeschäfts** ab. Nach IAS 39.86 sind drei Arten zu unterscheiden:

a. Absicherung des beizulegenden Zeitwerts (Fair Value-Hedge)

   Ein solches Geschäft sichert die ergebniswirksamen Wertschwankungen aus bilanzierten Vermögenswerten (z.B. Forderungen), bilanzierten Verbindlichkeiten oder einer bilanzunwirksamen festen Verpflichtung ab.

b. Absicherung von Zahlungsströmen (Cashflow-Hedge)

   In diesem Fall wird nicht der Wert des Grundgeschäfts selbst, sondern die aus ihm resultierenden, künftigen Zahlungen abgesichert, z.B. indem die variablen Zinsen für eine Verbindlichkeit gegen feste Verbindlichkeiten getauscht werden (Zinsswap).

c. Absicherung einer Nettoinvestition in einen ausländischen Geschäftsbetrieb

   Führt ein ausländischer Geschäftsbetrieb, an dem das bilanzierende Unternehmen beteiligt ist, nicht die funktionale Währung des Stammhauses, so können Risiken, die sich aus der Währungsumrechnung nach IAS 21 (vgl. 2.27) ergeben (Umrechnungsdifferenzen) durch Sicherungsgeschäfte minimiert werden.

Nach dem **Grundsatz der Bilanzierung** von Sicherungsgeschäften IAS 39.85 wird der kompensatorische Effekt von solchen Sicherungsgeschäften in der GuV erfasst. Dies verlangt, dass nicht nur das Grundgeschäft, sondern auch das Sicherungsgeschäft, wie z.B. ein Termingeschäft, für Zwecke der Bilanzierung bewertet und in der IFRS-Bilanz aktiviert oder passiviert werden. Damit steht in der GuV einem Aufwand aus dem Grundgeschäft ein Ertrag aus dem Sicherungsgeschäft (und umgekehrt) gegenüber. Ausgehend von diesem Grundsatz finden sich im IAS 39 die in der **Tabelle 2.2** zusammengefassten Bilanzierungsregeln für die einzelnen Arten von Sicherungsgeschäften.

Tabelle 2.2   Bilanzierung von Sicherungsgeschäften nach IAS 39

	Absicherung beizulegender Zeitwert	Absicherung Zahlungsströme	Absicherung Nettoinvestition
Grundlage	IAS 39.89-84	IAS 39.95-101	IAS 39.102
Gegenstand	Bilanzposten und bilanzunwirksame feste Verpflichtungen	Künftige Zahlungs-ströme	Währungsrisiko aus Nettoinvestition in ausländischen Ge-schäftsbetrieb (i.d.R. Beteiligungsbuchwert)
Grundgeschäft	Bilanzierung ergeb-niswirksam zum beizu-legenden Zeitwert	Bilanzunwirksam hinsichtlich der zukünf-tigen Zahlungsströme	Ergebnisneutral nach IAS 21.27 ff.)
Sicherungsgeschäft	Bilanzierung ergeb-niswirksam zum beizu-legenden Zeitwert	Effektiver Teil der Wertänderung ergeb-nisneutral im sonstigen Ergebnis Ineffektiver Teil der Wertänderung ergeb-niswirksam	Effektiver Teil der Wertänderung ergeb-nisneutral im sonstigen Ergebnis Ineffektiver Teil der Wertänderung ergeb-niswirksam

Ergänzende Anmerkungen:

- Absicherung von Zahlungsströmen: Da sich die abgesicherten, zukünftigen Zahlungs-ströme (noch) nicht in Bilanz und GuV auswirken, werden Wertänderungen des Siche-rungsgeschäfts nur ergebnisneutral im sonstigen Ergebnis (das die Neubewertungs-rücklage erhöht) erfasst, soweit sie auf das Risiko der künftigen Zahlungsströme entfal-len (effektiver Teil). Soweit Wertänderungen des Sicherungsgeschäfts auf anderen Fak-toren beruhen (ineffektiver Teil) sind sie ergebniswirksam in der GuV zu erfassen.

- Absicherung von Nettoinvestitionen: Die abgesicherten Währungsrisiken aus Nettoin-vestitionen sind i.d.R. ergebnisneutral im sonstigen Ergebnis zu erfassen, so dass auch der dieses Risiko absichernde Teil der Wertänderung des Sicherungsgeschäfts (effekti-ver Teil) ergebnisneutral zu erfassen ist. Soweit Wertänderungen des Sicherungsge-schäfts auf anderen Faktoren beruhen (ineffektiver Teil) sind sie ergebniswirksam in der GuV zu erfassen.

<u>Fall</u>:

Ein deutsches Unternehmen hält eine erst in einem Jahr fällige Forderung, die auf 1 Mio. JPY lautet und bei deren Einbuchung ein Kurs von 100 JPY je EUR festgestellt wurde. Zur Absicherung des Wechselkursrisikos schließt das deutsche Unternehmen bereits bei Forderungsentstehung ein Devisentermingeschäft ab, vermöge dessen es in einem Jahr 1 Mio. JPY zu einem vorab festgelegten Kurs von 100 JPY je EUR verkaufen wird Zum Abschlussstichtag ändert sich der Kurs auf 125 JPY je EUR (siehe Beispiel oben).

Außerdem hält das Unternehmen in der Kategorie ‚bis zur Endfälligkeit gehaltene Finanzinvestitionen' festverzinsliche Wertpapiere (Buchwert 1.000 EUR, beizulegender Zeitwert 900 EUR), gegen deren zinsbedingte Wertschwankungen sich das Unternehmen durch ein Finanzderivat absichert, das zum Stichtag einen Wert i.H.v. 100 EUR aufweist.

Wie sind unter Annahme des Vorliegens der allgemeinen Voraussetzungen die beiden Derivate abzubilden?

<u>Lösung</u>:

Die Forderung unterliegt einem Wechselkursänderungsrisiko. Die Forderung ist bei Einbuchung mit (1 Mio. JPY / 100 =) 10.000 EUR und zum Stichtag zum beizulegenden Zeitwert i.H.v. (1 Mio. JPY / 125 =) 8.000 EUR zu bewerten, wodurch ein Verlust i.H.v. 2.000 EUR entsteht. Das Termingeschäft ist zum Stichtag zum beizulegenden Zeitwert zu bewerten, der aufgrund der eingetretenen Kursänderung mit 2.000 EUR als Ertrag zu vereinnahmen ist:

Buchung:	Aufwand	2.000	an	Forderung	2.000
	Termingeschäft	2.000	an	Ertrag	2.000

Das festverzinsliche Wertpapier ist in der Kategorie ‚bis zur Endfälligkeit gehaltene Finanzinvestitionen' nur dann ergebniswirksam abzuwerten, wenn eine Wertminderung gegeben ist (vgl. 2.13.1.3). Da das Wertpapier entsprechend seiner Kategorie bis zur Endfälligkeit gehalten werden soll, sind zinsbedingte Wertschwankungen jedoch kein Risiko des Unternehmens. Am Ende der Laufzeit wird das Unternehmen 100% seiner Investition zurückerhalten. Damit liegt auch keine Sicherungsbeziehung i.S.d. IAS 39 vor (IAS 39.79). Der aus dem Derivat zu Stichtag entstandene Gewinn darf daher als nicht realisierter Gewinn nicht im IFRS-Abschluss berücksichtigt werden.

2.13.1.5   Ausweis und Angaben

Der **Ausweis** der Finanzinstrumente ist aus IAS 32 i.V.m. IAS 1 herzuleiten (vgl. 2.14.3 f.). Ergänzend sei an dieser Stelle angefügt, dass nach IAS 32.42 und nach IAS 39.36 eine Saldierung finanzieller Vermögenswerte und Verbindlichkeiten insoweit nicht zulässig ist, wie bei einer Übertragung finanzieller Vermögenswerte nach den Regeln des IAS 39 eine Ausbuchung des Vermögenswerts nicht erfolgen durfte und daher gleichzeitig eine Verbindlichkeit in Höhe des erhaltenen Kaufpreises zu passivieren war. Ebenso wenig dürfen Erträge eines solchen Vermögenswerts mit Verbindlichkeiten der zugehörigen Verbindlichkeit verrechnet werden (IAS 39.36).

Die ursprünglich im IAS 39 enthaltenen **Angabepflichten** sind nunmehr zusammen mit den Angabepflichten im Zusammenhang mit der Darstellung von Finanzinstrumenten (IAS 32) im IFRS 7 (Finanzinstrumente: Angaben) geregelt (zum Überblick vgl. 2.22).

2.13.1.6   Wiederholung des IAS 39 in Stichworten

Die wesentlichen Kernpunkte dieses komplexen Standards lassen sich für Wiederholungszwecke wie folgt zusammenfassen:

- IAS 39 ergänzt IAS 32 (Finanzinstrumente: Darstellung) um Regelungen zum Ansatz und zur Bewertung;

- Finanzielle Vermögenswerte sind nach ihrem Erlöschen (z.B. durch Tilgung) oder nach Übertragung des wirtschaftlichen Eigentums an diesen Vermögenswerten auszubuchen;

- Finanzielle Verbindlichkeiten sind nach ihrer Tilgung bzw. nach ihrem Erlass auszubuchen;

- Die Bewertung finanzieller Vermögenswerte erfolgt entsprechend ihrer Zuordnung zu einer der folgenden Kategorien:

  a. Bewertung erfolgswirksam zum beizulegenden Zeitwert,
  b. Bis zur Endfälligkeit gehaltene Finanzinvestitionen,
  c. Kredite und Forderungen
  d. Zur Veräußerung verfügbare finanzielle Vermögenswerte;

- Finanzielle Verbindlichkeiten sind entweder zu fortgeführten Anschaffungskosten oder erfolgswirksam zum beizulegenden Zeitwert zu bewerten;

- Sicherungsbeziehungen werden unter bestimmten Voraussetzungen auch bilanziell als solche erfasst, indem die gegenläufigen Entwicklungen aus Grund- und Sicherungsgeschäft erfasst werden, sich dies aber im Ergebnis ausgleichen.

2.13.1.7   Hinweise zur Vertiefung

Einige Fragestellungen konnten in diesem Kapitel nicht behandelt bzw. lediglich angesprochen werden. Zu den folgenden Problembereichen aus dem Ansatz und der Bewertung von Finanzinstrumenten wird eine Vertiefung anhand einschlägiger Kommentarliteratur empfohlen:

■ Details zum Anwendungsbereich des IAS 39 (IAS 39.2-7);

■ erstmaliger Ansatz und Ausbuchung von Finanzinstrumenten zum Handelstag oder zum Erfüllungstag (IAS 39.38 i.V.m. IAS 39.A53-A56);

■ Ermittlung des Zeitwerts von Finanzinstrumenten (IAS 39.48-49);

■ Einzelheiten zur Ausbuchung finanzieller Vermögenswerte aufgrund der Übertragung der Chancen und Risiken (IAS 39.20-35);

■ Umkategorisierung von finanziellen Vermögenswerten (IAS 39.50-54);

■ Im Rahmen der Bilanzierung von Sicherungsinstrumenten:

  – Qualifizierung von Sicherungsinstrumenten (IAS 39.72-77) und Grundgeschäften (IAS 39.78-84),
  – Messung der Effektivität von Sicherungsbeziehungen (IAS 39.88(b); IAS 39.A105-A113),
  – Bestimmung des Effektiven Teils bei Absicherung von Zahlungsströmen (IAS 39.96) und von Nettoinvestitionen (IAS 39.102),
  – Bilanzierung der Beendigung von Sicherungsbeziehungen.

■ Bilanzierung von Finanzderivaten.

2.13.2   Finanzinstrumente nach IFRS 9

2.13.2.1   Überblick zum IFRS 9

IFRS 9 soll den bisher für den Ansatz und die Bewertung von Finanzinstrumenten im IFRS-Abschluss maßgeblichen IAS 39 (vgl. 2.13.1) mittelfristig vollständig ersetzen. Die Regelungen des neuen Standards wurden bisher nur teilweise vom IASB endgültig verabschiedet und betreffen die Bereiche:

a. Bilanzierung finanzieller Vermögenswerte (November 2009),

b. Bilanzierung finanzieller Verbindlichkeiten (Oktober 2010),

c. Ausbuchung von Finanzinstrumenten (Oktober 2010).

Die durch den IASB vorgesehene verpflichtende Anwendung des neuen Standards war ursprünglich für nach dem 31.12.2012 beginnende Geschäftsjahre vorgesehen. Aufgrund der noch ausstehenden Verabschiedung weiterer Teile des IFRS 9:

d. Wertminderungen finanzieller Vermögenswerte,

e. Bilanzierung von Sicherungsbeziehungen,

f.   Aufrechnung in der Bilanz,

hat der IASB die verpflichtende Erstanwendung des IFRS 9 auf Geschäftsjahre, die nach dem 31.12.2014 beginnen, verschoben. Die freiwillige frühere Anwendung des (bereits veröffentlichten Teils des) IFRS 9 soll jedoch erlaubt sein. Eine Übernahme dieses neuen Standards durch die EU (**Endorsement-Verfahren**) ist indes noch nicht absehbar. Zu diesem Entwicklungsstand ist IFRS 9 derzeit wie folgt aufgebaut:

■ Zielsetzung des Standards (IFRS 9.1.1)

■ Anwendungsbereich des Standards (IFRS 9.2.1)

■ Ansatz und Ausbuchung (IFRS 9.3.1.1 – 9.3.3.4)

■ Klassifizierung der Finanzinstrumente (IFRS 9.4.1.1 – 9.4.3.3)

■ Bewertung (IFRS 9.5.1.1 – 5.7.9)

■ Sicherungsgeschäfte – Hedge Accounting (unbesetzt)

■ Vorschriften zum zeitlichen Anwendungsbereich des Standards (IFRS 9.7.1.1 – 9.7.3.2).

■ Definitionen (Anhang A des Standards)

■ Anhang B: Anleitung zur Anwendung

■ Anhang C: Änderungen anderer Standards.

Der **Anwendungsbereich** des IFRS 9 hat im Vergleich zu IAS 39 keine bedeutsamen Änderungen erfahren. In IFRS 9 wurden auch teilweise die bisherigen Regelungen des IAS 39 schlichtweg übernommen (vgl. auch IFRS 9.IN, die Einführung zu IFRS 9). Andere Bereiche wurden im Vergleich zum IAS 39 jedoch wesentlich geändert. Diese wesentlichen Änderungen werden in den folgenden Kapiteln fokussiert.

2.13.2.2   Wesentliche Änderungen gegenüber IAS 39

Die Regeln des IAS 39 zur **Ausbuchung** von Finanzinstrumenten (vgl. 2.13.1.2) wurden in den IFRS 9 übernommen (IFRS 9.IN8). Die bisherigen Änderungen im Vergleich zu IAS 39 konzentrieren sich vielmehr auf die Folgebewertung finanzieller Vermögenswerte und finanzieller Verbindlichkeiten.

Folgebewertung finanzieller Vermögenswerte

Die Erstbewertung finanzieller Vermögenswerte ist nach IFRS 9 im Vergleich zu IAS 39 unverändert zum beizulegenden Zeitwert vorzunehmen. Aber mit Wirkung für die Folgebewertung wurden die **Kategorien** finanzieller Vermögenswerte von vier auf nunmehr augenscheinlich zwei reduziert (IFRS 9.4.1.1). So sind die Kategorien ‚bis zur Endfälligkeit gehaltene Finanzinvestitionen' und ‚zur Veräußerung verfügbar' entfallen. Hieraus erwächst indes nur bedingt eine Erleichterung gegenüber IAS 39, da die neuen Kategorien teilweise mit Unterkategorien versehen sind, die wiederum zu unterschiedlichen Bilanzierungslösungen führen.

Abbildung 2.19　Kategorien finanzieller Vermögenswerte nach IFRS 9

Die Einteilung in die beiden Kategorien ist (wie nach IAS 39) bei Ansatz des finanziellen Vermögenswerts vorzunehmen:

a. Kategorie: Bewertung zu fortgeführten Anschaffungskosten

Hierunter fallen finanzielle Vermögenswerte, wenn sie die beiden folgenden Bedingungen kumulativ erfüllen (IFRS 9.4.1.1 ff.):

– Das individuelle Geschäftsmodell des Unternehmens bezweckt das Halten des Instruments und die Vereinnahmung der mit dem Finanzinstrument verbundenen Cashflows.
– Der dem Vermögenswert zugrunde liegende Vertrag sieht ausschließlich fest vereinbarte Cashflows in Form von Tilgungs- und Zinsleistungen vor.

Allerdings kann das Unternehmen finanzielle Vermögenswerte, die beide genannten Bedingungen erfüllen, auch freiwillig zum beizulegenden Zeitwert nach der zweiten Kategorie bewerten (IFRS 9.4.1.5 f.).

b. Kategorie: Bewertung zum beizulegenden Zeitwert

Zu dieser Kategorie gehören zwei verschiedene Gruppen finanzieller Vermögenswerte. Dies sind zum einen jene Vermögenswerte, die nicht die beiden Bedingungen der anderen Kategorie (s. zu a.) erfüllen. Zum anderen enthält diese Kategorie freiwillig zum beizulegenden Zeitwert bewertete finanzielle Vermögenswerte. Diese sog. Fair Value-Option wird durch IFRS 9.4.1.5 eröffnet, wenn eine Bewertung zu fortgeführten Anschaffungskosten zu einer Bewertungs- oder Ansatzinkonsistenz führen würde (vgl. zu Einzelheiten IFRS 9.B4.1.2.9 ff.).

Grundsätzlich ist in dieser Kategorie b. die Bewertung zum beizulegenden Zeitwert erfolgswirksam über die GuV durchzuführen. Allerdings dürfen Eigenkapitaltitel (wie z.B. Aktien), die nicht zum Handelsbestand des bilanzierenden Unternehmens gehören, wahlweise ergebnisneutral über das sonstige Ergebnis zum beizulegenden Zeitwert folgebewertet werden. Eine Überführung dieser ergebnisneutralen Beträge in die GuV in Folgeperioden (sog. „recycling"), z.B. bei ihrem Verkauf, ist aber nicht zulässig. Diese Kategorisierung ist bereits bei dem erstmaligen Ansatz des Vermögenswerts vorzunehmen (IFRS 9.5.7.5 f.). Erhaltene Dividenden sind jedoch unabhängig von der Kategorisierung ergebniswirksam zu erfassen.

Für die beiden übergeordneten Kategorien hält IFRS 9 spezifische Bilanzierungsregeln vor, die im Überblick der folgenden **Tabelle 2.3** entnommen werden können.

Tabelle 2.3   Bewertung von Finanzinstrumenten nach IFRS 9

	Fortgeführte Anschaffungskosten	Beizulegender Zeitwert	
		Ergebniswirksam	Ergebnisneutral
Zugangswert (IFRS 9.5.1.1)	Beizulegender Zeitwert	Beizulegender Zeitwert	Beizulegender Zeitwert
Transaktionskosten (IFRS 9.5.1.1)	Teil des Zugangswerts	Aufwandswirksam	Aufwandswirksam
Grundsatz der Folgebewertung (IFRS 9.5.2 – 9.5.7)	Fortgeführte Anschaffungskosten Wertänderungen aufgrund der Anwendung der Effektivzinsmethode werden in der GuV erfasst	Beizulegender Zeitwert Wertänderungen werden in der GuV erfasst	Beizulegender Zeitwert Wertänderungen werden im sonstigen Ergebnis erfasst

Ergänzend ist anzumerken, dass die bei erstmaligem Ansatz vorzunehmende Kategorisierung – wie nach IAS 39 – später nur unter restriktiven Bedingungen mit Wirkung für die Zukunft geändert werden kann (Umkategorisierung). Die diesbezüglich komplexen Regelungen nach IAS 39 werden nunmehr bei weniger Kategorien an dem Geschäftsmodell festgemacht, dessen Änderung ein Halten der Vermögenswerte i.S.d. Kategorie a. erstmals vorsehen oder eben nicht mehr vorsehen kann (IFRS 9.4.4). Nach der Fair Value-Option und erfolgsneutral zum beizulegenden Zeitwert bewertete finanzielle Vermögenswerte dürfen jedoch nicht umkategorisiert werden.

Folgebewertung finanzieller Verbindlichkeiten

Auch die Erstbewertung finanzieller Verbindlichkeiten ist unverändert zum IAS 39 mit ihrem beizulegenden Zeitwert vorzunehmen (IFRS 9.5.1.1). Für die Folgezeit ist grundsätzlich weiterhin vorgesehen, dass eine finanzielle Verbindlichkeit zu ihren **fortgeführten Anschaffungskosten** bewertet wird (IFRS 9.).

Allerdings kommt eine **erfolgswirksame Bewertung zum beizulegenden Zeitwert** freiwillig nach der sog. Fair Value-Option (IFRS 9.4.2.2) sowie unter bestimmten Bedingungen (IFRS 9.4.3.5) für derivative finanzielle Verbindlichkeiten pflichtmäßig in Betracht. In diesen Fällen der Folgebewertung zum beizulegenden Zeitwert sind die Wertänderungen der Verbindlichkeit grundsätzlich ergebniswirksam über die GuV zu erfassen. Allein wenn die Wertänderung der Verbindlichkeit auf das eigene Kreditrisiko des bilanzierenden Unternehmens zurückzuführen ist, ist die Wertänderung insoweit ergebnisneutral über das sonstige Ergebnis zu erfassen (IFRS 9.5.7.7 ff.). Weitere hier nicht weiter erörterte Ausnahmen von der Bewertung zu fortgeführten Anschaffungskosten ergeben sich aus IFRS 9.4.2.1(b)-(d).

2.13.2.3 Ausstehende Änderungspakete

Wie bereits eingangs erwähnt, stehen zur Komplettierung des IFRS 9 seitens des IASB noch die folgenden Bereiche aus:

- Wertminderungen finanzieller Vermögenswerte,

- Bilanzierung von Sicherungsbeziehungen,

- Aufrechnung finanzieller Vermögenswerte und finanzieller Verbindlichkeiten in der Bilanz.

Solange der IASB keinen diesbezüglich ergänzten IFRS 9 veröffentlicht, sind diese Problembereiche weiterhin nach den entsprechenden Vorschriften des insoweit weiterhin gültigen IAS 39 zu lösen. Dies gilt erst recht für die IFRS-Bilanzierung in der EU, solange weder der IFRS 9 selbst noch dessen Änderungen das Endorsement-Verfahren durchlaufen haben.

Erste Hinweise auf die zukünftige Regelung dieser bislang noch durch IAS 39 geregelten Fragestellungen ergeben sich aus Entwürfen des IASB. So ist absehbar, dass **Wertminderungen** zu fortgeführten Anschaffungskosten bewerteter finanzieller Vermögenswerte zukünftig frühzeitiger als bisher nicht erst bei ihrem Eintritt, sondern bereits bei ihrer Erwartung (auf Basis von Barwertkalkülen) erfolgen sollen (vgl. ED/2009/12 des IASB). Die Bilanzierung von **Sicherungsbeziehungen** wird voraussichtlich von der Identifizierung des Grund- und Sicherungsgeschäfts bis hin zur Effektivitätsmessung im Vergleich zur bisherigen Regelung des IAS 39 (vgl. 2.13.1.4) erheblich geändert (vgl. hierzu ED/2010/13 des IASB). Eine **Aufrechnung** finanzieller Vermögenswerte und finanzieller Verbindlichkeiten soll zukünftig zwingend vorzunehmen sein (vgl. hierzu ED/2011/1 des IASB), wenn

- das Recht auf Aufrechnung jederzeit und in jedem Fall rechtlich durchsetzbar ist,

- die Möglichkeit, dieses Aufrechnungsrecht unbedingt ist und

- die Vertragspartner die Absicht haben, eine Aufrechnung tatsächlich durchzuführen.

Sofern der IASB diese Änderungen in endgültigen (Ergänzungs-)Standards veröffentlicht, ist für ihre Anwendung auf EU-Ebene noch der Abschluss des Endorsement-Verfahrens erforderlich.

2.13.2.4 Wiederholung des IFRS 9 in Stichworten

- IFRS 9 wird IAS 39 voraussichtlich erst für Geschäftsjahre, die nach dem 31.12.2014 beginnen, verpflichtend ersetzen;

- Finanzielle Vermögenswerte werden hiernach für Bewertungszwecke nur noch in zwei Haupt-Kategorien (Bewertung zu fortgeführten Anschaffungskosten oder Bewertung zum beizulegenden Zeitwert (ergebniswirksam/ergebnisneutral)) statt vier nach IAS 39 eingeteilt;

■ IFRS 9 wird kurzfristig durch drei bereits im Entwurf vorliegende Ergänzungen zu Wertminderungen, Sicherungsbeziehungen und Aufrechnungsmöglichkeiten komplettiert.

2.14 IAS 32 - Finanzinstrumente: Darstellung

2.14.1 Überblick zum IAS 32

▶ IAS 32.1-14

In der Fassung, in der er das **Endorsement-Verfahren** der EU am 18.02.2011 durchlaufen hat (zu Änderungen vgl. 2.14.6), hat IAS 32 alle Arten von Finanzinstrumenten, insbesondere – aber nicht ausschließlich – das Eigenkapital aus Sicht des Emittenten zum **Gegenstand**. Insoweit wird der Standard ergänzt durch die – rudimentäre – Definition des Eigenkapitals in RK.4.4(c) sowie durch die Vorschriften zur Gliederung des Eigenkapitals und zur Eigenkapitalveränderungsrechnung in IAS 1 (vgl. 1.3). Er ist ferner inhaltlich verbunden mit den Regelungen des IAS 39 bzw. IFRS 9 zu Ansatz und Bewertung von Finanzinstrumenten (vgl. 2.13). Angabepflichten sind im IAS 32 nicht (mehr) formuliert; diese sind gemeinsam mit den Angabepflichten, die sich aus der Anwendung des IAS 39 bzw. IFRS 9 ergeben, in IFRS 7 (zum Überblick vgl. 2.22) enthalten.

IAS 32 ist wie folgt aufgebaut:

■ Zielsetzung des Standards (IAS 32.1-3)

■ Anwendungsbereich des Standards (IAS 32.4-10)

■ Definitionen (IAS 32.11-14)

■ Darstellung: Abgrenzung Eigen- und Fremdkapital (IAS 32.15-32)

■ Darstellung: Ausweis des Eigenkapitals (IAS 32.33-50)

■ Vorschriften zum zeitlichen Anwendungsbereich des Standards (IAS 32.96-100)

■ Anhang: Anleitungen zur Anwendung (A1-A40).

Die Anleitungen zur Anwendung im Anhang des Standards sind dessen integraler Bestandteil und sind in der praktischen Umsetzung des Standards teilweise recht hilfreich. Im Rahmen dieser Einführung in den IAS 32 wird auf die Anleitungen nur vereinzelt Bezug genommen.

Ein Finanzinstrument ist **definiert** als ein Vertrag, der gleichzeitig bei dem einen Unternehmen zu einem finanziellen Vermögenswert und bei dem anderen Unternehmen zu einer finanziellen Verbindlichkeit oder zu einem Eigenkapitalinstrument führt (IAS 32.11). Unter Bezugnahme auf die zahlreichen in IAS 32.11 gegeben Beispiele sei dies kurz erläutert: eine Forderung eines Unternehmens stellt bei diesem einen finanziellen Vermögenswert dar, der in der Bilanz des Vertragspartners bzw. Schuldners i.d.R. zum Ansatz einer finanziellen Verbindlichkeit führt. Ebenso stellen erworbene Aktien einer AG finanzielle Vermögenswerte des Erwerbers dar, die bei der AG als Emittenten das Eigenkapital erhöht und somit ein Eigenkapitalinstrument darstellen.

Der **Anwendungsbereich** des Standards ist in IAS 32.4 zunächst umfassend gewählt, indem er sich auf alle Unternehmen für alle Arten von Finanzinstrumenten bezieht. Allerdings bestehen nach IAS 32.4-10 zahlreiche Ausnahmen, von denen die wichtigsten sind:

- Anteile, die unter IAS 27 (Beteiligungen im Einzel- und Konzernabschluss - vgl. 2.8) fallen,

- Anteile, die unter IAS 28 (Anteile an assoziierten Unternehmen - vgl. 5.4) fallen,

- Anteile, die unter IAS 31 (Anteile an Gemeinschaftsunternehmen - vgl. 5.3.1) fallen,

- Rechte und Pflichten eines Arbeitgebers aus Altersversorgungplänen nach IAS 19 (vgl. 2.16.1),

- Versicherungsverträge i.S.d. IFRS 4 (vgl. 3.3),

- Wesentliche, sich aus anteilsbasierten Vergütungen i.S.d. IFRS 2 (vgl. 2.20) ergebende Sachverhalte.

2.14.2   Abgrenzung zwischen Eigen- und Fremdkapital

▶   IAS 32.15-32

Im Rahmen der Rechnungslegung nach IFRS kommt der Abgrenzung zwischen Eigen- und Fremdkapital in der Bilanz des Emittenten eine besondere Bedeutung zu. So begreift IAS 32 ein **Eigenkapitalinstrument definitionsgemäß** (IAS 32.11) als einen Vertrag zwischen dem Emittenten und dem Inhaber des Eigenkapitalinstruments, der einen Residualanspruch am Nettovermögen des Emittenten, z.B. in Form von Liquidationserlösen, begründet. Z.B. stehen einem Aktionär bei Liquidation der AG Teile des Liquidationserfolgs zu. Die Regelungen zur Einstufung als Eigen- oder Fremdkapitalkapitalinstrument nach IAS 32 sind jedoch im Detail recht komplex. So bedingt eine Einstufung als Eigenkapitalinstrument nach IAS 32.16(a) i.V.m. IAS 32.17-20 unabhängig von der (gesellschafts-)rechtlichen Einordnung als Eigenkapital kumulativ, dass dieser Vertrag keine Verpflichtung enthält,

- flüssige Mittel oder einen anderen finanziellen Vermögenswert an ein anderes Unternehmen abzugeben oder

- finanzielle Vermögenswerte oder finanzielle Verbindlichkeiten mit einem anderen Unternehmen zu potenziell nachteiligen Bedingungen für das bilanzierende Unternehmen auszutauschen.

Damit stellt gem. IAS 32.17 die Verpflichtung des Unternehmens zur Rückzahlung der ihm von Gesellschaftern zugewendeten Vermögenswerte bzw. zu einer Gewinnausschüttung den **entscheidenden Anhaltspunkt** für die Abgrenzung von Eigen- und Fremdkapital dar. Eigenkapital liegt folglich insbesondere dann vor, wenn sich das Unternehmen einer Rückzahlungsverpflichtung bis zu seiner Liquidation entziehen und frei entscheiden kann, ob Zahlungen an Gesellschafter geleistet werden, mithin ob die finanziellen Ressourcen der Gesellschaft dauerhaft zur Verfügung stehen.

Falls das Unternehmen das Finanzinstrument **in eigenen Eigenkapitalinstrumenten erfüllen** kann, d.h. durch die Hingabe von Anteilen an sich selbst, fordert IAS 32.16(b) i.V.m. IAS 32.21-24 für die Annahme eines Eigenkapitalinstruments darüber hinaus, dass

- dieses keine vertragliche Verpflichtung der Gesellschaft beinhaltet, eine variable Anzahl eigener Eigenkapitalinstrumente abzugeben (nicht derivatives Finanzinstrument) oder

- dieses nicht von der Gesellschaft nur durch den Austausch eines festen Betrags an Geld oder anderen Vermögenswerten gegen eine feste Anzahl eigener Eigenkapitalinstrumente erfüllt wird (derivatives Finanzinstrument).

Diese Voraussetzungen sind an sich schon komplex. Grundsätzlich erfüllen jedoch die gesellschaftsrechtlich vorgesehenen Eigenkapitalbestandteile einer **deutschen Kapitalgesellschaft**, wie das gezeichnete Kapital, die Kapital- und die Gewinnrücklagen, diese Voraussetzungen des nach den IFRS auszuweisenden Eigenkapitals. Allerdings stellt IAS 32 bei der Abgrenzung des Eigenkapitals gegenüber den Schulden nicht auf die gesellschaftsrechtliche Ausgestaltung von Finanzinstrumenten, sondern auf deren wirtschaftlichen Gehalt ab. Somit ist es denkbar, dass deutsche Kapitalgesellschaften nach den bisherigen Erläuterungen zu IAS 32.16 in ihren IFRS-Jahresabschlüssen gesellschaftsrechtliches Eigenkapital (teilweise) als Fremdkapital auszuweisen haben (zu Beispielen vgl. IAS 32.18).

Bei der Abgrenzung von Eigenkapital in den IFRS-Bilanzen von **deutschen Personenhandelsgesellschaften** ist zudem zu berücksichtigen dass deren Gesellschaftern nach den §§ 131 f., 161 Abs. 2 HGB i.V.m. § 723 BGB ein nicht entziehbares ordentliches Kündigungsrecht zusteht, das bei Ausübung einen Abfindungsanspruch gegenüber der Gesellschaft und den verbleibenden Gesellschaftern begründet. Daher sind Einlagen nebst etwaiger Rücklagen und Gewinnanteile bei deutschen Personenhandelsgesellschaften unter Zugrundelegung der bislang dargestellten Abgrenzungsmaßstäbe nach IAS 32.16 als Inhaberkündigungsrecht (IAS 32.18(b)) grundsätzlich dem Fremdkapital zuzuordnen.

Zu diesem Grundsatz der Einordnung der Kapitalanteile als Fremdkapital hat der IASB indes durch eine Änderung des IAS 32 eine Ausnahmemöglichkeit geschaffen, die insbesondere für deutsche Personenhandelsgesellschaften einschlägig sein kann. Im Mittelpunkt der relevanten Änderungen stehen kündbare Instrumente, die gem. IAS 32.11 als Finanzinstrumente definiert werden, die ihrem Inhaber das Recht einräumen, es an den Emittenten zurückzuveräußern bzw. zurückzugeben oder die im Falle eines ungewissen zukünftigen Ereignisses bzw. bei Tod oder Ruhestand des Inhabers automatisch an den Emittenten zurückfallen. Trotz der vertraglichen Rückerwerbs- bzw. Rücknahmepflicht durch die Gesellschaft sollen sie in deren IFRS-Bilanz gem. IAS 32.16A-16B als Eigenkapital ausgewiesen werden dürfen, wenn sie die im Folgenden zusammengefasst wiedergegebenen Merkmale aufweisen:

■ Das kündbare Instrument (hier die Kapitaleinlage) enthält das Recht des Inhabers auf einen Anteil am Nettovermögen des Unternehmens im Falle dessen Liquidation (IAS 32.16A(a));

■ Das kündbare Instrument gehört zur Klasse derjenigen Instrumente, die gegenüber allen anderen Klassen des Unternehmens von vorneherein und uneingeschränkt nachrangig sind (IAS 32.16A(b));

■ Die Instrumente dieser nachrangigen Klasse weisen identische Merkmale, z.B. hinsichtlich ihrer Kündbarkeit und der Bestimmung des Rücknahmepreises, auf (IAS 32.16A(c));

■ Das kündbare Instrument enthält über die Rückkauf- bzw. Rücknahmeverpflichtung hinaus keine Verpflichtungen, die die Kriterien einer finanziellen Verbindlichkeit i.S.d. IAS 32.11erfüllen (IAS 32.16A(d));

■ Die dem kündbaren Instrument zuordenbaren gesamten zu erwartenden Zahlungen basieren in ihren wesentlichen Teilen auf dem Jahresergebnis (Gewinn oder Verlust) des Unternehmens, Veränderungen seines bilanziellen Nettovermögens oder des beizulegenden Zeitwerts (Fair Value) seines angesetzten wie auch des nicht angesetzten Nettovermögens während des Bestehens des Instruments (IAS 32.16A(e));

■ Der Emittent hat neben diesen als Eigenkapital zu klassifizierenden Instrumenten keinen Vertrag mit Dritten geschlossen,

   – dessen zuordenbare gesamten zu erwartenden Zahlungen in ihren wesentlichen Teilen auf dem Gewinn oder Verlust des Unternehmens, Veränderungen seines angesetzten Nettovermögens oder des beizulegenden Zeitwerts (Fair Value) seines angesetzten wie auch des nicht angesetzten Nettovermögens basieren (IAS 32.16B(a)) und

   – die den Residualanspruch der Inhaber der kündbaren Instrumente wesentlich fixieren oder begrenzen (IAS 32.16B(b)).

Diese komplexe Ausnahmeregelung soll im Rahmen dieser Einführung in die IFRS-Standards nicht weiter vertieft werden. I.d.R. ermöglicht diese Regelung jedoch den deutschen Personenhandelsgesellschaften, in ihren (freiwillig aufgestellten) IFRS-Jahresabschlüssen Eigenkapital auszuweisen. Es wird aber deutlich, dass es einer im Einzelfall intensiv durchzuführenden Prüfung bedarf, um ein Finanzinstrument nach IAS 32 als Eigenkapital einordnen zu können.

Soweit hiernach nicht von Eigenkapital i.S.d. IFRS ausgegangen werden kann, hat die Kapitalgesellschaft gem. IAS 32.18(b) **Fremdkapital** in Form einer Abfindungsverpflichtung gegenüber Gesellschaftern als finanzielle Verbindlichkeit auszuweisen. Die Erstbewertung dieses Teils des Fremdkapitals erfolgt unter Zugrundelegung dessen Barwerts, der i.d.R. mit dem Ausgabebetrag der Anteile übereinstimmt. Hinsichtlich der Folgebewertung wird in IAS 32.23 allgemein auf IAS 39 verwiesen. Hiernach ist die Bewertung zu fortgeführten Anschaffungskosten vorzunehmen, die unternehmensindividuell festzulegen sind. In Betracht kommen insbesondere die ergebniswirksame Veränderung der Verpflichtung um (entnehmbare) Ergebnisanteile, soweit diese gesellschaftsvertraglich vom Abfindungsanspruch der Gesellschafter umfasst werden bzw. der Barwert der Abfindungsverpflichtung als beizulegenden Zeitwerts (Fair Value). Sofern der Gesellschaftsvertrag keine Abfindungsbeschränkung vorsieht, bemisst sich die Verpflichtung der Gesellschaft regelmäßig in Höhe des Unternehmenswerts der Gesellschaft.

Der **Ausweis der Verpflichtung** in der Bilanz nach IFRS kann mit Eigenkapitalpositionen zusammengefasst, ergänzt um Erläuterungen zur inhaltlichen Trennung der Eigenkapital- und Fremdkapitalkomponenten, erfolgen. Vorzuziehen ist jedoch die auch im bilanziellen Ausweis nachvollzogene eindeutige Trennung von Eigen- und Fremdkapital im IFRS-Jahresabschluss. In der GuV sind die auf Fremdkapital entfallenden und daher als Aufwand bzw. Ertrag zu erfassenden Ergebnisanteile der Gesellschafter aufgrund ihrer Relevanz für die Ertragslage der Gesellschaft gem. IAS 32.41 in einen gesonderten Posten aufzunehmen. Zur Erhöhung der Aussagekraft der GuV empfiehlt sich überdies die Einfügung eines Zwischenpostens, in dem das Jahresergebnis vor Anpassung der Abfindungsverbindlichkeit aufgenommen und hieran anschließend um die vorbezeichneten Anpassungen gemindert wird.

Fall:

Eine börsennotierte AG erwirbt in 01 von einem anderen Unternehmen eine betrieblich genutzte Immobilie. Es bestehen verschiedene diskutierte Varianten der Begleichung des Kaufpreises i.H.v. 100 TEUR im Folgejahr:

a. Übertragung von Beteiligungen der AG an anderen Unternehmen.

b. Übernahme einer Schuld des Veräußerers

c. Übertragung einer noch festzulegenden Anzahl von Aktien der AG selbst, deren Wert zum Zeitpunkt der Begleichung des Kaufpreises insgesamt 100 TEUR beträgt.

d. Übertragung einer vorab festgelegten Anzahl von Aktien der AG selbst, unabhängig von deren Wertentwicklung bis zur Übertragung.

Weist die AG in diesen Varianten nach IAS 32 Eigenkapital aus?

Lösung:

a. Schuld, da Lieferung eines anderen finanziellen Vermögenswerts (IAS 32.16(a)(i));

b. Schuld, da „Tausch" gegen finanzielle Verbindlichkeit des Verkäufers (IAS 32.16(a)(ii));

c. Schuld, da die eigenen Aktien lediglich als „Währung" zur Begleichung einer Verpflichtung dienen (IAS 32.16(b)(i));

d. Der Wert der Gegenleistung schwankt mit dem Kurs der eigenen Aktien im Folgejahr; die „Verpflichtung" gegenüber dem Verkäufer ist daher Eigenkapital (IAS 32.16(b)(i)), wenn die Voraussetzungen nach IAS 32.16(a) erfüllt sind.

2.14.3   Ausweis des Eigenkapitals

▶   IAS 32.33-41

Der Ausweis des Eigenkapitals ist leider nicht konzentriert in einem Standard und auch nicht abschließend geregelt. Neben dem IAS 32 sind in **anderen Standards** die folgenden diesbezüglich zu beachtenden Regelungen enthalten:

■ Die Aufgliederung der einzelnen Eigenkapitalposten in der Bilanz bzw. im Anhang des IFRS-Abschlusses lässt sich aus IAS 1.54(q)-(r) ableiten (vgl. 1.3.3). Danach erscheint es in den meisten Fällen zulässig, das Eigenkapital in der Bilanz (oder im Anhang) in Anlehnung an die handelsrechtlichen Vorgaben in § 266 Abs. 3 HGB aufzugliedern. Dies gilt indes nicht uneingeschränkt für den Inhalt der einzelnen Posten und für ausstehende Einlagen sowie für eigene Anteile (s.u.).

■ Das Jahresergebnis des abgelaufenen Geschäftsjahres ist nach IFRS grundsätzlich nicht gesondert, sondern unter den Gewinnrücklagen auszuweisen. Allerdings ist der gesonderte Ausweis des Jahresergebnisses in der Bilanz zulässig und in Deutschland auch nicht unüblich. Ein Ergebnisverwendungsvorschlag für das Jahresergebnis ist anzugeben (IAS 1.137(a); IAS 10.13). Ist bereits vor dem Abschlussstichtag ein Ergebnisverwendungsbeschluss gefasst worden, so führt eine beschlossene Ausschüttung in der Bilanz zum Ausweis als Schuld (IAS 10.12 f. - vgl. 1.4.2). Zur Thesaurierung vorgesehene Bestandteile des Jahresergebnisses verbleiben im Eigenkapital.

■ Ausstehende Einlagen, d.h. Einlagen, zu deren Zahlung die Gesellschafter kraft Satzung bzw. Gesellschaftsvertrag verpflichtet sind, die diese aber noch nicht an das Unternehmen gezahlt haben, sind nach IAS 1.79(a)(ii) entweder in der Bilanz offen vom gezeichneten Kapital abzusetzen oder lediglich im Anhang des IFRS-Abschlusses anzugeben.

■ Daneben ist nach IAS 1.106-108 eine Eigenkapitalveränderungsrechnung als eigenständiges Rechnungslegungsinstrument des IFRS-Abschlusses aufzustellen (vgl. 1.3.5).

Der Ausweis **eigener Anteile** ist hingegen in IAS 32.33 f., IAS 32.A36 geregelt. Die Frage der Bilanzierung eigener Anteile stellt sich dann, wenn ein Unternehmen – im Rahmen der gesellschaftsrechtlichen Grenzen (§ 71 AktG, § 33 GmbHG) – Anteile an sich selbst, z.B.

zwecks Kapitalherabsetzung zurückkauft. Nach IAS 32.33 dürfen weder Kauf noch Wiederverkauf solch eigener Anteile das Ergebnis des Unternehmens beeinflussen. Auch sind die eigenen Anteile nicht als Vermögenswerte auf der Aktivseite der Bilanz, sondern als offen gezeigter negativer Korrekturposten im Eigenkapital zu berücksichtigen, da der Erwerb eigener Anteile wirtschaftlich einer Kapitalrückzahlung an die (ehemaligen) Gesellschafter gleichkommt.

Der Preis für die zurückerworbenen Anteile enthält zum einen deren Nennwert, der bei Ausgabe der Anteile in das gezeichnete Kapital eingestellt wurde. Ein über den Nennwert der Anteile hinausgehender Kaufpreis enthält zum einen das ebenfalls bei Ausgabe erzielte Agio, das in die Kapitalrücklage eingestellt wurde, und weiter ggf. Kurssteigerungen seit der Erstausgabe der Anteile. Es erscheint angesichts dieser verschiedenen Teile des Kaufpreises fraglich, wie dieser in Übereinstimmung mit IAS 32.33 offen vom Eigenkapital bzw. von den einzelnen Eigenkapitalpositionen (vgl. 1.3.3) abzusetzen ist. Unter Rückgriff auf die eigentlich längst durch IAS 32 ersetzte Interpretation SIC-16 werden heute weiterhin zumindest die ersten beiden der folgenden **Bilanzierungsmöglichkeiten** nach SIC-16 weiterhin für zulässig gehalten[14]:

a. Der Kaufpreis wird in einer Summe vom gesamten Kapital des Unternehmens offen abgesetzt (Anschaffungskostenmethode).

b. Entsprechend den Verhältnissen bei der Erstemission der zurückerworbenen eigenen Anteile wird der Kaufpreis aufgeteilt in den Nennwert, der vom gezeichneten Kapital abgesetzt wird, in das Agio, das die Kapitalrücklage mindert, und ggf. in einen darüber hinausgehenden Teil des Kaufpreises, der offen von den Gewinnrücklagen abzusetzen ist (Nennwertmethode).

c. Der im Kaufpreis enthaltene Nennwert wird offen vom gezeichneten Kapital abgesetzt und eine darüber hinausgehender Betrag nach eigenem Ermessen des Unternehmens auf die anderen Eigenkapitalpositionen aufgeteilt und von diesen offen abgesetzt. Aufgrund der hiermit verbundenen Ermessensspielräume wird die weitere Anwendbarkeit dieser Bilanzierungsalternative für eigene Anteile jedoch bezweifelt.[15]

Fall:

Eine AG kauft eigene Aktien zum Kaufpreis i.H.v. 50 TEUR zurück. Diese Aktien haben einen seit ihrer Erstemission zum Preis von insgesamt 37 TEUR einen unveränderten Nennwert i.H.v. 20 TEUR. Vor dem Rückkauf hat die AG ein gezeichnetes Kapital i.H.v. 800 TEUR, Kapitalrücklagen i.H.v. 500 TEUR und Gewinnrücklagen i.H.v. 350 TEUR in ihrer Bilanz ausgewiesen.

Stellen Sie den Eigenkapitalausweis der AG nach dem Kauf der eigenen Anteile dar!

---

14 Vgl. Pellens/Fülbier u.a. (2011), S. 504.
15 Vgl. Pellens/Fülbier u.a. (2011), S. 504.

Lösung:

Posten	Vor Rückkauf	Methode a.	Methode b.	Methode c.
Gezeichnetes Kapital	800	800	800	800
Eigene Anteile			-20	-20
			780	780
Kapitalrücklage	500	500	500	500
Eigene Anteile			-17	z.B. -5
			483	495
Gewinnrücklagen	350	350	350	350
Eigene Anteile		-50	-13	z.B. -25
			337	325
Summe Eigenkapital	**1.650**	**1.600**	**1.600**	**1.600**

IAS 32.35-41 enthält auch Ausführungen zum Ausweis von Zinsen, Dividenden, Verlusten und Gewinnen im Zusammenhang mit Finanzinstrumenten in der **GuV**. Hierbei ist nach IAS 32.36 entscheidend, ob das Finanzinstrument, in dessen Zusammenhang die zu beurteilenden Zahlungen bzw. Kosten angefallen sind, bilanziell als Eigenkapital- oder als Fremdkapitalinstrument klassifiziert wurden (vgl. 2.14.2).

■ Zahlungen auf Fremdkapital sind ebenso wie wertmäßige Veränderungen der Schuld ergebniswirksam in der GuV zu erfassen und dort ggf. gesondert auszuweisen (vgl. hierzu IAS 32.35, IAS 32.40 f.).

■ Zahlungen auf Eigenkapital sind ergebnisneutral, mithin ohne Berührung der GuV, vom Eigenkapital abzusetzen.

2.14.4   Saldierung finanzieller Vermögenswerte und Schulden

▶   IAS 32.42-50

Finanzielle Vermögenswerte und Verbindlichkeiten eines Unternehmens sind grundsätzlich brutto, d.h. unsaldiert, in der IFRS-Bilanz auszuweisen. Werden allerding die folgenden beiden Voraussetzungen nach IAS 32.42 erfüllt, so ist eine Saldierungspflicht in der Bilanz gegeben:

a. das bilanzierende Unternehmen hat ein vertragliches oder gesetzliches **Recht** auf die Verrechnung (vgl. auch IAS 32.45) und

b. das bilanzierende Unternehmen hat auch die **Absicht**, den finanziellen Vermögenswert, i.d.R. eine Forderung, mit der Verbindlichkeit zu verrechnen oder für beide die gleichzeitige Zahlung herbeizuführen.

Dann, aber auch nur in diesem Fall, stellt die Nettodarstellung der Forderungen und Verbindlichkeiten die Vermögens- und Finanzlage besser dar als der unsaldierte Ausweis (IAS 32.43). Dieser Grundsatz wird in den folgenden Paragrafen 44-50 noch weiter ausgeführt, und es werden Beispiele genannt, die keinesfalls zu einer Saldierung führen dürfen (IAS 32.42 i.V.m. IAS 39.36; IAS 32.49). Letztlich sind aber diese ergänzenden Ausführungen leicht auf den in IAS 32.42 formulierten Grundgedanken zurückzuführen.

2.14.5   Angaben

Die ursprünglich in IAS 32.51-95 enthaltenen Angabepflichten sind nunmehr zusammen mit den Angabepflichten im Zusammenhang mit dem Ansatz und der Bewertung von Finanzinstrumenten (IAS 39 bzw. IFRS 9) im IFRS 7 (Finanzinstrumente: Angaben) geregelt (zum Überblick vgl. 2.22). Weitere Angabepflichten im Zusammenhang mit Eigenkapital ergeben sich aus IAS 1.78-80, IAS 1.137.

2.14.6   Aktuelle Entwicklungen

Am 22.06.2011 wurde vom IASB im Rahmen des jährlichen Verbesserungsprojekts auch eine Klarstellung zum IAS 32 im Entwurf vorgelegt (ED/2011/2). Nach dem vorgesehenen neuen Paragrafen 35A sollen **Steuerwirkungen** aufgrund von Ausschüttungen, wenn z.B. für thesaurierte und ausgeschüttete Gewinne unterschiedliche Steuersätze anzuwenden sind, unter Hinweis auf IAS 12 (Ertragsteuern; vgl. 2.21) ergebniswirksam in der GuV zu erfassen sein. Diese Änderungen sind durch den IASB noch endgültig zu verabschieden.

Mit Datum vom 16.12.2011 hat der IASB die **Saldierungsregeln** nach IAS 32.42 ff. (vgl. 2.14.4) lediglich klargestellt. Diese Klarstellung soll (retrospektiv) für Geschäftsjahre, die nach dem 31.12.2013 beginnen, anzuwenden sein. Eine Anwendung im EU-Raum ist erst nach Abschluss des Endorsement-Verfahrens verpflichtend. Das gilt ebenso für Änderungen des IAS 32 aufgrund des **IFRS 9**, dessen erstmalige Pflichtanwendung verschoben wurde, und der in seiner endgültigen Fassung z.B. die Regelungen des IAS 32 zur Saldierung finanzieller Vermögenswerte und Schulden ersetzen wird (vgl. 2.13.2.3).

2.14.7   Wiederholung des IAS 32 in Stichworten

Die komplexen Regelungen des Standards können Sie anhand der folgenden Stichworte rekapitulieren:

■ Regelungen zur Abgrenzung von Eigen- und Fremdkapital in der Bilanz des Emitten-ten/Schuldners lassen sich im Wesentlichen auf das Bestehen einer Verpflichtung zur Rückzahlung des erhaltenen Betrags bzw. zur Zahlung fester Vergütungen zurückfüh-ren;

■ Gesellschaftsrechtliches Eigenkapital ist nicht zwingend als Eigenkapital in der IFRS-Bilanz auszuweisen (bei deutschen Kapitalgesellschaften i.d.R. unproblematisch; bei deutschen Personenhandelsgesellschaften erst nach Prüfung einer komplexen Sonder-regelung Eigenkapitalausweis möglich);

■ Aufgliederung des Eigenkapitals in der Bilanz;

■ Ausstehende Einlagen und eigene Anteile werden offen vom Eigenkapital abgesetzt;

■ Unter bestimmten Bedingungen Saldierung finanzieller Vermögenswerte und finanziel-ler Verbindlichkeiten.

2.14.8   Hinweise zur Vertiefung

Die folgenden Bereiche des recht komplexen IAS 32 empfehlen sich zur Vertiefung anhand der deutschen Kommentarliteratur zu den IAS/IFRS, die auch gesellschaftsrechtliche Be-sonderheiten im deutschen Rechtsraum berücksichtigt:

■ Details zur Abgrenzung des Eigenkapitals vom Fremdkapital (IAS 32.15-32), insbeson-dere auch hinsichtlich bedingter Erfüllungsvereinbarungen (IAS 32.25) sowie Erfül-lungswahlrechten und zusammengesetzter Finanzinstrumente bei der Bilanzierung von Derivaten (IAS 32.26; IAS 32.28-32); hierzu gehört auch der Problemkreis „Mezzanine Kapital";

■ Behandlung von Emissionskosten, die grundsätzlich ergebnisneutral das Eigenkapital mindern (IAS 32.37);

■ Abgrenzung von Geschäftsanteilen an Genossenschaften und ähnlichen Instrumenten (IFRIC 2).

2.15   IAS 37 – Rückstellungen, Eventualschulden und Eventualforderungen

2.15.1   Überblick zum IAS 37

▶   IAS 37.1-10

In seiner Fassung vom Januar 2008 hat IAS 37 das **Endorsement-Verfahren** der EU am 03.06.2009 durchlaufen. Eine zwischenzeitliche Änderung des Standards durch IFRS 9 aus Oktober 2010 ist rein formeller Natur (Änderung des Verweises von IAS 39 auf IFRS 9) und wie der IFRS 9 selbst noch nicht von der EU übernommen worden. Die ursprünglich vorgesehenen umfassenden Änderungen dieses Standards (Entwurf ED/2010/1 aus April 2010) hat der IASB im November 2010 verschoben; sie finden daher in den folgenden Kapiteln keine weitere Berücksichtigung.

Der Aufbau dieses etwas umfangreicheren Standards lässt sich im Überblick wie folgt darstellen:

- Zielsetzung des Standards

- Anwendungsbereich des Standards (IAS 37.1-9)

- Definitionen (IAS 37.10-13)

- Ansatz (IAS 37.14-35)

- Bewertung (IAS 37.36-52)

- Erstattungen (IAS 37.53-58)

- Anpassung der Rückstellungen (IAS 37.59-60)

- Verbrauch von Rückstellungen (IAS 37.61-62)

- Anwendung Bilanzierungs- und Bewertungsvorschriften – Sonderfälle (IAS 37.63-83)

- Angaben (IAS 37.84-92)

- Vorschriften zum zeitlichen Anwendungsbereich des Standards (IAS 37.95-96).

Der **Gegenstand** des IAS 37 beschränkt sich jedoch nicht – wie es ein erster Blick auf seinen Aufbau vermuten lassen könnte – auf den Ansatz und die Bewertung von Rückstellungen. Der Standard enthält vielmehr auch Abgrenzungen zu Verbindlichkeiten und (nicht in der Bilanz anzusetzenden) Eventualverbindlichkeiten sowie Ausführungen zum Ansatz von (Eventual-)Forderungen und damit zum Realisationsprinzip. Somit erstreckt sich der inhaltliche **Anwendungsbereich** des IAS 37 auf Eventualforderungen, Rückstellungen und Eventualschulden. Soweit andere Standards bestimmte Bereiche dieses weiten Themenkomplexes behandeln, gelangen diese vorrangig zur Anwendung. Diese sind nach IAS 37.1 ff. insbesondere:

- IAS 39/IFRS 9 – Ansatz und Bewertung von Finanzinstrumenten (vgl. 2.13),

- IAS 11 – Fertigungsaufträge (vgl. 2.10),

- IAS 17 – Leasingverhältnisse (vgl. 2.3),

- IAS 19 – Leistungen an Arbeitnehmer (vgl. 2.16),

- IFRS 4 – Versicherungsverträge (vgl. 3.3).

2.15.2   Ansatz von unsicheren Forderungen und Schulden

2.15.2.1   Eventualforderungen

▶   IAS 37.31-35

Nach IAS 37.10 ist eine Eventualforderung **definiert**, als ein möglicher Vermögenswert der aus vergangenen Ereignissen und dessen Existenz durch das Eintreten oder Nichteintreten eines oder mehrerer unsicherer künftiger Ereignisse erst noch bestätigt wird, die nicht vollständig unter der Kontrolle des Unternehmens stehen. Die Kernaussage dieser übermäßig lang erscheinenden Definition lässt sich an dem Wort ‚möglich' festmachen. Solange ein Anspruch noch nicht sicher oder so gut wie sicher ist, sondern lediglich die Möglichkeit seiner Entstehung besteht, und der Grund für die Entstehung nicht im Einflussbereich des Unternehmens liegt, darf er nicht aktiviert werden (IAS 37.31 f.). Hintergrund dieser Regelung ist, dass Erträge erst dann erfasst werden sollen wenn sie realisiert sind (vgl. IAS 37.33).

Als Beispiel nennt der Standard erst noch im Gerichtsverfahren durchzusetzende Ansprüche. Ist nach einer Einschätzung des Unternehmens die Entstehung des geltend gemachten Anspruchs noch nicht wahrscheinlich, ergeben sich im **IFRS-Abschluss** keinerlei Konsequenzen. Wird ein Nutzenzufluss hingegen wahrscheinlich, so ist zwar kein Bilanzansatz, aber eine Anhangangabe erforderlich (IAS 37.34 f. i.V.m. IAS 37.89). Sobald der Nutzenzufluss so gut wie sicher ist, im Beispiel spätestens mit Verkündung des Urteils zugunsten des klagenden Unternehmens, so ist die Forderung ergebniswirksam zu aktivieren (IAS 37.35).

2.15.2.2   Rückstellungen und deren Abgrenzung

▶   IAS 37.11-30, IAS 37.53-62

Unter Rückgriff auf die bereits im Rahmenkonzept gegebene **Definition** der Schuld (vgl. RK.4.4(b), IAS 37.10) definiert IAS 37 eine Rückstellung als eine Schuld, die ihrer Fälligkeit oder ihrer Höhe nach ungewiss ist. Das Kriterium der Fälligkeit ist in diesem Zusammenhang wohl weniger als eine Frage der Länge des Zahlungsziels, sondern als Frage des Entstehungsgrundes zu verstehen. Damit ist eine Abgrenzung von einer dem Grunde und der Höhe nach sicheren Verpflichtung, die als Verbindlichkeit auszuweisen ist, vorgenommen (IAS 37.11).

Konkretisiert werden die Kriterien für den **Rückstellungsansatz** in IAS 37.14 ff. Danach sind Rückstellungen bei Vorliegen von allen vieren der folgenden Voraussetzungen zu passivieren:

1. Es besteht ein Ereignis der Vergangenheit mit Wirkung für die Zukunft, d.h. künftig bloß erwartete oder nur mögliche Ereignisse sind für die Rückstellungsbildung nicht relevant (Näheres in IAS 37.17-22).

2. Aus diesem Ereignis der Vergangenheit resultiert eine (am Abschlussstichtag) gegengenwärtige Verpflichtung gegenüber Dritten, derer sich das Unternehmen auch nicht

mehr entziehen kann. Ob es sich um eine juristisch durchsetzbare oder aber um eine wirtschaftlich notwendige (faktische) Verpflichtung, z.B. aus Garantieleistungen, handelt, ist hierbei gleichgültig (Näheres in IAS 37.15 f.).

3. Ein Ressourcenabfluss aus dieser Verpflichtung ist am Abschlussstichtag wahrscheinlich, wobei die Wahrscheinlichkeit hierfür mehr als 50% betragen soll (Näheres in IAS 37.23 f.).

4. Die Verpflichtungshöhe ist verlässlich schätzbar, wobei zu berücksichtigen ist, dass die Bewertung von Rückstellungen ihrer Natur nach mit Schätzunsicherheiten behaftet ist und dieses Kriterium daher nur in absoluten Ausnahmefällen dazu führen darf, dass auf eine Passivierung zugunsten einer bloßen Anhangangabe verzichtet werden darf (Näheres in IAS 37.25 f.).

Eine nach diesen kumulativ erfüllten Kriterien anzusetzende Rückstellung ist in folgenden Geschäftsjahren **anzupassen**, sofern neue Erkenntnisse zu einer besseren Bewertung der Verpflichtung oder auch zu der Einschätzung, dass eine Verbindlichkeit oder gar keine Verpflichtung mehr gegeben ist, führen (IAS 37.59). Tritt die wahrscheinliche Verpflichtung später ein, so ist die hierfür gebildete Rückstellung ergebnisneutral zu verbrauchen (IAS 37.61) – Buchung z.B.: Rückstellung an Bank. Tritt die Verpflichtung nicht ein, oder war die Rückstellung zu hoch bewertet, so ist die Rückstellung (teilweise) ergebniswirksam aufzulösen (IAS 37.59) – Buchung: Rückstellung an Ertrag. Sowohl beim Verbrauch als auch bei der Auflösung ist darauf zu achten, dass eine konkrete Rückstellung auch nur für den Grund ihrer ursprünglichen Entstehung verbraucht oder aufgelöst wird (IAS 37.62).

Fall:

Beurteilen Sie, ob und ggf. wie in den folgenden Fällen eine Rückstellung zu passivieren ist!

a. Noch nicht erfüllte vertragliche Verpflichtung zur Wartung einer geleasten Maschine

b. Noch nicht erfolgte, notwendige Wartung einer eigenen Maschine

c. Ein Unfall in einem Atomkraftwerk führt zu erheblichen Verstrahlungen von vielen Städten und landwirtschaftlichen Nutzflächen. Ein solcher Unfall kann nach Einschätzung des Betreibers auch in Zukunft passieren.

Lösung:

a. Es sind alle vier Kriterien erfüllt. Da die Verpflichtung der Höhe nach ungewiss ist, ist keine Verbindlichkeit, sondern eine Rückstellung aufwandswirksam zu passivieren. Buchung: Aufwand an Rückstellung.

b. Es ist keine Verpflichtung gegenüber einem Dritten gegeben, sondern nur gegenüber dem Unternehmen selbst. Weder eine Verbindlichkeit, noch eine Rückstellung ist zulässig.

c. Es sind bzgl. des entstandenen Schadens alle vier Kriterien erfüllt. Insbesondere ist davon auszugehen, dass die Verpflichtungshöhe zumindest innerhalb einer Spanne

bewertet werden kann (Buchung: Aufwand an Rückstellung). Für evtl. zukünftige Ereignisse werden weder eine Rückstellung, noch eine Verbindlichkeit passiviert.

Liegen weder eine Verbindlichkeit, noch eine Rückstellung vor, so ist zu prüfen, ob zumindest eine **Eventualverbindlichkeit** gegeben ist. Eine Eventualverbindlichkeit ist nach
IAS 37.13(b) dann gegeben wenn die Rückstellungskriterien nicht erfüllt sind, mithin

- die Annahme einer gegenwärtigen Verpflichtung noch nicht wahrscheinlich, sondern
  nur möglich ist,

- ein Ressourcenabschluss aus einer Verpflichtung nicht wahrscheinlich, sondern nur
  möglich ist, oder

- im Ausnahmefall die Verpflichtung nicht verlässlich bewertet werden kann.

Eine Eventualverbindlichkeit darf zwar nicht passiviert werden; sie ist jedoch im Anhang
anzugeben (IAS 37.16 i.V.m. IAS 37.86). Ist indes der Ressourcenabschluss nicht einmal
möglich, sondern gänzlich unwahrscheinlich, so entfällt auch diese Angabe. In diesem Fall
ergeben sich keine Auswirkungen auf den Abschluss nach IFRS.

> Fall:
>
> Ein Mutterunternehmen bürgt für ein Tochterunternehmen. Das Tochterunternehmen
> hatte im Geschäftsjahr 01 keinerlei Probleme. Gegen Ende des Jahres 02 musste das Toch-
> terunternehmen Insolvenz anmelden.
>
> *Ist in 01 und 02 im IFRS-Jahresabschluss des Mutterunternehmens eine Rückstellung zu bilden?*

Lösung:

In 01 ist die Inanspruchnahme des Mutterunternehmens für die gegenwärtige Verpflichtung aus der Bürgschaft nur möglich, aber nicht wahrscheinlich. Es besteht eine im Anhang
anzugebende Eventualverbindlichkeit.

In 02 ist die Inanspruchnahme des Mutterunternehmens aus der Bürgschaft wahrscheinlich. Daher und aufgrund des Vorliegens auch der anderen Voraussetzungen ist eine Rückstellung anzusetzen.

2.15.3   Bewertung von Rückstellungen

▶   IAS 37.36-62

Die Rückstellungsbewertung verlangt, da sie der Fälligkeit oder der Höhe nach ungewiss
ist, eine Schätzung. Nach IAS 37.36 ff. soll der Bewertung die ‚**bestmögliche Schätzung**'
zugrunde gelegt werden. Dieser Begriff wird für gleichartige und daher gemeinsam in
einer Rückstellung bewertete Verpflichtungen, wie z.B. für Garantieverpflichtungen, mit
dem Erwartungswert konkretisiert (vgl. hierzu das Beispiel in IAS 37.39). Im Rahmen der
Bewertung einzelner Verpflichtungen soll bei einer gegebenen Bandbreite von Werten

grundsätzlich der wahrscheinlichste Wert gewählt werden, ohne allerdings außergewöhnliche Ausreißer unberücksichtigt zu lassen (IAS 37.40). Durch die Berücksichtigung aller Risiken und Unsicherheiten folgt der Standard nicht nur beim Ansatz, sondern auch bei der Bewertung dem Vorsichtsprinzip, das jedoch nicht zu einer übermäßig hohen Rückstellungsbewertung führen darf (IAS 37.42 f.). Künftige Ereignisse dürfen hierbei nach IAS 37.48 ff. nur insoweit in die Bewertung einfließen, wie sie auf ‚ausreichend objektiven substanziellen Hinweisen' basieren.

Die vorgenannten Grundsätze helfen bei der konkreten Rückstellungsbewertung in der Praxis nur bedingt weiter. Letztlich hat das bilanzierende Unternehmen eine eigene Abschätzung der Risiken und dessen mögliche Auswirkungen im Einzelfall nach eigenem Ermessen durchzuführen. Konkreter ist hingegen zum einen die nach IAS 37.45 ff. erforderliche **Abzinsung** langfristiger Rückstellungen, sofern der Abzinsungsbetrag für das Unternehmen wesentlich ist. Daher ist der geschätzte Rückstellungsbetrag zunächst abzuzinsen. Wird dieser Barwert im Folgejahr aufgezinst, so ist diese Rückstellungszuführung ergebniswirksam als Zinsaufwand zu erfassen (IAS 37.60).

Mit der Verpflichtung in Zusammenhang stehende **Vorteile** bleiben bei der Rückstellungsbewertung zumindest in der Bilanz unberücksichtigt. Dies betrifft sowohl zukünftige Gewinne aus der Veräußerung von Vermögenswerten (IAS 37.51 f.) als auch Erstattungsansprüche, z.B. von Versicherungen (IAS 37.53 ff.). Forderungen hieraus sind erst zu berücksichtigen, wenn sie realisiert bzw. so gut wie sicher sind. Dann sind sie als Vermögenswerte zu aktivieren. Eine Verrechnung mit dem Rückstellungsbetrag kommt nicht in Betracht; allerdings ist der Wert von zu aktivierenden Erstattungsansprüchen auf den Betrag der zugehörigen Rückstellung beschränkt (IAS 37.53). Hintergrund dieses Saldierungsverbots ist, dass das bilanzierende Unternehmen die Verpflichtung unabhängig von dem Erstattungsanspruch zu erfüllen hat und somit ein mögliches Ausfallrisiko der Forderung einer Verpflichtungsminderung entgegensteht (IAS 37.56). Lediglich in der GuV ist nach IAS 37.54 die Saldierung der Aufwendungen aus der Rückstellungszuführung mit evtl. Erträgen aus Erstattungsansprüchen zulässig (vgl. auch IAS 1.34(b)).

Fall:

Ein Maschinenbauer ist zum Schadensersatz verpflichtet, da eine gelieferte Maschine fehlerhaft war und zu einem erheblichen Produktionsausfall beim Kunden geführt hat. Der Schaden beläuft sich auf ca. 110.250 EUR. Der diesbezügliche Rechtsstreit wird wahrscheinlich erst in zwei Jahren beendet sein. Bis dahin beträgt der Fremdkapitalzinssatz des Unternehmens voraussichtlich 5%. Der Maschinenbauer hatte das Schadensrisiko bis zur Höhe von 60% versichern lassen; die Versicherung prüft den Sachverhalt zum Abschlussstichtag noch.

Bestimmen Sie die Rückstellungshöhe zum Abschlussstichtag!

Lösung:

Der geschätzte Rückstellungsbetrag i.H.v. 110.250 ist für zwei Jahre mit einem Zinssatz von 5% abzuzinsen. Es ergibt sich ein Barwert i.H.v. (110.250 / $1{,}05^2$ =) 100.000 EUR. Dieser Rückstellungsbetrag darf nicht mit einer evtl. Versicherungserstattung verrechnet werden.

Da die Erstattung im Übrigen noch gar nicht so gut wie sicher ist, darf sie auch noch nicht aktiviert werden. Sie ist jedoch als Eventualforderung anzugeben (IAS 37.35 i.V.m. IAS 37.89).

2.15.4   Sonderfälle zu Ansatz und Bewertung

▶   IAS 37.63-83

Für erwartete, aber **künftige betriebliche Verluste** eines Unternehmens, darf dieses keine Rückstellung bilden (IAS 37.63 ff.). Dies ist eigentlich eine Selbstverständlichkeit, die sich bereits aus den Voraussetzungen der Rückstellung ergibt, wonach u.a. ein Ereignis der Vergangenheit zu einer gegenwärtigen Verpflichtung geführt haben muss. Im Einzelfall ist jedoch zu prüfen, ob nicht nach IAS 36 eine Wertminderung von Vermögenswerten vorliegt (IAS 37.65).

Rückstellungen sind auch zu bilden für sog. **belastende Verträge**, die nach IAS 37.10 definiert sind als Verträge, bei denen die unvermeidbaren Kosten zur Erfüllung der vertraglichen Verpflichtung höher sind als der erwartete wirtschaftliche Nutzen. Hierunter fallen die aus dem HGB bekannten Drohverlustrückstellungen, bei denen ein drohender Verlust aus einem schwebenden Vertrag zu einer Rückstellungsbildung führt. Vorrangig vor einer Rückstellungsbildung sind indes bereits zu bilanzierende Vermögenswerte einer Wertminderung nach IAS 36 zuzuführen (IAS 37.69). Ist eine Rückstellung zu bilden, so wird diese grundsätzlich in Höhe des erwarteten Verlusts aus dem Vertrag passiviert. Sieht dieser Vertrag hingegen die Möglichkeit von Entschädigungszahlungen anstatt der Erfüllung der Verpflichtung vor, so bestimmt diese die Rückstellungshöhe, wenn sie geringer ist als der eigentliche Verpflichtungsbetrag.

> Fall:
>
> Ein Unternehmen hat sich mit unkündbarem Kaufvertrag vom 11.11.01 verpflichtet, zu einem Preis iHv. 50 TEUR am 22.02.02 Kunststoffgranulat zu liefern. Die Vertragsstrafe bei Nichtlieferung beträgt 10 TEUR. Zum 31.12.01 ist der Beschaffungspreis des noch nicht erworbenen Granulats für dieses Unternehmen auf 80 TEUR gestiegen.
>
> *Ist zum 31.12.01 eine Rückstellung zu bilden?*

Lösung:

Es liegt ein sog. belastender Vertrag vor, da das Unternehmen aus dem Verkauf des Granulats einen Verlust i.H.v. (50 – 80 =) 30 TEUR erleiden wird. Allerdings kann das Unternehmen diesen Verlust minimieren, wenn es statt der Lieferung des Granulats die Vertragsstrafe i.H.v. 10 TEUR in Kauf nimmt. Daher ist die Rückstellung – unabhängig von der tatsächlichen Entscheidung des Unternehmens im Folgejahr – nur i.H.v. 10 TEUR zu bewerten.

Anmerkung: Hätte das Unternehmen das Granulat bis zum 31.12.01 bereits erworben, so wäre eine Wertminderung der Vorräte zu prüfen (IAS 2.9).

Ausführlich wird in IAS 37.70 ff. die Bilanzierung von Rückstellungen für sog. **Restrukturierungsmaßnahmen** behandelt. Hierunter ist nach IAS 37.10 ein Programm zu verstehen, dass vom Management des bilanzierenden Unternehmens geplant und kontrolliert wird und

■ entweder das von dem Unternehmen abgedeckte Geschäftsfeld

■ oder die Art, in der dieses Geschäftsfeld durchgeführt wird,

wesentlich verändert. Als Beispiele werden in IAS 37.70 u.a. die Stilllegung von Standorten oder die grundsätzliche Umorganisation mit wesentlichen Auswirkungen auf die Geschäftstätigkeit genannt. Zwar gelten für die Rückstellung hieraus resultierender Verpflichtungen, z.B. für Abfindungen, auch die obig dargestellten allgemeinen Grundsätze. Allerdings werden diese in IAS 37.72 ff. näher konkretisiert, um den Ermessensspielraum des bilanzierenden Unternehmens beim Ansatz und bei der Bewertung einzugrenzen. So verlangen IAS 37.72 und IAS 37.75 (bitte lesen!) für den Ansatz einer solchen Rückstellung bestimmte Mindestinhalte eines detaillierten Restrukturierungsplans sowie dessen Umsetzungsbeginn oder zumindest dessen Ankündigung – ein bloßer Beschluss der Geschäftsleitung genügt nicht. Speziell für Verluste, die aus einem Verkauf von Geschäftsbereichen resultieren, schreibt IAS 37.78 f. vor, dass eine Rückstellungsbildung den Abschluss eines verbindlichen Vertrags erfordert. Im Rahmen der Bewertung hiernach zulässiger Rückstellungen dürfen nur direkt zuordenbare Kosten berücksichtigt werden. Aufwendungen für Mitarbeiterschulungen, Marketing und Investitionen dürfen nicht in den Rückstellungsbetrag einbezogen werden (IAS 37.80 f.).

2.15.5 Angaben

▶   IAS 37.84-92

Wie bereits vorstehend erläutert, sind zu den nicht zu bilanzierenden Eventualforderungen (IAS 37.89 ff.) und Eventualverbindlichkeiten (IAS 37.86 ff.) Angaben erforderlich, die i.d.R. im Anhang des IFRS-Abschlusses erfolgen. Die in der IFRS-Bilanz nach ihrer jeweiligen Fristigkeit als Schulden auszuweisenden Rückstellungen sind ebenfalls um umfangreiche Angaben zu ergänzen. Hierzu gehören im Überblick je Gruppe von Rückstellungen (IAS 37.85):

■ die Art der Verpflichtung und die erwartete Fälligkeit,

■ Beschreibung der Unsicherheit,

■ Erwartete Erstattungsbeträge für passivierte Rückstellungen.

Weitere Angabepflichten können sich aus IFRS 5 ergeben (vgl. 2.5), wenn im Rahmen von Restrukturierungsmaßnahmen Geschäftsbereiche aufgegeben werden.

Ferner werden in IAS 37.84 Informationen zur Entwicklung der einzelnen Rückstellungsgruppen verlangt, die in der Praxis regelmäßig im Rahmen eines sog. Rückstellungsspiegels gemacht werden, z.B. nach dem Muster der **Tabelle 2.4**.

Tabelle 2.4   Beispiel eines Rückstellungsspiegels

Rückstellungsart	Buchwert 01.01.	Zuführung	Verbrauch	Auflösung	Aufzinsung	Buchwert 31.12.

Fall:

Am Ende des vorangegangenen Geschäftsjahres 01 bestanden zwei Rückstellungen für Schadensersatz i.H.v. insgesamt 95 TEUR. Eine i.H.v. 70 TEUR zurückgestellte Verpflichtung führte nach dem rechtskräftigen Urteil in 02 zu einer Zahlung i.H.v. 60 TEUR. Die zweite, voraussichtlich erst in drei Jahren fällige Verpflichtung wurde zum 31.12.01 mit einem weiterhin nicht zu beanstandenden Zinssatz von 4% abgezinst. Neue Erkenntnisse haben sich für diese Verpflichtung in 02 nicht ergeben.

Erstellen Sie den Rückstellungsspiegel für die Schadensersatzverpflichtungen zum 31.12.02!

Lösung:

- Die Rückstellung i.H.v. 70 TEUR ist bis zu einem Betrag von 60 TEUR ergebnisneutral zu verbrauchen, der Restbetrag ist ergebniswirksam aufzulösen.

- Die zweite Rückstellung ist um ein Jahr i.H.v. (25 TEUR x 4% =) 1 TEUR aufzuzinsen.

Rückstellungsart	Buchwert 01.01.	Zuführung	Verbrauch	Auflösung	Aufzinsung	Buchwert 31.12.
Schadensersatz	95	0	60	10	1	26

2.15.6   Wiederholung des IAS 37 in Stichworten

Rekapitulieren Sie die Kernpunkte des IAS 37 anhand der folgenden Stichworte:

- Eventualforderungen: Ansatz von Forderungen erst, wenn sie so gut wie sicher sind; wahrscheinliche Forderungen sind lediglich im Anhang anzugeben; nur mögliche Forderungen bleiben unberücksichtigt;

- Abgrenzung: Rückstellung ist dem Grunde und/oder der Höhe nach unsicher; eine Verbindlichkeit hingegen sicher;

- Abgrenzung: Verpflichtung, die nicht die Ansatzkriterien einer Rückstellung oder einer Verbindlichkeit erfüllt, ist ggf. als mögliche Verpflichtung (Eventualverbindlichkeit) im Anhang anzugeben;

- Bewertung: ‚Bestmögliche Schätzung' sowie Abzinsung langfristiger Rückstellungen;

- Von der Verpflichtung getrennte Bilanzierung etwaiger Erstattungsansprüche;

- Sonderfälle: künftige Verluste, belastende Verträge (Drohverluste), Restrukturierungs- maßnahmen.

2.15.7   Hinweise zur Vertiefung

Im Rahmen des Ansatzes und der Bewertung von Rückstellungen im Anwendungsbereich des IAS 37 bieten sich folgende Aspekte besonders zur vertiefenden Nacharbeit an:

- Bestimmung des Zinssatzes bei der Abzinsung von Rückstellungen (IAS 37.47);

- Änderung bestehender Entsorgungs-, Wiederherstellungs- und ähnlicher Schulden (IFRIC 1);

- Schulden, die sich aus der Entsorgung von Elektro- und Elektronik-Altgeräten ergeben (IFRIC 6).

2.16   IAS 19 - Leistungen an Arbeitnehmer

2.16.1   Überblick zum IAS 19

▶   IAS 19.1-7

Die derzeit in der EU anzuwendende Fassung des IAS 19 hat das **Endorsement-Verfahren** am 23.01.2009 durchlaufen. Am 16.06.2011 hat der IASB für Geschäftsjahre, die nach dem 31.12.2012 beginnen, eine geänderte Fassung des IAS 19 veröffentlicht, für die die Über- nahme durch die EU jedoch noch aussteht. Daher wird auf diese Änderungen in einem gesonderten Kapitel eingegangen (vgl. 2.16.7) und im Folgenden zunächst die in der EU gültige Fassung des Standards behandelt. In dieser Fassung ist IAS 19 ist wie folgt **aufge- baut:**

- Zielsetzung des Standards

- Anwendungsbereich des Standards (IAS 19.1-6)

- Definitionen (IAS 19.7)

- Kurzfristig fällige Leistungen an Arbeitnehmer (IAS 19.10-22)

- Pensionszusagen: Unterscheidung zwischen beitrags- und leistungsorientierten Versorgungsplänen (IAS 19.24-42)

- Pensionszusagen: beitragsorientierte Versorgungspläne (IAS 19.43-47)

- Pensionszusagen: leistungsorientierte Versorgungspläne (IAS 19.48-125)

- Andere langfristig fällige Leistungen an Arbeitnehmer (IAS 19.126-131)

- Leistungen aus Anlass der Beendigung eines Arbeitsverhältnisses (IAS 19.132-152)

- Vorschriften zum zeitlichen Anwendungsbereich des Standards (IAS 19.153-161).

Bereits aus diesem Aufbau wird deutlich, dass der **Gegenstand** des IAS 19 die Pensionszusagen fokussiert. Er umfasst jedoch nahezu jegliche Leistungen an Arbeitnehmer, **definiert** als alle Formen von Entgelt, die ein Unternehmen im Austausch für die von Arbeitnehmern erbrachte Arbeitsleistung gewährt (IAS 19.7). Der Anwendungsbereich des IAS 19 erfasst allerdings nicht solche Fälle, die als anteilsbasierte Vergütungen nach IFRS 2 (vgl. 2.20) zu bilanzieren sind (IAS 19.1). Ebenso wenig orientieren sich selbständig bilanzierende Altersversorgungspläne i.S.d. IAS 26 an den Regeln des IAS 19 (IAS 19.2), ergänzen diesen jedoch inhaltlich.

Abbildung 2.20   Kategorisierung der Leistungen an Arbeitnehmer nach IAS 19

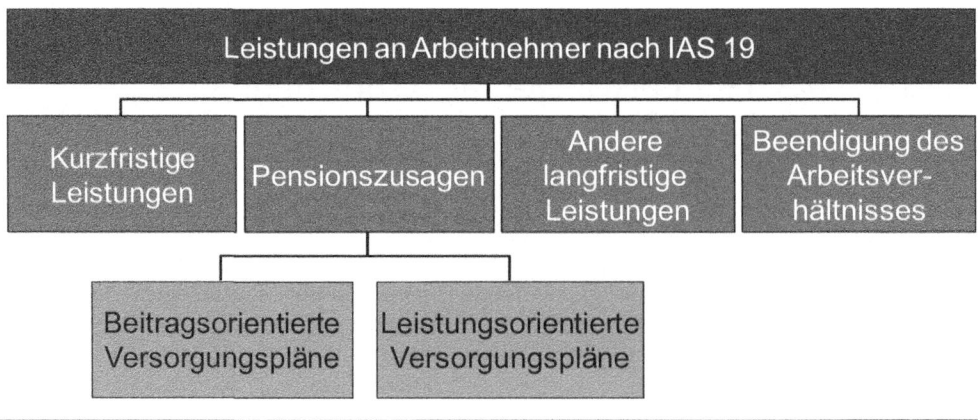

In der **Abbildung 2.20** ist mit den einzelnen Kategorien von Leistungen an Arbeitnehmer nach IAS 19 dessen sachlicher **Anwendungsbereich** umrissen (IAS 19.4). Dieser schließt nach IAS 19.3 jeglichen Entstehungsgrund für solche Leistungen, wie z.B. Einzelvertrag, Gesetz, Tarifvertrag oder betriebliche Übung, ein. Die Bilanzierungsregeln des IAS 19 stellen gleichwohl auf die Zuordnung der zu bilanzierenden Leistung an Arbeitnehmer zu diesen vier Kategorien ab, die daher in gesonderten Kapiteln erläutert werden. Dort finden sich dann auch die in IAS 19.7 gegebenen Definitionen der jeweiligen Leistungskategorie.

2.16.2   Kurzfristig fällige Leistungen an Arbeitnehmer

▶   IAS 19.8-22

Kurzfristig fällige Leitungen an Arbeitnehmer sind nach IAS 19.7 **definiert** als solche Leistungen, die innerhalb von 12 Monaten nach Ende der Periode in der der Arbeitnehmer seine Leistung erbracht hat, in voller Höhe fällig werden. Dies sind typischerweise laufende Löhne und Gehälter einschl. Sozialversicherungsbeiträgen sowie Tantiemen und sonstige Einmalzahlungen (IAS 19.8). Leistungen aus Anlass der Beendigung des Arbeitsverhältnisses (vgl. 2.16.5) fallen allerdings nicht unter diese Kategorie.

Die **Bilanzierung** von solchen kurzfristig fälligen Leistungen an Arbeitnehmer gestaltet sich nach IAS 19 relativ einfach und lässt sich auf allgemeine Bilanzierungsprinzipien der IFRS zurückführen (IAS 19.8 f.). Die Leistungen werden entsprechend dem Zeitpunkt bzw. Zeitraum der vom Arbeitnehmer erhaltenen Arbeitsleistung als Aufwand ergebniswirksam erfasst. Bei der Entlohnung der Arbeitnehmer entstandene Zahlungsrückstände sind als Schuld, Rückzahlungsansprüche als Vermögenswert abzugrenzen (IAS 19.10). Schulden können insbesondere im Zusammenhang mit Entgeltfortzahlungen, z.B. im Urlaubsfall, (IAS 19.11-16) sowie für Erfolgsbeteiligungen (IAS 19.17-22) entstehen. Keinesfalls darf eine Abzinsung dieser kurzfristigen Schulden oder Ansprüche erfolgen (IAS 19.10).

Fall:

Einem Arbeitnehmer wird dessen Gehalt für Dezember 01 i.H.v. 3.000 EUR erst im Januar 02 ausbezahlt. Die zugehörigen Sozialversicherungsbeiträge i.H.v. 500 EUR werden ebenfalls erst im Januar 02 abgeführt. Für das abgelaufene Geschäftsjahr 01 steht dem Arbeitnehmer kraft Arbeitsvertrag eine im März 02 fällige Tantieme i.H.v. 5.000 EUR zu, ebenso wie Pensionszahlungen nach seiner im März 02 anstehenden Pensionierung.

Erläutern Sie die bilanziellen Folgen für das Unternehmen zum 31.12.01!

Lösung:

Das Dezembergehalt zzgl. der Sozialversicherungsbeiträge wird in 01 als Aufwand erfasst. Da noch keine Zahlung erfolgt ist, wird eine Schuld i.H.v. 3.500 EUR passiviert. Für die Tantiemezahlung ist ebenfalls bereits zum 31.12.01 aufwandswirksam eine Schuld (Rückstellung) i.H.v. 5.000 EUR einzubuchen. Die zum 31.12.01 noch nicht fälligen Pensionszahlungen sind hingegen nach den Grundsätzen für Pensionsverpflichtungen zu bilanzieren (vgl. 2.16.3).

2.16.3   Pensionszusagen

2.16.3.1   Differenzierung für Zwecke der Bilanzierung

▶   IAS 19.24-42

Pläne für Leistungen nach Beendigung des Arbeitsverhältnisses sind nach IAS 19.7 **definiert** als Vereinbarungen, durch die ein Unternehmen einem oder mehreren Arbeitnehmern Versorgungsleistungen nach Beendigung des Arbeitsverhältnisses gewährt. Diese umfassende Definition konkretisiert sich in der Praxis in sog. Pensionszusagen bzw. Pensionsplänen.

In IAS 19 wird – wie bereits aus **Abbildung 2.20** erkennbar – für Zwecke der Bilanzierung zwischen beitragsorientierten und leistungsorientierten Versorgungsplänen unterschieden. Im Rahmen von **beitragsorientierten Versorgungsplänen** zahlt das verpflichtete Unternehmen festgelegte Beiträge an eine eigenständige Einrichtung, z.B. an einen Fonds, ohne dass das Unternehmen darüber hinaus rechtlich oder faktisch zu weiteren Zahlungen verpflichtet ist. D.h. dass die Pension nach der Pensionierung des Arbeitnehmers ausschließlich aus dem Vermögen dieser rechtlich selbständigen Einheit bestritten wird. Reicht dieses Vermögen nicht, so muss das Unternehmen, dass die Zusage erteilt hat, keine weiteren als die bereits gezahlten Beiträge zahlen und nicht für eine entstandene Deckungslücke einstehen (IAS 19.7). Das Risiko der Pensionszahlung und –höhe liegt bei diesen Plänen mit Ausnahme der Beitragszahlungen ausschließlich beim Arbeitnehmer. Demgegenüber verpflichten **leistungsorientierte Versorgungspläne** das Unternehmen selbst, die späteren Pensionszahlungen zu leisten. Das Finanzierungsrisiko der Pensionszahlungen liegt damit beim verpflichteten Unternehmen. Dieses kann die Finanzierung entweder durch Ansammlung der später erforderlichen finanziellen Mittel sicherstellen oder aber durch Beitragszahlungen an einen eigenständigen Versorgungsträger, der aber im Falle nicht ausreichender Beiträge auf das Unternehmen zurückgreifen kann.

Die Einstufung von Leistungen nach Beendigung des Arbeitsverhältnisses als beitragsorientierten oder leistungsorientierten Versorgungsplan kann sich in der Praxis als schwierig erweisen. IAS 19 widmet dieser Unterscheidung daher seine ausführlichen Paragrafen 24-42, denn an dieser Differenzierung entscheidet sich letztlich auch die Bilanzierung der Versorgungspläne.

2.16.3.2   Bilanzierung beitragsorientierter Pläne

▶   IAS 19.43-45

Die Bilanzierung beitragsorientierter Versorgungspläne, bei denen das Unternehmen – wie erläutert – ausschließlich seine Beiträge zu leisten hat und darüber hinaus keinerlei Haftung unterliegt (vgl. 2.16.3.1), ist einfach und basiert auf den allgemeinen Bilanzierungsregeln (IAS 19.43). Die zu zahlenden Beiträge werden periodenbezogen als Aufwand erfasst. Etwaige Beitragsrückstände sind als Schuld, etwaige Erstattungsansprüche gegenüber der selbständigen Versorgungseinrichtung als Vermögenswert zu bilanzieren (IAS 19.44). Sofern die Beitragsrückstände erst in mehr als 12 Monaten nach dem Abschlussstichtag fällig werden, sind sie auf diesen Zeitpunkt abzuzinsen (IAS 19.43 und IAS 19.45 i.V.m. IAS 19.78).

> **Fall:**
>
> Eine AG hat ihrem Vorstandsvorsitzenden eine Pensionszusage dergestalt zugesagt, dass sie monatliche Beiträge zu einer Lebensversicherung i.H.v. 1.000 EUR leistet, sich darüber hinaus aber weder gegenüber der Versicherung noch gegenüber dem Vorstandsvorsitzenden verpflichtet. Der Beitrag für den Monat Dezember 01 wird erst im Januar 02 überwiesen.
>
> *Wie wirkt sich die Pensionszusage auf den IFRS-Abschluss der AG zum 31.12.01 aus?*

<u>Lösung:</u>

Es handelt sich um einen beitragsorientierten Versorgungsplan. Die AG erfasst die für das Beitragsjahr 01 zu zahlenden Beiträge sofort als Aufwand des Geschäftsjahres 01. Der Dezemberbeitrag 01 wird ebenfalls noch in 01 in der GuV erfasst und führt zum Ansatz einer Schuld in der IFRS-Bilanz zum 31.12.01.

2.16.3.3   Bilanzierung leistungsorientierter Pläne

▶   IAS 19.48-119

Überblick

Die Bilanzierungsregeln leistungsorientierter Versorgungszusagen berücksichtigen, dass das Unternehmen selbst zur späteren Zahlung der Pensionszahlungen verpflichtet ist. Die hieraus erwachsende **Verpflichtung** stellt eine zu bilanzierende Schuld des Unternehmens dar. Im Rahmen der Bewertung dieser Schuld nach versicherungsmathematischen Grundsätzen sind zahlreiche Besonderheiten zu beachten, von denen der sog. nachzuverrechnende Dienstzeitaufwand sowie die versicherungsmathematischen Gewinne und Verluste am bedeutsamsten sind.

Diese zukünftige Verpflichtung kann das Unternehmen entweder durch die Ansammlung der später erforderlichen finanziellen Mittel im Unternehmen selbst finanzieren oder durch Beitragszahlungen an einen eigenständigen Versorgungsträger, der aber im Falle nicht ausreichender Beiträge auf das Unternehmen zurückgreifen kann. Letzteres, also durch an externe Versorgungsträger, wie z.B. durch einen langfristigen Fonds oder einen qualifizierten Versicherungsvertrag, verwaltetes Vermögen wird als **Planvermögen** bezeichnet, sofern es dem Zugriff des verpflichteten Unternehmens im Wesentlichen entzogen ist (vgl. auch IAS 19.7). Das Planvermögen wird zum Zeitwert bewertet (IAS 19.102 ff.).

Damit stehen – grob vereinfacht – den Verpflichtungen für Pensionszusagen die als sog. Planvermögen ausgestalteten Vermögenswerte gegenüber. In der IFRS-Bilanz sind aufgrund des unmittelbaren Zusammenhangs zwischen diesen Vermögenswerten und Schulden beide Posten miteinander zu verrechnen und saldiert **auszuweisen** (vgl. auch IAS 19.54).

Abbildung 2.21   Die bilanzielle Darstellung leistungsorientierter Pläne (IAS 19.54)

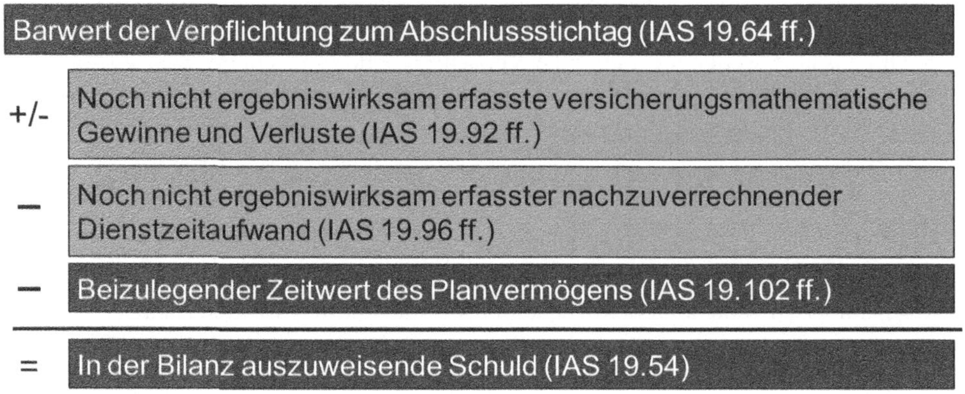

Barwert der Verpflichtung zum Abschlussstichtag (IAS 19.64 ff.)
+/-   Noch nicht ergebniswirksam erfasste versicherungsmathematische Gewinne und Verluste (IAS 19.92 ff.)
–   Noch nicht ergebniswirksam erfasster nachzuverrechnender Dienstzeitaufwand (IAS 19.96 ff.)
–   Beizulegender Zeitwert des Planvermögens (IAS 19.102 ff.)
=   In der Bilanz auszuweisende Schuld (IAS 19.54)

Bereits aus den versicherungsmathematischen Grundsätzen, die der Bewertung der Verpflichtung zugrunde liegen, ergeben sich Auswirkungen auf das Gesamtergebnis des verpflichteten Unternehmens. Auch die im Zeitablauf zu verzeichnenden Änderungen des Zeitwerts des Planvermögens sind Teil des Gesamtergebnisses. In der **GuV** sind hiervon die folgenden Komponenten zu erfassen (IAS 19.61):

a. laufender Dienstzeitaufwand (IAS 19.63-91),

b. Zinsaufwand (IAS 19.82),

c. erwarteter Ertrag aus dem Planvermögen (IAS 19.105-107) und aus anderen Erstattungsansprüchen (IAS 19.104A),

d. ggf. versicherungsmathematische Gewinne und Verluste (IAS 19.92.93D),

e. nachzuverrechnender Dienstzeitaufwand (IAS 19.96 ff.),

f. Auswirkungen aus Plankürzungen oder Abgeltungen (IAS 19.109 ff.),

g. Begrenzungen der Erfassung des Überschusses des Planvermögens über den Wert der Schuld (IAS 19.58(b)).

Auf ausgewählte Aspekte aus diesem groben Überblick soll im Folgenden näher eingegangen werden. Dies betrifft die Bewertung der Verpflichtung und des Planvermögens sowie den Ausweis in der Bilanz und in der GuV.

Bewertung der Verpflichtung

In IAS 19.50 sind die Schritte der Bewertung leistungsorientierter Versorgungszusagen angeführt. Der Kern der Bewertung der Verpflichtung ist nach IAS 19.50(a)-(b) und IAS 19.63 auf versicherungsmathematische Methoden zurückzuführen. Da diese Methoden im Detail sehr komplex sind, wird in IAS 19.57 zwar nicht vorgeschrieben, aber doch empfohlen, zur Bewertung einen Versicherungsmathematiker zu Rate zu ziehen. Im Folgenden soll diese komplexe Methode nur in ihren **Grundzügen** erläutert werden.

Abbildung 2.22 Grundlagen zur Ermittlung der Verpflichtungshöhe

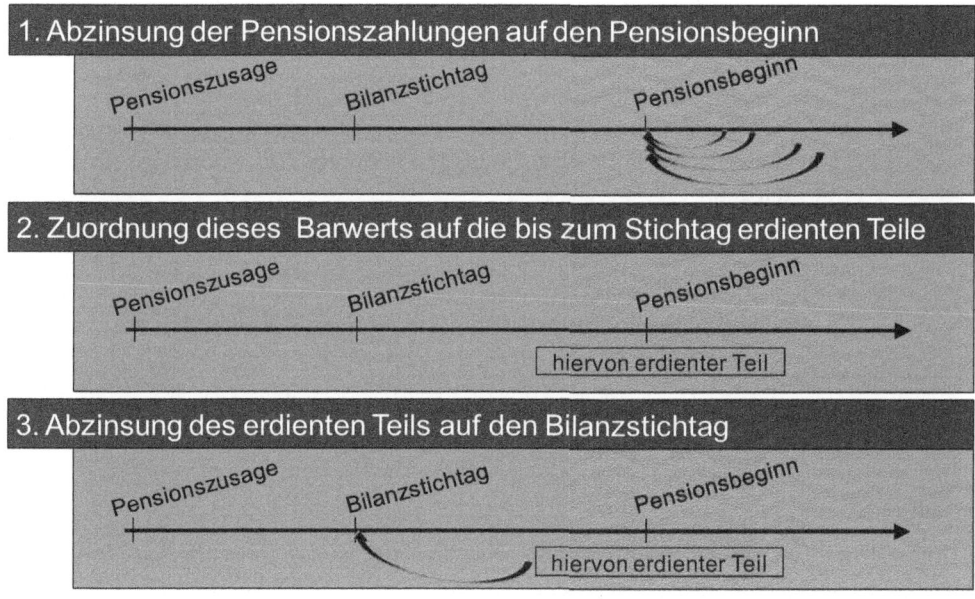

Dieses in **Abbildung 2.22** im Überblick dargestellte grundsätzliche Vorgehen ist den IAS 19.48-91 nur schwerlich unmittelbar zu entnehmen. Gleichwohl entspringt es allgemeinen finanzmathematischen bzw. versicherungsmathematischen Methoden.

1. So werden die erwarteten Pensionszahlungen zunächst auf den (zukünftigen) Zeitpunkt des Pensionsbeginns abgezinst.

2. Der so ermittelte Barwert entspricht jedoch noch nicht der Verpflichtungshöhe des Unternehmens zum Abschlussstichtag. Nach IAS 19.64 ff. ist nach der sog. Methode der Einmalprämien, auch Anwartschaftsbarwertverfahren genannt, davon auszugehen, dass die Verpflichtung zum Stichtag nur in der Höhe besteht, in der sie vom Arbeitnehmer bis zum Stichtag bereits erdient wurde – der sog. laufende Dienstzeitaufwand. D.h., dass der Barwert der Pensionszahlungen noch nicht berücksichtigt wird, soweit er

durch den Arbeitnehmer noch bis zu seiner Pensionierung durch zukünftige Arbeitsleistungen erdient werden muss. Weitergedacht bedeutet dies auch, dass die Verpflichtung im kommenden Jahr um den auf das neue Geschäftsjahr entfallenden Teil des
erdienten Zeitraums aufzustocken ist. Diese Aufstockung ist laufender Dienstzeitaufwand (IAS 19.7) und als Teil des Pensionsaufwands ergebniswirksam in der GuV zu erfassen (IAS 19.61).

3. Der erdiente und auf den Pensionsbeginn abgezinste Teil der zukünftigen Pensionsleis-
    tungen ist nun auf den Abschlussstichtag abzuzinsen und stellt als Barwert die Höhe
    der Verpflichtung des Unternehmen zu diesem Stichtag dar. Weitergedacht bedeutet
    dies auch, dass dieser Teil im Abschluss des Folgejahres aufzuzinsen ist, da der Pensi-
    onsbeginn um ein Jahr näher gerückt ist – der Barwert dieses Teils steigt ja. Dieser
    Aufzinsungsbetrag ist als Teil des Pensionsaufwands ergebniswirksam in der GuV zu
    erfassen (IAS 19.61).

Es wird deutlich, dass dieses Vorgehen zahlreiche **Annahmen bzw. Parameter** verlangt.
Ohne auf deren jeweilige Ermittlung im Detail einzugehen, sind der versicherungsmathe-
matischen Berechnung nach IAS 19.72 ff. folgende Parameter und Annahmen über deren
Höhe zugrunde zu legen:

a. Demografische Parameter, wie z.B.

    –   die Sterblichkeit der begünstigten Arbeitnehmer,
    –   Ausscheiden begünstigter Arbeitnehmer aus dem Unternehmen;

b. Finanzielle Parameter, wie z.B.

    –   der Zinssatz für die Abzinsung (IAS 19.78-82),
    –   künftige Gehalts- und Leistungssteigerungen (IAS 19.83-87).

<u>Fall</u>:

Zum 31.12.01 betrug die Verpflichtungshöhe aus einer leistungsorientierten Pensionszusage gegenüber einem leitenden Mitarbeiter 80 TEUR. Der Kalkulationszinssatz beträgt
5%. Versicherungsmathematisch ist belegt, dass sich der Mitarbeiter im Geschäftsjahr 02
einen bereits als Barwert berechneten Teil seiner Pension i.H.v. 5 TEUR erdient hat.

Ermitteln Sie die Höhe der Verpflichtung zum 31.12.02 und buchen Sie diese ein!

<u>Lösung</u>:

Aufgrund der Aufzinsung des Barwerts zum 31.12.01 erhöht sich die Verpflichtung um
4 TEUR. Die Verpflichtung ist um weitere 5 TEUR zu erhöhen, da der Arbeitnehmer im
Geschäftsjahr 02 in dieser Höhe einen weiteren Teil seiner zukünftigen Pension erarbeitet
bzw. erdient hat. Beide Komponenten i.H.v. insgesamt 9 TEUR sind ergebniswirksam in
der GuV zu erfassen.

Buchung: Pensionsaufwand   9   an   Pensionsschuld   9

Besonderheiten der Bewertung der Verpflichtung

Von den zahlreichen Besonderheiten im Rahmen der Bewertung von leistungsorientierten Pensionsverpflichtungen sind der nachzuverrechnende Dienstzeitaufwand sowie versicherungsmathematische Gewinne bzw. Verluste hervorzuheben (vgl. auch **Abbildung 2.21**). Ein **nachzuverrechnender Dienstzeitaufwand** entsteht, wenn der Arbeitgeber rückwirkend leistungsorientierte Versorgungszusagen erteilt oder ändert (IAS 19.7). Soweit die hieraus resultierende Erhöhung des Barwerts der Verpflichtung auf bereits erbrachte Leistungen des Arbeitnehmers der vergangenen Jahre entfällt, ist dieser Aufwand „nachzuverrechnen". Hierbei ist zu unterscheiden, ob die Neuerteilung oder Änderung der Pensionszusage zu unverfallbaren, d.h. nicht mehr änderbaren, Ansprüchen des Arbeitnehmers führt, oder ob dieser Zeitpunkt, an dem die Ansprüche unverfallbar werden, in der Zukunft liegt (IAS 19.96). Unverfallbare Ansprüche der Arbeitnehmer sind im Abschluss des Arbeitgebers sofort als Aufwand zu erfassen. Andernfalls ist der nachzuverrechnende Dienstzeitaufwand linear über die Perioden bis zum Eintritt der Unverfallbarkeit der Ansprüche des Arbeitnehmers zu verteilen.

Die Bilanzierung **versicherungsmathematischer Gewinne und Verluste** gestaltet sich demgegenüber weitaus komplexer. Diese entstehen dadurch (vgl. IAS 19.7 und IAS 19.94), dass sich Annahmen über die Parameter, die der Bewertung der Verpflichtung zugrunde gelegt wurden (s.o), im Zeitablauf ändern, wie z.B. Annahmen über die Sterblichkeit oder die Höhe des Zinssatzes. Auch Annahmen über die Entwicklung des Planvermögens können sich im Nachhinein als unrichtig erweisen und so zu versicherungsmathematischen Gewinnen oder Verlusten führen. Zur Bilanzierung solcher nicht auf die Aufzinsung bestehender oder die auf Erdienung weiterer Teile des Pensionsanspruches zurückzuführende Erhöhungen oder Verminderungen gegenüber dem Barwert des vorangegangenen Bilanzstichtages hält IAS 19 in seinen Paragrafen 92 bis 95 drei Möglichkeiten vor, die allerdings stetig auszuüben sind:

1. Sofortige ergebniswirksame Erfassung der versicherungsmathematischen Gewinne und Verluste (IAS 19.93);

2. Erfassung der versicherungsmathematischen Gewinne und Verluste ergebnisneutral im sonstigen Ergebnis unter Erhöhung (bzw. Verminderung) der Gewinnrücklagen (IAS 19.93A-93D). Die so erfassten Beträge werden niemals in der GuV gezeigt (Verbot des sog. „recycling" von sonstigem Ergebnis als Gewinn oder Verlust der GuV);

3. Das sog. Korridorverfahren sucht eine Glättung der Ergebniswirkungen herbeizuführen, indem dem Grunde nach nur solche versicherungsmathematischen Gewinne und Verluste GuV-wirksam erfasst werden, die den höheren Betrag aus 10% des Barwerts der Verpflichtung und 10% des beizulegenden Zeitwerts des Planvermögens überschreiten (IAS 19.92). Dieser übersteigende Betrag ist sodann über den restlichen Zeitraum bis zum Pensionsbeginn ergebniswirksam zu verteilen (IAS 19.93). Diese Methode verlangt eine Nebenrechnung zum Abschluss, in der die unterhalb der 10%-Grenze liegenden Beträge fortgeführt und für eine entsprechende Prüfung im Folgejahr, gewissermaßen als Vortrag aus dem Vorjahr, verwendet werden.

Es erschließt sich unmittelbar, dass sich diese drei Methoden erheblich in ihrer Ergebniswirksamkeit unterscheiden. Insbesondere das Korridorverfahren ist hierbei Gegenstand
erheblicher Kritik, da sie eine Verteilung eigentlich im Abschluss zu erfassender Beträge
über folgende Perioden erlaubt (zur diesbezüglichen Änderung des IAS 19 vgl. 2.16.7).

Bewertung des Planvermögens

Das Planvermögen ist zum beizulegenden Zeitwert am Abschlussstichtag zu bewerten
(IAS 19.102 ff.) Hierbei ist vorzugsweise von dessen Marktwert auszugehen. Ist ein solcher
nicht vorhanden, so ist der beizulegende Zeitwert, z.B. mittels Diskontierung der erwarteten künftigen Cashflows, zu schätzen. Der während des abgelaufenen Geschäftsjahrs er-
wirtschaftete Ertrag oder Aufwand aus dem Planvermögen, z.B. aus Kursänderungen von
Wertpapieren, stellt Teil des in der GuV zu erfassenden Pensionsaufwands dar. Regelungen, wie der beizulegende Zeitwert zukünftig zu ermitteln ist, ergeben sich aus IFRS 13, der
allerdings noch nicht von der EU übernommen worden ist (vgl. 3.2).

Der Ausweis in Bilanz und GuV

Wie eingangs in **Abbildung 2.21** dargestellt, ist in der IFRS-Bilanz ein einziger saldierter
Betrag, der sich aus der Schuld abzgl. des Planvermögens unter Berücksichtigung versicherungsmathematischer Gewinne und Verluste sowie eines nachzuverrechnenden Dienstzeitaufwands zusammensetzt, auszuweisen. Auch in der GuV sind die eingangs dargestellten
Komponenten als Saldo darzustellen (IAS 19.61). D.h. dass die einzelnen Komponenten
nicht gesondert aus der GuV ersichtlich sind, sondern als einheitlicher Posten, z.B. als Pensionsaufwand, auszuweisen sind.

2.16.4   Andere langfristig fällige Leistungen an Arbeitnehmer

▶   IAS 19.126-130

Unter andere langfristig fällige Leistungen an Arbeitnehmer sind nach der **Definition** in
IAS 19.7 schlichtweg Leistungen an Arbeitnehmer zu verstehen, die nicht unter die drei
anderen Kategorien des IAS 19 fallen. Als Beispiele werden in IAS 19.126 u.a. Jubiläums-
verpflichtungen, langfristige Erwerbsunfähigkeitsleistungen oder erdiente Vergütungen
mit einem Zahlungsaufschub von mehr als 12 Monaten genannt.

Für solche mit geringeren Schätzunsicherheiten als Pensionszusagen verbundene Verpflichtungen ist nach IAS 19.127 ein vereinfachtes **Bilanzierungsverfahren** vorgesehen, das sich
von der Bilanzierung der Pensionszusagen (vgl. 2.16.3) dadurch unterscheidet, dass

a. versicherungsmathematische Gewinne und Verluste ohne Anwendung des bei der
    Bilanzierung von Pensionszusagen zulässigen Korridorverfahrens sofort als Aufwand
    zu erfassen sind und

b. ein nachzuverrechnender Dienstzeitaufwand ebenfalls sofort in voller Höhe zu erfassen
    ist.

Für diese Verpflichtungen ist in der IFRS-Bilanz in Höhe ihres Barwerts abzüglich des Zeitwerts für etwaig vorhandenes Planvermögen (IAS 19.7) eine Schuld zu passivieren. Die ergebniswirksamen zu erfassenden Komponenten von Veränderungen der Schuld ergeben sich aus der Auflistung in IAS 19.129.

2.16.5 Leistungen zur Beendigung des Arbeitsverhältnisses

▶ IAS 19.132-140

Leistungen an Arbeitnehmer aus Anlass der Beendigung des Arbeitsverhältnisses resultieren nach der **Definition** des IAS 19.7 daraus, dass

a. ein Unternehmen die Beendigung des Beschäftigungsverhältnisses vor dem regulären Pensionierungszeitpunkt beschlossen hat oder

b. ein Arbeitnehmer freiwillig seiner Freisetzung zugestimmt hat.

Damit sind letztlich Abfindungen oder befristete Lohnfortzahlungen des Arbeitgebers an den Arbeitnehmer gemeint, die gezahlt werden, um den Arbeitsvertrag vorzeitig zu beenden.

Solche Leistungen des Arbeitnehmers werden also nicht für eine bereits erbrachte oder noch geschuldete Arbeitsleistung geleistet, wodurch eine andere **Bilanzierung** als beiden drei weiteren Kategorien des IAS 19 bedingt ist. Da mit diesen Leistungen ein künftiger wirtschaftlicher Nutzen nicht mehr verbunden ist, werden diese Leistungen sofort ergebniswirksam als Aufwand erfasst bzw. in der IFRS-Bilanz bis zu ihrer Begleichung als Schuld angesetzt (IAS 19.133, IAS 19.137). Leistungen zur Beendigung des Arbeitsverhältnisses sind jedoch erst dann zu passivieren, wenn das Unternehmen einen detaillierten formalen Plan vorhält, durch den eine Konkretisierung der Zahlungspflicht belegt ist, und wenn das Unternehmen keine Möglichkeit mehr hat, sich seiner Verpflichtung zu entziehen (zu Einzelheiten vgl. IAS 19.134). Die Höhe der Verpflichtung des Unternehmens ist bei umfangreicheren Personalfreisetzungen anhand der voraussichtlich beendeten Arbeitsverhältnisse zu schätzen (IAS 19.140). Langfristige Verpflichtungen mit einer Restlaufzeit am Abschlussstichtag von mehr als zwölf Monaten sind abzuzinsen (IAS 19.139 i.V.m. IAS 19.78).

> Fall:
>
> Der Vorstand einer AG hat in seiner Sitzung am 31.12.01 beschlossen, umfangreiche Sanierungsmaßnahmen einzuleiten, zu denen insbesondere auch die Freisetzung von 70 Arbeitnehmern gehört. Der Sanierungsplan ist noch dem Aufsichtsrat und dem Betriebsrat, die beide im Jahr 02 tagen werden, zur Genehmigung vorzulegen. Für die zu entlassenden Arbeitnehmer ist eine tarifvertraglich festgelegte Lohnfortzahlung für drei Monate zu leisten.
>
> *Wie schlägt sich der Sanierungsplan in der IFRS-Bilanz der AG zum 31.12.01 nieder?*

<u>Lösung:</u>

Der Sanierungsplan ist noch nicht konkret genug, da sich die AG dieser Verpflichtung noch dadurch entziehen kann, dass sie den Plan nicht den zuständigen Gremien zur Entscheidung vorlegt oder die zuständigen Gremien dem Plan gar nicht zustimmen. Wäre dies schon der Fall, so wäre bereits zum 31.12.01 aufwandswirksam eine Schuld der AG zu bilanzieren.

2.16.6   Angaben

▶   IAS 19.23; IAS 19.46-47; IAS 19.120-125; IAS 19.131; IAS 19.141-152

Die Angabepflichten nach IAS 19 finden sich nicht, wie von anderen Standards gewohnt, komprimiert an dessen Ende, sondern jeweils zum Abschluss der jeweiligen Regelungen zu den in **Abbildung 2.20** dargestellten Kategorien von Leistungen an Arbeitnehmer. Die Regelungen verlangen jeweils sehr detaillierte Angaben zu:

■ kurzfristig fälligen Leistungen an Arbeitnehmer (IAS 19.23),

■ beitragsorientierten Versorgungsplänen (IAS 19.46-47),

■ leistungsorientierten Versorgungsplänen (IAS 19.120-125),

■ anderen langfristig fälligen Leistungen an Arbeitnehmer (IAS 19.131),

■ Leistungen aus Anlass der Beendigung von Arbeitsverhältnissen (IAS 19.141-152).

2.16.7   Änderung des IAS 19

Der IASB hat am 16.06.2011 eine geänderte Fassung des IAS 19 veröffentlicht. Diese Fassung hat das Endorsement-Verfahren der EU noch nicht durchlaufen. Da die Änderungen für alle Geschäftsjahre, die nach dem 31.12.2012 beginnen, verpflichtend (retrospektiv) anzuwenden sein sollen (IAS 19.173 n.F.), ist aber mit deren Übernahme durch die EU noch im Jahr 2012 zu rechnen.

Die wesentlichsten der umfangreichen Änderungen des IAS 19 betreffen neben inhaltlichen Klarstellungen u.a. die folgenden Aspekte[16]:

■ Die bei der Bewertung leistungsorientierter Versorgungspläne zulässige sog. **Korridormethode**, nach der versicherungsmathematische Gewinne und Verluste über den restlichen Erdienungszeitraum verteilt werden konnten (vgl. 2.16.3.3 „Besonderheiten der Bewertung der Verpflichtung"), wird abgeschafft. Nunmehr sind versicherungsmathematische Gewinne und Verluste nur noch im sonstigen Ergebnis und auch nicht mehr in der GuV zu erfassen (IAS 19.120(c) n.F.).

---

[16]   Vgl. zu den Pensionsrückstellungen Pellens/Obermüller/Riemenschneider (2011), S. 562 f.

■ **Nachzuverrechnender Dienstzeitaufwand** aus leistungsorientierten Versorgungsplänen ist nach dem geänderten IAS 19 nicht mehr linear über die Perioden bis zum Eintritt
der Unverfallbarkeit der Ansprüche des Arbeitnehmers zu verteilen (vgl. 2.16.3.3 „Besonderheiten der Bewertung der Verpflichtung"), sondern sofort aufwandswirksam zu
erfassen. Die Aufwandserfassung erfolgt, sobald die Planänderung erfolgt bzw. wenn
vor diesem Zeitpunkt die hiermit ggf. verbundenen Restrukturierungsmaßnahmen (vgl.
2.15.4 zu IAS 37) oder Leistungen zur Beendigung des Arbeitsverhältnisses (vgl. 2.16.5)
erfasst werden (IAS 19.103 n.F.).

■ Für leistungsorientierte Versorgungspläne sind zusätzliche **Angaben** erforderlich, die
den Abschlussadressaten Informationen zu Merkmalen und Risiken einschl. Sensitivi-
tätsanalysen bzgl. Änderungen von Bewertungsparametern bereitstellen (IAS 19.145
n.F.).

■ Die Regelungen zu Leistungen aus **Anlass der Beendigung eines Arbeitsverhältnisses**
(vgl. 2.16.5) werden eindeutiger beschränkt auf solche Leistungen, denen in der Zukunft
keinesfalls mehr Gegenleistungen des Arbeitnehmers gegenüberstehen (IAS 19.8 n.F.;
IAS 19.165 n.F. ff.).

2.16.8   Wiederholung des IAS 19 in Stichworten

Wichtige Aspekte aus dem Regelungsbereich des IAS 19 sind:

■ Unterteilung der Leistungen an Arbeitnehmer in vier Kategorien; Schwerpunkt liegt bei
den Pensionsverpflichtungen;

■ Kurzfristige Leistungen werden nach allgemeinen Grundsätzen als Aufwand erfasst;

■ Pensionszusagen werden differenziert:

– Beitragsorientierte Versorgungspläne führen nach allgemeinen Grundsätzen zu
Aufwand in Höhe der geleisteten Beiträge;
– Leistungsorientierte Versorgungspläne (unmittelbare Verpflichtung Arbeitgeber)
führen zur Erfassung einer barwertig berechneten Rückstellung, die für Ausweis-
zwecke mit zum beizulegenden Zeitwert bewertetem Planvermögen saldiert wird;
– Bewertungsbesonderheiten leistungsorientierte Pläne: Erfassung eines nachzuverrechnenden Dienstzeitaufwands, Wahlrechte zur Erfassung versicherungsmathematischer Gewinne;

■ Leistungen zur Beendigung des Arbeitsverhältnisses: bei Vorliegen der (strengen) Voraussetzungen zur Erfassung sofortiger Aufwand, da der Leistung des Arbeitgebers
keine zukünftige Leistung des Arbeitnehmers gegenübersteht;

■ Andere langfristig fällige Leistungen an Arbeitnehmer: barwertige Rückstellung und
Saldierung mit ggf. vorhandenem Planvermögen (vereinfachtes Bilanzierungsverfahren);

■ Änderungen durch den IASB aus Juni 2011 noch nicht von der EU übernommen.

2.16.9   Hinweise zur Vertiefung

IAS 19 ist einer der komplexesten Standards des IFRS-Regelwerks. Zur Vertiefung anhand der einschlägigen Kommentarliteratur empfehlen sich die folgenden Aspekte:

- Abgrenzung beitrags- und leistungsorientierter Versorgungspläne (IAS 19.24-42);

- Gemeinschaftliche Pläne mehrerer Arbeitgeber (IAS 19.29-33);

- Begrenzungen der Erfassung des Überschusses des Planvermögens über den Wert der Schuld (IAS 19.58, IFRIC 14);

- Einzelheiten zur Ermittlung des Barwerts leistungsorientierter Verpflichtungen (IAS 19.63-101)

- Berücksichtigung von Erstattungsansprüchen für leistungsorientierte Verpflichtungen wie Planvermögen (IAS 19.104A-104D);

- Leistungsorientierte Versorgungspläne im Rahmen von Unternehmenszusammenschlüssen (IAS 19.108);

- versicherungsmathematische Details zur Bewertung der Verpflichtung aus leistungsorientierten Versorgungszusagen (IAS 19.63-101);

- Erfassung des erwarteten und des tatsächlichen Ertrag aus dem Planvermögen (IAS 19.105-107 bzw. IAS 19.125 n.F.);

- Plankürzung und Abwertung im Rahmen der Bilanzierung von leistungsorientierten Versorgungsplänen (IAS 19.116-119).

2.17   IAS 26 – Bilanzierung und Berichterstattung von Altersversorgungsplänen

2.17.1   Überblick zum IAS 26

▶   IAS 26.1-12

Der am 03.11.2008 von der EU übernommene (**Endorsement-Verfahren**) IAS 26 ist inhaltlich dem IAS 19, der die Bilanzierung von Leistungen an Arbeitnehmer regelt (vgl. 2.16), verwandt und ergänzt diesen Standard (IAS 26.4). Im Gegensatz zum IAS 19 erfasst der **Gegenstand** des IAS 26 mit Altersversorgungsplänen jedoch ausschließlich Leistungen nach Beendigung des Arbeitsverhältnisses. Der entscheidende Unterschied zum IAS 19 besteht jedoch darin, dass sich der persönliche **Anwendungsbereich** des IAS 26 nicht auf den die Pensionszusage erteilenden Arbeitgeber, sondern ausschließlich auf eine vom Arbeitgeber getrennte Versorgungseinrichtung, wie z.B. eine Pensionskasse oder einen Pensionsfons, beschränkt (IAS 26. 1f.). Dabei konzentriert sich IAS 26 inhaltlich auf die Art der

Berichterstattung der Versorgungseinrichtung an die (potenziellen) Versorgungsempfänger, mithin an die begünstigten Arbeitnehmer, ohne die Pflicht zu solch einer Berichterstattung zu implementieren. Damit ist der praktische Anwendungsbereich des IAS 26 zumindest in Deutschland nahezu bedeutungslos, zumal hier anderweitige Regelungen und Vorschriften, z.B. durch das Betriebsrentenrecht, bestehen, die eine Information der Versorgungsempfänger sicherstellen.[17]

Vor diesem Hintergrund beschränken sich die folgenden Erläuterungen zu IAS 26 auf ein Mindestmaß, für das der **Aufbau** des Standards eine angemessene Grundlage bietet, jedoch Grundkenntnisse des IAS 19 voraussetzt:

- Anwendungsbereich des Standards (IAS 26.1-7)

- Definitionen (IAS 26.8-12)

- Beitragsorientierte Pläne (IAS 26.13-16)

- Leistungsorientierte Pläne (IAS 26.17-31)

- Regelungen für alle Pläne (IAS 26.32-36)

- Vorschriften zum zeitlichen Anwendungsbereich des Standards (IAS 26.37).

2.17.2 Beitragsorientierte und leistungsorientierte Pläne

IAS 26 enthält ausschließlich Regelungen zu Altersversorgungsplänen und unterscheidet – wie der von den verpflichteten Arbeitgebern anzuwendende IAS 19 – zwischen beitragsorientierten und leistungsorientierten Altersversorgungsplänen. Die Einteilung in diese beiden Kategorien entscheidet über die Bilanzierung und Berichterstattung beim selbständigen Versorgungsträger.

▶ IAS 26.13-16

Bei **beitragsorientierten Plänen** werden die als Versorgungsleistung zu zahlenden Beträge durch die Beiträge des Arbeitgebers (und evtl. des Arbeitnehmers) zu einem Fonds und den daraus erzielten Anlageerträgen bestimmt (IAS 26.8). Damit wird die Höhe der zukünftigen Versorgungsleistungen maßgeblich durch die erhaltenen Beiträge und die mit diesen erzielten Erträgen ermittelt (IAS 26.14). Der Abschluss eines solchen Plans hat nach IAS 26.13 eine Aufstellung des für die Versorgungsleistungen zur Verfügung stehenden Nettovermögens sowie eine Beschreibung der Grundsätze der Fondsfinanzierung zu enthalten. Die mit dem Abschluss bezweckte Bereitstellung von Informationen über den Plan selbst und über die Ertragskraft seiner Anlagen sollen durch Erläuterungen zu Tätigkeiten und Auswirkungen von Änderungen, zur Ertragskraft sowie zur Kapitalanlagepolitik, ergänzt um eine Aufstellung der Geschäftsvorfälle erreicht werden (IAS 26.16).

---

[17] Vgl. Bruns/Hülsberg (2009), IAS 26, Rn. 4 f.

▶   IAS 26.17-31

Leistungsorientierte Pläne sind Altersversorgungspläne, bei denen die als Versorgungsleistung zu zahlenden Beträge nach Maßgabe einer Formel bestimmt werden, die üblicherweise das Einkommen des begünstigten Arbeitnehmers und/oder die Jahre seiner Dienst-
zeit berücksichtigt (IAS 26.8). Der Zweck des Abschlusses eines solchen Plans ist es, Informationen über seine Kapitalanlagen und Aktivitäten zu geben, um das Verhältnis des an-
gesammelten Vermögens zu den Versorgungsverpflichtungen anzugeben (IAS 26.22). Der
Abschluss hat hierzu neben den im Abschluss beitragsorientierter Pläne enthaltenen Informationen (s.o.) insbesondere versicherungsmathematische Angaben (IAS 26.22) sowie den
Barwert der Verpflichtung selbst zu enthalten (IAS 26.17 ff.). Die Angaben in einem solchen
Abschluss dürfen nach IAS 26.28 ff. wahlweise in einem von drei zulässigen Formaten
erstellt werden.

2.17.3   Planvermögen

▶   IAS 26.32-33

Sowohl für leistungs- als auch für beitragsorientierte Versorgungspläne ist nach IAS 26
vorgesehen, dass die Kapitalanlagen, aus denen später die Versorgungsleistungen bestritten werden sollen, im Abschluss des Versorgungsträgers mit ihrem beizulegenden Zeitwert
zu bewerten sind. Hierbei ist der beizulegende Zeitwert in einer nach IAS 26.32-33 vorgegebenen Reihenfolge zu ermitteln:

- Marktfähige Wertpapiere sind zu ihrem Marktwert zu bewerten;

- Wertpapiere mit einem festen Rückkaufswert dürfen zu ihrem Rückkaufswert unter der
  Annahme einer konstanten Rendite zu bewerten;

- der Wert anderer Kapitalanlagen ist bestmöglich zu schätzen, z.B. unter Zugrundelegung der erwarteten Cashflows;

- ist eine Schätzung nicht möglich, wie z.B. bei 100%-igen Unternehmensanteilen, so ist
  dies anzugeben und der Wert offenkundig mit den Anschaffungskosten anzusetzen.

2.17.4   Angaben

▶   IAS 26.13-16

Für **beide Arten von Versorgungsplänen** sind in IAS 26.34 ff. Angabepflichten vorgesehen,
die u.a. eine Bewegungsbilanz des Nettovermögens des Versorgungsträgers und eine aus-
führliche Beschreibung des Plans selbst enthalten.

2.17.5   Wiederholung des IAS 26 in Stichworten

Die Bilanzierungsregeln des IAS 26 zu Altersversorgungsplänen im Abschluss der Versorgungseinrichtung lassen sich kurz umreißen mit den Stichworten:

■ Keine Regelungen zur Berichtspflicht; in Deutschland kaum praktische Bedeutung;

■ Unterscheidung zwischen beitragsorientierten und leistungsorientierten Plänen (wie nach IAS 19);

■ Bewertung des Planvermögens zu beizulegenden Zeitwerten.

2.17.6   Hinweise zur Vertiefung

IAS 26 ist ein branchenspezifischer Standard, der in Deutschland derzeit faktisch keine praktische Anwendung findet (vgl. 2.17.1). Daher ist eine Vertiefung des Gegenstands dieses Standards nur bei konkretem Bedarf anhand der Kommentarliteratur empfehlenswert.

2.18   IAS 18 - Umsatzerlöse

2.18.1   Überblick zum IAS 18

▶   IAS 18.1-6

In seiner im Mai 2008 geänderten Fassung wurde IAS 18 am 23.01.2009 von der EU übernommen (**Endorsement-Verfahren**). Änderungen des IAS 18 durch IFRS 9, dessen Übernahme durch die EU verschoben wurde, sind für die folgende Einführung in den IFRS 2 nicht bedeutsam und bleiben daher unberücksichtigt. Auf das Vorhaben des IASB zur Änderung des IAS 18 wird gesondert eingegangen (vgl. 2.18.8).

Der **Gegenstand** des Standards ist bereits durch seine Bezeichnung ‚Umsatzerlöse' umrissen. Zur weiteren Erläuterung wird der Begriff des Umsatzerlöses bereits in der Zielsetzung des IAS 18 als Ertrag (vgl. RK.4.25(a)) eingeordnet, der im Rahmen der gewöhnlichen Geschäftstätigkeit eines Unternehmens anfällt. Umsatzerlöse unterscheiden sich damit von Erträgen aus Verkäufen von Sachanlagen oder Wertsteigerungen, die als Erträge in der GuV gesondert auszuweisen sind oder dem sonstigen Ergebnis zugehören (vgl. auch RK.4.29 ff.). Lediglich zuvor vermietete und nunmehr zum Verkauf anstehende Sachanlagen können bei Verkauf zu Umsatzerlösen führen (vgl. IAS 16.68 f.). Dieser sachlich begrenzte Anwendungsbereich kommt auch im **Aufbau** des IAS 18 zum Tragen:

■ Zielsetzung des Standards

■ Anwendungsbereich des Standards (IAS 18.1-6)

■ Definitionen (IAS 18.7-8)

- Bemessung der Umsatzerlöse (IAS 18.9-12)

- Abgrenzung eines Geschäftsvorfalls (IAS 18.13)

- Verkauf von Gütern (IAS 18.14-19)

- Erbringung von Dienstleistungen (IAS 18.20-28)

- Zinsen, Nutzungsentgelte und Dividenden (IAS 18.29-34)

- Angaben (IAS 18.35-36)

- Vorschriften zum zeitlichen Anwendungsbereich des Standards (IAS 18.37-38).

Es wird deutlich, dass sich der Standard auf die drei wichtigen Erlösbereiche Lieferungen, Leistungen und Nutzungsentgelte konzentriert (IAS 18.1), die in IAS 18.3-5 nochmals kurz erläutert werden. Der **Anwendungsbereich** des IAS 18 wird in Paragraf 6 weiter beschränkt, indem Umsatzerlöse aus den folgenden Bereichen ausgenommen werden:

- Leasingverträge i.S.d. IAS 17 (vgl. 2.3),

- Dividenden aus nach der Equity-Methode bewerteten Unternehmen nach IAS 28 (vgl. 5.4.3.2),

- Versicherungsverträge nach IFRS 4 (vgl. 3.3),

- nach IAS 39 bzw. IFRS 9 zu erfassende Wertänderungen von Finanzinstrumenten (vgl. 2.13),

- Wertänderungen bei kurzfristigen Vermögenswerten nach IAS 2 (vgl. 2.9),

- Land- und Forstwirtschaft nach IAS 41 (vgl. 2.12),

- Abbau von Bodenschätzen nach IFRS 6 (vgl. 2.6).

IAS 18 sieht die wesentliche Fragestellung im Rahmen der Bilanzierung der so abgegrenzten Umsatzerlöse darin, zu welchem Zeitpunkt, mithin unter welchen Voraussetzungen, Umsatzerlöse zu erfassen sind. Im Zentrum des Standards steht folglich die Frage des Realisationszeitpunktes, die für drei wesentliche Geschäftsvorfallarten in IAS 18.14-34 diskutiert wird (vgl. 2.18.4 ff.). Damit ist IAS 18 eng dem ihm gegenüber vorrangig zu beachtenden IAS 11 (vgl. 2.10) verbunden, der mittelfristig gemeinsam mit IAS 18 geändert werden wird (hierzu vgl. 2.18.8).

2.18.2 Bestimmung der Umsatzhöhe

▶   IAS 18.7-12

Umsatzerlöse sind nach IAS 18.7 **definiert** als der aus der gewöhnlichen Geschäftstätigkeit resultierende Bruttozufluss wirtschaftlichen Nutzens während der Berichtsperiode, der zu einer Erhöhung des Eigenkapitals führt, soweit er nicht auf Einlagen zurückzuführen ist. Der in dieser Definition enthaltene Begriff des Bruttozuflusses umfasst ausschließlich solche Beträge, die dem bilanzierenden Unternehmen auf eigene Rechnung zustehen (IAS 18.8). Somit gehören weder die Umsatzsteuer, noch andere für Rechnung Dritter eingenommene Beträge zu den Umsatzerlösen des bilanzierenden Unternehmens (IAS 18.8). Auch Preisnachlässe und Mengenrabatte sind von den Umsatzerlösen abzusetzen (IAS 18.10).

Allgemein sind die hiernach zu erfassenden Umsatzerlöse in Höhe des beizulegenden Zeitwerts der erhaltenen Leistung zu bemessen (IAS 18.9). Diese Bewertung ist bei einem Anspruch auf Zahlungsmittel i.d.R. kein Problem, führt aber bei einem im Wege des **Tauschs** entstandenen Anspruch auf einen anderen Vermögenswert zu der Notwendigkeit, den erhaltenen Vermögenswert zu dessen beizulegendem Zeitwert zu bewerten. Ist dies nicht in verlässlicher Weise möglich, so ist (hilfsweise) der beizulegende Wert der erbrachten Leistung zugrunde zu legen (IAS 18.12).

Enthält die Verkaufsvereinbarung einen **Finanzierungsanteil**, z.B. im Rahmen längerer Zahlungsziele, so ist der erworbene Anspruch gegenüber dem Kunden aufzuteilen in den Umsatz für die eigentliche erbrachte Leistung, z.B. für die Lieferung, und in einen Zinsanteil. Dies geschieht in der Weise, das die Höhe der Umsatzerlöse mit dem Barwert der vereinbarten Gegenleistung bemessen wird (zur Auswahl des Zinssatzes vgl. IAS 18.11) und der diesen Barwert übersteigende Betrag der Gegenleistung als Zinsertrag nach IAS 18.29 f. (vgl. 2.18.6) erfasst wird.

> **Fall:**
>
> Ein Produktionsunternehmen erwirbt in 01 ein unbebautes Grundstück, indem es dem Verkäufer des Grundstücks Fertigerzeugnisse überträgt (Herstellungskosten 200 TEUR). Das Grundstück hat einen beizulegenden Zeitwert i.H.v. 220 TEUR. Zusätzlich erhält das Produktionsunternehmen eine Baraufgabe i.H.v. 27.040 EUR, die erst in zwei Jahren fällig wird. Der nach IAS 18.11 bestimmte verlässlich ermittelte Zinssatz beträgt 4%.
>
> *Buchen Sie den Verkauf aus Sicht des Produktionsunternehmens (ohne Umsatzsteuer)!*

Lösung:

Für die Bemessung der Umsatzhöhe sind die Herstellungskosten nicht relevant. Die Umsatzerlöse setzen sich vielmehr aus dem beizulegenden Zeitwert des erhaltenen Grundstücks i.H.v. 220 TEUR und dem Barwert der Baraufgabe i.H.v. ($27.040 / 1,04^2 =$) 25 TEUR zusammen. Neben der Berücksichtigung des Materialverbrauchs bzw. der Umsatzkosten ist zu buchen:

Buchung:	Sachanlagen	220	an	Umsatzerlöse	245
	Forderungen	25			

2.18.3   Abgrenzung des Umsatzes

▶   IAS 18.13

Grundsätzlich werden Geschäftsvorfälle **einzeln** auf den Realisationszeitpunkt und auf die Umsatzhöhe untersucht. Allerdings folgt IAS 18 der der Rechnungslegung nach IFRS zugrunde liegenden wirtschaftlichen Betrachtungsweise, indem in IAS 18.13 zum einen gefordert wird, dass im Rahmen sog. **Mehrkomponentengeschäfte** einheitliche Verträge auf mehrere Bestandteile aufzuteilen und zu untersuchen sind, wenn sich diese auf unterschiedliche Leistungsarten beziehen. Als Beispiel wird ein Verkauf mit einem anschließenden Wartungsvertrag genannt. Hierbei werden zwei unterschiedliche Leistungen erbracht: während der Verkauf zu einer sofortigen Umsatzrealisation führt, wird die Wartung i.d.R. erst über einen längeren Zeitraum erbracht, so dass ein Umsatzerlös erst zukünftig mit jeweiliger Erbringung der einzelnen Teilleistungen realisiert wird. Dies erfordert eine Trennung des Mehrkomponentengeschäfts für Zwecke der Umsatzerfassung.

Zum anderen verlangt IAS 18.13, dass unabhängig von ihrer rechtlichen Trennung immer **alle Teile einer Vereinbarung** zusammen zu betrachten sind, um das wirtschaftlich Gewollte der Vertragsparteien erklären und hierauf aufbauend im Sinne des ‚True and Fair View' bilanzieren zu können. Als Beispiel führt der Paragraf einen Verkauf mit einem formal hiervon getrennten, bereits beim Verkauf vereinbarten Rückkauf durch den Veräußerer an. Nur beide Verträge zusammen können die Basis für die Beurteilung der Realisierung eines Umsatzerlöses darstellen, die im Beispielsfall mangels Übertragung wesentlicher Chancen und Risiken infrage gestellt sein könnte (vgl. 2.18.4).

2.18.4   Verkauf von Gütern

▶   IAS 18.14-19

Der Realisationszeitpunkt beim Güterverkauf ist nach IAS 18.14 an fünf kumulativ zu erfüllende **Voraussetzungen** gebunden:

a. Übertragung der maßgeblichen Risiken und Chancen an dem veräußerten Vermögenswert,

b. kein Verfügungsrecht und keine Verfügungsgewalt mehr beim Verkäufer,

c. verlässliche Bestimmbarkeit der Umsatzhöhe,

d. Wahrscheinlichkeit des Nutzenzuflusses und

e. verlässliche Bestimmbarkeit der dem Verkauf zuzuordnenden Aufwendungen, einschl. der Anschaffungs- bzw. Herstellungskosten der veräußerten Waren.

In der Praxis bereiten die Voraussetzungen zu IAS 18.14(a)-(b) die größten Probleme, wenn im Rahmen des Verkaufs Nebenabreden getroffen werden, vermöge derer nicht alle **Chancen und Risiken** an dem veräußerten Vermögenswert auf den Käufer übergehen. Beispiele für solche Nebenabreden werden in IAS 18.16 angeführt. Bereits IAS 18.13 enthält einen Hinweis auf den Fall eines gleichzeitig mit dem Verkauf vereinbarten Rückkaufs desselben Vermögenswerts. In diesen Fällen sind die vertraglichen Grundlagen jeweils im Einzelfall zu prüfen, ob den Verkäufer nicht doch noch Chancen und Risiken treffen (IAS 18.15). Ist dies der Fall, so bedeutet dies aber noch nicht zwangsläufig, dass der Umsatz noch nicht realisiert worden ist, denn nach IAS 18.17 ist insoweit auf die Übertragung der wesentlichen Chancen und Risiken abzustellen. Der Zurückbehalt des rechtlichen Eigentums, z.B. bei Lieferung unter Eigentumsvorbehalt, oder zu erwartenden geschäftsübliche Retouren hindern die Umsatzentstehung ebenso wenig wie deren Höhe.

Nach der Voraussetzung des IAS 18.14(d) muss der Nutzenzufluss wahrscheinlich sein. Stehen noch erforderliche Genehmigungen o.Ä. aus, so darf noch kein Umsatzerlös erfasst werden. Durch diese Voraussetzung werden jedoch nicht diejenigen Fälle erfasst, in denen der Kunde die entstandene Forderung nicht mehr begleichen kann. Diesem Risiko ist durch eine Wertminderung des Forderungsbetrags Rechnung zu tragen, ohne einen bereits erfassten Umsatzerlös nachträglich zu korrigieren (IAS 18.18).

Sind die **Aufwendungen des Verkaufs**, z.B. der Einstandspreis für noch zu beschaffende Ware, noch nicht bekannt, so darf nach IAS 18.14(e) i.V.m. IAS 18.19 noch kein Umsatz erfasst werden. Bereits erhaltene Anzahlungen des Kunden sind als Schuld ergebnisneutral einzubuchen.

> Fall:
>
> Ein Unternehmen A veräußert gegen Ende des Jahres 01 Vorräte an seinen Geschäftspartner B zum Preis von 12 TEUR. Gleichzeitig wird vereinbart, dass diese Vorräte kurz nach dem Abschlussstichtag zum vorab festgelegten Preis von 12 TEUR wieder auf A übertragen werden.
>
> *Wie ist zum 31.12.01 bei A zu bilanzieren?*

Lösung:

Durch die gleichzeitig vereinbarte Rückübertragung zum ursprünglichen Verkaufspreis trägt A zum Abschlussstichtag noch alle Chancen und Risiken aus den Vorräten. So wird er z.B. alle Wertänderungen, ob positiv oder negativ, tragen, da er die Vorräte in jedem Fall wieder zum ursprünglichen Preis zurückerhält. Daher weist A in seinen Abschluss zum 31.12.01 noch die Vorräte aus; die erhaltene Zahlung ist als Verbindlichkeit gegenüber B einzubuchen.

Buchung: Bank   12   an   Verbindlichkeiten   12

2.18.5   Erbringung von Dienstleistungen

▶   IAS 18.20-28

In den IAS 18.20 ff. werden im Wesentlichen Regelungen zur Erfassung **langfristiger Dienstleistungsaufträge** getroffen, d.h. von begonnen Dienstleistungsaufträgen, die erst in einem späteren Geschäftsjahr beendet werden. Diese sind aus bilanzieller Sicht vergleichbar mit den langfristigen Fertigungsaufträgen von Gütern, die in IAS 11 geregelt sind und dort auch zu vergleichbaren Ergebnissen führen.

Nach IAS 18.20 darf ein Umsatzerlös für einen solchen langfristigen Dienstleistungsauftrag **nach dessen Fertigstellungsgrad** nur unter den folgenden **Voraussetzungen** erfasst werden:

a.   verlässliche Bestimmbarkeit der Umsatzhöhe (vgl. IAS 18.23),

b.   Wahrscheinlichkeit des Nutzenzuflusses (vgl. IAS 18.22),

c.   verlässliche Bestimmbarkeit des Fertigstellungsgrads des Auftrags (IAS 18.24 f.),

d.   verlässliche Bestimmbarkeit der mit der Dienstleistung verbunden Aufwendungen (IAS 18.26),

e.   verlässliche Schätzbarkeit des Ergebnisses aus dem Dienstleistungsauftrag (IAS 18.26).

Die in dieser Aufstellung jeweils im Klammerzusatz genannten Paragrafen des IAS 18 erläutern die Voraussetzungen weiter. Von diesen sei die **Messung des Fertigstellungsgrades** nach IAS 18.24 f. herausgegriffen, die erfolgen darf:

■   gemäß der feststellbaren, erbrachten Arbeitsleistung,

■   gemäß der bereits erbrachten zur insgesamt zu erbringenden Leistung,

■   gemäß den bereits angefallenen zu den insgesamt voraussichtlich anfallenden Aufwendungen.

Ist bei Vorliegen der Voraussetzungen der Umsatzerlös nach dem Fertigstellungsgrad zu erfassen, so wird ein unfertiges Erzeugnis (die teilfertige Dienstleistung) in Höhe des anteiligen Umsatzerlöses aktiviert.

Ist (nur) das **Ergebnis des Auftrags nicht verlässlich schätzbar** (Voraussetzung e.), dürfen das unfertige Erzeugnis und die Umsatzerlöse nur in Höhe der bereits angefallenen Aufwendungen erfasst werden. Erlöse und Aufwendungen gleichen sich dann aus, und es entsteht kein Gewinn (IAS 18.26 f.).

Ist weder das Ergebnis des Auftrags verlässlich schätzbar und **außerdem keine ausreichende Wahrscheinlichkeit eines Nutzenzuflusses** aus dem Auftrag gegeben, dürfen überhaupt keine Umsatzerlöse erfasst werden. Die im Zusammenhang mit dem Auftrag angefallenen Aufwendungen mindern das Ergebnis (IAS 18.28).

> Fall:
>
> Eine Unternehmensberatungsgesellschaft berät einen sanierungsbedürftigen Kunden in den Geschäftsjahren 01 und 02. Die erwarteten gesamten Auftragskosten für diese Jahre liegen bei 500 TEUR, von denen 280 TEUR in 01 und 220 TEUR in 02 anfallen. Planmäßig wird der Kunde einen vorab fest vereinbarten Preis i.H.v. 700 TEUR zahlen; nach Abwicklung des Auftrags in 03 wird der Kunde jedoch insolvent ohne Masse.
>
> *Ermitteln Sie den Bilanzansatz und die Gewinnauswirkung (nach dem Umsatzkostenverfahren) nach dem Fertigstellungsgrad anhand der angefallenen Kosten für die Geschäftsjahre 01 bis 03 (ohne Berücksichtigung latenter Steuern)!*

Lösung:

	01	02	03
Kosten jährlich	280	220	-
Kosten kumuliert	280	500	-
Gesamtkosten	500	500	-
Fertigstellungsgrad	56%	100%	-
Steigerung		+44%	-
Fertigungsaufträge	392*	-	-
Forderungen	-	700	0
Umsatzerlöse	392*	308	-
HK des Umsatzes	-280	-220	
Anderer Aufwand	-	-	-700
Gewinnauswirkung	+112	+88	-700

* Auftragserlöse 700 TEUR x 56% = 392 TEUR

Der Zahlungsausfall in 03 führt nicht zu einer nachträglichen Korrektur der Umsatzerlöse, sondern stellt einen eigenständigen Geschäftsvorfall dar, nach dem die Forderung i.H.v. 700 TEUR wertzuberichtigen ist.

2.18.6 Zinsen, Nutzungsentgelte und Dividenden

▶ IAS 18.29-34

Ist es wahrscheinlich, dass aus einer Nutzungsüberlassung ein wirtschaftlicher Nutzen zufließt und ist die Höhe der Erlöse verlässlich bestimmbar (IAS 18.29), so sind die Entgelte für die Nutzungsüberlassung wie folgt zu erfassen (IAS 18.30):

- Zinsen sind gemäß der Effektivzinsmethode nach IAS 39 bzw. IFRS 9 zu erfassen (vgl. 2.13.1.3);

- Nutzungsentgelte wie Miete oder Pacht sind entsprechend dem im Vertrag festgelegten Nutzungsverlauf als Umsatzerlöse zu vereinnahmen;

- Dividenden sind bei Entstehung des Rechtsanspruchs als Erlöse zu erfassen. Dieser Zeitpunkt bestimmt sich in Deutschland nach dem nationalen Gesellschaftsrecht. Ausschüttungen deutscher Kapitalgesellschaften werden im Regelfall erst nach Abschluss des Geschäftsjahres unter Vorlage des festgestellten Jahresabschlusses durch die zuständigen Gremien beschlossen (§ 174 Abs. 1 AktG; § 29 Abs. 1 GmbHG).

Fall:

Ein Unternehmen verpachtet entsprechend seiner gewöhnlichen Geschäftstätigkeit erstmals ab Dezember 01 ein neues Lagergrundstück für 12 TEUR p.a. Im Dezember 01 erhält das Unternehmen die Jahresmiete bis einschl. November 02. Die Pacht für Dezember 02 und für 03 wird erst in 03 bezahlt.

Wie ist der Zahlungseingang in 01 und ggf. in 02 zu buchen?

Lösung:

Die Pachtleistung wird üblicherweise monatlich erbracht. Daher sind auch die Pachteinnahmen nach erbrachter Leistung monatlich als Umsatzerlöse zu erfassen. In 01 sind die erhaltenen Zahlungen für die im Folgejahr noch zu erbringenden Pachtleistungen als Schuld abzugrenzen. Die Miete für Dezember 02 wird trotz verspätetem Zahlungseingang noch in 02 als Umsatzerlös erfasst, da der Verpächter insoweit seine Leistung erbracht hat.

Buchung 01:	Bank	12	an	Umsatzerlöse	1
				Verbindlichkeiten	11
Buchung 02:	Verbindlichkeiten	11	an	Umsatzerlöse	11
	Forderungen	1	an	Umsatzerlöse	1

2.18.7   Angaben

▶   IAS 18.35-36

Die nach IAS 18.35 erforderlichen Anhangangaben sind in ihrer Anzahl überschaubar und betreffen

- die angewandten Rechnungslegungsmethoden,

- eine Aufgliederung der Umsatzerlöse, vorzugsweise nach den in IAS 18 erörterten Kategorien (Güterverkauf, Dienstleistungen, Zinsen, nutzungsentgelte, Dividenden) und

- die in den einzelnen Kategorien enthaltenen Umsatzerlöse aus Tauschgeschäften.

2.18.8   Aktuelle Entwicklungen

IAS 18 formuliert gemeinsam mit IAS 11 (vgl. 2.10) die wesentlichen Vorschriften zur Erlösrealisierung im Regelungssystem der IFRS. Nach einem langjährigen Projekt zur Annäherung der diesbezüglichen Vorschriften der IFRS und der US-GAAP wird der IASB voraussichtlich gegen Ende des Jahres 2012 einen endgültigen neuen Standard veröffentlichen, der IAS 11 und IAS 18 ersetzen wird.

Nach dem am 14.11.2011 durch den IASB vorgelegten Entwurf für einen solchen neuen Standard (ED/2011/6 – Revenue from Contracts with Customers) ist insbesondere davon auszugehen, dass die Erfassung von Umsatzerlösen zukünftig sehr viel stärker als bisher daran gekoppelt wird, dass der Auftraggeber (teilweise) Verfügungsmacht über die erbrachte bzw. zu erbringenden Leistung erlangt hat. Auch detailliertere Vorschriften zur Aufteilung bzw. Zusammenfassung von sog. Merkomponentengeschäften (vgl. 2.18.3) sind neben weiteren Anpassungen zu erwarten.

Die weitere Entwicklung dieses Änderungsvorhabens ist abzuwarten. Der neue Standard wird jedoch erst nach dem Abschluss des Endorsement-Verfahrens in der EU und auch dann voraussichtlich erst für Geschäftsjahre, die nach dem 31.12.2014 beginnen, verpflichtend anzuwenden sein.

2.18.9   Wiederholung des IAS 18 in Stichworten

Die wesentlichen Kernpunkte des IAS 18 lassen sich in einigen Stichworten zusammenfassen:

- Bewertung der Umsatzerlöse grds. mit dem beizulegenden Zeitwert der erhaltenen Gegenleistung;

- Abgrenzung der Umsatzerlöse: Trennung sog. Mehrkomponentengeschäfte; ganzheitliche Betrachtung des wirtschaftlich Gewollten;

- Güterverkauf: fünf Voraussetzungen für die Entstehung von Umsatzerlösen, insb. Übertragung der maßgeblichen Chancen und Risiken;

- Langfristige Dienstleistungen: unter bestimmten Voraussetzungen Erfassung von Umsatzerlösen nach dem „Fertigstellungsgrad";

- Nutzungsüberlassungen: Erfassung der Umsatzerlöse (zeit-) anteilig entsprechend dem Nutzungsverlauf; Sonderregelungen für Dividendenansprüche;

- Umfassende Überarbeitung des IAS 18 gemeinsam mit IAS 11 (Fertigungsaufträge).

2.18.10   Hinweise zur Vertiefung

Die vorstehend erläuterten Realisationszeitpunkte sind in jedem Einzelfall anhand der jeweils vorliegenden Vertragsgestaltung zu prüfen. Deren in der Praxis vorzufindende

Komplexität verlangt auch eine Vertiefung anhand der einschlägigen Kommentarliteratur. Im Einzelnen kann noch auf die folgenden Interpretationen des IASB verwiesen werden:

- SIC-31(Erträge aus dem Tausch von Werbeleistungen);

- IFRIC 12 (Dienstleistungskonzessionsvereinbarungen);

- IFRIC 13 (Kundenbindungsprogramme);

- IFRIC 15 (Verträge über die Errichtung von Immobilien).

2.19   IAS 20 - Zuwendungen der öffentlichen Hand

2.19.1   Überblick zum IAS 20

▶   IAS 20.1-6

IAS 20 wurde in seiner zuletzt durch den IASB geänderten Fassung am 31.01.2009 von der EU übernommen (**Endorsement-Verfahren**). Dieser Standard wurde vom IASB zwischenzeitlich durch IFRS 9 (Finanzinstrumente) geändert. Da das Endorsement des IFRS 9 jedoch verschoben wurde und die Änderungen speziell auf Finanzinstrumente ausgerichtet sind, werden diese in der folgenden Einführung nicht berücksichtigt. In seiner derzeit in der EU anzuwendenden Fassung hat IAS 20 die Bilanzierung einschl. des Ausweises von Zuwendungen der öffentlichen Hand zum **Gegenstand**. Die **Definition** der öffentlichen Hand umfasst nach IAS 20.3 Regierungsbehörden, Institutionen mit hoheitlichen Aufgaben und ähnliche Körperschaften unabhängig von ihrem regionalen Wirkungsfeld. Im deutschen Rechtsraum werden hierdurch sämtliche Verwaltungsebenen vom Bund bis hin zur Gemeindeverwaltung erfasst. Aber auch internationale Behörden, wie z.B. auf Ebene der EU, können an deutsche Unternehmen Zuwendungen i.S.d. IAS 20 leisten.

Für Rechnungslegungszwecke ist hierbei zu unterscheiden zwischen Beihilfen und Zuwendungen. Beihilfen stellen den Oberbegriff dar, der alle unmittelbaren Maßnahmen der öffentlichen Hand umfasst, die dazu bestimmt sind, Unternehmen unter bestimmten Voraussetzungen einen wirtschaftlichen Vorteil zu gewähren (IAS 20.3). Indirekte Maßnahmen, wie z.B. allgemeine Infrastrukturmaßnahmen, die die Allgemeinheit begünstigen, fallen nicht unter Beihilfen in diesem Sinne (IAS 20.3, IAS 20.38).

Zuwendungen stellen eine Teilmenge der so verstandenen Beihilfen dar, die an ein Unternehmen durch Übertragung von Mitteln gewährt werden und die zum Ausgleich für die Erfüllung bestimmter Bedingungen im Zusammenhang mit der betrieblichen Tätigkeit gewährt werden (IAS 20.3). Ausgenommen vom Begriff der Zuwendungen sind solche Beihilfen, die sich nicht bewerten lassen, sowie unternehmensübliche Geschäfte mit der öffentlichen Hand (zu Beispielen vgl. IAS 20.35). Konkreter werden in IAS 20.6 Zuwendungen beispielhaft auch als Zuschüsse, Subventionen oder Prämien bezeichnet.

Dieser Unterteilung folgend gestaltet sich auch der **Aufbau** des Standards, wobei die Zuwendungen den eindeutigen Schwerpunkt des Standards bilden. Demgegenüber wird die Rechnungslegung über andere Beihilfen nur rudimentär behandelt.

■ Anwendungsbereich des Standards (IAS 20.1-2)

■ Definitionen (IAS 20.3-6)

■ Zuwendungen der öffentlichen Hand (IAS 20.7-33)

■ Beihilfen der öffentlichen Hand (IAS 20.34-38)

■ Angaben (IAS 20.39)

■ Vorschriften zum zeitlichen Anwendungsbereich des Standards (IAS 20.40-43).

Vom **Anwendungsbereich** des Standards sind nach IAS 20.2 u.a. rein steuerliche Beihilfen, wie z.B. erhöhte Abschreibungen, Unternehmensbeteiligungen der öffentlichen Hand sowie von IAS 41 (Landwirtschaft) abgedeckte Zuwendungen der öffentlichen Hand ausgenommen. In diesen Anwendungsgrenzen besteht das **Rechnungslegungsproblem**, dem sich IAS 20 widmet, darin, wie von der öffentlichen Hand erhaltene Mittel bilanziell zu erfassen sind und wie hierüber im Abschluss zu berichten ist (IAS 20.5)

2.19.2   Bilanzierung von Zuwendungen der öffentlichen Hand

▶   IAS 20.7-33

Unter die Definition der Zuwendung fallende Beihilfen der öffentlichen Hand sind zu dem **Zeitpunkt** zu erfassen, zu dem kumulativ (IAS 20.7)

■ die an die Gewährung der Zuwendung geknüpften Bedingungen mit einer angemessenen Sicherheit erfüllt sind und

■ mit einer angemessenen Sicherheit davon ausgegangen werden kann, dass die Zuwendung auch tatsächlich gewährt wird.

Hierdurch wird verhindert, dass unsichere Erträge in der GuV erfasst werden. Selbst bereits zugeflossene Zuwendungen dürfen nicht als solche nach den Regeln des IAS 20 bilanziert werden, wenn nicht alle Bedingungen erfüllt worden sind und somit eine Rückzahlung bereits erhaltener Beträge nicht mit angemessener Sicherheit ausgeschlossen werden kann.

Die **Höhe** der zu erfassenden Zuwendung bestimmt sich bei finanziellen Zuwendungen in Geld zu deren Nominalbetrag. Nicht monetäre Zuwendungen, wie z.B. die unentgeltliche Zuwendung eines Grundstücks, sind mit dem beizulegenden Zeitwert des erhaltenen Guts zu bewerten (IAS 20.23). Für Vermögensvorteile in Gestalt zinsgünstiger Darlehen der öffentlichen Hand enthält IAS 20.10A eine Sonderregel, nach der die Zuwendung in Höhe der Differenz zwischen dem Nennwert des erhaltenen Darlehensbetrags und dem für das

Darlehen nach IAS 39.43 anzusetzenden Zugangswert (beizulegender Zeitwert des Darlehens, der bei zinsgünstigen Darlehen i.d.R. unter dem Nennbetrag liegt) zu bemessen ist.

Methodisch sind die hinsichtlich ihrer Höhe bestimmten Zuwendungen ergebniswirksam in der GuV des Zuwendungsempfängers zu erfassen (IAS 20.12, IAS 20.16). Werden die Zuwendungen der öffentlichen Hand für bereits entstandene Verluste bzw. für bereits beim begünstigten Unternehmen angefallene Aufwendungen gewährt oder stehen sie in keinem Zusammenhang mit zukünftigen Aufwendungen des Unternehmens, so sind die Zuwendungen unmittelbar als Ertrag in der GuV des begünstigten Unternehmens zu erfassen (IAS 20.20-22). Andernfalls sind die erhaltenen Zuwendungen unabhängig von deren Zahlungszeitpunkt dann als Ertrag in der GuV zu erfassen, wenn die Aufwendungen, für die sie gewährt wurden, angefallen sind (IAS 20.12, IAS 20.16). Soweit bereits zugeflossene Zuwendungen sich auf Aufwendungen zukünftiger Geschäftsjahre beziehen, sind sie zunächst in einem Passivposten ergebnisneutral zu erfassen, der in den Folgejahren entsprechend den angefallenen Aufwendungen ergebniswirksam aufzulösen ist.

Erfolgt die **Zuwendung für Vermögenswerte**, d.h. ist sie an den Erwerb oder die Herstellung von Vermögenswerten gebunden (IAS 20.3), so ist ein Ertrag nur in Höhe der in Gestalt von Abschreibungen verrechneten Aufwendungen für diesen Vermögenswert zu erfassen. Nach IAS 20.24 ff. ist dem Bilanzierenden hierzu hinsichtlich des bilanziellen Ausweises die Wahl gegeben, den Vermögenswert nach Abzug der Zuwendung (netto) zu aktivieren und nur den um die Zuwendung geminderten Zugangswert planmäßig abzuschreiben. Alternativ darf dem Zugangswert des begünstigten Vermögenswerts ein passiver Abgrenzungsposten in Höhe der Zuwendung gegenübergestellt werden, der entsprechend dem Abschreibungsverlauf über die Nutzungsdauer des Vermögenswerts auf der Aktivseite ergebniswirksam aufzulösen ist. Beide Varianten führen zur gleichen Auswirkung auf das GuV-Ergebnis. In der Kapitalflussrechnung sollten die Zuwendungen jedenfalls brutto in einem gesonderten Posten gezeigt werden, um den Abschlussadressaten die Zahlungsströme zu offenbaren (IAS 20.28).

Beziehen sich zu erfassende Zuwendungen nicht auf den Erwerb oder die Herstellung eines Vermögenswerts (**erfolgsbezogene Zuwendungen**, vgl. IAS 20.3), so hat das begünstigte Unternehmen das Wahlrecht (IAS 20.29 ff.), diese in der GuV von den Aufwendungen, für die die Zuwendung bestimmt ist, abzuziehen, (Nettomethode) oder als gesonderten Ertragsposten bzw. als Teil des Postens ‚sonstige Erträge' in der GuV zu zeigen (Bruttomethode).

Ist die Zuwendung wider der ursprünglichen Erwartung an die öffentliche Hand zurückzuzahlen, so ist diese **Rückzahlung** nach IAS 20.32 wie eine Änderung einer Schätzung i.S.d. IAS 8 (vgl. 3.4.3) zu behandeln. Danach ist gem. IAS 8.36 die Änderung prospektiv durchzuführen. D.h., dass die Rückzahlung erst in dem Abschluss des Geschäftsjahres zu berücksichtigen ist, in dem sich die Rückzahlungspflicht ergeben hat. Die Vorjahresabschlüsse, in denen die Zuwendung erfasst wurde, bleiben unberührt. Konkret bedeutet dies, dass die Rückzahlung, soweit sie in Höhe des passivischen Abgrenzungspostens auf noch nicht ergebniswirksam erfasste Teile der Zuwendung entfällt, diesen passiven Abgrenzungsposten ergebnisneutral mindert. Darüber hinausgehende Rückzahlungspflichten sind als Aufwand in der GuV zu erfassen, da sie bereits ergebniswirksam erfasste Zuwendungen betreffen. Im Falle der Nettomethode, bei der der Zuwendungsbetrag den Zugangswert des begünstigten Vermögenswerts gemindert hatte, sind die hierdurch verminderten Abschreibungen der vergangenen Geschäftsjahre ergebniswirksam nachzuholen; der Restbetrag der Rückzahlungsverpflichtung ist dem Buchwert des Vermögenswerts ergebnisneutral zuzuschreiben (IAS 20.32).

> **Fall:**
>
> Die Subventions-AG erhält in 01 die verbindliche Zusage des Bundeslandes, in dem sie ansässig ist, zur Zahlung von 20% des Kaufpreises einer bestimmten Maschine. Die AG schafft diese begünstigte Maschine mit einer Nutzungsdauer von fünf Jahren am 31.12.01 zu Anschaffungskosten i.H.v. 100 TEUR an. Die Zuwendung wird vom Land erst in 02 ausgezahlt. In 03 fordert das Land die Zuwendung in voller Höhe zurück, da die AG bei Beantragung der Zuwendung in 01 falsche Angaben gemacht habe.
>
> *Buchen Sie den Vorgang für die Geschäftsjahre 01-03 unter der Annahme, dass die AG eine möglichst hohe Bilanzsumme zeigen möchte!*

Lösung:

Unbesehen der noch nicht erfolgten Zahlung ist bereits in 01 von einem Rechtsanspruch auf die Zuwendung der öffentlichen Hand auszugehen, der als Forderung der AG einzubuchen ist. Da eine möglichst hohe Bilanzsumme gezeigt werden soll, wird die AG die Zuwendung brutto buchen, d.h. in einem gesonderten passivischen Abgrenzungsposten ausweisen.

Buchung 01:	Maschine	100	an	Bank	100
	Forderung Land	20	an	Passivischer Ausgleichsposten	20

Im Jahr 02 wird die Maschine planmäßig i.H.v. (100 TEUR / 5 J. =) 20 TEUR abgeschrieben. Der passivische Ausgleichsposten ist dementsprechend i.H.v. (20 TEUR / 5 J. =) 4 TEUR ergebniswirksam aufzulösen.

Buchung 02:	Abschreibungen	20	an	Maschine	20
	Passivischer Ausgleichsposten	4	an	Sonstiger Ertrag	4

Im Jahr 03 ist eine Rückzahlungsverpflichtung einzubuchen. Diese ist ergebnisneutral, soweit die gegen den noch nicht verrechneten passivischen Ausgleichsposten eingebucht wird. In Höhe der in 02 bereits ergebniswirksam vorgenommenen Auflösung dieses Ausgleichpostens ist die Einbuchung der Rückzahlungsverpflichtung aufwandswirksam.

Buchung 03:	Abschreibungen	20	an	Maschine	20
	Passivischer Aus-gleichsposten	16	an	Rückzahlungs-verpflichtung Land	20
	Sonstiger Aufwand	4			

<u>Alternative:</u>

Wäre in 01 die Nettodarstellung gewählt worden, so hätten die Abschreibungen in 02 ((100-20) / 5 J. =) 16 TEUR betragen und zu einem Buchwert der Maschine zum 31.12.02 i.H.v. (100-20-16 =) 64 TEUR geführt.

| Buchung 02: | Abschreibungen | 16 | an | Maschine | 16 |

In 03 wäre die Rückzahlungsverpflichtung i.H.v. 20 TEUR einzubuchen. Um diesen Betrag ist der Buchwert der Maschine zu erhöhen, der damit (als Zwischenstand) 84 TEUR beträgt. Allerdings war die Abschreibung des Vorjahres aufgrund des um die Zuwendung geminderten Abschreibungsbetrags i.H.v. (20 TEUR / 5 J- =) 4 TEUR geringer als ohne Berücksichtigung dieser Zuwendung, so dass dieser Betrag in 03 als Abschreibung nachzuholen ist. Hierdurch verringert sich der Buchwert der Maschine in 03 (vor planmäßiger Abschreibung für 03) auf 80 TEUR. Die planmäßigen Abschreibungen für 03 sind dann ausgehend von den ungeminderten Anschaffungskosten i.H.v. (100 TEUR / 5 J. =) 20 TEUR zu berechnen.

Buchung 03:	Maschine	20	an	Rückzahlungs-verpflichtung Land	20
	Abschreibungen	4	an	Maschine	4
	Abschreibungen	20	an	Maschine	20

2.19.3   Sonstige Beihilfen der öffentlichen Hand

▶   IAS 20.34-38

Beihilfen, die nicht bewertet werden können oder die im üblichen Geschäftsverkehr mit der öffentlichen Hand gewährt werden, stellen **keine Zuwendungen** i.S.d. IAS 20.3 dar. Beispiele für nicht bewertbare Beihilfen sind nach IAS 20.35 z.B. Garantien des Landes oder des Bundes für einen Bankkredit des Unternehmens. Auch für ein Unternehmen übliche Geschäftstätigkeiten, wie z.B. der Materialeinkauf einer Behörde, begünstigen die wirtschaftliche Lage des Verkäufers.

Für diese Beihilfen stellt IAS 20 keine Bilanzierungsregeln bereit. Allerdings sind sie nach IAS 20.36, sofern sie für das Unternehmen eine gewisse wirtschaftliche Bedeutung haben, nach Art, Umfang und Laufzeit **anzugeben**. Hierdurch wird dem Umstand Rechnung getragen, dass Informationen über die Abhängigkeit von der öffentlichen Hand für Abschlussadressaten auch dann wichtig ist, wenn diese sich nicht separat im Zahlenwerk des IFRS-Abschlusses ausgewirkt haben (können).

2.19.4   Angaben

▶   IAS 20.39

Neben den Angabepflichten von Beihilfen, die keine Zuwendungen darstellen (vgl. 2.19.3) sind im Zusammenhang mit der Bilanzierung von Zuwendungen der öffentlichen Hand folgende Angabepflichten zu beachten:

a. Rechnungslegungs- und Darstellungsmethoden für Zuwendungen der öffentlichen Hand,

b. Art und Umfang der im Abschluss erfassten Zuwendungen und ein Hinweis auf andere Formen öffentlicher Beihilfen,

c. Unsicherheiten im Zusammenhang mit bereits im Abschluss erfassten öffentlichen Beihilfen.

2.19.5   Wiederholung des IAS 20 in Stichworten

Wesentliche Punkte zur Wiederholung der Regelungen des Standards sind:

- Unterscheidung zwischen Zuwendungen und sonstigen Beihilfen der öffentlichen Hand;

- Erfassung von Zuwendungen, wenn von ihrer Gewährung mit einer angemessenen Sicherheit auszugehen ist;

- Bilanzierung von Zuwendungen ist ergebniswirksam zum Zeitpunkt des Anfalls der begünstigten Aufwendungen (Abschreibungen, sonstige Aufwendungen);

- Ausweis von Zuwendungen für Vermögenswerte brutto (gesonderter Passivposten) oder netto (Abzug vom Buchwert des Vermögenswerts);

- Ausweis von Zuwendungen für angefallenen Aufwendungen brutto (als Ertrag) oder netto (Abzug von den Aufwendungen);

- Für sonstige Beihilfen ggf. weitere Angabepflichten.

2.19.6   Hinweise zur Vertiefung

IAS 20 ist inhaltlich kein schwer verständlicher Standard. Allerdings kann sein Anwendungsbereich (IAS 20.1-2) praktische Fragen aufwerfen. In diesem Zusammenhang sei auch auf SIC-10 (Beihilfen der öffentlichen Hand – kein spezifischer Zusammenhang mit betrieblichen Tätigkeiten) verwiesen. In der Praxis kann sich auch die Zuordnung der Zuwendungen zu den angefallenen Aufwendungen, für die sie gewährt wurden, als schwierig erweisen (IAS 20.17-19).

2.20   IFRS 2 – Aktienbasierte Vergütung

2.20.1   Überblick zum IFRS 2

▶   IFRS 2.1-6; Anhang A zu IFRS 2

In seiner Fassung aus Juni 2009 hat IFRS 2 das **Endorsement-Verfahren** der EU am 23.03.2010 durchlaufen. Hierdurch wurden gleichzeitig die Interpretationen IFRIC 8 (Anwendungsbereich von IFRS 2) und IFRIC 11 (Geschäfte mit eigenen Aktien und Aktien von Konzernunternehmen) ersetzt. Änderungen des IFRS 2 durch IFRS 9, dessen Übernahme durch die EU verschoben wurde, sind für die folgende Einführung in den IFRS 2 nicht bedeutsam und bleiben daher unberücksichtigt.

Gegenstand des Standards ist die Bilanzierung von Vergütungen für den Erwerb von Gütern oder Dienstleistungen durch die Hingabe von eigenen Aktien oder von anderen Finanzinstrumenten, deren Wert auf eigenen Aktien basiert. Damit ist der sachliche **Anwendungsbereich** des Standards nach IFRS 2.2 zunächst weit gefasst. Er umfasst grundsätzlich sämtliche Erwerbe von Vermögenswerten oder die Inanspruchnahme von Dienstleistungen durch Hingabe eigener Aktien (Eigenkapitalinstrumente), durch an den Wert der eigenen Aktien orientierte Barzahlungen oder durch Hingabe von Vergütungen aus einer Kombinationen der beiden erstgenannten Vergütungsarten. Vom Anwendungsbereich ausdrücklich ausgeschlossen sind jedoch

■   die gesellschaftsrechtlich bedingte Gewährung von Bezugsrechten an Altaktionäre (IFRS 2.4),

■   Erwerbe im Rahmen von Unternehmenszusammenschlüssen i.S.d. IFRS 3 (IFRS 2.5),

■   Warenterminkontrakte, die unter den Anwendungsbereich der IAS 32.8-10 (vgl. 2.14) bzw. IAS 39 (vgl. 2.13) fallen (IFRS 2.6).

Der **Hauptanwendungsfall** des IFRS 2 besteht in der Klärung der Frage, wie die Vergütung von Mitarbeitern für ihre Arbeitnehmerleistung mit Aktien bzw. Aktienoptionen oder mit einer an den Aktienkurs gekoppelten Barvergütung zu bilanzieren ist. Auf diesen Hauptanwendungsfall der Aktienoptionspläne konzentrieren sich die folgenden Ausführungen zu diesem Kapitel.

Entsprechend dem Anwendungsbereich des Standards hat sich der IASB für den folgenden **Aufbau** des IFRS 2 entschieden:

- Zielsetzung des Standards (IFRS 2.1)

- Anwendungsbereich des Standards (IFRS 2.2-6)

- Grundsatz der Erfassung anteilsbasierter Vergütungen (IFRS 2.7-9)

- Anteilsbasierte Vergütungen mit Ausgleich durch Eigenkapitalinstrumente (IFRS 2.10-29)

- Anteilsbasierte Vergütungen mit Barausgleich (IFRS 2.30-33)

- Anteilsbasierte Vergütungen mit wahlweisem Barausgleich oder Ausgleich durch Eigenkapitalinstrumente (IFRS 2.34-43)

- Angaben (IFRS 2.44-52)

- Vorschriften zum zeitlichen Anwendungsbereich des Standards (IFRS 2.53-64)

- Definitionen (Anhang A des Standards)

- Anhang B: Anleitung zur Anwendung (IFRS 2.B1-B61).

Im Anhang A des Standards enthaltene **wichtige Definitionen** werden jeweils an geeigneter Stelle in den folgenden Unterkapiteln einmal erwähnt. Es empfiehlt sich, diese Definitionen vorab und jeweils bei Nennung eines im Anhang B definierten Begriffs in den folgenden Ausführungen intensiv durchzuarbeiten. Ohne die Kenntnis der zentralen Begriffe ist ein Verständnis der Regelungen des IFRS 2 nicht zu erwarten.

2.20.2 Grundzüge der Erfassung aktienbasierter Vergütungen

▶ IFRS 2.7-9

Bei der Vereinbarung **anteilsbasierter Vergütungen mit Ausgleich durch Eigenkapitalinstrumente** werden dem Empfänger eigene Aktien, die neu emittiert oder zuvor vom Unternehmen selbst erworben wurden, oder Aktienoptionen gewährt. Im Rahmen der Mitarbeitervergütung stellen solche Vergütungsformen oftmals einen Teil der Gesamtvergütung dar, der die Leistungsbereitschaft der begünstigten Mitarbeiter fördern soll. Hierbei wird es den Mitarbeitern ermöglicht, Aktien zu vergünstigten Konditionen zu erwerben. Solche aktienbasierten Vergütungsbestandteile sind meist an eine Mindestdauer der Betriebszugehörigkeit des Mitarbeiters und/oder die Erreichung bestimmter Ziele, wie z.B. Mindestgewinne bzw. –rentabilitäten oder die Entwicklung des Aktienkurses des Unternehmens, geknüpft. **Anteilsbasierte Vergütungen mit Barausgleich** beruhen eigentlich auf dem gleichen Prinzip mit dem wesentlichen Unterschied, dass hier nicht tatsächlich Aktien bzw. Aktienoptionen gewährt werden, sondern Barauszahlungen gewährt oder in Aussicht gestellt werden, die sich an der Kursentwicklung der Aktien des Unternehmens orientieren.

Der Erwerb von Gütern und die Inanspruchnahme von Dienstleistungen sind unabhängig von der Art und vom Zeitpunkt der Gegenleistung im **Zeitpunkt** des Erwerbs bzw. der Inanspruchnahme der Leistung zu erfassen. Die **Sollbuchung** einer aktienbasierten Vergütung hängt damit von der Art der empfangenen Leistung ab. Ein erworbener Vermögenswert ist nach den allgemeinen Grundsätzen des IAS 1 (vgl. 1.3) und des RK (vgl. 1.2) zu aktivieren bzw. als Aufwand zu erfassen (IFRS 2.7 und 2.9). Gleiches gilt für eine in Anspruch genommene Dienstleistung, die i.d.R. Aufwand darstellt, sofern sie nicht, z.B. als Nebenkosten der Anschaffung bzw. Herstellung, zu aktivieren ist (IFRS 2.8 f.).

Die **Habenbuchung** richtet sich danach, welche Art aktienbasierter Vergütungen für die erhaltene Leistung hingegeben wird. Werden eigene (junge oder zuvor durch das Unternehmen erworbene) Aktien hingegeben (Ausgleich durch Eigenkapitalinstrumente), kommt die Vergütung einer Eigenkapitalerhöhung gleich und ist als solche durch Erhöhung des gezeichneten Kapitals und ggf. der Kapitalrücklage zu buchen. Die Gewährung von Aktienoptionen erhöht bis zu ihrer Ausübung nicht das gezeichnete Kapital. Von den gesellschaftsrechtlich vorgesehenen Rücklagen erscheint allenfalls die Kapitalrücklage für die Habenbuchung geeignet. Alternativ kann im Falle von Aktienoptionen auch die Dotierung einer (gesellschaftsrechtlich nicht vorgesehenen) gesonderten Eigenkapitalposition, z.B. einer Rücklage aus anteilsbasierten Vergütungen, in Betracht kommen.[18] Wird hingegen als Gegenleistung eine Barvergütung vereinbart, die an die Kursentwicklung der eigenen Aktien anknüpft (anteilsbasierte Vergütung mit Barausgleich), so erhöht sich nicht das Eigenkapital des bilanzierenden Unternehmens, sondern es entstehen Schulden. Eine Besonderheit dieser Geldschuld liegt lediglich in ihrer Berechnungsmodalität anhand eines schwankenden Aktienkurses. Aus diesem Grunde ist i.d.R. eine Rückstellung nach den Grundsätzen des IAS 37 (vgl. 2.15) einzubuchen.

<u>Fall</u>:

Die Kauf-AG erwirbt zwei Grundstücke A und B zum 31.12.01. Grundstück A wird gegen die Ausgabe neuer Aktien der Kauf-AG zum Kurs i.H.v. 100 TEUR (Nennbetrag 20 TEUR) erworben. Grundstück B wird unter Bezugnahme auf den bei Zahlung in fünf Monaten aktuellen Aktienkurs der Kauf-AG gegen einen Barpreis veräußert. Nach den Berechnungsmodalitäten dieser Vereinbarung ist zum Kaufzeitpunkt mit einem Kaufpreis i.H.v. 98 TEUR zu rechnen.

Buchen Sie die beiden Grundstückserwerbe!

<u>Lösung</u>:

Grundstück A wird gegen eine anteilsbasierte Vergütung mit Ausgleich durch Eigenkapitalinstrumente erworben. In Höhe des Kurses der hingegebenen neuen Aktien entstehen Anschaffungskosten für das Grundstück. Auf der Passivseite der Bilanz erhöht sich das gezeichnete Kapital der AG um den Nennbetrag der Aktien. Der diesen Nennbetrag übersteigende Betrag (Agio) ist in die Kapitalrücklage einzustellen:

---

18   Vgl. Köster (2011), IFRS 2, Rn. 102 ff.

| Buchung: | Grundstück A | 100 | an | Gezeichnetes Kapital | 20 |
| | | | | Kapitalrücklage | 80 |

Grundstück B wird gegen eine anteilsbasierte Vergütung mit Barausgleich erworben. Die Anschaffungskosten für das Grundstück bestimmen sich nach der Höhe der Verpflichtung bei Erwerb i.H.v. 98 TEUR. In nämlicher Höhe ist bei der AG eine Schuld entstanden, die aufgrund ihrer aktienkursabhängigen Höhe unsicher ist und daher als Rückstellung zu passivieren ist.

| Buchung: | Grundstück B | 98 | an | Rückstellungen | 98 |

2.20.3   Ausgleich durch Eigenkapitalinstrumente

▶   IFRS 2.10-29

2.20.3.1   Erfassung der Vergütungen

Auf den **Zeitpunkt** und das grundsätzliche **Vorgehen der Erfassung** von Vergütungen durch Eigenkapitalinstrumente wurde bereits im vorangegangenen Kapitel (vgl. 2.20.2) eingegangen. In Bezug auf die Vergütung von Arbeitnehmern sind hiernach die Vergütungen für die **bereits in Anspruch genommenen Arbeitsleistungen** nach IFRS 2.14 bei ihrer Gewährung (i.d.R. ein Zeitpunkt vor der tatsächlichen Ausgabe der Aktien oder Aktienoptionen) als Aufwand des Unternehmens zu erfassen (Sollbuchung). Die Habenbuchung betrifft bei Ausgabe von Aktien das gezeichnete Kapital und die Kapitalrücklage; im Falle der Gewährung von Aktienoptionen nur die Kapitalrücklage oder einen gesonderten Eigenkapitalposten (z.B. Rücklage aus anteilsbasierten Vergütungen, vgl. 2.20.2).

Wenn jedoch die anteilsbasierte Vergütung der Mitarbeiter als Anreiz für eine hohe, künftige Leistungsbereitschaft gewährt werden soll, wird sie in der Praxis an eine künftige Betriebszugehörigkeit und/oder die Erreichung bestimmter Erfolgsziele (z.B. Gewinn oder Höhe des Aktienkurses) geknüpft. Der Mitarbeiter muss sich also seinen versprochenen Vergütungsanspruch erst über einen bestimmten oder – wenn Erfolgsziele zu erreichen sind – über einen unbestimmten Zeitraum erdienen (Erdienungszeitraum). Solche Vergütungen für **noch nicht in Anspruch genommene Arbeitsleistungen** sind zwar ab Beginn des Erdienungszeitraums zu erfassen, jedoch ist der Betrag der Vergütung über den Erdienungszeitraum gleichmäßig anzusammeln (IFRS 2.15). Hierdurch wird in der GuV näherungsweise der vom Mitarbeiter erhaltenen Leistung die (zeit-)anteilige Gegenleistung des Unternehmens in Form der anteilsbasierten Vergütung gegenübergestellt.

Fall:

Mitarbeitern einer AG werden Optionen zum Kauf von Aktien zum günstigen Kurs im Wert von insgesamt 20 TEUR gewährt, die an den Betriebsverbleib der Mitarbeiter für weitere zwei Jahre gekoppelt ist (Ausübung der Optionen erst nach Ablauf von zwei Jahren zulässig).

Wie sind die Aktienoptionen im Abschluss der AG nach IFRS 2 zu erfassen?

Lösung:

Da die Optionen frühestmöglich in zwei Jahren nach Gewährung ausübbar sind, werden in jedem der beiden folgenden zwei Jahre jeweils 10 TEUR als Personalaufwand erfasst und der Kapitalrücklage bzw. einer gesonderte Rücklage aus anteilsbasierten Vergütungen zugeführt.

| Buchung 01: | Personalaufwand | 10 | an | Rücklage | 10 |
| Buchung 02: | Personalaufwand | 10 | an | Rücklage | 10 |

Die Ausübung der Option nach zwei Jahren ist als Kapitalerhöhung bzw. als Veräußerung eigener Aktien zu erfassen.

2.20.3.2   Bewertung der erhaltenen Leistung

Die **Bewertung** des durch Gewährung anteilsbasierter Vergütungen erworbenen Vermögenswerts bzw. der erhaltenen und i.d.R. als Aufwand zu erfassenden Dienstleistung ist in drei Grundfällen geregelt. Sie erfolgt eigentlich zu dem beizulegenden Zeitwert (Definition nach Anhang A zu IFRS 2) der erhaltenen Leistung im Zeitpunkt der Gewährung der Vergütung (IFRS 2.10). Sofern im Ausnahmefall der beizulegende Zeitwert der erhaltenen Leistung nicht verlässlich ermittelbar ist (IFRS 2.10, 2.13) oder sofern die erhaltene Leistung in der Arbeitsleistung von Mitarbeitern besteht (IFRS 2.11), ist der Bewertung der beizulegende Zeitwert der hingegebenen Eigenkapitalinstrumente (Aktien, Aktienoptionen) zugrunde zu legen. Nach IFRS 2.13A ist unbenommen dessen zu prüfen, ob die offensichtlich erhaltene (identifizierbare) Leistung geringer erscheint als der beizulegende Zeitwert der hingegebenen Eigenkapitalinstrumente. Ist dies der Fall, so unterstellt der Standard, dass das Unternehmen tatsächlich eine weitere, nicht identifizierbare Leistung erhalten hat und fingiert damit eine zu fremdüblichen Konditionen abgeschlossene Transaktion. Folgerichtig wird dann die identifizierte erhaltene Leistung mit deren beizulegendem Zeitwert und die nicht identifizierte erhalten Leistung mit der Differenz zwischen beizulegendem Zeitwert des Eigenkapitalinstruments und beizulegendem Zeitwert der identifizierten erhaltenen Leistung angesetzt. Die nicht identifizierbare erhaltene Leistung ist dann i.d.R. als Aufwand zu erfassen.

Abbildung 2.23 Bewertung erhaltene Leistung: Ausgleich durch Eigenkapitalinstrumente

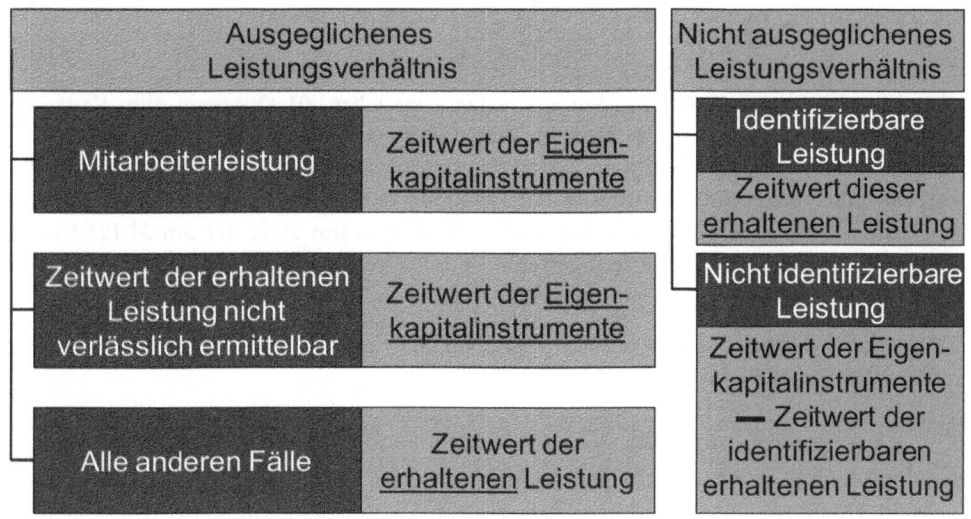

Damit ist im Hauptanwendungsfall der Mitarbeitervergütung nach IFRS 2 die erhaltene Arbeitsleistung mit dem beizulegenden Zeitwert der hingegebenen Eigenkapitalinstrumente im Zeitpunkt ihrer Gewährung zu bewerten.

Bereits bei der Frage der Erfassung der anteilsbasierten Vergütungen wurde für **noch nicht in Anspruch genommene Arbeitsleistungen** festgestellt, dass diese zwar ab Beginn des Erdienungszeitraums zu erfassen sind, jedoch der Betrag der Vergütung über den Erdienungszeitraum gleichmäßig anzusammeln ist (IFRS 2.15). Die Bewertung einer solchen auf zukünftige Leistungen gerichteten Vergütung bedarf damit zum einen der **Bestimmung des Erdienungszeitraums**. Dieser ist nach IFRS 2.15 zu schätzen. Wenn die zu gewährenden Eigenkapitalinstrumente von Marktbedingungen abhängen, wie z.B. von dem Erreichen eines bestimmten Aktienkurses, (Definition ‚Marktbedingungen' nach Anhang A zu IFRS 2) so darf dieser geschätzte Erdienungszeitraum nicht mehr geändert werden. Unterliegt die Gewährung der Vergütung in Eigenkapitalinstrumenten anderen Bedingungen, wie z.B. der Erreichung eines bestimmten Ertragsziels, so ist auch nachträglich eine Anpassung an den tatsächlichen Erdienungszeitraum vorzunehmen (IFRS 2.15(b)). Zum anderen stellt sich die Frage, wie der **Unsicherheit der endgültigen Erfüllung** von Vergütungszusagen für noch nicht in Anspruch genommene Arbeitsleistungen Rechnung zu tragen ist. Hierzu stellt IFRS 2.23 fest, dass nach dem ersten Tag der Ausübungsmöglichkeit von Aktienoptionen (mit Ablauf des Erdienungszeitraums) grundsätzlich keine Anpassungen mehr zulässig sind. Nach IFRS 2.21 dürfen auch nicht Änderungen berücksichtigt werden, die darauf zurückzuführen sind, dass die Vergütung an Marktbedingungen geknüpft ist, diese Marktbedingungen aber nicht erreicht werden. Eine Anpassung ist hingegen in allen anderen Fällen erforderlich, wenn sich während des Erdienungszeitraums herausstellt, dass nicht alle zugesagten Eigenkapitalinstrumente zu leisten sind. Z.B. kann eine Aktienoption, die erst in zwei Jahren ausübbar ist, allein deshalb nicht zur Ausübung gelangen, weil Mitarbeiter das Unternehmen zwischenzeitlich verlassen haben.

<u>Fall:</u>

Vier Mitarbeitern einer AG werden am Anfang des Jahres 01 Optionen zum Kauf von Aktien der AG zum günstigen Kurs im Wert von insgesamt 20 TEUR gleichverteilt gewährt. Die Ausübung der Optionen ist an den Betriebsverbleib der Mitarbeiter für weitere zwei Jahre gekoppelt (Ausübung der Optionen erst nach Ablauf von zwei Jahren). Außerdem bedingt sie einen Anstieg des Aktienkurses um 20%, der am 31.12.01 noch nicht absehbar ist, aber Ende 02 eingetreten ist. In 02 kündigen drei der Mitarbeiter unter Verlust ihrer Optionen.

Wie ist die Zuführung zur Kapitalrücklage bzw. zur Rücklage aus anteilsbasierten Vergütungen zu bewerten und zu buchen?

<u>Lösung:</u>

Nach dem Kenntnisstand zum 31.12.01 werden in jedem der beiden folgenden zwei Jahre jeweils 10 TEUR als Personalaufwand erfasst und der Rücklage zugeführt. Die Tatsache, dass das Kursziel einer Steigerung um 20% zum 31.12.01 noch nicht erreicht ist, ist für die Bewertung nicht maßgeblich. Da jedoch in 02 drei der begünstigten Mitarbeiter vor dem frühestmöglichen Ausübungszeitpunkt kündigen, darf die Kapitalrücklage letztlich nur in Höhe der ausübbaren Optionen des verbliebenen Mitarbeiters i.H.v. 5 TEUR (25% des Gesamtbetrags von 20 TEUR) erhöht sein. Die Zuführung des ersten Jahres ist daher für die drei ausgeschiedenen Mitarbeiter im zweiten Jahr zu ¾ i.H.v. 7,5 TEUR zu korrigieren. Für den verbliebenen Mitarbeiter ist für das letzte Jahr bis zur erstmaligen Ausübungsmöglichkeit eine Zuführung zu buchen.

Buchung 01:	Personalaufwand	10	an	Rücklage	10
Buchungen 02:	Rücklage	7,5	an	Personalaufwand/Ertrag	7,5
	Personalaufwand	2,5	an	Rücklage	2,5

Zur **Ermittlung eines beizulegenden Zeitwerts** für gewährte Aktien bzw. Aktienoptionen sehen IFRS 2.16-25 Regelungen vor, die durch die Anleitungsregelungen im Anhang B des IFRS ergänzt werden (IFRS 13 ist nicht anzuwenden, vgl. 3.2.1). Danach ist der beizulegende Zeitwert vorrangig aus Marktpreisen zu ermitteln (IFRS 2.16). Sind diese nicht verfügbar, so ist auf Bewertungstechniken zur Schätzung des beizulegenden Zeitwerts abzustellen (IFRS 2.17). Anhang B zum IFRS 2 enthält Hinweise zu solchen Bewertungstechniken, ohne eine bestimmte Technik zu bevorzugen. Im Ausnahmefall, in dem ein beizulegender Zeitwert hiernach nicht ermittelt werden kann, darf bei der Bewertung von Vergütungen in Aktienoptionen auch deren innere Wert (Definition und Beispiel nach Anhang A zu IFRS 2) zugrunde gelegt werden (IFRS 2.24 f.). In diesem Ausnahmefall ist jedoch anders als im

Falle der Bewertung zum beizulegenden Zeitwert zu jedem Bilanzstichtag bis zum Verfall bzw. bis zur Ausübung der Option eine ergebniswirksame Neubewertung der Verpflichtung vorzunehmen.

2.20.4 Anteilsbasierte Vergütung mit Barausgleich

▶ IFRS 2.30-33

Bzgl. der anteilsbasierten Vergütungen mit Barausgleich kann hinsichtlich des **Zeitpunkts** und des grundsätzlichen **Vorgehens bei der Erfassung** auf die Grundsätze zur Erfassung aktienbasierter Vergütungen verwiesen werden (vgl. 2.20.2). Im Unterschied zur Vergütung mit Ausgleich durch Eigenkapitalinstrumente (vgl. 2.20.3) wird im Falle der anteilsbasierten Vergütung mit Barausgleich i.d.R. die erhaltene Leistung nicht unmittelbar mit Aktien oder Aktienoptionen vergütet. Vielmehr wird – in der Praxis in verschiedensten Variationen – die Gegenleistung in einer vom Aktienkurs abhängigen Höhe in bar erbracht (sog. virtuelle Aktienoptionen). So wird z.B. Mitarbeitern das Recht eingeräumt, vom Unternehmen eine Zahlung in Höhe der Differenz zwischen dem aktuellen Aktienkurs bei Wahrnehmung des Rechts, z.B. 30 EUR, und einem zuvor festgelegten Referenzkurs (virtueller Bezugskurs) der Aktie, z.B. 20 EUR, zu verlangen. Übt ein Mitarbeiter sein Recht aus, so erhält er im Beispiel eine Zahlung i.H.v. 10 EUR je ausgeübtem Recht. Damit ist zum einen eine tatsächliche Zahlung von der tatsächlichen Ausübung des Mitarbeiterrechts abhängig. Zum anderen hängt die Höhe der Zahlung vom Referenzkurs und insbesondere vom bei Ausübung des Rechts festgestellten aktuellen Aktienkurs ab. Daher ist für die zukünftig möglichen Zahlungen eine Rückstellung im IFRS-Jahresabschluss zu erfassen (IFRS 2.7).

Solche virtuellen Aktienoptionsprogramme zur erfolgsabhängigen Vergütung von Mitarbeitern können sowohl für **bereits in Anspruch genommene Arbeitsleistungen** als auch für noch nicht in Anspruch genommene Arbeitsleistungen aufgelegt werden. Wird die Vergütung für bereits in Anspruch genommene Arbeitsleistungen gewährt, so ist bereits bei Gewährung der Vergütung aufwandswirksam eine Rückstellung einzubuchen (IFRS 2.32). Soll die Vergütung für **zukünftige Arbeitsleistungen** innerhalb eines bestimmten Zeitraums (Erdienungszeitraum) gewährt werden, so ist die Rückstellung nach IFRS 2.32 innerhalb dieses Erdienungszeitraums zeitanteilig aufzustocken (anzusammeln).

Die **Bewertung** der Rückstellung und damit auch die Höhe des Personalaufwands im Falle von Mitarbeitervergütungen orientieren sich an dem beizulegenden Zeitwert der virtuellen Optionsrechte (IFRS 2.33). Deren Wert orientiert sich wiederum an dem Aktienkurs, so dass hinsichtlich der Ermittlung des beizulegenden Zeitwerts ebenso vorzugehen ist wie bei der tatsächlichen Gewährung von Aktienoptionen (vgl. 2.20.3.2). Im Unterschied zu anteilsbasierten Vergütungen mit Ausgleich durch Eigenkapitalinstrumente ist jedoch im Falle des Barausgleichs zu jedem Abschlussstichtag eine erneute Bewertung der Rückstellung vorzunehmen.

Fall:

Vier Mitarbeitern einer AG werden 200 virtuelle Aktienoptionen zum Bezugskurs i.H.v. 15 EUR je Aktie gleichverteilt gewährt. Die Ausübung der Optionen und der daraus folgende Zahlungsanspruch der Mitarbeiter sind an den Betriebsverbleib der Mitarbeiter für weitere zwei Jahre 01 und 02 gekoppelt (Ausübung der virtuellen Optionen erst nach Ablauf von zwei Jahren). Der beizulegende Zeitwert jeder Aktienoption beträgt 10 EUR in 01 und 12 EUR in 02. Im Jahr 02 hat einer dieser Mitarbeiter unerwartet gekündigt.

Wie ist die virtuelle Aktienoption bilanziell zu erfassen?

Lösung:

Nach dem Kenntnisstand zum 31.12.01 wurden Aktienoptionen zum beizulegenden Zeitwert i.H.v. insgesamt (200 x 10 EUR =) 2.000 EUR gewährt, die zur Hälfte auf das Jahr 01 entfallen.

Buchung 01:	Personalaufwand	1.000	an	Rückstellung	1.000

In 02 ist die Rückstellung grundsätzlich in voller Höhe anhand des aktuellen beizulegenden Zeitwerts i.H.v. (200 x 12 EUR =) 2.400 EUR anzusetzen, da der Erdienungszeitraum zum Ende dieses Jahres endet. Allerdings sind die Ansprüche eines der vier Mitarbeiter durch Kündigung verfallen, so dass die Rückstellung auf (2400 x ¾ =)1.800 aufzustocken ist.

Buchung 02:	Personalaufwand	800	an	Rückstellung	800

Die tatsächliche Ausübung der Option führt zum Zahlungsabfluss beim Unternehmen und bilanziell nach allgemeinen Grundsätzen zum Verbrauch der Rückstellung (vgl. 2.15).

2.20.5 Angaben

▶   IFRS 2.44-52

IFRS 2 verlangt umfangreiche Angaben im Falle aktienbasierter Vergütungen. Diese sollen die Art und das Ausmaß der in der Rechnungslegungsperiode bestehenden aktienbasierten Vergütungen für die Abschlussleser nachvollziehbar machen (IFRS 2.44), die Wertermittlung verdeutlichen (IFRS 2.46) und die Auswirkungen auf den Jahresabschluss erläutern (IFRS 2.50). Im Überblick sind zu folgenden Themenkreisen Angaben zu machen:

- Art und Inhalt der Vergütungen (IFRS 2.45(a)),

- Bestand und Wert von Aktienoptionen (IFRS 2.45(b)-(d)),

- Ermittlung des beizulegenden Zeitwerts (IFRS 2.46-49),

- Auswirkungen der Vergütungen auf die Vermögens-, Finanz- und Ertragslage (IFRS 2.50-51),

- nach Bedarf weitere Informationen, um die in IFRS 2.44, IFRS 2.46 und IFRS 2.50 formulierten Ziele zu erreichen (IFRS 2.52).

2.20.6   Wiederholung des IFRS 2 in Stichworten

Die in den vorangegangenen Kapiteln erläuterten Grundlagen des IFRS 2 lassen sich anhand der folgenden Stichworte rekapitulieren:

■ Hauptanwendungsfall: Vergütung von Mitarbeitern;

■ Unterscheidung zwischen Vergütungen durch Hingabe von Eigenkapitalinstrumenten und anteilsbasierten Vergütungen mit Barausgleich;

■ Ausgleich Arbeitsleistung durch Hingabe von Eigenkapitalinstrumenten:

 – Sofortiger Aufwand bei Vergütung bereits in Anspruch genommener Leistungen;
 – Vergütung für zukünftige Leistungen: Aufwandserfassung entsprechend dem Anteil der erhaltenen Leistung (Ansammlung);
 – Gegenbuchung im Eigenkapital (Kapitalrücklage oder gesonderter Rücklagenposten);
 – Bewertung der Arbeitsleistung grds. anhand des beizulegenden Zeitwerts der hingegebenen Eigenkapitalinstrumente;

■ Ausgleich Arbeitsleistung durch anteilsbasierte Vergütung mit Barausgleich:

 – Sofortiger Aufwand bei Vergütung bereits in Anspruch genommener Leistungen;
 – Vergütung für zukünftige Leistungen: Aufwandserfassung entsprechend dem Anteil der erhaltenen Leistung (Ansammlung);
 – Gegenbuchung: Rückstellung;
 – Bewertung der Arbeitsleistung anhand des (virtuellen) Optionsrechts.

2.20.7   Hinweise zur Vertiefung

Die Bilanzierung aktienbasierter Vergütungen stellt insbesondere im Hinblick auf Mitarbeitervergütungen ein weites Problemfeld dar, das in den vorangegangenen Kapiteln nur in den Grundzügen dargestellt werden konnte. Zur Vertiefung dieses Bilanzierungsproblems sei hinsichtlich der folgenden Aspekte auf die einschlägige Kommentarliteratur verwiesen:

■ Details zur Ermittlung des Zeitwerts der hingegebenen Eigenkapitalinstrumente (IFRS 2.18-25; Anhang B zu IFRS 2);

■ Änderungen der Vertragsbedingungen, zu denen Eigenkapitalinstrumente gewährt wurden (IFRS 2.26-29);

■ Anteilsbasierte Vergütungen mit wahlweisem Barausgleich oder Ausgleich durch Eigenkapitalinstrumente (IFRS 2.34-43);

■ Anteilsbasierte Vergütungen zwischen Unternehmen einer Gruppe einschl. Ausgleich durch anteilsbasierte Vergütungen anderer Unternehmen (IFRS 2.43A-43D);

■ Bilanzierung latenter Steuern nach IAS 12 aufgrund einer abweichenden Bilanzierung anteilsbasierter Vergütungen in der Steuerbilanz.

2.21   IAS 12 – Ertragsteuern

2.21.1   Überblick zum IAS 12

▶   IAS 12.1-11

Die derzeit von der EU nach Abschluss des **Endorsement-Verfahrens** am 03.06.2009 übernommene Fassung des IAS 12 wurde vom IASB im Dezember 2010 geändert. Diese Änderung betrifft die bislang in SIC-21 geregelte Problematik latenter Steuern aufgrund der Neubewertung nicht planmäßig abzuschreibender Vermögenswerte, wie z.B. von Grundstücken. SIC-21 wurde in diesem Zusammenhang zurückgezogen. Die Behandlung dieser Problematik geht über die Einführung in den IAS 12 hinaus und wird daher lediglich zur Vertiefung empfohlen (vgl. 2.21.6).

Der **Gegenstand** des Standards umfasst jedoch nicht lediglich die Bilanzierung latenter Steuern, sondern IAS 12 geht zunächst von der Bilanzierung der tatsächlichen Steuern aus. Gleichwohl stellen die latenten Steuern den wesentlichen Teil des Standards, wie es bereits aus dem **Aufbau** des IAS 12 deutlich wird:

■ Zielsetzung des Standards

■ Anwendungsbereich des Standards (IAS 12.1-4)

■ Definitionen (IAS 12.5-11)

■ Bilanzierung tatsächlicher Steuerschulden und -erstattungsansprüche (IAS 12.12-14)

■ Bilanzierung latenter Steuerschulden und –ansprüche (IAS 12.15-45)

■ Bewertung (IAS 12.46-56)

■ Ansatz tatsächlicher und latenter Steuern (IAS 12.57-68C)

■ Darstellung (Ausweis) (IAS 12.69-78)

■ Angaben (IAS 12.79-88)

■ Vorschriften zum zeitlichen Anwendungsbereich des Standards (IAS 12.89-95).

IAS 12 ist von allen nach IFRS zu bilanzierenden Unternehmen zu beachten. Der **sachliche Anwendungsbereich** des IAS 12 beschränkt sich auf Ertragsteuern, d.h. auf Steuern, die in Abhängigkeit von der Höhe des (steuerlichen) Gewinns eines Unternehmens erhoben werden. Dies sind in Deutschland insbesondere die vom bilanzierenden Unternehmen geschuldete Körperschaftsteuer zzgl. des Solidaritätszuschlags sowie die von den Gemeinden erhobene Gewerbesteuer. Aber auch diesen Steuerarten entsprechende ausländische Steuern sowie Quellensteuern fallen, soweit sie vom bilanzierenden Unternehmen geschuldet werden, unter den Anwendungsbereich dieses Standards (IAS 12.1 f.). Die Einkommensteuer wird hingegen nicht von den Unternehmen geschuldet, sondern von Gesellschaftern bzw. vom Einzelunternehmer als Privatperson, so dass sie nicht von Anwendungsbereich des IAS 12 erfasst wird.

Für das Verständnis des Standards ist es wichtig, den bereits angedeuteten **Unterschied zwischen tatsächlichen und latenten Steuern** zu begreifen. Tatsächliche Steuern sind nach IAS 12.5 definiert als geschuldete oder erstattungsfähige Ertragsteuern, die aus dem zu versteuernden Einkommen der Periode resultieren. Dies sind die Ertragsteuern, die auf Basis der steuerlichen Ergebnisse der abgelaufenen Geschäftsjahre vom Finanzamt festgesetzt werden bzw. bereits wurden. Latente Steuern sind hingegen zukünftige Steuerschulden oder Steueransprüche, die daraus resultieren, dass zwischen der IFRS-Bilanz und der der tatsächlichen Besteuerung zugrunde liegenden Steuerbilanz Differenzen bestehen. Diese Differenzen werden erst in der Zukunft zu Steuerzahlungen führen und sind daher in den tatsächlichen Steuern (noch) nicht enthalten. Gleichwohl können sie nach IFRS bilanzielle Konsequenzen nachziehen. Diese abstrakte Unterscheidung wird in den folgenden Kapiteln anhand von Beispielen und Kurzfällen verdeutlicht.

2.21.2   Bilanzierung tatsächlicher Steuern

▶   IAS 12.12-14; IAS 12.57-68C

Vom bilanzierenden Unternehmen geschuldete Ertragsteuern, die auf die abgelaufene oder auf eine vorherige Rechnungsperiode entfallen, sind als Aufwand des Unternehmens zu erfassen. Selbst wenn das Finanzamt noch gar keine Steuer festgesetzt hat oder das Unternehmen noch nicht einmal eine Steuererklärung abgegeben hat, ist die Ertragsteuer für die abgelaufene Periode kraft Gesetzes entstanden. Somit sind auch noch nicht mit dem Finanzamt abgerechnete Ertragsteuern im IFRS-Abschluss zu bilanzieren, soweit sie auf abgelaufene Rechnungsperioden entfallen. Dies ist auch Ausfluss des Grundsatzes der Periodenabgrenzung nach IAS 1.27 f. (vgl. 1.2.3; vgl. 1.3.2).

Ist auf Basis der Ergebnisse vergangener Perioden mit einer Steuernachzahlung zu rechnen und ist diese zum Abschlussstichtag noch nicht beglichen, so ist hierfür eine **Steuerschuld** anzusetzen (IAS 12.12). Es kann allerdings auch der Fall eintreten, dass das Unternehmen für die abgelaufene Periode an das Finanzamt Ertragsteuern vorauszahlen musste und sich zum Abschlussstichtag herausstellt, dass diese Vorauszahlungen höher sind als die tatsächlich geschuldete Steuer. Oder im Geschäftsjahr angefallene Verluste dürfen steuerlich mit Gewinnen aus Vorjahren verrechnet werden, so dass sich die Steuerlast der Vorjahre nachträglich mindert. In diesen Fällen entsteht zum Abschlussstichtag ein **Anspruch** des Unternehmens auf Erstattung bereits gezahlter Ertragsteuern, die als Vermögenswert zu aktivieren und zu bewerten sind (IAS 12.12 ff.). Diese tatsächlichen Ertragsteuern sind nach den Grundsätzen der Paragrafen 58 ff. regelmäßig als **ergebniswirksame Aufwendungen bzw. Erträge** zu erfassen.

Die Steuerschulden oder Steuererstattungsansprüche sind in Deutschland auf Basis des steuerlichen, nicht auf der Grundlage des sich aus dem IFRS-Abschluss ergebenden Ergebnisses, zu **bewerten**. Dieser Bewertung ist die steuerliche Rechtslage einschl. der Steuersätze zugrunde zu legen, die auf die abgelaufene Rechnungsperiode anzuwenden ist (IAS 12.46).

In der Bilanz **auszuweisende** Schulden bzw. Ansprüche aus tatsächlichen Steuern sind regelmäßig kurzfristiger Natur, da regelmäßig mit einer kurzfristig auf den Abschlussstichtag folgenden Steuerhebung durch das Finanzamt zu rechnen ist. Daher sind sie unter die kurzfristigen Kategorien von Schulden bzw. Vermögenswerten in der Bilanz einzuordnen. Eine Saldierung von Ansprüchen und Schulden aus tatsächlichen Ertragsteuern ist hierbei nach IAS 12.71 ff. nur dann zulässig, wenn

a. ein Rechtsanspruch auf Verrechnung besteht

    und

b. das bilanzierende Unternehmen auch die Absicht zur Verrechnung oder zur gleichzeitigen Begleichung der Schulden und Ansprüche hat.

In der Praxis sind diese Voraussetzungen regelmäßig dann erfüllt, wenn Ansprüche und Schulden gegenüber dergleichen Steuerbehörde bestehen und diese der Verrechnung zustimmt.

Fall:

Das Jahresergebnis (Gewinn) für 01 einer AG beträgt lt. IFRS-Abschluss 300 TEUR und lt. Steuerbilanz 150 TEUR. Die AG hatte für das Jahr 01 insgesamt 80 TEUR an Vorauszahlungen auf Ertragsteuern zahlen müssen. Der Steuersatz der AG sei mit 40% angenommen.

Buchen Sie die tatsächlichen Steuern für das Jahr 01!

Lösung:

Die Vorauszahlungen sind zunächst als Aufwand zu erfassen:

Buchung:	Steueraufwand	80	an	Bank	80

Auf Basis des steuerlichen Gewinns ist für 01 mit einer Steuerschuld i.H.v. insgesamt (150 TEUR x 40% =) 60 TEUR zu rechnen. Auf diese voraussichtliche Schuld wurden jedoch bereits 80 TEUR vorausbezahlt, so dass das Unternehmen für 01 einen Erstattungsanspruch gegenüber dem Finanzamt hat, der als Vermögenswert zu aktivieren ist.

Buchung:	Steuererstattungs-anspruch	20	an	Steueraufwand	20

In Zusammenfassung der beiden Buchungen wird somit im IFRS-Abschluss 01 in der GuV ein Steueraufwand i.H.v. (80 TEUR – 20 TEUR =) 60 TEUR erfasst.

2.21.3   Bilanzierung latenter Steuern

2.21.3.1   Grundlagen zur Bilanzierung latenter Steuern

▶   IAS 12.15-45

Die sich für abgelaufene Geschäftejahre ergebende Steuerlast ist als tatsächliche Steuer im IFRS-Abschluss zu erfassen (vgl. 2.21.2). Nur diese Steuern mindern zunächst den IFRS-Gewinn bzw. Steuererstattungsansprüche erhöhen ihn. Fraglich ist, wie zukünftige Steuerbe- oder Steuerentlastungen zu berücksichtigen sind, die sich bereits zum Abschlussstichtag absehen lassen, weil Differenzen zwischen der IFRS-Bilanz und der Steuerbilanz bestehen.

Diese Problematik mag das folgende **Beispiel** erklären: Eine AG mit einem vorläufigen Gewinn von 0 EUR aktiviert zulässigerweise in ihrer IFRS-Bilanz zum 31.12.01 einen selbst geschaffenen immateriellen Vermögenswert des Anlagevermögens nach IAS 38 zu Herstellungskosten i.H.v. 500 TEUR. Hierdurch erhöht sich der Gewinn für 01 um 500 TEUR (Buchung im Gesamtkostenverfahren: immaterieller Vermögenswert an Ertrag aus der Aktivierung selbst geschaffener Vermögenswerte). In der deutschen Steuerbilanz darf ein solches Wirtschaftsgut nicht aktiviert werden (§ 5 Abs. 2 EStG). Auf den Ertrag aus der Aktivierung des Vermögenswerts im IFRS-Abschluss entfallen somit keine Steuern. Der IFRS-Gewinn beträgt folglich 500 TEUR.

Zum 31.12.02 wird bei einem vorläufigen IFRS-Gewinn i.H.v. 900 TEUR festgestellt, dass der immaterielle Vermögenswert zu 100% wertzuberichtigen ist. Folglich ist der IFRS-Gewinn für 02 um die Wertminderung nach IAS 36 i.H.v. 500 TEUR zu mindern, so dass er im Beispiel 400 TEUR beträgt. In der Steuerbilanz hingegen ist diese Wertminderung nicht nachzuvollziehen, da der Vermögenswert ja in 01 auch nicht in der Steuerbilanz aktiviert worden war. Folglich fallen in 02 bei einem unterstellten Steuersatz von 40% tatsächliche Steuern i.H.v. (900 TEUR x 40% =) 360 TEUR an, die das IFRS-Ergebnis auf (400 TEUR – 360 TEUR =) 40 TEUR mindern.

Im Mehrjahresvergleich wird deutlich, dass die Differenz zwischen den Werten in der IFRS-Bilanz und der Steuerbilanz aus 01 im Folgejahr zu steuerlichen Konsequenzen führt. Der gleiche, allerdings über mehrere Jahre gestreckt Effekt träte ein, wenn der immaterielle Vermögenswert in der IFRS-Bilanz ab 02 planmäßig abgeschrieben werden würde. Damit ist bereits in 01 absehbar, dass die Aktivierung des immateriellen Vermögenswerts ab dem Folgejahr zu einem Steuereffekt führen wird, indem die Abschreibung aus der IFRS-Bilanz steuerlich nicht nachvollzogen wird.

Dies führt zu **Verzerrungen** der Vermögens-, Finanz- und Ertragslage, die dadurch ausgeglichen werden sollen, dass diese absehbaren zukünftigen Steuereffekte als sog. latente Steuern bereits bei Entstehen der Differenzen zwischen IFRS- und Steuerbilanz im IFRS-Abschluss berücksichtigt werden. Wie dies – auch am gegebenen Beispiel – konkret erfolgt, soll im folgenden Kapitel zum Ansatz (vgl. 2.21.3.2) weiter erläutert werden.

Das Verständnis über die Bilanzierung latenter Steuern erfordert jedoch vorab noch die Erläuterung einiger **Grundsätze der Bilanzierung latenter Steuern**. So bringt es die am obigen Beispiel dargelegte Logik latenter Steuern mit sich, dass nur solche Differenzen zwischen IFRS- und Steuerbilanz zu latenten Steuern führen dürfen, die sich im Zeitablauf wieder ausgleichen – sog. temporäre Differenzen (IAS 12.5). Differenzen zwischen IFRS-Bilanz und Steuerbilanz, die sich im Zeitablauf nie wieder ausgleichen, wie z.B. nach IFRS zu berücksichtigende Aufwendungen, die steuerlich nicht abzugsfähig sind, ziehen als sog. **zeitlich unbegrenzte Differenzen** in den Folgejahren keine Steuereffekte nach sich. Für solche Differenzen sind damit in ihrem Entstehungsjahr auch keine latenten Steuern zu bilden.

Abbildung 2.24   Steuerbilanzierung nach IAS 12

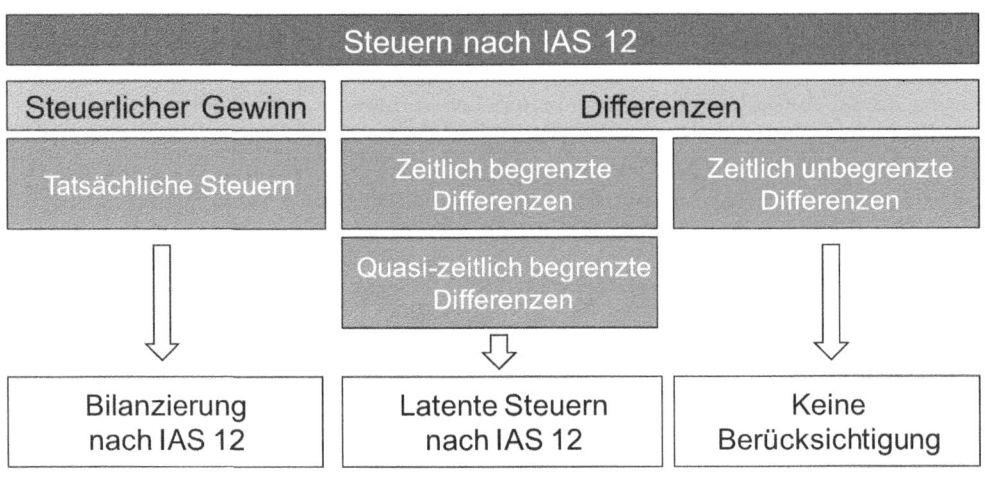

Zu latenten Steuern führen hingegen die zeitlich begrenzten Differenzen und die sog. quasi-zeitlich begrenzten Differenzen. **Zeitlich begrenzte Differenzen** gleichen sich in absehbarer Zeit aufgrund der in der IFRS-Bilanz bzw. in der Steuerbilanz anzuwendenden Bilanzierungsmethoden aus. So verringert sich im obigen Beispiel des nach IFRS aktivierten immateriellen Vermögenswerts die Differenz zur Steuerbilanz durch nach IFRS vorzunehmende planmäßige Abschreibungen oder Wertminderungen. Der Zeitpunkt des Ausgleichs **quasi-zeitlich begrenzter Differenzen** ist hingegen bei deren Entstehung noch nicht absehbar. Diese Differenzen gleichen sich erst durch zukünftige unternehmerische Entscheidungen oder durch die Liquidation des Unternehmens aus. So gleicht sich z.B. ein unterschiedlicher Wertansatz nach IFRS und Steuerrecht für ein unbebautes Grundstück erst dann aus, wenn dieses Grundstück veräußert wird.

In den vorstehenden Ausführungen wurde implizit unterstellt, dass nur Differenzen zwischen den Bilanzwerten nach IFRS und Steuerrecht untersucht wurden. Dieses sog. ‚**Temporary-Konzept‘** liegt der Systematik des IAS 12 zugrunde und berücksichtigt sämtliche einzelnen Differenzen zwischen den Wertansätzen von Vermögenswerten sowie Schulden in IFRS- und Steuerbilanz und zwar unabhängig davon, ob diese Differenzen durch eine ergebnisneutrale (z.B. Neubewertung nach IAS 16) oder durch eine ergebniswirksame (z.B. Aktivierung selbst geschaffener immaterieller Vermögenswerte des Anlagevermögens) Bilanzierungsmaßnahme entstanden sind.

Allerdings ist zu beachten, dass die **Ergebniswirksamkeit** latenter Steuern von der Ergebniswirksamkeit der ihr zugrunde liegenden Differenz abhängt (IAS 12.61 f.). So sind latente Steuern auf ergebniswirksame Differenzen im IFRS-Abschluss auch ergebniswirksam einzubuchen. Dementsprechend sind latente Steuern auf ergebnisneutral entstandene Differenzen auch ergebnisneutral über das sonstige Ergebnis (vgl. 1.3.4) zu erfassen.

Wie das Eingangsbeispiel zu diesem Kapitel gezeigt hat, verändern sich die temporären Differenzen zwischen IFRS-Bilanz und Steuerbilanz im Zeitablauf. Entsprechend der Veränderung der Bilanzdifferenz sind daher auch die hierfür gebildeten latenten Steuern in den **Folgejahren fortzuführen**. Die bei Entstehung einer Differenz gebildeten latenten Steuern sind daher im Zeitablauf entsprechend der Veränderung der Differenz so lange aufzulösen, bis sich die Differenz zwischen IFRS- und Steuerbilanz vollends ausgeglichen hat. Diese Systematik soll im folgenden Kapitel zum Ansatz verdeutlicht werden.

2.21.3.2   Ansatz latenter Steuern

▶   IAS 12.15-68C

Temporäre Differenzen zwischen IFRS-Bilanz und Steuerbilanz können auf vielfältigste Gründe zurückzuführen sein und sich aus **Wertunterschieden** sowohl der Vermögenswerte als auch der Schulden ergeben. Eine sinnvolle Unterteilung dieser Differenzen lässt sich danach vornehmen, ob sie zukünftig zu einer Steuerbelastung führen (sog. zu versteuernde temporäre Differenz nach IAS 12.15-23) oder ob sie zu einer zukünftigen Steuerentlastung (sog. abzugsfähige temporäre Differenz nach IAS 12.24-33) führen. In beiden Fällen besteht eine **grundsätzliche Ansatzpflicht** der latenten Steuern in der IFRS-Bilanz. Es ist jedoch für eine Aktivierung vorauszusetzen, das der latente Steueranspruch in Zukunft wahrscheinlich zu einer Zahlung führt, was wiederum ausreichend positive steuerliche Ergebnisse in der Zukunft voraussetzt. Hiernach nicht angesetzte aktive latente Steuern sind in Folgejahren auf ihre Aktivierbarkeit hin zu überprüfen (IAS 12.37). Auf die Ausnahmen, in denen latente Steuern auf temporäre Differenzen nicht gebildet werden dürfen (IAS 12.15 i.V.m. IAS 12.21 ff.), soll im Rahmen dieser Einführung zu diesem Thema nicht eingegangen werden – dieser Aspekt empfiehlt sich zur Vertiefung anhand der Kommentarliteratur.

Abbildung 2.25   Aktive und passive latente Steuern nach IAS 12

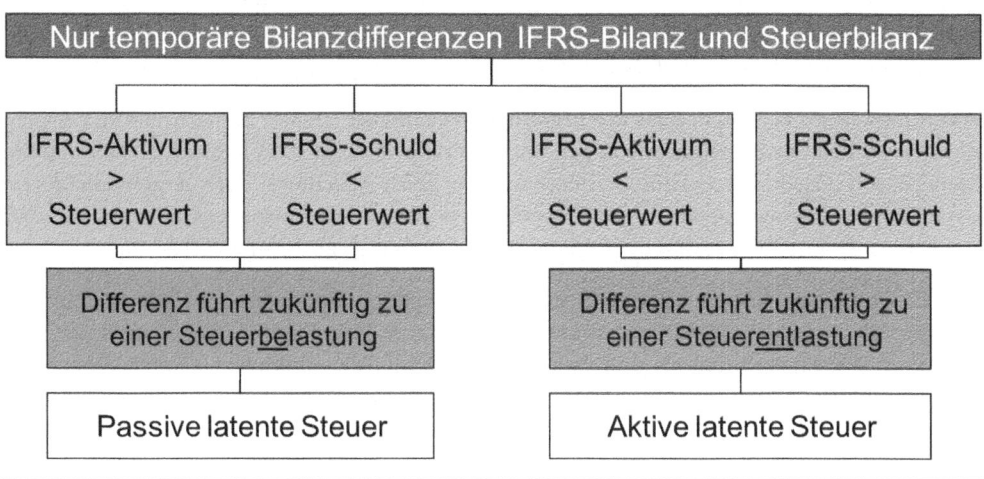

Ein Beispiel für den Fall, dass der IFRS-Bilanzwert den Steuerwert übersteigt, ist bei Aktivierung selbstgeschaffener immaterieller Vermögenswerte des Anlagevermögens in der IFRS-Bilanz nach IAS 38 gegeben. Dieser Wert darf in der Steuerbilanz nicht angesetzt werden.

Die Folgen seien anhand des bereits im vorangegangenen Kapitel eingeführten **Beispiels für die Entstehung passiver latenter Steuern** verdeutlicht (vgl. 2.21.3.1): Eine AG mit einem vorläufigen Gewinn i.H.v. 0 EUR aktiviert zulässigerweise in ihrer IFRS-Bilanz zum 31.12.01 einen selbst geschaffenen immateriellen Vermögenswert des Anlagevermögens nach IAS 38 zu Herstellungskosten i.H.v. 500 TEUR. Hierdurch erhöht sich der Gewinn für 01 um 500 TEUR.

In der deutschen Steuerbilanz darf ein solches Wirtschaftsgut nicht aktiviert werden (§ 5 Abs. 2 EStG). Auf den Ertrag im IFRS-Abschluss aus der Aktivierung des Vermögenswerts entfallen damit keine Steuern. Der IFRS-Gewinn beträgt folglich 500 TEUR. Diese Differenz wird sich in den Folgejahren aufgrund von nach IFRS vorzunehmenden planmäßigen Abschreibungen oder Wertminderungen wieder ausgleichen, so dass im IFRS-Abschluss für 01 ergebniswirksam passive latente Steuern zu bilden sind. Hierbei sei ein Steuersatz von 40% unterstellt.

Jahr 01	IFRS-Gewinn 01	Steuergewinn 01	Tatsächliche Steuern	Latente Steuern
Gewinn vor Aktivierung und Steuern	0	0	0	
Gewinnauswirkung Aktivierung	+500	0	-	-200
Tatsächliche Steuern	0	0	-	
Passivierung latenter Steuern	-200			
Gewinn 01 nach Steuern	300			

Es wird ersichtlich, dass bereits in 01 gezeigt wird, dass der in der IFRS-Bilanz ausgewiesene Wert für selbst geschaffene immaterielle Vermögenswerte des Anlagevermögens aufgrund des Aktivierungsverbots in der Steuerbilanz in den Folgejahren Steuereffekte nach sich zieht. Hierdurch wird vermieden, dass die Vermögens- und Ertragslage in 01 zu positiv dargestellt wird.

Aufgrund einer im Beispiel unterstellten, in 02 erforderlichen Wertminderung i.H.v. 100% wird der vorläufige IFRS-Gewinn für 02 i.H.v. 900 TEUR im Beispiel auf 400 TEUR gemindert. In der Steuerbilanz hingegen ist diese Wertminderung nicht nachzuvollziehen, da der Vermögenswert ja in 01 auch nicht in der Steuerbilanz aktiviert worden war. Folglich fallen in 02 bei einem unterstellten Steuersatz von 40% tatsächliche Steuern i.H.v. (900 TEUR x 40% =) 360 TEUR an, die das IFRS-Ergebnis eigentlich auf (400 TEUR – 360 TEUR =) 40 TEUR mindern. Allerdings war für diesen Steuereffekt, soweit er auf die Wertminderung entfällt, bereits in 01 durch die Bildung passiver latenter Steuern i.H.v. 200 TEUR Vorsorge getroffen worden. Diese passive latente Steuer ist daher im Beispiel in voller Höhe in 02 ergebniswirksam aufzulösen.

Jahr 02	IFRS-Gewinn 02	Steuergewinn 02	Tatsächliche Steuern	Latente Steuern
Gewinn vor Wertminderung und Steuern	900	900	-360	-
Gewinnauswirkung Wertminderung	-500	-	-	+200
Tatsächliche Steuern	-360			
Auflösung passiver latenter Steuern	+200			
Gewinn 02 nach Steuern	240			

Es wird ersichtlich, dass die im Vergleich zum Vorsteuerergebnis nach IFRS i.H.v. (900 – 500 =) 400 TEUR hohe Belastung durch tatsächliche Steuern i.H.v. 360 TEUR durch die Auflösung der in 01 gebildeten passiven latenten Steuern teilweise ausgeglichen wird. Dadurch steht letztlich dem Vorsteuerergebnis nach IFRS i.H.v. 400 TEUR ein dem Steuersatz von 40% entsprechender Steueraufwand i.H.v. (-360 + 200 =) 160 TEUR gegenüber. Die Vermögens- und Ertragslage wird unverzerrter dargestellt.

Umgekehrt kann eine temporäre Differenz auch zu einem zukünftigen Steueranspruch führen. Als **Beispiel für** hieraus resultierende **aktive latente Steuern** mag die Passivierung einer Rückstellung für belastende Verträge (‚Drohverlustrückstellung') nach IAS 37.10 in der IFRS-Bilanz dienen. In der deutschen Steuerbilanz darf solch eine Rückstellung grundsätzlich nicht gebildet werden (§ 5 Abs. 4a EStG). Beträgt die Drohverlustrückstellung einer GmbH beispielsweise 100 TEUR, so mindert dies den vorläufigen Gewinn der GmbH i.H.v. angenommenen 300 TEUR auf 200 TEUR. Da die Rückstellung steuerlich nicht anerkannt wird, betragen die tatsächlichen Steuern bei einem unterstellten Steuersatz von 40% (300 TEUR x 40% =) 120 TEUR. Nach IFRS ist die Rückstellung bei Eintritt des Verlusts wieder aufzulösen, so dass sich die Differenz zwischen IFRS-Bilanz und Steuerbilanz wieder ausgleichen wird. Es liegt also eine temporäre Differenz vor, die die Bilanzierung latenter Steuern erfordert. Fraglich ist, ob aktive oder passive latente Steuern zu bilden sind. Wenn der Verlust in späteren Jahren eintritt, ist dieser auch steuerlich zu berücksichtigen und führt dann zu einer Minderung des steuerlichen Gewinns und somit zu einer Steuerentlastung, d.h. zu einem zukünftigen Anspruch des Unternehmens, dem also in 01 durch aktive latente Steuern Rechnung zu tragen ist.

Jahr 01	IFRS-Gewinn 01	Steuergewinn 01	Tatsächliche Steuern	Latente Steuern
Gewinn vor Rückstellung und Steuern	300	300	-120	-
Gewinnauswirkung Rückstellung	-100	0	-	+40
Tatsächliche Steuern	-120			
Aktivierung latenter Steuern	+40			
Gewinn 01 nach Steuern	120			

Die Vermögens- und Ertragslage wird in 01 durch die ergebniswirksame Aktivierung latenter Steuer so dargestellt, als sei nur das Vorsteuerergebnis nach IFRS i.H.v. (300 – 100 =) 200 TEUR entsprechend dem Steuersatz von 40% mit einem Steueraufwand i.H.v. (-120 + 40 =) 80 TEUR belastet.

Wenn im folgenden Jahr der Verlust tatsächlich eintritt, kehrt sich dieser Effekt wieder um, indem im IFRS-Abschluss keine Gewinnauswirkung zu verzeichnen ist, da der lediglich die im Vorjahr gebildete Rückstellung verbraucht wird. Steuerlich ist der Verlust hingegen jetzt zu berücksichtigen und mindert die tatsächliche Steuerlast. Da sich die temporäre Differenz hierdurch ausgleicht, sind die aktiven latenten Steuern aus 01 wieder aufzulösen. Dies stellt sich in der Übersicht – ausgehend von einem vorläufigen Gewinn 02 i.H.v. 400 TEUR – wie folgt dar:

Jahr 02	IFRS-Gewinn 02	Steuergewinn 02	Tatsächliche Steuern	Latente Steuern
Gewinn vor Rückstellung und Steuern	400	400	-160	-
Gewinnauswirkung Verlusteintritt	0	-100	+40	-40
Tatsächliche Steuern	-120			
Auflösung aktiver latenter Steuern	-40			
Gewinn 02 nach Steuern	240			

Damit wird im Jahr 02 im IFRS-Abschluss im Saldo mit (-120 – 40 =) -160 TEUR ein Steuer-aufwand ausgewiesen, der sich auch bei Anwendung des Steuersatzes von 40% auf das IFRS-Vorsteuerergebnis i.H.v. 400 TEUR ergeben würde. Die Verzerrungen in der Vermö-gens- und Ertragslage, die sich durch die tatsächlichen Steuern ergeben würden, werden auch hier durch die Bilanzierung latenten Steuern vermieden.

Deutlicher wird der Sinn einer Aktivierung latenter Steuern am Beispiel der **Verlustvorträ-ge**. Soweit steuerliche Verlustvorträge in Folgejahren mit dann entstandenen steuerlichen Gewinnen verrechnet werden dürfen, führen sie in diesen Folgejahren zu einer Steuerent-lastung. Sie stellen damit einen latenten Steueranspruch dar. Nach IAS 12.34 ff. ist bei der Aktivierung von latenten Steuern auf steuerliche Verlustvorträge jedoch besonders darauf zu achten, dass das Entstehen steuerlicher Gewinne in den Folgejahren ausreichend wahr-scheinlich ist. Andernfalls würde der latente Steueranspruch nie realisiert werden können. Als Kriterien für diese Wahrscheinlichkeitsbeurteilung werden in IAS 12.36 genannt:

a. Ausreichende passive Steuerlatenzen, die in Zukunft zu steuerlichen Mehrergebnissen führen werden;

b. Erwartung ausreichender steuerlicher Gewinne in den Folgeperioden;

c. Ausschluss weiterer Verluste aus den Quellen, aus denen der Verlustvortrag resultiert;

d. Steuergestaltungsmöglichkeiten, die die Nutzung der Verlustvorträge ermöglichen.

Wie bereits erwähnt (vgl. 2.21.3.1), ist die Frage der Ergebniswirksamkeit latenter Steuern danach zu entscheiden, ob die temporäre Differenz ergebnisneutral oder ergebniswirksam entstanden ist. Hiernach ergebnisneutral zu erfassende latente Steuern sind über das sons-tige Ergebnis zu erfassen.

Fall:

Ein unbebautes Grundstück wird in der IFRS-Bilanz nach IAS 16 mit 120 TEUR neube-wertet und damit über die AK iHv. 80 TEUR hinaus angesetzt, was in der Steuerbilanz nicht zulässig ist.

Buchen Sie die hierdurch bedingten latenten Steuern unter Zugrundelegung eines Steuersatzes von 40%!

Lösung:

Der Ertrag aus der Neubewertung i.H.v. 40 TEUR ist ergebnisneutral im sonstigen Ergebnis zu zeigen. Diese Werterhöhung ist in der Steuerbilanz nicht zulässig. Sie gleicht sich jedoch spätestens bei Verkauf des Grundstücks wieder aus (quasi-zeitlich begrenzte Differenz). Die hierauf entfallende passive latente Steuer ist ergebnisneutral zu erfassen.

| Buchung: | Sonstiges Ergebnis | 16 | an | Passive latente Steuern | 16 |

2.21.3.3   Bewertung latenter Steuern

▶   IAS 12.46-56

Der Bewertung latenter Steuern nach IAS 12 liegt die sog. ‚**Liability-Methode'** zugrunde, nach der aktive latente Steuern als Forderungen und passive latente Steuern als Schulden gegenüber dem Finanzamt begriffen werden. Dies bedeutet, dass zum Abschlussstichtag abzuschätzen ist, welcher Betrag der Forderung bzw. Verbindlichkeit zugrunde zu legen ist, wenn sie (bei Ausgleich der Differenz) erfüllt wird. Dies erfordert zum einen eine Abschätzung des zukünftig anzuwendenden **Steuersatzes** anhand der zum Abschlussstichtag bereits beschlossenen Steuergesetze (IAS 12.47 f.) und ggf. anhand einer durchschnittlichen Betrachtung bei einem progressiven bzw. schwankenden Steuersatz (IAS 12.49). Zum anderen ist anhand der individuellen Verhältnisse und Erwartungen abzuschätzen, welche steuerliche Auswirkung der Ausgleich der jeweiligen Differenz in den Folgejahren haben wird (zu Beispielen vgl. IAS 12.51 ff.). Ändern sich diese Bewertungsparameter, so sind latente Steuern aus Vorjahren ggf. an die neuen Verhältnisse anzupassen. Eine **Abzinsung** der aktiven oder passiven latenten Steuern ist jedoch ausdrücklich untersagt (IAS 12.53).

Für aktive latente Steuern wird in IAS 12.56 außerdem eine jährliche **Werthaltigkeitsüberprüfung** gefordert. Können z.B. aktive latente Steuern aufgrund erwartungswidrig eingetretener dauerhafter Verluste auf absehbare Zeit nicht genutzt werden, ist der Wert aktiver latenter Steuern zu mindern. Werden in diesem Beispiel wieder Gewinne erzielt, die mit dem Verlustvortrag verrechnet werden dürfen, so erfolgt eine Wertaufholung.

2.21.3.4   Ausweis latenter Steuern

▶   IAS 12.69-78

Elementare Regelungen zum Ausweis latenter Steuern finden sich in IAS 1 (vgl. 1.3.3). So sind in der **Bilanz** nach IAS 1.54(n)(o) latente Steuerschulden und –ansprüche getrennt von den tatsächlichen Steuerschulden und –ansprüchen auszuweisen. Latente Steuern sind nach IAS 1.56 zudem als langfristige Vermögenswerte bzw. Schulden auszuweisen. Lediglich eine Ausnahme vom grundsätzlichen Saldierungsverbot findet sich in IAS 12. So sind – wie bei den tatsächlichen Steuern (vgl. 2.21.2) – nach IAS 12.71 ff. Saldierungen von aktiven und passiven latenten Steuern in der Bilanz nur dann zulässig, wenn

a. ein Rechtsanspruch auf Verrechnung besteht

    und

b. das bilanzierende Unternehmen auch die Absicht zur Verrechnung oder zur gleichzeitigen Begleichung der Schulden und Ansprüche hat.

Der Steueraufwand bzw. Steuerertrag umfasst nach IAS 12.6 den tatsächlichen und den latenten Steueraufwand bzw. Steuerertrag. Dieser ist nach IAS 12.77 f. gesondert in der **Gesamtergebnisrechnung** bzw. in der GuV auszuweisen.

2.21.4   Angaben

▶   IAS 12.79-88

Einhergehend mit der Komplexität der Bilanzierung latenter Steuern verlangt IAS 12 umfangreiche und detaillierte Angaben zur Ertragsteuerbilanzierung. Diese betreffen insbesondere:

■ die Zusammensetzung des Steueraufwands bzw. Steuerertrags (IAS 12.80),

■ auf das sonstige Ergebnis und bestimmte Posten und Ereignisse entfallende Steuern (IAS 12.81),

■ eine Erklärung der Beziehung zwischen Steueraufwand bzw. Steuerertrag einerseits und IFRS-Ergebnis andererseits, insb. mittels einer Überleitungsrechnung (IAS 12.81(c) i.V.m. IAS 12.85-86).

2.21.5   Wiederholung des IAS 12 in Stichworten

Versuchen Sie, die wesentlichen Inhalte des IAS 12 anhand der folgenden Stichworte kurz zu wiederholen:

■ Tatsächliche Steuern: ergebniswirksame Erfassung von Schulden bzw. Ansprüchen in dem Jahr ihrer Verursachung;

■ Latente Steuern:

 – Betreffen zukünftige Steuerbe- und -entlastungen;
 – Nur Berücksichtigung zeitlich begrenzter und quasi-zeitlich begrenzter Differenzen zwischen IFRS- und Steuerbilanz (‚Temporary-Konzept'); keine Berücksichtigung zeitlich unbegrenzter Differenzen;
 – Aktivierungspflicht aktiver und passiver latenter Steuern;
 – Werthaltigkeit aktiver latenter Steuern ist Aktivierungsvoraussetzung und in den Folgeperioden zu überprüfen;
 – Bewertung anhand zukünftiger, aber zum Stichtag bereits beschlossener Steuergesetze; keine Abzinsung.

2.21.6   Hinweise zur Vertiefung

Die Bilanzierung latenter Steuern ist vielfältig und kann sehr komplex sein. Über die in den vorangegangenen Kapiteln dargestellte Einführung hinaus empfehlen sich insbesondere die folgenden Themenbereich für eine Vertiefung anhand der einschlägigen Kommentarliteratur:

- Ausnahmen zum Ansatz latenter Steuern auf temporäre Differenzen (IAS 12.15 i.V.m. IAS 12.21 ff.),

- Latente Steuern in Zusammenhang mit Anteilen an anderen Unternehmen und Zweigniederlassungen (IAS 12.38-45);

- Einzelheiten zur Ermittlung des maßgeblichen Steuersatzes (IAS 12.46-52);

- Ermittlung latenter Steuern unter Berücksichtigung von Ausschüttungen (IAS 12.52A-52B);

- Latente Steuern als Folge eines Unternehmenszusammenschlusses (IAS 12.66-68);

- Steuern im Zusammenhang mit anteilsbasierten Vergütungen i.S.d. IAS 19 (IAS 12.68A-68C);

- Währungsdifferenzen aus latenten Auslandssteuerschulden bzw. –ansprüchen (IAS 12.78)

- Latente Steuern unter Berücksichtigung der Realisierung von neubewerteten, nicht planmäßig abzuschreibenden Vermögenswerten (SIC-21 bzw. Änderungen des IAS 12 durch den IASB vom 20.12.2010);

- Änderungen im Steuerstatus eines Unternehmens oder seiner Anteilseigner (SIC-25).

2.22   IFRS 7 - Finanzinstrumente: Angaben

2.22.1   Überblick zum IFRS 7

▶   IFRS 7.1-5

Mit Verordnung vom 22.11.2011 wurden Änderungen durch den IASB an IFRS 7 aus Oktober 2010 von der EU übernommen (**Endorsement-Verfahren**). **Gegenstand** dieses Standards sind ergänzende Angaben zu den Regelungen der beiden anderen Standards zu Finanzinstrumenten: IAS 32 zu deren Darstellung (vgl. 2.14) sowie IAS 39 (zukünftig IFRS 9) zu deren Ansatz und Bewertung (vgl. 2.13). Aus IAS 32 und IAS 39 (bzw. IFRS 9) sind sämtliche Angabepflichten entnommen und in IFRS 7 überführt worden, der seither eigenständig, jedoch unter Aufnahme von Folgeänderungen aus IAS 32 und IAS 39 bzw. zukünftig insbesondere aus IFRS 9 fortentwickelt wird. Die Änderungen des IFRS 7 durch IFRS 9 aus Oktober 2010 (vgl. 2.13.2.1) werden im Folgenden nicht berücksichtigt, da sie erst mit dem Endorsement des IFRS 9 auf EU-Ebene anzuwenden sind. Mit der gleichen Begründung werden die am 16.12.2011 veröffentlichten Änderungen des IFRS 7 im Hinblick auf ausgeweitete Angaben zur nach IAS 32.42 ff. zulässigen bzw. nicht zulässigen Saldierung finanzieller Vermögenswerte und Verbindlichkeiten (vgl. 2.14.4) im Folgenden nicht berücksichtigt.

IFRS 7 regelt abschließend und ausschließlich Angabepflichten im Zusammenhang mit der Bilanzierung von Finanzinstrumenten, denen i.d.R. im Anhang des IFRS-Abschlusses nachgekommen wird. Sein **Anwendungsbereich** erstreckt sich in weitgehender Kongruenz mit IAS 32 und IAS 39 grundsätzlich auf sämtliche Finanzinstrumente mit folgenden Ausnahmen:

■ nach IAS 27 zu bilanzierende Anteile an Tochterunternehmen, nach IAS 28 zu bilanzierende assoziierte Unternehmen und nach IAS 31 zu erfassende Anteile an Gemeinschaftsunternehmen, soweit diese Standards nicht ausdrücklich auf IAS 39 verweisen,

■ Rechte und Verpflichtungen aus Altersversorgungsplänen nach IAS 19,

■ mit Einschränkungen Rechte und Verpflichtungen aus Versicherungsverträgen nach IFRS 4,

■ mit Einschränkungen Rechte und Verpflichtungen aus IFRS 2,

■ Finanzinstrumente, die nach den Ausnahmeregeln des IAS 32.16A-16D als Eigenkapitalinstrumente eingestuft werden.

In seiner von der EU übernommenen Fassung ist IFRS 7 im Überblick wie folgt **aufgebaut**:

■ Zielsetzung des Standards (IFRS 7.1-2)

■ Anwendungsbereich des Standards (IFRS 7.3-5)

■ Klassen von Finanzinstrumenten und Umfang der Angabepflichten (IFRS 7.6)

■ Angaben zur Vermögens-, Finanz- und Ertragslage (IFRS 7.7-30)

■ Angaben zu Art und Ausmaß von Risiken (IFRS 7.31-42)

■ Angaben zu Übertragungen finanzieller Vermögenswerte (IFRS 7.42A-42H)

■ Vorschriften zum zeitlichen Anwendungsbereich des Standards (IFRS 7.43-45)

■ Definitionen (Anhang A des Standards)

■ Anhang B: Leitlinien für die Anwendung.

Hinsichtlich der **Definitionen** von wesentlichen in IFRS 7 verwendeten Begriffen ist - entsprechend dem Ergänzungscharakter dieses Standards – auf die Definitionen in IAS 32 und IAS 39 bzw. IFRS 9 zu verweisen.

2.22.2 Angabepflichten

▶ IFRS 7.1, IFRS 7.6-42

Die **Zielsetzung** des IFRS 7 besteht darin, dass die Adressaten von IFRS-Abschlüssen durch ergänzende Angaben zu den Bilanzierungsregeln der IAS 32 und IAS 39 (bzw. IFRS 9) einschätzen können (IFRS 7.1),

a. welche Bedeutung Finanzinstrumente für die Vermögens-, Finanz- und Ertragslage des berichtenden Unternehmens haben und

b. Art, Ausmaß und Steuerung der sich aus den Finanzinstrumenten ergebenden Risiken .

Die geforderten Angaben sind dabei ggf. nach Klassen von Finanzinstrumenten zu unterteilen, und sie haben ausreichende Informationen zu enthalten, um eine Überleitungsrechnung der Anhangangaben auf die Bilanzwerte zu ermöglichen (IFRS 7.6).

Abbildung 2.26 Struktur der Angabepflichten nach IFRS 7

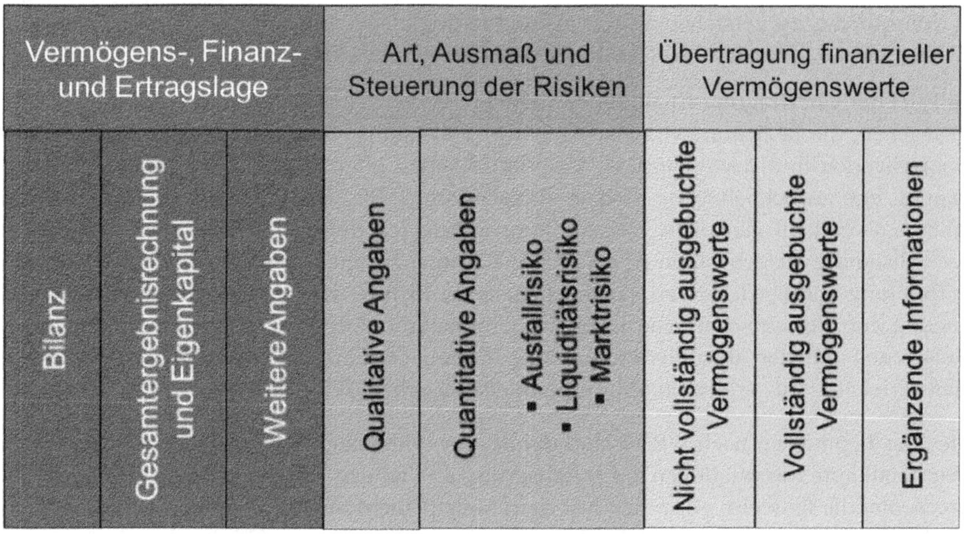

Im Rahmen der Angaben zur Einschätzung der **Vermögens-, Finanz- und Ertragslage** werden neben den Angaben zur Bilanz (IFRS 7.8-19) und zu den Auswirkungen der Bilanzierung von Finanzinstrumenten auf die Gesamtergebnisrechnung (IFRS 7.20) in den weiteren Angaben des ersten Teils des IFRS 7 verlangt:

- Einbezug der Finanzinstrumente in die nach IAS 1.117 vorzunehmende Darstellung der Rechnungslegungsmethoden, einschl. der Bewertungsgrundlagen (IFRS 7.21);

- Angaben zu den Sicherungsbeziehungen, die als solche nach IAS 39.71-102 bilanziert wurden, getrennt nach den drei in IAS 39 genannten Arten von Sicherungsbeziehungen (IFRS 7.22-24);

- Angaben zur Ermittlung des beizulegenden Zeitwerts (IFRS 7.25-30).

Die Angaben zu Art, Ausmaß und Steuerung der aus den gehaltenen Finanzinstrumenten resultierenden **Risiken** sind lediglich formal in qualitative und quantitative Angaben getrennt. Tatsächlich sollen sie sich inhaltlich ergänzen bzw. „zusammenwirken" um den Abschlussadressaten eine Einschätzung über die Risikolage aufgrund von Finanzinstrumenten zu erlauben (IFRS 7.32A). Hierbei sind die Angaben i.d.R. getrennt nach den drei in IFRS 7 angeführten Risikoarten vorzunehmen:

a. Ausfallrisiko, zu verstehen als das Risiko der Werthaltigkeit des Finanzinstruments;

b. Liquiditätsrisiko, zu verstehen als das Risiko eines Unternehmens, seinen Zahlungsverpflichtungen nicht mehr nachkommen zu können;

c. Marktrisiko, zu verstehen als das Wertänderungsrisiko aufgrund veränderter Marktdaten, wie z.B. Zinssätze, Wechselkurse und Börsenentwicklungen.

Im Falle der **Übertragung finanzieller Vermögenswerte** sind Angaben mit der Zielsetzung zu machen, die Beziehungen zwischen (nicht vollständig) ausgebuchten finanziellen Vermögenswerten und dazugehörigen Verbindlichkeiten offenzulegen sowie trotz der Übertragung ggf. zurückbehaltene Risiken zu erläutern (IFRS 7.42B). Anhand dieser Angaben sollen sowohl bzgl. der nicht vollständig ausgebuchten (IFRS 7.42D) als auch hinsichtlich der vollständig ausgebuchten (IFRS 7.42E-42G) finanziellen Vermögenswerte, z.B. aus der Verbriefung von Forderungen, (zurückbehaltene) Risiken sowie Auswirkungen der Übertragung auf die wirtschaftliche Lage des Unternehmens erkennbar werden. Sofern diese Zielsetzung mit den detaillierten Angabepflichten im Einzelfall nicht in ausreichendem Maße erreicht wird, sind weitere Informationen zu geben (IFRS 7.42H).

Die Angabepflichten nach IFRS 7 sind damit sehr umfassend. Sie verlangen überdies auch sehr detaillierte Informationen zur Bilanzierung und zu den Risiken in Bezug auf Finanzinstrumente, die teilweise eigentlich nur dem Management des berichtenden Unternehmens zugängliche Informationen auch für Unternehmensexterne zugänglich machen.

2.22.3   Wiederholung des IFRS 7 in Stichworten

- Enthält ausschließlich Anhangangabepflichten zu Finanzinstrumenten, für die IAS 32 und IAS 39 bzw. IFRS 9 die Bilanzierungsregeln enthalten;

- Verlangt dezidierte Angaben zur wirtschaftlichen Lage, zum Risikomanagement und zu Übertragungen in Bezug auf Finanzinstrumente.

2.23   IAS 24 - Beziehungen zu nahe stehenden Unternehmen und Personen

2.23.1   Überblick zum IAS 24

▶   IAS 24.1-4

Die für nach dem 31.12.2010 beginnende Geschäftsjahre anzuwendende Fassung des IAS 24 wurde von der EU mit Abschluss des **Endorsement-Verfahrens** am 19.07.2010 übernommen. **Gegenstand** dieses Standards sind ausschließlich Angaben, die in der Praxis regelmäßig in den Anhang des IFRS-Abschlusses Eingang finden. Diese Angabepflichten konzentrieren sich auf Beziehungen des rechnungslegenden Unternehmens zu ihm nahe stehenden Unternehmen und Personen. IAS 24 ist vor diesem Hintergrund einfach **aufgebaut**:

■   Zielsetzung des Standards (IAS 24.1)

■   Anwendungsbereich (IAS 24.2-4)

■   Zweck der Angaben (IAS 24.5-8)

■   Definitionen (IAS 24.9-12)

■   Angabepflichten (IAS 24.13-27)

■   Vorschriften zum zeitlichen Anwendungsbereich des Standards (IAS 24.28-29).

Der sachliche **Anwendungsbereich** des IAS 24 betrifft Beziehungen zu nahe stehenden Unternehmen und Personen im weitesten Sinne (vgl. 2.23.3). Der persönliche Anwendungsbereich des Standards umfasst grundsätzlich alle nach IFRS bilanzierenden Unternehmen mit ihrem Jahresabschluss und ihrem ggf. aufzustellenden Konzernabschluss (IAS 24.3). Bei Anwendung des IAS 24 auf einen Konzernabschluss versteht sich bereits aus der Systematik des Konzernabschlusses heraus, dass Beziehungen innerhalb des Konzernverbundes nicht zu Angaben führen. Damit verbleiben für den Konzernabschluss solche Angaben zu Beziehungen mit nahe stehenden Unternehmen und Personen, die nicht in den Konzernabschluss einbezogen werden.

In welchen Fällen Angaben nach IAS 24.13 ff. zu erfolgen haben, wird maßgeblich durch die **Definition** nahe stehender Unternehmen bzw. nahe stehender Personen bestimmt. Diese Definition ist sehr weit gefasst und im Einzelnen auch recht komplex, weshalb sie einem gesonderten Kapitel vorbehalten ist (vgl. 2.23.3).

2.23.2   Hintergrund des Standards

▶   IAS 24.5-8

Die wirtschaftliche Lage eines Unternehmens ist natürlich besonders durch sein wirtschaftliches Handeln mit seinen Geschäftspartnern geprägt. Geschäfte mit fremden Personen bzw. Unternehmen und deren Einflüsse auf das rechnungslegende Unternehmen werden damit selbstverständlich mit ihren tatsächlichen Konditionen im IFRS-Abschluss abgebildet. Fraglich ist jedoch, ob ein Abschluss auch dann noch im Sinne des ‚True and Fair View' (vgl. 1.2.3) entscheidungsrelevante Informationen liefern kann, wenn diese tatsächlichen Konditionen durch besondere Beziehungen, wie z.B. zwischen Mutter- und Tochterunternehmen, beeinflusst wurden, wie dies zwischen fremden Dritten nicht möglich gewesen wäre. Dies mag anhand zweier **Beispiele** deutlicher werden:

- Eine GmbH veräußert an ihren Gesellschafter nicht mehr marktgängige Waren (Buchwert: 100 TEUR) zum Verkaufspreis i.H.v. 180 TEUR. Ein fremder Dritter hätte für diese Waren allenfalls 20 TEUR gezahlt. Durch diese Transaktion wird im Jahresabschluss der GmbH ein Ertrag i.H.v. 80 TEUR erfasst, der ohne Einflussnahme des Gesellschafters nie zustande gekommen wäre. Vielmehr wäre eigentlich sogar ein Verlust i.H.v. 80 TEUR entstanden, der nur aufgrund der Beziehungen zum Gesellschafter vermieden wurde. Die im Jahresabschluss abgebildete Ertragslage der GmbH könnte somit z.B. bei einer Gläubigerbank zu falschen Entscheidungen führen.

- Eine AG erhält von ihrer Hausbank ein besonders zinsgünstiges Darlehen. Die Bank hat den Risikoabschlag im Rahmen der Bestimmung der (variablen) Zinshöhe damit begründet, dass die AG zu einer wirtschaftlich erfolgreichen Unternehmensgruppe gehöre. Ohne diese Konzernzugehörigkeit wäre der Zins wesentlich höher ausgefallen. Überlegt ein potenzieller Investor, diese AG aus ihrem aktuellen Konzernverbund heraus zu erwerben, fehlen ihm bei der Beurteilung der Ertragslage der AG Informationen darüber, dass der Zinsaufwand nach dem Erwerb drastisch steigen könnte.

Weitere Beispiele zum Einfluss nahe stehender Personen oder Unternehmen auf die Abbildung der wirtschaftlichen Lage im IFRS-Abschluss finden sich in IAS 24.6-7.

Die **Lösung** dieses Informationsdefizits im IFRS-Abschluss wird nach IAS 24 nicht derart gelöst, dass die zu bilanzierenden Geschäftsvorfälle an fremdübliche Konditionen angepasst werden und der unübliche Einfluss über Entnahme- bzw. Einlagebilanzierungen eliminiert wird. Diese Lösung wird teilweise im deutschen Körperschaftsteuerrecht über die Berücksichtigung verdeckter Einlagen bzw. verdeckter Gewinnausschüttungen verfolgt. Die IFRS verfolgen vielmehr den Ansatz, die Geschäftsvorfälle entsprechend ihrer tatsächlichen Konditionen in Bilanz sowie GuV zu erfassen und die Einflüsse nahe stehender Personen bzw. Unternehmen gesondert anzugeben.

Damit ist der Zweck des IAS 24 umrissen. Marktunübliche Geschäfte, Weisungsgebundenheiten bzw. Abhängigkeiten sollen offengelegt werden, um die Einschätzung der Geschäftstätigkeit von Unternehmen einschl. ihrer Chancen und Risiken besser beurteilen zu können.

2.23.3   Definitionen

▶   IAS 24.9-12

Die wichtigste Definition des IAS 24 erläutert den Begriff der nahe stehenden Personen und Unternehmen. Hierbei unterscheidet IAS 24.9 in Personen einerseits und Unternehmen andererseits. Ein Überblick über die durch den Standard erfassten Personen und Unternehmen lässt sich der **Abbildung 2.27** entnehmen.

Dem rechnungslegenden Unternehmen **unmittelbar nahe stehende Personen** sind nach IAS 24.9 alle (natürlichen) Personen, die das Unternehmen beherrschen, gemeinschaftlich führen oder einen maßgeblichen Einfluss auf das Unternehmen ausüben. Auch diese Begriffe sind in IAS 24.9 näher definiert, ebenso wie ebenfalls unter die nahe stehenden Personen fallenden Mitglieder des Managements in Schlüsselpositionen des Unternehmens oder seines Mutterunternehmens. Darüber hinaus fallen auch Beziehungen des Unternehmens zu **Familienangehörigen** dieser unmittelbar nahe stehenden Personen in den Anwendungsbereich des IAS 24. Damit stellt der Standard auch auf mittelbare Einflussmöglichkeiten auf ein Unternehmen durch Familienangehörige unmittelbar nahe stehender Personen ab, zu denen nach IAS 24.9 insbesondere Kinder, Stiefkinder, Ehegatten und Lebenspartner sowie abhängige Angehörige der unmittelbar nahe stehenden Person gehören.

Abbildung 2.27   Nahe stehende Unternehmen und Personen nach IAS 24

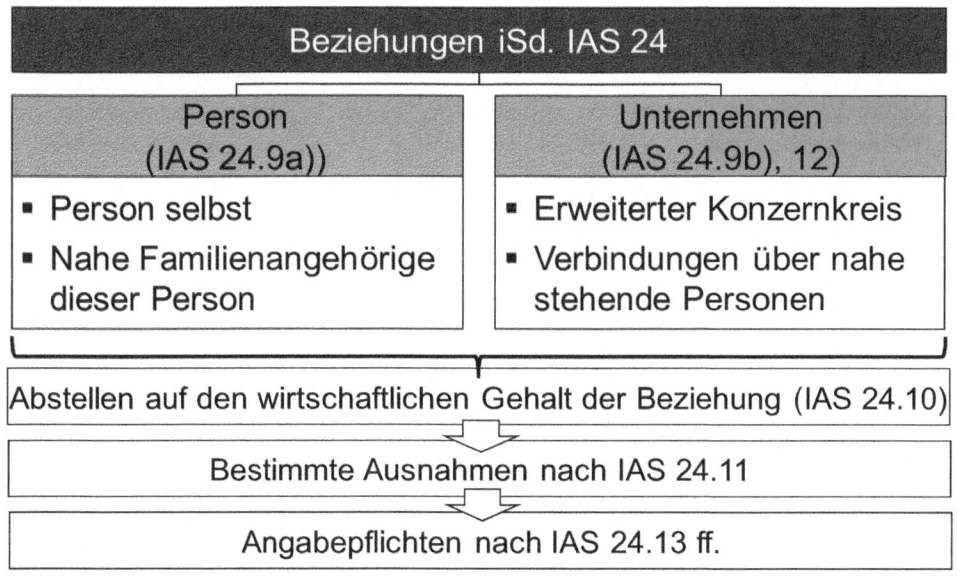

Ebenso wie der Kreis nahe stehender Personen wird der Kreis der **nahe stehenden Unternehmen** sehr weit gefasst. Zu den nahe stehenden Unternehmen gehören in Zusammenfassung der Definition in IAS 24.9 insbesondere:

■ Unternehmen aus dem erweiterten Konzernkreis (Mutter- und Tochterunternehmen, Schwesterunternehmen, Gemeinschaftsunternehmen, assoziierte Unternehmen) – vgl. IAS 24.9b)i)-iv); IAS 24.12;

■ Pensionspläne – vgl. IAS 24.9b)v);

■ Unternehmen, die von nahe stehenden Personen des rechnungslegenden Unternehmens beherrscht oder gemeinschaftlich geführt werden – vgl. IAS 24.9b)vi), z.B. im Falle eines gemeinsamen Mehrheitsgesellschafters als natürliche Person;

■ Unternehmen, die von einer Person, die das berichtende Unternehmen beherrscht oder gemeinschaftlich führt, maßgeblich beeinflusst werden – vgl. IAS 24.9b)vii), z.B. wenn ein Mehrheitsgesellschafter an den finanz- und geschäftspolitischen Entscheidungen eines anderen Unternehmens mitwirkt;

■ Unternehmen mit einem Mitglied in einer Schlüsselposition des Managements, die das berichtende Unternehmen beherrscht oder gemeinschaftlich führt – vgl. IAS 24.9b)vii), z.B. wenn ein Mehrheitsgesellschafter des rechnungslegenden Unternehmens gleichzeitig Vorstand in einem anderen Unternehmen ist.

Letztlich soll ungeachtet dieser recht komplexen formalen Definition nahe stehender Personen und Unternehmen nicht allein auf den rechtlichen, sondern auf den wirtschaftlichen Gehalt der Beziehungen abgestellt werden (IAS 24.10). Eine Einschränkung erfährt diese weite Definition jedoch in IAS 24.11 durch explizite **Ausnahmen**:

■ Unternehmen, die lediglich ein gemeinsames Mitglied des Managements in einer Schlüsselposition haben – vgl. IAS 24.11a);

■ Unternehmen mit einem Mitglied in einer Schlüsselposition des Managements, die das berichtende Unternehmen lediglich maßgeblich beeinflusst, nicht aber beherrscht oder gemeinschaftlich führt – vgl. IAS 24.11a);

■ Gesellschafter eines Gemeinschaftsunternehmens (Joint Ventures) stehen einander nicht nahe – vgl. IAS 24.11b);

■ Kapitalgeber, Gewerkschaften, öffentliche Versorgungsunternehmen und (nicht beherrschende oder maßgeblich beeinflussende) öffentliche Institutionen, sofern diese lediglich gewöhnliche Geschäftsbeziehungen zum rechnungslegenden Unternehmen unterhalten – vgl. IAS 24.11 c);

■ Bedeutende Geschäftspartner, von denen das rechnungslegende Unternehmen aufgrund erheblicher Geschäftsvolumina wirtschaftlich abhängig ist.

Es wird deutlich, dass die Abgrenzung des Kreises nahe stehender Unternehmen und Personen im Detail sehr komplex ist. Dies führt in der Praxis insbesondere bei der Ermittlung aller nahe stehenden Personen zu Problemen, z.B. bei der Ermittlung der Lebenspartner(innen) von Vorstandsmitgliedern oder nahe stehenden Gesellschaftern.

Fall:

Sind die folgenden Unternehmen bzw. Personen einer AG nahe stehend i.S.d. IAS 24?

a. Vorstandsmitglied einer AG

b. Lebenspartnerin des Mehrheitsaktionärs

c. Gemeinschaftsunternehmen der AG

d. Gemeinde mit der Möglichkeit, die finanz- und geschäftspolitischen Entscheidungen der AG aufgrund eines 40%-Aktienpakets zu beeinflussen

Lösung:

a. Nahe stehende Person (IAS 24.9a)iii))

b. Nahe stehende Person (IAS 24.9a)i)

c. Das Gemeinschaftsunternehmen selbst ist nahe stehend (IAS 24.9a)i)), nicht aber der andere Gesellschafter des Gemeinschaftsunternehmens (IAS 24.11b))

d. Nahe stehend (IAS 24.9a)ii)) aufgrund maßgeblichen Einflusses; die Ausnahme nach IAS 24.11c)iv) greift daher nicht

2.23.4 Angabepflichten

▶   IAS 24.13-27

Der Standard unterscheidet zwischen Angaben zum Bestehen der Beziehungen einerseits und Angaben zu Geschäftsvorfällen mit nahe stehenden Unternehmen und Personen andererseits. So ist unabhängig von getätigten Geschäften stets das **Bestehen von Beziehungen** anzugeben in Bezug auf (IAS 24.13-16):

■ das Mutterunternehmen und das oberste beherrschende Unternehmen bzw. das Unternehmen, das den Konzernabschluss für die Unternehmensgruppe aufstellt,

■ Tochterunternehmen.

Das Bestehen anderer Beziehungen zu nahe stehenden Unternehmen und Personen ist nur dann angabepflichtig, wenn gleichzeitig auch Geschäftsvorfälle mit diesen Unternehmen bzw. Personen stattgefunden haben (IAS 24.18).

Zu den im Einzelnen in IAS 24.21-22 beispielhaft umrissenen **Geschäftsvorfällen** sind dann detaillierte Angaben erforderlich. Diese betreffen neben der Vergütung von nahe stehenden Personen, die Arbeitnehmer sind (IAS 24.17), jegliche andere Geschäftsvorfälle. Die erforderlichen Angaben enthalten insbesondere Informationen zum Umfang und zu ausstehenden Salden und Risiken (IAS 24.18). Sie sind getrennt den einzelnen in IAS 24.19 genannten nahe stehenden Personen und Unternehmen zuzuordnen. Die Angaben zu den Geschäftsvorfällen dürfen hierbei je Kategorie grundsätzlich jeweils zu gleichartigen Geschäftsvorfällen zusammengefasst werden (IAS 24.24).

Angaben zur Unüblichkeit der den Geschäftsvorfällen zugrunde liegenden Konditionen sind nicht ausdrücklich verlangt. Allerdings untersagt IAS 24.23 die Angabe, Geschäfte seien unter marktüblichen Konditionen abgewickelt worden, wenn dies nicht ausdrücklich nachgewiesen werden kann.

Sofern einem Unternehmen öffentliche Stellen (zur Definition vgl. IAS 24.9), wie z.B. Landesverwaltungen oder Gemeinden, nahe stehend sind (IAS 24.25a)) oder ein anderes Unternehmen aufgrund einer Beziehung über die gleiche öffentliche Stelle nahe stehend ist (IAS 24.25b)), sieht IAS 24.25 eine **Befreiung von den Angabepflichten nach IAS 24.18** (nur von diesen!) vor. Stattdessen sind andere Angaben nach IAS 24.26 erforderlich.

Fall:

Führen die folgenden Begebenheiten zu Angabepflichten nach IAS 24.18 f.?

  a. Verkauf eines Grundstücks an das Mutterunternehmen zum Marktpreis

  b. Verkauf eines Grundstücks an ein Tochterunternehmen unter dem Marktpreis

  c. Gestellung von Sicherheiten für den Kredit des Alleingesellschafters

  d. Vorstandsgehälter

Lösung:

  a. Geschäftsvorfall mit einem nahe stehenden Unternehmen (IAS 24.18, 24.21a)) unabhängig von der Marktüblichkeit

  b. Geschäftsvorfall mit einem nahe stehenden Unternehmen (IAS 24.18, 24.21a)) ohne Hinweispflicht auf den marktunüblichen Preis

  c. Geschäftsvorfall mit einer nahe stehenden Person (IAS 24.18, 24.21h))

  d. Angabepflicht nach IAS 24.17

2.23.5   Wiederholung des IAS 24 in Stichworten

■ Zweck: Informationen zu Einflussmöglichkeiten, tatsächlichen Einflussnahmen auf das berichtende Unternehmen, Abhhängigkeiten;

■ Nahe stehende Personen: weit gefasst er Begriff einschl. naher Familienangehöriger der nahe stehenden Personen;

- Nahe stehende Unternehmen: erweiterter Konzernkreis unter Berücksichtigung von Verbindungen über nahe stehende Personen; bestimmte Ausnahmen;

- Angaben zum Bestehen von Beziehungen: immer bzgl. Mutterunternehmen, oberstes Konzernunternehmen und Tochterunternehmen; in anderen Fällen nur bei Geschäftsvorfällen im Berichtszeitraum;

- Detaillierte Angaben zu Geschäftsvorfällen im Berichtszeitraum, getrennt nach Gruppen nahe stehender Personen und Unternehmen, aber innerhalb der Gruppen wahlweise zusammengefasst nach Geschäftsarten.

2.23.6   Hinweise zur Vertiefung

Die Definition nahe stehender Unternehmen bzw. nahe stehender Personen nach IAS 24.9 ist sehr komplex. Zur Vermeidung eines Verstoßes gegen IAS 24 durch Unterlassen von Angaben, sollte in Zweifelsfällen stets das Vorliegen einer Beziehung i.S.d. IAS 24 anhand der einschlägigen Kommentarliteratur geprüft werden. Dies gilt insbesondere auch für Unternehmen, die einer öffentlichen Stelle nahe stehen, und die die Erleichterungen nach IAS 24.25 ff. in Anspruch nehmen möchten.

2.24   IAS 7 - Kapitalflussrechnung

2.24.1   Überblick zum IAS 7

▶   IAS 7.1-6

IAS 7 in der hier behandelten Fassung ist seit dem Abschluss des **Endorsement-Verfahrens** am 23.03.2010 in der EU anzuwenden. Der Standard ist wie folgt **aufgebaut**:

- Zielsetzung

- Anwendungsbereich des Standards (IAS 7.1-3)

- Nutzen von Kapitalflussinformationen (IAS 7.4-5)

- Definitionen (IAS 7.6-9)

- Darstellung der Kapitalflussrechnung (IAS 7.10-21)

- Einzelfragen (IAS 7.22-42B)

- Angaben (IAS 7.43-52)

- Vorschriften zum zeitlichen Anwendungsbereich des Standards (IAS 7.53-56).

Der **Anwendungsbereich** des IAS 7 erfasst alle Unternehmen, die einen Jahres- oder Konzernabschluss nach IFRS aufstellen, der damit zwingend eine Kapitalflussrechnung enthält. Größen- oder rechtsformspezifische Ausnahmen sind nicht aus IAS 7 ableitbar.

Bitte lesen Sie die einzelnen **Definitionen** in IAS 7.6, auf die im Folgenden zurückgegriffen wird! Lesen Sie diese nochmals, sobald diese Begriffe in den folgenden Kapiteln verwendet werden!

2.24.2   Grundlagen zur Kapitalflussrechnung

▶   IAS 7.4 f.

Die durch IAS 7 geregelte Kapitalflussrechnung ergänzt die Aussagen von Bilanz und Gesamtergebnisrechnung um Informationen zur **Beurteilung der Liquidität**, mithin zur Fähigkeit des Unternehmens, Liquidität zur erwirtschaften, sowie zum Liquiditätsbedarf des Unternehmens. Mit der Kapitalflussrechnung werden insbesondere vergangenheitsbezogene Informationen über die Herkunft und die Verwendung sowie über den Bestand an liquiden Mitteln bereitgestellt. Hieraus sollen jedoch auch Rückschlüsse auf die zukünftige Liquiditätssituation eines Unternehmens gezogen werden können (zum Nutzen der Kapitalflussinformationen vgl. auch IAS 7.4 f.).

Eine Kapitalflussrechnung basiert **allgemein** auf Zahlungsgrößen, frei von dem Erfordernis ihrer periodengerechten Zuordnung wie Aufwendungen und Erträge in der GuV. Es werden jedoch nur solche Ein- und Auszahlungen erfasst, durch die sich ein vorab definierter Bestand an liquiden Mitteln – ein Finanzmittelfonds – ändert. Bewegungen innerhalb dieses Fonds werden nicht in der Kapitalflussrechnung gezeigt (IAS 7.9). Gehört z.B. zu einem Finanzmittelfonds die Kasse und ein Bankkonto, so werden Bareinzahlungen auf das Konto aus der Kasse nicht gezeigt, da diese Bewegung innerhalb des Finanzmittelfonds erfolgt. Direkteinzahlungen, z.B. von einem Kunden, auf das Bankkonto oder in die Kasse stellen hingegen beim empfangenden Unternehmen Einzahlungen dar, die in der Kapitalflussrechnung zu erfassen sind. Die Grundstruktur einer Kapitalflussrechnung lässt sich einfach beschreiben:

Bestand des Finanzmittelfonds am Anfang der Periode

+   Einzahlungen (in den Finanzmittelfonds)

–   Auszahlungen (aus dem Finanzmittelfonds)

=   Bestand des Finanzmittelfonds am Ende der Periode.

Die in der Terminologie des IAS 7 als **Cashflows** bezeichneten Zahlungsströme sind in nach IAS 7 in drei bestimmte Aktivitätsbereiche eines Unternehmens zu unterteilen, in denen jeweils die einzelnen Zahlungen – thematisch zusammengefasst – dargestellt werden. Die hiernach ermittelte Veränderung des Finanzmittelfonds sowie dessen Bestand zum Ende der Periode müssen mit den entsprechenden Bilanzgrößen abstimmbar sein.

Hieraus ergeben sich für die Erstellung einer Kapitalflussrechnung allgemein fünf Schritte, die auch dem IAS 7 zugrunde liegen:

1. Abgrenzung des Finanzmittelfonds,

2. Ermittlung der Cashflows als Veränderungen des Finanzmittelfonds,

3. Zuordnung der Cashflows zu Unternehmensaktivitäten,

4. Darstellung der einzelnen Cashflows innerhalb der Unternehmensaktivitäten,

5. Überleitungsrechnung der Gesamtveränderung und des Endbestands des Finanzmittelfonds zu den aus der Bilanz abgeleiteten Größen.

Diesen Schritten folgt auch die Darstellung im folgenden Kapitel.

2.24.3 Gegenstand der Kapitalflussrechnung nach IAS 7

▶   IAS 7.6-18; IAS 7.28; IAS 7.31-35

Aus der Definition des Cashflows nach IAS 7.6 lässt sich ableiten, dass sich der **Finanzmittelfonds** in der Kapitalflussrechnung nach IAS 7 aus Zahlungsmitteln und Zahlungsmitteläquivalenten zusammensetzt. Zahlungsmittel sind Barmittel und Sichteinlagen (IAS 7.6), also insbesondere Kassenbestände und Sichteinlagen bei Kreditinstituten. Zahlungsmitteläquivalente sind als kurzfristige, hochliquide Finanzinvestitionen definiert (IAS 7.6), die nur unwesentlichen Wertschwankungen unterliegen (IAS 7.6 f.). Die Kurzfristigkeit ist bei einer Restlaufzeit von drei Monaten anzunehmen. Entscheidend ist, dass diese Mittel in der Disposition des Unternehmens zur Begleichung kurzfristiger Zahlungsverpflichtungen vorgesehen sind. Kontokorrentverbindlichkeiten mindern den Finanzmittelfonds als einzige Verbindlichkeitenart (IAS 7.8). **Veränderungen des so umrissenen Finanzmittelfonds** werden als Cashflows in der Kapitalflussrechnung erfasst.

Fall:

Werden die folgenden Transaktionen als Cashflows i.S.d. IAS 7 erfasst?

a. Verkauf von Waren auf Ziel

b. Forderungseingang wird bei der Bank für zwei Monate angelegt

c. Forderungseingang gleicht negativen Saldo auf dem Kontokorrentkonto aus

d. Geld aus der Kasse wird bei der Bank bar auf ein Kontokorrentkonto eingezahlt

<u>Lösung:</u>

a. Kein Cashflow, da – noch – kein Zufluss zum Finanzmittelfonds

b. Forderungseingang ist ein Cashflow, da sich der Finanzmittelfonds erhöht; durch Anlage des Betrags für zwei Monate ist keine Minderung des Fonds zu erfassen

c. Forderungseingang ist ein Cashflow, da der Finanzmittelfonds auch das Kontokorrentkonto erfasst, dessen negativer Saldo sich mindert

d. Kein Cashflow, da sich nicht die Höhe, sondern nur die Zusammensetzung des Finanzmittelfonds ändert.

IAS 7 begnügt sich jedoch nicht mit einer bloßen Auflistung von Ein- und Auszahlungen. Er verlangt vielmehr eine **Zuordnung der einzelnen Zahlungsflüsse zu Unternehmensaktivitäten**, nämlich zum

■ Cashflow aus betrieblicher Tätigkeit,

■ Cashflow aus Investitionstätigkeit und

■ Cashflow aus Finanzierungstätigkeit.

Vereinfacht ausgedrückt, werden durch die betriebliche Tätigkeit solche Zahlungen erfasst, die den Kernbereich der Geschäftstätigkeit des Unternehmens betreffen und solche, die nicht den beiden anderen Tätigkeitsbereichen zugeordnet werden können. Zur Investitionstätigkeit gehören Zahlungen aus dem Erwerb und dem Verkauf langfristiger Vermögenswerte (z.B. Kauf oder Verkauf eines Grundstücks), und die Finanzierungstätigkeit erfasst Ein- und Auszahlungen im Zusammenhang mit der Eigen- oder Fremdkapitalaufnahme (z.B. Aufnahme oder Tilgung eines Bankdarlehens). Zu den genauen Definitionen vgl. IAS 7.6. Die Abgrenzung zwischen den drei Unternehmensaktivitäten kann sich in der Praxis im Einzelfall als Problem erweisen, dem der Standard in IAS 7.13-17 durch weitere Erläuterungen und insbesondere durch Beispiele Abhilfe zu schaffen versucht.

Ergänzend sei auf die folgenden, jeweils gesondert in der Kapitalflussrechnung anzugebenden Zahlungen hingewiesen:

■ Zins(ein- und aus-)zahlungen sowie Dividenden können grundsätzlich allen drei Unternehmensaktivitäten begründet zugeordnet werden, wobei jedoch in der Praxis die Zuordnung zur betrieblichen Tätigkeit vorherrscht. Die gewählte Zuordnung ist im Zeitablauf stetig vorzunehmen (IAS 7.31-33).

■ An Anteilseigner ausgezahlte Dividenden können – im Zeitablauf stetig – sowohl der betrieblichen Tätigkeit als auch der Finanzierungstätigkeit zugeordnet werden (IAS 7.34). In der Praxis erfolgt i.d.R. eine Zuordnung zur Finanzierungstätigkeit.

- Ertragsteuerzahlungen sind grundsätzlich der betrieblichen Tätigkeit zuzuordnen. Lediglich in Fällen, in denen eine Zuordnung einzelner Steuerzahlungen zu Investitions- oder Finanzierungsvorgängen möglich ist, soll eine Aufteilung auch auf Cashflows aus anderen Unternehmensaktivitäten zulässig sein, dann aber unter zusätzlicher Angabe der Gesamtsumme (IAS 7.35 f.).

Fall:

Ordnen Sie die folgenden Transaktionen den Aktivitätsbereichen einer Kapitalflussrechnung nach IAS 7 zu!

a. Einzahlung aus der Veräußerung von Waren

b. Ertragsteuerzahlungen

c. Auszahlungen für Produktionsmaterial

d. Auszahlungen für die Beschaffung einer Produktionsmaschine

e. Einzahlungen aus der Ausgabe von Aktien

Lösung:

a. Betriebliche Tätigkeit (IAS 7.14(a))

b. I.d.R. betriebliche Tätigkeit (IAS 7.35 f.)

c. Betriebliche Tätigkeit (IAS 7.14(c))

d. Investitionstätigkeit (IAS 7.16(a))

e. Finanzierungstätigkeit (IAS 7.17(a))

Die Zuordnung der Cashflows zu den drei in IAS 7 vorgegebenen bedingt– im Überblick – die folgende **Darstellung der Cashflows**:

+ Einzahlungen aus betrieblicher Tätigkeit

– Auszahlungen aus betrieblicher Tätigkeit

= Cashflow aus betrieblicher Tätigkeit (1)

+ Einzahlungen aus Desinvestitionen

– Auszahlungen aufgrund von Investitionen

= Cashflow aus Investitionstätigkeit (2)

+ Einzahlungen aus Finanzierungstätigkeit

– Auszahlungen aus Finanzierungstätigkeit

= Cashflow aus Finanzierungstätigkeit

Die Summe der einzelnen Cashflows (1 + 2 + 3) ergibt dann die gesamte Veränderung des Finanzmittelfonds nach IAS 7. Auch diese Summe ist in der Kapitalflussrechnung anzugeben und durch Addition zum Anfangsbestand des Finanzmittelfonds auf dessen Endbestand überzuleiten. Sofern sich der Finanzmittelfonds nicht durch Ein- oder Auszahlungen, sondern durch Wechselkursschwankungen von Fremdwährungsbeständen verändert hat, wird diese Veränderung gesondert gezeigt (IAS 7.28):

Summe der einzelnen Cashflows (1 + 2 + 3)

+/- Wechselkursbedingte Veränderungen des Finanzmittelfonds

+   Anfangsbestand des Finanzmittelfonds

=   Endbestand des Finanzmittelfonds

Dieser Endbestand muss mit (der Summe aus) den entsprechenden Bilanzwerten, aus denen sich der Fonds zusammensetzt, übereinstimmen.

Abbildung 2.28   Systematik der Kapitalflussrechnung nach IAS 7

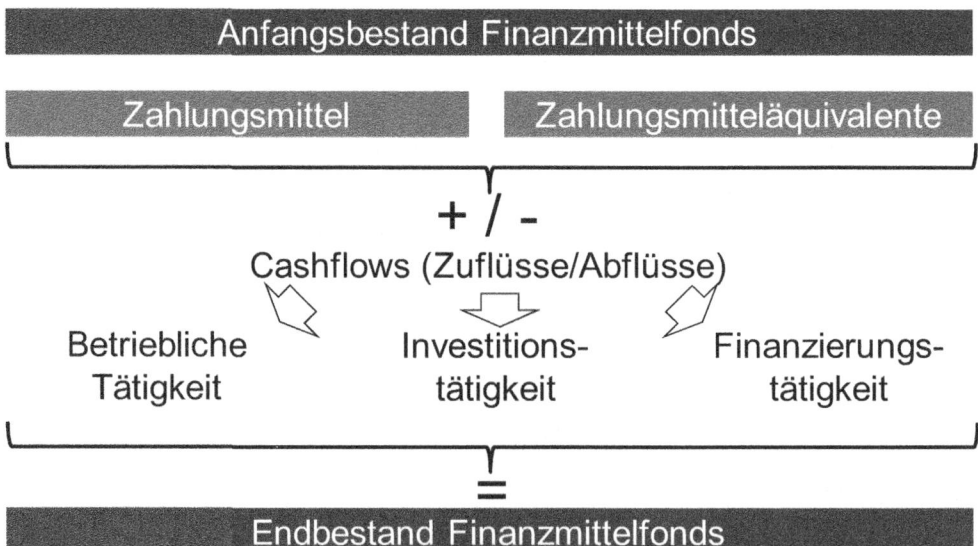

Die Ermittlung der einzelnen Cashflows, definiert als Zu- und Abflüsse von Bestandteilen des Finanzmittelfonds, kann grundsätzlich ausgehend von den einzelnen Zahlungen nach der direkten **Methode** (vgl. 2.24.4) oder ausgehend vom Jahresergebnis lt. GuV nach der indirekten Methode (vgl. 2.24.5) erfolgen. Die indirekte Methode ist jedoch ausschließlich bei der Ermittlung des Cashflows aus betrieblicher Tätigkeit zulässig (IAS 7.18) und in der Praxis auch üblich. Die Cashflows aus Investitions- und Finanzierungstätigkeit sind nach der direkten Methode zu ermitteln.

2.24.4 Direkte Darstellung der Kapitalflussrechnung

▶   IAS 7.18-24

Im Rahmen der bei der Ermittlung aller drei Cashflows i.S.d. IAS 7 zulässigen direkten Darstellung erfolgt die Ermittlung des Cashflows unmittelbar auf Basis der Ein- und Auszahlungen zum Finanzmittelfonds. Die einzelnen Ein- und Auszahlungen werden hierbei nach Zahlungsklassen zusammengefasst. Allerdings werden Einzahlungen einerseits und Auszahlungen andererseits grundsätzlich unsaldiert ausgewiesen (zu Ausnahmen vgl. IAS 7.22 ff.).

IAS 7 schreibt kein bestimmtes Schema für eine direkte Darstellung der Kapitalflussrechnung unter Angabe einzelner Zahlungsklassen vor. In Deutschland hat sich indes das Deutsche Rechnungslegungs Standards Committee e.V. (DRSC) der Darstellungsproblematik angenommen und in seinem Deutschen Rechnungslegungs Standard 2 (DRS 2) ein Muster für die Ermittlung der einzelnen Cashflows gegeben. Dieses Muster kann auch für Zwecke der internationalen Rechnungslegung übernommen werden, zumal es nach den gleichen drei Unternehmensaktivitäten differenziert wie der IAS 7. In Anlehnung an DRS 2 kann somit das folgende Schema einer direkten Darstellung zugrunde gelegt werden:

+   Einzahlungen von Kunden

–   Auszahlungen an Lieferanten und Beschäftigte

+   Sonstige Einzahlungen außerhalb der Investitions- oder Finanzierungstätigkeit

–   Sonstige Auszahlungen außerhalb der Investitions- oder Finanzierungstätigkeit

–   Ertragsteuerzahlungen

=   **Cashflow aus betrieblicher Tätigkeit**

+   Einzahlungen aus Abgängen von Sachanlagevermögen

–   Auszahlungen für Investitionen in das Sachanlagevermögen

+   Einzahlungen aus Abgängen von immateriellem Anlagevermögen

–   Auszahlungen für Investitionen in das immaterielle Anlagevermögen

+   Einzahlungen aus Abgängen von Finanzanlagevermögen

–   Auszahlungen für Investitionen in das Finanzanlagevermögen

=   **Cashflow aus Investitionstätigkeit**

+   Einzahlungen aus Eigenkapitalzuführungen (Kapitalerhöhungen etc.)

–   Auszahlungen an die Eigenkapitalgeber (Dividenden, Kapitalrückzahlungen etc.)

+   Einzahlungen aus der Fremdkapitalaufnahme (Anleihen, Kredite)

–   Auszahlungen für die Tilgung von Fremdkapital (Anleihen, Krediten)

=   **Cashflow aus Finanzierungstätigkeit**

Fall:

Erstellen Sie die Kapitalflussrechnung nach IAS 7 nach der direkten Methode!

Folgende Zahlungen sind zu erfassen

a. Veräußerung von Fertigerzeugnissen	950 TEUR
b. Löhne und Gehälter	100 TEUR
c. Produktionsmaterial	320 TEUR
d. Anschaffung einer Produktionsmaschine	700 TEUR
e. Ausgabe von eigenen Aktien	200 TEUR

Der Bestand des Finanzmittelfonds zu Anfang der Periode betrug 50 TEUR.

<u>Lösung:</u>

Kapitalflussrechnung	TEUR	TEUR
Einzahlungen von Kunden	+ 950	
Auszahlungen an Lieferanten	- 320	
Auszahlungen an Arbeitnehmer	- 100	
Cashflow aus betrieblicher Tätigkeit (1)		+ 530
Auszahlungen für Investitionen in das Sachanlagevermögen	- 700	
Cashflow aus Investitionstätigkeit (2)		- 700
Einzahlungen in das Eigenkapital	+ 200	
Cashflow aus Finanzierungstätigkeit (3)		+ 200
Cashflow gesamt (1 + 2 + 3)		+ 30
Wechselkursbedingte Veränderungen des Finanzmittelfonds		-
Anfangsbestand Finanzmittelfonds		+ 50
Endbestand Finanzmittelfonds		+ 80

2.24.5 Indirekte Darstellung der Kapitalflussrechnung

► IAS 7.18-20

Die indirekte Darstellung der Kapitalflussrechnung ist allein für die Ermittlung des Cashflows aus betrieblicher Tätigkeit zulässig (IAS 7.18). Der Cashflow wird bei dieser Darstellungsmethode ausgehend vom Periodenergebnis lt. GuV ermittelt.

Das Periodenergebnis enthält jedoch zum einen **Komponenten, die der Investitions- oder der Finanzierungstätigkeit zuzuordnen sind**. So erhöht z.B. der Gewinn aus der Veräußerung eines Vermögenswerts des Anlagevermögens das Periodenergebnis, er ist aber für Zwecke der Kapitalflussrechnung dem Cashflow aus Investitionstätigkeit zuzuordnen, soweit die Veräußerung in der abgelaufenen Periode zahlungswirksam war. Bei der Ermittlung des Cashflows aus betrieblicher Tätigkeit sind daher solche Komponenten, die anderen Cashflows zuzuordnen sind, aus dem Periodenergebnis herauszurechnen.

Zum anderen ist zu beachten, dass das Periodenergebnis nicht zahlungsbasiert ermittelt wird. Vielmehr folgt das Periodenergebnis dem Grundsatz der periodengerechten Erfolgsermittlung, nach dem Geschäftsvorfälle eben unabhängig von Zahlungen nach ihrer wirtschaftlichen Periodenzugehörigkeit erfasst werden (vgl. IAS 1.27 f.). Für Zwecke der Kapitalflussrechnung ist aber ausschließlich auf Zahlungen abzustellen. Daher ist das Periodenergebnis im Rahmen der Cashflowermittlung zunächst um **nicht zahlungswirksame Aufwendungen und Erträge**, wie z.B. Abschreibungen oder Rückstellungsauflösungen, zu korrigieren. Außerdem sind **zahlungswirksame Vorgänge**, die sich aber nicht als Aufwand oder Ertrag im Periodenergebnis niedergeschlagen haben, wie z.B. Abnahme der Verbindlichkeiten oder Forderungen, ergänzend zu berücksichtigen.

Damit ist das **Periodenergebnis** – für Zwecke der Ermittlung des Cashflows aus betrieblicher Tätigkeit nach der indirekten Methode – letztlich um drei Komponenten zu **korrigieren** (IAS 7.20):

1. Zahlungswirksame, aber ergebnisunwirksame Geschäftsvorfälle, die sich im betrieblichen Bereich insbesondere in einer Veränderung der Vorräte, Verminderung der Forderungen und der Verminderung der Verbindlichkeiten aus Lieferungen und Leistungen niederschlagen;

2. Zahlungsunwirksame, aber ergebniswirksame Geschäftsvorfälle, die im betrieblichen Bereich z.B. Abschreibungen, Rückstellungsveränderungen oder latente Steuern betreffen;

3. Ergebniswirksame Geschäftsvorfälle, die der Investitions- oder der Finanzierungstätigkeit zuzuordnen sind, wie z.B. der Gewinn oder Verlust aus der Veräußerung von Anlagevermögen.

Außerdem sind Zinsen, Dividenden und Ertragsteuerzahlungen, sofern sie im Cashflow aus betrieblicher Tätigkeit ausgewiesen werden sollen (vgl. 2.24.3), gesondert zu zeigen. Daher ist in diesem Fall bei der Ermittlung des Cashflows von dem Periodenergebnis vor Zinsen und/oder Ertragsteuern auszugehen. Andernfalls würden zum einen das um Steuern und Zinsen geminderte Periodenergebnis und zusätzlich der Ausweis der Steuer- und Zinszahlungen zu einem zu niedrigen Cashflow führen.

Auch für die indirekte Methode sieht IAS 7 kein festes Formblatt vor. Wie bei der indirekten Ermittlung ist es daher zulässig, auf die einschlägige Gliederung nach DRS 2 zurückzugreifen und in Anlehnung hieran nach folgendem Schema vorzugehen:

Periodenergebnis vor Ertragsteuern und Zinsen

+/- Abschreibungen/Zuschreibungen auf Anlagevermögen

+/- Zunahme/Abnahme der Rückstellungen

+/- Sonstige zahlungsunwirksame Aufwendungen/Erträge

-/+ Gewinn/Verlust aus dem Abgang von Anlagevermögen

-/+ Zunahme/Abnahme der Vorräte, der Forderungen aus Lieferungen/Leistungen sowie anderer Aktiva, die nicht der Investitions- oder Finanzierungstätigkeit zuzuordnen sind

+/- Zunahme/Abnahme der Verbindlichkeiten aus Lieferungen/Leistungen sowie anderer Passiva, die nicht der Investitions- oder Finanzierungstätigkeit zuzuordnen sind

– Ertragsteuerzahlungen

+/- Zinseinzahlungen / Zinsauszahlungen

= **Cashflow aus betrieblicher Tätigkeit**

Es wird ersichtlich, dass durch die indirekte Darstellung im Vergleich zur direkten Darstellung Informationen verloren gehen, da die einzelnen Ein- und Auszahlungen aus betrieblicher Tätigkeit nicht mehr erkennbar sind. Bei der indirekten Methode steht die Ergebnisgröße Cashflow, nicht jedoch der Weg zur Ermittlung dieser Größe im Vordergrund. Aus diesem Grunde wird in IAS 7.19 auch die Anwendung der direkten Methode empfohlen. In der deutschen Rechnungslegungspraxis wird gleichwohl i.d.R. der indirekten Methode der Vorzug eingeräumt, da diese einfacher in der Anwendung ist.

Fall:

Ermitteln Sie den Cashflow aus betrieblicher Tätigkeit nach der indirekten Methode unter Berücksichtigung der folgenden Daten des Geschäftsjahres:

- Jahresüberschuss: 99.000 EUR

- Abschreibungen Maschinen   17.000 EUR

- Auflösung Rückstellungen   11.000 EUR

- Erhöhung der Forderungen aus Lieferungen   14.500 EUR

- Verringerung der Verbindlichkeiten Lieferungen   10.000 EUR

- Ertrag aus Anlagenverkäufen   15.000 EUR

- Ertragsteuervorauszahlungen   19.000 EUR

Lösung:

	Periodenergebnis vor Ertragsteuern	118.000 EUR (zu Ertragsteuern s.u.)
+	Abschreibungen Sachanlagen	+17.000 EUR (nicht zahlungswirksam)
–	Abnahme der Rückstellungen	-11.000 EUR (nicht zahlungswirksam)
–	Gewinn aus Anlagenverkauf	-15.000 EUR (Investitionstätigkeit)
–	Zunahme Forderungen aus Lieferungen	-14.500 EUR (nicht zahlungswirksam)
–	Abnahme Verbindlichkeiten aus Lieferungen	-10.000 EUR (nicht ergebniswirksam)
–	Ertragsteuerzahlungen	-19.000 EUR (gesondert zu zeigen)
=	Cashflow aus betrieblicher Tätigkeit	65.500 EUR

2.24.6   Angaben

▶   IAS 7.43-52

Zur Kapitalflussrechnung nach IAS 7 werden zahlreiche ergänzende Angaben gefordert. Diese sind im Überblick:

■ Nicht zahlungswirksame Transaktionen (IAS 7.43 f.),

■ Zusammensetzung des Finanzmittelfonds einschl. einer Überleitungsrechnung zu den entsprechenden Bilanzposten (IAS 7.45-47),

■ Verfügungsbeschränkungen bzgl. Zahlungsmitteln und Zahlungsmitteläquivalenten (IAS 7.48 f.),

■ Zusätzliche Angaben zu Liquidität und Finanzlage des Unternehmens (IAS 7.50-52).

2.24.7   Wiederholung des IAS 7 in Stichworten

Die folgenden Stichworte können die Wiederholung der wesentlichen Regelungen des IAS 7 unterstützen:

■ Zweck: Informationen zur Liquidität des berichtenden Unternehmens;

■ Zeigt Veränderungen (Cashflows) eines vorab definierten Finanzmittelfonds;

■ Cashflows werden drei verschiedenen Unternehmensaktivitäten (betriebliche Tätigkeit, Investitions- und Finanzierungstätigkeit) zugeordnet und auf den Endbestand des Finanzmittelfonds übergeleitet;

■ Grundsatz der direkten Darstellung der Cashflows nach Zahlungsklassen;

■ Cashflow aus betrieblicher Tätigkeit auch nach der indirekten Methode (ausgehend vom Jahresergebnis) zulässig;

■ DRS 2 liefert ein auch nach IAS 7 zulässiges Schema für die Kapitalflussrechnung.

2.24.8 Hinweise zur Vertiefung

Die Ausführungen in den vorangegangenen Kapiteln zur Kapitalflussrechnung können insbesondere in den beiden folgenden Punkten anhand der einschlägigen Kommentarliteratur vertieft werden:

■ Cashflows in Fremdwährung (IAS 7.25-28);

■ Besonderheiten zur Kapitalflussrechnung im Konzernabschluss (IAS 7.37-42B).

2.25 IFRS 8 - Geschäftssegmente

2.25.1 Überblick zum IFRS 8

▶   IFRS 8.1-5 ; Anhang A

In seiner am 19.07.2010 mit dem Abschluss des **Endorsement-Verfahrens** von der EU übernommen Fassung, hat IFRS 8 mit der Segmentberichterstattung ein gesondertes Rechnungslegungsinstrument neben Bilanz, GuV und den anderen Abschlussbestandteilen nach IFRS zum **Gegenstand**. Mit der Segmentberichterstattung sollen die Adressaten des IFRS-Abschlusses Informationen über die verschiedenen Geschäftstätigkeiten und über deren jeweiligen Beitrag zur wirtschaftlichen Lage eines Unternehmens erhalten.

Im Vergleich zu den anderen Rechnungslegungsstandards ist IFRS 8 eher untypisch **aufgebaut**:

■ Grundprinzip der Segmentberichterstattung (IFRS 8.1)

■ Anwendungsbereich des Standards (IFRS 8.2-4)

■ Abgrenzung der Geschäftssegmente (IFRS 8.5-10)

■ Berichtspflichtige Segmente (IFRS 8.11-19)

■ Angaben zu den berichtspflichtigen Segmenten (IFRS 8.20-24)

■ Segmentbilanzierungs- und –bewertungsmethoden (IFRS 8.25-30)

■ Zusätzliche Angaben (IFRS 8.31-34)

■ Vorschriften zum zeitlichen Anwendungsbereich des Standards (IFRS 8.35-37)

■ Definitionen (Anhang A des Standards).

Die verpflichtende **Anwendung** des IFRS 8 ist beschränk auf IFRS-Abschlüsse kapital-
marktorientierter Unternehmen, deren Aktien oder Anleihen an einem öffentlichen Kapitalmarkt gehandelt werden (IFRS 8.2). Stellt ein nicht kapitalmarktorientiertes Unternehmen freiwillig eine Segmentberichterstattung als Bestandteil seines Abschlusses auf, so hat
es IFRS 8 vollumfänglich zu beachten (IFRS 8.3).

Integraler Bestandteil des Standards ist die Abgrenzung von Geschäftssegmenten, über die
berichtet werden soll. Hierdurch ist die gesonderte **Definition** eines Geschäftssegments
i.S.d. IFRS 8 entscheidend für das Verständnis des Standards; sie wird im Rahmen der Abgrenzung der Segmente nach IFRS 8.5 ff. (vgl. 2.25.3) erläutert.

2.25.2   Grundsätzliches Vorgehen nach IFRS 8

Die grundsätzlichen Schritte zur Erstellung einer Segmentberichterstattung nach IFRS 8
lassen sich andeutungsweise dem Aufbau des Standards nicht entnehmen:

1. Identifizierung und **Abgrenzung** von Geschäftssegmenten (vgl. 2.25.3)

2. Nicht über alle identifizierten Geschäftssegmente ist in der Segmentberichterstattung
   nach IFRS 8 zu berichten. Daher ist eine **Auswahl** berichtspflichtiger Segmente nach bestimmten Kriterien erforderlich (vgl. 2.25.4).

3. Für die Angaben in der Segmentberichterstattung sind bestimmte **Bilanzierungs- bzw.
   Bewertungsmethoden** festzulegen (vgl. 2.25.5).

4. Für die ausgewählten Segmente sind unter Beachtung der Bilanzierungs- und Bewertungsmethoden bestimmte **Informationen** zu geben (vgl. 2.25.6).

Diesem Vorgehen folgend sind die nächsten Kapitel aufgebaut. Als übergeordneter Grundsatz lässt sich dem IFRS 8 der sog. „**Management Approach**" entnehmen. Hiernach sollen
sich die Informationen der Segmentberichterstattung an dem in dem jeweiligen Unternehmen verwendeten internen Berichtsstrukturen und –informationen für Unternehmensbestandteile orientieren. Hierdurch soll der (externe) Leser der Segmentberichterstattung
letztlich bis zu einem gewissen Maß in die Informationssituation des Managements versetzt
und damit auch mit intern entscheidungsrelevanten Informationen versorgt werden. Der
Management-Approach ist kein explizit in IFRS 8 festgeschriebener allgmeiner Grundsatz,
sondern er ergibt sich vielmehr aus den Einzelregelungen des Standards, ausgehend von
den Regelungen zur Identifizierung bzw. Abgrenzung der Segmente.

2.25.3   Segmentabgrenzung

▶   IFRS 8.5-10

In IFRS 8.5 findet sich eine allgemeine **Definition** des Geschäftssegments, die im Anhang A
zu IFRS 8 lediglich wiederholt wird. Hiernach ist ein Geschäftssegment ein Unternehmensbestandteil, der grundsätzlich alle der folgenden drei Voraussetzungen erfüllt:

a. Mit dem Unternehmensbestandteil werden extern oder intern Umsatzerlöse erwirtschaftet, und bei ihm fallen Aufwendungen an.

b. Die Betriebsergebnisse des Unternehmensbestandteils sind eine Entscheidungsgrundlage für das Unternehmen bzw. für Entscheidungsträger des Unternehmens (zum in IFRS 8.5b) verwendeten Begriff der „verantwortlichen Unternehmensinstanz" vgl. IFRS 8.7). Dies bedeutet m.a.W., dass der Unternehmensbestandteil selbst Objekt unternehmerischer Entscheidungen, z.B. im Hinblick auf seine Ausstattung mit Personal und Material (Ressourcen) oder seine Förderung bzw. Beendigung, ist.

c. Für den Unternehmensbestandteil werden intern Finanzinformationen, wie z.B. Umsatzerlöse oder Vermögen, ermittelt und auch als Grundlage für unternehmerische Entscheidungen verwendet.

IFRS 8 geht mit dieser Definition davon aus, dass die meisten Unternehmen ihre Geschäftssegmente nach den genannten Kriterien abgrenzen. Im Sinne des **Management-Approaches** des IFRS 8 (vgl. 2.25.2) kann jedoch eine andere als diese vorgegebene Abgrenzung von Geschäftssegmenten sinnvoll sein, sofern diese in dem berichtenden Unternehmen angewendet wird. Einer solchen abweichenden Abgrenzung können nach IFRS 8.8 die Wesensart der Geschäftstätigkeiten, das Vorhandensein von Führungskräften und die tatsächlich der Geschäftsleitung bzw. dem Aufsichtsorgan vorgelegten Informationen zugrunde gelegt werden.

Problematisch erscheint die Segmentabgrenzung insbesondere dann, wenn in Unternehmen eine **Matrixorganisation** installiert ist, die in IFRS 8.10 beschrieben wird. Wird das Unternehmen nach verschiedenen, sich einander überlagernden Kriterien in Unternehmensbestandteile unterteilt, wie z.B. einerseits nach Produktlinien und andererseits nach geografischen Merkmalen, so muss sich das Unternehmen bei der Segmentabgrenzung für ein Kriterium entscheiden. Hierbei ist dasjenige Kriterium zu verwenden, das i.S.d. IFRS 8.1 eine bestmögliche Information der Abschlussadressaten erlaubt.

Fall:

Kommen die folgenden Unternehmensbereiche als Geschäftssegment i.S.d. IFRS 8.5 in Betracht?

a. Hauptverwaltung des Unternehmens

b. Geschäftssparte, die von einem Mitglied des unteren Managements kontrolliert wird

Lösung:

a. Der Hauptverwaltung können keine Erträge bzw. Umsatzerlöse zugerechnet werden. Daher handelt es sich nicht um ein Geschäftssegment (IFRS 8.6).

b. Es ist unerheblich von welcher Hierarchiestufe innerhalb des Unternehmens die Kontrolle vorgenommen wird, da diese an die Funktion des Mitarbeiters als Entscheidungsträger anknüpft (IFRS 8.9). Bei Vorliegen der anderen Voraussetzungen ist daher ein Geschäftssegment gegeben.

2.25.4 Segmentauswahl

▶ IFRS 8.11-19

Nachdem die Geschäftssegmente des Unternehmens abgegrenzt wurden, ist zu entscheiden welche Segmente gesondert in die Segmentberichterstattung aufzunehmen sind. IFRS 8 sieht eine solche Auswahl vor, um die Abschlussadressaten nicht mit unnötigen Informationen zu überhäufen, sondern lediglich die wesentlichen Informationen über Geschäftssegmente herauszustellen.

Aus IFRS 8.11 kann hierbei das folgende **Vorgehen** abgeleitet werden:

1. Dürfen einige der abgegrenzten Segmente zu einem Segment zusammengefasst werden? (IFRS 8.11 f.)

2. Überschreiten die hiernach verbleibenden Segmente die quantitativen Grenzen nach IFRS 8.13?

3. Besteht für die hiernach verbleibenden, nicht berichtspflichtigen Segmente trotz Unterschreitens der quantitativen Grenzen nach IFRS 8.13 nach anderen Auswahlkriterien eine Berichtspflicht oder ein Berichtswahlrecht nach IFRS 8.14-19?

Eine **Zusammenfassung** zweier oder mehrerer Segmente kommt nach IFRS 8.12 dann in Betracht, wenn diese Segmente vergleichbare wirtschaftliche Charakteristika aufweisen, insbesondere hinsichtlich ihrer wirtschaftlichen Entwicklung. Darüber hinaus muss ihre Vergleichbarkeit anhand sämtlicher der folgenden Kriterien gegeben sein:

- Art der Produkte und Dienstleistungen,

- Art der Produktionsprozesse,

- Kundegruppen,

- Vertriebsmethoden,

- Regulatorisches Umfeld (Aufsicht durch Behörden, wie z.B. bei Banken, Versicherungen, Stromversorgungsunternehmen).

Die nach ggf. vorgenommenen Zusammenfassungen verbleibenden Segmente sind grundsätzlich nur dann berichtspflichtig, wenn sie eine der in IFRS 8.13 genannten **quantitativen Grenzen** überschreiten:

a. Segmenterlöse ≥ 10% der Erlöse aller Segmente

b. Absoluter Betrag des Gewinns oder Verlusts ≥ 10% des höheren absoluten Betrags aus

    i. Summe der positiven Ergebnisse aller Segmente

    ii. Summe der negativen Ergebnisse aller Segmente

c. Segmentvermögen ≥ 10% der Vermögenswerte aller Segmente

Unter den folgenden Umständen und **weiteren Auswahlkriterien** kann über die hiernach nicht berichtpflichtigen Segmente trotzdem berichtet werden bzw. zu berichten sein:

- Die Geschäftsführung ist der Auffassung, dass die Informationen über ein Segment trotz dessen mangelnder Größe entscheidungsnützlich sind (IFRS 8.13),

- Es wird (nochmals) überprüft, ob nicht eine Zusammenfassung einzelner kleinerer Segmente zulässig ist, wenn zumindest der meisten Kriterien nach IFRS 8.12 erfüllt sind (IFRS 8.14),

- Wenn die Summe der externen Umsatzerlöse der berichtspflichtigen Segmente < 75% der Umsatzerlöse des gesamten Unternehmens beträgt, dann werden pflichtmäßig weitere Segmente in den Segmentbericht aufgenommen bis die 75%-Grenze erreicht ist. I.d.R. werden hierbei die nächst umsatzstärksten Segmente, unabhängig davon, ob diese selbst die Schwellenwerte überschreiten, in die Berichtpflicht einbezogen bis die 75%-Grenze erreicht ist (IFRS 8.15).

- Überschreitet ein Segment nicht im Berichtsjahr die quantitativen Grenzen, wohl aber im Vorjahr und vertritt die Unternehmensleitung die Auffassung, dass dieses Segment nicht an Bedeutung verloren hat, so ist es auch im Berichtsjahr in die Segmentberichterstattung aufzunehmen (IFRS 8.17). Hierdurch werden konjunkturelle Schwankungen aus der Segmentauswahl weitestmöglich eliminiert und somit die Vergleichbarkeit der Segmentberichterstattung über mehrere Perioden unterstützt.

Aus Gründen der Übersichtlichkeit und der Absicht, lediglich entscheidungsnützliche Informationen zu vermitteln, kann es geboten sein, auch oberhalb dieser Grenzen bzw. außerhalb dieser Auswahlkriterien die Segmentanzahl zu reduzieren. Nach IFRS 8.19 sollte ab einer Zahl von zehn Segmenten über eine solche **Reduzierung** nachgedacht werden.

Nach dieser Auswahl sind die **nicht berichtspflichtigen Segmente** in einer Sammelkategorie, die nach IFRS 8.16 „Alle sonstigen Segmente" genannt wird, zusammenzufassen und anzugeben.

Fall:

Die Geschäftsführung eines Hühnereierhändlers möchte gerne die folgenden Segmente angeben.

Beurteilen Sie die Berichtspflicht der Segmente nach IFRS 8!

Segment	Erlöse TEUR	Ergebnis TEUR	Vermögen TEUR
Eier aus Käfighaltung	5.000	100	200
Eier aus Bodenhaltung	100	-20	200
Eier aus Freilandhaltung	600	40	100
Zwerghuhneier	300	80	2.000

Lösung:

Segment	Erlöse TEUR	Erlöse %	Ergebnis TEUR	Ergebnis %	Vermögen TEUR	Vermögen %
Eier aus Käfighaltung	5.000	83,3	100	45,4	200	8,0
Eier aus Bodenhaltung	100	1,7	-20	9,1	200	8,0
Eier aus Freilandhaltung	600	10,0	40	18,2	100	4,0
Zwerghuhneier	300	5,0	80	36,4	2.000	80,0
Summen	6.000		220 (!)		2.500	

Bei der Ermittlung der relativen Größe der Segmentergebnisse ist zu beachten, dass hier der höhere Betrag aus der Summe der positiven Ergebnisse und der Summe der negativen Werte als Bemessungsgrundlage dient. Eine Verrechnung positiver und negativer Ergebnisbeiträge erfolgt für diesen Zweck nicht.

Danach sind die Segmente Käfighaltung, Freilandhaltung und Zwerghuhneier berichtspflichtig, da jeweils zumindest eine 10%-Grenze überschritten wird. Das Segment Bodenhaltung ist nicht berichtpflichtig. Es könnte jedoch aufgrund seiner Bedeutung für das Unternehmen, z.B. bzgl. der strategischen Ausrichtung des Unternehmens, angegeben werden.

2.25.5 Segmentbilanzierungs- und -bewertungsmethoden

▶   IFRS 8.25-30

Die in die Segmentberichterstattung aufzunehmenden Informationen, wie z.B. Umsatzerlösen oder Abschreibungen oder die Werte von Vermögenswerten der Segmente, entsprechen grundsätzlich jenen aus der **internen Berichterstattung**. Damit folgt nicht nur die Abgrenzung der Geschäftssegmente, sondern auch die Bilanzierung und Bewertung der Segmente dem Management-Approach (vgl. 2.25.2), so dass externe Abschlussadressaten insoweit über gleiche Informationen verfügen wie die internen Entscheidungsträger. Diese Werte müssen nicht zwangsläufig mit den Werten im IFRS-Abschluss übereinstimmen, da interne Werte oftmals anderen Regelungen gehorchen als denen nach IFRS. Dies ist z.B. bei planmäßigen Abschreibungen der Fall, die sich nach IFRS grundsätzlich am Zugangswert orientieren und in der internen Berichterstattung auch an Wiederbeschaffungswerten ausgerichtet werden. Aus diesem Grunde sind die Segmentdaten zu erläutern und im Rahmen einer gesonderten Rechnung auf die Abschlussdaten überzuleiten (vgl. 2.25.6).

Die Zuordnung von Vermögenswerten und mit diesen in Zusammenhang stehenden Erträgen und Aufwendungen zu einzelnen Segmenten erfolgt nach internen Berichtskriterien nicht immer einheitlich. So ist es denkbar, dass ein Vermögenswert einem bestimmten Segment zugeordnet wird, die auf diesen Vermögenswert entfallenden planmäßigen Abschreibungen jedoch teilweise auch anderen Segmenten zugerechnet werden. Eine solche **asymmetrischen Zuordnung von Bestands- und Stromgrößen** ist im Abschluss zu erläutern (vgl. 2.25.6).

Werden für die einzelnen Segmente im Rahmen der internen Berichterstattung **mehrere unterschiedliche Wertmaßstäbe verwendet**, z.B. für Abschreibungen oder für das Betriebsergebnis des Segments, so sind in die Segmentberichterstattung nach IFRS 8 einheitlich diejenigen Bilanzierungs- und Bewertungsmethoden zu wählen, die mit den Methoden im IFRS-Abschluss am ehesten übereinstimmen (IFRS 8.26).

2.25.6 Segmentinformationen

▶   IFRS 8.20-24; IFRS 8.27-28; IFRS 8.31-34

Nachdem die berichtspflichtigen Segmente ermittelt wurden und die Bilanzierungs- und Bewertungsmethoden feststehen, ist der Umfang an Informationen in der Segmentberichterstattung insgesamt sowie bzgl. der einzelnen Segmente abzugrenzen. Im **Überblick** werden die folgenden Angaben verlangt:

- Allgemeine Informationen (IFRS 8.22/27),

- Angaben zur Ertrags- und Vermögenslage (IFRS 8.23-24),

- Überleitungsrechnungen zu Abschlusszahlen (IFRS 8.28),

- Segmentübergreifende Angaben auf Unternehmensebene (IFRS 8.31-34).

Zu den **allgemeinen Informationen** in der Segmentberichterstattung nach IFRS 8.22/27 gehören:

- Bestimmungsfaktoren zur Auswahl der berichtspflichtigen Elemente,

- Informationen über die Zusammenfassung von Segmenten,

- Art der Produkte und Dienstleistungen der berichtspflichtigen Segmente,

- Angaben zur Bewertung von Ergebnis, Vermögenswerten und Schulden,

- Grundsätze für die Verrechnung intersegmentärer Transaktionen,

- Gründe für Unterschiede zu Abschlussdaten,

- Änderung von Bewertungsmethoden,

- Asymmetrische Zuordnung von Bestands- u. Stromgrößen.

Auch der Umfang der Informationen in der Segmentberichterstattung folgt dem sog. Management-Approach (vgl. 2.25.2) und orientiert sich damit an dem Umfang der internen Berichterstattung. Hinsichtlich der **Angaben zur Ertrags- und Vermögenslage** ist jedoch in jedem Fall pflichtmäßig das Segmentergebnis anzugeben. Demgegenüber sind die folgenden in IFRS 8.23 f. angeführten Informationen nur dann angabepflichtig, wenn sie gleichzeitig auch Gegenstand der internen Berichterstattung sind:

- Externe Umsatzerlöse (mit Unternehmensfremden),

- Intersegmentäre Umsatzerlöse (mit anderen Segmenten des Unternehmens),

- Zinserträge,

- Zinsaufwendungen,

- Abschreibungen,

- Wesentliche Ertrags- und Aufwandsposten i.S.d. IAS 1.97,

- Anteilige Ergebnisse aus der Equity-Methode,

- Ertragsteueraufwand bzw. –ertrag,

- Wesentliche zahlungsunwirksame Posten (ohne Abschreibungen),

- Segmentvermögen,

- Segmentschulden.

Die internen Berichtszahlen, die nach dem Management-Approach in die Segmentberichterstattung aufzunehmen sind, können von den entsprechenden Zahlen im IFRS-Abschluss abweichen (vgl. 2.25.5). Außerdem enthalten die einzelnen Segmentinformationen i.d.R. auch Erträge und Aufwendungen aus Transaktionen mit anderen Segmenten desselben Unternehmens. Auswirkungen solcher interner Geschäfte zwischen Segmenten eines Unternehmens sind im IFRS-Jahresabschluss natürlich nicht enthalten. Aus diesen Gründen verlangt IFRS 8.28 eine **Überleitungsrechnung** von den Segmentdaten zu anderen Daten des IFRS-Abschlusses (Bilanz und GuV). Die einzelnen Anpassungen im Rahmen der Überleitungsrechnung sind gesondert zu identifizieren und zu beschreiben. Die Überleitung betrifft die folgenden Angaben der Segmentberichterstattung:

■ Summe der Segment-Umsatzerlöse,

■ Summe der Segment-Ergebnisse (i.d.R. vor Steuern),

■ Summe der Segment-Vermögen,

■ Summe der Segment-Schulden,

■ Alle weiteren angegebenen wesentlichen Segmentinformationen.

Nach IFRS 8.31-34 sind weitere **segmentübergreifende Angaben** zu den folgenden Bereichen gefordert:

■ Angaben zu Produkten und Dienstleistungen

   – Umsatzerlöse nach IFRS

■ Angaben zu geografischen Bereichen

   – Umsatzerlöse mit externen Dritten nach IFRS
   – Langfristige Vermögenswerte nach IFRS

■ Angaben zu wichtigen Kunden

   – Umsatzerlöse ≥ 10% der Gesamtumsatzerlöse

Während die beiden erstgenannten Angabenbereiche dazu dienen, Segmentinformationen von Unternehmen, die ihre Segmente nach unterschiedlichen Kriterien abgegrenzt haben, vergleichbarer zu machen, dienen die Angaben zu wichtigen Kunden der Offenlegung von wirtschaftlichen Abhängigkeiten.

Fall:

Die interne Berichterstattung an den Hauptentscheidungsträger für die Segmente enthält ausschließlich folgende Angaben:

- Segmentergebnis,

- Externe Umsatzerlöse,

- Zinsergebnis,

- Segmentvermögen,

- Arbeitnehmerzahlen,

nicht aber die Segmentschulden.

Welche Segmentinformationen sind Pflichtinformationen?

<u>Lösung:</u>

Die in der internen Berichterstattung enthaltenen Angaben sind auch berichtspflichtig, mit Ausnahme der Arbeitnehmerzahlen, die nicht in IFRS 8.23 f. genannt sind. Die Segment-schulden und die weiteren in IFRS 8.23 genannten Informationen zum Ergebnis sind in diesem Fall nicht angabepflichtig, da sie nicht unternehmensintern berichtet und zu Ent-scheidungen herangezogen werden.

2.25.7   Wiederholung des IFRS 8 in Stichworten

Die wesentlichen Regelungen zum gesonderten Rechnungslegungsinstrument der Seg-mentberichterstattung nach IFRS 8 lassen sich mit folgenden Stichworten umreißen:

■ Anwendungspflicht für kapitalmarktorientierte Unternehmen;

■ Grundsatz: Management-Approach;

■ Segmentabgrenzung: grds. intern berichtete Segmente mit Umsatzerlösen, und Auf-wendungen, für die gesondert unternehmerische Entscheidungen getroffen werden;

■ Segmentauswahl: Zusammenfassungen von Segmenten; 10%-Grenze (Erlöse, Ergebnis oder Vermögen); weitere interne Auswahlkriterien; insgesamt Abdeckung von mind. 75% der Umsatzerlöse des Unternehmens durch berichtete Segmente;

■ Segmentbilanzierungs- und –bewertungsmethoden: Orientierung an intern berichteten Zahlen;

■ Segmentinformationen: Orientierung an intern berichteten Zahlen; Segmentergebnis jedenfalls berichtspflichtig; Überleitungsrechnung zu Bilanz-/GuV-Zahlen.

2.25.8   Hinweise zur Vertiefung

In den vorangegangenen Kapiteln wurde insbesondere nicht darauf eingegangen, wie zu verfahren ist, wenn sich die internen Berichtstrukturen und/oder Segmentabgrenzungen im Zeitablauf ändern. Diese in IFRS 8.29-30 behandelte Fragestellung kann eingehend anhand der einschlägigen Kommentarliteratur vertieft werden.

2.26   IAS 33 - Ergebnis je Aktie

2.26.1   Überblick zum IAS 33

▶   IAS 33.1-8; IAS 33.11

In der am 03.06.2009 von der EU übernommenen Fassung (Abschluss des **Endorsement-Verfahrens**) hat IAS 33 ein weiteres Instrument der IFRS-Rechnungslegung zum **Gegen-**

stand. Das Ergebnis je Aktie soll die Ertragskraft von Unternehmen im Zeitablauf und mit anderen Unternehmen vergleichbarer machen (IAS 33.1).

Der Standard ist wie folgt **aufgebaut**:

■ Zielsetzung des Standards (IAS 33.1)

■ Anwendungsbereich des Standards (IAS 33.2-4A)

■ Definitionen (IAS 33.5-8)

■ Unverwässertes Ergebnis je Aktie (IAS 33.9-29)

■ Verwässertes Ergebnis je Aktie (IAS 33.30-63)

■ Rückwirkende Anpassungen (IAS 33.64-65)

■ Darstellung des Ergebnisses je Aktie (IAS 33.66-69)

■ Angaben (IAS 33.70-73A)

■ Vorschriften zum zeitlichen Anwendungsbereich des Standards (IAS 33.74-76)

■ Anhang A: Leitlinien für die Anwendung (IAS 33.A1-A16).

Der verpflichtende **Anwendungsbereich** des IAS 33 erstreckt sich auf alle Unternehmen, deren (potenzielle) Stammaktien öffentlich (an der Börse oder außerbörslich) gehandelt werden bzw. die den öffentlichen Handel ihrer (potenziellen) Stammaktien beantragt haben (IAS 33.2). Auch eine freiwillige Angabe des Ergebnisses je Aktie verlangt nach IAS 33.3 die Anwendung der Grundsätze dieses Standards. Mutterunternehmen, die auch einen Konzernabschluss erstellen, brauchen das Ergebnis je Aktie lediglich auf Basis des Konzernabschlusses zu ermitteln; ein zusätzlich freiwillig ermitteltes Ergebnis je Aktie auf Basis der Daten des IFRS-Jahresabschlusses darf nicht in den Konzernabschluss aufgenommen werden (IAS 33.4).

Die in IAS 33.5-8 gegebenen **Definitionen** ergeben lediglich im Zusammenhang der Regelungen des Standards Sinn. Auf sie wird in den folgenden Kapiteln an jeweils geeigneter Stelle hingewiesen. Bitte lesen Sie dann die einzelnen Definitionen und lesen Sie diese nochmals, sobald diese Begriffe wiederholt verwendet werden!

2.26.2   Das Grundprinzip des IAS 33

▶   IAS 33.10; IAS 33.66-69

Das Grundprinzip der Ermittlung des Ergebnisses je Aktie ist denkbar einfach und ergibt sich bereits aus dessen Bezeichnung: Es ergibt sich als **Quotient** aus einer Ergebnisgröße und der durchschnittlichen Anzahl der sich in der Berichtsperiode im Umlauf befindlichen Stammaktien des Unternehmens. Dieser Quotient ist in der Gesamtergebnisrechnung des Unternehmens bzw. in dessen gesondert aufgestellter GuV (vgl. IAS 1.81 ff.) einschließlich des Vorjahreswertes anzugeben (IAS 33.66 ff.).

Die so ermittelte Kennzahl findet in der Praxis der **Abschlussanalyse** börsennotierter Unternehmen vielfach Verwendung, z.B. indem sie als Ausgangspunkt für die Ermittlung des Kurs-Gewinn-Verhältnisses (= Aktienkurs / Ergebnis je Aktie) einer Aktie dient, das die Über- oder Unterbewertung einer Aktie anzeigen soll.

Abbildung 2.29   Das Ergebnis je Aktie nach IAS 33 im Überblick

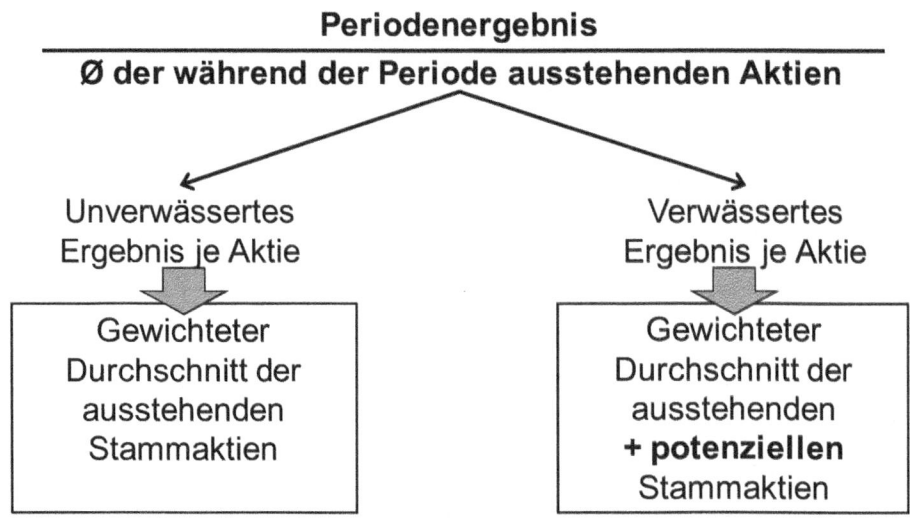

Die durch die Angabe des Ergebnisses je Aktie bezweckte Verbesserung der Vergleichbarkeit der Ertragskraft eines Unternehmens im Zeitablauf bzw. mehrerer Unternehmen im zwischenbetrieblichen Vergleich (vgl. 2.26.1) stößt zum einen hinsichtlich der verwendeten **Ergebnisgröße** an ihre Grenzen, da ein Ergebnis auch innerhalb des Regelwerks der IFRS unter Verwendung verschiedener Grundsätze und nach verschiedenen Methoden ermittelt werden kann (IAS 33.1). Zum anderen wirft IAS 33 das Problem auf, dass neben den sich tatsächlich im Umlauf befindlichen Aktien auch noch **Anrechte Dritter auf (neue) Aktien** bestehen. Dies ist z.B. dann gegeben, wenn vom Unternehmen neben den Aktien auch Wandelschuldverschreibungen begeben wurden, die die Gläubiger berechtigen, ihren Anspruch in Aktien umzuwandeln. In einem solchen Fall lässt das anhand der tatsächlich im Umlauf befindlichen Aktien ermittelte Ergebnis je Aktie keinen verlässlichen Schluss auf das zukünftige Ergebnis je Aktie zu, da dieses allein aufgrund eines bereits absehbaren Anstiegs der Aktienzahl sinken könnte. Dieses Problem sucht IAS 33 dadurch zu lösen, dass er die Ermittlung zweier Ergebnisse je Aktie verlangt. Eine Kennzahl basiert auf der sich tatsächlich im Umlauf befindlichen Aktienanzahl (unverwässertes Ergebnis je Aktie - vgl. 2.26.3); die andere bezieht die bereits absehbare zukünftige, mithin potenzielle Aktienanzahl ein (verwässertes Ergebnis je Aktie - vgl. 2.26.4).

2.26.3   Das unverwässerte Ergebnis je Aktie

▶   IAS 33.9-29

Das nach der in **Abbildung 2.29** der Berechnung des unverwässerten Ergebnisses je Aktie zugrunde zu legende **Periodenergebnis** versteht sich als Gewinn oder Verlust (IAS 33.13) und soll ausschließlich Komponenten enthalten, die den Stammaktionären des Unternehmens zustehen (IAS 33. 12 ff.). Daher sind ergebnisneutrale Ergebnisbeiträge, mithin das sonstige Ergebnis (vgl. 1.3.4), nicht in das Ergebnis i.S.d. IAS 33 einzubeziehen. Ergebnisansprüche anderer als der Stammaktionäre – wie z.B. von Vorzugsaktionären – sind je nach Ausgestaltung der Bedingungen der Vorzugsaktien ebenfalls auszuscheiden (zu Einzelheiten vgl. IAS 33.14-18). In entsprechender Weise sind bei der Ermittlung des Ergebnisses je Aktie im Konzern auf Minderheitengesellschafter (= Nicht-Gesellschafter des Mutterunternehmens) entfallende Ergebnisbestandteile von der Ermittlung des Ergebnisses auszunehmen (IAS 33.A1).

Die **Anzahl der ausstehenden Aktien** im Nenner des Quotienten bemisst sich bei der Ermittlung des unverwässerten Ergebnisses je Aktie nach den sich tatsächlich im Umlauf befindlichen Aktien. Diese Aktienanzahl kann jedoch im Verlauf der Berichtsperiode schwanken, z.B. durch Kapitalerhöhungen oder –herabsetzungen. Daher ist nach IAS 33.19 f. nicht die Aktienanzahl zum Bilanzstichtag, sondern ein Durchschnittswert für die gesamte Rechnungsperiode zu bilden. Hierbei gehen die erhobenen Aktienbestände entsprechend ihres zeitlichen Anteils an der Berichtsperiode, an dem sie bestanden, in den Durchschnittsbestand ein. Sie werden also bei dessen Berechnung zeitlich, z.B. in Tagen, Wochen oder vereinfachend auch in Monaten, gewichtet.

Der Durchschnittsbestand der Aktien soll jedoch nicht durch solche Vorgänge während des Berichtsjahrs beeinflusst werden, die zwar die Aktienanzahl, nicht jedoch das zugeführte Eigenkapital einer AG beeinflussen. Daher ist z.B. die unterjährige Ausgabe von Gratisaktien so zu berücksichtigen, als sei sie bereits zu Beginn des Berichtsjahres erfolgt (IAS 33.26 ff.)

Fall:

Der Gewinn des Jahres 01 einer börsennotierten AG beträgt 130 TEUR, die Zahl ihrer ausgegebenen Aktien (Nennbetrag jeweils 1 EUR) zu Jahresbeginn 9.000. Am 01.05.01 hatte die AG 6.000 neue Aktien (Nennbetrag jeweils 1 EUR) ausgegeben.

Berechnen Sie das unverwässerte Ergebnis je Aktie!

Lösung:

Das Periodenergebnis beträgt 130 TEUR. Die Anzahl der Aktien betrug in 01 für vier Monate 9.000 und für acht Monate 15.000 Stück. Der zeitlich gewichtete Durchschnitt der ausstehenden Aktien lässt sich damit auf Monatsbasis berechnen:

9.000 Stück x 4/12 + 15.000 Stück x 8/12 = 13.000 Stück.

Das unverwässerte Ergebnis je Aktie beträgt damit: 130 TEUR / 13.000 Stück = 10 EUR.

2.26.4   Das verwässerte Ergebnis je Aktie

▶   IAS 33.30-65

Der Berechnung des verwässerten Ergebnisses je Aktie liegt der **Grundgedanke** zugrunde, dass die Aktienanzahl in der nahen Zukunft steigen kann, wenn bereits am Abschlussstichtag begebene Schuldtitel den Erwerb (neuer) Aktien ermöglichen. Ein Beispiel hierfür sind begebene Wandelschuldverschreibungen, die der Gläubiger in Aktien des Schuldners umwandeln kann (vgl. 2.26.2). Versucht in einem solchen Fall ein Aktionär sein Ergebnis je Aktie für die kommenden Jahre auf Basis des aktuellen Periodenergebnisses zu prognostizieren, muss er in sein Kalkül den Effekt einbeziehen, dass aufgrund zusätzlicher Aktien das Ergebnis je Aktie sinken kann. Dieser Effekt, dass das Ergebnis je Aktie c.p. bei steigender Aktienanzahl sinkt, wird auch als Verwässerungseffekt bezeichnet (vgl. IAS 33.5). Nach IAS 33.30 ff. soll den Aktionären diese Prognose erleichtert werden, indem das (modifizierte) Periodenergebnis ins Verhältnis zur Summe aus begebenen und potenziellen Stammaktien ins Verhältnis gesetzt und damit das sog. verwässerte Ergebnis je Aktie ermittelt wird.

Das dieser Rechnung zugrunde zu legende **Periodenergebnis (Abbildung 2.29)** entspricht grundsätzlich der bei der Berechnung des unverwässerten Ergebnisses je Aktie verwendeten Größe. Wenn nun allerdings davon ausgegangen werden soll, dass sämtliche Ansprüche auf neue Aktien aus Schuldinstrumenten geltend gemacht werden sollen, dann ist konsequenterweise das Periodenergebnis um solche Erträge und Aufwendungen zu korrigieren, die in der Berichtsperiode auf diese Schuldinstrumente entfallen sind. Damit wären z.B. Zinsaufwendungen für Wandelschuldverschreibungen dem Periodenergebnis hinzuzurechnen (IAS 33.33).

Die **Anzahl der ausstehenden Aktien** im Nenner des Quotienten setzt sich beim verwässerten Ergebnis je Aktie aus der Summe zweier Komponenten zusammen:

1.   Gewichteter Durchschnitt der sich im Umlauf befindlichen Stammaktien,

2.   Gewichteter Durchschnitt der potenziellen, durch Vertrag oder Finanzinstrument zugesicherten Anrechte auf (neue) Stammaktien.

Der gewichtete Durchschnitt der sich im Umlauf befindlichen Stammaktien errechnet sich analog zum unverwässerten Ergebnis (vgl. 2.26.3). Die Anzahl potenzieller Stammaktien, die z.B. auf begebenen Wandelschuldverschreibungen der berichtenden AG basieren, kann sich wie die Anzahl der Stammaktien selbst im Verlauf der Berichtperioden ändern. So können z.B. neu begebene oder auslaufende Wandelschuldverschreibungen die Anzahl der potenziellen Stammaktien beeinflussen. Deren Anzahl ist daher – in gleicher Weise wie die Anzahl der Stammaktien – zeitlich zu gewichten und im Durchschnitt der Berichtsperiode zu berechnen.

Fall:

Der Gewinn des Jahres 01 einer börsennotierten AG beträgt 121 TEUR, die Zahl ihrer ausgegebenen Aktien (Nennbetrag jeweils 1 EUR) zu Jahresbeginn 9.000. Bis zum 30.04.01 konnten die Inhaber von Wandelschuldverschreibungen der AG diese gegen insgesamt 6.000 Aktien der AG eintauschen. Auf diese Wandelschuldverschreibungen entfiel in 01 ein Zinsaufwand i.H.v. insgesamt 9.000 EUR. Am 01.05.01 haben diese Gläubiger ihre Forderungen gegen 3.000 neue Aktien (Nennbetrag jeweils 1 EUR) eingetauscht. Die weiteren Ansprüche der Gläubiger sind verfallen.

Berechnen Sie das unverwässerte und das verwässerte Ergebnis je Aktie!

Lösung:

a. Unverwässertes Ergebnis je Aktie

Das Periodenergebnis beträgt 121 TEUR. Die Anzahl der Aktien betrug in 01 für vier Monate 9.000 und für acht Monate 12.000 Stück. Der zeitlich gewichtete Durchschnitt der ausstehenden Aktien lässt sich damit auf Monatsbasis berechnen:

9.000 Stück x 4/12 + 12.000 Stück x 8/12 = 11.000 Stück.

Das unverwässerte Ergebnis je Aktie beträgt damit: 121 TEUR / 11.000 Stück = 11 EUR.

b. Verwässertes Ergebnis je Aktie

Das Periodenergebnis beträgt 121 TEUR. Es ist um die Aufwendungen für die potenziellen Stammaktien i.H.v. 9 TEUR zu korrigieren, so dass ein angepasstes Periodenergebnis i.H.v. 130 TEUR zugrunde zu legen ist.

Die Anzahl der sich im Umlauf befindlichen Aktien betrug in 01 wie im Fall a. im gewichteten Durchschnitt 11.000. Hinzuzurechnen ist der gewichtete Durchschnitt der potenziellen Stammaktien – dies waren für vier Monate 6.000 Stück. Der zeitlich gewichtete Durchschnitt der potenziellen Aktien lässt sich damit auf Monatsbasis berechnen:

6.000 Stück x 4/12 + 0 Stück x 8/12 = 2.000 Stück.

Das verwässerte Ergebnis je Aktie beträgt damit: 130 TEUR / (11.000+2.000) Stück = 10 EUR.

2.26.5   Angaben

▶   IAS 33.70-73A

Zum Ergebnis je Aktie sind diverse Angaben vorgesehen, die im Wesentlichen die Berechnungsgrundlagen und die zukünftige Entwicklung dieser Kennzahl betreffen. Diese Angaben betreffen im Überblick

- Berechnungsgrundlagen (IAS 33.70(a)-(c)),

- Entwicklungen zur Aktienanzahl nach dem Abschlussstichtag (IAS 33.70(d)-71),

- Empfehlung zur Angabe von Vertragsbedingungen, die ein Recht auf potenzielle Stammaktien enthalten (IAS 33.72),

- Angaben bei zusätzlicher freiwilliger Aufnahme anderer Ergebnisse bzw. Ergebnisbestandteile je Aktie (IAS 33.73-73A).

2.26.6   Wiederholung des IAS 33 in Stichworten

Die Kernaussagen des Standards lassen sich wie folgt zusammenfassen:

- Pflicht-Anwendungsbereich auf Unternehmen beschränkt, deren Anteile öffentlich gehandelt werden;

- Zweck: bessere Vergleichbarkeit der Ertragskraft des Unternehmens im Zeitablauf und im Vergleich mit anderen Unternehmen;

- Quotient: Gewinn bzw. Verlust / (zeitlich gewichteter) Durchschnitt der Aktien;

- Unverwässertes Ergebnis je Aktie: Berücksichtigung des Durchschnitts der tatsächlich ausstehenden Aktien;

- Verwässertes Ergebnis: je Aktie: Berücksichtigung des Durchschnitts der tatsächlich ausstehenden sowie der potenziellen (z.B. aus Wandelschuldverschreibungen resultierenden) Aktien.

2.26.7   Hinweise zur Vertiefung

Das Grundprinzip des Ergebnisses je Aktie ist denkbar einfach. Der Umfang des IAS 33 lässt jedoch bereits vermuten, dass die praktische Umsetzung dieses Grundprinzips im Einzelfall vielfach mit Problemen verbunden sein kann. Insbesondere für die folgenden Problembereiche empfiehlt sich eine Vertiefung anhand einschlägiger Kommentarliteratur:

- Einzelaspekte zur Ermittlung der Ergebnisgröße beim verwässerten (IAS 33.12-18) und beim unverwässerten Ergebnis je Aktie (IAS 33.33-35), insbesondere zur Berücksichtigung von Vorzugsaktien;

- Zeitpunkt der Berücksichtigung der Veränderung der Aktienanzahl bei der Berechnung des Durchschnittsbestands der Aktien (IAS 33.19-24);

- Einzelheiten zu Instrumenten, die zu potenziellen Stammaktien und damit zu einem Verwässerungseffekt führen können (IAS 33.41-63; IAS 33.A);

- Rückwirkende Anpassungen des Ergebnisses je Aktie (IAS 33.64-65).

2.27 IAS 21 - Auswirkungen von Wechselkursänderungen

2.27.1 Überblick zum IAS 21

▶   IAS 21.1-8; IAS 21.15-19

IAS 21 in der Fassung, in der er am 18.02.2011 von der EU übernommen wurde (**Endorsement**), wurde vom IASB zwischenzeitlich durch IFRS 9 (Finanzinstrumente) geändert. Da das Endorsement des IFRS 9 jedoch verschoben wurde und die Änderungen speziell auf Finanzinstrumente ausgerichtet sind, werden diese in der folgenden Einführung nicht berücksichtigt.

In seiner derzeit in der EU anzuwendenden Fassung hat IAS 21 die Umrechnung vom Fremdwährungsgeschäften und in Fremdwährung aufgestellten Abschlüssen in die Währung des Jahresabschlusses zum **Gegenstand** (IAS 21.1). Er umfasst auch die Umrechnung von Jahresabschlüssen ausländischer Tochterunternehmen in die Währung des Konzernabschlusses (Teil 2 dieses Lehrbuchs). Der Standard gibt insbesondere Vorgaben zur Wahl des Wechselkurses und zur Abbildung von Wechselkursänderungen im IFRS-Abschluss (IAS 21.2).

Dem IAS 21 liegt der folgende **Aufbau** zugrunde:

- Zielsetzung des Standards (IAS 21.1-2)

- Anwendungsbereich des Standards (IAS 21.3-7)

- Definitionen (IAS 21.8-16)

- Zusammenfassung der Regelungen des Standards (IAS 21.17-19)

- Bilanzierung von Fremdwährungstransaktionen (IAS 21.20-37)

- Umrechnung von Fremdwährungsabschlüssen (IAS 21.38-49)

- Steuerliche Auswirkungen von Umrechnungsdifferenzen (IAS 21.50)

- Angaben (IAS 21.51.57)

- Vorschriften zum zeitlichen Anwendungsbereich des Standards (IAS 21.58-62).

Der der Zielsetzung des Standards entsprechende **Anwendungsbereich** (IAS 21.3) wird in IAS 21.4 ff. negativ abgegrenzt, so dass die folgenden Aspekte nicht durch IAS 21 erfasst werden:

a. Fremdwährungsderivate, die nach IAS 39 (bzw. zukünftig nach IFRS 9) zu bilanzieren sind (IAS 21.4),

b. Sicherungsgeschäfte für Fremdwährungsposten, die nach IAS 39 (bzw. zukünftig nach IFRS 9) abzubilden sind (IAS 21.5),

c. Fremdwährungsumrechnung im Rahmen der Erstellung einer Kapitalflussrechnung nach IAS 7 (IAS 21.7).

Darüber hinaus ist für die Rechnungslegung in Hochinflationsländern IAS 29 als spezieller Standard vorrangig zu beachten (vgl. 2.28).

Die in IAS 21.8 vorab gegebenen **Definitionen** sind für das Verständnis des Standards unentbehrlich. Bitte lesen Sie die einzelnen Definitionen in IAS 21.8 und lesen Sie diese nochmals, sobald diese Begriffe in den folgenden Kapiteln verwendet werden!

Als besonders wichtige Definitionen sind hervorzuheben:

■ Der ‚Kassakurs' ist definiert als Wechselkurs bei sofortiger Ausführung (des Fremdwährungsgeschäfts),

■ Der ‚Stichtagskurs' ist definiert als Kassakurs am Bilanzstichtag.

Die Begriffe ‚Nettoinvestition in einen ausländischen Geschäftsbetrieb' und ‚Monetäre Posten' werden zusätzlich zu ihrer Definition in IAS 21.8 in den Paragrafen 15-16 näher erläutert. Ebenso verhält es sich mit dem für IAS 21 zentralen Begriff der ‚funktionalen Währung', dem aufgrund seiner Bedeutung das folgenden Kapitel gewidmet ist.

Zur Einordnung des Begriffs der funktionalen Währung sei jedoch vorab die **grundsätzliche Vorgehensweise** des IAS 21 dargestellt. Die Fremdwährungsumrechnung erfolgt in den folgenden Schritten (IAS 21.17):

1. Das bilanzierende Unternehmen bestimmt seine funktionale Währung.

2. Fremdwährungsgeschäfte- bzw. –posten werden in die funktionale Währung umgerechnet.

3. Abbildung der Auswirkungen der Fremdwährungsumrechnung im Abschluss.

2.27.2   Konzept der funktionalen Währung

▶   IAS 21.8; IAS 21.9-14

Nach IAS 21 wird zwischen der Darstellungswährung und der funktionalen Währung unterschieden. Die **Darstellungswährung** ist definiert als diejenige Währung, in der der

Abschluss veröffentlicht wird. Demgegenüber ist die **funktionale Währung** die Währung des primären wirtschaftlichen Umfelds, in dem das Unternehmen tätig ist. Diese auf den ersten Blick verwirrend anmutende Unterscheidung lässt sich wie folgt erklären:

1. Es ist Unternehmen generell nach IAS 21.19 gestattet, die Währung, in der der IFRS-Abschluss aufgestellt werden soll, frei zu wählen – dies ist die Darstellungswährung. Diese darf abweichen von der Währung in dem wirtschaftlichen Umfeld, in dem das bilanzierende Unternehmen im Wesentlichen tätig ist – dies ist die sog. funktionale Währung. In Deutschland erlangt ein IFRS-Jahresabschluss oder –Konzernabschluss jedoch nur dann rechtliche Wirkung, wenn der Abschluss in EUR aufgestellt wurde (§ 325 Abs. 2a S. 3 i.V.m. § 244 HGB bzw. § 315a Abs. 1 i.V.m. § 244 HGB), d.h. dass Darstellungswährung und funktionale Währung insoweit stets übereinstimmen.

2. Rechtlich unselbständige ausländische Betriebsstätten/Zweigniederlassungen mit eigenem Buchführungskreis stellen ihre Abschlusszahlen in der Währung des wirtschaftlichen Umfelds zusammen, in dem sie tätig sind (funktionale Währung). Z.B. ermittelt eine eigenständige Zweigniederlassung in den USA ihre Abschlusszahlen in Dollar, da der Dollar die funktionale Währung der Niederlassung darstellt. Diese Geschäftszahlen sind jedoch im Abschluss des Stammhauses nach dessen funktionaler Währung aufzustellen, so dass z.B. die Dollar-Abschlusszahlen einer US-Niederlassung für Zwecke des Jahresabschlusses eines deutschen Stammhauses in EUR umzurechnen sind. Damit weichen die funktionale Währung der US-Niederlassung und die Darstellungswährung im IFRS-Abschluss der deutschen Gesellschaft letztlich voneinander ab. Gleiches gilt für ausländische Tochterunternehmen, Gemeinschaftsunternehmen oder assoziierte Unternehmen einer deutschen Gesellschaft, die in deren – in EUR aufzustellenden – Konzernabschluss eingehen (s.u. Teil 2).

Die funktionale Währung ist – wie bereits erwähnt – die Währung des primären wirtschaftlichen Umfelds, in dem das Unternehmen tätig ist (IAS 21.8). Diese Definition wird in IAS 21.9-14 insbesondere dahingehend näher erläutert, dass das **primäre wirtschaftliche Umfeld** dadurch gekennzeichnet ist, dass hauptsächlich in diesem Umfeld die Zahlungsmittel erwirtschaftet bzw. aufgewendet werden. Damit ist i.d.R. diejenige Währung die funktionale Währung, in der die Verkaufspreise bestimmt werden. Weitere Faktoren zur Bestimmung des wirtschaftlichen Umfelds ergeben sich aus IAS 21.9 f.

Die funktionale Währung einer ausländischen Niederlassung oder eines ausländischen Konzernunternehmens (‚ausländischer Geschäftsbetrieb' nach IAS 21.8) ist nicht von Vorneherein durch die funktionale Währung des Stammhauses bzw. des Mutterunternehmens bestimmt. Vielmehr werden vom Stammhaus wirtschaftlich weitgehend unabhängige ausländische Geschäftsbetriebe ihre funktionale Währung regelmäßig anhand der ausländischen Währung bestimmen. Zu Faktoren, die den Grad der Unabhängigkeit ausländischer Geschäftsbetriebe bestimmen, vgl. IAS 21.11.

> **Fall:**
>
> Die Deutschland-AG tätig ihre unmittelbaren Geschäfte hauptsächlich in Deutschland und untergeordnet in der Schweiz. Die russische Zweigniederlassung operiert wirtschaftlich weitgehend unabhängig in Russland, während die britische Niederlassung ausschließlich von der AG erworbene Güter in Großbritannien veräußert und die Erlöse umgehend an das Stammhaus in Deutschland weiterleitet.
>
> *Ansatzpunkt für eine Währungsumrechnung?*

Lösung:

- Funktionale Währung der Deutschland-AG ist der EUR. Da Geschäfte ggf. auch in CHF getätigt werden, sind diese Geschäfte in EUR umzurechnen.

- Funktionale Währung der russischen Niederlassung ist der RUB (IAS 21.11(a)). Die Abschlusszahlen der Niederlassung gehen in den IFRS-Jahresabschluss der Deutschland-AG ein, sind hierzu jedoch in EUR umzurechnen.

- Die britische Niederlassung wird aufgrund der engen wirtschaftlichen Verflechtungen mit dem Stammhaus den EUR als funktionale Währung wählen. In GBP getätigte Geschäfte sind damit in EUR umzurechnen.

2.27.3 Fremdwährungstransaktionen

2.27.3.1 Erstmaliger Ansatz

▶   IAS 21.20-22

Werden unmittelbar Geschäfte in Währungen getätigt, die nicht der funktionalen Währung des bilanzierenden Unternehmens entsprechen, so sind diese Geschäfte sofort in die funktionale Währung umzurechnen (IAS 21.20). Bei Einbuchung des Geschäftsvorfalls wird der Kassakurs zugrunde gelegt, der zum Zeitpunkt der Ausführung des Geschäfts gültig war. Praxisgerecht ermöglicht IAS 21.22 hierbei die Anwendung von Durchschnittskursen, sofern der jeweilige Wechselkurs nicht starken Schwankungen unterliegt.

> **Fall:**
>
> Ein deutsches, eigentlich primär in Europa operierendes Unternehmen verkauft einen großen, bereits vollständig abgeschriebenen Löschzug des Anlagevermögens an ein japanisches Unternehmen zum Preis von 1 Mio. JPY. Zum Zeitpunkt der Auslieferung des Löschzuges beträgt der Kassakurs 100 JPY je EUR.

<u>Lösung:</u>

Die Forderung ist in der Buchführung des deutschen Unternehmens in dessen funktionaler Währung EUR mit dem Kassakurs bei Geschäftsausführung zu erfassen:

Buchung: Forderung   10.000   an   Ertrag   10.000

2.27.3.2   Bilanzierung in Folgeperioden

▶   IAS 21.23-34

In den Folgeperioden sind Wechselkursänderungen in Abhängigkeit von dem zu bewertenden Vermögenswert bzw. der zu bewertenden Schuld zu berücksichtigen:

Monetäre Posten (IAS 21.8; IAS 21.16), wie z.B. Forderungen oder Verbindlichkeiten, werden zum Stichtagskurs umgerechnet (IAS 21.23(a)). Differenzen, die sich dadurch ergeben, dass der Einbuchungskurs vom folgenden Stichtagskurs abweicht, sind im Ergebnis (GuV) des bilanzierenden Unternehmens zu erfassen (IAS 23.28 f.). Monetäre Posten, die Teil einer Nettoinvestition in einen ausländischen Geschäftsbetrieb sind (IAS 21.8, IAS 21.15 f.), wie z.B. ein langfristiges Darlehen an ein ausländisches Tochterunternehmen, sind zwar auch zum Stichtagskurs umzurechnen; allerdings sind etwaige Umrechnungsdifferenzen in Folgejahren zunächst gesondert – ergebnisneutral – im Eigenkapital des bilanzierenden Unternehmens zu erfassen. Erst bei Veräußerung des ausländischen Geschäftsbetriebs fließen diese Differenzen als Ertrag bzw. Aufwand in die GuV des bilanzierenden Unternehmens ein.

In einer nicht der funktionalen Währung entsprechenden Währung erworbene **nicht monetäre Posten**, die zu historischen Anschaffungs- bzw. Herstellungskosten angesetzt werden, sind auch in den Folgeperioden mit ihrem Kassakurs bei Anschaffung fortzuführen (IAS 21.23(b)). Insoweit entstehen keine Umrechnungsdifferenzen.

Werden nicht-monetäre Posten hingegen am Stichtag zu einem anderen als dem historischen Zugangswert bewertet, z.B. aufgrund der Anwendung des Neubewertungsmodells für Sachanlagen nach IAS 16 (vgl. 2.1.4.2) oder aufgrund einer Wertminderung i.S.d. IAS 36 (vgl. 2.4), und ist der anzusetzende Wert ebenfalls in einer Fremdwährung zu bestimmen, so ist dieser neue Wert in die funktionale Währung umzurechnen. Hierbei ist der Kassakurs vom Tag der Ermittlung dieses neuen Werts heranzuziehen (IAS 21.23(c), IAS 21.24 ff.). Der neue Wert enthält damit im Vergleich zum Zugangswert dieses Vermögenswerts nicht nur Wertschwankungen, sondern auch Wechselkursschwankungen. Diese Währungsdifferenzen sind entsprechend der Erfassung der Wertschwankung ergebnisneutral oder ergebniswirksam zu behandeln. Mithin bestimmt die Erfassung der Wertänderung nach dem jeweiligen Bewertungsmodell die Ergebniswirksamkeit der Umrechnungsdifferenz.

Fall:

a. Eine auf 1 Mio. JPY lautende Forderung, die zum Kassakurs 100 JPY je EUR eingebucht wurde, wird vom Kunden im Folgejahr beglichen. Der Kassakurs bei Zahlungserhalt betrug 125 JPY je EUR.

b. Ein in Russland belegenes Grundstück wurde in 01 für 420.000 RUB zum Kassakurs 42 RUB je EUR erworben. In 03 steigt der beizulegende Zeitwert nach dem Neubewertungsmodell (IAS 16) auf 840.000 RUB. Der neue Kassakurs beträgt 40 RUB je EUR.

Wie ist zu bewerten? Wie sind Wechselkursänderungen zu erfassen?

Lösung:

a. Monetärer Posten: Die Forderung wurde zu 10.000 EUR eingebucht. Bei Zahlung waren die erhaltenen 1 Mio. JPY umzurechnen in 8.000 EUR. Hierdurch ist eine ergebniswirksam in der GuV zu erfassende Umrechnungsdifferenz i.H.v. 2.000 EUR entstanden.

Buchung:	Bank	8.000	an	Forderung	10.000
	Aufwand (GuV)	2.000			

b. Nicht-monetärer Posten: In 01 Einbuchung des Grundstücks zum Kassakurs bei Anschaffung (10.000 EUR). In 02 keine Wertänderung. Es ist keine neue Währungsumrechnung vorzunehmen (IAS 21.23(b)). In 03 Bewertung zum beizulegenden Zeitwert i.H.v. 840.000 RUB, die zum Kassakurs bei Neubewertung umzurechnen sind in 21.000 EUR. Die Werterhöhung i.H.v. insgesamt 11.000 EUR enthält eine Wertsteigerungskomponente i.H.v. (bei unverändertem Kurs: 840.000 RUB / 42 – bisheriger Buchwert 10.000 =) 10.000 und eine Wechselkurskomponente i.H.d. Restbetrags von 1.000 EUR. Da die Wertsteigerungskomponente im Neubewertungsmodell nach IAS 16.39 ergebnisneutral im sonstigen Ergebnis zu erfassen ist (vgl. 2.1.4.2), ist auch die wechselkursbedingte Werterhöhung ergebnisneutral zu erfassen.

Buchung 01:	Grundstück	10.000	an	Bank	10.000
Buchung 03:	Grundstück	11.000	an	Sonstiges Ergebnis	11.000
	(sonstiges Ergebnis	11.000	an	Neubewertungsrücklage	11.000)

2.27.4 Fremdwährungsabschlüsse

▶   IAS 21.38-47

Sofern die funktionale Währung eines ausländischen Geschäftsbetriebs mit der funktionalen Währung des Stammhauses übereinstimmt, was insbesondere dann der Fall ist, wenn der ausländische Geschäftsbetrieb mit dem Stammhaus wirtschaftlich eng verbunden ist (vgl. 2.27.2), erfolgt die Währungsumrechnung für diese Geschäftsbetriebe wie für Fremdwährungstransaktionen unmittelbar nach der sog. **Zeitbezugsmethode** gem. IAS 21.20-34 (vgl. 2.27.3). Sind hierbei aufgrund der Anwendung unterschiedlicher Kassakurse auf Bilanzwerte (historischer Kassakurs bzw. Stichtagskassakurs) und Ergebnisgrößen (durchschnittlicher Kassakurs) Differenzen zwischen dem umgerechneten Ergebnis lt. Gesamtergebnisrechnung und dem rein bilanziell ermittelten Jahresergebnis entstanden, sind diese grundsätzlich ergebniswirksam zu erfassen. Hierdurch erfolgt eine Angleichung des GuV-Wertes an das ausschließlich aufgrund bilanzieller Werte ermittelte Ergebnis.

Sofern jedoch die funktionale Währung eines ausländischen Geschäftsbetriebs nicht mit der funktionalen Währung des Stammhauses übereinstimmt, sieht IAS 21 die Währungsumrechnung nach der sog. modifizierten **Stichtagskursmethode** vor. In der Praxis stellt sich diese Frage insbesondere im Rahmen der Einbeziehung von ausländischen Tochter- und Gemeinschaftsunternehmen sowie assoziierten Unternehmen in den Konzernabschluss des Mutterunternehmens.

Die Fremdwährungsabschlüsse sind nach dieser Methode wie folgt umzurechnen:

■ Vermögens- und Schuldposten zum Stichtagskurs (IAS 21.39(a)),

■ Ergebnisbeiträge (Erträge, Aufwendungen) zum Kurs am Tag des Geschäftsvorfalls (IAS 23.39(b)) bzw. bei wenig schwankenden Kursen zum Durchschnittskurs der Periode (IAS 23.40);

■ Andere Eigenkapitalposten, insbesondere das gezeichnete Kapital und die Kapitalrücklagen, zu (historischen) Entstehungskursen.[19]

Umrechnungsdifferenzen, die sich dadurch ergeben, dass die Ergebnisbeiträge i.d.R. zu anderen Kursen umgerechnet werden als die Werte der Bilanz, sind nach IAS 21.41 ergebnisneutral im sonstigen Ergebnis zu erfassen. Im Falle des Abgangs, z.B. durch Verkauf, eines ausländischen Geschäftsbetriebs, dessen Fremdwährungsabschlüsse nach diesen Grundsätzen umgerechnet wurden sind die kumulierten Umrechnungsdifferenzen aus den Vorjahren in der Periode des Abgangs ergebniswirksam zu erfassen (IAS 21.48-49). D.h., dass der im Eigenkapital ausgewiesene Differenzbetrag aus Währungsumrechnung der Vorjahre ergebniswirksam über die GuV aufgelöst wird.

Fall:

Folgende Kurse seien gegeben:

- Historischer Kurs: 2,5 EUR/FW

- Stichtagskurs: 3 EUR/FW

- Durchschnittskurs: 2,8 EUR/FW

Rechnen Sie die folgende Bilanz und die GuV des rechtlich und wirtschaftlich weitgehend selbständigen Tochterunternehmens in die funktionale Währung EUR um!

---

[19] So wohl auch Schwager/Schween (2011), IAS 21, Rn. 74-83.

Bilanz	Fremdwährung (FW)		Kurs	Funktionale Währung (EUR)	
	Aktiva	Passiva	EUR/FW	Aktiva	Passiva
Grundstücke	300				
Vorräte	110				
Kasse	50				
Gezeichnetes Kapital		150			
Differenzen aus Währungsumrechnung		0			
Ergebnis		20			
Schulden		290			
Summen	**460**	**460**			

GuV	Fremdwährung (FW)		Kurs	Funktionale Währung (EUR)	
	Erträge	Aufwendungen	EUR/FW	Erträge	Aufwendungen
Umsatzerlöse	280				
Personalaufwand		160			
Abschreibungen		60			
Ertragsteuern		40			
Ergebnis		20			

Lösung:

Bilanz	Fremdwährung (FW)		Kurs	Funktionale Währung (EUR)	
	Aktiva	Passiva	EUR/FW	Aktiva	Passiva
Grundstücke	300		3,0	900	
Vorräte	110		3,0	330	
Kasse	50		3,0	150	
Gezeichnetes Kapital		150	2,5		375
Differenzen aus Währungsumrechnung		0	-		79 (Residualgröße)
Ergebnis		20	2,8		56
Schulden		290	3,0		870
Summen	**460**	**460**		**1.380**	**1.380**

GuV	Fremdwährung (FW)		Kurs	Funktionale Währung (EUR)	
	Erträge	Aufwendungen	EUR/FW	Erträge	Aufwendungen
Umsatzerlöse	280		2,8	784	
Personalaufwand		160	2,8		448
Abschreibungen		60	2,8		168
Ertragsteuern		40	2,8		112
Ergebnis		20	2,8		**56**

Der Unterschiedsbetrag aus der Währungsumrechnung i.H.v. 79 gleicht die Bilanz aus und erhöht das sonstige Ergebnis der Gesamtergebnisrechnung und damit das Eigenkapital.

2.27.5 Angaben

► IAS 21.51-57

Die umfangreichen Angabepflichten des IAS 21 zur Währungsumrechnung betreffen im Überblick:

- Bestimmung der funktionalen Währung (IAS 21.51),
- Umrechnungsdifferenzen (IAS 21.52),

- Von der funktionalen Währung abweichende Darstellungswährung (IAS 21.53),

- Wechsel der funktionalen Währung (IAS 21.54),

- Abweichungen von den Regelungen nach IAS 21.39 ff. zur Umrechnung von Fremd-währungsabschlüssen (IAS 21.55-57).

2.27.6   Wiederholung des IAS 21 in Stichworten

Die Kernpunkte des IAS 21 lassen sich anhand der folgenden Stichworte wiederholen:

- Gegenstand: Umrechnung von Fremdwährungsgeschäften und Umrechnung von in Fremdwährung aufgestellten Abschlüssen;

- Fremdwährungstransaktionen:

  - Buchung zum Kassakurs im Zeitpunkt des Geschäftsvorfalls;
  - In Folgejahren Umrechnung monetärer Posten zum Stichtagskurs; Zugangswerte nicht-monetärer Posten werden nur bei Neubewertung in Fremdwährung nochmals umgerechnet;

- Fremdwährungsabschlüsse:

  - Stichtagskursmethode (Bilanzposten (ohne Eigenkapital) zum Stichtagskurs; Ergeb-nisbeiträge zum Kurs beim Geschäftsvorfall/Durchschnittskurs; andere Eigenkapi-talposten vorzugsweise zum historischen Zugangskurs);
  - Umrechnungsdifferenzen ergebnisneutral im sonstigen Ergebnis der Gesamtergeb-nisrechnung und als gesonderter Eigenkapitalposten in der Bilanz.

2.27.7   Hinweise zur Vertiefung

Zur Vertiefung des Themas Fremdwährungsumrechnung anhand der einschlägigen Kom-mentarliteratur empfehlen sich die folgenden Aspekte:

- Wechsel der funktionalen Währung (IAS 21.35-37);

- Abgänge oder teilweiser Abgang eines ausländischen Geschäftsbetriebs (IAS 21.48 ff.);

- Währungsumrechnung und Goodwill aus Unternehmenszusammenschlüssen (IAS 21.47);

- Steuerliche Auswirkungen der Umrechnungsdifferenzen (IAS 21.50; IAS 12);

- Rechnungslegung in Hochinflationsländern (IAS 21.42 f.; IAS 29) - vgl. 2.28.

2.28   IAS 29 - Rechnungslegung in Hochinflationsländern

2.28.1   Überblick zum IAS 29

▶   IAS 29.1-7

IAS 29 hat am 23.01.2009 das **Endorsement-Verfahren** der EU durchlaufen. **Gegenstand** des Standards ist die Währungsumrechnung in dem besonderen Fall, in dem die funktionale Währung (vgl. 2.27.2) eines Unternehmens einer besonders hohen Inflation unterliegt. Damit geht IAS 29 über den Regelungsbereich des IAS 21 hinaus und wird ergänzt durch IFRIC 7 (Anwendung des Anpassungssatzes unter IAS 29). Der Standard ist im Überblick wie folgt **aufgebaut**:

■ Anwendungsbereich (IAS 29.1-4)

■ Anpassung des Abschlusses (IAS 29.5-37)

■ Beendigung der Anwendung des Standards (IAS 29.38)

■ Angaben (IAS 29.39-40)

■ Vorschriften zum zeitlichen Anwendungsbereich des Standards (IAS 29.41).

IAS 29 ist von allen Unternehmen in deren Jahres- und Konzernabschlüssen **anzuwenden**, wenn sie in der funktionalen Währung eines Hochinflationslandes bilanzieren. Insbesondere ist der Standard somit auch dann anzuwenden, wenn ausländische Konzernunternehmen, deren funktionale Währung einer Hochinflation unterliegt, in einen Konzernabschluss einbezogen werden, dessen funktionale Währung nicht in den Anwendungsbereich des IAS 29 fällt. IAS 29 gibt dann – aufbauend auf der Währungsumrechnung nach IAS 21 – ergänzende Regelungen zur Fremdwährungsumrechnung des in den Konzernabschluss einzubeziehenden Jahresabschlusses.

Die **Definition** eines Hochinflationslandes wird in dem Standard jedoch nicht eindeutig gegeben. Die Entscheidung, ob die funktionale Währung diejenige eines Hochinflationslandes ist, obliegt damit dem Ermessen des Unternehmens. In IAS 29.3 werden lediglich Anhaltspunkte gegeben, die auf eine Hochinflation hindeuten. Von diesen Anhaltspunkten ist der konkreteste, wenngleich weder notwendige, noch hinreichende, dass eine Hochinflation dann gegeben sein könnte, wenn die Inflationsrate innerhalb von drei Jahren den Wert von 100% überschreitet (IAS 29.3(e)).

Es wird deutlich, dass Unternehmen, deren funktionale Währung der EUR ist, nach den derzeitigen Inflationsraten im EUR-Raum den IAS 29 nicht unmittelbar anzuwenden haben. Sind allerdings in den in EUR aufgestellten Konzernabschluss Konzernunternehmen einzubeziehen, deren funktionale Währung einer Hochinflation unterliegt, sind deren Jahresabschlüsse unter Beachtung des IAS 29 aufzustellen.

2.28.2　Grundprinzip

▶　　　IAS 29.2; 29.8-10

Nach dem **Grundgedanken** des IAS 29 verlieren bestimmte Wertangaben in IFRS-Abschlüssen durch Inflation an Aussagekraft (IAS 29.2; IAS 29.7). Wird dies in Fällen geringer Inflationsraten akzeptiert, so sind indes im Falle höherer Inflationsraten Anpassungen erforderlich, um nicht irreführende Informationen zu vermitteln. Nach IAS 29 wäre eine irreführende Information z.B. dann gegeben, wenn bei der Bilanzierung eines für 100 Geldeinheiten in Fremdwährung (FW) erworbenen Grundstücks (historische Anschaffungskosten) nicht berücksichtigt wird, dass innerhalb eines Jahres allein aufgrund des Kaufkraftverlustes von z.B. 30% für dieses Grundstück 130 FW hätten aufgewendet werden müssen. Die historischen Anschaffungskosten verhindern in diesem Fall einen Einblick in die tatsächliche wirtschaftliche Lage des Unternehmens und damit die Vermittlung entscheidungserheblicher Informationen. Ebenso können Informationen über die ursprüngliche Höhe von Aufwendungen und Erträgen, z.B. zu Beginn eines Jahres getätigte Umsatzerlöse, durch eine besonders hohe Inflationsrate an Aussagekraft verlieren.

Vor diesem Hintergrund sollen IFRS-Abschlüsse nach dem **Grundkonzept** des IAS 29 die Wertverhältnisse zum Stichtag besser widerspiegeln, indem die in der funktionalen Währung ermittelten Beträge mit der aktuellen Inflationsrate angepasst werden (am Stichtag geltende Maßeinheit). Diese Anpassung erfolgt durch Anwendung eines allgemeinen Preisindexes (IAS 29.37) auf die Abschluss-Werte. Preisindizes sind hierbei vorzugsweise aus Statistiken abzuleiten, die vom Internationalen Währungsfonds oder staatlichen Stellen ermittelt wurden. Ist ein solcher Preisindex nicht zu ermitteln, ist er ggf. zu schätzen (IAS 29.17). Das Erfordernis und die Durchführung einer Wertanpassung einzelner Bilanzposten, Aufwendungen oder Erträge hängen von der Art des Postens und der jeweils angewendeten Bewertungsmethode ab (vgl. 2.28.3). Wertanpassungen erfolgen ergebniswirksam (IAS 29.27 f.; 29.31). Auch die Vorjahreswerte sind unter Zugrundelegung des Preisindex zum Bilanzstichtag anzupassen (IAS 29.34). Erst nach der Anpassung der Werte in der funktionalen Währung darf der Abschluss aus der Hochinflations-Währung nach IAS 21 in eine andere Währung, z.B. die des Mutterunternehmens, umgerechnet werden (IAS 29.35 f.). Wird die Bilanzierung nach IAS 29 beendet, weil z.B. die Voraussetzungen zur Annahme eines Hochinflationslandes nicht mehr gegeben sind, sind die Werte des letzten Abschlusses – mithin die (letztmalig) nach IAS 29 angepassten Werte – Grundlage für die Bilanzierung im Folgejahr (IAS 29.38).

2.28.3   Anpassungen in Einzelfällen

▶   IAS 29.11-36

Folgende Anpassungen sind in der **Bilanz** eines Abschlusses in der funktionalen Währung eines Hochinflationslandes erforderlich:

- Monetäre Posten (zur Definition vgl. IAS 21.8), wie z.B. Bankguthaben, Forderungen und Verbindlichkeiten, bedürfen keiner Anpassung aufgrund gestiegener Inflationsraten, da diese auf Währungseinheiten lautenden Vermögenswerte und Schulden die Inflationsrate implizit berücksichtigen (IAS 29.12). Sehen Verträge über Forderungen und Verbindlichkeiten Inflationsausgleiche vor, so ergibt sich eine Anpassung bereits aus dem zugrunde liegenden Vertrag, ohne dass IAS 29 zur Anwendung gelangt.

- Alle anderen, mithin nicht monetären Posten, wie z.B. Grundstücke, Sachanlagen oder Vorräte, sind in Abhängigkeit von der Bewertungsmethode, nach der sie unter Anwendung anderer Standards in der Bilanz bewertet werden anzupassen (IAS 29.14):

  - Werden solche nicht monetären Posten zu fortgeführten Anschaffungskosten bilanziert, so sind ihre Anschaffungskosten und kumulierten Abschreibungen unter Anwendung des gewählten Preisindexes anzupassen. Der Preisindex ist hierbei grundsätzlich für den Zeitraum zwischen Erwerb und Bilanzstichtag zu ermitteln, d.h. nicht nur für den Zeitraum des abgelaufenen Geschäftsjahres (IAS 29.15). Etwaige Wertminderungen der Sachanlagen (IAS 36) oder Vorräte (IAS 2) sind zu berücksichtigen (IAS 29.19).
  - Werden nicht monetäre Posten zu aktuellen Werten am Bilanzstichtag bilanziert, z.B. im Rahmen des Neubewertungsmodells nach IAS 16 für Sachanlagen (vgl. 2.1.4.2), so ist in diesen Werten bereits die Inflationsrate implizit berücksichtigt, und eine Anpassung nach IAS 29 entfällt (IAS 29.14, IAS 29.29). Erfolgt innerhalb der Neubewertungsmethode zum Stichtag selbst keine Neubewertung, so ist hingegen für den Zeitraum ab der letzten Neubewertung eine Anpassung aufgrund der Inflation ab diesem Zeitpunkt erforderlich (IAS 29.18).

- Feste Eigenkapitalbestandteile sind mit dem Preisindex ab dem Zeitpunkt ihrer Zuführung zum Unternehmen anzupassen.[20] Das Jahresergebnis ergibt sich als Residualgröße der verschiedenen Anpassungen (IAS 29.24 f.).

In IAS 29.16, 29.20, 29.21 f. finden sich weitere Einzelfälle zur Anpassung von Bilanzposten aufgrund hoher Inflationsraten.

Die Aufwendungen und Erträge in der **GuV** sind mit dem Preisindex ab dem Zeitpunkt ihrer Erfassung anzupassen (IAS 29.26; 29.30). Aus Praktikabilitätsgründen erscheint die Verwendung eines durchschnittlichen Preisindexes vertretbar, wenn auch die Inflation ebenso wie die Aufwendungen und Erträge gleichmäßig im Geschäftsjahr entstanden ist. Außerdem hat sich für das Unternehmen eine faktische Änderung seiner Vermögenspositi-

---

[20]   Vgl. Buschhüter (2011), IAS 29, Rn. 5.

on aufgrund des Verhältnisses zwischen (nicht vertraglich indexierten) Forderungen zu Verbindlichkeiten ergeben: Überwogen bislang die Forderungen die Verbindlichkeiten, so hat das Unternehmen aufgrund der Inflation einen (Kaufkraft-)Verlust zu verzeichnen; überwogen umgekehrt die Verbindlichkeiten, so ist ein (Kaufkraft-)Gewinn entstanden. Diese Veränderungen sind als sog. Gewinn oder Verlust aus der Nettoposition der monetären Posten ergebniswirksam in der GuV zu berücksichtigen (IAS 29.27 f., 29.31). Dieser Betrag kann vereinfacht ermittelt werden, in dem der Preisindex auf den (gewichteten) Durchschnitt der Differenz zwischen Forderungen und Schulden (=Nettoposition der monetären Posten) angewandt wird.

Auch die Posten der **Kapitalflussrechnung** nach IAS 7 (vgl. 2.24) sind an die Währungsverhältnisse am Stichtag anzupassen (IAS 29.33).

2.28.4   Angaben

▶   IAS 29.30-40

Die Angabepflichten im Falle der Anwendung des IAS 29 betreffen im Überblick:

- Angaben zur Anpassung der Vergleichszahlen des Vorjahres,

- Angabe, ob der Abschluss (auch) auf aktuellen Werten, z.B. nach Anwendung des Neubewertungsmodells, beruht,

- Angaben zum verwendeten Preisindex.

2.28.5   Wiederholung des IAS 29 in Stichworten

- Anwendung, wenn Bilanzierung in Währung eines Hochinflationslandes;

- Grundsatz: (ergebniswirksame) Anpassung von Bilanz- und GuV-Posten anhand eines Preisindexes, wenn der Wert eines Postens nicht ohnehin bereits die Preissteigerung berücksichtigt.

2.28.6   Hinweise zur Vertiefung

In Bezug auf die Währungsumrechnung in Hochinflationsländern empfiehlt sich eine Vertiefung der folgenden Aspekte, ggf. unter Hinzuziehung der einschlägigen Kommentarliteratur:

- Erstmalige Anwendung des IAS 29 (IFRIC 7.3);

- Bilanzierung latenter Steuern bei Anwendung des IAS 29 (IAS 29.32; IFRIC 7.4).

2.29   Leitlinien zur Lageberichterstattung

Im Dezember 2010 hat der IASB ein ‚Practice Statement' zur Erstellung eines sog. ‚Management Commentary', vereinfacht übersetzt als Lagebericht, veröffentlicht. Bei diesem **Leitfaden** zur Erstellung eines Lageberichts handelt es sich <u>nicht</u> um einen Rechnungslegungsstandard. Ihm kommt damit keine Anwendungspflicht zu, sondern er ist als unverbindlicher Hinweis zur Erstellung von Lageberichten zu verstehen. Aus diesem Grund hat die EU bislang auch nicht vorgesehen, für diesen Leitfaden das Endorsement-Verfahren mit dem Ziel dessen verpflichtender Anwendung in der EU einzuleiten. Vor diesem Hintergrund und angesichts der Tatsache, dass auch bei Aufstellung eines IFRS-Konzernabschlusses oder zwecks Offenlegung eines IFRS-Jahresabschlusses durch ein deutsches Unternehmen ein Lagebericht (§ 289 bzw. § 315 HGB) aufzustellen ist, der auch auf den IFRS-Abschluss Bezug zu nehmen hat (vgl. 1.1), erscheint die praktische Bedeutung des Leitfadens in Deutschland derzeit begrenzt.

Das **Ziel** des Leitfadens ist es, das Management eines Unternehmens bei der Erstellung eines Lageberichts, der sich auf einen IFRS-Abschluss bezieht, zu unterstützen. Damit wird keine Aufstellungspflicht festgelegt, jedoch die Berücksichtigung des Leitfades im Falle der Aufstellung eines Lageberichts nahe gelegt. Aus deutscher Sicht ist zu ergänzen, dass hierdurch der Inhalt und die Aussagekraft eines nach § 289 bzw. 315 HGB aufgestellten Lageberichts mit Bezug zum IFRS-Abschluss nicht beeinträchtigt werden darf. Die nationalen Regelungen gehen dem Leitfaden vor.

Der Leitfaden ist wie folgt **aufgebaut**:

- Zielsetzung des Leitfadens (LF.1)

- Anwendungsbereich des Leitfadens (LF.2-4)

- Kenntlichmachung des Lageberichts (LF.5-7)

- Adressaten des Lageberichts (LF.8)

- Rahmenkonzept der Lageberichtserstellung (LF.9-23)

- Bestandteile des Lageberichts (LF.24-40)

- Vorschriften zum zeitlichen Anwendungsbereich des Leitfadens (LF.41)

- Definitionen (Anhang A des Leitfadens).

Nach dem **Rahmenkonzept** des Leitfadens sind unter Bezugnahme auf den IFRS-Abschluss die wirtschaftliche Entwicklung und die Lage des berichtenden Unternehmens aus Sicht des Managements darzustellen (LF.12). Die Lageberichterstattung soll hierbei nach LF.13 zukunftsorientierte Aussagen unter Berücksichtigung der Grundsätze des Rahmenkonzepts (RK.QC) der IFRS (vgl. 1.2.3) erfolgen. Sie hat in Einklang mit dem IFRS-Abschluss zu stehen und Wiederholungen von Abschlussinformationen ebenso zu vermeiden wie allgemeine Aussagen und unwesentliche Informationen (LF.23).

Sein Inhalt umfasst im Überblick die folgenden **Bestandteile** (LF.24):

a. Art der Geschäftstätigkeit,

b. Ziele und Zielerreichungsstrategien des Managements,

c. die bedeutendsten Ressourcen, Risiken und Beziehungen des Unternehmens,

d. Ergebnisse und Aussichten der Geschäftstätigkeit,

e. Leistungsmaßstäbe und –indikatoren, anhand derer das Management den Zielerreichungsgrad bestimmt.

Diese Aspekte sind in der deutschen Lageberichterstattung (§§ 289 bzw. 315 HGB) im Wesentlichen erfasst, und die deutsche Lageberichterstattung geht über die Anforderungen dieses Leitfadens sicherlich hinaus. Die weitere Entwicklung der Bedeutung dieses Leitfadens bleibt jedoch abzuwarten.

3 Übergreifende und besondere Themen

3.1 IFRS 3 - Unternehmenszusammenschlüsse im Jahresabschluss

3.1.1 Überblick zum IFRS 3

▶ IFRS 3.1-2

IFRS 3 wurde vom IASB am 10.05.2010 geändert und hat in dieser geänderten Fassung das **Endorsement-Verfahren** der EU am 18.02.2011 abschließend durchlaufen. Änderungen durch den noch nicht von der EU übernommenen IFRS 9 aus Oktober 2010 sind spezifisch auf Finanzinstrumente ausgerichtet und werden daher im Folgenden nicht behandelt. Der Standard behandelt die Bilanzierung von Unternehmenszusammenschlüssen im weitesten Sinne. Sein **Gegenstand und Anwendungsbereich** betrifft zum einen mit der Bilanzierung von gesellschaftsrechtlichen Verschmelzungen und sog. Asset-Deals (vgl. 3.1.2) den Jahresabschluss. Diese Vorgänge sind natürlich auch in einem Konzernabschluss bilanziell abzubilden. Darüber hinaus erlangt IFRS 3 insbesondere für den Konzernabschluss eine besondere Bedeutung, indem er die Vorgehensweise bei der in IAS 27 bzw. IFRS 10 (vgl. 5.1) geregelten Kapitalkonsolidierung vorgibt. Die folgenden Geschäftsvorfälle fallen jedoch nach IFRS 3.2 nicht unter den Anwendungsbereich des IFRS 3:

- Gründung eines Gemeinschaftsunternehmens,

- Erwerb von Vermögenswerten, die keinen Geschäftsbetrieb darstellen (zur Definition s.u.),

- Zusammenschluss von Unternehmen oder Geschäftsbetrieben, die vor und nach dem Zusammenschluss von den gleichen Gesellschaftern beherrscht werden.

Die Anwendung des IFRS 3 im Konzernabschluss wird im Teil 2 dieses Buchs (vgl. 5.2) dargestellt, wobei dort auf die im Folgenden für den Jahresabschluss dargestellten Grundsätze zurückgegriffen wird. Dies ist deshalb möglich, weil der Standard nicht zwischen der Anwendung im Jahres- oder Konzernabschluss oder zwischen der Anwendung auf die verschiedenen Möglichkeiten von Unternehmenszusammenschlüssen trennt. Dementsprechend ist IFRS 3 im Überblick inhaltlich wie folgt **aufgebaut**:

- Zielsetzung des Standards (IFRS 3.1)

- Anwendungsbereich des Standards (IFRS 3.2)

- Identifizierung eines Unternehmenszusammenschlusses (IFRS 3.3)

- Bilanzierung nach der Erwerbsmethode (IFRS 3.4-53)

- Folgebewertung und Folgebilanzierung (IFRS 3.54-58)

- Angaben (IFRS 3.59-63)

- Vorschriften zum zeitlichen Anwendungsbereich des Standards (IFRS 3.64-68)

- Definitionen (Anhang A des Standards)

- Anhang B: Anleitung zur Anwendung (IFRS 2.B1-B69).

Von den im Anhang A des Standards gegebenen **Definitionen** sei vorab hervorgehoben, dass die Definition des Unternehmenszusammenschlusses entsprechend den obigen Ausführungen zum Gegenstand und Anwendungsbereich des Standards sehr weit gefasst ist (vgl. auch 3.1.2). Die weiteren Definitionen werden in den folgenden Kapiteln an jeweils geeigneter Stelle kurz vorgestellt, wodurch die eingehende Lektüre des Anhangs A jedoch nicht entbehrlich wird.

3.1.2   Anwendungsfälle im Jahresabschluss

▶   IFRS 3.3

Die Übernahme eines anderen Unternehmens kann im Wesentlichen durch drei verschiedene Arten erfolgen, die durch IFRS 3 erfasst werden:

1. Im Falle des **Erwerbs der Anteile** eines anderen Unternehmens bleibt dieses rechtlich bestehen (sog. Share-Deal). In den IFRS-Jahresabschluss des übernehmenden Unternehmens werden die erworbenen Anteile als eigenständige Vermögenswerte aufgenommen (IAS 27). IFRS 3 ist in diesem Fall nur auf Ebene des Konzernabschlusses anzuwenden, sofern das erworbene Unternehmen in den Konzernabschluss des Erwerbers einzubeziehen und eine Kapitalkonsolidierung vorzunehmen ist (vgl. 5.2).

Abbildung 3.1   Anteilserwerb

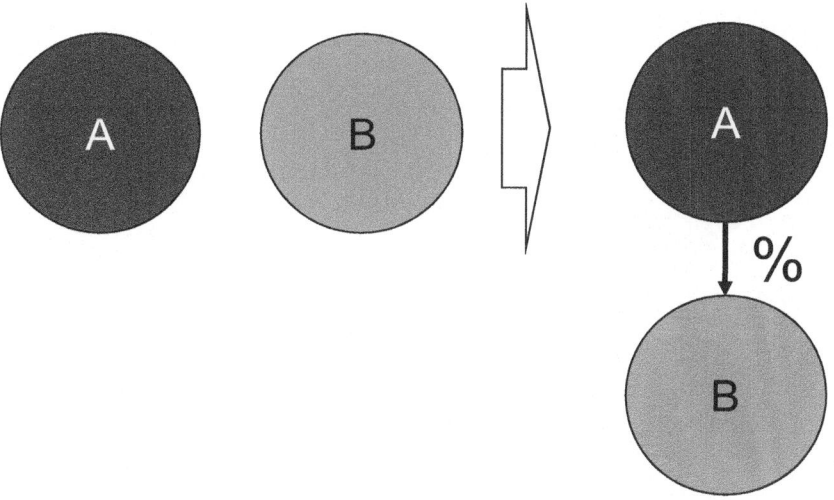

---

2. Die gesellschaftsrechtliche **Verschmelzung** zweier Unternehmen kann auf zwei Wegen durch Gesamtrechtsnachfolge erfolgen. Bei einer Verschmelzung zur Aufnahme (§ 2 Nr. 1, §§ 4-35 UmwG) geht das Vermögen eines Unternehmens als Ganzes auf ein bereits bestehendes Unternehmen über, und der rechtliche Bestand des Unternehmens, das sein Vermögen überträgt, endet. Bei einer Verschmelzung zur Neugründung (§ 2 Nr. 2, §§ 36-38 UmwG) geht das Vermögen mehrerer Unternehmen als Ganzes auf ein gleichzeitig neu gegründetes Unternehmen über, und der rechtliche Bestand der Unternehmen, die ihr Vermögen übertragen, endet. In diesen Fällen ist IFRS 3 im Jahresabschluss des das Vermögen aufnehmenden Unternehms anzuwenden.

Abbildung 3.2   Verschmelzung

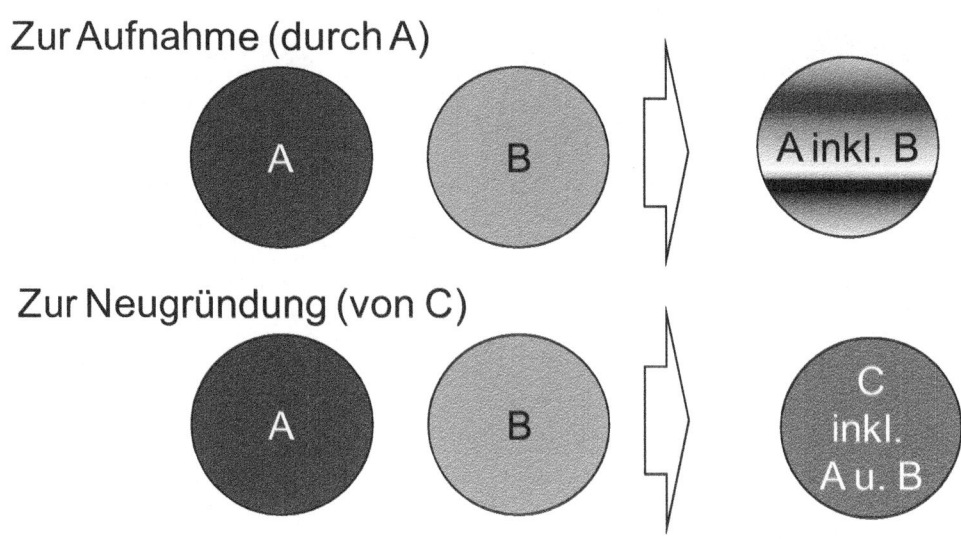

3. Falls nicht, wie bei einer Verschmelzung, das Vermögen als Ganzes durch Gesamtrechtsnachfolge übertragen wird, kann der Erwerber die einzelnen Vermögenswerte
   und Schulden eines anderen Unternehmens käuflich durch Einzelrechtsnachfolge im
   Rahmen eines sog. **Asset-Deals** übernehmen. Danach besteht das das Vermögen übertragende Unternehmen rechtlich fort, ggf. ohne eigenen Geschäftsbetrieb. Auch in diesem Fall kann IFRS 3 im Jahres- und Konzernabschluss des übernehmenden Unternehmens anzuwenden sein.

Abbildung 3.3   Asset Deal

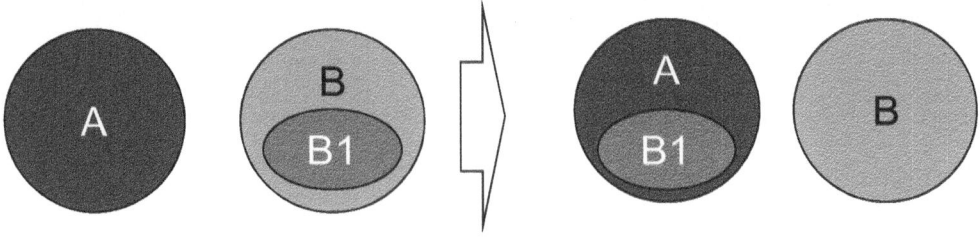

Damit sind für die Anwendbarkeit des IFRS 3 auf den IFRS-Jahresabschluss nur die Fälle 2 und 3 relevant. Die insbesondere im Fall des Asset-Deals zum Tragen kommende Voraussetzung für die Annahme eines Unternehmenszusammenschlusses i.S.d. IFRS 3 ist jedoch, dass der Erwerber die Beherrschung über einen oder mehrere **Geschäftsbetriebe** erlangt (IFRS 3.3; Anhang A zu IFRS 3). Die Definition des Geschäftsbetriebs verlangt m.a.W., dass das übernommene Vermögen mit seinen Vermögenswerten und Schulden eine wirtschaftliche Einheit darstellt, die als solche Ergebnisbeiträge liefert und gesondert geführt werden kann. In IFRS 3.B5-12 werden weitere Hinweise für das Vorliegen eines Geschäftsbetriebs gegeben. Falls nicht ein Geschäftsbetrieb in diesem Sinne übernommen wurde, weil z.B. nur einzelne Vermögenswerte erworben werden, ist IFRS 3 nicht anzuwenden. Dann ist der Einzelerwerb nach den jeweils einschlägigen Standards (z.B. nach IAS 16 oder IAS 38) bilanziell zu erfassen (IFRS 3.3).

Fall:

Liegt in den folgenden Fällen ein Unternehmenszusammenschluss i.S.d. IFRS 3 vor?

a. Unternehmen A erwirbt 100% der Anteile an Unternehmen B.

b. Unternehmen A erwirbt von Unternehmen B 100% der Anteile an Unternehmen C.

c. Unternehmen A erwirbt einen Geschäftsbetrieb des Unternehmens B.

d. Unternehmen A und Unternehmen B fusionieren.

Lösung:

a. Im IFRS-Jahresabschluss A ist die Beteiligung an B als Vermögenswert anzusetzen; IFRS 3 ist insoweit nicht anzuwenden. Da B nunmehr in den Konzernabschluss von A einzubeziehen ist, gelangt im Konzernabschluss von A IFRS 3 zur Anwendung.

b. Im IFRS-Jahresabschluss A ist die Beteiligung an C als Vermögenswert anzusetzen; IFRS 3 ist insoweit nicht anzuwenden. Da C nunmehr in den Konzernabschluss von A einzubeziehen ist, gelangt im Konzernabschluss von A IFRS 3 zur Anwendung.

c. Im Jahres- und Konzernabschluss A ist jeweils IFRS 3 zur Bilanzierung des Erwerbs des neuen Geschäftsbetriebs anzuwenden.

d. Mit dem Begriff der Fusion wird eine gesellschaftsrechtliche Verschmelzung umschrieben. Im Jahres- und Konzernabschluss des übernehmenden Rechtsträgers ist jeweils IFRS 3 anzuwenden.

3.1.3 Bilanzierung des Unternehmenszusammenschlusses

▶ IFRS 3.4-53

Nach IFRS 3.4 wird ein Unternehmenszusammenschluss beim übernehmenden Unternehmen nach der sog. Erwerbsmethode bilanziert. D.h., dass der Unternehmenszusammenschluss wie ein (einheitlicher) Erwerb der einzelnen Vermögenswerte und Schulden abgebildet wird. Diese Annahme erfordert nach IFRS 3.5

a. die Identifizierung des Erwerbers (IFRS 3.6-7),

b. die Bestimmung des Erwerbszeitpunkts (IFRS 3.8-9),

c. den Ansatz und die Bewertung des erworbenen Vermögens (IFRS 3.10-31; IFRS 3.45-53),

d. den Ansatz und die Bewertung des Unterschiedsbetrags zwischen Kaufpreis einerseits und dem Gesamtwert der übernommene Vermögenswerte und Schulden andererseits (IFRS 3.32-40).

Die Schritte zu a. und b. werden im Folgenden ebenso zusammengefasst wie die Punkte zu c. und d.

3.1.3.1   Erwerber und Erwerbszeitpunkt

▶   IFRS 3.6-9

Die Identifizierung des Erwerbers und des Erwerbszeitpunkts haben insbesondere Bedeutung für den Wertansatz der Vermögenswerte und Schulden der beteiligten Unternehmen. Bei der **Bestimmung des Erwerbers** nach IFRS 3.6 ist letztlich entscheidend, wer die Beherrschung über das übernommene Unternehmen bzw. über die übernommenen Unternehmensteile übernimmt. Diese Frage bereitet im Falle des Asset-Deals keine Probleme, da Vermögenswerte und Schulden auf einen eindeutig bestimmbaren Erwerber übergehen. Im Falle der Verschmelzung zur Aufnahme ist i.d.R. das übernehmende Unternehmen der Erwerber. Bei einer Verschmelzung zur Neugründung ist nach IFRS 3.B18 nicht zwingend das neu gegründete Unternehmen der Erwerber. Nach den in IFRS 3.7 i.V.m. IFRS 3.B14-18 zu beachtenden, hier jedoch nicht näher erörterten Grundsätzen kann im Einzelfall durchaus auch eines der übertragenden Unternehmen der Erwerber sein. Im Konzernabschluss (vgl. 5.2) ist bei Unternehmenszusammenschlüssen (durch Anteilserwerb) vorab IAS 27 bzw. IFRS 10 zu Rate zu ziehen.

Die Bestimmung des **Erwerbszeitpunkts** anhand des Zeitpunkts, zu dem der Erwerber die Beherrschung über das erworbene Unternehmen erlangt (IFRS 3.8), kann in der Praxis im Einzelfall zu Schwierigkeiten führen. Im Regelfall ist der Erwerbszeitpunkt mit dem Wirksamwerden des Übernahmevertrags bestimmbar.

3.1.3.2   Ansatz und Bewertung des übernommenen Vermögens

▶   IFRS 3.10-31; IFRS 3.45-53

Die im Rahmen einer Verschmelzung oder eines Asset-Deals übernommenen Vermögenswerte und Schulden sind in der IFRS-Bilanz des Erwerbers **anzusetzen**, wenn sie die allgemeinen Ansatzkriterien des Rahmenkonzepts der IFRS (vgl. 1.2.4) erfüllen (IFRS 3.10 f.). Auch Vermögenswerte oder Schulden, die in der Bilanz des übertragenden Unternehmens nicht angesetzt wurden, können beim Erwerber anzusetzen sein. Es erfolgt mithin im Sinne der Erwerbsfiktion eine Neubeurteilung des Ansatzes der übernommenen Vermögenswerte und Schulden unter der Annahme, dass diese entgeltlich erworben wurden (Erwerbsmethode nach IFRS 3.4). Allerdings sind Transaktionen, die nicht unmittelbar die Übernahme - des Vermögens betreffen, aus diesen Überlegungen nach IFRS 3 auszuscheiden. So sind z.B. Rückstellungen des Erwerbers für Schadensersatzverpflichtungen gegenüber der übernommenen Vermögensmasse ergebniswirksam zu vereinnahmen (zu Einzelheiten vgl. IFRS 3.51 f., IFRS 3.B50-62). Kosten, die durch den Akt des Unternehmenszusammenschlusses bedingt sind, wie z.B. Kosten für Vermittler, Wirtschaftsprüfer oder Bewertungsgutachten, sind grundsätzlich als Aufwand zu erfassen (IFRS 3.53), soweit sie nicht nach IAS 32/IAS 39 (bzw. IFRS 9) als Kosten für die Emission von Schuldtiteln oder Aktien anzusetzen sind.

Die **Zugangsbewertung** der hiernach anzusetzenden Vermögenswerte erfolgt zu deren jeweils beizulegendem Zeitwert im Erwerbszeitpunkt (IFRS 3.18). Die Regelungen zur Zeitwertbewertung werden zukünftig durch den noch nicht von der EU übernommenen IFRS 13 (vgl. 3.2) ergänzt und teilweise ersetzt. So ändert IFRS 13 die Definition des beizulegenden Zeitwerts, und er änder im IFRS 3 die Paragrafen 20, 29, 33 und 47 sowie zahlreiche Anwendungsanleitungen im Anhang B des IFRS 3. In der gegenwärtig bis zum Abschluss des Endorsement-Verfahrens für IFRS 13 noch gültigen Fassung des IFRS 3 wird der beizulegende Zeitwert im Anhang A zu IFRS 3 definiert als der Betrag, zu dem zwischen sachverständigen, vertragswilligen und voneinander unabhängigen Geschäftspartnern unter marktüblichen Bedingungen ein Vermögenswert getauscht oder eine Schuld beglichen werden könnte. Diese Definition wird in IFRS 3.B41-45 um Einzelfälle ergänzt.

Die Zugangsbewertung der einzelnen übernommenen Vermögenswerte und Schulden zu deren jeweils beizulegendem Zeitwert ist unabhängig davon vorzunehmen, ob der Erwerber bei dem Unternehmenszusammenschluss für den einzelnen Vermögenswert oder für die einzelne Schuld oder aber für das Vermögen insgesamt einen anderen Preis zugrunde gelegt hat. Die Anschaffungskosten des Erwerbers für die Vermögensübernahme sind damit für die Zugangsbewertung der einzelnen Vermögenswerte und Schulden irrelevant. Ein evtl. Unterschiedsbetrag zwischen den Anschaffungskosten und dem Saldo der zu beizulegenden Zeitwerten bewerteten übernommenen Vermögenswerte und Schulden ist vielmehr gesondert hiervon zu betrachten (vgl. 3.1.3.3).

IFRS 3 hält in dessen Paragrafen 21-31 einige **Ausnahmen zu diesen Ansatz und Bewertungsgrundsätzen** bei Übernahme des Vermögens in der IFRS-Bilanz des Erwerbers vor, die im Folgenden nur im Überblick genannt werden sollen:

- Obwohl Eventualverbindlichkeiten und Eventualforderungen nach IAS 37 (vgl. 2.15) nicht in der Bilanz angesetzt werden dürfen, sind im Rahmen eines Unternehmenszusammenschlusses übernommene Eventualverbindlichkeiten – nicht aber übernommene Eventualforderungen – beim Erwerber anzusetzen (IFRS 3.22 f.).

- Beim Ansatz und der Zeitwertbewertung des übernommenen Vermögens nach den obigen Grundsätzen des IFRS 3 können Differenzen zur Steuerbilanz entstehen, denen nach den Grundsätzen des IAS 12 (vgl. 2.21) in der Bilanz des Erwerbers durch latente Steuern Rechnung zu tragen ist (IFRS 3.24 f.).

- Die Bewertung von übernommenen Schulden und ggf. Vermögenswerten in Zusammenhang mit Leistungen an Arbeitnehmer (des übernommenen Unternehmens / Geschäftsbetriebs) sind ausschließlich nach IAS 19 (vgl. 2.16), nicht aber nach IFRS 3 anzusetzen und zu bewerten (IFRS 3.26).

- In der Praxis ist es nicht unüblich, dass das übertragende Unternehmen, z.B. der Verkäufer im Rahmen eines Asset-Deals, dem Erwerber eine Entschädigungen für den Fall zusichert, dass sich bei der Kaufpreisfindung zugrunde gelegte Erwartungen über die Entwicklung des übernommenen Vermögens oder einzelner Vermögensteile, z.B. zukünftige Cash-Flows, nicht erfüllen. Diese Entschädigungsleistung ist bei Eintritt des Schadensfalls zum beizulegenden Zeitwert zu aktivieren (zu Einzelheiten vgl. IFRS 3.27 f.).

- Zurückerworbene Rechte, wie z.B. Lizenzen, die dem übernommenen Unternehmen / Geschäftsbetrieb vor der Übernahme gewährt wurden und jetzt wieder an den Erwerber zurückfallen, sind unter Zugrundelegung der tatsächlich vereinbarten Laufzeit des Rechts und nicht unter Einbezug möglicher Laufzeitverlängerungen zu bewerten (IFRS 3.29).

- Übernommene Schulden aus anteilsbasierten Vergütungen des erworbenen Unternehmens / Geschäftsbetriebs oder solche Programme des Erwerbers, die diese übernommenen Schulden ersetzen sollen, sind nach IFRS 2 (vgl. 2.20) zu bewerten (IFRS 3.30).

- Im Erwerbszeitpunkt zur Veräußerung gehaltene langfristige Vermögenswerte sind nach IFRS 5 zu bewerten (IFRS 3.31).

Fall:

Im Rahmen eines Asset-Deals geht zum 31.12.02 ein Geschäftsbetrieb i.S.d. IFRS 3 auf den Erwerber E über. Folgende dem Geschäftsbetrieb zugehörige Vermögenswerte und Schulden des Verkäufers V sind Gegenstand dieses Unternehmenszusammenschlusses nach IFRS 3:

Posten des Geschäftsbetriebs	Werte in TEUR	
	Buchwerte bei V zum 31.12.02	Zeitwerte zum 31.12.02
Maschinen	200	220
Selbst geschaffene Marke	-	70
Forderungen	110	110
Gezeichnetes Kapital	120	120
Ergebnis	60	140
Schulden	130	140

In der Steuerbilanz des E dürfen die Maschinen nur zu 200 TEUR angesetzt werden, im Übrigen soll die Steuerbilanz den Ansätzen in der IFRS-bilanz des E entsprechen. Der Steuersatz beträgt 30%. Durch den Erwerb sind dem Erwerber Kosten für Bewertungsgutachten i.H.v. 10 TEUR entstanden.

Bestimmen Sie den Ansatz und die Bewertung des übernommenen Vermögens in der Bilanz des E zum 31.12.02!

Lösung:

Übernommene Posten	Buchwerte bei V zum 31.12.02	Zeitwerte zum 31.12.02	Ansatz bei E zum 31.12.02
Maschinen	200	220	220
Selbst geschaffene Marke	-	70	70
Forderungen	110	110	110
Gezeichnetes Kapital	120	120	-
Ergebnis	60	140	-
Schulden	130	140	140
Passive latente Steuern	-	-	6

Anzusetzen sind alle identifizierten Vermögenswerte und Schulden, deren Bewertung bei E zum jeweils beizulegenden Zeitwert erfolgt. Das gilt auch für die durch V selbst geschaffene Marke, die bei V nicht angesetzt werden darf (IAS 38.63 f. i.V.m. IAS 38.33 f.). Da die Maschinen in der Steuerbilanz nur mit 200 TEUR und nicht i.H.v. 220 TEUR bewertet werden dürfen, ist nach IAS 12 für diese Differenz eine passive latente Steuer i.H.v. ((220-200) x 30% =) 6 TEUR anzusetzen (IFRS 3.24 f. i.V.m. IAS 12).

3.1.3.3 Ermittlung des Geschäfts- oder Firmenwerts

▶ IFRS 3.32-40

Im vorangegangenen Kapitel wurde bisher nur eine Seite des Unternehmenszusammenschlusses erklärt, nämlich der Ansatz und die Bewertung des erworbenen Vermögens. Dem steht jedoch der „Erwerbspreis" als **Gegenleistung** für das erworbene Vermögen gegenüber. Dies ist beim Asset-Deal unmittelbar einsichtig, wenn für den erworbenen Geschäftsbetrieb an das veräußernde Unternehmen ein Kaufpreis zu entrichten ist. Bei einer Verschmelzung muss hingegen kein als Barzahlung zu verstehender Kaufpreis entrichtet werden. Hier ist es vielmehr üblich, dass die (bisherigen) Gesellschafter des durch Verschmelzung untergehenden Unternehmens Anteile an dem erwerbenden Unternehmen erhalten. So erhalten bei einer Verschmelzung zur Aufnahme die Gesellschafter der verschmolzenen Gesellschaft Anteile an der aufnehmenden Gesellschaft, und bei einer Verschmelzung zur Neugründung erhalten die bisherigen Gesellschafter der untergehenden Gesellschaften Anteile an der neu gegründeten Gesellschaft. Nebenkosten der Anschaffung sind hingegen i.d.R. sofort als Aufwand zu erfassen (IFRS 3.53).

Die zu leistende Gegenleistung ist im IFRS-Abschluss des Erwerbers zu ihrem beizulegenden Zeitwert im Erwerbszeitpunkt zu bewerten (IFRS 3.37). Dieser ist bei der Hingabe von
Geld problemlos mit dessen Nennwert zu bestimmen und verursacht keine weiteren Probleme in der Verbuchung. Erfolgt die Gegenleistung jedoch in Form von anderen Vermögenswerten, wie z.B. in Aktien, die sich bereits im Bestand des Erwerbers befinden, so sind
diese nach IFRS 3.38

1. neu zu bewerten, und die Differenz zwischen beizulegendem Zeitwert und Buchwert
    der hingegebenen Vermögenswerte ergebniswirksam in der GuV zu erfassen

2. und danach auszubuchen.

Damit werden das übernommene Vermögen und die hierfür hingegebene Gegenleistung
getrennt voneinander bewertet. Wenn hiernach der gem. IFRS 3 ermittelte Wert des erhaltenen Vermögens (Vermögenswerte – Schulden) dem Wert der Gegenleistung entspricht,
liegt die buchhalterische Lösung auf der Hand:

Buchung: Erhaltene Vermögenswerte   an   Bank / Hingegebene Vermögenswerte

                                              Erhaltene Schulden

Stimmen der Wert des übernommenen Vermögens (Vermögenswerte – Schulden) und der
Wert der hingegebenen Gegenleistung hingegen nicht überein, was in der Praxis der Regelfall ist, so entsteht nach IFRS 3.32 ein **Unterschiedsbetrag**:

  Geleistete Gegenleistung (bewertet zu deren beizulegendem Zeitwert)

– Übernommenes Reinvermögen (bewertet zu deren beizulegenden Zeitwerten)
    (= übernommene Vermögenswerte – übernommene Schulden)

+/– Latente Steuern aus Ansatz und Bewertung des übernommenen Reinvermögens

= Unterschiedsbetrag.

Ist dieser Unterschiedsbetrag positiv, so ist er in der Bilanz des Erwerbers als **Geschäfts-
oder Firmenwert** zu aktivieren (IFRS 3.32). Er kann wirtschaftlich interpretiert werden als
Gegenleistung für übernommene, aber nicht aktivierbare Vermögenswerte, als Entgelt für
stille Reserven, als Abgeltung für positive Ertragserwartungen des Erwerbers oder
schlichtweg als Teil einer zu hohen Gegenleistung des Erwerbers.

Als Entstehungsursache für einen **negativen Unterschiedsbetrag** führt IFRS 3.35 einen aus
Erwerbersicht günstigen Kaufpreis an. Der negative Unterschiedsbetrag ist jedoch hinsichtlich seiner standardkonformen Ermittlung nach IFRS 3.36 nochmals zu überprüfen. Verbleibt hiernach ein negativer Unterschiedsbetrag, so ist dieser im Abschluss des Erwerbers
als Ertrag zu vereinnahmen (IFRS 3.34).

Die Bewertung der Gegenleistung und deren Verteilung auf die zu bilanzierenden übernommenen Vermögenswerte und Schulden sowie auf einen Geschäfts- oder Firmenwert bzw. negativen Unterschiedsbetrag bezeichnet man auch als **Kaufpreisallokation**. Dies bedeutet letztlich nichts anderes als die Verteilung eines Gesamtkaufpreises auf eine erworbene Gesamtheit an Vermögenswerten und Schulden und ermöglicht die buchhalterische Erfassung des Unternehmenszusammenschlusses.

Fall:

Im Rahmen eines Asset-Deals zum 31.12.02 hat der Erwerber E in seiner Bilanz die übernommenen Vermögenswerte und Schulden des von V erworbenen Geschäftsbetriebs i.S.d. IFRS 3 zu den folgenden Werten zu erfassen:

Übernommene Posten	Ansatz bei E zum 31.12.02 in TEUR
Maschinen	220
Selbst geschaffene Marke	70
Forderungen	110
Schulden	140
Passive latente Steuern aus der Bewertung der Maschinen	6

Der von E an V in Geld entrichtete Kaufpreis beträgt

a. 300 TEUR;

b. 200 TEUR.

Buchen Sie den Asset-Deal im IFRS-Jahresabschluss des E!

Lösung:

a. Es ergibt sich ein Geschäfts- oder Firmenwert i.H.v. (300 – (220+70+110-140-6) =) 46 TEUR, der zu aktivieren ist.

Buchung:	Maschinen	220	an	Bank	300
	Marke	70		Schulden	140
	Forderungen	110		Passive latente Steuern	6
	Geschäfts- oder Firmenwert	46			

b. Es ergibt sich ein negativer Unterschiedsbetrag i.H.v. (200 – (220+70+110-140-6) =) -54
    TEUR, der nach nochmaliger Überprüfung als Ertrag in der GuV zu erfassen ist.

Buchung:	Maschinen	220	an	Bank	200
	Marke	70		Schulden	140
	Forderungen	110		Passive latente Steuern	6
				Ertrag (GuV)	54

3.1.4   Folgebewertung

▶   IFRS 3.15-17; IFRS 3.54-58

Die erworbenen Vermögenswerte und Schulden unterliegen nach ihrem erstmaligen An-
satz in der IFRS-Bilanz des Erwerbers zum beizulegenden Zeitwert der Folgebewertung.
Auf Basis des Zugangswerts sind grundsätzlich die für die jeweilige Vermögens- oder
Schuldenart **einschlägigen Standards** aus dem IFRS-Regelwerk anzuwenden (IFRS 3.54).
So sind für erworbene Sachanlagen i.d.R. IAS 16 und IAS 36 anzuwenden, für erworbene
Vorräte ggf. IAS 2 u.s.w.

Im Regelungssystem der IFRS ist damit für die Folgebewertung die Frage, um welche Arten von Vermögenswerten und Schulden es sich handelt und wie diese im Regelwerk des
jeweils anzuwendenden Standards einzuordnen sind, von besonderer Bedeutung. Diese
Einordnung ist nach IFRS 3.15 ff. bereits bei der Prüfung des Ansatzes der übernommenen
Vermögenswerte und Schulden zu erfolgen. So ist z.B. ein übernommenes Finanzinstrument i.S.d. IAS 39 bzw. IFRS 9 bei Prüfung dessen Ansatzes in der Bilanz des Erwerbers in
die entsprechende Bewertungskategorie nach IAS 39 bzw. IFRS 9 (vgl. 2.13) einzuordnen.
Nach dieser Kategorisierung orientiert sich dann die Folgebewertung des Finanzinstruments im IFRS-Abschluss des Erwerbers.

IFRS 3 enthält jedoch **besondere Bewertungsregeln** für bestimmte im Rahmen der Kaufpreisallokation angesetzte Posten vor, die vorrangig gegenüber den Regelungen in anderen
Standards zu beachten sind. Drei wichtige dieser Bewertungsregeln werden nachfolgend
im Überblick dargestellt:

■ Der Geschäfts- oder Firmenwert wird nicht planmäßig abgeschrieben, sondern lediglich
   einem jährlichen Wertminderungstest nach IAS 36 unterzogen (IFRS 3.B63(a) i.V.m.
   IAS 36.10(b)), der i.d.R. auf Basis sog. zahlungsmittelgenerierender Einheiten vorzunehmen ist (vgl. 2.4.5). Dies ist der sog. Impairment-only-Ansatz für den Geschäfts-
   oder Firmenwert.[21]

---

[21] Vgl. Baetge/Hayn/Ströher (2009), IFRS 3, Tz. 309 ff.

- Im Rahmen des Unternehmenszusammenschlusses zurückerworbene Rechte, wie z.B. eine vor dem Erwerb an das nun erworbene Unternehmen gewährte Lizenz (vgl. 3.1.3.2), sind über die restlicher Dauer der vereinbarten Lizenz abzuschreiben (IFRS 3.55).

- Nach IFRS 3.22 f. anzusetzende übernommene Eventualverbindlichkeiten (vgl. 3.1.3.2) sind in den folgenden Rechnungsperioden bis zu ihrer Ausbuchung mit dem höheren Wert aus dem nach IAS 37 anzusetzenden Betrag oder dem ursprünglich passivierten, um Auflösungsbeträge nach IAS 18 geminderten Betrag anzusetzen (IFRS 3.56).

3.1.5　Angaben

▶　IFRS 3.59-63

Die durch IFRS 3 geforderten umfangreichen Angaben erfassen im Überblick:

- Detaillierte Angaben zu den finanziellen Auswirkungen der im Geschäftsjahr erfolgten sowie der nach dem Stichtag, aber bis zur Genehmigung der Veröffentlichung des Abschlusses erfolgten Unternehmenszusammenschlüsse (IFRS 3.59 f. i.V.m. IFRS 3.B64-B66),

- Detaillierte Angaben zu den finanziellen Auswirkungen von Berichtigungen von Unternehmenszusammenschlüssen des abgelaufenen oder eines früheren Geschäftsjahrs (IFRS 3.61 f. i.V.m. IFRS 3.B67),

- Ggf. darüber hinausgehende Informationen, die zum Verständnis der finanziellen Auswirkungen von Unternehmenszusammenschlüssen erforderlich sind.

3.1.6　Wiederholung des IFRS 3 in Stichworten

Unter ausschließlicher Bezugnahme auf seine Bedeutung für den Jahresabschluss lassen sich die Kernregelungen des IFRS 3 anhand der folgenden Stichworte wiederholen:

- Im Jahresabschluss Verschmelzung und Asset-Deal aus Erwerbersicht als Hauptanwendungsfälle;

- Ansatz und Bewertung des gesamten übernommenen Vermögens abzgl. übernommener Schulden entsprechend der Erwerbsmethode;

- Zugangsbewertung grundsätzlich zu beizulegenden Zeitwerten der übernommenen Vermögenswerte und Schulden (Ausnahmen für bestimmte Fälle);

- Positiver Unterschiedsbetrag zwischen (beizulegendem Zeitwert) der Gegenleistung und Zugangswert der übernommenen Vermögenswerte abzgl. der übernommenen Schulden ist als Geschäfts- oder Firmenwert zu aktivieren;

- Negativer Unterschiedsbetrag zwischen (beizulegendem Zeitwert) der Gegenleistung und Zugangswert der übernommenen Vermögenswerte abzgl. der übernommenen Schulden ist nach nochmaliger Überprüfung als Ertrag zu vereinnahmen;

- Folgebewertung der übernommenen Vermögenswerte und Schulden grundsätzlich nach den einschlägigen Standards;

- Geschäfts- oder Firmenwert: Impairment-only-Ansatz nach IAS 36.

3.1.7   Hinweise zur Vertiefung

IFRS 3 ist in besonderem Maße für die Bilanzierung im **Konzernabschluss** bedeutsam, die im zweiten Teil – ebenfalls unter Bezugnahme auf IFRS 3 – dargestellt wird (vgl. 5.2).

Verschmelzungen und Asset-Deals wurden in den vorangegangenen Kapiteln lediglich in den Grundzügen behandelt und können in ihrer Darstellung insbesondere anhand der gesellschaftsrechtlichen Literatur ergänzt werden. Ihre bilanzielle Abbildung im IFRS-Jahresabschluss nach IFRS 3 führt außerdem nicht stets zu gleichen Ergebnissen wie die Bilanzierung dieser Geschäftsvorfälle nach dem deutschen Steuerrecht. Etwaige Unterschiede zwischen der IFRS-Bilanz und der Steuerbilanz, z.B. aufgrund des unterschiedlichen Wertansatzes des übernommenen Vermögens, sind Gegenstand der Bilanzierung **latenter Steuern** nach IAS 12 (vgl. 2.21.3).

Da IFRS 3 möglichst viele in der Praxis vorkommende Varianten von Unternehmenszusammenschlüssen abdecken möchte, enthält er zahlreichen Sonderregelungen. Die folgenden speziellen Problembereiche empfehlen sich zur Vertiefung anhand der einschlägigen Kommentarliteratur:

- Bestimmung des Erwerbers (IFRS 3.6 f.; IFRS 3.B13 ff.);

- Bestimmung des Erwerbszeitpunkts (IFRS 3.8 f.);

- Ausnahmen von den Vorschriften zum erstmaligen Ansatz und zur erstmaligen Bewertung des übernommenen Vermögens in der Bilanz des Erwerbers (IFRS 3.21-31);

- Bewertung der Gegenleistung bei Erwerb durch Anteilstausch (IFRS 3.33);

- Berücksichtigung einer bedingten Gegenleistung des Erwerbers bei der Kaufpreisallokation (IFRS 3.39 f.);

- Ermittlung der Gegenleistung im Sonderfall des Unternehmenszusammenschlusses ohne Übertragung einer Gegenleistung (IFRS 3.43-44);

- Änderung des Ansatzes und der Bewertung des übernommenen Vermögens aufgrund besserer Erkenntnisse nach dem Erwerbszeitpunkt in einem zwölfmonatigen Bewertungszeitraum (IFRS 3.45-50);

- Folgebewertung von Entschädigungsleistungen des Verkäufers (IFRS 3.57).

3.2   IFRS 13 Bemessung des beizulegenden Zeitwerts

3.2.1   Überblick zum IFRS 13

▶   IFRS 13.1-8

Am 12.05.2011 hat der IASB den neuen Standard IFRS 13 veröffentlicht, der erstmals für Geschäftsjahre, die nach dem 31.12.2012 beginnen, verpflichtend anzuwenden sein soll. Für eine EU-weite verpflichtende Anwendung ist jedoch zuvor der Abschluss des **Endorsement-Verfahrens** erforderlich, das voraussichtlich gegen Ende 2012 beendet sein wird.

Gegenstand des IFRS 13 sind ausschließlich Regeln, *wie* ein beizulegender Zeitwert zu ermitteln ist. *Ob* bzw. *was* und *wann* ein beizulegender Zeitwert für die IFRS-Rechnungslegung von Bedeutung ist, wird in anderen Standards des IFRS-Regelwerks festgelegt (IFRS 13.5, IFRS 13.8). Das bedeutet, dass IFRS 13 insoweit eine übergreifende Funktion in der Rechnungslegung nach IFRS zukommt, wie andere Standards eine Bewertung zum beizulegenden Zeitwert vorsehen. Für diese Standards definiert IFRS 13 den Begriff des beizulegenden Zeitwerts und enthält Regeln zur Bemessung dieses Werts sowie zu erforderlichen (Anhang-)Angaben im Zusammenhang mit der Zeitwertermittlung (IFRS 13.1). Von diesem übergreifenden **Anwendungsbereich** des Standards sind jedoch nach IFRS 13.6 ausdrücklich ausgenommen:

- Bewertung zum beizulegenden Zeitwert nach IFRS 2 (Aktienbasierte Vergütung),

- Bewertung zum beizulegenden Zeitwert nach IAS 17 (Leasing),

- Werte die lediglich Ähnlichkeit mit dem beizulegenden Zeitwert haben, wie z.B. der Nettoveräußerungswert i.S.d. IAS 2 (Vorräte) oder der Nutzungswert i.S.d. IAS 36 (Wertminderung von Vermögenswerten).

Außerdem sind nach IFRS 13.7 die in IFRS 13 geforderten (Anhang-)Angaben, nicht anzuwenden auf Planvermögen i.S.d. IAS 19 (Leistungen an Arbeitnehmer), auf Investmentvermögen eines Altersversorgungsplans i.S.d. IAS 26 und wenn der beizulegende Zeitwert den erzielbaren Betrag i.S.d. IAS 36 (Wertminderung von Vermögenswerten) darstellt. In diesen drei Fällen sind die Wertermittlungsregeln des IFRS 13 jedoch anzuwenden.

Der folgende im Überblick dargestellte **Aufbau** des Standards verlangt in den folgenden Kapiteln eine differenzierte thematische Sortierung, die sich nicht gänzlich an diesem Aufbau orientiert:

- Zielsetzung des Standards (IFRS 13.1-4)

- Anwendungsbereich des Standards (IFRS 13.5-8)

- Bewertung (IFRS 13.9-90)

- Angaben (IFRS 13.91-99)

- Definitionen (Anhang A des Standards)

- Anhang B: Anleitung zur Anwendung

- Anhang C: Vorschriften zum zeitlichen Anwendungsbereich des Standards

- Anhang D: Änderungen anderer Standards.

3.2.2 Definition des beizulegenden Zeitwerts

▶ IFRS 13.9-10

Der beizulegende Zeitwert ist **bislang** in den Standards des IFRS-Regelwerks (mit fortdauernder Gültigkeit für IFRS 2 und IAS 17; vgl. 3.2.1) in jeweils ähnlicher Fassung definiert als der Betrag, zu dem zwischen sachverständigen, vertragswilligen und voneinander unabhängigen Geschäftspartnern (unter marktüblichen Bedingungen) ein Vermögenswert getauscht oder eine Schuld beglichen werden könnte. **IFRS 13.9** definiert den beizulegenden Wert nunmehr als denjenigen Preis, der zum Bewertungszeitpunkt im Rahmen einer geordneten Transaktion zwischen Marktteilnehmern beim Verkauf eines Vermögenswerts erzielt werden würde bzw. für die Übertragung einer Schuld zu zahlen wäre.

Die Änderung der Definition des beizulegenden Zeitwerts selbst durch IFRS 13 bringt für die Praxis nur marginale Auswirkungen mit sich.[22] Entscheidend sind die in IFRS 13.11 ff. enthaltenen Grundsätze der Zeitwerbemessung, mit denen diese Definition konkretisiert wird.

3.2.3 Allgemeine Grundsätze der Zeitwertbemessung

▶ IFRS 13.11-26

Die allgemeinen Grundsätze der Bemessung des beizulegenden Zeitwerts nehmen Bezug auf die in der Definition (vgl. 3.2.2) genannten Merkmale des Bewertungsobjekts (Vermögenswert oder Schuld), der geordneten Transaktion der Marktteilnehmer und des Preises. So kommen nach IFRS 13.9 ff. als **Bewertungsobjekt** der Zeitwertbewertung Vermögenswerte, Schulden oder Gruppen von Vermögenswerten und/oder Schulden in Betracht. Bei ihrer Bewertung sind ihre jeweiligen spezifischen preisrelevanten Eigenschaften, wie z.B. ihr Zustand oder ihre Lage, zu berücksichtigen.

Die **geordnete Transaktion** hat die aktuellen Marktbedingungen zum Bewertungsstichtag unter üblichen und gebräuchlichen Umständen widerzuspiegeln (IFRS 13.15 ff., IFRS 13.A). Hierbei sind die Bedingungen auf dem aus Sicht des bilanzierenden Unternehmens bestehenden Hauptmarkt (mit dem größten Volumen und Aktivitätsgrad, vgl. IFRS 13.A) denen

---

[22] Vgl. zu Details Große (2011), S. 292 f.

auf dem vorteilhaftesten Markt (mit den günstigsten Konditionen aus Sicht des Unternehmens, vgl. IFRS 13.A) vorzuziehen, sofern sich beide Märkte nicht ohnehin entsprechen.

Die Eigenschaften der nach der Definition des beizulegenden Zeitwerts zugrunde zu legenden **Marktteilnehmer** werden in IFRS 13.A umschrieben mit

a. unabhängig,

b. sachverständig und über Marktkenntnisse verfügend,

c. fähig zu einer Markttransaktion und

d. (ungezwungen) willens zu einer Markttransaktion.

Der **Preis** entspricht nach IFRS 13 ff. dem beizulegenden Zeitwert und kann auf einer tatsächlichen Transaktion basieren oder geschätzt werden. Hierbei sind Transaktionskosten, anders als Transportkosten, zu berücksichtigen.

3.2.4 Spezifische Grundsätze der Zeitwertbemessung

Ergänzend zu den im vorangegangenen Kapitel erläuterten allgemeinen Grundsätzen der Zeitwertbemessung sieht IFRS 13 spezifische Grundsätze vor. Diese lassen sich in von dem jeweiligen Bewertungsobjekt abhängige und vom Bewertungsanlass abhängige Methoden unterteilen.

3.2.4.1 Bewertungsobjektspezifische Grundsätze

▶   IFRS 13.27-56

Für nicht-finanzielle Vermögenswerte (IFRS 13.27-33), Verbindlichkeiten und emittierte Eigenkapitalinstrumente (IFRS 13.34-47) sowie für Finanzinstrumente sind besondere Grundsätze zur Ermittlung ihres beizulegenden Zeitwerts vorgesehen. Im Rahmen der Bemessung des beizulegenden Zeitwerts **nicht-finanzieller Vermögenswerte** ist nach IFRS 13.27 stets dessen bestmögliche Verwendung, sei es durch Nutzung oder durch Verkauf zugrunde zu legen. Hierbei sind nur Nutzungsmöglichkeiten zu berücksichtigen, denen keine physischen, rechtlichen oder finanziellen Restriktionen entgegenstehen.

Fall:

Eine AG hat vor Jahren eine Marke erworben, deren Weiterveräußerung lt. Kaufvertrag ausschließlich innerhalb des Konzerns zulässig und rechtlich wirksam ist. Zum 31.12.05 würde die Marke am freien (Haupt-)Markt für 200 TEUR veräußert werden können. Im Rahmen der Eigennutzung wäre ihr ein Zeitwert i.H.v. 180 TEUR beizulegen, und die innerkonzernlichen Bestimmungen zur Verrechnungspreisermittlung würden allenfalls einen Verkauf zum Preis von 150 TEUR zulassen.

Wie hoch ist der beizulegende Zeitwert der Marke zum 31.12.05?

<u>Lösung:</u>

Nach dem Prinzip der bestmöglichen Verwendung entfällt der Wert von 200 TEUR, da er aus rechtlichen Gründen nicht realisiert werden kann. Ein Vergleich der Eigennutzung mit der Möglichkeit der Veräußerung innerhalb des Konzerns zeigt, dass die bestmögliche Verwendung in der Eigennutzung liegt und der beizulegende Zeitwert somit 180 TEUR beträgt.

Im Rahmen der Ermittlung des beizulegenden Zeitwerts von **Verbindlichkeiten und emittierten Eigenkapitalinstrumenten** soll unterstellt werden, dass diese nicht erfüllt bzw. zurückgezahlt werden, sondern fortbestehen (IFRS 13.34). Führen diese Passivposten bei anderen Unternehmen zu Vermögenswerten, so wie z.B. das Eigenkapital eines Unternehmens bei dessen Gesellschafter eine Beteiligung darstellt oder eine Verbindlichkeit in der Bilanz des Gläubigers eine Forderung darstellt, so ist zur Ermittlung des beizulegenden Werts des Passivpostens in der folgenden Reihenfolge vorzugehen, bis ein Zeitwert gefunden wurde (IFRS 13.37 ff.):

1. Marktpreis der Übertragung eines identischen Passivpostens (IFRS 13.37),

2. Marktpreis der Übertragung eines ähnlichen Passivpostens (IFRS 13.37),

3. Marktpreis des Vermögenswerts auf einem aktiven Markt, der diesem (identischen) Passivposten in der Bilanz des Gesellschafters bzw. Gläubigers gegenübersteht (IFRS 13.38(a)),

4. Marktpreis des Vermögenswerts auf einem inaktiven Markt, der diesem (identischen) Passivposten in der Bilanz des Gesellschafters bzw. Gläubigers gegenübersteht (IFRS 13.38(b)),

5. Andere Bewertungstechniken, wie z.B. der Barwert für den Vermögenswert, der diesem Passivposten in der Bilanz des Gesellschafters bzw. Gläubigers gegenübersteht oder der Marktpreis eines demjenigen Vermögenswert, der diesem (identischen) Passivposten in der Bilanz des Gesellschafters bzw. Gläubigers gegenübersteht, ähnelnden Vermögenswerts (IFRS 13.38(c)).

Wenn dem Passivposten nicht bei einer anderen Partei ein Vermögenswert gegenübersteht, z.B. im Falle einer Rückstellung für Rekultivierung, so entfallen in der vorstehenden Reihenfolge die Stufen zu 3. und 4.

Sofern die Markt- und Kreditrisiken aus **bestimmten finanziellen Vermögenswerten und finanziellen Verbindlichkeiten** gemeinsam (auf Basis der Nettorisikoposition) gesteuert werden, ist unter bestimmten Bedingungen eine gemeinschaftliche Bewertung einer solchen Gruppe zum beizulegenden Zeitwert zulässig (IFRS 13.48 ff.).

3.2.4.2   Anlassbedingte Grundsätze

▶   IFRS 13.57-60

Sofern ein anderer Standard (als IFRS 13) die Bewertung neu zugegangener Vermögenswerte bzw. Schulden zu deren beizulegendem Zeitwert verlangt, so ist grundsätzlich davon auszugehen dass der beizulegende Zeitwert des **Zugangs** dem Erwerbspreis entspricht (IFRS 13.58). Der Definition des beizulegenden Zeitwerts nach IFRS 13.9 liegt jedoch systematisch ein Verkaufspreis und nicht ein Erwerbspreis zugrunde. Sollten sich zwischen diesen beiden Werten Unterschiede ergeben, so ist der (in Übereinstimmung mit IFRS 13) aus Verkäufersicht abgeleitete Wert als beizulegender Zeitwert anzusetzen. Wertunterschiede zum Erwerbspreis sind dann nach IFRS 13.60 – vorbehaltlich spezieller Regelungen anderer Standards – ergebniswirksam in der GuV zu erfassen.

Fall:

Eine GmbH erwirbt am 31.12.01 von ihrem Mutterunternehmen ein Grundstück zum Preis von 120 TEUR. Am aktiven (Haupt-)Markt für dieses Grundstück hätte die GmbH lediglich 100 TEUR zahlen müssen. Die GmbH war jedoch bei dem Erwerb an die Vorgaben des Mutterunternehmens gebunden. Zum 31.12.01 soll aufgrund der Anwendung des Neubewertungsmodells nach IAS 16 der beizulegende Zeitwert des Grundstücks angesetzt werden.

Welcher der genannten Beträge ist der Zeitwertbewertung nach IFRS 13 zugrunde zu legen?

Lösung:

Die Definition des beizulegenden Zeitwerts verlangt grundsätzlich dessen Ableitung aus Verkäufersicht. Der zum Abschlussstichtag durchgeführte Erwerb des Grundstücks könnte grundsätzlich einen Anhaltspunkt für dessen beizulegenden Wert liefern. Allerdings erfolgte der Erwerb nicht wie unter fremden Dritten, und die GmbH könnte das Grundstück lediglich für 100 TEUR an einen Dritten weiterveräußern. Aus diesem Grund ist zum 31.12.01 als beizulegender Zeitwert des Grundstücks der Wert von 100 TEUR anzusetzen. In Höhe der Differenz zum Erwerbspreis entsteht der GmbH ein Aufwand.

Im Falle **sinkender Marktaktivitäten** sind in IFRS 13.B37 ff. Sonderregeln zur Ermittlung des beizulegenden Zeitwerts enthalten. In diesen Fällen (zu Indikatoren vgl. IFRS 13.B37) ist gesondert zu prüfen, ob ein Transaktionspreis einen beizulegenden Zeitwert i.S.d. IFRS 13 darstellt, oder ob ein solcher Transaktionspreis erst durch Anpassungen in einen beizulegenden Zeitwert zu überführen ist.

3.2.5   Bewertungsmethoden

▶   IFRS 13.61-90

Die nach IFRS 13 vorgegebenen Bewertungsmethoden zur Ermittlung des beizulegenden Zeitwerts lassen sich unterscheiden hinsichtlich der Bewertungstechniken (Paragrafen 61-71) und der Bewertungshierarchie (Paragrafen 72-90). Zunächst werden in IFRS 13.61 ff. **Bewertungstechniken** vorgegeben, die grundsätzlich angewendet werden können, um einen seiner Definition genügenden beizulegenden Zeitwert zu ermitteln:

- Marktansatz, der auf Transaktionen identischer oder vergleichbarer Vermögenswerte bzw. Schulden abstellt;

- Kostenansatz, der auf die gegenwärtigen Wiederbeschaffungswert abstellt;

- Ertragsansatz, der eine Abzinsung künftiger Stromgrößen, wie Cashflows oder Einnahmen/Ausgaben, auf den Bewertungszeitpunkt erfordert (Barwertberechnung).

Eine Reihenfolge, nach der diese Techniken Anwendung finden bzw. präferiert anzuwenden sind, wird nicht gegeben. Sie sind auch kombinierbar. Es ist jedoch zu gewährleisten, dass der Bewertungstechnik möglichst solche Bewertungsfaktoren zugrunde gelegt werden, die von Marktteilnehmern bei der Preisfindung für den konkret zu bewertenden Vermögenswert bzw. die jeweilige Schuld zugrunde gelegt würden und die außerdem allgemein verfügbar bzw. beobachtbar sind. So ist z.B. im Rahmen der Bewertung von Grundstücken regelmäßig u.a. auf deren Lage abzustellen. Aus Sicht der (gedachten) Marktteilnehmer sind hierbei Annahmen über die Risikofaktoren der angewandten Bewertungstechnik sowie der Bewertungsfaktoren selbst zu treffen (IFRS 13.A), wie z.B. die Bestimmung des Diskontierungszinssatzes bei Anwendung eines Ertragswertverfahrens.

Diese Bewertungstechniken finden im Rahmen der **Bewertungshierarchie** der IFRS 13.72 ff. Anwendung, soweit die Hierarchiestufe nicht bereits die Anwendung einer bestimmten Technik systembedingt ausschließt. So ist die Zeitwertbewertung des Levels 1 der folgenden Hierarchie ausschließlich auf Marktbewertungen ausgelegt und schließt damit den Kostenansatz und den Ertragsansatz aus. Die Hierarchie knüpft indes nicht an der Bewertungstechnik, sondern an den Bewertungsfaktoren bzw. deren Qualität im Hinblick auf eine möglichst objektive Zeitwertbewertung an (IFRS 13.74):

1. (Unangepasste) Marktpreise für mit dem Bewertungsobjekt identischen Vermögenswerte bzw. Schulden auf aktiven und für das bilanzierende Unternehmen zugänglichen Märkten (IFRS 13.76-80);

2. Andere allgemein verfügbare bzw. beobachtbare Bewertungsfaktoren (IFRS 13.81-85):

   a. Marktpreise für dem Bewertungsobjekt vergleichbare Vermögenswerte bzw. Schulden auf aktiven Märkten,

   b. Marktpreise für mit dem Bewertungsobjekt identische Vermögenswerte bzw. Schulden auf <u>in</u>aktiven Märkten,

   c. Andere Bewertungsfaktoren als Marktpreise, die allgemein verfügbar bzw. beobachtbar sind, wie z.B. Zinssätze (für die Diskontierung von Zahlungsströmen),

   d. Bewertungsfaktoren, die aus allgemein verfügbaren Marktdaten abgeleitet werden oder von diesen untermauert werden;

3. Nicht allgemein verfügbare bzw. beobachtbare Bewertungsfaktoren, die jedoch aus Sicht der (potenziellen) Marktteilnehmer bei der Bestimmung des Preises für das Bewertungsobjekt herangezogen würden (IFRS 13.86-90).

<u>Fall:</u>

Eine Produktionsmaschine soll zum Abschlussstichtag im Rahmen der Anwendung des Neubewertungsmodells des IAS 16 zu ihrem beizulegenden Zeitwert bewertet werden. Maschinen dieses Typs werden national und international kaum noch gehandelt. Lediglich ein Museum für antike Maschinen bietet aktuell 20 TEUR für die gebrauchte Maschine. Produktionsmaschinen von lediglich vergleichbarer Art und Güte sowie gleichen Alters werden hingegen rege gehandelt und erzielen auf dem Markt einen Preis i.H.v. 90 TEUR. Der Rechnungswesenleiter zinst daraufhin die mit der Maschine noch erzielbaren Cashflows unter Verwendung geeigneter aktueller Zinssätze auf den Abschlussstichtag ab und ermittelt so einen Barwert i.H.v. 100 TEUR.

Welcher Wert entspricht nach der Bewertungshierarchie des IFRS 13 dem beizulegenden Wert?

<u>Lösung:</u>

Für die Maschine besteht ein inaktiver Markt (vgl. IFRS 13.A). Level 1 ist damit nicht anwendbar. Der Preis des Museums erfüllt die Voraussetzungen des Levels 2b, der Preis für vergleichbare Maschinen die Voraussetzungen des Levels 2a, so dass dieser höher eingestufte Betrag i.H.v. 90 TEUR als beizulegender Wert der Maschine heranzuziehen ist. Der Ertragswert, der sich aus Bewertungsfaktoren des Levels 2c ergibt bleibt für Rechnungslegungszwecke unberücksichtigt.

3.2.6 Angaben

▶ IFRS 13.91-99

IFRS 13 erhält Angabepflichten, die im Falle der durch einen anderen Standard vorgesehenen Zeitwertbewertung zusätzlich zu den sich aus diesem anderen Standard ergebenden Angabepflichten zu beachten sind. Die sehr detaillierten Angabepflichten beziehen sich insbesondere auf die Art der Ermittlung der verwendeten Zeitwerte und deren Einordnung in die Bewertungshierarchie. Sie sind für die verschiedenen Klassen von Vermögenswerten bzw. Schulden (vgl. IFRS 13.94) möglichst in tabellarischer Form (IFRS 13.99) aufzubereiten.

3.2.7 Wiederholung des IFRS 13 in Stichworten

Anhand der folgenden Stichworte können Sie die wesentlichen Inhalte des IFRS 13 rekapitulieren:

- Übergreifende Bedeutung des IFRS 13 nur für das Wie der Zeitwertermittlung;

- Allgemeine Bewertungsgrundsätze, die auf das Bewertungsobjekt, eine geordnete Transaktion und Eigenschaften der Marktteilnehmer Bezug nehmen;

- Spezifische Bewertungsgrundsätze in Abhängigkeit von der Art des Bewertungsobjekts und vom Anlass der Bewertung;

- Bewertungstechniken (Marktansatz, Kostenansatz, Ertragsansatz), die im Rahmen einer vorgegebenen Bewertungshierarchie Anwendung finden.

3.2.8   Hinweise zur Vertiefung

Eine Vertiefung der im Rahmen der Einführung in die Zeitwertbewertung nach IFRS 13 in den vorangegangenen Kapiteln sollte insbesondere die folgenden Aspekte berücksichtigen:

- Festlegung des Hauptmarktes bzw. vorteilhaftesten Marktes (IFRS 13.16 ff.);

- Einzelheiten der Grundsätze zur Zeitwertbewertung von Verbindlichkeiten und emittierten Eigenkapitalinstrumenten (IFRS 13.37-47);

- Zeitwertbewertung von Finanzinstrumenten, deren Risiken in der Gruppe auf Basis der Nettorisikoposition gesteuert werden (IFRS 13.48-56);

- Zeitwertermittlung im Fallen sinkender Marktaktivitäten (IFRS 13.B37-B47);

- Details zu den Bewertungstechniken (IFRS 13.B5-B30);

- Details zu den einzelnen Leveln der Bewertungshierarchie (IFRS 13.72-90);

- Die erforderlichen Anhangangaben sowie deren praktische Aufbereitung im Anhang (IFRS 13.91-99).

3.3   IFRS 4 - Versicherungsverträge

3.3.1   Überblick zum IFRS 4

▶   IFRS 4.1-6

IFRS 4, der in seiner Fassung aus März 2009 am 27.11.2009 das **Endorsement-Verfahren** der EU durchlaufen hat, enthält Regelungen zur Rechnungslegung von Versicherungsverträgen. Seither ergaben sich Anpassungen durch Änderungen des IFRS 9, der allerdings noch nicht von der EU übernommen wurde. Die folgenden Ausführungen behandeln daher den IFRS 4 in seiner von der EU übernommenen Fassung.

Der **Gegenstand** des Standards umfasst ohnehin lediglich rudimentäre Regelungen zur eigentlichen Bilanzierung, da IFRS 4 lediglich als Vorstufe (Abschluss der Phase I) zu einem detaillierteren Regelwerk zu verstehen ist, das derzeit vom IASB in der Phase II entwickelt wird (vgl. 3.3.4). Der Schwerpunkt der Regelungen des Standards wurde daher bis zur Entwicklung geeigneter Bilanzierungsregeln auf die (Anhang-)Angaben gelegt, die den Abschlussadressaten insbesondere eine Einschätzung der aus dem Versicherungsgeschäft resultierenden Cashflows (IFRS 4.1) sowie ein Mindestmaß an Vergleichbarkeit der Abschlüsse von Versicherungsunternehmen ermöglichen sollen.

Der **Anwendungsbereich** des IFRS 4 ist zum einen sachlich beschränkt auf **Versicherungsverträge** aus Sicht des Versicherers sowie auf Rückversicherungsverträge aus Sicht des Versicherers und des Versicherungsnehmers (IFRS 4.2). Ein Versicherungsvertrag wird hierzu in IFRS 4.A definiert als ein Vertrag, nach dem eine Partei (der Versicherer) ein signifikantes Versicherungsrisiko von einer anderen Partei (dem Versicherungsnehmer) übernimmt, indem sie vereinbart, dem Versicherungsnehmer eine Entschädigung zu leisten, wenn ein spezifiziertes ungewisses künftiges Ereignis den Versicherungsnehmer nachteilig trifft (zu Details vgl. IFRS 4.B). Damit ist der Standard grundsätzlich nicht persönlich beschränkt auf Versicherungsunternehmen im wirtschaftlichen bzw. aufsichtsrechtlichen Sinne. Jedes Unternehmen kann theoretisch (beabsichtigt oder unbeabsichtigt) in der beschriebenen Weise ein Risiko eines anderen übernehmen und damit unter den Anwendungsbereich des IFRS 4 fallen (IFRS 4.5). Allerdings ist IFRS 4 in seiner praktischen Anwendung im Wesentlichen für Versicherungsunternehmen relevant, deren Geschäftstätigkeit nun einmal im Abschluss von Versicherungsverträgen liegt. Ausdrücklich vom Anwendungsbereich des IFRS 4 ausgenommen sind jedoch (IFRS 4.4):

a. Produktgarantien des Herstellers bzw. Händlers,

b. Versorgungspläne für Arbeitnehmer i.S.d. IAS 19, IFRS 2 oder IAS 26,

c. Vertragliche Rechte oder Verpflichtungen, die von der künftigen Nutzung oder von einem Nutzungsrecht eines nicht-finanziellen Vermögenswerts abhängig sind und daher nach IAS 17, IAS 18 oder IAS 38 zu bilanzieren sind,

d. Grundsätzlich unter IAS 39 (bzw. IFRS 9), IAS 32 und IFRS 7 fallende finanzielle Garantien, die nicht ausdrücklich als Versicherungsverträge betrachtet werden oder die im Falle der Betrachtung als Versicherungsverträge (wahlweise) nicht nach IFRS 4 bilanziert werden,

e. Bedingte Zahlungen bzw. Zahlungsverpflichtungen, die aus Unternehmenszusammenschlüssen i.S.d. IFRS 3 resultieren,

f. Versicherungsverträge im Abschluss des Versicherungsnehmers.

Andere Vermögenswerte oder Verpflichtungen von Versicherern als solche, die aus Versicherungsverträgen resultieren, fallen nicht in den sachlichen Anwendungsbereich des Standards. So sind z.B. Finanzinstrumente und finanzielle Verpflichtungen eines Versicherers nach IAS 39 (bzw. IFRS 9), IAS 32 und IFRS 7 zu erfassen (IFRS 4.3). Als Ausnahme zu diesem Grundsatz erfasst der sachliche Anwendungsbereich des IFRS 4 neben den Versicherungsverträgen auch **Finanzinstrumente mit einer sog. ermessensabhängigen Über-schussbeteiligung,** für die im Übrigen auch die Angabepflichten nach IFRS 7 erforderlich sind (IFRS 4.2(b)); vgl. 3.3.2.2).

Der Standard, dessen Anwendungsbereich damit aus praktischer Sicht auf klassische Versicherungsunternehmen zugeschnitten ist, ist wie folgt **aufgebaut:**

- Zielsetzung des Standards (IFRS 4.1)

- Anwendungsbereich des Standards (IFRS 4.2-12)

- Ansatz- und Bewertungsregeln (IFRS 4.13-35)

- Angaben (IFRS 4.36-39A)

- Vorschriften zum zeitlichen Anwendungsbereich des Standards (IFRS 4.40-45)

- Definitionen (Anhang A des Standards)

- Anhang B: Definition eines Versicherungsvertrags (IFRS 4.B1-B30).

3.3.2   Bilanzierungsregeln

Wie bereits eingangs angemerkt, sind die Bilanzierungsregeln des IFRS 4 gemessen an der Komplexität des Versicherungsgeschäfts derzeit noch eher rudimentär ausgestaltet. Außerdem ist der Anwendungsbereich des IFRS 4 wenngleich nicht formal, so aber doch aus praktischer Sicht branchenspezifisch auf die klassischen Versicherungsunternehmen zugeschnitten. Daher soll im Folgenden nur ein Überblick über die Bilanzierungsregeln des IFRS 4 gegeben werden.

3.3.2.1   Allgemeine Regelungen

▶   IFRS 4.13-33

Mit Ausnahme des IFRS 4 enthält das IFRS-Regelwerk keine spezifischen Regelungen zur Erfassung von Versicherungsverträgen im IFRS-Anschluss, so dass ein Versicherer hierzu grundsätzlich nach IAS 8.10-12 geeignete Bilanzierungsregeln zu entwickeln und hierbei ggf. auf andere Rechnungslegungssysteme und das Rahmenkonzept zurückzugreifen hat (vgl. 3.4.2). Vor dem Hintergrund des eher vorläufigen Charakters des IFRS 4 in seiner Fassung vor Abschluss der Entwicklung umfassender Bilanzierungsvorschriften durch den IASB (vgl. 3.3.4) wird den Versicherern in IFRS 4.13 grundsätzlich zugestanden, auf die Anwendung des IAS 8.10-12 zu verzichten. Mit anderen Worten bedeutet dies, dass die Versicherer ihre bisher, z.B. nach US-GAAP oder HGB, angewandten **Bilanzierungsme-thoden** zumindest vorläufig beizubehalten und nicht an die Grundsätze des IFRS-Regelwerks anzupassen haben.[23] Von diesem Grundsatz sieht IFRS 4.14 einige Einschränkungen, mithin Anpassungen an Rechnungslegungsgrundsätze der IFRS vor:

---

[23]   Vgl. Ebbers (2011), IFRS 4, Rn. 12.

a. Rückstellungen für künftige Schäden dürfen nicht gebildet werden, soweit sie auf noch nicht abgeschlossene Versicherungsverträge entfallen;

b. Durch den Angemessenheitstest nach IFRS 4.15-19 soll sichergestellt werden, dass Versicherungsverbindlichkeiten mindestens zu ihrem Barwert angesetzt werden, ohne dass detaillierte Vorgaben zur Barwertermittlung gemacht werden;

c. Eine Versicherungsverbindlichkeit darf nur dann ausgebucht werden, wenn sie erfüllt, gekündigt oder erloschen ist;

d. Vermögenswerte aus Rückversicherungsverträgen dürfen nicht mit Versicherungsverbindlichkeiten saldiert werden; gleiches gilt für die zugehörigen Aufwendungen und Erträge;

e. Wertminderungen von Rückversicherungsvermögenswerten (IFRS 4.20) sind erfolgswirksam zu erfassen.

Änderungen der Rechnungslegungsmethoden, die ein Versicherer in Vorperioden angewandt hat und die nach IFRS 4 grundsätzlich zulässig sind, sind nach IFRS 4.21 ff. nur dann erlaubt, wenn hierdurch im Abschluss relevantere (und nicht weniger zuverlässige) oder zuverlässigere (und nicht weniger relevante) Informationen vermittelt werden. Diese Bedingung gilt auch für die in IFRS 4.23 ff. gesondert konkretisierten Aspekte:

a. Zulässigkeit der erstmaligen Verwendung aktueller Marktzinssätze bei der Bewertung der Versicherungsverbindlichkeiten (IFRS 4.24), ohne diese neue Methode auf alle anderen Versicherungsverbindlichkeiten anzuwenden müssen (Ausnahme von der sachlichen Stetigkeit),

b. Erlaubnis, die folgenden Rechnungslegungsmethoden fortzuführen, aber Verbot, diese neu einzuführen (IFRS 4.25):

   – Bewertung von Versicherungsverbindlichkeiten auf nicht abgezinster Basis,
   – Bewertung vertraglicher Rechte auf künftige Kapitalanlage-Gebühren mit einem Betrag, der deren beizulegenden Zeitwert übersteigt,
   – Gebrauch uneinheitlicher Rechnungslegungsmethoden für Versicherungsverträge von Tochterunternehmen,

c. Keine übermäßige Berücksichtigung des Vorsichtsprinzips (IFRS 4.26),

d. Zulässigkeit der Beibehaltung von Rechnungslegungsmethoden, nach denen zukünftige Kapitalanlage-Margen berücksichtigt werden und nur unter bestimmten Bedingungen zulässiger Wechsel zu einer solchen Rechnungslegungsmethode (IFRS 4.27-29),

e. Zulässigkeit der Beibehaltung oder Einführung einer Rechnungslegungsmethode, nach der Versicherungsverbindlichkeiten erfolgswirksam oder erfolgsneutral zum beizulegenden Zeitwert zu bewerten sind (sog. Schattenbilanzierung nach IFRS 4.30).

3.3.2.2   Sonderregeln

▶   IFRS 4.7-12; IFRS 4.34-35

Konkrete Rechnungslegungsvorschriften lassen sich dem IFRS 4 in vier Bereichen entnehmen:

1. In Versicherungsverträge **eingebettete Derivate** sind für Bilanzierungszwecke grundsätzlich nach IAS 39 (bzw. IFRS 9) vom Versicherungsvertrag zu trennen und gesondert zum beizulegenden Zeitwert zu bewerten. Ausnahmen bestehen dann, wenn das Derivat selbst die Definition eines Versicherungsvertrags erfüllt (IFRS 4.7) oder wenn, wie z.B. bei Lebensversicherungsverträgen, bestimmte Rückkaufsrechte des Versicherten vereinbart wurden (IFRS 4.8).

2. Sofern ein Versicherungsvertrag neben der Risikoabsicherung auch eine **Einlagenkomponente** des Versicherten enthält, stellt IFRS 4.10 die Frage ob diese beiden Vertragselemente getrennt zu bilanzieren (zu entflechten, vgl. IFRS 4.A) sind. Die Versicherungskomponente würde dann nach IFRS 4 und die Einlagenkomponente nach IAS 39 (bzw. IFRS 9) bilanziert (IFRS 4.12). Eine solche Entflechtung ist zwingend vorzunehmen, wenn die Einlagenkomponente verlässlich getrennt bewertet kann sowie nicht alle Rechte und Pflichten nach den bisher angewandten Rechnungslegungsmethoden angesetzt werden (IFRS 4.10(a)). Die Entflechtung darf angewendet werden, wenn die Einlagenkomponente verlässlich getrennt bewertet kann sowie alle Rechte und Pflichten nach den bisher angewandten Rechnungslegungsmethoden angesetzt werden (IFRS 4.10(b)). Und die Entflechtung ist untersagt, wenn die Einlagenkomponente nicht verlässlich getrennt bewertet werden kann (IFRS 4.10(c)).

3. Werden (freiwillig) in das **Ermessen des Versicherers gestellte Überschussbeteiligungen in Versicherungsverträgen** getrennt von den als Verbindlichkeiten anzusetzenden garantierten Verpflichtungen bilanziert, so dürfen diese nur entweder im Eigenkapital oder im Fremdkapital des Versicherers ausgewiesen werden (IFRS 4.34).

4. Für ermessensabhängige **Überschussbeteiligungen in Finanzinstrumenten** gelten die Vorgaben zu 3. entsprechend. Wird hiernach die Verpflichtung aus der Überschussbeteiligung gesondert im Eigenkapital bilanziert, so muss der Posten des Fremdkapitals, der den garantierten Teil der Verpflichtung aus dem Vertrag enthält, mindestens mit dem sich aus IAS 39 (bzw. IFRS 9) ergebenden Wert bewertet werden (IFRS 4.35).

3.3.3   Angaben

▶   IFRS 4.36-39A

In seiner bisherigen Fassung vor Abschluss der Phase II seiner Entwicklung (vgl. 3.3.4) legt der IFRS den Schwerpunkt seiner Regelungen auf die Angabepflichten, die den Abschlussadressaten insbesondere eine Einschätzung der aus dem Versicherungsgeschäft resultierenden Cashflows (IFRS 4.1) sowie ein Mindestmaß an Vergleichbarkeit der Abschlüsse von Versicherungsunternehmen ermöglichen sollen. Im Überblick sind hierzu Angaben zu machen,

■ die die Beträge in Abschlussposten, die aus Versicherungsverträgen resultieren, identifizieren und erläutern (IFRS 4.36-37)

und

■ die es dem Abschlussadressaten ermöglichen, Art und Ausmaß der Risiken, die aus Versicherungsverträgen resultieren, zu bewerten (IFRS 4.38-39A).

3.3.4   Aktuelle Entwicklungen

Nach dem Überblick in den vorangegangenen Kapiteln über die Rechnungslegungslegungsvorschriften für Versicherungsverträge ist deutlich geworden, dass diese sehr grob sind, kaum Änderungen der bislang nach anderen Rechnungslegungssystemen erfolgten Bilanzierung verlangen und daher nur als Vorstufe (Abschluss der Phase I) zu einem detaillierteren Regelwerk zu verstehen sind.

Dieses wird seit längerer Zeit vom IASB in der Phase II entwickelt. So wurde bereits am 30.07.2010 vom IASB der Standardentwurf ED/2010/8 (Versicherungsverträge) veröffentlicht, der ein einheitliches Konzept zur Abbildung von Versicherungsverträgen vorsieht. Hiernach soll die derzeitige, durch IFRS 4 gedeckte Vielfalt in der Bilanzierungspraxis durch einen Standard abgelöst werden, der insbesondere die zwischenbetriebliche Vergleichbarkeit der Darstellung von Versicherungsaktivitäten erhöht. Dieser Entwurf wird jedoch durch den IASB nochmals überarbeitet.

3.3.5   Wiederholung des IFRS 4 in Stichworten

■ Gegenstand: Bilanzierung Versicherungsverträge im Abschluss des Versicherers (zzgl. Bilanzierung Rückversicherungsverträge beim Versicherungsnehmer);

■ IFRS 4 als Vorstufe (Phase I) eines detaillierteren Standards (Phase II);

■ Daher grundsätzliche Beibehaltung der bisherigen (nationalen) Rechnungslegungsmethoden zulässig mit wenigen Ausnahmen.

3.3.6   Hinweise zur Vertiefung

In den vorangegangenen Kapiteln wurde nicht auf die Bilanzierung des Erwerbs von Versicherungsverträgen durch Unternehmenszusammenschluss oder Portfolioübertragung (IFRS 4.31-33) eingegangen. Im Übrigen erfordert das Verständnis des IFRS 4 branchenspezifische Kenntnisse der Geschäftstätigkeit und der Bilanzierungspraxis in der Versicherungswirtschaft.

3.4 IAS 8 – Rechnungslegungsmethoden, Änderungen von Schätzungen, Fehler

3.4.1 Überblick zum IAS 8

▶ IAS 8.1-6

Der **Gegenstand** des IAS 8, der in der im Folgenden zugrunde gelegten Fassung (Änderungen durch den noch nicht von der EU übernommenen IFRS 9 sind marginal) das **Endorsement-Verfahren** am 23.01.2009 durchlaufen hat, ist durch seinen Titel klar umrissen. Der in die drei Bereiche Auswahl und Änderung von Rechnungslegungsmethoden, Änderungen von Schätzungen sowie Fehlerkorrektur unterteilte Regelungsbereich des Standards spiegelt sich dementsprechend auch in seinem **Aufbau** wieder:

- Zielsetzung des Standards (IAS 8.1-2)

- Anwendungsbereich des Standards (IAS 8.3-4)

- Definitionen (IAS 8.5-6)

- Rechnungslegungsmethoden (IAS 8.7-31)

- Änderungen von Schätzungen (IAS 8.32-40)

- Fehler (IAS 8.41-49)

- Undurchführbarkeit rückwirkender Anwendungen und Anpassungen (IAS 8.50-53)

- Vorschriften zum zeitlichen Anwendungsbereich des Standards (IAS 8.54-56).

Die Zielsetzung des Standards besteht im Kern darin, die Vergleichbarkeit von IFRS-Abschlüssen zu gewährleisten, wenn Rechnungslegungsmethoden oder Schätzungen geändert werden sowie Fehler im Abschluss korrigiert werden müssen (IAS 8.1). Mit diesen drei Bereichen ist auch bereits der **Anwendungsbereich** des IAS 8 gekennzeichnet. Allerdings werden die steuerlichen Auswirkungen solcher Änderungen und Korrekturen nicht in diesem Standard, sondern nach IAS 8.4 in IAS 12 geregelt (vgl. 2.21). Ferner findet sich in IAS 8.17 f. eine sachliche Ausnahme zum Anwendungsbereich dergestalt, dass die erstmalige Anwendung der Neubewertungsmethode nach IAS 16 (vgl. 2.1.4.2) bzw. IAS 38 (vgl. 2.2.4) zwar eine Änderung einer Rechnungslegungsmethode darstellt, diese aber nicht nach IAS 8, sondern nach IAS 16 bzw. IAS 38 zu beurteilen ist.

Auf die wichtigsten der in IAS 8.5 f. gegebenen **Definitionen** wird in den folgenden Kapiteln jeweils kurz eingegangen. Bitte lesen Sie die einzelnen, in ihrer Reihenfolge ungeordneten Definitionen in IAS 16.6 und lesen Sie diese nochmals, sobald diese Begriffe in den folgenden Kapiteln verwendet werden.

3.4.2   Rechnungslegungsmethoden

▶   IAS 8.7-27

Rechnungslegungsmethoden sind nach IAS 8.5 besondere Prinzipien, grundlegenden Überlegungen, Konventionen, Regeln und Praktiken, die ein Unternehmen bei der Aufstellung
des Abschlusses anwendet. IAS 8 beschäftigt sich hierbei naturgemäß mit den Rechnungslegungsmethoden nach den IAS bzw. IFRS. **Fehlen eindeutige Standardregelungen**
zur IFRS-konformen Abbildung eines Geschäftsvorfalls im Abschluss (Regelungslücke), so
sind bei der Bilanzierung von Sachverhalten zum einen die Bedürfnisse der Abschlussadressaten, dies sind nach IFRS vorrangig die (potenziellen) Investoren (vgl. 1.1), zu berücksichtigen. Zum anderen ist nach IAS 8.10 der Zuverlässigkeit der Abschlussinformationen
ein besonderes Gewicht beizumessen.

Abbildung 3.4   Falllösungen nach IFRS in Deutschland

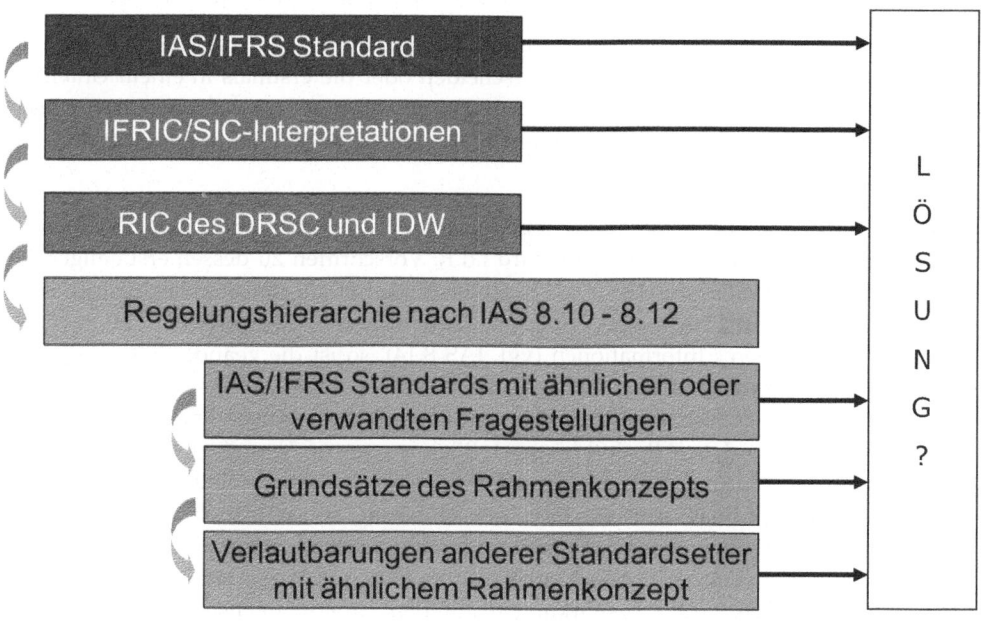

In IAS 8.11 f. ist eine Reihenfolge vorgegeben, nach der ein Unternehmen eine IFRS-
konforme Lösung eines nicht eindeutig in den Standards geregelten Rechnungslegungsproblems entwickeln soll. Die hieraus ableitbare Reihenfolge ist für Abschlüsse deutscher
Unternehmen zu ergänzen, da nach IFRS Rechnung legende Unternehmen in Deutschland
zusätzlich zum reinen IFRS-Regelwerk zum einen die Rechnungslegungsinterpretationen
und -hinweise des Rechnungslegungs Interpretations Committee (RIC) des DRSC und zum
anderen Stellungnahmen zur Anwendung einzelner IAS bzw. IFRS des Instituts der Wirt-

schaftsprüfer in Deutschland e.V. (IDW) berücksichtigen sollten. Als andere Standardsetter i.S.d. IAS 8.12 kommen insbesondere die den IFRS verwandten Regelungen nach US-GAAP in Betracht, die allerdings erst nach Ausschöpfung aller anderen Quellen zur Bilanzierung herangezogen werden dürfen.

Die im IFRS-Abschluss einmal angewendeten Rechnungslegungsmethoden unterliegen dem Gebot der **Stetigkeit** (IAS 8.13). Damit dürfen zur Sicherstellung der Vergleichbarkeit der Abschlüsse IFRS-konforme, zwingend wie auch im Rahmen eines Bilanzierungswahlrechts ausgeübte Rechnungslegungsmethoden grundsätzlich nicht geändert werden (IAS 8.15).

Änderungen der Rechnungslegungsmethoden sind nach IAS 8.14 allein dann akzeptabel, wenn eine Änderung

a. aufgrund eines (neuen oder geänderten) Standards bzw. einer Interpretation (SIC bzw. IFRIC) erforderlich ist, oder

b. zu zuverlässigeren und relevanteren Informationen im IFRS-Abschluss führt.

Die erstmalige Anwendung von Rechnungslegungsmethoden auf Geschäftsvorfälle, die sich von früheren Geschäftsvorfällen unterscheiden oder die erstmals in einem Unternehmen auftreten bzw. früher nur unwesentlich waren, soll nicht als Änderung einer Rechnungslegungsmethode i.S.d. IAS 8 verstanden werden (IAS 8.16). Insoweit greift auch die Stetigkeit nicht.

Erfolgt die Änderung einer Rechnungslegungsmethode als Folge eines neuen oder geänderten Standards, so enthält dieser Standard i.d.R. Vorschriften zu dessen erstmaliger Anwendung, die ungeachtet des IAS 8 zu beachten sind. Enthält der Standard jedoch solch eine Übergangsregelung nicht oder erfolgt die Änderung freiwillig mit dem Ziel zuverlässigerer und relevanterer Informationen (vgl. IAS 8.14), so ist die geänderte Rechnungslegungsmethode **rückwirkend** anzuwenden (IAS 8.19 und IAS 8.23). Das bedeutet, dass sie auf alle vergleichbaren Sachverhalte (Gebot der Stetigkeit) so anzuwenden ist, als sei sie seit jeher angewendet worden. Z.B. sind hiernach Bilanzwerte von Vermögenswerten rückwirkend ab ihrer Anschaffung nach der geänderten Rechnungslegungsmethode zu bewerten, so dass nicht nur der Bilanzwert des Jahrs der Änderung, sondern auch der anzugebende Vorjahresewert (allerdings nicht der Vorjahresabschluss selbst) anzupassen sind. Differenzen aufgrund dieser rückwirkenden Neubewertung hätten in Vorjahren, z.B. durch andere Abschreibungsbeträge, i.d.R. Auswirkungen auf den Unternehmensgewinn gehabt und sind daher im Änderungsjahr in der Mehrzahl der Fälle gewinnneutral in den Gewinnrücklagen zu erfassen (IAS 8.26). Für praktische Fälle, in denen eine solche rückwirkende Änderung, z.B. mangels verfügbarer Informationen, nicht mehr durchführbar ist, enthalten die Paragrafen 24-25, 26 und 50-53 des IAS 8 entsprechende Regelungen.

Fall:

Eine AG kommt zum 31.12.03 zu dem – in ihrem Einzelfall nach Abstimmung mit dem Wirtschaftsprüfer – unbestrittenen Schluss, dass sie ihre neue Produktionsmaschine nicht degressiv, sondern linear abschreiben muss, um in ihrem IFRS-Abschluss zuverlässigere und relevantere Informationen zu erzeugen. Die AG hat jedoch seit dem 01.01.02 eine Produktionsmaschine baugleichen Typs im Bestand, die ausgehend von Anschaffungskosten i.H.v. 30 TEUR degressiv mit 20% statt linear über die Nutzungsdauer von zehn Jahren abgeschrieben wurde.

Bestimmen Sie die Auswirkungen auf den IFRS-Abschluss zum 31.12.03!

Lösung:

Die neue Maschine wird linear über ihre Nutzungsdauer abgeschrieben. Es liegt jedoch eine freiwillige Änderung der Rechnungslegungsmethode i.S.d. IAS 8.14(b) vor, die nach IAS 8.19(b) rückwirkend zu erfolgen hat. Die bau- und typgleiche alte Maschine ist damit ebenfalls linear abzuschreiben. Dies hat zum einen Auswirkungen auf den Vorjahreswert der alten Maschine im Abschluss zum 31.12.03. Der Wert ist dort mit (30 TEUR – 1/10 =) 27 TEUR zu berücksichtigen; um die Differenz zum tatsächlichen Buchwert zum 31.12.02 i.H.v. (30 TEUR x 80% =) 24 TEUR ist in den Vorjahresangaben die Gewinnrücklage i.H.v. 3 TEUR zu erhöhen. Im Abschluss 03 ist auf diese Maschine eine lineare Abschreibung i.H.v. (30 TEUR / 10 Jahre =) 3 TEUR vorzunehmen.

3.4.3   Änderungen von Schätzungen

►   IAS 8.32-38

In der Rechnungslegung ist die Aufnahme **geschätzter Werte bzw. Posten** nahezu ein Normalfall. Dies gilt auch für die IFRS, wie es die in IAS 8.32 genannt Beispiele, wie die Bewertung von ausfallgefährdeten Forderungen, beizulegenden Zeitwerten oder Nutzungsdauern, belegen. Wertschätzungen ergeben sich notwendigerweise, wenn für eine in Bilanz, GuV oder Anhang aufzunehmende Information kein externer Beleg existiert, anders als z.B. bei den Anschaffungskosten für einen Vermögenswert. Eine Schätzung rechnungslegungsrelevanter Werte bringt es jedoch naturgemäß mit sich, dass sich die ihr zugrunde gelegten Annahmen im Laufe mehrerer Jahre ändern können und neue Informationen oder Entwicklungen eine neue und verbesserte, mithin **geänderte Schätzung** erfordern (IAS 8.5). Eine solche Schätzungsänderung basiert damit auf neuen Informationen oder Entwicklungen und unterscheidet sich eben dadurch vom Fehler, bei dem die zum Stichtag gegebenen Informationen fehlerhaft oder gar nicht berücksichtigt wurden (IAS 8.5).

Die **Bilanzierung** einer geänderten Schätzung ist nach IAS 8.36 prospektiv durchzuführen. D.h. mit anderen Worten, dass die geänderte Schätzung erst in dem Abschluss desjenigen Geschäftsjahrs zu berücksichtigen ist, in dem sich die neuen Informationen oder Entwicklungen ergeben haben. Die Vorjahresabschlüsse, die eine Schätzung enthalten, die auf den alten Informationen oder Entwicklungen basierten, bleiben unberührt. Ggf. haben die ge-

änderten Schätzungen aber Auswirkungen auf die Folgejahre, z.B. wenn eine Nutzungsdauer neu geschätzt wird oder einer Rückstellung für eine langfristige Schadensersatzver-
pflichtung aufgrund neuerer Erkenntnisse ein gegenüber dem Vorjahr geänderter Wert
zugrunde zu legen ist.

<u>Fall:</u>

Im Jahr 01 wurde eine AG auf Schadensersatz wegen Patentverletzung verklagt. Die AG
schätzte diese Verpflichtung nach IAS 37 nur als Eventualverbindlichkeit ein und hat
diese in ihrem Abschluss nur angegeben, aber nicht in ihrer Bilanz passiviert. Im Jahr 02
verhärtet sich der Verdacht gegen die AG, so dass mit einer nach IAS 37 bewerteten Verpflichtung i.H.v. 80 TEUR zu rechnen ist. Ende 03 hingegen liegen zwei gerichtlich aner-
kannte Gutachten vor, nach denen eine Patentverletzung der AG zwar gegeben ist, aber
allenfalls zu einem Schaden i.H.v. 30 TEUR geführt hat.

Welche Auswirkungen ergeben sich für die Abschlüsse der AG in den Jahren 01-03?

<u>Lösung:</u>

Im Jahr 01 mag die Einschätzung der AG richtig sein, dass eine Eventualverbindlichkeit
vorliegt, die noch nicht in die Bilanz aufzunehmen ist. Im Abschluss zum 31.12.02 ist diese
Einschätzung zu ändern, da sich die Verpflichtung konkretisiert; es ist aufwandswirksam
eine Rückstellung i.H.v. 80 TEUR einzubuchen. Aufgrund der neuen Erkenntnisse in 03 ist
dieser geschätzte Rückstellungsbetrag i.H.v. 50 TEUR aufzulösen.

3.4.4 Behandlung von Fehlern

▶   IAS 8.41-48

Werden im aktuellen Jahresabschluss Fehler erkannt, die daraus resultieren, dass der Ansatz, die Bewertung und/oder der Ausweis nicht im Einklang mit den IFRS stehen, so sind
diese Fehler vor der Veröffentlichung des IFRS-Abschlusses zu korrigieren (IAS 8.41). Vielfach fallen solche Fehler jedoch erst bei der Aufstellung oder Prüfung eines auf das Fehler-
jahr folgenden Abschlusses auf. Dann handelt es sich um sog. **Fehler aus früheren Perioden**. Diese sind dadurch entstanden, dass die zum Stichtag der Vorperiode objektiv verfügbaren Informationen fehlerhaft oder nicht berücksichtigt bzw. gar nicht eingeholt wurden. Dabei kann es sich um Rechenfehler, Fehler aus der Anwendung der IFRS-Regeln,
Flüchtigkeitsfehler, Fehlinterpretationen von Sachverhalten oder auch um Betrugsfälle
handeln (IAS 8.5).

IAS 8 verlangt eine **Korrektur** solcher Fehler aus früheren Perioden, wenn sie wesentlich
sind (vgl. zur Definition IAS 8.5). Nach IAS 8.42 f. hat diese Korrektur rückwirkend zu
erfolgen, d.h., dass die zu ändernden Posten für das Geschäftsjahr der Fehlerentdeckung so
darzustellen sind, als seien sie von Anfang an richtig nach IFRS bilanziert worden. Aus
IAS 8 ergibt sich hierbei nicht das Erfordernis, die Vorjahresabschlüsse selbst zu ändern
(aber ggf. aus anderen nationalen Vorschriften). Allerdings sind die Werte des Abschlusses

in dem Jahr, in dem der Fehler erkannt wurde, sowohl für das abgelaufene Geschäftsjahr als auch für das Vorjahr (Vorjahreswerte) so aufzunehmen, als sei in früheren Rechnungsperioden nie ein Fehler passiert (IAS 8.5). Die erforderliche Anpassung der Werte erfolgt hierbei ergebnisneutral im Jahr der Fehlerentdeckung (IAS 8.46). Für praktische Fälle, in denen eine solche rückwirkende Änderung, z.B. mangels verfügbarer Informationen, nicht mehr durchführbar ist, enthalten die Paragrafen 44-45, 47 und 50-53 des IAS 8 entsprechende Regelungen.

Fall:

Gegen Ende des Geschäftsjahres 02 fällt auf, dass ein Unternehmen in seinem IFRS-Jahresabschluss zum 31.12.01 eine Forderung aus Lieferungen und Leistungen nicht abgeschrieben hat, weil der zuständige Verkaufsleiter entsprechende Informationen über die wirtschaftliche Situation des Kunden zurückgehalten hat. Die Gründe für eine Abwertung der Forderung (Nominalwert: 15 TEUR) um 50% bestehen auch in 02 und 03 fort.

Welche Auswirkungen ergeben sich für den IFRS-Abschluss zum 31.12.02?

Lösung:

Im Geschäftsjahr 02 ist die Forderung um 7.500 EUR abzuwerten, allerdings ergebnisneutral (IAS 8.46), i.d.R. indem die Gewinnrücklagen um diesen Betrag gemindert werden. Außerdem sind die Vorjahreswerte im Abschluss zum 31.12.02 (für 01) entsprechend anzupassen.

3.4.5 Angaben

▶   IAS 8.28-31; IAS 8.39-40; IAS 8.49

Änderungen von Rechnungslegungsmethoden und Schätzungen sowie Fehlerkorrekturen beeinflussen die Vergleichbarkeit von Abschlüssen, insb. die zeitliche Vergleichbarkeit, und damit ein hohes Gut in der IFRS-Rechnungslegung (vgl. RK.QC20 ff.). Mit den bilanziellen Regeln des IAS 8 erlangen diese Beeinträchtigungen der Vergleichbarkeit sicherlich die geringstmögliche Auswirkung, verlangen jedoch weitergehende, teils detaillierte Angaben im Abschluss. Diese betreffen im Überblick alle drei Bereiche des Standards:

■ Angaben zu Änderungen von Rechnungslegungsmethoden (IAS 8.28-31),

■ Angaben zu Änderungen von Schätzungen (IAS 8.39-40),

■ Angaben zu Fehlern aus früheren Perioden (IAS 8.49).

3.4.6   Wiederholung des IAS 8 in Stichworten

Die wesentlichen Inhalte des IAS 8 lassen sich anhand der folgenden Stichworte rekapitulieren:

- Im Falle einer Regelungslücke vorgegebene Hierarchie zur Lösung von Bilanzierungsproblemen;

- Änderung von Rechnungslegungsmethoden: rückwirkende Berücksichtigung, soweit eine im Zeitablauf stetige Bilanzierung geboten ist (aber nach IFRS keine Änderung der Vorjahresabschlüsse vorgeschrieben);

- Änderung von Schätzungen: prospektive Berücksichtigung;

- Behandlung von Fehlern: rückwirkende Berücksichtigung (aber nach IFRS keine Änderung der Vorjahresabschlüsse vorgeschrieben).

3.4.7   Hinweise zur Vertiefung

Aus dem IAS 8 ergeben sich zusätzlich zu den vorangegangenen Erläuterungen die folgenden Problembereiche, die für eine tiefergehende Befassung mit den Themen des Standards zu empfehlen sind:

- Undurchführbarkeit rückwirkender Anwendungen und rückwirkender Anpassungen (IAS 8.24-26; IAS 8.44-47; IAS 8.50-53);

- Unterscheidung zwischen einer geänderten Rechnungslegungsmethode und einer geänderten Schätzung (IAS 8.35);

- Darstellung rückwirkendende Änderungen oder Anpassungen im Jahr der Anpassung bzw. Änderung (IAS 1.10(f)).

3.5   IFRS 1 - Erstmalige Anwendung der IFRS

3.5.1   Überblick zum IFRS 1

▶   IFRS 1.1-5

Die EU-Kommission hat zuletzt durch Verordnung vom 22.11.2011 durch den IASB veröffentlichte Änderungen des IFRS 1 übernommen (**Endorsement-Verfahren**). Diese Fassung des IFRS 1 beinhaltet noch nicht zwei kleinere Änderungen des IFRS 1 aus Dezember 2010 zur Verallgemeinerung des Umstellungszeitpunktes und zu den Auswirkungen starker Hochinflation, die jedoch im Rahmen dieser Einführung in den Standard nicht aufgegriffen werden. Gleiches gilt für Änderungen des IFRS 1 durch den noch nicht von der EU übernommenen IFRS 9.

Gegenstand des IFRS 1 sind Reglungen für den ersten Jahres- oder Konzernabschluss, den ein Unternehmen nach IFRS aufstellt. Diese Regelungen haben das Ziel transparenter und vergleichbarer Informationen, die einen geeigneten Ausgangspunkt für die Rechnungslegung nach IFRS darstellen sollen (IFRS 1.1). Der **Anwendungsbereich** nach IFRS 1.3 erstreckt sich damit auf solche Unternehmen, die einen vollständig den IFRS entsprechenden (Konzern-)Abschluss aufstellen möchten und die in der unmittelbar vorangegangenen Rechnungsperiode

- noch gar keinen (Konzern-)Abschluss aufgestellt und veröffentlicht haben, wie z.B. bei Neugründungen, oder

- keinen allen IFRS entsprechenden (Konzern-)Abschluss aufgestellt und veröffentlicht haben, sondern z.B. nach HGB Rechnung gelegt haben.

IFRS 1 ist in seiner von der EU am 18.02.2011 übernommenen Fassung wie folgt **aufgebaut**:

- Zielsetzung des Standards (IFRS 1.1)

- Anwendungsbereich des Standards (IFRS 1.2-5)

- Erfassung und Bewertung (IFRS 1.6-19)

- Darstellung (Ausweis) und Angaben (IFRS 1.20-33)

- Vorschriften zum zeitlichen Anwendungsbereich des Standards (IFRS 1.34-40)

- Definitionen (Anhang A des Standards)

- Anhang B: Ausnahmen zur retrospektiven Anwendung anderer IFRS (IFRS 1.B1-B7)

- Anhang C: Befreiungen für Unternehmenszusammenschlüsse (IFRS 1.C1-C5)

- Anhang D: Befreiungen von anderen IFRS (IFRS 1.D1-D25)

- Anhang E: Kurzfristige Befreiungen von IFRS (IFRS 1.E1-E3).

3.5.2   Aufstellung einer IFRS-Eröffnungsbilanz

▶   IFRS 1.6; IFRS 1.21

Nach IFRS 1.6 hat ein Unternehmen, das erstmals einen IFRS-Abschluss aufstellen möchte, zum Zeitpunkt des Übergangs auf IFRS eine IFRS-Eröffnungsbilanz zu erstellen. Der **Zeitpunkt des Übergangs** auf IFRS ist definiert (IFRS 1.A) als der Beginn der frühesten Periode, für die das Unternehmen in seinem IFRS-Abschluss vollständige Vergleichsinformationen nach IFRS veröffentlicht. Da nach IFRS 1.21 der erste veröffentlichte IFRS-Abschluss entsprechend IAS 1 (vgl. 1.3.2) **Vorjahreswerte** zu enthalten hat, ist damit die IFRS-Eröffnungsbilanz auf den Beginn des Geschäftsjahres aufzustellen, das dem eigentlichen erstmaligen IFRS-Abschluss vorangeht. Hierdurch wird erreicht, dass bereits der erste IFRS-Abschluss eines Unternehmens für Vergleichszwecke vollständige Vorjahreswerte nach IFRS enthält.

Abbildung 3.5   Übergang der Rechnungslegung von HGB auf IFRS

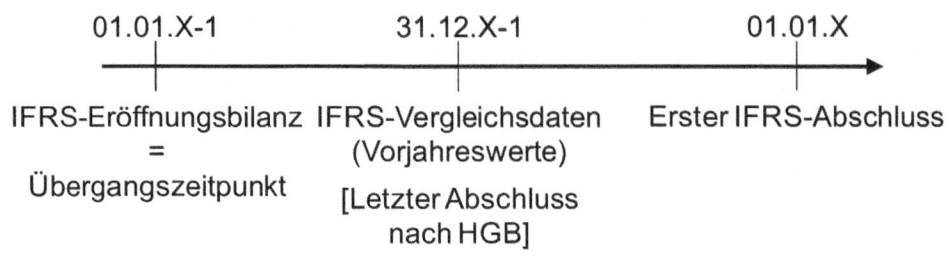

Fall:

Eine deutsche, konzernrechnungslegungspflichtige AG emittiert erstmals Schuldver-schreibungen am Kapitalmarkt und ist daher nach § 315a Abs. 1 HGB verpflichtet, erst-mals zum 31.12.05 einen IFRS-Konzernabschluss aufzustellen.

Auf welchen Zeitpunkt ist die IFRS-Eröffnungsbilanz aufzustellen?

Lösung:

Der IFRS-Konzernabschluss zum 31.12.05 hat Vorjahreswerte für das Geschäftsjahr 04 zu enthalten, somit auch IFRS-Konzernbilanzwerte zum 31.12.04. Diese bedingen wiederum eine IFRS-Eröffnungsbilanz auf den 01.01.04. Unbenommen dessen wird die AG zum 31.12.04 noch ihren nach HGB aufgestellten Konzernabschluss offenlegen.

3.5.3   Ansatz und Bewertung

3.5.3.1   Grundsatz

▶   IFRS 1.7-12

In der IFRS-Eröffnungsbilanz und in den darauf folgenden IFRS-Abschlüssen sind grund-sätzlich einheitlich diejenigen **Standards des IFRS-Regelwerks** anzuwenden, die zum Stichtag des ersten veröffentlichten IFRS-Abschlusses gültig sind (IFRS 1.7). Sofern ein Standard des IASB zwar veröffentlicht, aber nach dessen zeitlichen Anwendungsvorschrif-ten zum Stichtag des ersten IFRS-Abschlusses eines Unternehmens noch nicht verpflich-tend, sondern nur freiwillig anwendbar ist, besteht für den IFRS-Erstanwender dieses Wahlrecht ebenfalls (IFRS 1.8). Zeitliche Übergangsvorschriften geänderter oder neuer Standards des IASB gelten jedoch nach IFRS 1.9 grundsätzlich nur für Unternehmen, die bereits bisher die IFRS vollständig anwenden (mit Ausnahme der hier nicht intensiv disku-tierten Regelungen nach IFRS 1.B-E). Die hiernach auf den ersten IFRS-Abschluss pflicht-mäßig anzuwendenden bzw. freiwillig früher angewendeten Standards sind einheitlich für alle in diesem ersten IFRS-Abschluss dargestellten Perioden anzuwenden. Dies bedeutet, dass sowohl die IFRS-Eröffnungsbilanz als auch der hierauf folgende IFRS-Abschluss (Vorjahresabschlusswerte) mit den auf den ersten veröffentlichten IFRS-Abschluss angewendeten Standards übereinstimmen müssen (zur Konkretisierung der Konsequenzen vgl. IFRS 1.10). Dies gilt unabhängig davon, ob die im ersten veröffentlichten IFRS-Abschluss angewendeten Standards in den Vorjahren bereits verbindlich waren.

Mittelbar ergibt sich aus IFRS 1.7 i.V.m. IFRS 1.10, dass die anzusetzenden Vermögenswerte und Schulden ab der Eröffnungsbilanz so anzusetzen und zu bewerten sind, als seien sie schon immer nach IFRS bilanziert worden. Diese sog. **retrospektive Anwendung** bedeutet, dass ein IFRS-Erstanwender Vermögenswerte und Schulden ab ihrem ggf. bereits mehrere Jahre zurückliegenden Zugang zum Unternehmen nach den im ersten IFRS-Abschluss angewendeten Standards anzusetzen und zu bewerten hat. Hierbei im Übergangszeitpunkt (Stichtag der Eröffnungsbilanz) entstehende Differenzen zu den Bilanzansätzen nach den bisher angewandten, nicht den IFRS entsprechenden Rechnungslegungsstandards (z.B. HGB) sind nach IFRS 1.11 unmittelbar ergebnisneutral in die Gewinnrücklagen oder in einen anderen angemessenen Eigenkapitalposten einzustellen. Hierbei sind latente Steuern nach IAS 12 ebenfalls ergebnisneutral zu erfassen (vgl. 2.21.3.1).

Zu diesen beiden Grundsätzen sieht IFRS 1 **Ausnahmen** vor, die im folgenden Kapitel im Überblick erläutert werden (IFRS 1.12).

Fall:

Der erste IFRS-Abschluss einer AG ist auf den 31.12.05 aufzustellen. Im Jahr 05 ist ein neuer Standard anzuwenden, nach dem erstmals nach IFRS eine bestimmte Art von Vermögenswerten pflichtmäßig zu aktivieren und abzuschreiben ist. Solch ein Gut hatte die AG bereits Anfang 03 mit einer Nutzungsdauer von 5 Jahren für 100 TEUR angeschafft, jedoch nach den nationalen Rechnungslegungsstandards nicht aktiviert. Zwischen den hiernach ermittelten IFRS-Zahlen und den Werten der Steuerbilanz mögen keine Unterschiede bestehen, so dass Steuerlatenzen i.S.d. IAS 12 nicht entstehen.

Beurteilen Sie die Bilanzierung dieses Vermögenswerts im ersten IFRS-Abschluss der AG!

<u>Lösung:</u>

Obwohl die neue Regelung im Jahr 03 noch gar nicht galt, ist der Vermögenswert in der IFRS-Eröffnungsbilanz auf den 01.01.04, in dem Vergleichsabschluss zum 31.12.04 und zum 31.12.05 so zu bilanzieren, als sei er seit seiner Anschaffung in 03 nach diesem erst in 05 verbindlich anzuwendenden Standard angesetzt und bewertet worden.

Der Wert des Vermögenswerts zum 01.01.04 beträgt damit nach planmäßigen Abschreibungen i.H.v. 20 TEUR p.a. (100 TEUR – 20 TEUR =) 80 TEUR, die bei Aufstellung der Eröffnungsbilanz ergebnisneutral in die Gewinnrücklagen einzustellen sind.

Buchung 01.01.04:	Vermögenswert	80	an	Gewinnrücklagen	80

Zum 31.12.04 beträgt der als Vorjahreszahl zum ersten IFRS-Abschluss anzusetzende Wert für den Vermögenswert 60 TEUR und zum 31.12.05 letztlich 40 TEUR.

3.5.3.2   Ausnahmen

► IFRS 1.13-19

Insbesondere weil eine retrospektive Anwendung von Standards des IFRS-Regelwerks auf ggf. bereits mehrere Jahre zurückliegende Geschäftsvorfälle mit hohen Kosten für die IFRS-Erstanwender verbunden sein kann, und um die Hürden für eine Umstellung auf die Rechnungslegung nach IFRS zu senken, sind in IFRS 1 Ausnahmen zu den im vorangegangenen Kapitel erläuterten Grundsätzen vorgesehen. Ohne im Rahmen dieser Einführung in den IFRS 1 auf Einzelheiten einzugehen, sei an dieser Stelle hingewiesen auf

- Verbote der retrospektiven Anwendung der IFRS nach IFRS 1.14-17 und IFRS 1.B;

- Wahlweise Befreiungen von einzelnen IFRS nach IFRS 1.18-19 i.V.m. IFRS 1.C-E.

Über diese Regelungen hinaus sind Ausnahmen von den Grundsätzen nicht zulässig.

3.5.4   Darstellung und Angaben

► IFRS 1.20-33

Nach IFRS 1.20 hat der erste IFRS-Abschluss eines Unternehmens sämtliche Darstellungs- und Angabepflichten der Standards des IFRS-Regelwerks zu enthalten. Er hat insbesondere auch **Vergleichsinformationen** zu den einzelnen Rechnungslegungsinstrumenten zu enthalten.

Abbildung 3.6 Vergleichsinformationen im ersten IFRS-Abschluss

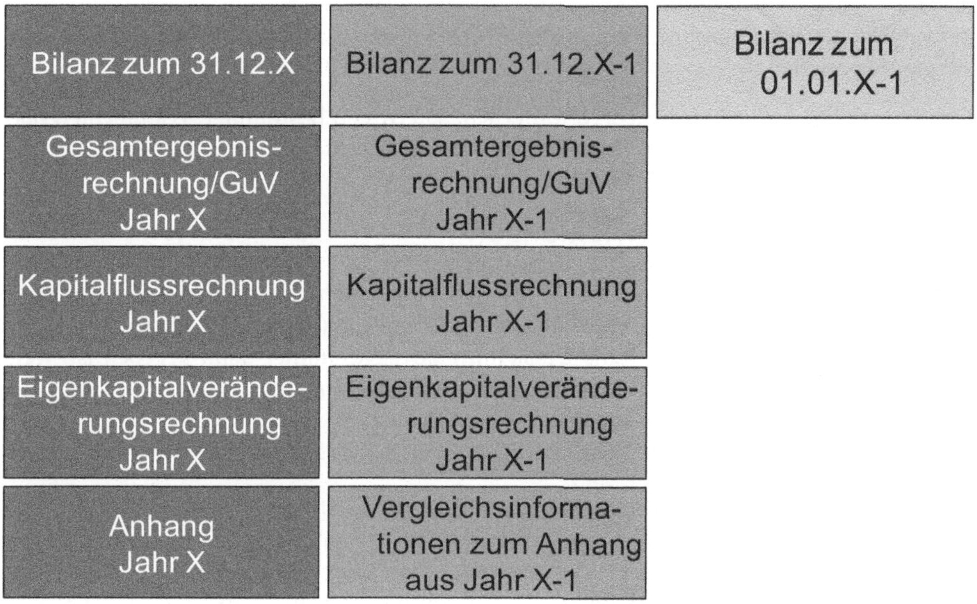

Bilanz zum 31.12.X	Bilanz zum 31.12.X-1	Bilanz zum 01.01.X-1
Gesamtergebnis-rechnung/GuV Jahr X	Gesamtergebnis-rechnung/GuV Jahr X-1	
Kapitalflussrechnung Jahr X	Kapitalflussrechnung Jahr X-1	
Eigenkapitalverände-rungsrechnung Jahr X	Eigenkapitalverände-rungsrechnung Jahr X-1	
Anhang Jahr X	Vergleichsinforma-tionen zum Anhang aus Jahr X-1	

Falls ein IFRS-Erstanwender zusätzlich zu diesen Informationen Vergleichswerte früherer Perioden veröffentlicht, die nicht (vollumfänglich) den IFRS entsprechen, so sind diese Vergleichswerte eindeutig als nicht den IFRS entsprechend zu kennzeichnen. Außerdem sind in einem solchen Fall Angaben zu den wesentlichen Anpassungen erforderlich, die zur Überleitung auf IFRS-Werte erforderlich wären, allerdings ohne diese quantifizieren zu müssen (IFRS 1.22).

Von den nach IFRS 1.23 ff. erforderlichen Angabepflichten sind diejenigen zur **Überleitungsrechnung** hervorzuheben. Nach IFRS 1.23 sind die Auswirkungen des Übergangs zur IFRS-Rechnungslegung auf die Vermögens-, Finanz- und Ertragslage des Unternehmens zu erläutern. Hierzu hat der erste IFRS-Abschluss insbesondere zu enthalten (IFRS 1.24 f.):

a. die Überleitung des Eigenkapitals von dem nach den bisher angewandten Rechnungslegungsgrundsätzen (z.B. HGB) ermittelten Wert auf den entsprechenden IFRS-Werte in der IFRS-Eröffnungsbilanz und auf den Eigenkapital-Vergleichswert des ersten IFRS-Abschlusses;

b. die Überleitung des Gesamtergebnisses der Vergleichsperiode des ersten IFRS-Abschlusses, das nach den bisher angewandten Rechnungslegungsgrundsätzen ermittelt wurde (z.B. nach HGB) auf das entsprechende Gesamtergebnis dieser Rechnungsperiode nach IFRS;

c. Angaben zu in der IFRS-Eröffnungsbilanz erstmals erfassten Wertminderungen oder Wertaufholungen i.S.d. IAS 36;

d. Anpassungen einer ggf. nach den bisher angewandten Rechnungslegungsgrundsätzen aufgestellten Kapitalflussrechnung auf die entsprechenden IFRS-Zahlen der Vergleichsperiode.

Daneben sind detaillierte Angaben erforderlich, sofern von bestimmten Wahlrechten nach IFRS 1.D zur Befreiung von anderen IFRS Gebrauch gemacht wird (IFRS 1.29-31B).

3.5.5   Aktuelle Entwicklungen

Bereits am 22.06.2011 wurden vom IASB im Rahmen des jährlichen Verbesserungsprojekts auch kleinere Änderungen des IFRS 1 im Entwurf vorgelegt (ED/2011/2). Hiernach soll zum einen klargestellt werden, dass eine Umstellung auf IFRS immer dann gegeben ist, wenn der letzte vorangegangene Abschluss nicht vollständig den IFRS entsprochen hat. Zum anderen sollen Fremdkapitalzinsen erst ab dem Übergangszeitpunkt, mithin insoweit nicht retrospektiv, nach IAS 23 (Fremdkapitalkosten) zu erfassen sein.

Außerdem hat der IASB am 20.10.2011 einen Änderungsvorschlag zu IFRS 1 (ED/2011/5) veröffentlicht. Der Änderungsvorschlag betrifft eine Ausnahme zur retrospektiven Bilanzierung von öffentlichen Darlehen, die zu einem unter dem Marktzinssatz liegenden Zinssatz gewährt wurden. Der IFRS-Erstanwender soll hiernach für bestehende Darlehen auf die retrospektive Anwendung der Bilanzierungsvorschrift nach IAS 20.10A, die eine Bilanzierung ausgehend vom beizulegenden Zeitwert des Darlehens zum Zeitpunkt dessen Gewährung vorsieht, verzichten dürfen.

Diese Änderungen sind durch den IASB noch endgültig zu verabschieden. Eine Anwendung im EU-Raum ist erst nach Abschluss des Endorsement-Verfahrens verpflichtend bzw. zulässig.

3.5.6   Wiederholung des IFRS 1 in Stichworten

Rekapitulieren Sie die wesentlichen Inhalte des IFRS 1 anhand der folgenden Stichworte:

- Aufstellung der IFRS-Eröffnungsbilanz auf den Beginn des dem eigentlichen ersten IFRS-Abschluss vorangehenden Geschäftsjahrs (= Zeitpunkt des Übergangs auf IFRS);

- Grundsätzlich, d.h. mit Ausnahmen, retrospektive Anwendung der zum Stichtag des ersten IFRS-Abschlusses gültigen Standards;

- Vorjahres- bzw. Vergleichsinformationen im ersten IFRS-Abschluss erforderlich.

3.5.7   Hinweise zur Vertiefung

Zur Vertiefung der Inhalte des IFRS 1 über diese Einführung hinaus empfehlen sich die folgenden Aspekte unter Rückgriff auf die IFRS-Kommentarliteratur:

■ Ausnahmen zur retrospektiven Anwendung anderer IFRS (IFRS 1.B1-B7);

■ Befreiungen im Rahmen von Unternehmenszusammenschlüssen (IFRS 1.C1-C5);

■ Befreiungen von anderen IFRS (IFRS 1.D1-D25);

■ Kurzfristige Befreiungen von IFRS (IFRS 1.E1-E4);

■ Anwendung des IFRS 1 im Rahmen von erstmalig nach IFRS aufgestellten Zwischenberichten (IFRS 1.32-33).

3.6   IAS 34 - Zwischenberichterstattung

3.6.1   Überblick zum IAS 34

▶   IAS 34.1-4

IAS 34 wurde durch den IASB zuletzt am 10. Mai 2010 geändert. Die EU-Kommission hat das **Endorsement-Verfahren** dieser Änderungen mit Verordnung vom 18.02.2011 abgeschlossen. Lediglich im Entwurf des IASB liegt eine für diese Einführung in den Standard unbedeutende Klarstellung zur Angabe von Segmentinformationen (vgl. hierzu ED/2011/2 des IASB) vor, die derzeit noch nicht durch den IASB verabschiedet und daher auch noch nicht von der EU übernommen wurde.

Gegenstand dieses Standards sind Anforderungen der IFRS an einen vollständigen oder verkürzten Abschluss, der nicht das gesamte Geschäftsjahr umfasst, sondern für einen kürzeren Zeitraum erstellt und veröffentlicht wird (zu den genauen **Definitionen** vgl. IAS 34.4). Solche Zwischenberichte werden in der Praxis insbesondere als Berichte zum Quartals- bzw. Halbjahresende veröffentlicht, die den Abschlussadressaten auch unterjährig aktuelle Informationen über die wirtschaftliche Lage des Unternehmens vermitteln sollen. Diesem Zweck folgend, ist IAS 34 wie folgt aufgebaut:

■ Zielsetzung des Standards

■ Anwendungsbereich des Standards (IAS 34.1-3)

■ Definitionen (IAS 34.4)

■ Inhalt eines Zwischenberichts (IAS 34.5-25)

■ Angaben in jährlichen Abschlüssen (IAS 34.26-27)

■ Ansatz und Bewertung (IAS 34.28-42)

- Anpassung bereits dargestellter Zwischenberichtsperioden (IAS 34.43-45)

- Vorschriften zum zeitlichen Anwendungsbereich des Standards (IAS 34.46-49).

IAS 34 regelt allein den Umfang bzw. Inhalt eines Zwischenberichts sowie die Bilanzierungsgrundsätze und Angabepflichten in einem solchen Zwischenbericht. Der Standard wird durch IFRIC 10 hinsichtlich des Themas 'Wertminderung im Zwischenbericht' ergänzt.

Durch IAS 34 wird damit insbesondere nicht vorgeschrieben, durch wen und zu welchen Zeitpunkten ein Zwischenbericht aufzustellen ist (IAS 34.1). Die Frage der Pflicht zur Aufstellung und Veröffentlichung von Zwischenberichten ist damit vom **Anwendungsbereich** des Standards ausgenommen und den nationalen bzw. börsenrechtlichen Regelungen überlassen. Die in IAS 34.1 enthaltenen Empfehlungen zur Aufstellung von Zwischenberichten für kapitalmarktorientierte Unternehmen sind damit unbeachtlich, sofern das nationale Recht entsprechende Aufstellungsanforderungen enthält. Im deutschen Rechtsraum ergeben sich solche Regelungen in Übereinstimmung mit europarechtlichen Vorgaben insbesondere aus den §§ 37w ff. WpHG (vgl. 3.6.2).

3.6.2   Bedeutung der Zwischenberichterstattung in Deutschland

▶   §§ 37w-37z Wertpapierhandelsgesetz (WpHG)

Neben besonderen Anforderungen der Börsenplätze werden in Deutschland insbesondere nach den §§ 37w ff. WpHG Zwischenberichte für kapitalmarktorientierte Unternehmen verlangt.[24] So haben sog. Inlandsemittenten (§ 2 Abs. 6, 7 WpHG) von Aktien und Schuldtiteln grundsätzlich nach § 37w WpHG für die erste Hälfte ihres Geschäftsjahrs einen Zwischenbericht (**Halbjahresfinanzbericht**) aufzustellen. Entsprechendes gilt nach § 37y WpHG für den Konzern. Der Halbjahresfinanzbericht hat nach § 37w Abs. 2 WpHG mindestens zu enthalten:

1. einen verkürzten Abschluss

2. einen Zwischenlagebericht

3. sog. Bilanzeid (§§ 264 Abs. 2 S. 3, 289 Abs. 1 S. 5 HGB).

Daneben haben Inlandsemittenten von Aktien nach § 37x WpHG inhaltlich knapp gehaltene **Zwischenmitteilungen** zum Quartalsende (§ 37x Abs. 1, 2 WpHG) oder alternativ einen den Anforderungen eines Halbjahresfinanzberichts entsprechenden **Quartalsfinanzbericht** (§ 37x Abs. 3 WpHG) zu erstellen und zu veröffentlichen. Entsprechendes gilt nach § 37y WpHG für den Konzern.

---

[24]   Zu Befreiungstatbeständen vgl. § 37z WpHG.

Das Deutsche Rechnungslegungs Standards Committee e.V. (DRSC) hat die gesetzlichen Anforderungen an diese Berichte und Mitteilungen i.S.d. §§ 37w WpHG in seinem Deutschen Rechnungslegungs Standard 16 (**DRS 16**) inhaltlich konkretisiert. DRS 16 enthält dementsprechend Ausführungen zur Halbjahresfinanzberichterstattung, zur Quartalsfinanzberichterstattung und zu Zwischenmitteilungen.

Unternehmen, die nach den deutschen Vorschriften der §§ 37w ff. WpHG Zwischenberichte erstellen, haben hierbei gem. § 37w Abs. 3 HGB (bzw. § 37x Abs. 2; § 37y Nr. 2 WpHG) die Grundsätze der IFRS zu beachten, wenn sie auch ihren offengelegten Jahresabschluss nach IFRS aufgestellt haben (Einzelabschluss i.S.d. § 325 Abs. 2a HGB) bzw. ihren Konzernabschluss nach IFRS aufgestellt haben (§ 315a HGB). Damit stellt sich die Frage, ob auf diese Zwischenberichte der deutsche DRS 16 oder aber IAS 34 anzuwenden ist. Dieses Problem löst DRS 16.14, indem er für den Fall, dass Zwischenberichte nach den Grundsätzen der IFRS aufzustellen sind, hinter den Anwendungsbereich des IAS 34 zurücktritt. Da IAS 34 jedoch ausschließlich auf den verkürzten Abschluss Bezug nimmt (vgl. 3.6.3), bleibt DRS 16 auf die anderen in § 37w Abs. 2 WpHG genannten Berichtsteile (Zwischenlagebericht, Bilanzeid) anwendbar. Auch Zwischenmitteilungen i.S.d. § 37x Abs. 1, 2 WpHG werden nicht vom Anwendungsbereich des IAS 34 erfasst und sind demnach unter Beachtung des DRS 16 zu erstellen.

Abbildung 3.7   IAS 34 im nationalen Normengefüge

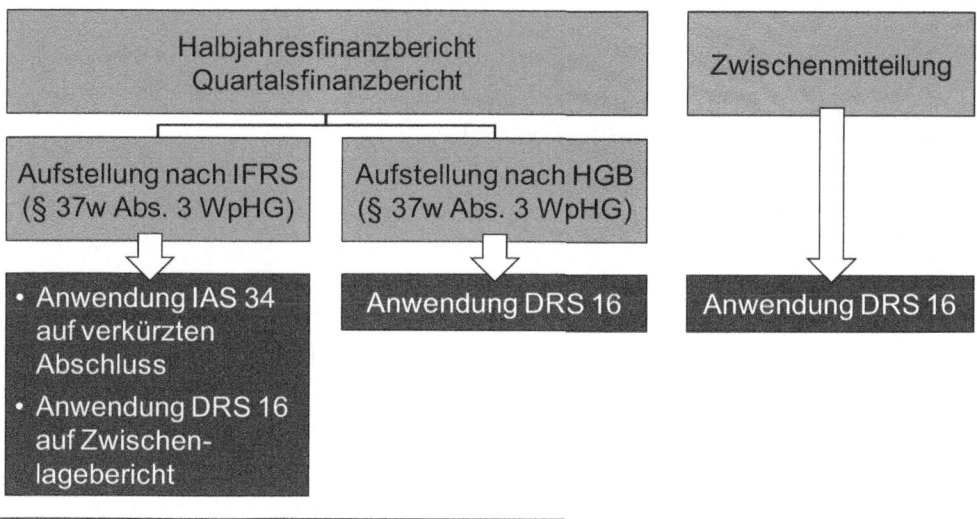

3.6.3   Inhalt eines Zwischenberichts nach IAS 34

▶   IAS 34.5-25

Als übergeordnetes Ziel gilt es nach IAS 34.25 sicherzustellen, dass ein Zwischenbericht alle Informationen enthält, die für ein Verständnis der wirtschaftlichen Lage des berichtenden Unternehmens während der Zwischenberichtsperiode **wesentlich** sind. Wesentlich sind solche Informationen, deren Weglassen oder fehlerhafte Wiedergabe die wirtschaftlichen Entscheidungen der Abschlussadressaten beeinflussen können (IAS 34.24). Die Frage der Wesentlichkeit, z.B. im Rahmen von Schätzungen, ist anhand der Zahlen des Zwischenberichts selbst und nicht unter Bezugnahme auf den letzten Jahres- bzw. Konzernabschluss zu beantworten (IAS 34.23).

Ein Zwischenbericht eines Mutterunternehmens ist auf konsolidierter Basis aufzustellen, sofern auf den letzten Stichtag ein Konzernabschluss aufgestellt wurde (IAS 34.14). Hinsichtlich der Bestandteile des IFRS-Zwischenberichts enthält IAS 34.5 ff. für das berichtende Unternehmen ein **Wahlrecht**, entweder einen vollständigen Abschluss i.S.d. IAS 1 (vgl. 1.3) oder einen verkürzten Finanzbericht aufzustellen. Ein **vollständiger (Zwischen-)Abschluss** i.S.d. IAS 1 hat neben dessen Anforderungen und den Anforderungen aller anderen Standards insbesondere auch die Anforderungen des IAS 34 erfüllen (IAS 34.7, IAS 34.9). Ein **verkürzter Finanzbericht** hat nach IAS 34.8 die folgenden Mindestbestandteile zu enthalten, wobei sich die Struktur der einzelnen Bestandteile an IAS 1 (vgl. 1.3) orientieren soll:

a. Verkürzte Bilanz;

b. Verkürzte Gesamtergebnisrechnung, entsprechend dem Wahlrecht nach IAS 1.83 ff.

   – als ein einheitlicher Abschlussbestandteil oder
   – getrennt in GuV und Gesamtergebnisrechnung

c. Verkürzte Eigenkapitalveränderungsrechnung;

d. Verkürzte Kapitalflussrechnung;

e. Ausgewählte erläuternde Angaben.

Unternehmen, die unter den Anwendungsbereich des IAS 33 fallen (vgl. 2.26.1), haben außerdem ein Ergebnis je Aktie zu ermitteln und anzugeben (IAS 34.11-11A).

Unter verkürzten Angaben ist nach IAS 34.10 zu verstehen, dass zumindest die Überschriften und Zwischenüberschriften aus dem letzten Jahres- bzw. Konzernabschluss in den einzelnen Bestandteilen des Zwischenberichts enthalten sind. Die ausgewählten Anhangangaben ergeben sich aus IAS 34.15 ff. (vgl. 3.6.5). Zusätzliche Posten oder Angaben sind zu machen, sofern die Zwischenberichterstattung ohne sie zu irreführenden Schlüssen führen würde (IAS 34.10). Dieser „Auffangtatbestand" ist in der Praxis im jeweiligen Einzelfall auszulegen und daher in IAS 34 nur allgemein gehalten.

Ganz gleich, ob der Zwischenbericht vollständige oder verkürzte Abschlussinformationen enthält, sind diesen im Zwischenbericht **Vergleichswerte** aus Vorperioden gegenüberzustellen. Nach IAS 34.20 werden konkret verlangt:

a. für die Bilanz

- – Werte zum Stichtag der Zwischenberichtsperiode,
- – Werte aus der letzten Jahres- bzw. Konzernbilanz;

b. für die Gesamtergebnisrechnung

- – Werte für die Zwischenberichtsperiode,
- – Werte vom Beginn des Geschäftsjahres bis zum Ende der Zwischenberichtsperiode,
- – Werte für die entsprechende Zwischenberichtsperiode des vorigen Geschäftsjahres,
- – Werte vom Beginn des vorigen Geschäftsjahres bis zum Ende der entsprechenden Zwischenberichtsperiode des vorigen Geschäftsjahrs;

c. für die Eigenkapitalveränderungsrechnung

- – Entwicklung vom Beginn des Geschäftsjahres bis zum Ende der Zwischenberichtsperiode,
- – Entwicklung vom Beginn des vorigen Geschäftsjahres bis zum Ende der entsprechenden Zwischenberichtsperiode des vorigen Geschäftsjahrs;

d. für die Kapitalflussrechnung

- – Entwicklung vom Beginn des Geschäftsjahres bis zum Ende der Zwischenberichtsperiode,
- – Entwicklung vom Beginn des vorigen Geschäftsjahres bis zum Ende der entsprechenden Zwischenberichtsperiode des vorigen Geschäftsjahrs.

Fall:

Eine börsennotierte AG hat für das dritte Quartal des Geschäftsjahres 05 (Geschäftsjahresende 31.12.) einen Zwischenbericht zu erstellen, der verkürzte Abschlussinformationen enthalten soll.

Für welche Abschlussbestandteile sind für welche Zeiträume Informationen bereitzustellen, um den Anforderungen des IAS 34 zu genügen?

Lösung:

■ Bilanz

- – zum 30.09.05
- – zum 31.12.04

- Gesamtergebnisrechnung

  - für den Zeitraum 01.07.05 bis 30.09.05
  - für den Zeitraum 01.01.05 bis 30.09.05
  - für den Zeitraum 01.07.04 bis 30.09.04
  - für den Zeitraum 01.01.04 bis 30.09.04

- Eigenkapitalveränderungsrechnung

  - für den Zeitraum 01.01.05 bis 30.09.05
  - für den Zeitraum 01.01.04 bis 30.09.04

- Kapitalflussrechnung

  - für den Zeitraum 01.01.05 bis 30.09.05
  - für den Zeitraum 01.01.04 bis 30.09.04

- Ergebnis je Aktie

  - für die entsprechenden Zeiträume der Gesamtergebnisrechnung bzw. GuV.

3.6.4   Bilanzierung im Zwischenbericht

▶   IAS 34.28-42; IFRIC 10

Im **Grundsatz** sind im Zwischenbericht die gleichen Rechnungslegungsgrundsätze anzuwenden wie im Jahres- bzw. Konzernabschluss zum Geschäftsjahresende (IAS 34.28). So ist die Aktivierungsfähigkeit und Passivierungsfähigkeit sowie die Erfassung von Aufwendungen und Erträgen an jedem Ende einer Zwischenberichtsperiode nach den allgemeinen und standardisierten Grundsätzen der IFRS-Rechnungslegung zu beurteilen (vgl. hierzu IAS 34.31-34 und IAS 34.37-39). Hierbei wird die einzelne Zwischenberichtsperiode grundsätzlich eigenständig betrachtet, weshalb Zwischenberichte nicht rückwirkend aufgrund besserer Erkenntnisse bis zum Geschäftsjahresende geändert werden (IAS 34.28-29; IAS 34.34-36).

Damit die Häufigkeit von Zwischenberichten nicht die Höhe des zum Geschäftsjahresende zu ermittelnden Jahreserfolgs beeinflusst, setzen die einzelnen Zwischenberichte auf dem jeweils vorangegangenen Zwischenbericht inhaltlich auf (IAS 34.28.30(a)). So werden z.B. Wertminderungen (IAS 36) im dritten Quartal des Jahres 02 nicht auf den Buchwert zum letzten Jahresabschluss 31.12.01, sondern auf den Buchwert des letzten Zwischenberichts zum 30.06.02 vorgenommen. Letzterer kann bereits durch Wertminderungen der ersten Jahreshälfte auf den Buchwert zum 31.12.01 oder zum 31.03.02 gemindert sein. Ist im letzten Quartal eine Werterholung festzustellen, so ist die Summe der Wertminderungen aus den Zwischenberichten des Geschäftsjahrs 02 für Zwecke des Jahresabschlusses zum 31.12.02 wieder rückgängig zu machen.

Zu diesen Grundsätzen bestehen **Sonderfälle bzw. Ausnahmen:**

- Bereits absehbare Änderungen von Rechnungslegungsmethoden nach dem letzten Geschäftsjahresende (z.B. neue/geänderte Standards, sonstige zulässige Methodenänderungen), die zum nächsten Abschlussstichtag anzuwenden sind, sind auch der Zwischenberichterstattung zugrunde zu legen (IAS 34.28).

- Wertminderungen i.S.d. IAS 36 sind auch im Zwischenbericht vorzunehmen und ggf. im folgenden Zwischenbericht oder Abschluss zu erhöhen bzw. rückgängig zu machen (s.o.). Sofern solche Wertminderungen jedoch nach den Vorschriften anderer Standards nicht rückgängig gemacht werden dürfen (Wertaufholungsverbot), wie z.B. für den Geschäfts- oder Firmenwert nach IAS 36.124 (vgl. 2.4.6), ist eine Wertminderung in einem Zwischenbericht bindend bzw. nicht wieder aufholbar in folgenden Zwischenberichten und auch nicht im folgenden Jahres- bzw. Konzernabschluss (IFRIC 10).

- Ertragsteuern sind im Zwischenabschluss auf Basis des durchschnittlichen, mithin unter Berücksichtigung des voraussichtlichen Jahresergebnisses geschätzten Steuersatzes ermittelt. Dies bedeutet: steigt der Steuersatz bei steigendem Gewinn (progressiver Ertragsteuersatz), so ist der Steuersatz auf Basis des voraussichtlichen Jahresergebnisses und nicht auf Basis des (i.d.R. niedrigeren) Ergebnisses der Zwischenberichtsperiode zu ermitteln. Dieser Steuersatz wird auf das Ergebnis der Zwischenberichtsperiode angewandt.[25]

- Der nicht durch die EU veröffentlichte Anhang B des IAS 34 sieht in ähnlicher Weise wie bei den Ertragsteuern vor, das Werteinflüsse, die sich erst mit Ablauf des Geschäftsjahres feststellen lassen, bereits insoweit in den vorangehenden Zwischenberichten zu berücksichtigen sind, wie sie absehbar sind bzw. fest vereinbart sind. Ist z.B. mit einem Lieferanten fest vereinbart, dass am Geschäftsjahresende bei Überschreiten bestimmter Abnahmemengen ein Rabatt gewährt wird und ist vom Überschreiten dieser Abnahmemengen auszugehen, so ist dieser Rabatt (anteilig) bereits bei Ansatz der erworbenen Güter in den Zwischenberichten zu berücksichtigen.

<u>Fall:</u>

Folgende Geschäftsvorfälle sind hinsichtlich ihrer Bilanzierung im IFRS-Halbjahresbericht zum 30.06.01 und im IFRS-Jahresabschluss zum 31.12.01 einer AG zu würdigen:

a. Die AG vermietet in jedem Jahr einen ihrer Lagerplätze für die Monate Oktober bis Dezember an einen Kunden.

b. Ein selbst geschaffener immaterieller Vermögenswert des Anlagevermögens ist erst ab dem 30.11.01 soweit konkretisiert, dass er nach IAS 38 angesetzt werden darf. Für den Vermögenswert fielen in 01 gleichmäßig in jedem Monat 12 TEUR an Entwicklungskosten an.

---

[25]   Vgl. Meyer (2011), IAS 34, Rn. 11.

c. Bis zum 30.06.01 wurde ein unbebautes Grundstück ergebniswirksam abgeschrieben (Wertminderung i.S.d. IAS 36). Bis zum 31.12.01 hat sich der Wert jedoch unerwartet wieder erholt.

d. Bis zum 30.06.01 wurde ein Geschäfts- oder Firmenwert ergebniswirksam abgeschrieben (Wertminderung i.S.d. IAS 36). Bis zum 31.12.01 hat sich der Wert jedoch wieder erholt.

e. Bis zum 30.06.01 wurde ein steuerpflichtiges Ergebnis i.H.v. 50 TEUR erzielt, das bis zum 31.12.01 auf 200 TEUR ansteigt. Der progressive Steuersatz beträgt im Jahresdurchschnitt bei steuerpflichtigen Ergebnissen bis 100 TEUR 20% und bei einem Ergebnis bis zu 200 TEUR 30%.

Lösung:

a. Die zukünftigen Erträge dürfen nicht bereits zum 30.06.01, sondern erst bei deren Realisierung bis zum 31.12.01 erfasst werden (IAS 34.37-39).

b. Der immaterielle Vermögenswert darf erst in der zweiten Jahreshälfte, nicht aber bereits am 30.06.01 vor der Erfüllung sämtlicher Aktivierungsvoraussetzungen des IAS 36 aktiviert werden (IAS 34.30(b)). Da Entwicklungskosten erst ab dem Zeitpunkt aktiviert werden dürfen, zu dem alle Aktivierungsvoraussetzungen vorlagen, dürfen die bis zum 30.11.01 angefallenen Entwicklungskosten auch nicht im Jahresanschluss zum 31.12.01 angesetzt werden (vgl. 2.2.3 und IAS 38.71).

c. Bei Vorliegen der Voraussetzungen nach IAS 36 zum 30.06.01 ist im Zwischenbericht eine Wertminderung zu erfassen, zum 31.12.01 jedoch nicht.

d. Bei Vorliegen der Voraussetzungen nach IAS 36 zum 30.06.01 ist im Zwischenbericht eine Wertminderung zu erfassen. Aufgrund der Sonderregelung in IFRIC 10 ist in diesem Fall auch zum 31.12.01 eine Wertminderung zu erfassen, da Wertminderungen auf Geschäfts- oder Firmenwerte nicht aufgeholt werden dürfen.

e. Zum 30.06.01 ist der auf Basis des voraussichtlichen Jahresergebnisses 01 ermittelte durchschnittliche Steuersatz i.H.v. 30% bei der Ermittlung der Steuerrückstellung anzuwenden, so dass 15 TEUR Steueraufwand zu erfassen sind. Zum 31.12.01 ist diese Steuerrückstellung auf 60 TEUR (200 TEUR x 30%) zu erhöhen.

3.6.5   Angaben

▶   IAS 34.15-16A; IAS 34.19; IAS 34.26-27

Der Anhang zu einem Zwischenbericht soll nicht unwesentliche Aktualisierungen zum Anhang des letzten Jahresabschlusses aufnehmen (IAS 34.15A). Im Überblick verlangt IAS 34 jedoch detaillierte Angaben zu den folgenden Themenbereichen:

■ Erhebliche Ereignisse und Geschäftsvorfälle seit dem letzten Geschäftsjahresende (IAS 34.15-15C mit Beispielen),

- Weitere Detailangaben nach IAS 34.16A, von denen für den Fall der Anwendbarkeit des IFRS 8 (vgl. 2.25.1) die Pflicht zur Angabe von bestimmten Segmentinformationen hervorzuheben ist,

- Angabe der Übereinstimmung des Zwischenberichts mit den IFRS (IAS 34.19).

Im Jahresabschluss können nach IAS 34.26-27 weitere Angaben erforderlich sein, falls den vorangegangenen Zwischenberichten Schätzungen zugrunde gelegt wurden, die im folgenden Jahresabschluss geändert wurden.

3.6.6 Wiederholung des IAS 34 in Stichworten

Zur Kurzwiederholung die wesentlichen Kernpunkte des Standards:

- Pflicht zur Zwischenberichterstattung ergibt sich nicht aus IAS 34, sondern aus nationalem Recht (§§ 37w ff. WpHG, börsenrechtliche Regelungen);

- IAS 34 regelt allein Inhalt und Umfang des (verkürzten) Abschlusses nach IFRS;

- Inhalt und Umfang des Zwischenlageberichts und des sog. Bilanzeids werden in Deutschland durch DRS 16 in Ergänzung der gesetzlichen Regelungen bestimmt;

- Angabe von Vorjahreswerten im Zwischenbericht;

- Grundsätzlich Anwendung der gleichen Rechnungslegungsgrundsätze wie im Jahres- bzw. Konzernabschluss.

3.6.7 Hinweise zur Vertiefung

Zwischenberichterstattungspflichten ergeben sich in Deutschland insbesondere aus den §§ 37w ff. WpHG, die einleitend nur im Überblick dargestellt wurden (vgl. 3.6.2) und einschl. besonderer Anforderungen der Börsen anhand der Kommentarliteratur zum WpHG bzw. zu Kapitalmarktvorschriften vertieft werden können.[26]

Zur nach diesen Vorschriften des WpHG geforderten **Lageberichterstattung** bzw. zu **Zwischenmitteilungen** nach § 37x WpHG wird auf DRS 16 verwiesen, da diese Berichtsbestandteile in IAS 34 nicht bzw. nur ansatzweise erläutert werden.

Besondere **praktische Problembereiche**, die sich anhand der einschlägigen IFRS-Kommentarliteratur erarbeiten lassen, betreffen:

- Latente Steuern i.S.d. IAS 12 im Zwischenbericht;

- Spätere Änderungen von Bilanzierungs- und Bewertungsmethoden mit Rückwirkung auf vorangegangene Zwischenberichte (IAS 34.43-45 i.V.m. IAS 8).

---

[26] Vgl. z.B. die WpHG-Kommentare: Assmann/Schneider u.a. (2009); Fuchs (2009).

Teil 2 Besonderheiten der Konzernrechnungslegung nach IFRS

4 Einführende Themen zum Konzernabschluss

4.1 Der IFRS-Konzernabschluss in Deutschland

4.1.1 Überblick über die anzuwendenden Rechtsgrundlagen

4.1.1.1 Vorschriften zum Konzernabschluss nach HGB

Das HGB verfügt in seinen §§ 290 ff. HGB über **eigene handelsrechtliche Vorschriften** zur Konzernrechnungslegung. Somit haben in Deutschland ansässige Mutterunternehmen eigentlich nur unter Beachtung der nachfolgend im Überblick dargestellten nationalen Regelungen die Aufstellung und den Inhalt eines Konzernabschlusses zu beurteilen:

■ Pflicht zur Aufstellung eines Konzernabschlusses und Befreiungen (§§ 290-293 HGB),

■ Konsolidierungskreis einschl. Ausnahmen von der Einbeziehung (§§ 294-296 HGB),

■ Inhalt und Form des Konzernabschlusses (§§ 297-299 HGB),

■ Konsolidierungsgrundsätze und -technik (§§ 300-312 HGB), differenziert nach

  – Vollkonsolidierung (§§ 300-309 HGB),
  – Quotenkonsolidierung (§ 310 HGB),
  – Equity-Methode für assoziierter Unternehmen (§ 311-312 HGB),

■ Konzernanhang (§§ 314-315 HGB),

■ Konzernlagebericht (§ 315 HGB).

Neben diesen gesetzlichen Vorschriften bestehen zahlreiche **nationale Standards,** die der Deutsche Standardisierungsrat, eine Organisation des Deutschen Rechnungslegungs Standards Committee e.V. (DRSC), erlassen hat. Diese Standards basieren letztlich auf einer sich aus § 342 Abs. 1 HGB ergebenden Ermächtigung des Bundesministeriums der Justiz, eine privatrechtliche organisierte Einrichtung wie den DSR mit der Erarbeitung von Standards zu den Grundsätzen über die Konzernrechnungslegung zu beauftragen. Wenn die vom DSR erarbeiteten Standards vom Bundesministerium der Justiz nach § 342 Abs. 2 HGB bekannt gemacht worden sind, haben sie die Vermutung für sich, Grundsätze ordnungsmäßiger Buchführung der Konzernrechnungslegung zu sein. Sie sind damit zwar nicht Gesetz, aber vereinfacht gesprochen gesetzlich legitimiert.

4.1.1.2   IFRS-Standards zum Konzernabschluss

Ein nach den IFRS aufgestellter Konzernabschluss hat zum einen den gesamten **Standards, die auch für den IFRS-Jahresabschluss gelten**, zu genügen. Insoweit kann auf den Teil I dieses Lehrbuchs verwiesen werden. Für die Aufstellung eines Konzernabschlusses global agierender Konzerne und die Vorgehensweise bei der Konsolidierung haben von diesen allgemein gültigen Standards insbesondere IAS 21 (Auswirkungen von Wechselkursänderungen) und IAS 29 (Rechnungslegung in Hochinflationsländern) besondere Bedeutung.

Daneben beschäftigen sich einige Standards fast ausschließlich mit spezifischen Problemen der Konzernrechnungslegung. Diese **konzernspezifischen Standards** sind im Überblick:

- IAS 27, der hinsichtlich seiner Vorschriften zur Konzernrechnungslegung zukünftig durch IFRS 10 ersetzt wird (Pflicht zur Aufstellung eines Konzernabschlusses, Konsolidierungskreis, Konsolidierungsgrundsätze, Konsolidierungsmaßnahmen),

- IFRS 3, der auch im Jahresabschluss beim Asset-Deal oder bei Verschmelzung zu beachten ist (Kapitalkonsolidierung im Rahmen der Vollkonsolidierung),

- IAS 31, der zukünftig durch IFRS 11 ersetzt wird (Gemeinschaftsunternehmen),

- IAS 28 (Anteile an assoziierten Unternehmen),

- IFRS 12 (Angaben zu Anteilen an anderen Unternehmen).

Diese Standards werden ergänzt durch die Interpretation SIC-12, die der Frage der Einbeziehung von sog. Zweckgesellschaften in den Konzernabschluss und damit einer Frage zum Konsolidierungskreis nachgeht. Die Regelungen zum SIC-12 sind in den vom IASB im Mai 2011 veröffentlichten IFRS 10 (Konzernabschlüsse) eingegangen und wurden durch diesen ersetzt. Sowohl diese Aufhebung des SIC-12 als auch IFRS 10 selbst bedürfen zu ihrer Anwendbarkeit im EU-Raum der Anerkennung in der EU (Endorsement-Verfahren).

4.1.1.3   Vorschriften zum IFRS-Konzernabschluss in Deutschland

Der handelsrechtliche Konzernabschluss bezweckt anders als der handelsrechtliche Jahresabschluss nicht die Kapitalerhaltung i.S. einer Ausschüttungssperre, d.h. er stellt nicht die Grundlage für Ausschüttungen dar. Diese erfolgen immer auf Basis des im Jahresabschluss ausgewiesenen Ergebnisses bzw. Bilanzgewinns. Allerdings verlangt der handelsrechtliche Konzernabschluss i.S. einer ‚Kapitalerhaltung aufgrund von Informationen' wie der Jahresabschluss eine vorsichtige Gewinnermittlung, die dem Abschlussadressaten mit Jahresabschlüssen vergleichbare Informationen über das Ausschüttungspotenzial und über die Bestandssicherheit des Konzerns vermitteln soll.[27] Damit erlangt im handelsrechtlichen Konzernabschluss mit dem Rechenschaftszweck und dem Zweck der Kapitalerhaltung aufgrund von Informationen die Informationsvermittlung (zu den Abschlusszwecken vgl. 1.1) eine größere Bedeutung als im Jahresabschluss. Vor diesem Hintergrund fiel es dem deutschen Gesetzgeber vergleichsweise leicht, einen nach internationalen Vorschriften

---

[27] Vgl. Baetge/Kirsch/Thiele (2011), S. 44 ff.

aufgestellten und damit stark an den Informationsbedürfnissen der Anleger orientierten Konzernabschluss als Ersatz für den handelsrechtlichen Konzernabschluss zuzulassen.

Wie bereits im einleitenden Kapitel zum Jahresabschluss erläutert (vgl. 1.1), darf in Deutschland nach geltender Rechtslage im Gegensatz zum Jahresabschluss ein Konzernabschluss eines deutschen Mutterunternehmens in jedem Fall nach den Vorschriften der IFRS aufgestellt werden (§ 315a Abs. 3 HGB). Für kapitalmarktorientierte Unternehmen besteht aufgrund der Vorgaben der sog. IAS-Verordnung der EU[28] nach § 315a Abs. 1, 2 HGB gar eine Pflicht zur Aufstellung des Konzernabschlusses nach den Vorschriften der IFRS (vgl. auch **Abbildung 1.2**).

Obwohl damit der IFRS-Konzernabschluss in Deutschland anstelle des HGB-Konzernabschlusses aufgestellt und veröffentlicht werden darf bzw. muss, möchte der deutsche Gesetzgeber sich nicht ausschließlich auf das IFRS-Regelwerk stützen. Vielmehr wird in § 315a Abs. 1 HGB die **Beachtung** ausgewählter **handelsrechtlicher Vorschriften** im IFRS-Konzernabschluss verlangt, ohne die dieser nicht den in Deutschland geltenden Anforderungen eines Konzernabschlusses genügt. Diese Vorschriften, die bei Aufstellung des IFRS-Konzernabschluss ergänzend zu berücksichtigen sind im Überblick insbesondere:

- Vorlage- und Auskunftspflichten der Tochterunternehmen gegenüber dem Mutterunternehmen (§ 294 Abs. 3 HGB),

- Abgabe des sog. ‚Bilanzeids‘ der gesetzlichen Vertreter des Mutterunternehmens (§ 297 Abs. 2 S. 4 HGB),

- Aufstellung in deutscher Sprache und in EUR sowie Unterzeichnungspflicht des Konzernabschlusses (§ 298 Abs. 1 i.V.m. §§ 244, 245 HGB),

- Ausgewählte Anhangangaben (§ 313 Abs. 2-3; § 314 Abs. 1 Nr. 4, 6, 8, 9 und Abs. 2 S. 2 HGB),

- Aufstellung eines Konzernlageberichts (§ 315 HGB),

- Vorschriften zur Prüfung und Offenlegung des Konzernabschlusses (§§ 316 ff. HGB).

In § 315a Abs. 1 HGB ist eindeutig festgelegt, dass der deutsche Gesetzgeber auch mit Blick auf den IFRS-Konzernabschluss nicht auf die Anwendung der Vorschriften des Ersten Titels des Zweiten Unterabschnittes aus dem Dritten Buch des HGB verzichtet. Die dort geregelte **Aufstellungspflicht der §§ 290-293 HGB** gilt damit auch für den IFRS-Konzernabschluss. M.a.W ist auch die Pflicht zur Aufstellung eines Konzernabschlusses nach IFRS i.S.d. § 315a HGB <u>nur dann</u> gegeben, wenn nach §§ 290-293 HGB – also nach nationalen Vorschriften – eine Konzernrechnungslegungspflicht besteht. Dies bedeutet, dass die originären Regelungen der IFRS zur Konzernrechnungslegungspflicht (vgl. 5.1.2) für die Beurteilung der Konzernrechnungslegungspflicht in Deutschland nach § 315a HGB unbeachtlich sind. Aus diesem Grund wird im folgenden Kapitel kurz auf die Konzernrechnungslegungspflicht in Deutschland eingegangen.

---

[28] VO EG 1606/2002.

4.1.2   Konzernrechnungslegungspflicht

Nach § 315a Abs. 1 HGB hat ein deutsches Mutterunternehmen nur dann einen Konzernabschlusses nach IFRS aufzustellen, wenn sich aus den deutschen gesetzlichen Regelungen eine grundsätzliche Pflicht zur Konzernrechnungslegung ergibt (vgl. 4.1.1.3). Für besonders große Personengesellschaften kann sich eine solche Aufstellungspflicht aus § 11 PublG ergeben. Haftungsbeschränkte Personengesellschaften i.S.d. § 264a HGB, wie z.B. die GmbH & Co. KG, haben jedoch wie Kapitalgesellschaften zu prüfen, ob sie nach den §§ 290-293 HGB zur Konzernrechnungslegung verpflichtet sind. Die Prüfung der Konzernrechnungslegungspflicht lässt sich zusammengefasst in **zwei Schritten** darstellen[29]:

1. **Liegt ein Mutter-Tochterverhältnis vor?**

   Ein Mutter-Tochterverhältnis liegt vor, wenn das (potenzielle) Mutterunternehmen auf ein anderes Unternehmen (Tochterunternehmen) unmittelbar oder mittelbar einen beherrschenden Einfluss ausüben kann (§ 290 Abs. 1 HGB). Ein solch beherrschender Einfluss besteht nach § 290 Abs. 2 HGB stets (aber nicht ausschließlich), wenn dem Mutterunternehmen

   – die Mehrheit der Stimmrechte des anderen Unternehmens zusteht,
   – als Gesellschafter die Bestellungs- und Abberufungsrechte des Verwaltungs-, Leitungs- oder Aufsichtsorgans des anderen Unternehmens zusteht,
   – kraft Beherrschungsvertrag oder Satzung das Recht zusteht, die Finanz- und Geschäftspolitik des anderen Unternehmens zu bestimmen,

   oder

   – die Mehrheit der Risiken und Chancen des anderen Unternehmens zufallen, das nur zur Erreichung eines eng begrenzten und genau definierten Ziels des Mutterunternehmens dient (Zweckgesellschaft).

   Die in der praktischen Anwendung komplexen Voraussetzungen werden detailliert durch den Deutschen Rechnungslegungs Standard 19 (DRS 19) – mithin nicht durch Regelungen der IFRS – konkretisiert.

   Liegt hiernach kein Mutter-Tochterverhältnis vor, ist auch keine Konzernrechnungslegungspflicht gegeben. Die weiteren Prüfschritte entfallen.

2. **Kann sich das Mutterunternehmen von der Konzernrechnungslegungspflicht befreien lassen?**

   Das HGB sieht vier Befreiungstatbestände vor, nach denen sich ein Mutterunternehmen von seiner Konzernrechnungslegungspflicht befreien lassen kann:

---

[29] Zu Details vgl. z.B. Baetge/Kirsch/Thiele (2011), S. 83-105-

a. Unterschreitet der (potenzielle) Konzern die in § 293 Abs. 1 definierten Größenkriterien, so ist kein Konzernabschluss aufzustellen. Diese Befreiungsmöglichkeit gilt nicht, wenn das Mutter- oder Tochterunternehmen kapitalmarktorientiert sind i.S.d. § 264d HGB (§ 293 Abs. 5 HGB).

b. Wird das Mutterunternehmen seinerseits mit seinen Tochterunternehmen bereits in einen anderen Konzernabschluss eines Unternehmens einbezogen, das seinen Sitz in der EU oder im EWR hat, so braucht es unter den in § 291 HGB genannten Bedingungen keinen eigenen Konzernabschluss aufzustellen. Diese Befreiungsmöglichkeit gilt nicht für ein kapitalmarktorientiertes Mutterunternehmen (§ 291 Abs. 3 Nr. 1 HGB) oder wenn die Gesellschafter des Mutterunternehmens mit einem bestimmten Mindestumfang an Stimmrechten die Aufstellung eines Konzernabschlusses beantragt haben (§ 291 Abs. 3 Nr. 2 HGB).

c. Eine entsprechende Regelung wie zu b. ist in § 292 HGB i.V.m. der Konzernabschlussbefreiungsverordnung geschaffen worden für den Fall, dass das inländische Mutterunternehmen seinerseits mit seinen Tochterunternehmen bereits in den Konzernabschluss eines Mutterunternehmens mit Sitz außerhalb der EU bzw. des EWR einbezogen wird.

d. Das deutsche Handelsrecht sieht zudem in § 296 HGB Möglichkeiten vor, Tochterunternehmen nicht in den Konzernabschluss einbeziehen zu müssen (Wahlrecht) wenn das Mutterunternehmen in der Ausübung seiner Rechte erheblich und dauernd beschränkt ist, wenn die für den Konzernabschluss erforderlichen Angaben nicht ohne unverhältnismäßig hohe Kosten oder Verzögerungen zu erhalten sind oder wenn die Anteile an dem Tochterunternehmen nur zur Weiterveräußerung gehalten werden (§ 296 Abs. 1 HGB). Außerdem darf auf die Einbeziehung von Tochterunternehmen in den Konzernabschluss verzichtet werden, wenn diese einzeln und insgesamt für den Konzernabschluss unwesentlich sind (§ 296 Abs. 2 HGB). Dieses eigentlich der Frage der Aufstellungspflicht nachgelagerte Frage zum Umfang der in den Konzernabschluss einzubeziehenden Unternehmen (Konsolidierungskreis) hat dann Rückwirkung auf die Frage der Aufstellungspflicht, wenn ein Mutterunternehmen unter Berufung auf § 296 HGB keines seiner Tochterunternehmen in den Konzernabschluss einzubeziehen braucht. In diesem Fall entspräche der Konzernabschluss weitgehend dem Jahresabschluss des Mutterunternehmens, so dass in diesem Fall eine Konzernrechnungslegungspflicht nicht gegeben ist (§ 290 Abs. 5 HGB).

Kann hiernach bei zumindest einem bestehenden Mutter-Tochterverhältnis keine der handelsrechtlichen Befreiungsvorschriften in Anspruch genommen werden, ist in Deutschland ein Konzernabschluss aufzustellen. Dieser folgt grundsätzlich den Vorschriften des HGB (§§ 290 ff. HGB). Ist das Mutterunternehmen indes kapitalmarktorientiert, ist der Konzernabschluss zwingend nach IFRS aufzustellen (§ 315a Abs. 1 bzw. Abs. 2 HGB). In allen anderen Fällen darf der Konzernabschluss freiwillig statt nach HGB nach IFRS aufgestellt werden (§ 315a Abs. 3 HGB).

Fall:

Eine kapitalmarktorientierte AG hat ein einziges Tochterunternehmen (§ 290 HGB). Dieses ist jedoch für die AG in allen Belangen so unbedeutend, dass die AG nach § 296 Abs. 2 HGB auf dessen Einbeziehung in ihren Konzernabschluss verzichten möchte. Nach Einschätzung des Wirtschaftsprüfers der AG ist nach IFRS 10 (vgl. 5.1.3) in diesem Fall ein solcher Verzicht auf die Einbeziehung des kleinen Tochterunternehmens nicht zulässig.

Hat die AG einen Konzernabschluss nach IFRS aufzustellen?

Lösung:

Die Konzernrechnungslegungspflicht der AG richtet sich nach den §§ 290-293 HGB. Laut Sachverhalt ist zwar ein Mutter-Tochterverhältnis i.S.d. § 290 HGB gegeben. Die AG kann jedoch zulässigerweise nach § 296 Abs. 2 HGB auf eine Einbeziehung des Tochterunternehmens in den Konzernabschluss verzichten. Für diesen Fall sieht § 290 Abs. 5 HGB vor, dass die AG nicht der handelsrechtlichen Konzernrechnungslegungspflicht unterliegt. Damit ist kein Konzernabschluss aufzustellen – auch nicht nach IFRS, obwohl nach IFRS 10 eigentlich eine Konzernrechnungslegungspflicht gegeben wäre. (Hinweis: Eine solche kapitalmarktorientierte AG, die keinen Konzernabschluss aufzustellen hat, hat ihren handelsrechtlichen Jahresabschluss pflichtmäßig um eine Kapitalflussrechnung und um einen Eigenkapitalspiegel zu erweitern (§ 264 Abs. 1 S. 2 HGB)).

4.2   Überblick zur IFRS-Konzernrechnungslegung

Im IFRS-Jahresabschluss des Mutterunternehmens werden Anteile an Tochterunternehmen als eigenständige Vermögenswerte nach IAS 27 bilanziert (vgl. 2.8). Der IFRS-Konzernabschluss folgt hingegen der sog. Erwerbsmethode (IFRS 3.4), nach der nicht der Anteil an einem in den Konzernabschluss einzubeziehenden Tochterunternehmen, sondern die einzelnen Vermögenswerte und Schulden dieses Tochterunternehmens im Konzernabschluss des Mutterunternehmens zu zeigen sind. Dieses Ziel verlangt eine bestimmte Vorgehensweise, um aus den vorhandenen Jahresabschlüssen des Mutterunternehmens und seiner Tochterunternehmen einen Konzernabschluss zu formen.

Diese grundsätzliche, schrittweise Vorgehensweise soll nachfolgend im Überblick dargestellt werden. Die einzelnen Schritte werden bei der Erläuterung der jeweiligen Standards eingehender erläutert. Hierbei stellt sich IAS 27, der zukünftig durch IFRS 10 ersetzt wird, als zentraler Standard des IFRS-Regelwerks dar.

Tabelle 4.1 Die Schritte zum Konzernabschluss

Arbeitsschritt	Gegenstand des Arbeitsschritts	Standard	Kapitel
1. Konzernrechnungslegungspflicht	Klärung der Frage, ob überhaupt ein Konzernabschluss aufzustellen ist	§§ 290-293 HGB	vgl. 4.1.2
		(IAS 27 bzw. IFRS 10)	vgl. 5.1.2
2. Festlegung des Konsolidierungskreises	Klärung der Frage, welche Unternehmen in den Konzernabschluss einzubeziehen sind	IAS 27 bzw. IFRS 10	vgl. 5.1.3
3. Vereinheitlichung der Bilanzierungs- und Bewertungsmaßnahmen zum Konzernabschlussstichtag; Ergebnis: sog. HB II der einzelnen Tochterunternehmen	Anpassung der Jahresabschlüsse der im Rahmen der Vollkonsolidierung einzubeziehenden Unternehmen an konzerneinheitliche Standards zum Abschlussstichtag des Konzerns (Bilanzierungs- und Bewertungsmethoden, Währungsumrechnung)	IAS 27 bzw. IFRS 10	vgl. 5.1.4
4. Neubewertung der einzelnen HB II der einzubeziehenden Tochterunternehmen; Ergebnis: sog. HB III der einzelnen Tochterunternehmen	Die in den HB II der vollzukonsolidierenden Tochterunternehmen enthaltenen einzelnen Vermögenswerte und Schulden werden neu bewertet.	IFRS 3	vgl. 5.2.2.2
5. Erstellung des Summenabschlusses	Addition der Bilanz und GuV des Jahresabschlusses des Mutterunternehmens mit den HB III der vollzukonsolidierenden Tochterunternehmen	IAS 27 bzw. IFRS 10	vgl. 5.1.4
6. Durchführung der Konsolidierungsmaßnahmen der Vollkonsolidierung	Eliminierung von im Summenabschluss enthaltenen konzerninternen Sachverhalten (Beteiligungen, Schuldverhältnisse, Zwischengewinne)	IAS 27 bzw. IFRS 10 IFRS 3	vgl. 5.1.5 vgl. 5.2.2.3
7. Erfassung von gemeinschaftlichen Vereinbarungen	Erfassung von gemeinschaftlich mit anderen (Mutter-)Unternehmens geführten Unternehmen im Rahmen der Quotenkonsolidierung bzw. der Equity-Methode	IAS 31 bzw. IFRS 11	vgl. 5.3
8. Erfassung von assoziierten Unternehmen und Joint Ventures	Equity-Methode für nicht vollzukonsolidierender Anteile	IAS 28 bzw. IAS 31	vgl. 5.4

Daneben hat der IASB im Mai 2011 mit IFRS 12 (Angaben zu Anteilen an anderen Unternehmen) einen zentralen Standard zu Angabepflichten im Zusammenhang mit der Erfassung von Unternehmensanteilen im Konzernabschluss geschaffen (vgl. 5.5). Dieser neue Standard bezieht sich im Wesentlichen auf Maßnahmen zur Konzernabschlusserstellung, die aus den Standards IFRS 10, IFRS 11 und IAS 28 resultieren.

4.3   Wiederholung der Grundlagen des Konzernabschlusses in Stichworten

Die folgenden Stichworte geben die wesentlichen Inhalte des Kapitels 4 wieder:

- Frage der Konzernrechnungslegungspflicht wird in Deutschland nach den Vorschriften des HGB (einschl. der Befreiungstatbestände) unter Berücksichtigung des DRS 19 beurteilt;

- Kapitalmarktorientierte Mutterunternehmen i.S.d. § 315a Abs. 1 bzw. Abs. 2 HGB haben ihren Konzernabschluss pflichtmäßig nach IFRS aufzustellen;

- Andere Mutterunternehmen dürfen ihren Konzernabschluss freiwillig statt nach HGB nach IFRS aufstellen (§ 315a Abs. 3 HGB);

- Zur grundsätzlichen Vorgehensweise der Erstellung eines Konzernabschlusses nach IFRS vgl. **Tabelle 4.1**.

5 Standards zum Konzernabschluss

Die Ausführungen in den folgenden Kapiteln erfassen die wesentlichen Kernaussagen der spezifischen Standards zur Konzernrechnungslegung nach IFRS. Eine tiefgehende Komplettdarstellung der Konsolidierungstechniken ist im Rahmen einer Einführung in die IFRS weder möglich noch sinnvoll. Insoweit sein auf Lehrbücher verwiesen, die sich ausschließlich der Konzernrechnungslegung widmen [4] [17].

5.1 IAS 27 / IFRS 10 - Konzernabschluss

5.1.1 Überblick zu IAS 27 und IFRS 10

▶   IAS 27.1-8; IFRS 10.1-4

Der Standard IAS 27 hat in seiner am 12.06.2009 von der EU übernommenen Fassung (**Endorsement-Verfahren**) neben der Bilanzierung von Beteiligungen im IFRS-Jahresabschluss (vgl. 2.8) insbesondere die Aufstellung des Konzernabschlusses zum **Gegenstand**. IAS 27 wurde am 12.05.2011 durch den IFRS 10 ersetzt, der sich ausschließlich mit dem Konzernabschluss befasst. Der Abschluss des Endorsement-Verfahrens zum IFRS 10 steht jedoch noch aus. Da indes seine Übernahme durch die EU noch in 2012 zu erwarten ist, werden im Folgenden beide Standards dargestellt, die sich jedoch für Zwecke dieses Lehrbuchs im Wesentlichen nur in den Fragen der Konzernrechnungslegungspflicht (vgl. 5.1.2) und des Konsolidierungskreises (vgl. 5.1.3) unterscheiden.

Der **Aufbau des IAS 27** stellt sich wie folgt dar:

- Anwendungsbereich des Standards (IAS 27.1-3)
- Definitionen (IAS 27.4-8)
- Darstellung des Konzernabschlusses (IAS 27.9-11)
- Konsolidierungskreis (IAS 27.12-17)
- Konsolidierungsverfahren (IAS 27.18-31)
- Verlust der Beherrschung (IAS 27.32-37)
- Bilanzierung von Unternehmensanteilen im Einzelabschluss (IAS 27.38-40)
- Angaben (IAS 27.41-43)
- Vorschriften zum zeitlichen Anwendungsbereich des Standards (IAS 27.44-46).

Der **Anwendungsbereich des IAS 27** erfasst insbesondere den Konzernabschluss (zur Anwendung des IAS 27 im IFRS-Jahresabschluss vgl. 2.8) und hierbei von den in der **Tabel-**

le **4.1** dargestellten Schritten (bitte nochmals kurz durchgehen) die Schritte 1., 2., 3., 5. und 6. Damit ist die Vollkonsolidierung von Tochterunternehmen im Wesentlichen durch IAS 27 abgedeckt. Die Kapitalkonsolidierung als eine der wichtigsten Konsolidierungsmaßnahmen der Vollkonsolidierung ist jedoch separat in IFRS 3 geregelt (vgl. 5.2). Als **wichtige Definition** soll an dieser Stelle vorab nur auf die des Konzernabschlusses eingegangen werden, unter dem nach IAS 27 der Abschluss einer Unternehmensgruppe, der die Unternehmen der Gruppe so darstellt, als handle es sich bei ihnen um ein einziges Unternehmen. Alle weiteren in IAS 27.4 genannten Definitionen beschreiben den Regelungskreis des Standards, so dass sie in den folgenden Kapiteln an jeweils geeigneter Stelle angebracht werden.

IAS 27 wird in absehbarer Zeit auch auf EU-Ebene nicht mehr für den Konzernabschluss anzuwenden sein, wenn der neue **IFRS 10** das Endorsement-Verfahren der EU durchlaufen hat. IFRS 10 ist wie folgt aufgebaut:

■ Zielsetzung des Standards (IFRS 10.1-3)

■ Anwendungsbereich des Standards (IFRS 10.4)

■ Beherrschung (IFRS 10.5-18)

■ Konzernrechnungslegung (IFRS 10.19-26)

■ Definitionen (Anhang A des Standards)

■ Anhang B: Anleitung zur Anwendung (IFRS 10.B1-B99)

■ Anhang C: Vorschriften zum zeitlichen Anwendungsbereich des Standards

■ Anhang D: Änderungen anderer Standards durch IFRS 10.

Der **Anwendungsbereich des IFRS 10** beschränkt sich damit ausschließlich auf den Konzernabschluss. Er umfasst jedoch wie IAS 27 von den in der **Tabelle 4.1** dargestellten Schritten die Schritte 1., 2., 3., 5. und 6. zur Vollkonsolidierung von Tochterunternehmen (zu aktuellen Entwicklungen vgl. 5.1.8). Die Kapitalkonsolidierung ist als Teil der Vollkonsolidierung weiterhin in IFRS 3 geregelt (vgl. 5.2). Die **Definition** des Konzernabschlusses in Anhang A des Standards unterscheidet sich nicht inhaltlich, sondern lediglich hinsichtlich seiner präziseren Wortwahl von derjenigen in IAS 27.4.

5.1.2   Konzernrechnungslegungspflicht

▶   §§ 290-293 HGB; IAS 27.4, IAS 27.9-11; IFRS 10.4, IFRS 10.A

Die Konzernrechnungslegungspflicht **deutscher Mutterunternehmen** entscheidet sich nach deutschem Recht, insb. nach den §§ 290-293 HGB (vgl. 4.1.2). Aus IAS 27 bzw. IFRS 10 ergibt sich auch eine originäre – allerdings in Deutschland unbeachtliche – Konzernrechnungslegungspflicht für Mutterunternehmen. Daher wird im Folgenden auf die sich originär aus den IFRS ergebende Konzernrechnungslegungspflicht nur kurz eingegangen.

Ein Mutterunternehmen ist nach den **originären Vorschriften des IAS 27** ein Unternehmen mit einem oder mehreren Tochterunternehmen, wobei das Tochterunternehmen von dem Mutterunternehmen beherrscht wird (IAS 27.4). Unter Beherrschung wird nach IAS 27.4 die Möglichkeit verstanden, die Finanz- und Geschäftspolitik eines anderen Unternehmens zu bestimmen, um aus dessen Tätigkeit Nutzen zu ziehen. Die Frage der Beherrschung wird insbesondere im Rahmen der Abgrenzung des Konsolidierungskreises zu klären sein (vgl. 5.1.3.1). Insoweit greifen Konzernrechnungslegungspflicht und Abgrenzung des Konsolidierungskreises ineinander.

Allerdings ist in IAS 27.10 unter den folgenden kumulativ zu erfüllenden Voraussetzungen eine Ausnahme von der Aufstellungspflicht vorgesehen:

■ das Mutterunternehmen selbst wird als Tochterunternehmen in einen Konzernabschluss eines anderen Mutterunternehmens einbezogen (IAS 27.10(a)),

■ die (etwaigen) Minderheitsgesellschafter des Mutterunternehmens sind darüber informiert, dass kein Konzernabschluss erstellt wird, und sie erheben hiergegen keine Einwände (IAS 27.10(a)),

■ das Mutterunternehmen ist nicht kapitalmarktorientiert (IAS 27.10(b)), und es beabsichtigt auch nicht die Inanspruchnahme eines öffentlichen Kapitalmarktes (IAS 27.10(c))

   und

■ der Konzernabschluss, in den das Mutterunternehmen als Tochterunternehmen einbezogen wird, wird nach den IFRS aufgestellt und veröffentlicht (IAS 27.10(d)).

Nach **IFRS 10** wird sich an dieser IFRS-originären – aber in Deutschland weiterhin unbeachtlichen (vgl. 4.1) – Konzernrechnungslegungspflicht formal kaum etwas ändern (IFRS 10.A, IFRS 10.4). Lediglich Pläne für Leistungen im Anwendungsbereich des IAS 19 (Leistungen an Arbeitnehmer; vgl. 2.16) sind zusätzlich zur bisherigen Rechtslage von der Konzernrechnungslegungspflicht ausgenommen (IFRS 10.4(b)). Allerdings ist das Beherrschungskonzept, das der Feststellung eines Mutter-Tochterverhältnisses zugrunde liegt, nach IFRS 10 anders als das nach IAS 27 (vgl. 5.1.3.2).

Die Frage der Beherrschung ist damit ein entscheidendes Thema in der Konzernrechnungslegung. Sie ist als Frage der Abgrenzung des Konsolidierungskreises – anders als die Konzernrechnungslegungspflicht – nicht nach dem HGB, sondern nach IFRS zu beantworten.

5.1.3   Konsolidierungskreis

Während sich die Konzernrechnungslegungspflicht für deutsche Mutterunternehmen allein aus den §§ 290-293 HGB ergibt, ist die Frage des Konsolidierungskreises ausschließlich nach IAS 27 bzw. zukünftig nach IFRS 10 zu beantworten. Hierbei werden Tochterunternehmen bzw. Anteile an anderen Unternehmen entsprechend des Grades der Beherrschungs- bzw. Einflussmöglichkeiten durch das Mutterunternehmen auf verschiedene Arten in den Konzernabschluss aufgenommen.

Abbildung 5.1   Konsolidierungskreis nach IFRS

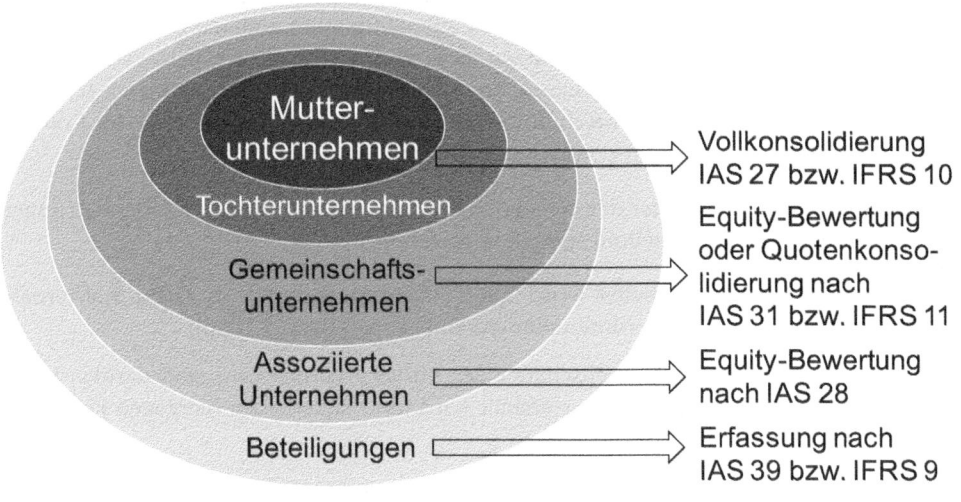

IAS 27 bzw. zukünftig IFRS 10 behandeln ausschließlich die Vollkonsolidierung von Tochterunternehmen, mit der die vollständige Einbeziehung der Vermögenswerte und Schulden der Tochterunternehmen und die vollständige Eliminierung konzerninterner Beziehungen einhergehen. Dem IAS 27 und dem neuen IFRS 10 liegen hierbei jeweils das Beherrschungskonzept (Controlkonzept) zugrunde. Dieses wird jedoch in den beiden Standards unterschiedlich ausgefüllt, so dass im Folgenden die Abgrenzung des Konsolidierungskreises nach IAS 27 und nach IFRS 10 getrennt dargestellt wird.

Gemeinschaftsunternehmen (vgl. 5.3) und assoziierte Unternehmen (vgl. 5.4) sind im Konzernabschluss nach besonderen Methoden zu erfassen, die die schwächer ausgeprägten Möglichkeiten des Mutterunternehmens zur Einflussnahme auf diese Unternehmen zum Ausdruck bringen sollen. Die Abgrenzung dieser Unternehmen und die anzuwendenden Methoden sind in gesonderten Standards geregelt.

5.1.3.1   Abgrenzung nach IAS 27

▶   IAS 27.12-17, IAS 27.32-37; SIC-12

In den Vollkonsolidierungskreis sind alle Tochterunternehmen, d.h. alle Unternehmen, die von dem Mutterunternehmen beherrscht werden, aufzunehmen (IAS 27.4, IAS 27.12). Der Begriff der Beherrschung wird definiert als Möglichkeit, die Finanz- und Geschäftspolitik eines Unternehmens zu bestimmen, um aus dessen Tätigkeit Nutzen zu ziehen (IAS 27.4), Diese Definition wird in IAS 27.13 ff. näher konkretisiert. In IAS 27.13 wird zunächst die **widerlegbare Vermutung** aufgestellt, dass im Falle der direkten oder indirekten Stimmrechtsmehrheit eine Beherrschung durch das Mutterunternehmen besteht. Hierbei sind im

Falle der Prüfung der indirekten Stimmrechtsmehrheit, z.B. über Anteile einer Beteiligungsgesellschaft an einer weiteren Gesellschaft, diese der Gesellschafterin des Beteiligungsgesellschaft nur dann zuzurechnen, wenn die Beteiligungsgesellschaft beherrscht wird (vgl. hierzu den Fall am Ende des Kapitels).

Daneben werden unabhängig von der Stimmrechtsmehrheit **unwiderlegbare Beherrschungsvermutungen** angeführt. Bereits das Vorliegen einer der nachfolgend wiedergegebenen Möglichkeiten kann ein Beherrschungsverhältnis begründen:

a. Vertragliche Stimmrechtsmehrheit,

b. Bestimmung der Finanz- und Geschäftspolitik durch Satzung oder Vereinbarung,

c. Bestellung und Abberufung der Mehrheit der Mitglieder der Geschäftsführungs- und/oder Aufsichtsorgane,

d. Stimmrechtsmehrheit bei Versammlungen der Geschäftsführungs- und/oder Aufsichtsorgane

Wichtig ist, dass sowohl hinsichtlich der widerlegbaren als auch der unwiderlegbaren Vermutungen die reine Möglichkeit zur Ausübung dieser Rechte genügt. Deren tatsächliche Ausübung ist für ein Beherrschungsverhältnis i.S.d. IAS 27.13 ff. unerheblich.

Diese Abgrenzung des Vollkonsolidierungskreises wird in SIC-12 um Regelungen zur Einbeziehung sog. **Zweckgesellschaften**, auch ‚Special Purpose Entity / SPE' genannt, ergänzt. Zweckgesellschaften werden zur Erreichung eines engen und genau definiertes Ziels gegründet, z.B. zur Aufnahme eines Leasingobjekts als Leasinggeber oder im Rahmen von Transaktionen zur Verbriefung von Forderungen. Unternehmen, für deren Zweck diese Gesellschaften gegründet wurden, halten i.d.R. weder die Mehrheit der Anteile an diesen Zweckgesellschaften, noch nehmen sie auf diese durch die anderen in IAS 27.13 angeführten Beherrschungsmöglichkeiten Einfluss. Sie werden damit nicht in den Konzernabschluss einbezogen, obwohl das (potenzielle) Mutterunternehmen die Zweckgesellschaft ggf. wirtschaftlich beherrscht. SIC-12 stellt daher ergänzend zu IAS 27 Indikatoren auf, die einzeln für das Vorliegen einer Beherrschung durch das Mutterunternehmen und damit für den Einbezug der Zweckgesellschaft in den Konzernabschluss sprechen können:

a. Aktivitäten der Zweckgesellschaft werden nach spezifischen Erfordernissen des (potenziellen) Mutterunternehmens (‚Sponsors') geführt;

b. „Auto-Pilot"-Mechanismus der Zweckgesellschaft, d.h. sämtliche unternehmerischen Entscheidungen werden schon bei Gründung in der Satzung festgelegt;

c. (potenzielles) Mutterunternehmen hat das Recht, einen Großteil des Nutzens aus der Zweckgesellschaft zu ziehen und trägt damit auch Risiken aus deren Geschäftätigkeit;

d. (potenzielles) Mutterunternehmen trägt den überwiegenden Teil der Residual- bzw. Eigentumsrisiken aus der Zweckgesellschaft.

Mit SIC-12 folgt die Abgrenzung des Vollkonsolidierungskreises einer vornehmlich wirtschaftlich orientierten Betrachtungsweise. Demgegenüber stellt IAS 27 im Wesentlichen auf rechtliche Aspekte der Beherrschungsmöglichkeit ab.

Werden hiernach die Voraussetzungen der Beherrschung nach IAS 27.13 ff. bzw. SIC-12 erfüllt, besteht grundsätzlich Vollkonsolidierungspflicht. Weder die Geschäftätigkeit des Mutterunternehmens (IAS 27.16), noch Unterschiede in der Geschäftstätigkeit zwischen Mutter- und Tochterunternehmen begründen hierzu eine **Ausnahme**. Eine solche Ausnahme kann lediglich dann gerechtfertigt sein, wenn ein Tochterunternehmen nach den allgemeinen Grundsätzen der IFRS (RK.QC6 f.) für den Konzernabschluss nicht relevant bzw. nicht wesentlich ist. Die Entscheidung über die Wesentlichkeit ist sowohl für das einzelne als auch für alle nicht einbezogenen Tochterunternehmen insgesamt im jeweiligen Einzelfall zu entscheiden. Allgemeine Regeln lassen sich hierzu kaum vorgeben.

<u>Fall</u>:

Gesellschaft A ist an der B-GmbH mit 70% der Stimmrechte und an der C-AG mit 20% der Stimmrechte beteiligt. An der D-KG sind die B-GmbH mit 45% der Stimmrechte und die C-AG mit 55% der Stimmrechte beteiligt. Die unwiderlegbaren Vermutungen nach IAS 27.13 sollen nicht erfüllt sein.

Bestimmen sie den Kreis der vollzukonsolidierenden Unternehmen!

<u>Lösung</u>:

- A ist Mutterunternehmen, da es die B-GmbH unmittelbar über die Mehrheit der Stimmrechte beherrschen kann, so dass A und B in den Konzernabschluss von A einzubeziehen sind.

- Die C-AG kann nicht von A beherrscht werden und ist daher nicht vollzukonsolidieren – aber ggf. als assoziiertes Unternehmen zu berücksichtigen (vgl. 5.4).

- A sind mittelbar über die Mehrheitsbeteiligung an der B-GmbH deren Stimmrechte i.H.v. 45% an der D-KG zuzurechnen. Da A nicht die C-AG beherrscht, sind deren Anteile an der D-KG nicht A zuzurechnen. Somit sind A nur 45% der Stimmrechte der D-KG zuzurechnen, die daher nicht vollzukonsolidieren, aber ggf. als assoziiertes Unternehmen zu berücksichtigen (vgl. 5.4).

5.1.3.2   Zukünftige Abgrenzung nach IFRS 10

▶   IFRS 10.5-18; IFRS 10.B2-B85

Am 22. Mai 2011 hat der IASB die konzernspezifischen Regelungen des IAS 27 (vgl. 5.1.1) und des SIC-12 (vgl. 5.1.3.1) durch IFRS 10 ersetzt. IFRS 10 ist jedoch erst nach dem Abschluss des Endorsement-Verfahrens in der EU anzuwenden. Die im Vergleich zu den Regelungen des IAS 27 vorgenommenen Änderungen des IFRS 10 betreffen im Wesentlichen die Abgrenzung des Konsolidierungskreises und hier die Frage, wann eine Beherrschung durch das (potenzielle) Mutterunternehmen gegeben ist.

Die Bestimmung einer Beherrschungsmöglichkeit ist nach IFRS 10 recht komplex geraten und verlangt mehr Einzelfallentscheidungen, da mit harten Kriterien wie noch in IAS 27 zurückhaltend argumentiert wird. Vielmehr wird eine eher wirtschaftlich orientierte Betrachtungsweise zugrunde gelegt (vgl. z.B. IFRS 10.8). Daher soll im Rahmen einer Einführung in die IFRS im Folgenden vornehmlich das **Grundprinzip** der Beherrschung i.S.d. IFRS 10 erläutert werden. Hierbei ist davon auszugehen, dass die Beherrschung unteilbar ist und somit nicht zwei Unternehmen gleichzeitig ein anderes Unternehmen beherrschen können (IFRS 10.16).

Nach IFRS 10.6 f. ist eine Beherrschung dann gegeben, wenn das (potenzielle) Mutterunternehmen alle der folgenden drei Bedingungen erfüllt:

a. Entscheidungsmacht über das andere Unternehmen (IFRS 10.10-14),

b. Träger von Chancen und Risiken aus Ergebnis- und Wertveränderungen, sog. variabler Rückflüsse (IFRS 10.15-16),

c. Fähigkeit, die Entscheidungsmacht zu nutzen, um Aktivitäten, die sich auf die variablen Rückflüsse (insb. Dividenden) auswirken, zu beeinflussen (IFRS 10.17-18).

In dem Grundfall des IAS 27 wird auch nach IFRS 10 die Mehrheit der Stimmrechte an einem anderen Unternehmen i.d.R. zur **Entscheidungsmacht** und damit zur Beherrschung führen (vgl. aber IFRS 10.B17). Unter den **variablen Rückflüssen** sind sowohl positive (z.B. Dividenden) als auch negative (z.B. Verlustübernahmen) zu verstehen (vgl. auch IFRS 10.B55-B.57). Kann das (potenzielle) Mutterunternehmen mittels der ihm zustehenden Entscheidungsmacht diese variablen Rückflüsse **beeinflussen**, so ist auch das letzte erforderliche Kriterium zur Annahme einer Beherrschung erfüllt.

In der Praxis sind diese Kriterien indes nicht immer eindeutig und zweifelsfrei anwendbar. Eingedenk dessen werden in IFRS 10.B3 einige Anhaltspunkte genannt, die zur Auslegung der drei Kriterien herangezogen werden können:

■ Geschäftszweck und Geschäftsstruktur des anderen Unternehmens (IFRS 10.B5-B8),

■ Beurteilung der relevanten Aktivitäten und der Entscheidungswege in dem anderen Unternehmen (IFRS 10.B11-B13),

■ Beurteilung, inwieweit die Rechte des (potenziellen) Mutterunternehmens zur Beeinflussung der Unternehmensaktivitäten aktuell ausgeübt werden können (IFRS 10.B14-54),

■ Rechte des (potenziellen) Mutterunternehmens auf variable Rückflüsse (IFRS 10.B55-B57),

■ Beurteilung der Möglichkeit des (potenziellen) Mutterunternehmens, die variablen Rückflüsse zu beeinflussen (IFRS 10.B58-72)

Alle potenziellen Tochterunternehmen, mithin auch die bislang gesondert in SIC-12 geregelten **Zweckgesellschaften**, sind einer allgemeingültigen Überprüfung im vorstehenden

Sinne zu unterziehen. Die Komplexität einer solchen Überprüfung wird bereits nicht zuletzt durch die Bezugnahme des Standards auf seinen sehr ausführlich geratenen Anhang B deutlich. Daher ist insbesondere in Fällen ungewöhnlicher oder schwer verständlicher Beziehungen zwischen zwei Unternehmen sehr intensiv zu prüfen, ob ggf. ein Beherrschungsverhältnis i.S.d. IFRS 10 vorliegt. Hierbei wird jedoch wie bisher als **Ausnahme** außerhalb des Anwendungsbereichs des IFRS 10 (vgl. 5.1.1) nach allgemeinen Grundsätzen (RK.QC6 f.) über die Vollkonsolidierung unwesentlicher Tochterunternehmen entschieden werden können.

5.1.4   Konsolidierungsgrundsätze

▶   IAS 27.12-17, IAS 27.32-37, IFRS 10

Die Konsolidierungsgrundsätze des IAS 27 werden durch den neuen IFRS 10 kaum berührt. Weiterhin gilt der **Einheitsgrundsatz**, der aus der Definition des Konzernabschlusses hervorgeht, nach der der Konzernabschluss der Unternehmensgruppe diese mit ihren einzelnen Vermögenswerten, Schulden, Erträgen und Aufwendungen sowie Cashflows so darstellt, als handele sich um ein einziges Unternehmen (IAS 27.6, IFRS 10.A). Dies gilt ab dem **Zeitpunkt**, zu dem das Mutterunternehmen über das vollzukonsolidierende Tochterunternehmen Beherrschung (Control) erlangt hat (Zeitpunkt der Erstkonsolidierung). Da dies auch ein Zeitpunkt während des Geschäftsjahres des Mutterunternehmens sein kann, ist für das Tochterunternehmen ggf. ein Zwischenabschluss auf den Erstkonsolidierungszeitpunkt aufzustellen, so dass erst die ab diesem Zeitpunkt erwirtschafteten Erträge und Aufwendungen in die Konzern-GuV eingehen (IAS 27.26, IFRS 10.B88).

Aus dem Einheitsgrundsatz ergibt sich zwangsläufig, dass im Konzernabschluss auch **einheitliche Bilanzierungs- und Bewertungsmethoden** angewendet werden (IAS 27.24; IFRS 10.B87). Auch eine **einheitliche Währung** ist nach IAS 21 (vgl. 2.27) und ggf. IAS 29 (vgl. 2.28) im Konzernabschluss ist zu gewährleisten. Außerdem ist ein **einheitlicher Abschlussstichtag** für den Konzern zu wählen. Dieser entspricht dem Abschlussstichtag des Mutterunternehmens. Weicht der Abschlussstichtag eines Tochterunternehmens um mehr als drei Monate vom Abschlussstichtag des Mutterunternehmens ab, so hat das Tochterunternehmen einen Zwischenabschluss auf den Stichtag des Konzerns aufzustellen; im Falle einer Abweichung von weniger als drei Monaten genügt eine Anpassung des Jahresabschlusses der Tochter um bis zum Konzern-Abschlussstichtag eingetretene bedeutende Geschäftsvorfälle (IAS 27.22 f., IFRS 10.B92 f.).

In global agierenden Konzernen kann nicht stets gewährleistet werden, dass Bilanzierungs- und Bewertungsmethoden, Währung und Abschlussstichtag der Jahresabschlüsse von Tochterunternehmen mit denen des Mutterunternehmens übereinstimmen. Das **praktische Vorgehen im Rahmen** der Konsolidierung verlangt daher Anpassungen der Jahresabschlüsse der Tochterunternehmen, als deren Ergebnis eine sog. **Handelsbilanz II** (HB II) steht. Damit ist der Schritt 3 aus der **Tabelle 4.1** (bitte ansehen) beschrieben. Der in dieser Tabelle vorgesehene Schritt 4, der die Neubewertung der Vermögenswerte und Schulden auf den Zeitpunkt der Erstkonsolidierung verlangt, wird in gesonderten Kapiteln beschrieben (vgl. 5.1.5.1 bzw. vgl. 5.2.2.2). Das Ergebnis dieses Schrittes 4, die sog. **Handelsbilanz III** (HB III) der einzelnen Tochterunternehmen werden im folgenden Schritt 5 schlichtweg addiert. Das heißt, dass sowohl die einzelnen Bilanz- als auch die einzelnen GuV-Posten aller vollzukonsolidierenden Gesellschaften schlicht und ergreifend aufsummiert werden. Das Ergebnis ist der sog. **Summenabschluss** (IAS 27.18, IFRS 10.B86(a)). Erst im nächsten Schritt werden aus dem Summenabschluss konzerninterne Beziehungen durch verschiedene Konsolidierungsmaßnahmen (vgl. 5.1.5) eliminiert, und es entsteht ein Konzernabschluss nach Vollkonsolidierung, der die einbezogenen Unternehmen so darstellt, als handele es sich insgesamt um ein einziges Unternehmen.

5.1.5 Konsolidierungsmaßnahmen

Aus dem Einheitsgrundsatz (vgl. 5.1.4) folgt, dass ein Konzernabschluss der Unternehmensgruppe diese mit ihren einzelnen Vermögenswerten, Schulden, Erträgen und Aufwendungen sowie Cashflows so darstellt, als handele sich um ein einziges Unternehmen. In der durch die bloße Addition von einzelnen Bilanz- und GuV-Posten der vollzukonsolidierenden Unternehmen entstandenen Summenbilanz sind indes noch Beziehungen und Geschäfte zwischen den Konzernunternehmen aus den einzelnen Jahresabschlüssen enthalten, wie sie in einem einheitlichen Unternehmen nicht abgebildet werden dürften. So ist es z.B. undenkbar, dass in einem Jahresabschluss Geschäfte zwischen verschiedenen Abteilungen des Unternehmens den Gewinn erhöhen oder Verrechnungskonten, mithin Forderungen und Verbindlichkeiten, zwischen Abteilungen bilanziell ausgewiesen werden. Daher sind solche aus Konzernsicht nach dem Einheitsgrundsatz als interne Beziehungen und Geschäfte zu wertende Vorgänge aus dem Summenabschluss zu eliminieren. Solche als Konsolidierungsmaßnahmen bezeichnete Eliminierungen aus dem Summenabschluss betreffen:

- den Wert der Anteile des Mutterunternehmens an einem Tochterunternehmen, dem das (anteilige) Eigenkapital des Tochterunternehmens gegenübersteht (**Kapitalkonsolidierung**, vgl. 5.1.5.1);

- Forderungen und Schulden zwischen vollkonsolidierten Unternehmen (**Schuldenkonsolidierung**, vgl. 5.1.5.2);

- Erträge und Aufwendungen in der GuV aus Geschäften/Vorgängen zwischen vollkonsolidierten Unternehmen (**Aufwands- und Ertragskonsolidierung**, vgl. 5.1.5.3),

- Gewinnaufschläge aus Liefergeschäften zwischen vollkonsolidierten Unternehmen, die sich über höhere Anschaffungskosten im Jahresabschluss des erwerbenden Unternehmens ausgewirkt haben (**Zwischenergebniseliminierung**, vgl. 5.1.5.4).

Soweit hiernach Differenzen zwischen dem IFRS-Abschluss und steuerlichen Werten entstehen, ist zusätzlich noch die Abgrenzung latenter Steuern nach IAS 12 (vgl. 2.21.3) zu prüfen (IAS 27.21, IFRS 10.B86(c)).

5.1.5.1   Kapitalkonsolidierung

Gegenstand der Kapitalkonsolidierung ist die Verrechnung der im Summenabschluss enthaltenen Anteile des Mutterunternehmens an einem Tochterunternehmen mit dessen ebenfalls im Summenabschluss enthaltenen Eigenkapital. Der Grund hierfür liegt nach den Einheitsgrundsatz darin, dass ein einheitliches Unternehmen, als das der Konzern ja für Rechnungslegungszwecke gelten soll, nicht Beteiligungen an sich selbst ausweist.

Die Kapitalkonsolidierung ist weder in IAS 27, noch in IFRS 10 geregelt. Beide Standards verweisen vielmehr auf **IFRS 3** (IAS 27.2, IFRS 10.B86(b)). Daher wird hier auch für die Erläuterung der Kapitalkonsolidierung auf die entsprechenden konzernspezifischen Ausführungen zu IFRS 3 verwiesen (vgl. 5.2).

5.1.5.2   Schuldenkonsolidierung

▶   IAS 27.20-21; IFRS 10.B86(c)

In der aus der bloßen Addition der einzelnen Jahresabschlüsse entstandenen Summenbilanz sind noch sämtliche Forderungen und Schulden aufgrund von Geschäftsvorfällen bzw. Vorgängen zwischen den vollzukonsolidierenden Unternehmen enthalten. Dies ist mit dem **Einheitsgrundsatz** (vgl. 5.1.4) jedoch nicht vereinbar, da ein Unternehmen in seiner Bilanz nicht Forderungen und Schulden gegenüber sich selbst ausweisen darf. Daher sind solche konzerninternen Forderungen und Schulden aus der Summenbilanz durch Aufrechnung zu eliminieren – auch Schuldenkonsolidierung genannt. Diese Konsolidierung erfolgt unabhängig von der Beteiligungsquote des Mutterunternehmens, d.h. dass konzerninterne Forderungen und Schulden auch dann – in voller Höhe – miteinander zu verrechnen sind, wenn das Mutterunternehmen weniger als 100% der Anteile an einem Tochterunternehmen hält. Eine Ausnahme von der Schuldenkonsolidierung insgesamt kann nur im Falle unwesentlicher Beträge nach allgemeinen Grundsätzen (RK.QC6 f.) gerechtfertigt werden.

Gegenstand der Schuldenkonsolidierung sind indes nicht nur gegenseitige Forderungen und Schulden. Auch aus Beziehungen zu anderen vollzukonsolidierenden Konzernunternehmen resultierende Rückstellungen, z.B. für Schadensersatz gegenüber einem anderen Tochterunternehmen (Schwesterunternehmen), oder im Anhang zu zeigende Eventualverbindlichkeiten, (vgl. 2.15) sind für Zwecke der Konzernrechnungslegung zu eliminieren. Im Rückstellungsfall ist die ergebniswirksame Rückstellung im Jahr ihrer Bildung unter gleichzeitiger Erhöhung des Jahresergebnisses und im Folgejahr unter Erhöhung der Gewinnrücklagen aus dem Summenabschluss zu eliminieren.

Eine so verstandene Aufrechnung gegenseitiger Forderungen und Schulden ist problemlos, solange sich die in der Summenbilanz enthaltenen Beträge entsprechen. Fraglich ist indes, wie im Falle unterschiedlich hoher Beträge, z.B. aufgrund einer Forderungsabschreibung im Abschluss des Gläubigers, mit **Aufrechnungsdifferenzen** zu verfahren ist. Die Antwort auf diese Frage entscheidet sich nach der Entstehungsursache der Differenzen.

Abbildung 5.2   Aufrechnungsdifferenzen aus der Schuldenkonsolidierung

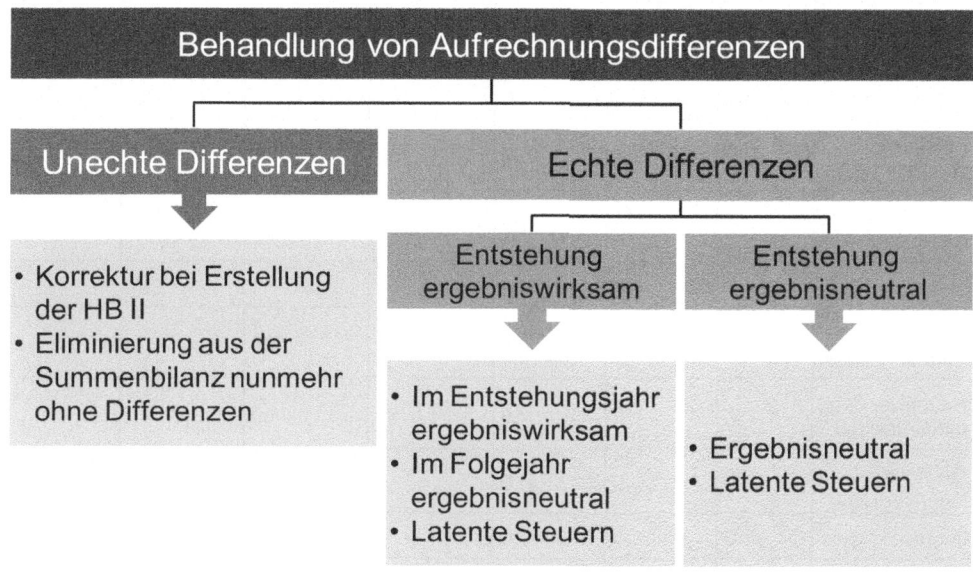

Resultieren die Differenzen aus Buchungsfehlern (sog. unechte Differenzen), z.B. Gläubiger hat eine Forderung eingebucht, der Schuldner jedoch noch keine Verbindlichkeit, sind diese Fehler bereits bei Aufstellung der HB II zu korrigieren. Die Eliminierung sog. echter Differenzen, die aus unterschiedlichen Bewertungsmethoden, aus der Währungsumrechnung oder im Falle von Rückstellungen, denen keine Forderung gegenübersteht, entstanden sind, erfolgt hingegen entsprechend ihrer Ergebniswirksamkeit im Jahresabschluss. Sind die Differenzen ergebniswirksam entstanden, so sind sie im Jahr ihrer Entstehung mit dem Jahresergebnis und im Folgejahr mit den Gewinnrücklagen aufzurechnen. Ergebnisneutral entstandene echte Differenzen sind auch ergebnisneutral durch Aufrechnung mit den Rücklagen aus dem Summenabschluss zu eliminieren.

Fall:

Im Rahmen der im Folgenden dargestellten, auf den 31.12.01 vorgenommenen Erstkonsolidierung wurden Darlehensforderungen des Mutterunternehmens gegen das einzige Tochterunternehmen i.H.v. 21 TEUR noch nicht berücksichtigt. Die Darlehensforderung wurde im IFRS-Jahresabschluss des Mutterunternehmens mangels Bonität des Tochterunternehmens i.H.v. 5 TEUR wertberichtigt. Das TU hat zum 31.12.01 eine Verbindlichkeit i.H.d. Nennbetrags mit 21 TEUR passiviert.

Stellen Sie den Konzernabschluss zum 31.12.01 und zum 31.12.02 unter der Annahme, dass in 02 keine Geschäftsvorfälle erfolgten, fertig! Latente Steuern sind aus Vereinfachungsgründen nicht zu berücksichtigen.

Bilanzposten	MU	TU		Σ	Konsolidierung		Konzern
		HB II	HB III		Soll	Haben	
Geschäfts- o. Firmenwert					50		
Beteiligung	400	0	0	400		400	
Anlage-vermögen	400	300	350	750			
Umlaufvermö-gen	100	100	100	200			
Σ Aktiva	900	400	450	1.350			
Gezeichnetes Kapital	400	300	300	700	300		
Neubewer-tungsrücklage	0	0	50	50	50		
Gewinnrück-lage/-vortrag	0	0	0	0			
Jahresergebnis	0	0	0	0			
Fremdkapital	500	100	100	600			
Σ Passiva	900	400	450	1.350			

<u>Lösung:</u>

a. Schuldenkonsolidierung zum **31.12.01** ergebniswirksam, da Forderungsabschreibung im Jahresabschluss des Mutterunternehmens ergebniswirksam war.

Bilanzposten	MU	TU		Σ	Konsolidierung		Konzern
		HB II	HB III		Soll	Haben	
Geschäfts- o. Firmenwert					50		50
Beteiligung	400	0	0	400		400	0
Anlage-vermögen	400	300	350	750		16	734
Umlaufvermö-gen	100	100	100	200			200
Σ Aktiva	900	400	450	1.350			984
Gezeichnetes Kapital	400	300	300	700	300		400
Neubewer-tungsrücklage	0	0	50	50	50		0
Gewinnrück-lage/-vortrag	0	0	0	0			0
Jahresergebnis	0	0	0	0		5	5
Fremdkapital	500	100	100	600	21		579
Σ Passiva	900	400	450	1.350			984

b. Schuldenkonsolidierung zum **31.12.02** ergebnisneutral, da die Aufrechnungsdifferenz bereits im Konzernabschluss des Vorjahres ergebniswirksam eliminiert wurde.

Bilanzposten	MU	TU		Σ	Konsolidierung		Konzern
		HB II	HB III		Soll	Haben	
Geschäfts- o. Firmenwert					50		50
Beteiligung	400	0	0	400		400	0
Anlage-vermögen	400	300	350	750		16	734
Umlaufvermö-gen	100	100	100	200			200
Σ Aktiva	900	400	450	1.350			984
Gezeichnetes Kapital	400	300	300	700	300		400
Neubewer-tungsrücklage	0	0	50	50	50		0
Gewinnrück-lage/-vortrag	0	0	0	0		5	5
Jahresergebnis	0	0	0	0			0
Fremdkapital	500	100	100	600	21		579
Σ Passiva	900	400	450	1.350			984

5.1.5.3   Aufwands- und Ertragskonsolidierung

▶   IAS 27.20-21; IFRS 10.B86(c)

Im Rahmen der vorbereitenden Handlungen wurden die Bilanzpositionen und auch die GuV-Positionen aus den Jahresabschlüssen der vollzukonsolidierenden Unternehmen zum sog. Summenabschluss aufaddiert (vgl. 5.1.4). In der hiernach entstandenen Summen-GuV sind noch sämtliche Erträge und Aufwendungen aufgrund von Geschäftsvorfällen bzw. Vorgängen zwischen den vollzukonsolidierenden Unternehmen enthalten. Dies ist mit dem **Einheitsgrundsatz** (vgl. 5.1.4) jedoch nicht vereinbar, da ein Unternehmen in seiner GuV nicht aus internen Geschäften resultierende Erträge und Aufwendungen ausweisen darf. Daher sind solche konzerninternen Erträge und Aufwendungen aus der Summen-Guv durch Aufrechnung zu eliminieren – auch Aufwands- und Ertragskonsolidierung genannt. Diese Konsolidierung erfolgt unabhängig von der Beteiligungsquote des Mutterunternehmens, d.h. dass konzerninterne Erträge und Aufwendungen auch dann – in voller Höhe – miteinander zu verrechnen sind, wenn das Mutterunternehmen weniger als 100% der Anteile an einem Tochterunternehmen hält. Eine Ausnahme von der Aufwands- und Ertragskonsolidierung insgesamt kann nur im Falle unwesentlicher Beträge nach allgemeinen Grundsätzen (RK.QC6 f.) gerechtfertigt werden.

Gegenstand der Aufwands- und Ertragskonsolidierung sind Innenumsatzerlöse, innerkonzernliche Beteiligungserträge, wie z.B. Dividenden, und alle anderen Arten von Erträgen und Aufwendungen. Beispiele sind Mieten, Zinsen oder Umsatzerlöse, die sich in der Regel in den Jahresabschlüssen der beteiligten Unternehmen in gleicher Höhe als Erträge und Aufwendungen gegenüberstehen.

Fall:

Das Mutterunternehmen hat gegenüber dem Tochterunternehmen eine Darlehensforderung, für die ihm in 01 Zinsen i.H.v. 5 TEUR zustehen. Weitere konzerninterne Erträge und Aufwendungen sind nicht angefallen. Die zugehörige – in Auszügen dargestellte – Summen-GuV stellt sich wie folgt dar:

GuV-Posten	MU	TU	Σ	Konsolidierung		Konzern
				Soll	Haben	
...	...	...	...			...
Zinserträge	40	0	40			
Zinsaufwand	25	12	37			
Jahresergebnis	120	50	170			

Erstellen Sie die Konzern-GuV! Latente Steuern sind aus Vereinfachungsgründen nicht zu berücksichtigen.

Lösung:

Die im Jahresabschluss des Mutterunternehmens enthaltenen Zinserträge und der im Jahresabschluss des Tochterunternehmens enthaltene Zinsaufwand i.H.v. jeweils 5 TEUR sind unverändert in die Summen-GuV eingegangen. Diese gegenläufigen Beträge sind im Rahmen der Aufwands- und Ertragskonsolidierung gegeneinander aufzurechnen.

GuV-Posten	MU	TU	Σ	Konsolidierung		Konzern
				Soll	Haben	
...	...	...	...			...
Zinserträge	40	0	40	5		35
Zinsaufwand	25	12	37		5	32
Jahresergebnis	120	50	170			170

Die Aufwands- und Ertragskonsolidierung stellt sich damit in ihrem Grundfall relativ einfach dar. Probleme entstehen dann, wenn Leistungen oder Lieferungen eines vollzukonsolidierenden Unternehmens an ein anderes Konzernunternehmen erfolgen, und diese beim empfangenden Unternehmen in Anschaffungs- oder Herstellungskosten einfließen. In einem solchen Fall ist zum einen die Summen-GuV um die konzerninternen Ergebnisbeiträge zu bereinigen – dies ist Gegenstand der Aufwands- und Ertragskonsolidierung. Zum anderen geht aber der angeschaffte oder hergestellte Vermögenswert des Leistungsempfängers mit einem Wert in die Summenbilanz ein, der i.d.R. den konzerninternen Gewinnaufschlag des liefernden Unternehmens enthält. Die Eliminierung eines solchen bilanziell ausgewiesenen sog. Zwischengewinns aus der Bilanz ist Gegenstand der Zwischenergebniseliminierung (vgl. 5.1.5.4).

5.1.5.4   Zwischenergebniseliminierung

▶   IAS 27.21; IFRS 10.B86(c)

Aus dem **Einheitsgrundsatz** (vgl. 5.1.4) folgt auch, dass Vermögenswerte in der Konzernbilanz nur in der Höhe zu Anschaffungs- oder Herstellungskosten angesetzt werden dürfen, wie sie <u>aus Konzernsicht</u> angefallen sind. Wird z.B. ein Grundstück, das beim Tochterunternehmen zu einem Wert von 100 TEUR zu Buche stand, für 120 TEUR an das Mutterunternehmen veräußert, so ist das Grundstück im Jahresabschluss des Mutterunternehmens und damit auch in der Summenbilanz zum Wert i.H.v. 120 TEUR enthalten. Aus Konzernsicht ist aber weiterhin nur ein Anschaffungswert i.H.v. 100 TEUR gerechtfertigt, da nur in dieser Höhe Anschaffungskosten an Konzernaußenstehende geleistet wurden. Der in den höheren Anschaffungskosten des Mutterunternehmens enthaltene Gewinn des Tochterunternehmens i.H.v. (120-100 =) 20 TEUR resultiert nur aus konzerninternen Geschäften. Der Wertansatz aus der Summenbilanz ist daher um 20 TEUR nach unten zu korrigieren – dies erfolgt im Rahmen der sog. Zwischenergebniseliminierung. Gleichzeitig ist in der Summen-GuV der konzerninterne Ertrag zu korrigieren – dies erfolgt im Rahmen der Aufwands- und Ertragskonsolidierung (vgl. 5.1.5.3). Es wird deutlich, dass die Aufwands- und Ertragskonsolidierung in der GuV sowie die Zwischenergebniseliminierung in der Bilanz inhaltlich miteinander verbunden sind. Wie die anderen Konsolidierungsmethoden auch, ist die Zwischenergebniseliminierung auch dann in voller Höhe durchzuführen, wenn das Mutterunternehmen zu einem geringeren Anteil als 100% an dem involvierten Tochterunternehmen beteiligt ist. Auf diese Eliminierung darf nur nach allgemeinen Grundsätzen bei aus Konzernsicht unwesentlichen Zwischenergebnissen (RK.QC6 f.) verzichtet werden.

Ein solcher aus der Summenbilanz zu eliminierender **Zwischenerfolg** aufgrund konzerninterner Geschäfte lässt sich vereinfacht umschreiben als Differenz zwischen dem Wertansatz eines Vermögenswerts im IFRS-Jahresabschluss des bilanzierenden Konzernunternehmens und seiner zulässigen Bewertung im IFRS-Konzernabschluss. Ein Zwischenerfolg entsteht somit nur dann, wenn konzerninterne Lieferungen oder Leistungen beim empfangenen Unternehmen aktiviert werden und sich der aktivierte Vermögenswert zum Abschlussstichtag noch im Bestand eines vollzukonsolidierenden Konzernunternehmens befindet, d.h. in die Summenbilanz eingegangen ist.

Im **Jahr des Entstehens** eines solchen Zwischenerfolgs ist dieser in der Konsolidierungsspalte zur Summenbilanz ergebniswirksam zu eliminieren. Der Konsolidierungsbuchungssatz lautet: Jahresergebnis an Vermögenswert (bzw. umgekehrt im Falle negativer Zwischenergebnisse). Gleichzeitig ist in der Konsolidierungsspalte zur Summen-GuV die Aufwands- und Ertragskonsolidierung durchzuführen.

Im Rahmen der **Folgekonsolidierung** im folgenden Konzerngeschäftsjahr ist ein etwaig noch in der Summenbilanz vorhandener Zwischenerfolg unter Wiederholung der Zwischenergebniseliminierung des Vorjahres – allerdings nunmehr ergebnisneutral – zu eliminieren. Der Konsolidierungsbuchungssatz lautet: Gewinnrücklagen / Ergebnisvortrag an Vermögenswert (bzw. umgekehrt im Falle negativer Zwischenergebnisse). Sind im Jahresabschluss des empfangenden Unternehmens seit dem Erwerb auf das Zwischenergebnis Abschreibungen vorgenommen worden, sind diese in der Bilanz ergebniswirksam zu korrigieren. Diese Anpassungen der Abschreibungen sind auch durch die Aufwands- und Ertragskonsolidierung in der Konzern-GuV zu berücksichtigen.

Fall:

Das einzige Tochterunternehmen veräußert in 01 ein betrieblich genutztes unbebautes Grundstück (Buchwert 80 TEUR) für 100 TEUR an sein Mutterunternehmen. Weitere Geschäftsvorfälle ergaben sich weder in 01 noch in 02.

Nehmen Sie die Zwischenergebniseliminierung sowie die zugehörige Aufwands- und Ertragskonsolidierung zum 31.12.01 und zum 31.12.02 vor! Latente Steuern sind aus Vereinfachungsgründen nicht zu berücksichtigen!

Lösung:

a. Die Zwischenergebniseliminierung zum **31.12.01** erfolgt im Entstehungsjahr des Zwischenerfolgs ergebniswirksam.

Bilanzposten	MU	TU	Σ	Konsolidierung		Konzern
		HB III		Soll	Haben	
Grundstück	100	-	100		[1]20	80
Ergebnisvortrag	0	0	0			0
Jahresergebnis	0	20	20	[1]20		0
GuV-Posten						
Sonstige Erträge	0	20	20	[2]20		0
Jahresergebnis	0	20	20		[2]20	0

b. Im Folgejahr erfolgt die Zwischenergebniseliminierung zum **31.12.02** ergebnisneutral, sofern, wie in diesem Fall, keine Abschreibungen vorgenommen wurden.

	MU	TU	Σ	Konsolidierung		Konzern
Bilanzposten		HB III		Soll	Haben	
Grundstück	100	-	100		¹20	80
Ergebnisvor-trag		20	20	¹20		
Jahresergebnis	0	0	0			0
GuV-Posten						
Sonstige Erträge	0	-	0			0
Jahresergebnis	0	0	0			0

5.1.6   Verlust der Beherrschung

▶   IAS 27.32-37; IFRS 10.25-26, IFRS 10.B97-99

Verliert das Mutterunternehmen seine beherrschende Stellung (vgl. 5.1.3) über ein Tochter-unternehmen, z.B. durch Anteilsverkauf, so ist dieses fortan nicht mehr in den Konzernab-schluss des Mutterunternehmens aufzunehmen. Dies erfolgt im Rahmen der sog. Entkonso-lidierung. Nach den Regeln zur Entkonsolidierung sind im Konzernabschluss vereinfacht folgende Buchungen erforderlich:

■ Ausbuchung der Vermögenswerte und Schulden des Tochterunternehmens zu deren (Konzern-)Buchwert bei Verlust der Beherrschung,

■ Ausbuchung von Minderheitenanteilen (vgl. 5.2.2.4) zu deren Buchwert bei Verlust der Beherrschung,

■ Einbuchung der Gegenleistung zum beizulegenden Zeitwert,

■ Ansatz der evtl. zurückbehaltenen Anteile an dem Tochterunternehmen zu deren beizu-legendem Zeitwert bei Beherrschungsverlust,

■ Differenzen aus diesen Buchungen werden als ergebniswirksam erfasst.

Damit wird im Konzernabschluss der Beherrschungsverlust wie eine Veräußerung der einzelnen Vermögenswerte abzüglich Schulden des nicht mehr beherrschten Tochterunter-nehmens erfasst. Entsprechend sind im sonstigen Ergebnis enthaltenen (ergebnisneutralen), durch das ausgeschiedene Tochterunternehmen verursachten Bestandteile des Ergebnisses bzw. der Neubewertungsrücklage wie bei einer Veräußerung nach den Regeln des jeweils anzuwendenden Standards in das Jahresergebnis bzw. in die Gewinnrücklagen umzugliedern.

5.1.7   Angaben

▶   IAS 27.41; IFRS 12

Neben den umfangreichen Angaben zur Kapitalkonsolidierung nach IFRS 3 (vgl. 5.2.4 bzw. 3.1.5) sieht **IAS 27** in seinem Paragrafen 41 noch Angabepflichten zum Konsolidierungskreis, zum Abschlussstichtag, zur Fähigkeit der Tochterunternehmen, ihren Gewinn an das Mutterunternehmen zu transferieren, sowie zu Änderungen der Beteiligungsquoten einschl. Angaben zur Entkonsolidierung vor.

Der zukünftig anzuwendende **IFRS 10** enthält solche Angabepflichten nicht mehr. Der IASB hat die Angabepflichten zum Konzern vielmehr konzentriert in einem neuen Standard **IFRS 12** zusammengefasst. Dieser Standard hat das Endorsement-Verfahren der EU allerdings wie auch der IFRS 10 noch nicht durchlaufen (vgl. 5.5).

5.1.8   Aktuelle Entwicklungen

Im August 2011 hat der IASB einen Entwurf veröffentlicht (ED/2011/4), dessen Regelungen nach ihrer Verabschiedung durch den IASB insbesondere IFRS 10, aber auch die Anhangangaben nach IFRS 12 ändern sollen. Dieser Änderungsstandard sieht für sog. Investmentgesellschaften **Ausnahmen von der Konsolidierungspflicht** nach IFRS 10 vor.

Eine **Investmentgesellschaft** wird in dem Entwurf mit insgesamt sechs Kriterien definiert. Ohne im Rahmen dieser Einführung im Einzelnen auf diese Kriterien einzugehen, ist das Hauptmerkmal einer Investmentgesellschaft darin zu sehen, dass deren wesentliche Geschäftstätigkeit Investitionen in Beteiligungen umfasst, um von deren Wertsteigerungen und/oder Ausschüttungen bzw. Zinsen zu profitieren. Solche Gesellschaften sollen grundsätzlich die von ihnen gehaltenen **Beteiligungen** in ihrem evtl. aufzustellenden Konzernabschluss nicht nach IFRS 10 konsolidieren, sondern als eigene Vermögenswerte nach IFRS 9 ergebniswirksam zu ihrem beizulegenden Zeitwert bilanzieren.

Dieser Entwurf muss nach seiner endgültigen Verabschiedung durch den IASB noch das Endorsement-Verfahren durchlaufen, bevor er in der EU verpflichtend anzuwenden ist. Vom IASB wird jedoch angestrebt, dass IFRS 10 (und IFRS 12) einschl. der in dem vorliegenden Entwurf vorgesehenen Änderungen erstmals verpflichtend anzuwenden ist (mithin für Geschäftsjahre, die nach dem 31.12.2012 beginnen).

5.1.9   Wiederholung der IAS 27 / IFRS 10 in Stichworten

Ohne auf die Konsolidierungstechnik im Einzelnen einzugehen, lassen sich die wesentlichen Inhalte der Konzernabschlussregelungen nach IFRS anhand der folgenden Stichpunkte zusammenfassen:

■ Konzernrechnungslegungsvorschriften des IAS 27 wurden durch IFRS 10 ersetzt; Endorsement des IFRS 10 steht noch aus;

■ IFRS-Regeln zur Konzernrechnungslegungspflicht sind für deutsche (Mutter-)Unternehmen nicht relevant;

■ Abgrenzung des Konsolidierungskreises in verschiedenen Stufen; IAS 27 / IFRS 10 enthalten ausschließlich Regelungen zur Vollkonsolidierung von Tochterunternehmen;

■ Entscheidendes Kriterium zur Abgrenzung von Tochterunternehmen: Beherrschungsmöglichkeit durch das Mutterunternehmen (hierzu unterschiedliche Ansätze nach IAS 27 und IFRS 10);

■ Wichtigster Konsolidierungsgrundsatz: Einheitsgrundsatz;

■ Grundsätzliches Vorgehen zur Ableitung eines Konzernabschlusses aus den Jahresabschlüssen der vollzukonsolidierenden Konzernunternehmen: vgl. **Tabelle 4.1**;

■ Konsolidierungsmaßnahmen zur Eliminierung konzerninterner Vorgänge aus der Summenbilanz bzw. Summen-GuV:

– Kapitalkonsolidierung: Verrechnung Beteiligungsbuchwert aus dem Jahresabschluss des Mutterunternehmens mit dem (neubewerteten) Eigenkapital des Tochterunternehmens – geregelt in IFRS 3 (vgl. 5.2);

– Schuldenkonsolidierung durch Verrechnung konzerninterner Forderungen und Schulden: unechte Aufrechnungsdifferenzen bereits bei Aufstellung der HB II, echte Aufrechnungsdifferenzen entsprechend der Ergebniswirksamkeit ihrer Entstehung im Rahmen der Konsolidierung korrigieren;

– Aufwands- und Ertragskonsolidierung: Aufrechnung konzerninterner Aufwendungen und Erträge, die in der Summen-GuV enthalten sind;

– Zwischenergebniseliminierung: Eliminierung von in Werten der Summenbilanz enthaltenen Gewinnen aus konzerninternen Geschäften;

■ Bei Verlust der Beherrschung Entkonsolidierung: Darstellung aus Konzernsicht wie Abgang der einzelnen Vermögenswerte und Schulden des Tochterunternehmens.

5.1.10   Hinweise zur Vertiefung

Wie bereits einleitend zum Kapitel 5 begründet, wird auf tiefergehende Ausführungen zur Technik der Konzernrechnungslegung verzichtet. Da die Konzernrechnungslegung ein sehr komplexes Thema sein kann, ist aufbauend auf den Ausführungen in diesem Kapitel eine Vertiefung der folgenden Problembereiche anhand der Literatur zur Konzernrechnungslegung zu empfehlen:

■ Berücksichtigung potenzieller Stimmrechte bei der Feststellung eines Beherrschungsverhältnisses (IAS 27.14-15; IFRS 10.B89-B91);

■ Details zur Beherrschungsmöglichkeit nach IFRS 10.5-18 und IFRS 10.B2-B85 einschl. deligierter Beherrschungsmöglichkeiten (IFRS 10.18)[30];

■ Aufwands- und Ertragskonsolidierung innerkonzernlicher Beteiligungserträge (vgl. 5.1.5.3);

■ Details zur Zwischenergebniseliminierung (vgl. 5.1.5.4);

■ Details zur Entkonsolidierung (vgl. 5.1.6) und zur Änderung von Beteiligungsverhältnissen.

5.2   IFRS 3 - Unternehmenszusammenschlüsse im Konzernabschluss

5.2.1   Überblick und Anwendungsbereich im Konzern

▶   IFRS 3.1-3

Zum Überblick über den IFRS 3 in seiner vom IASB am 10.05.2010 geänderten und von der der EU im Endorsement-Verfahren am 18.02.2011 übernommenen Fassung wird verwiesen auf die Ausführungen zum **Jahresabschluss** im ersten Teil dieses Lehrbuchs (vgl. 3.1.1). Die Fälle, in denen IFRS 3 im IFRS-Jahresabschluss hauptsächlich Bedeutung erlangt, nämlich beim Asset-Deal und bei der Verschmelzung, gelangen über die Abbildung im Jahresabschluss auch in den Konzernabschluss des Mutterunternehmens. Im Fall von erworbenen Gesellschaftsanteilen, die im Jahresabschluss des Erwerbers nach IAS 27 als eigenständige Vermögenswerte bilanziert werden, ist im **Konzernabschluss** IFRS 3 der neben IAS 27 bzw. zukünftig IFRS 10 (vgl. 5.1) maßgebliche Standard zur Vorgehensweise bei der Kapitalkonsolidierung.

---

[30]   Vgl. z.B. Erchinger/Melcher (2011), S. 1229-1238; Küting/Mojadadr (2011), S. 273-285; Kirsch/Ewelt-Knauer (2011), S. 1641-1643; Zülch/Popp (2011), S. 1532 ff.;

IFRS 3 regelt nach IFRS 3.1 in Bezug auf die Kapitalkonsolidierung in Ergänzung des IAS 27 bzw. zukünftig IFRS 10:

- die Bestimmung des Erwerbers und des Erwerbszeitpunkts, der gleichzeitig den Zeitpunkt der Erstkonsolidierung markiert,

- den Ansatz und die Bewertung der in den Konzernabschluss aufzunehmenden Vermögenswerte und Schulden der Tochterunternehmen,

- den Ansatz und die Bewertung von Unterschiedsbeträgen aus der Kapitalkonsolidierung,

- die Erfassung von Anteilen an dem Tochterunternehmen, die nicht das Mutterunternehmen, sondern andere Gesellschafter halten (sog. Minderheitenanteile),

- Angaben zu den finanziellen Auswirkungen der Einbeziehung von Tochterunternehmen.

Die Bedeutung und die Anwendung des IFRS 3 für den Konzernabschluss werden damit nur im Kontext der bei der Erstellung des Konzernabschlusses nach IAS 27 bzw. zukünftig nach IFRS 10 vorzunehmenden Konsolidierungsmaßnahmen deutlich. Daher setzt das Verständnis der folgenden Kapitel die Erarbeitung der Regelungen nach IAS 27 bzw. IFRS 10 im vorangegangenen Kapitel (vgl. 5.1), das an den erforderlichen Stellen wieder auf diese Kapitel verweist, voraus.

5.2.2   Grundsätze für die Erstkonsolidierung

▶ IFRS 3.4-53; IAS 27 bzw. IFRS 10 (vgl. 5.1)

Die Kapitalkonsolidierung im Rahmen der Einbeziehung von Tochterunternehmen in den Konzernabschluss wird grundlegend durch IAS 27 bzw. zukünftig durch IFRS 10 geregelt (vgl. 5.1). Die **Notwendigkeit der Kapitalkonsolidierung** ergibt sich daraus, dass nach der Erwerbsmethode (IFRS 3.4) nicht der Anteil an einem in den Konzernabschluss einzubeziehenden Tochterunternehmen, sondern die einzelnen Vermögenswerte und Schulden dieses Tochterunternehmens im Konzernabschluss des Mutterunternehmens zu zeigen sind. Summiert man jedoch lediglich die Jahresabschlüsse von Mutter- und Tochterunternehmen zur sog. Summenbilanz auf, fällt auf, dass in dieser Summenbilanz sowohl der Anteil des Mutterunternehmens am Tochterunternehmen (aus dem Jahresabschluss des Mutterunternehmens), als auch die hinter diesen Anteilen stehenden einzelnen Vermögenswerte und Schulden des Tochterunternehmens (aus dem Jahresabschluss des Tochterunternehmens) enthalten sind.

Die **grundlegende Technik** zur Eliminierung dieser Doppelerfassung aus der Summenbilanz besteht darin, den Anteil an dem Tochterunternehmen (aus dem Jahresabschluss des Mutterunternehmens) mit dem Eigenkapital des Tochterunternehmens (aus dem Jahresabschluss des Tochterunternehmens) zu verrechnen. Die Vorgehensweise dieser als Kapitalkonsolidierung bezeichneten Technik wird durch IFRS 3 in ähnlicher Weise wie bei der

Bilanzierung eines Asset-Deals oder einer Verschmelzung im IFRS-Jahresabschluss vorgenommen, weshalb hinsichtlich der folgenden Schritte nach IFRS 3.5 auch auf das Kapitel zu IFRS 3 im Teil 1 dieses Lehrbuchs (vgl. 3.1.3) verwiesen werden kann:

a. die Identifizierung des Erwerbers (IFRS 3.6-7),

b. die Bestimmung des Erwerbszeitpunkts (IFRS 3.8-9),

c. den Ansatz und die Bewertung des erworbenen Vermögens (IFRS 3.10-31; IFRS 3.45-53),

d. den Ansatz und die Bewertung des Unterschiedsbetrags zwischen Kaufpreis einerseits und dem Wert der übernommene Vermögenswerte und Schulden andererseits (IFRS 3.32-40).

In den folgenden Kapiteln werden daher lediglich die wesentlichen Ergebnisse aus den Ausführungen in Kapitel 3.1.3 wiedergegeben und auf den Konzernabschluss bezogen.

5.2.2.1   Erwerber und Erwerbszeitpunkt

▶   IFRS 3.6-9

Die bereits im Teil 1 dieses Lehrbuchs behandelte Problematik der Bestimmung des Erwerbers und des Erwerbszeitpunkts (vgl. 3.1.3.1) wird in IFRS 3 dadurch gelöst, dass der **Erwerber** dasjenige Unternehmen ist, dass die Beherrschung über ein anderes Unternehmen übernimmt. Unter Beherrschung ist dabei nach der in Anhang A des IFRS 3 gegebenen Definition die Möglichkeit zu verstehen, die Finanz- und Geschäftspolitik eines Unternehmens, hier eines in den Konzernabschluss einzubeziehenden Unternehmens, zu bestimmen, um aus dessen Tätigkeiten Nutzen zu ziehen. Die Bestimmung des Erwerbers kann unbenommen der hier dargestellten Grundsätze in Einzelfällen unter Rückgriff auf die Grundsätze nach IAS 27 bzw. IFRS 10 und IFRS 3.B14-18 schwierig sein.

Der **Erwerbszeitpunkt** ist mit dem Zeitpunkt der Erlangung der Beherrschungsmöglichkeit des anderen Unternehmens durch den Erwerber beschrieben (IFRS 3.8 f.). Er entspricht im Konzern im Grundfall dem Zeitpunkt zu dem das (spätere) Mutterunternehmen die Anteile an dem Tochterunternehmen erwirbt. Der Erwerbszeitpunkt ist im Konzernabschluss nicht nur wichtig für die Bewertung des Vermögens des einzubeziehenden Tochterunternehmens und der Gegenleistung des Mutterunternehmens, sondern auch für die Frage, ab wann Erträge und Aufwendungen des Tochterunternehmens im Konzernabschluss als solche des Konzerns erfasst werden (vgl. IAS 27 bzw. IFRS 10 in Kapitel 5.1).

5.2.2.2   Ansatz und Bewertung des Vermögens in der HB III

▶   IFRS 3.10-31; IFRS 3.45-53

Die erstmalige Kapitalkonsolidierung ist auf den Erwerbszeitpunkt durchzuführen. Nach der Erwerbsmethode sind jedoch nicht die Anteile des Mutterunternehmens an dem Tochterunternehmen anzusetzen und zu bewerten, sondern die einzelnen Vermögenswerte und Schulden, die dem Tochterunternehmen zu diesem Zeitpunkt zuzurechnen sind. In Zusammenfassung der entsprechenden Ausführungen zur Anwendung des IFRS 3 im Jahresabschluss (vgl. 3.1.3.2) gelten hierbei folgende **Ansatz- und Bewertungsgrundsätze:**

- Es sind grundsätzlich alle Vermögenswerte und Schulden des Tochterunternehmens anzusetzen die aus Konzernsicht die Ansatzkriterien des Rahmenkonzepts erfüllen (vgl. 1.2.4), auch solche die im Jahresabschluss des Tochterunternehmens nach den Vorschriften andere Standards nicht angesetzt wurden, aber bei dem nach IFRS 3.4 unterstellten entgeltlichen Erwerb anzusetzen sind (IFRS 3.10-17).

- Die hiernach identifizierten Vermögenswerte und Schulden des Tochterunternehmens sind grundsätzlich zu ihrem jeweiligen beizulegenden Zeitwert im Erwerbszeitpunkt zu bewerten. Die Höhe der tatsächlichen Gegenleistung des Mutterunternehmens für die Anteile an dem (neuen) Tochterunternehmen ist hier noch nicht relevant, so dass der hiernach anzusetzende Wert des Vermögens des Tochterunternehmens dessen Anschaffungskosten beim Mutterunternehmen übersteigen kann (IFRS 3.18-20).

- Hinsichtlich dieser Ansatz- und Bewertungsvorschriften bestehen Besonderheiten in IFRS 3.21-31, wie z.B. die Pflicht zur Passivierung von Eventualverbindlichkeiten oder die Bilanzierung latenter Steuern nach IAS 12.

Die technische Umsetzung dieser Grundsätze erfolgt im Rahmen der Kapitalkonsolidierung nach der Erstellung der HB II und noch vor der Zusammenfassung der Abschlüsse von Mutter- und Tochterunternehmen zur Summenbilanz (zur den einzelnen Schritten der Kapitalkonsolidierung vgl. 5.1):

- Die Vermögenswerte und Schulden, die nach der Anpassung an die konzerneinheitliche Bilanzierung und an den Konzernabschlussstichtag in der sog. Handelsbilanz II (HB II) des Tochterunternehmens enthalten sind, werden auf die Ansatzpflicht weiterer Vermögenswerte und Schulden i.S.d. IFRS 3.10-17 untersucht; alle übernommenen Vermögenswerte und Schulden werden zu ihrem jeweiligen beizulegenden Zeitwert neu bewertet i.S.d. IFRS 3.18-20.

- Die hierbei entstehenden Differenzen zwischen den neuen Werten und denen nach der HB II des Tochterunternehmens werden (ergebnisneutral) in der Neubewertungsrücklage des Tochterunternehmens erfasst.

- Aus der HB II wird damit eine sog. Handelsbilanz III (HB III), in der die Vermögenswerte und Schulden des Tochterunternehmens i.S.d. Erwerbsmethode vollständig und zum jeweiligen beizulegenden Zeitwert erfasst sind.

Als Besonderheit sei noch darauf hingewiesen, dass Vermögenswerte und Schulden eines vollzukonsolidierenden Tochterunternehmens, das kurzfristig veräußert werden soll, nach IFRS 5 (vgl. 2.5) zu bewerten sind (IFRS 3.31).

5.2.2.3 Ermittlung des Unterschiedsbetrags aus der Kapitalkonsolidierung

▶ IFRS 3.32-40

Im vorangegangenen Kapitel wurde lediglich dargestellt, mit welchen Werten die Vermögenswerte und Schulden des Tochterunternehmens in die Summenbilanz (vor Durchführung der eigentlichen Kapitalkonsolidierung) eingehen. Diesem neubewerteten Reinvermögen des Tochterunternehmens stehen in der Summenbilanz die Anteile am Tochterunternehmen aus dem Jahresabschluss des Mutterunternehmens gegenüber. Die **Bewertung der Anteile des Mutterunternehmens am Tochterunternehmen** in der Summenbilanz ergibt sich aus der Gegenleistung des Mutterunternehmens für den Erwerb der Anteile mit:

■ dem Nennwert des Kaufpreises bzw.

■ dem beizulegenden Zeitwert der für die Anteile hingegebenen Vermögenswerte.

Entspricht der hiernach in der Summenbilanz enthaltene Wert der Anteile an dem Tochterunternehmen dem ebenfalls in der Summenbilanz enthaltenen (neubewerteten) Eigenkapital des Tochterunternehmens, werden im Rahmen der Kapitalkonsolidierung diese beiden Werte gegeneinander aufgerechnet. Dies gilt zumindest bei einer unterstellten 100%-Beteiligung des Mutterunternehmens am Tochterunternehmen (bzgl. einer geringeren Beteiligungsquote vgl. 5.2.2.4).

Beispiel:

Es sind folgende Bilanzdaten für das Mutterunternehmen (MU) und das 100%ige Tochterunternehmen (TU) gegeben:

Bilanzposten	MU	TU		Σ	Konsolidierung		Konzern
		HB II	HB III		Soll	Haben	
Beteiligung	400	0					
Anlagevermögen	400	300					
Umlaufvermögen	150	100					
Σ Aktiva	950	400					
Gezeichnetes Kapital	450	300					
Neubewertungsrücklage	0	0					
Fremdkapital	500	100					
Σ Passiva	950	400					

Im Umlaufvermögen der HB II des TU sind stille Reserven i.H.v. 100 enthalten.

Die Kapitalkonsolidierung erfolgt (unter Vernachlässigung latenter Steuern i.S.d. IAS 12) in den folgenden Schritten:

1. Neubewertung des Vermögens und der Schulden des TU der HB II. Hierbei wird das Umlaufvermögen um 100 erhöht. Dieser Betrag wird in die dem Eigenkapital des TU zugehörige Neubewertungsrücklage eingestellt. Das Ergebnis ist die HB III des TU.

2. Der Jahresabschluss des MU und die HB III des TU werden addiert. Das Ergebnis ist die Summenbilanz.

3. Die in der Summenbilanz enthaltenen, nach IFRS 3.37 f. bewerteten Anteile des MU werden im Rahmen der Kapitalkonsolidierung mit dem Eigenkapital des TU – einschließlich dessen Neubewertungsrücklage – verrechnet (durch Buchungen in der Konsolidierungsspalte). Das Ergebnis ist der Konzernabschluss nach Kapitalkonsolidierung.

Bilanzposten	MU	TU		Σ	Konsolidierung		Konzern
		HB II	HB III		Soll	Haben	
Beteiligung	400	0	0	400		400	0
Anlagevermögen	400	300	300	700			700
Umlaufvermögen	150	100	200	350			350
Σ Aktiva	950	400	500	1.450			1.050
Gezeichnetes Kapital	450	300	300	750	300		450
Neubewertungsrücklage	0	0	100	100	100		0
Fremdkapital	500	100	100	600			600
Σ Passiva	950	400	500	1.450			1.050

Der in der Praxis anzutreffende Regelfall ist jedoch der, dass der Wert der Anteile an dem TU (aus dem Jahresabschluss des MU) nicht mit der Höhe des Eigenkapitals (aus der HB III des TU) übereinstimmt. Die Kapitalkonsolidierung führt somit zu einem **Unterschiedsbetrag**, der sich – unter Vernachlässigung latenter Steuern – aus der in IFRS 3.32 dargestellten Berechnung ergibt:

Geleistete Gegenleistung des Mutterunternehmens
        (bewertet zu deren beizulegendem Zeitwert)

–   Eigenkapital des Tochterunternehmens
        (aus dessen HB III bewertet zum beizulegenden Zeitwert)

=   Unterschiedsbetrag.

Ist der Unterschiedsbetrag positiv, so ist er im Konzernabschluss als Geschäfts- oder Firmenwert zu aktivieren (IFRS 3.32). Ist der Unterschiedsbetrag negativ, so ist er im Konzernabschluss nach nochmaliger Überprüfung als Ertrag des Konzerns zu buchen. Zur wirtschaftlichen Interpretation des Unterschiedsbetrags wird auf die entsprechenden Ausführungen in Teil 1 des Lehrbuchs verwiesen (vgl. 3.1.3.3). Hiermit ist die Kaufpreisallokation, die Zuordnung der Gegenleistung des Tochterunternehmens auf die einzelnen Vermögenswerte und Schulden sowie auf den Geschäfts- oder Firmenwert des Tochterunternehmens abgeschlossen.

Fall:

Es sind die untenstehenden Bilanzdaten für das Mutterunternehmen (MU) und das 100%ige Tochterunternehmen (TU) gegeben. Im Umlaufvermögen der HB II des TU liegen stille Reserven i.H.v. 100.

Bilanzposten	MU	TU		Σ	Konsolidierung		Konzern
		HB II	HB III		Soll	Haben	
Beteiligung	450	0					
Anlage-vermögen	400	300					
Umlaufvermögen	150	100					
Σ Aktiva	1.000	400					
Gezeichnetes Kapital	500	300					
Neubewer-tungsrücklage	0	0					
Fremdkapital	500	100					
Σ Passiva	1.000	400					

Führen Sie die Kapitalkonsolidierung durch!

Lösung:

1. Neubewertung des Vermögens und der Schulden des TU der HB II. Hierbei wird das Umlaufvermögen um 100 erhöht. Dieser Betrag wird in die dem Eigenkapital des TU zugehörige Neubewertungsrücklage eingestellt. Das Ergebnis ist die HB III des TU.

2. Der Jahresabschluss des MU und die HB III des TU werden addiert. Das Ergebnis ist die Summenbilanz.

3. Die in der Summenbilanz enthaltenen, nach IFRS 3.37 f. bewerteten Anteile des MU werden im Rahmen der Kapitalkonsolidierung mit dem Eigenkapital des TU – einschließlich dessen Neubewertungsrücklage – verrechnet (durch Buchungen in der Konsolidierungsspalte). Hierbei entsteht ein positiver Unterschiedsbetrag i.H.v.

	Geleistete Gegenleistung des Mutterunternehmens:	450
–	Eigenkapital des Tochterunternehmens:	400
=	Unterschiedsbetrag:	+50

Dieser ist als Geschäfts- oder Firmenwert zu aktivieren. Das Ergebnis ist der Konzernabschluss nach Kapitalkonsolidierung.

Bilanzposten	MU	TU		Σ	Konsolidierung		Konzern
		HB II	HB III		Soll	Haben	
Geschäfts- o. Firmenwert					50		50
Beteiligung	450	0	0	450		450	0
Anlagevermögen	400	300	300	700			700
Umlaufvermögen	150	100	200	350			350
Σ Aktiva	1.000	400	500	1.500			1.100
Gezeichnetes Kapital	500	300	300	800	300		500
Neubewertungsrücklage	0	0	100	100	100		0
Fremdkapital	500	100	100	600			600
Σ Passiva	1.000	400	500	1.500			1.100

5.2.2.4   Berücksichtigung von Minderheitenanteilen

▶   IFRS 3.10; IFRS 3.19

Im vorangegangenen Kapitel wurde stets unterstellt, dass das Mutterunternehmen zu 100% an dem Tochterunternehmen beteiligt ist. Tochterunternehmen können jedoch auch bereits dann im Rahmen der Vollkonsolidierung in den Konzernabschluss einzubeziehen sein, wenn das **Mutterunternehmen zu weniger als 100% an dem Tochterunternehmen** beteiligt ist (vgl. 5.1.3). In einem solchen Fall, in dem neben dem Mutterunternehmen auch noch Konzernfremde (Minderheiten) an dem Eigenkapital des Tochterunternehmens beteiligt sind, gehen bei Vollkonsolidierung des Tochterunternehmens trotzdem alle dessen Vermögenswerte und Schulden zu 100% in die Summenbilanz ein. Dann versteht es sich von selbst, dass im Rahmen der Kapitalkonsolidierung der Wert der Anteile des Mutterunternehmens nur mit dem anteiligen Eigenkapital des Tochterunternehmens aus dessen HB III verrechnet werden darf. So wird z.B. bei einer Beteiligung des Mutterunternehmens i.H.v. 70% der Beteiligungswert nur mit 70% des neubewerteten Eigenkapitals des Tochterunternehmens verrechnet. Die auf die Minderheiten entfallenden Anteile, hier 30% des Eigenkapitals, verbleiben nicht als einfache Eigenkapitalposition, sondern werden im Rahmen der Kapitalkonsolidierung in einen gesonderten Eigenkapitalposten – in die Minderheitenanteile – umgegliedert.

Damit wird im Konzernabschluss auch im Fall von Minderheiten das vollständige, neubewertete Vermögen der vollzukonsolidierenden Tochterunternehmen gezeigt. Fraglich ist jedoch, ob der Geschäfts- oder Firmenwert des Tochterunternehmens nur insoweit gezeigt wird, wie er auf die Anteile des Mutterunternehmens entfällt (vgl. 5.2.2.3) oder ob auch der Teil des Geschäfts- oder Firmenwerts des Tochterunternehmens gezeigt werden darf, der auf die Minderheitenanteile entfällt. An dieser Stelle gewährt IFRS 3.19 ein **Wahlrecht** zur Anwendung

- der sog. Neubewertungsmethode, bei der kein Geschäfts- oder Firmenwert gezeigt wird, soweit er auf Minderheitenanteile entfällt oder

- der sog. Full-Goodwill-Methode, bei der der gesamte Geschäfts- oder Firmenwert des Tochterunternehmens, auch soweit er auf Minderheitenanteile entfällt, im Konzernabschluss gezeigt wird.

Die **Neubewertungsmethode** erscheint relativ einfach, da sie nur zwei Schritte verlangt:

1. Verrechnung des Werts der Anteile an dem Tochterunternehmen (aus dem Jahresabschluss des Mutterunternehmens) mit dem anteiligen (entsprechend der Beteiligungsquote) neubewerteten Eigenkapital des Tochterunternehmens (aus dessen HB III).

2. Umgliederung des hiernach verbleibenden Eigenkapitals des Tochterunternehmens in den gesonderten Eigenkapitalposten „Minderheitenanteile".

Nach der **Full-Goodwill-Methode** ist ein weiterer Schritt erforderlich:

3. Ermittlung und Aktivierung desjenigen Geschäfts- oder Firmenwerts (Goodwill) des Tochterunternehmens, der auf die Minderheitenanteile entfällt.

Die Ermittlung dieses auf die Minderheiten entfallenden Teils des Geschäfts- oder Firmenwerts des Tochterunternehmens folgt der Formel:

Anteile der Minderheiten an dem Tochterunternehmen
    (bewertet zu deren beizulegendem Zeitwert)

– Minderheitenanteile am Eigenkapital des Tochterunternehmens
    (aus dessen HB III bewertet zum beizulegenden Zeitwert)

= auf Minderheitenanteile entfallender Geschäfts- oder Firmenwert.

Hierbei ist zu beachten, dass der beizulegende Zeitwert der Minderheitenanteile nicht zwingend aus dem Wert der Anteile des Mutterunternehmens abgeleitet werden kann, da der durch das Mutterunternehmen geleistete Kaufpreis für die Anteile z.B. durch erwartete Synergien oder sog. Paketzuschläge bei Erwerb größerer Anteile beeinflusst sein kann.

Der so ermittelte (Teil des) Geschäfts- oder Firmenwerts ist sodann im Rahmen der Kapitalkonsolidierung mit dem Buchungssatz:

Buchung: Geschäfts- oder Firmenwert   an   Minderheitenanteile

in den Konzernabschluss zu übernehmen.

Fall:

Es sind die untenstehenden Bilanzdaten für das Mutterunternehmen (MU) und das Tochterunternehmen (TU), an dem MU nur zu 80% beteiligt ist, gegeben. Der beizulegende Zeitwert der Minderheitenanteile betrage 90. Im Anlagevermögen der HB II des TU liegen stille Reserven i.H.v. 50.

Bilanzposten	MU	TU		Σ	Konsolidierung		Konzern
		HB II	HB III		Soll	Haben	
Geschäfts- o. Firmenwert							
Beteiligung	400	0					
Anlagevermögen	400	300					
Umlaufvermögen	100	100					
Σ Aktiva	900	400					
Gezeichnetes Kapital	400	300					
Neubewertungsrücklage	0	0					
Minderheitenanteile	-	-					
Fremdkapital	500	100					
Σ Passiva	900	400					

Führen Sie die Kapitalkonsolidierung durch

a. nach der Neubewertungsmethode

b. nach der Full-Goodwill-Methode

Lösung:

a. Neubewertungsmethode

Nach dem Buchungssatz zu 1. wird der Beteiligungsbuchwert mit den anteiligen (80%) Eigenkapital des Tochterunternehmens verrechnet. Hierbei entsteht ein Geschäfts- oder Firmenwert i.H.v. (400 – (300 x 80%) – (50 x 80%) =) 120, der zu aktivieren ist.

Das hiernach verbleibende Eigenkapital des Tochterunternehmens i.H.v. (60+10 =) 70 wird mit der Buchung zu 2. in den gesonderten Eigenkapitalposten „Minderheitenanteile" umgebucht.

Bilanzposten	MU	TU		Σ	Konsolidierung		Konzern
		HB II	HB III		Soll	Haben	
Geschäfts- o. Firmenwert					[1]120		120
Beteiligung	400	0	0	400		[1]400	0
Anlagevermögen	400	300	350	750			750
Umlaufvermögen	100	100	100	200			200
Σ Aktiva	900	400	450	1.350			1.070
Gezeichnetes Kapital	400	300	300	700	[1]240 [2]60		400
Neubewertungsrücklage	0	0	50	50	[1]40 [2]10		0
Minderheitenanteile	-	-	-	-		[2]70	70
Fremdkapital	500	100	100	600			600
Σ Passiva	900	400	450	1.350			1.070

b. Full-Goodwill-Methode

Die Buchungen zu 1. und zu 2. entsprechen denen bei der Neubewertungsmethode. Allerdings ist auf Basis des beizulegenden Zeitwerts der Minderheitenanteile i.H.v. 90 der auf diese Minderheitenanteile entfallende Geschäfts- oder Firmenwert zu ermitteln. Dieser wird i.H.v. (90 – 70 =) 20 mit der Buchung zu 3. im Konzernabschluss aktiviert.

Bilanzposten	MU	TU		Σ	Konsolidierung		Konzern
		HB II	HB III		Soll	Haben	
Geschäfts- o. Firmenwert					[1]120 [3]20		140
Beteiligung	400	0	0	400		[1]400	0
Anlage-vermögen	400	300	350	750			750
Umlaufvermö-gen	100	100	100	200			200
Σ Aktiva	900	400	450	1.350			1.090
Gezeichnetes Kapital	400	300	300	700	[1]240 [2]60		400
Neubewer-tungsrücklage	0	0	50	50	[1]40 [2]10		0
Minderheiten-anteile	-	-	-	-		[2]70 [3]20	90
Fremdkapital	500	100	100	600			600
Σ Passiva	900	400	450	1.350			1.090

5.2.3 Folgebewertung im Konzernabschluss

▶ IFRS 3.15-3.17; IFRS 3.54-58

Die Folgebewertung ab dem Erstkonsolidierungszeitpunkt erfolgt im Konzernabschluss im Rahmen der sog. Folgekonsolidierung. Letztlich sind die einzelnen im Rahmen der Erstkonsolidierung neubewerteten Vermögenswerte und Schulden des Tochterunternehmens nach den Vorschriften der jeweils einschlägigen Standards fortzuführen, wie es für den Jahresabschluss in Teil 1 dieses Lehrbuchs ausgeführt wurde (vgl. 3.1.4).

Im Rahmen der Folgekonsolidierung sind damit zusammengefasst die folgenden **Grundsätze** zu beachten:

■ Die aus der Erstkonsolidierung resultierenden Wertansätze der Vermögenswerte und (Eventual-)Schulden sind ergebniswirksam fortzuführen.

■ Bei der Erstkonsolidierung aufgedeckte stille Reserven und Lasten teilen hierbei das "Schicksal" der Posten, denen sie zugeordnet wurden

  – <u>Abnutzbares Anlagevermögen</u>: Abschreibung über Restnutzungsdauer
  – <u>Vorräte und nicht abnutzbares Anlagevermögen</u>: Realisierung eines Gewinns, wenn diese Vermögenswert den Konzern verlassen
  – Korrespondierende <u>Fortführung der Steuerlatenzen aus der Erstkonsolidierung</u>
  – <u>Geschäfts- oder Firmenwert</u>: keine planmäßigen Abschreibungen, sondern nur jährliche Wertminderungen i.S.d. IAS 36 (sog. Impairment-only-Ansatz).

■ Ergebnisanteile der einzelnen Tochterunternehmen, die auf deren Minderheitsgesellschafter entfallen, sind in den gesonderten Eigenkapitalposten für Minderheitenanteile umzugliedern.

■ In der Konzern-GuV bzw. Konzern-Gesamtergebnisrechnung sind die auf die Minderheiten entfallenden Teile des Jahresergebnisses bzw. des sonstigen Ergebnisses gesondert auszuweisen.

I.d.R. werden die Geschäftsvorfälle des Mutterunternehmens und seiner Tochterunternehmen nicht in einer zusammengefassten Konzernbuchhaltung erfasst, sondern auch der Konzernabschluss des auf die Erstkonsolidierung folgenden Geschäftsjahres wird aus den einzelnen Jahresabschlüssen des Mutterunternehmens und seiner Tochterunternehmen abgeleitet. Hierzu bieten sich die folgenden Arbeitsschritte der **Konsolidierungstechnik** an:

1. Ableitung der einzelnen <u>HB II</u> der Tochterunternehmen aus deren <u>aktuellen</u> Jahresabschlüssen zum Konzernbilanzstichtag;

2. <u>Wiederholung</u> der Neubewertung aus der Erstkonsolidierung und <u>Fortschreibung</u> der aufgedeckten stillen Reserven/Lasten bei Erstellung der <u>HB III</u> der einzubeziehenden Tochterunternehmen (Alternativ kann dieser Arbeitsschritt auch erst im Rahmen der Konsolidierung nach Schritt 5 ausgeführt werden);

3. <u>Addition</u> des aktuellen Jahresabschlusses des Mutterunternehmens mit den aktuellen HB III der Tochterunternehmen (<u>Summenbilanz</u>);

4. <u>Wiederholung sämtlicher Konsolidierungsbuchungen</u> der Vorperioden seit der Erstkonsolidierung;

5. <u>Konsolidierungsbuchungen,</u> die <u>in Vorperioden</u> die GuV oder den Jahresüberschuss berührt haben, sind zu Lasten des Ergebnisvortrags / der Gewinnrücklagen nachzuholen;

6. Bestimmung des <u>Ergebnisanteils der Minderheiten</u> für die einzelnen Tochterunternehmen und Umbuchung dieses Ergebnisanteils in den Minderheitenanteil;

7. <u>Fortführung eines Geschäfts- oder Firmenwerts</u> im Rahmen der Kapitalkonsolidierung.

Fall:

Es ist die untenstehende Erstkonsolidierung zum 31.12.01 für den Konzernabschluss des Mutterunternehmens (MU) und des Tochterunternehmens (TU), an dem MU nur zu 80% beteiligt ist, gegeben. Der beizulegende Zeitwert der Minderheitenanteile betrugen zum 31.12.01 insgesamt 90. Im Anlagevermögen der HB II des TU liegen stille Reserven i.H.v. 50. Die Restnutzungsdauer dieses Anlagevermögens beträgt 10 Jahre. Der nach der Neubewertungsmethode bestimmte Geschäfts- oder Firmenwert hat bis zum 31.12.02 eine Wertminderung i.H.v. 10% erfahren.

Bilanzposten	MU	TU		Σ	Konsolidierung		Konzern
		HB II	HB III		Soll	Haben	
Geschäfts- o. Firmenwert					[1]120		120
Beteiligung	400	0	0	400		[1]400	0
Anlagevermögen	400	300	350	750			750
Umlaufvermögen	100	100	100	200			200
Σ Aktiva	900	400	450	1.350			1.070
Gezeichnetes Kapital	400	300	300	700	[1]240 [2]60		400
Neubewertungsrücklage	0	0	50	50	[1]40 [2]10		0
Minderheitenanteile	-	-	-	-		[2]70	70
Fremdkapital	500	100	100	600			600
Σ Passiva	900	400	450	1.350			1.070

Zum 31.12.02 ergeben sich die folgenden Bilanzwerte aus den Jahresabschlüssen:

Bilanzposten	MU	TU	TU: Anpassung der HB II		TU
		HB II	Soll	Haben	HB III
Geschäfts- o. Firmenwert					
Beteiligung	400	0			
Anlage-vermögen	480	270			
Umlaufvermö-gen	100	180			
Σ Aktiva	980	450			
Gezeichnetes Kapital	400	300			
Neubewer-tungsrücklage	0	0			
Jahresergebnis	80	50			
Minderheiten-anteile	-	-			
Fremdkapital	500	100			
Σ Passiva	980	450			

Führen Sie die Folgekonsolidierung zum 31.12.02 (nach der bei der Erstkonsolidierung gewählten Neubewertungsmethode) durch!

Lösung:

Zur Ableitung der HB III des TU ist nach Ableitung der HB II lt. Aufgabenstellung (Schritt 1) im 2. Schritt die Neubewertung aus der Erstkonsolidierung zu wiederholen, und die hierbei aufgedeckten stillen Reserven sind fortzuführen (Abschreibung über 10 Jahre Restnutzungsdauer).

Bilanzposten	MU	TU	TU: Anpassung der HB II		TU
		HB II	Soll	Haben	HB III
Geschäfts- o. Firmenwert					
Beteiligung	400	0			0
Anlage-vermögen	480	270	[1]50	[2]5	315
Umlaufvermö-gen	100	180			180
Σ Aktiva	980	450			495
Gezeichnetes Kapital	400	300			300
Neubewer-tungsrücklage	0	0		[1]50	50
Jahresergebnis	80	50	[2]5		45
Minderheiten-anteile	-	-			-
Fremdkapital	500	100			100
Σ Passiva	980	450			495

Sodann sind der Jahresabschluss des MU und die HB III des TU zur Summenbilanz aufzu-addieren (Schritt 3). Die Konsolidierungsbuchungen zu 1. und zu 2. der Erstkonsolidierung sind ungeachtet der aktuellen Werte in der Summenbilanz zu wiederholen (Schritt 4). Die Konsolidierungsbuchungen des Vorjahres waren in diesem Fall nicht ergebniswirksam (Schritt 5), so dass anschließend mit Schritt 6 der auf die Minderheitenanteile entfallende Teil des Jahresergebnisses des TU i.H.v. (45 x 20% =) 9 in die Minderheitenanteile umzugliedern ist (Buchung 3). Schließlich ist noch im Schritt 7 der Geschäfts- oder Firmenwert zu Lasten des Jahresergebnisses i.H.v. 12 abzuschreiben (Buchung 4). Diese Wertminderung entfällt bei der Neubewertungsmethode ausschließlich auf das Mutterunternehmen und nicht auf die Minderheitenanteile.

Bilanzposten	MU	TU	Σ	Konsolidierung		Konzern
		HB III		Soll	Haben	
Geschäfts- o. Firmenwert				¹120	⁴12	108
Beteiligung	400	0	400		¹400	0
Anlage-vermögen	480	315	795			795
Umlaufvermö-gen	100	180	280			280
Σ Aktiva	980	495	1.475			1.183
Gezeichnetes Kapital	400	300	700	¹240 ²60		400
Neubewer-tungsrücklage	0	50	50	¹40 ²10		0
Jahresergebnis	80	45	125	³9 ⁴12		104
Minderheiten-anteile	-	-	-		²70 ³9	79
Fremdkapital	500	100	600			600
Σ Passiva	980	495	1.475			1.183

5.2.4   Angaben

▶   IFRS 3.59-63

Die Art und der Umfang der im Konzernabschluss geforderten Angaben entsprechen jenen bei der Abbildung eines Unternehmenszusammenschlusses im Jahresabschluss. Daher wird auf den kurzen Überblick zu den Angaben nach IFRS 3 in Kapitel 3.1.5 verwiesen.

5.2.5 Wiederholung des IFRS 3 in Stichworten

In Bezug auf den Konzernabschluss enthält IFRS 3 die folgenden in Stichworten zusammengefassten Kernpunkte:

■ Ergänzung des IAS 27/IFRS 10 um die Konsolidierungsmaßnahme der Kapitalkonsolidierung;

■ Grundsätzliches Vorgehen der Erstkonsolidierung bei erstmaliger Erlangung der Beherrschung über ein Tochterunternehmen (vgl. **Tabelle 4.1**):

– Ausgehend von der HB II Neubewertung der Vermögenswerte und Schulden des neuen Tochterunternehmens – Ergebnis: HB III;
– Zusammenführung der HB III der Tochterunternehmen mit Jahresabschluss des Mutterunternehmens in der Summenbilanz;
– Verrechnung der Anteile des Mutterunternehmens am Tochterunternehmen (i.d.R. Beteiligungsbuchwert aus dem Jahresabschluss des Mutterunternehmens) mit dem (neubewerteten) Eigenkapital des Tochterunternehmens;
– Negativer Unterschiedsbetrag aus der Verrechnung: nach nochmaliger Überprüfung Ertrag in der Konzern-GuV;
– Positiver Unterschiedsbetrag aus der Verrechnung: Aktivierung als Geschäfts- oder Firmenwert in der Konzernbilanz;
– Problem Minderheitenanteile (Mutterunternehmen hält weniger als 100% der Anteile): Kapitalkonsolidierung nur mit dem anteiligen Eigenkapital des Tochterunternehmens; Restbetrag des Eigenkapitals des Tochterunternehmens ist in gesonderten Eigenkapitalposten umzugliedern (Wahlrecht zur Aktivierung des auf diese Minderheitenanteile entfallenden Geschäfts- oder Firmenwerts (Full-Goodwill-Methode))

■ Grundsätzliches Vorgehen Folgekonsolidierung:

– Basiert auf aktuellen Abschlusswerten des Mutterunternehmens und der Tochterunternehmen (HB II);
– Wiederholung der Neubewertung der Erstkonsolidierung;
– Ergebniswirksame Fortschreibung der bei Erstkonsolidierung aufgedeckten stillen Reserven und Lasten in der HB III (alternativ erst im Rahmen der eigentlichen Konsolidierung);
– Aufstellung der Summenbilanz und Wiederholung der Konsolidierungsbuchungen aus der Erstkonsolidierung (ergebniswirksame Konsolidierungen gegen das Jahresergebnis sind im Folgejahr ergebnisneutral gegen Ergebnisvortrag oder Gewinnrücklagen zu buchen);
– Umgliederung des Anteils der Minderheitengesellschafter am Jahresergebnis des Tochterunternehmens;
– Fortschreibung des Geschäfts- oder Firmenwerts (Impairment-only-Ansatz).

5.2.6   Hinweise zur Vertiefung

Die Hinweise zur Vertiefung betreffen die gleichen Aspekte wie zu den Ausführungen der Anwendung des IFRS 3 im Jahresabschluss (vgl. 3.1.7). In Bezug auf den Konzernabschluss sei jedoch zusätzlich auf die folgenden Problematiken der Kapitalkonsolidierung hingewiesen, die anhand der einschlägigen Kommentarliteratur vertieft werden können:

- **Bestimmung der Gegenleistung** des Mutterunternehmens für den Erwerb der Anteile, wenn die für den Erwerb hingegebenen Vermögenswerte im Konzern verbleiben, z.B. durch Einlage in das Tochterunternehmen (IFRS 3.38);

- **Sukzessiver Anteilserwerb**, bei dem der Erwerber erst nach mehreren vorangegangenen Anteilskäufen die Beherrschung über ein Tochterunternehmen erlangt (IFRS 3.41 f.);

- Einzelheiten zu den in die Kapitalkonsolidierung **einzubeziehenden Anteilen** (IFRS 3.19).

5.3   IAS 31 / IFRS 11 - Anteile an Gemeinschaftsunternehmen

IAS 31 behandelt Anteile an Gemeinschaftsunternehmen. Er wurde am 12.05.2011 durch den IFRS 11 ersetzt, der jedoch noch nicht das Endorsement-Verfahren der EU durchlaufen hat. Die beiden Standards unterscheiden sich in ihrer Grundkonzeption, so dass eine getrennte Erläuterung erforderlich ist.

5.3.1   IAS 31 - Anteile an Gemeinschaftsunternehmen

5.3.1.1   Überblick zum IAS 31

▶   IAS 31.1-12

IAS 31 hat in seiner aktuellsten Fassung das **Endorsement-Verfahren** der EU am 18.02.2011 durchlaufen. Er wurde mit verpflichtender Wirkung für Geschäftsjahre, die nach dem 31.12.2012 beginnen, durch den im Mai 2011 vom IASB verabschiedeten IFRS 11 ersetzt (vgl. 5.3.2). IFRS 11 wird jedoch voraussichtlich erst Ende 2012 von der EU übernommen. Durch die Übernahme des IFRS 11 wird sich dann auch die Übernahme zwischenzeitlicher, eher formaler Änderungen des IAS 31 durch den ebenfalls noch nicht von der EU übernommenen IFRS 9 erübrigen.

Durch IAS 31 wird die Erfassung von Gemeinschaftsunternehmen im Konzernabschluss der Anteilseigner geregelt. Sein **Gegenstand** erfasst solche Anteile, die zwar nicht zur alleinigen Beherrschungsmöglichkeit führen (Tochterunternehmen), die aber eine gemeinschaftliche Führung gemeinsam mit einem oder mehreren anderen Unternehmen ermöglichen. Der Einfluss des Mutterunternehmens ist damit schwächer ausgeprägt als bei einem Tochterunternehmen (vgl. 5.1.3), aber stärker als bei einem assoziierten Unternehmen (vgl. 5.4). Hierdurch wird der zweite Kreis der in **Abbildung 5.1** beschrieben Konsolidierungskreise beschrieben.

Der **Anwendungsbereich** des Standards erfasst grundsätzlich alle Mutterunternehmen mit den folgenden Ausnahmen:

- Das Mutterunternehmen ist eine Wagniskapital-Organisation oder ein fondsähnliches Unternehmen, das seine Anteile am Gemeinschaftsunternehmen nach IAS 39 bzw. IFRS 9 ergebniswirksam zum beizulegenden Zeitwert bewertet (IAS 31.1);

- Der Anteil ist zur Veräußerung bestimmt und daher nach IFRS 5 zu erfassen (IAS 31.2(a));

- Das Mutterunternehmen ist nach IAS 27.10 von der Konzernrechnungslegungspflicht nach IFRS (vgl. 5.1.2) befreit (IAS 31.2(b));

- Es liegen die folgenden Voraussetzungen kumulativ vor (IAS 31.2(c)):

  - das Mutterunternehmen selbst wird als Tochterunternehmen in einen Konzernabschluss eines anderen Mutterunternehmens einbezogen,
  - die (etwaigen) Minderheitsgesellschafter des Mutterunternehmens sind darüber informiert, dass IAS 31 nicht angewendet wird, und sie erheben hiergegen keine Einwände,
  - das Mutterunternehmen ist nicht kapitalmarktorientiert, und es beabsichtigt auch nicht die Inanspruchnahme eines öffentlichen Kapitalmarktes und
  - der Konzernabschluss, in den das Mutterunternehmen als Tochterunternehmen einbezogen wird, wird nach den IFRS aufgestellt und veröffentlicht.

Bereits aus dem formalen **Aufbau** des Standards lassen sich die inhaltlichen Strukturen des IAS 31 erkennen:

- Anwendungsbereich des Standards (IAS 31.1-2)

- Definitionen (IAS 31.3-12)

- Gemeinschaftliche Tätigkeiten (IAS 31.13-17)

- Gemeinschaftlich geführte Vermögenswerte (IAS 31.18-23)

- Gemeinschaftlich geführte Unternehmen (IAS 31.24-47)

- Geschäftsvorfälle zwischen Partner- und Gemeinschaftsunternehmen (IAS 31.48-50)

- Bilanzierung von Anteilen im Abschluss eines Gesellschafters (IAS 31.51)

- Betreiber eines Gemeinschaftsunternehmens (IAS 31.52-53)

- Angaben (IAS 31.54-57)

- Vorschriften zum zeitlichen Anwendungsbereich des Standards (IAS 31.58-59).

Nach der **Definition** in IAS 31.3 ist unter einem Gemeinschaftsunternehmen eine vertragliche Vereinbarung mindestens zweier Partner über eine wirtschaftliche Tätigkeit, die von
ihnen gemeinschaftlich geführt wird (siehe zu Einzelheiten auch IAS 31.7-12). Hierbei verlangt eine gemeinschaftliche Führung eine derart vereinbarte Aufteilung der Kontrolle der
wirtschaftlichen Geschäftätigkeit, dass die strategischen, finanziellen und betrieblichen
Entscheidungen die einstimmige Zustimmung der Partner erfordert. Nach IAS 31.7 werden
drei Formen von Gemeinschaftsunternehmen unterschieden, die zu unterschiedlichen
Konsequenzen in der Konzernbilanz führen.

Abbildung 5.3   Gemeinschaftsunternehmen nach IAS 31

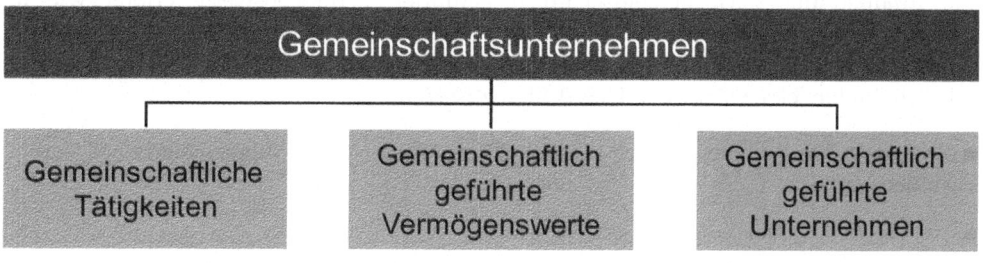

5.3.1.2   Erfassung gemeinschaftlicher Tätigkeiten

▶   IAS 31.13-17

Gemeinschaftliche Tätigkeiten zeichnen sich nach IAS 31.13 f. dadurch aus, dass die beteiligten Unternehmen (Partner) jeweils **eigene Vermögenswerte und Schulden** einsetzen
und den Partnern anteilig die Erträge und die zu tragenden Aufwendungen zugerechnet
werden. Es wird somit kein gemeinschaftliches Vermögen der Partner in Gestalt von gemeinsamen Vermögenswerten oder Gesellschaften geschaffen.

Die **Bilanzierung** in diesem Sinne verstandener gemeinschaftlicher Tätigkeiten entspricht
auf Konzernebene derjenigen im Jahresabschluss. Dem Partnerunternehmen zuzurechnen-
de Vermögenswerte, Schulden, Aufwendungen und Erträge sind hiernach nach den allgemeinen Bilanzierungsgrundsätzen im Konzernabschluss wie im Jahresabschluss des Partnerunternehmens zu erfassen (IAS 31.15). Einer Anpassung der Jahresabschluss-Posten im
Rahmen der Erstellung des Konzernabschlusses ist damit ebenso wenig erforderlich
(IAS 31.16) wie eine eigenständige Buchhaltung für die gemeinschaftlichen Tätigkeiten
(IAS 31.17).

5.3.1.3 Erfassung gemeinschaftlich geführter Vermögenswerte

▶ IAS 31.18-23

Nach IAS 31.18-20 sind unter gemeinschaftlich geführten Vermögenswerten wirtschaftliche Aktivitäten zu verstehen, bei denen die Partnerunternehmen gemeinschaftlich geführte Vermögenswerte, die i.d.R. auch in **gemeinsamem Eigentum** der einzelnen Partner stehen, eingesetzt werden. Eingegangene Schulden und erzielte Ergebnisbeiträge sind den einzelnen Partnern einzeln zuordenbar. Als Beispiel werden in IAS 31.20 der Bau und die gemeinschaftliche Führung sowie der Betrieb einer Ölpipeline durch mehrere Ölfördergesellschaften genannt.

Die **Bilanzierung** solch gemeinschaftlich geführter Vermögenswerte erfolgt wie im IFRS-Jahresabschluss in Höhe des jeweiligen Anteils des Partnerunternehmens. Anpassungen des Jahresabschlusses im Rahmen der Konzernabschlusserstellung sind insoweit entbehrlich. Im Einzelnen sind nach IAS 31.21 anzusetzen:

- Anteil an den gemeinschaftlich geführten Vermögenswerten, aufgegliedert nach Vermögensarten,

- im eigenen Namen eingegangene Schulden,

- Anteil an den gemeinschaftlich eingegangenen Schulden,

- Anteilig zurechenbare Erträge und Aufwendungen,

- Eigene Aufwendungen des Partnerunternehmens.

5.3.1.4 Erfassung gemeinschaftlich geführter Unternehmen

▶ IAS 31.24-45B, IAS 31.48-53

Gemeinschaftlich geführte Unternehmen sind **rechtlich selbständige Einheiten**, wie z.B. Kapital- oder Personengesellschaften, die unter der gemeinschaftlichen Führung mindestens zweier Gesellschafter stehen (IAS 31.24 ff.). Solche gemeinschaftlich geführten Unternehmen haben eine eigene Buchhaltung zu unterhalten und i.d.R. eigene Abschlüsse aufzustellen (IAS 31.28, IAS 31.52 f.). In den IFRS-Jahresabschlüssen der Partnerunternehmen werden diese Anteile nach IAS 31.46 f. i.V.m. IAS 27 als eigenständige Vermögenswerte erfasst (vgl. 2.8).

Für die Erfassung gemeinschaftlich geführter Unternehmen im Konzernabschluss sieht IAS 31 ein grundsätzliches **Wahlrecht** vor (IAS 31.30), das für alle gemeinschaftlich geführten Unternehmen einheitlich (IAS 8.13) auszuüben ist:

- Erfassung im Rahmen der Quotenkonsolidierung (IAS 31.30 ff.)

oder

- Erfassung im Rahmen der Equity-Methode nach IAS 28 (IAS 31.38-41).

Dieses Wahlrecht wird zum einen eingeschränkt, wenn die Anteile an dem gemeinschaftlich geführten Unternehmen zur Veräußerung bestimmt und daher nach IFRS 5 (vgl. 2.5) zu bilanzieren sind (IAS 31.42). Zum anderen haben Gesellschafter solch gemeinschaftlich geführter Unternehmen, die, z.B. als Minderheitsgesellschafter, nicht selbst an der gemeinschaftlichen Führung beteiligt sind, ihre Anteile nach IAS 39 bzw. IFRS 9 oder im Falle eines maßgeblichen Einflusses nach der Equity-Methode (vgl. 5.4) zu bilanzieren (IAS 31.51).

Im Falle einer Wahlrechtsausübung zugunsten der **Equity-Methode** werden die gemeinschaftlich geführten Unternehmen in den Konzernabschlüssen der Partnerunternehmen wie Anteile an assoziierten Unternehmen dargestellt. Daher kann auf das Kapitel zu IAS 28 (Anteile an assoziierten Unternehmen) verwiesen werden (vgl. 5.4).

Im Rahmen der **Quotenkonsolidierung** fließen entsprechend der Beteiligungsquote des Partnerunternehmens nur die anteiligen Vermögenswerte, Schulden, Aufwendungen und Erträge in den Summenabschluss (vgl. 5.1.4) ein. Damit ist auch bereits die Technik der Quotenkonsolidierung vorgezeichnet, die sich weitegehend an der Technik der Vollkonsolidierung (vgl. 5.1.5) orientiert. So ist das in der Summenbilanz enthaltene anteilige Eigenkapital des gemeinschaftlich geführten Unternehmens mit dem Anteilsbuchwert des Mutterunternehmens zu verrechnen (Kapitalkonsolidierung). Anders als bei der Vollkonsolidierung können hier allerdings keine Minderheitenanteile entstehen, da diese gar nicht in den Summenabschluss eingegangen sind.

Beispiel:

Die Werte aus der HB III des gemeinschaftlich geführten Unternehmens (GU) gehen nur in Höhe der Beteiligungsquote des Mutterunternehmens (MU), hier 50%, in den Summenabschluss ein. Das anteilige Eigenkapital des GU i.H.v. 175 ist im Rahmen der Kapitalkonsolidierung mit dem Beteiligungswert des MU i.H.v. 400 zu verrechnen, so dass ein Geschäfts- oder Firmenwert i.H.v. 225 entsteht.

Bilanzposten	MU	GU	Σ	Konsolidierung		Konzern
		HB III zu 50%		Soll	Haben	
Geschäfts- o. Firmenwert				225		108
Beteiligung	400	0	400		400	0
Anlage-vermögen	400	175	575			795
Umlaufvermö-gen	100	50	150			280
Σ Aktiva	900	225	1.125			1.183
Gezeichnetes Kapital	400	150	550	150		400
Neubewer-tungsrücklage	0	25	25	25		0
Jahresergebnis	0	0	0			104
Fremdkapital	500	50	550			600
Σ Passiva	900	225	1.125			1.183

Daneben sind die weiteren Konsolidierungsmaßnahmen (Schuldenkonsolidierung, Aufwands- und Ertragskonsolidierung sowie Zwischenergebniseliminierung) durchzuführen. Die jeweilige Technik entspricht grundsätzlich derjenigen bei der Vollkonsolidierung (vgl. 5.1.5), ist allerdings immer entsprechend der Beteiligungsquote des Mutterunternehmens durchzuführen.

Der **Ausweis** von im Rahmen der Quotenkonsolidierung in den Konzernabschluss eingegangenen anteiligen Vermögenswerte, Schulden, Aufwendungen und Erträge darf nach IAS 31.34 wahlweise auf zwei Arten erfolgen:

■ Zusammenfassung der quotal in den Konzernabschluss eingegangenen Posten mit den im Rahmen der Vollkonsolidierung bilanzierten, entsprechenden Posten des Konzerns,

■ Gesonderter Ausweis der Posten aus der Quotenkonsolidierung in Konzern-Bilanz und Konzern-GuV.

5.3.1.5 Angaben

▶ IAS 31.54-57

Die Anhangangaben zu Gemeinschaftsunternehmen i.S.d. IAS 31 betreffen im Überblick:

- Eventualverbindlichkeiten im Zusammenhang mit Gemeinschaftsunternehmen (IAS 31.54),

- Kapitalverpflichtungen im Zusammenhang mit Gemeinschaftsunternehmen (IAS 31.55),

- Auflistung und Beschreibung von Anteilen an Gemeinschaftsunternehmen (IAS 31.56),

- Summe der einzelnen Posten der Gemeinschaftsunternehmen nach Kategorien (IAS 31.56),

- Angewandte Bilanzierungsmethode für Anteile an Gemeinschaftsunternehmen (IAS 31.57).

5.3.1.6 Wiederholung des IAS 31 in Stichworten

Die Kernpunkte des Standards in Stichworten:

- Vom IASB mit Wirkung für Geschäftsjahre, die nach dem 31.12.2012 beginnen, durch IFRS 11 ersetzt;

- Regelt mit der gemeinschaftlichen Führung die zweite Stufe des Konsolidierungskreises (**Abbildung 5.1**) nach dem Kreis der Vollkonsolidierung;

- Gemeinschaftliche Tätigkeiten: im Konzern Übernahme der Bilanzierung aus dem Jahresabschluss des Mutterunternehmens;

- Gemeinschaftlich geführte Vermögenswerte: anteilige Bilanzierung gemeinschaftlicher Vermögenswerte, Schulden, Aufwendungen und Erträge;

- Gemeinschaftlich geführte Unternehmen: Wahlrecht zur Quotenkonsolidierung (entsprechend der Beteiligungsquote anteilige Übernahme der Vermögenswerte und Schulden in den Konzernabschluss, ‚anteilige' Konsolidierungsmaßnahmen) oder zur Equity-Methode (IAS 28).

5.3.1.7 Hinweise zur Vertiefung

IAS 31 wird auch auf EU-Ebene in absehbarer Zeit durch IFRS 11 abgelöst. IFRS 11 legt ein von IAS 31 abweichendes Konzept zugrunde und sieht die Quotenkonsolidierung generell nicht mehr vor. Eine Vertiefung von Problembereichen der Quotenkonsolidierung, insbesondere zur Zwischenergebniseliminierung, kann daher nicht mehr empfohlen werden. Auch weitere Vertiefungsempfehlungen zu IAS 31 können vor diesem Hintergrund nur noch begrenzt sinnvoll sein und können sich allenfalls auf Ausnahmen vom Wahlrecht nach IAS 31.42-45B konzentrieren.

5.3.2   IFRS 11 - Gemeinschaftliche Vereinbarungen

5.3.2.1   Überblick zum IFRS 11

▶   IFRS 11.1-19

Der am 12.05.2011 vom IASB veröffentlichte neue Standard IFRS 11 ersetzt den Standard IAS 31 (vgl. 5.3.1) verpflichtend für nach dem 31.12.2012 beginnende Geschäftsjahre. Er wird das **Endorsement-Verfahren** der EU voraussichtlich erst kurz vor seiner erstmaligen verpflichtenden Anwendung durchlaufen haben. Der **Gegenstand** des neuen Standards erfasst neben der Bilanzierung von gemeinschaftlichen Vereinbarungen im IFRS-Jahresabschluss (vgl. 2.8.6) insbesondere die bilanziellen Auswirkungen solcher Vereinbarungen auf den Konzernabschluss nach IFRS. Letztere sind Gegenstand der Ausführungen in diesem Kapitel.

Der **Aufbau** des IFRS 11 lässt in Einklang mit seinem Regelungsinhalt bereits seine Grundkonzeption erkennen:

- Zielsetzung des Standards (IFRS 11.1-2)

- Anwendungsbereich des Standards (IFRS 11.3)

- Gemeinschaftliche Vereinbarungen (IFRS 11.4-19)

- Bilanzierung von gemeinschaftlichen Vereinbarungen im Konzernabschluss eines Partnerunternehmens (IFRS 11.20-25)

- Bilanzierung von gemeinschaftlichen Vereinbarungen im Jahresabschluss eines Partnerunternehmens (IFRS 11.26-27)

- Definitionen (Anhang A des Standards)

- Anhang B: Anleitung zur Anwendung (IFRS 11.B1-B37)

- Anhang C: Vorschriften zum zeitlichen Anwendungsbereich des Standards

- Anhang D: Änderungen anderer Standards durch IFRS 11.

Damit erfasst der **Anwendungsbereich** des IFRS 11 formal sowohl den Jahres- als auch den Konzernabschluss aller Gesellschaften, die Partner einer gemeinschaftlichen Vereinbarung sind (IFRS 11.3). Eine gemeinschaftliche Vereinbarung ist nach IFRS 11.A und IFRS 11.4 f. **definiert** als eine vertragliche Vereinbarung zwischen mindestens zwei Parteien, die bei ihrer Tätigkeit eine gemeinschaftliche Kontrolle über ihre Aktivitäten ausüben. Gemeinschaftliche Kontrolle ist dann gegeben, wenn die die Kontrolle ausübenden Parteien Entscheidungen über ihre Tätigkeit nur einstimmig treffen dürfen (zu Einzelheiten siehe IFRS 11.8-13). In der Terminologie des IFRS 11 werden gemeinschaftliche Vereinbarungen unterteilt in (IFRS 11.6, IFRS 11.14-19, IFRS 11.A):

- **Gemeinschaftliche Tätigkeiten**, die gegeben sind wenn die Beteiligten nicht Rechte am Nettovermögen haben, wie im Falle eines Gemeinschaftsunternehmens, sondern sich aus der gemeinschaftlichen Vereinbarung den Beteiligten einzeln zurechenbare Rechte an den einzelnen Vermögenswerten und Pflichten aus den einzelnen Schulden ergeben.

- **Gemeinschaftsunternehmen**, die nach ihrer Definition in IFRS 11.A vereinfacht ausgedrückt Anteile an rechtlichen Einheiten, insb. an Gesellschaften, die keine weiteren Rechte und Pflichten der Gesellschafter begründen, sind. Die Anteilinhaber haben allein Rechte am Nettovermögen des so verstandenen Gemeinschaftsunternehmens.

Die Einteilung gemeinschaftlicher Vereinbarungen in diese beiden Kategorien hat Auswirkungen auf deren Bilanzierung im Konzernabschluss (zum Jahresabschluss vgl. 2.8.6).

5.3.2.2 Erfassung gemeinschaftlicher Tätigkeiten

▶ IFRS 11.20-23

Im Falle einer gemeinschaftlichen Tätigkeit richtet sich deren Erfassung im Konzernabschluss nach den Rechten und Pflichten der bilanzierenden Partei (IFRS 11.23):[31]

Abbildung 5.4 Gemeinschaftliche Tätigkeiten im Konzernabschluss

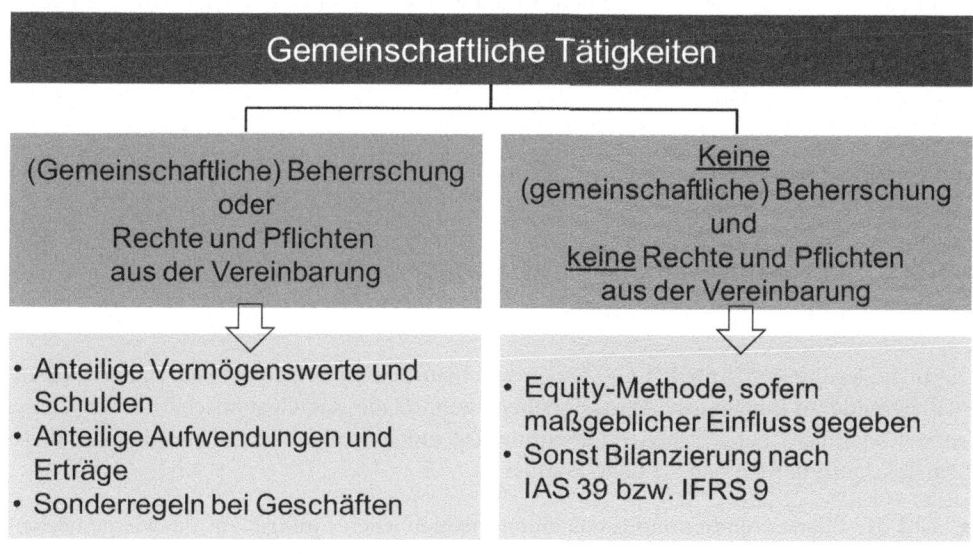

Hiernach sind im Regelfall einer gemeinschaftlichen Tätigkeit entsprechend der Beteiligungsquote des bilanzierenden Partners die anteiligen Vermögenswerte, Schulden, Auf-

---

[31] Vgl. auch Küting/Seel (2011), S. 348.

wendungen und Erträge in den Konzernabschluss aufzunehmen. Es wird also kein einheitlicher Vermögenswert im Sinne eines Gesellschaftsanteils bilanziert, sondern nach IFRS 11.20 sind im Einzelnen in der Konzernbilanz des bilanzierenden Unternehmens anzusetzen:

- seine eigenen Vermögenswerte einschl. des Anteils an den gemeinschaftlichen Vermögenswerten,

- seine eigenen Schulden einschl. des Anteils an den gemeinschaftlichen Schulden,

- eigene und gemeinschaftliche, anteilig zurechenbare Erträge und Aufwendungen.

In diesem Grundfall, in dem also weder nach der Equity-Methode nach IAS 28 (vgl. 5.4), noch nach IAS 39 bzw. IFRS 9 (vgl. 2.13) bilanziert wird, sind allerdings Liefergeschäfte zwischen dem Partnerunternehmen und den Aktivitäten aus der gemeinschaftlichen Tätigkeit im Konzernabschluss nicht vollumfänglich zu erfassen. Bei einem solchen Liefergeschäft auf Seiten des Partnerunternehmens oder der gemeinschaftlichen Tätigkeit entstandene Gewinne bzw. Verluste dürfen nur mit dem Anteil im Konzernabschluss berücksichtigt werden, der auf andere Partnerunternehmen entfällt (IFRS 11.22 i.V.m. IFRS 11.B34-B37).

> Fall:
>
> Ein Partnerunternehmen A mit einem Anteil von 45% an einer gemeinschaftlichen Tätigkeit i.S.d. IFRS 11 veräußert ein Grundstück zum Buchwert von 100 TEUR zum Preis von 120 TEUR an das gemeinsame Projekt.

Lösung:

Ein Veräußerungsgewinn entsteht im Konzernabschluss des Partnerunternehmens A nur i.H.v. (20 TEUR x 55% =) 11 TEUR.

5.3.2.3   Erfassung von Gemeinschaftsunternehmen

▶   IFRS 11.24-25

Die Bilanzierung von Anteilen an Gemeinschaftsunternehmen richtet sich danach, ob der Bilanzierende zu denjenigen Anteilsinhabern gehört, die das Gemeinschaftsunternehmen (gemeinschaftlich) beherrschen oder zumindest einen maßgeblichen Einfluss auf dieses Gemeinschaftunternehmen ausüben können:

- Übt der Bilanzierende mindestens einen maßgeblichen Einfluss auf das Gemeinschaftunternehmen aus, so sind die Anteile im IFRS-Jahresabschluss des Bilanzierenden nach der Equity-Methode des IAS 28 zu erfassen (IFRS 11.24 f.);

- In allen anderen Fällen, d.h. wenn der Gesellschafter an einem Gemeinschaftsunternehmen hierauf nicht einmal einen maßgeblichen Einfluss i.S.d. IAS 28 ausüben kann, z.B. als Minderheitsgesellschafter, sind die Anteile an dem Gemeinschaftunternehmen nach IFRS 9 (bzw. IAS 39) zu bilanzieren (IFRS 11.25).

5.3.2.4   Angaben

Der IASB hat die Angabepflichten zum Konzern in seinem neuen Standard **IFRS 12** zusammengefasst (vgl. 5.5). Dieser Standard ist auf europäischer Ebene nach dem Abschluss des Endorsement-Verfahrens der EU anzuwenden.

5.3.2.5   Wiederholung des IFRS 11 in Stichworten

Die wesentlichen Inhalte des IFRS 11 lassen sich mit den folgenden Stichworten wiederholen:

- Bedeutung auch für den Jahresabschluss (vgl. 2.8.6);

- Unterscheidung zwischen gemeinschaftlichen Tätigkeiten und Gemeinschaftsunternehmen;

- Gemeinschaftliche Tätigkeiten:

  - (gemeinschaftliche) Beherrschung oder Rechte/Pflichten aus der Vereinbarung: anteilige Erfassung der Vermögenswerte, Schulden, Aufwendungen und Erträge sowie Erfassung von Austauschgeschäften nur in Höhe des ‚Fremdanteils‘;
  - Andere Fälle: bei maßgeblichem Einfluss Anwendung der Equity-Methode, sonst Bilanzierung nach IFRS 9 bzw. IAS 39;

- Gemeinschaftsunternehmen:

  - Maßgeblicher Einfluss: Equity-Methode nach IAS 28;
  - Andere Fälle: Bilanzierung nach IFRS 9 bzw. IAS 39.

5.3.2.6   Hinweise zur Vertiefung

Die Abgrenzung und Unterteilung gemeinschaftlicher Vereinbarungen in die beiden in IFRS 11 genannten Kategorien kann sich in der Praxis im Einzelfall als schwierig erweisen. Daher empfiehlt sich insbesondere hinsichtlich der folgenden Aspekte eine inhaltliche Vertiefung:[32]

- Gegenstand der gemeinschaftlichen Beherrschung (IFRS 8.7-13);

- Abgrenzung zwischen gemeinschaftlicher Tätigkeit und Gemeinschaftsunternehmen (IFRS 11.14-19).

Die auch für den IFRS 11 bedeutsame Equity-Methode ist in IAS 28 (Anteile an assoziierten Unternehmen) geregelt und daher einem gesonderten Kapitel vorbehalten (vgl. 5.4).

---

[32] Vgl. z.B. Küting/Seel (2011), S. 343-348.

5.4 IAS 28 - Anteile an assoziierten Unternehmen

5.4.1 Überblick zum IAS 28

▶   IAS 28.1-10; IAS 28.13-15

Das letzte IAS 28 betreffende **Endorsement-Verfahren** der EU wurde durch EU-Verordnung vom 18.02.2011 abgeschlossen. Seither wurde IAS 28 im Zuge der Veröffentlichung bzw. Änderung weiterer konzernspezifischer Standards (IFRS 10, IFRS 11, IFRS 12) am 12.05.2011 um Folgeänderungen angepasst, die verpflichtend erstmals für Geschäftsjahre, die nach dem 31.12.2012 beginnen, anzuwenden ist. Diese Änderungen werden voraussichtlich erst Ende 2012 durch die EU übernommen und werden daher in einem gesonderten Kapitel erläutert (vgl. 5.4.5). Das Endorsement der eher formalen Änderungen des IAS 28 durch den IFRS 9 wurde ebenso wie die Übernahme des IFRS 9 selbst verschoben.

Durch IAS 28 wird die Bilanzierung sog. assoziierter Unternehmen geregelt. Hinsichtlich der Bilanzierung von Anteilen an solchen assoziierten Unternehmen im IFRS-Jahresabschluss verweist er in IAS 28.35 f. auf die Vorschriften nach IAS 27 (vgl. 2.8). Sein **Anwendungsbereich** erfasst damit im Wesentlichen die Erfassung von assoziierten Unternehmen im Konzernabschluss der Anteilseigner. Vom persönlichen Anwendungsbereich des IAS 28 sind grundsätzlich alle einen Konzernabschluss aufstellenden Unternehmen erfasst, mit Ausnahme von Wagniskapital-Organisationen oder fondsähnlichen Unternehmen, die ihre Anteile am assoziierten Unternehmen nach IAS 39 bzw. IFRS 9 ergebniswirksam zum beizulegenden Zeitwert bewerten (IAS 28.1). Inhaltlich sind nach IAS 28.13-15 folgende Ausnahmen vorgesehen:

■ Die Anteile sind zur Veräußerung bestimmt und daher nach IFRS 5 zu erfassen (IAS 28.13(a), IAS 28.14-15);

■ Der Anteilseigener ist nach IAS 27.10 von der Konzernrechnungslegungspflicht nach IFRS (vgl. 5.1.2) befreit (IAS 28.13(b));

■ Es liegen die folgenden Voraussetzungen kumulativ vor (IAS 28.13(c)):

– der Anteilseigner selbst wird als Tochterunternehmen in einen Konzernabschluss eines anderen Mutterunternehmens einbezogen,
– die (etwaigen) Minderheitsgesellschafter des Anteilseigners sind darüber informiert, dass IAS 28 nicht angewendet wird, und sie erheben hiergegen keine Einwände,
– der Anteilseigner ist nicht kapitalmarktorientiert, und er beabsichtigt auch nicht die Inanspruchnahme eines öffentlichen Kapitalmarktes und
– der Konzernabschluss, in den der Anteilseigner als Tochterunternehmen einbezogen wird, wird nach den IFRS aufgestellt und veröffentlicht.

Gegenstand des Standards sind solche Anteile an anderen Unternehmen, die zwar nicht zur alleinigen oder gemeinschaftlichen Beherrschungsmöglichkeit führen (Tochterunternehmen bzw. Gemeinschaftsunternehmen), auf die aber durch das bilanzierende Unternehmen ein maßgeblicher Einfluss ausgeübt werden kann. Der Einfluss des Anteilsinhabers ist damit schwächer ausgeprägt als bei einem Tochterunternehmen (vgl. 5.1.3) oder bei einem Gemeinschaftsunternehmen nach IAS 31 (vgl. 5.3.1). Damit ist der dritte Konsolidierungskreis der in **Abbildung 5.1** aufgezeigten Konsolidierungskreise beschrieben. Ergänzend ist jedoch anzumerken, dass gemeinschaftlich geführte Unternehmen, die einen Teilbereich der Gemeinschaftsunternehmen i.S.d. IAS 31 darstellen, wahlweise nach der Equity-Methode des IAS 28 bilanziert werden dürfen.

Abbildung 5.5 Anwendungsbereich des IAS 28

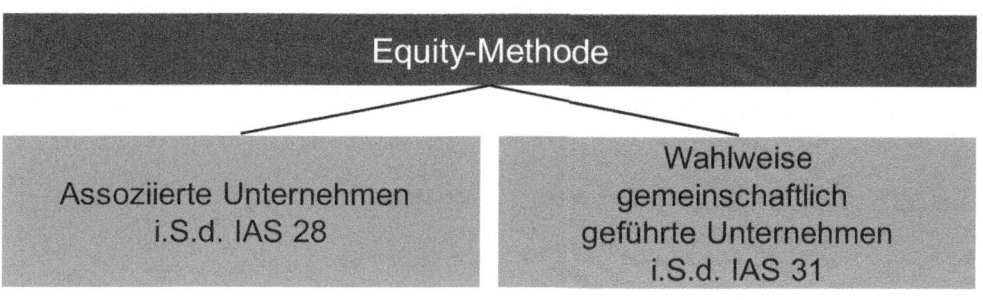

Der **Aufbau** des Standards ist überschaubar:

- Anwendungsbereich des Standards (IAS 28.1)

- Definitionen (IAS 28.2-12)

- Anwendung der Equity-Methode (IAS 28.13-34)

- Bilanzierung im Jahresabschluss (IAS 28.35-36)

- Angaben (IAS 28.37-40)

- Vorschriften zum zeitlichen Anwendungsbereich des Standards (IAS 28.41-43).

Wie bereits angedeutet, orientiert sich die **Definition des assoziierten Unternehmens**, daran, dass der bilanzierende Anteilseigner auf ein solches Unternehmen einen maßgeblichen Einfluss ausüben kann, ohne dass sich hierdurch wie bei einem Tochterunter- oder Gemeinschaftsunternehmen eine (gemeinschaftliche) Beherrschungsmöglichkeit ergibt (IAS 28.2). Ein solch **maßgeblicher Einfluss** ist nach IAS 28.2 als die Möglichkeit zu verstehen, an den finanz- und geschäftspolitischen Entscheidungen des Beteiligungsunternehmens mitzuwirken, ohne aber eine (gemeinschaftliche) Beherrschungsmöglichkeit zu erlangen. In der Praxis ist die Entscheidung, ob ein maßgeblicher Einfluss vorliegt oder nicht, nicht immer einfach. Daher werden zum einen in IAS 28.6 zwei – allerdings widerlegbare - Vermutungen aufgestellt:

- Hält der Anteilseigner direkt oder indirekt ≥ 20% der Stimmrechte an dem Beteiligungsunternehmen, so besteht die Vermutung, dass ein assoziiertes Unternehmen vorliegt.

- Hält der Anteilseigner < 20% der Stimmrechte an dem Beteiligungsunternehmen, so besteht die Vermutung, dass es sich <u>nicht</u> um ein assoziiertes Unternehmen handelt.

Zum anderen werden in IAS 28.7 die folgenden Indizien genannt, die i.d.R. auf einen maßgeblichen Einfluss des Anteilseigners schließen lassen:

a. Vertretung in Geschäftsführungs- und/oder Aufsichtsorgan,

b. Mitwirkung an Entscheidungen einschl. Entscheidungen über Ausschüttungen,

c. wesentliche Geschäftsbeziehungen,

d. Austausch von Führungskräften

e. technologische Abhängigkeit.

5.4.2 Grundlagen der Equity-Methode

▶   IAS 28.11-12, IAS 28.17, IAS 28.20-34, IAS 28.38-39

Im Rahmen der Equity-Methode werden <u>nicht</u> die einzelnen Vermögenswerte und Schulden des assoziierten Unternehmens in den Konzernabschluss übernommen, sondern es wird für die Anteile an dem assoziierten Unternehmen ein einziger Posten in der Konzernbilanz angesetzt. Die **Grundidee** der Equity-Methode ist es nun, mit dem Wert dieses gesonderten Aktivpostens den Anteil des Mutterunternehmens am (neubewerteten) Eigenkapital des assoziierten Unternehmens nachzubilden.

Der Bilanzwert (Equity-Wert) des assoziierten Unternehmens wird hierzu im Konzernabschluss im Rahmen der **Erstbewertung** mit den Anschaffungskosten bestimmt (IAS 26.11), die jedoch bei der Folgebewertung keine Rolle mehr spielen. Nach der Erstbewertung ist der Equity-Wert im Rahmen der **Folgebewertung** nämlich unabhängig von der Rechtsform des assoziierten Unternehmens um Gewinnanteile und Einlagen zu erhöhen sowie um Verlustanteile und Entnahmen bzw. Ausschüttungen zu mindern (IAS 28.11). Gleichzeitig sind in einer Nebenrechnung Konsolidierungsmaßnahmen vorzunehmen, die auch die Höhe des Equity-Werts beeinflussen können (IAS 28.20 ff.). Zudem sind ggf. Wertminderungen zu berücksichtigen (IAS 28.31 ff.). Soweit solche Wertänderungen aus Konzernsicht ergebniswirksam sind, werden diese Ergebnisbeiträge nach IAS 28.38 innerhalb der **Konzern-GuV** in einem gesonderten Posten (z.B. „Ergebnis aus assoziierten Unternehmen") ausgewiesen, entsprechend wird mit Auswirkungen auf das sonstige Ergebnis verfahren (IAS 28.39).

Ein solches Vorgehen verlangt konzeptionell eine **Nebenrechnung zur Konzernbilanz**, in der der Equity-Wert entwickelt wird. Diese Nebenrechnung beginnt mit dem Zeitpunkt, zu dem der maßgebliche Einfluss durch den bilanzierenden Anteilseigner erstmals erlangt wurde (IAS 28.23). Im Rahmen der Erstbewertung (und auch im Rahmen der Folgebewertung) ist in der Nebenrechnung grundsätzlich auf den letzten verfügbaren Abschluss des assoziierten Unternehmens abzustellen. Weichen der **Abschlussstichtag** des assoziierten Unternehmens und des Anteilseigners voneinander ab, so ist grundsätzlich ein Zwischenabschluss des assoziierten Unternehmens zugrunde zu legen, sofern ein solcher erhältlich ist (IAS 28.24). Liegen zwischen dem Stichtag des letztverfügbaren Abschlusses des assoziierten Unternehmens und des Anteilseigners nicht mehr als drei Monate, darf ersterer auch durch Anpassung um wichtige Transaktionen auf den Konzernstichtag übergeleitet werden (IAS 28.25).

Neben diesen ggf. stichtagsbedingten Anpassungen ist der Abschluss des assoziierten Unternehmens nach IAS 28.26 f. für Zwecke der Equity-Methode an die **Rechnungslegungsmethoden** des Anteilseigners anzupassen. Dies führt in der Praxis regelmäßig zu Anwendungsproblemen, da ein maßgeblicher Einfluss i.S.d. IAS 28.2 oftmals nicht ausreicht, um vom assoziierten Unternehmen die für die Anpassung erforderlichen Informationen zu erhalten.

Nach der Erstbewertung (vgl. 5.4.3.1) ist der Equity-Wert zum einen um Ergebnisanteile, Ausschüttungen oder Wertminderungen der Anteile fortzuführen. Zum anderen sind dem Vorgehen der Vollkonsolidierung (vgl. 5.1.5) angenäherte **Konsolidierungsmaßnahmen**, wie eine (abgewandelte) Kapitalkonsolidierung, eine Zwischenergebniseliminierung und eine Schuldenkonsolidierung vorzunehmen. Von diesen verlangt die Kapitalkonsolidierung zwingend eine Nebenrechnung, in der stille Reserven und ggf. ein Geschäfts- oder Firmenwert berechnet und in der Folgezeit fortgeführt werden.

Verringert sich der Equity-Wert, z.B. durch **Verlustanteile**, so darf er max. auf einen Wert von 0 gemindert werden. Ein negativer Equity-Wert darf nicht in der Konzernbilanz ausgewiesen werden. Unbenommen dessen sind ggf. Rückstellungen nach IAS 37 zu bilden (vgl. 2.15), sofern der Anteilseigner zu Nachschüssen bzw. Verlustübernahmen verpflichtet ist. In der Nebenrechnung ist gleichwohl der Equity-Wert auch bis auf einen negativen Wert fortzuführen. Dieser ist zunächst mit Wertsteigerungen der Folgejahre zu verrechnen, bevor in der Konzernbilanz wieder ein positiver Equity-Wert ausgewiesen werden kann.

5.4.3 Technik der Equity-Methode

▶ IAS 28.20-34

Wie bereits im vorangegangenen Kapitel theoretisch beschrieben, gliedert sich die Equity-Methode in eine Erst- und eine Folgebewertung, die jeweils in einer Nebenrechnung zur Konzernrechnungslegung fortzuführen sind.

5.4.3.1 Erstbewertung

Wie bereits erläutert, werden die Anteile an dem assoziierten Unternehmen in der Konzernbilanz zunächst zu ihren **Anschaffungskosten** angesetzt (IAS 28.11). Der Ausweis erfolgt in einem einheitlichen Posten innerhalb der langfristigen Vermögenswerte des Konzerns (IAS 28.38).

Gleichzeitig ist in einer **Nebenrechnung** zur Konzernbilanz die Aufteilung dieser Anschaffungskosten auf die einzelnen Vermögenswerte und Schulden des assoziierten Unternehmens zu analysieren. Die Anschaffungskosten sind danach aufzuteilen auf

1. das anteilige bilanzielle Eigenkapital bzw. die hierhinter stehenden Vermögenswerte abzgl. der Schulden des assoziierten Unternehmens,

2. vorhandene anteilige stille Reserven in den einzelnen (anteiligen) Vermögenswerten,

3. den Geschäfts- oder Firmenwert als restliche Differenz zwischen den Anschaffungskosten einerseits und dem anteiligen Eigenkapital zzgl. anteiliger stiller Reserven andererseits.

Diese Aufteilung folgt damit der Formel:

      Anschaffungskosten der Anteile an dem assoziierten Unternehmen
–   anteiliges bilanzielles Eigenkapital des assoziierten Unternehmens
=   Vorläufiger Unterschiedsbetrag
–   Anteilige stille Reserven des assoziierten Unternehmens
=   Geschäfts- oder Firmenwert.

Wichtig ist es, sich zu merken, dass diese Aufteilung ausschließlich in der Nebenrechnung erfolgt, aber in der Konzernbilanz ein einheitlicher Wert ausgewiesen wird. Der Grund hierfür liegt in der differenziert vorzunehmenden Folgebewertung (vgl. 5.4.3.2).

Fall:

Am 01.01.01 erwirbt ein zur Konzernrechnungslegung verpflichtetes Mutterunternehmen 40% der Anteile am Unternehmen A zum Kaufpreis von 310 TEUR. A erfüllt die Voraussetzungen eines assoziierten Unternehmens i.S.d. IAS 28.2. Das Buchvermögen/Eigenkapital von A beträgt 450 TEUR. In den technischen Anlagen des assoziierten Unternehmens sind stille Reserven in Höhe von 250 TEUR enthalten.

Ermitteln Sie den Equity-Wert und dessen Zusammensetzung im Konzernabschluss des Mutterunternehmens (unter Vernachlässigung von Steuerwirkungen) zum 01.01.01!

Lösung:

Anschaffungskosten Beteiligung	310
– Bilanzielles Eigenkapital (450 x 40% =)	- 180
= Vorläufiger Unterschiedsbetrag	130
– Stille Reserven (250 x 40% =)	- 100
= Geschäfts- oder Firmenwert	30

5.4.3.2 Folgebewertung

Die bei der Erstbewertung in der Konzernbilanz angesetzten Anschaffungskosten für Anteile an assoziierten Unternehmen sind in der Folgezeit auf Konzernebene fortzuschreiben um:

a. Eigenkapitalveränderungen des assoziierten Unternehmens,

b. Veränderungen aus Konsolidierungsmaßnahmen (Kapitalkonsolidierung, Schuldenkonsolidierung, Zwischenergebniseliminierung) und

c. Wertminderungen.

Eigenkapitalveränderungen des assoziierten Unternehmens führen zu Änderungen des Equity-Werts in der Konzernbilanz. Sie können insbesondere aus dem anteiligen Jahresergebnis des assoziierten Unternehmens einschl. der Ergebnisbeiträge aus Anpassungen an die Rechnungslegungsmethoden des Anteilseigners entstehen. Solche Änderungen sind in der Konzernbilanz ergebniswirksam zu erfassen (IAS 28.11):

Buchung Gewinn:	Equity-Wert	an	Ergebnis aus assoziierten Unternehmen
Buchung Verlust:	Ergebnis aus assoziierten Unternehmen	an	Equity-Wert

Enthält das Gesamtergebnis des assoziierten Unternehmens hingegen im sonstigen Ergebnis auszuweisende ergebnisneutrale Bestandteile, wie z.B. aus der Neubewertung von Sachanlagen nach IAS 16, so sind diese Ergebnisbestandteile in der Konzernbilanz anteilig im sonstigen Ergebnis des Konzerns auszuweisen (IAS 28.11, IAS 28.39).

Auch Gewinnausschüttungen des assoziierten Unternehmens, die im Jahresabschluss des Anteilseigners Erträge darstellen (vgl. 2.8.3), mindern das Eigenkapital des assoziierten Unternehmens. Da der Anteilseigner jedoch in seinem Konzernabschluss nach den vorstehenden Ausführungen bereits das anteilige Jahresergebnis des assoziierten Unternehmens erfasst hat, ist die tatsächliche Gewinnausschüttung aus Konzernsicht nur noch ergebnisneutral zu erfassen:

Buchung:	Bank	an	Equity-Wert

bzw. ausgehend vom Jahresabschluss des Mutterunternehmens:

Buchung:	Beteiligungserträge	an	Equity-Wert

Ebenso sind Veränderungen des Eigenkapitals des assoziierten Unternehmens durch Kapitalerhöhungen bzw. Einlagen oder Kapitalherabsetzungen bzw. Entnahmen bei der Fortschreibung des Equity-Werts im Konzernabschluss ergebnisneutral zu erfassen:

| Buchung Einlage: | Equity-Wert | | an | Bank |
| Buchung Entnahme: | Bank | | an | Equity-Wert |

Weitere Veränderungen des Equity-Werts können sich aus den **Konsolidierungsmaßnahmen** ergeben. Im Rahmen der Erstbewertung (vgl. 5.4.3.1) wurden die Anschaffungskosten auf das bilanzielle Eigenkapital sowie auf die stillen Reserven und auf den Geschäfts- oder Firmenwert aufgeteilt. Diese stillen Reserven sind im Konzernabschluss ergebniswirksam fortzuführen. Soweit z.B. auf im Rahmen der Erstbewertung aufgedeckte stille Reserven Abschreibungen entfallen, mindern diese ergebniswirksam den Equity-Wert in der Konzernbilanz.

Außerdem ist nach IAS 28.22 eine Zwischenergebniseliminierung dergestalt vorzunehmen, dass Liefergeschäfte zwischen dem Anteilseigner und dem assoziierten Unternehmen im Konzernabschluss nur insoweit erfasst werden, als sie auf die Anteile anderer Gesellschafter entfallen. Verkauft z.B. ein Mutterunternehmen ein unbebautes Grundstück an ein assoziiertes Unternehmen, an dem es zu 30% beteiligt ist, mit einem Veräußerungsgewinn i.H.v. 80 TEUR, so ist dieser in der Konzernbilanz entsprechend der Beteiligungsquote i.H.v. 30% um 24 TEUR zu korrigieren, da aus Konzernsicht insoweit eine Lieferung an sich selbst erfolgte:

| Buchung: | Ertrag | 24 | an | Equity-Wert | 24 |

Daneben ergeben sich ggf. ergebnisneutrale Korrekturen aus der Schuldenkonsolidierung, wenngleich diese nicht ausdrücklich in IAS 28 geregelt wird. Die Aufrechnung von Forderungen und Schulden erfolgt entsprechend der Beteiligungsquote anteilig und ergebnisneutral.

Als dritte Komponente können außerhalb der eigentlichen Fortschreibung **Wertminderungen und Wertaufholungen** den Equity-Wert ergebniswirksam beeinflussen. Wertminderungstests sind unabhängig von der Fortschreibung des Equity-Werts durchzuführen (IAS 28.31-34).

In vereinfachter Form lässt sich die Equity-Folgebewertung in der folgenden **Tabelle 5.1** zusammenfassen:

Tabelle 5.1 Folgebewertung nach der Equity-Methode im Überblick

Rechenschritte		Ergebniswirkung Konzern
	Anschaffungskosten / Equity-Wert des Vorjahres	-
+/-	Anteiliger Jahresüberschuss / Jahresfehlbetrag	Ergebniswirksam
+/-	Anteiliges sonstiges Ergebnis	Ergebnisneutral
+/-	Ergebniswirkungen aus Anpassungen der Rechnungslegungs-methoden	Entsprechend der Auswir-kung der Anpassung
-	Vereinnahmte Gewinnausschüttungen	Ergebnisneutral
+/-	Kapitalveränderungen	Ergebnisneutral
-/+	Ergebniswirkungen aus der Fortschreibung der stillen Reserven	i.d.R. ergebniswirksam
+/-	Anteilig eliminierte Zwischenergebnisse	Ergebniswirksam im Entstehungsjahr
+/-	Anteilige Schuldenkonsolidierung	i.d.R. ergebnisneutral
=	Fortgeführte Anschaffungskosten	
-	Wertminderungen des Equity-Werts auf Konzernebene	Ergebniswirksam
+	Wertaufholungen des Equity-Werts auf Konzernebene	Ergebniswirksam
=	**Equity-Wert zum Abschlussstichtag**	

Fall:

Aus der Erstbewertung von Anteilen an dem assoziierten Unternehmen A zum 01.01.01 ist die folgende Aufteilung der Anschaffungskosten bekannt:

Anschaffungskosten Beteiligung	310
– Bilanzielles Eigenkapital (450 x 40% =)	- 180
= Vorläufiger Unterschiedsbetrag	130
– Stille Reserven (250 x 40% =)	- 100
= Geschäfts- oder Firmenwert	30

Der Anteilseigner ist zu 40% an A beteiligt. Die stillen Reserven entfallen auf Maschinen, die noch über zwei Jahre genutzt werden. Das assoziierte Unternehmen hat in 01 einen Jahresüberschuss i.H.v. 75 TEUR erzielt und dem Anteilseigner für das Vorjahr eine Dividende i.H.v. 40 TEUR ausgezahlt.

Ermitteln Sie den Equity-Wert für das Unternehmen A zum 31.12.01!

Lösung:

Equity-Wert zum 01.01.01:	310
+ anteiliges Jahresergebnis (75 x 40%)	+30 (ergebniswirksam)
- Abschreibung stiller Reserven (100 / 2)	-50 (ergebniswirksam)
- vereinnahmte Dividende	-40 (letztlich ergebnisneutral)
= Equity-Wert zum 31.12.01	250.

Buchung Konzern:	Ergebnis aus assoziierten Unternehmen	20	An	Equity-Wert	60
	Beteiligungserträge	40			

Die Buchung gegen die Beteiligungserträge ist dem Umstand geschuldet, dass das Mutterunternehmen die Dividende ergebniswirksam vereinnahmt hat und diese Beteiligungserträge auch im Summenabschluss des Konzerns noch enthalten sind. Aus Konzernsicht würde die Dividende in einer eigenständigen Konzernbuchhaltung gebuch:

Buchung Dividende:	Bank	40	an	Equity-Wert	40

5.4.4   Angaben

▶   IAS 28.37, IAS 28.40

Nach IAS 28.37 sind zur Ergänzung von Bilanz und GuV detaillierte Angaben zu den assoziierten Unternehmen erforderlich. Diese werden in IAS 28.40 um im Zusammenhang mit den assoziierten Unternehmen eingegangene Eventualverbindlichkeiten i.S.d. IAS 37 erweitert.

5.4.5   Geänderter IAS 28

Durch die am 12.05.2011 vom IASB veröffentlichten, aber noch nicht durch die EU übernommenen (**Endorsement-Verfahren**) Änderungen ergeben sich inhaltliche Anpassungen des IAS 28 als Folge des neuen IFRS 11 (Gemeinschaftliche Vereinbarungen). Da nach IFRS 11 zukünftig **Gemeinschaftsunternehmen** im Konzernabschluss i.d.R. nach der Equity-Methode des IAS 28 bilanziert werden sollen (vgl. 5.3.2), bedurfte es insoweit auch inhaltlicher Anpassungen des IAS 28. IAS 28 ist somit für Geschäftsjahre, die nach dem 31.12.2012 beginnen, i.d.R. verpflichtend zusätzlich auf Gemeinschaftsunternehmen anzuwenden, was auch in der Änderung seiner Bezeichnung „Anteile an assoziierten Unternehmen und an Gemeinschaftsunternehmen" zum Ausdruck kommt.

Weitere inhaltliche Ergänzungen finden sich im neuen IAS 28 insbesondere zur Bilanzierung im Falle der **Beendigung des maßgeblichen Einflusses** (IFRS 11.22 ff.), zur Berücksichtigung potenzieller Stimmrechte (IFRS 11.12 ff.) und hinsichtlich der Regelungen zur **Zwischenergebniseliminierung** (IFRS 11.28 ff.). Wesentliche Änderungen gegenüber dem IAS 28 in seiner bisherigen Fassung ergeben sich hierdurch jedoch nicht. Allerdings sind die bislang in IAS 28.37-40 enthaltenen **Angabepflichten** in den ebenfalls neuen und noch nicht von der EU übernommenen IFRS 12 (Angaben zu Anteilen an anderen Unternehmen) eingegangen. IFRS 12 ist ein zentraler Standard zu Angabepflichten im Zusammenhang mit der Erfassung von Unternehmensanteilen im Konzernabschluss (vgl. 5.5). Dieser neue Standard bezieht sich im Wesentlichen auf Maßnahmen zur Konzernabschlusserstellung, die aus den Standards IFRS 10, IFRS 11 und IAS 28 resultieren.

Der neue IAS 28 ist hiernach wie folgt **aufgebaut**:

- Zielsetzung des Standards (IAS 28.1)

- Anwendungsbereich des Standards (IAS 28.2)

- Definitionen (IAS 28.3-15)

- Anwendung der Equity-Methode (IAS 28.16-43)

- Bilanzierung im Jahresabschluss (IAS 28.44)

- Vorschriften zum zeitlichen Anwendungsbereich des Standards (IAS 28.45-47).

Im Zuge der Änderung des IAS 28 wurden neben der Ergänzung der bestehenden Regelungen um einige neue Paragrafen die bisherigeren Regelungen in eine logischere Reihenfolge gebracht. Damit ändern sich im Vergleich zu den Ausführungen in den vorangegangenen Kapiteln (vgl. 5.4.1 ff.) auch die Paragrafen-Verweise.

5.4.6   Wiederholung des IAS 28 in Stichworten

In seiner **bisherigen Fassung** enthält IAS 28 die folgenden Kernaussagen:

- Anwendung der Equity-Methode auf assoziierte Unternehmen (maßgeblicher Einfluss) und wahlweise auf gemeinschaftlich geführte Unternehmen (IAS 31);

- Erstbewertung: zu Anschaffungskosten; Aufteilung der Anschaffungskosten auf stille Reserven sowie Geschäfts- oder Firmenwert in einer Nebenrechnung (vergleichbar der Kaufpreisallokation im Rahmen der Kapitalkonsolidierung);

- Folgebewertung:

  - Fortschreibung des Equity-Werts (zunächst in einer Nebenrechnung) um Ergebnisanteile, Einlagen, Entnahmen bzw. Ausschüttungen, Wertminderungen sowie um die Entwicklung der aufgedeckten stillen Reserven;
  - (jeweils anteilige) Schuldenkonsolidierung und Zwischenergebniseliminierung.

In seiner **neuen Fassung** wurde IAS 28 insbesondere an den neuen IFRS 11 angepasst, der das Wahlrecht zur Quotenkonsolidierung für gemeinschaftlich geführte Unternehmen nach IAS 31 abschafft und für Gemeinschaftsunternehmen die Bewertung nach der Equity-Methode des IAS 28 vorschreibt.

5.4.7   Hinweise zur Vertiefung

Folgende Problembereiche des IAS 28 empfehlen sich zur Vertiefung anhand der einschlägigen Kommentarliteratur:

- Einbeziehung potenzieller Stimmrechte in die Beurteilung über das Vorliegen eines maßgeblichen Einflusses (IAS 28.8 f., IAS 28.12; IFRS 11.12 ff.);

- Bilanzierung bei Verlust des maßgeblichen Einflusses (IAS 28.10, IAS 28.18-19A; IFRS 11.22 ff.);

- Details zur Zwischenergebniseliminierung (IAS 28.22; IFRS 11.28 ff.) und Schuldenkonsolidierung im Rahmen der Equity-Methode;

- Einzelheiten zum Wertminderungstest (IAS 28.31-34);

- Latente Steuern aus der Anwendung der Equity-Methode (IAS 12).

5.5   IFRS 12 - Angabepflichten im Konzernabschluss

5.5.1   Überblick zum IFRS 12

Am 12.05.2011 hat der IASB den neuen Standard IFRS 12 veröffentlicht, der erstmals für Geschäftsjahre, die nach dem 31.12.2012 beginnen, verpflichtend anzuwenden sein soll. Für eine EU-weite verpflichtende Anwendung ist jedoch zuvor der Abschluss des **Endorsement-Verfahrens** erforderlich, das voraussichtlich gegen Ende 2012 abgeschlossen sein wird.

Der Standard wurde im zeitlichen und inhaltlichen Zusammenhang mit den Änderungen des IAS 27 (Konzern- und Einzelabschlüsse) und IAS 28 (Anteile an assoziierten Unternehmen) sowie der Veröffentlichung der ebenfalls neuen Standards IFRS 10 (Konzernabschluss) und IFRS 11 (Gemeinschaftliche Vereinbarungen) veröffentlicht. IFRS 12 hat ausschließlich konzernspezifische Angabepflichten mit Bezug zu den Standards IAS 28, IFRS 10 und IFRS 11 zum **Gegenstand**, die im Umkehrschluss keine Vorschriften zu Angabepflichten mehr enthalten. Der **Anwendungsbereich** des IFRS 12 beschränkt sich damit auf den Konzernabschluss, wobei bestimmte leistungsorientierte Pensionspläne (IAS 19), Anteile an einem Gemeinschaftsunternehmen, die keine (gemeinsame) Beherrschung ermöglichen (IAS 28) sowie nach IAS 39 bzw. IFRS 9 bilanzierte Unternehmensanteile von seiner Anwendung ausgenommen sind. IFRS 12 ist wie folgt **aufgebaut**:

- Zielsetzung des Standards

- Aufbau des Standards

- Definitionen

- Angabepflichten

  - Wesentliche Ermessensentscheidungen und Annahmen
  - Anteile an Tochterunternehmen
  - Anteile an gemeinschaftlichen Vereinbarungen und an assoziierten Unternehmen
  - Anteile an nicht konsolidierten Zweckgesellschaften, sog. strukturierten Einheiten

- Vorschriften zum zeitlichen Anwendungsbereich des Standards.

Unter die **Definition** der strukturierten Einheiten fallen nach der Terminologie des bis zum Inkrafttreten des IFRS 10 noch anzuwendenden SIC-12 (vgl. 5.1.3.1) i.d.R. Zweckgesellschaften. Die Regelungen zur Vollkonsolidierung von Zweckgesellschaften wurde hiernach so konzipiert, dass Stimm- oder vergleichbare Rechte nicht der bestimmende Faktor bei der Bestimmung des beherrschenden Unternehmens heranzuziehen sind.

5.5.2 Angabepflichten

Unter die allgemeinen Angaben zu **wesentliche Ermessensentscheidungen und Annahmen** fallen Informationen über Entscheidungen im Rahmen der Erstellung des Konzernabschlusses zum Vorliegen von (gemeinschaftlichen) Beherrschungsverhältnisses oder eines maßgeblichen Einflusses. Diese Angaben betreffen damit Annahmen, nach denen ein Beteiligungsunternehmen entweder als Tochterunternehmen vollzukonsolidieren ist (IFRS 10), als gemeinschaftliche Vereinbarung i.S.d. IFRS 11 oder als assoziiertes Unternehmen i.S.d. IAS 28 in den Konzernabschluss eingegangen ist.

Die **weiteren detaillierten Angabepflichten**, getrennt nach Tochterunternehmen, gemeinschaftlichen Vereinbarungen und assoziierten Unternehmen sowie zu nicht konsolidierten strukturierten Einheiten (Zweckgesellschaften) dienen insbesondere der Vermittlung von Informationen zur Zusammensetzung des Konzerns, über den Umfang der Einflussmöglichkeiten des Mutterunternehmens und der anderen Gesellschafter sowie über den Einfluss der in den Konzernabschluss einbezogenen und nicht einbezogenen Zweckgesellschaften auf die wirtschaftliche Lage des Konzerns. Die verlangten Angaben sollen den Adressaten des Konzernabschlusses einen besseren Einblick in die Art der relevanten Unternehmensbeteiligungen und über die sie hieraus für den Konzern ergebenden Risiken geben.

5.5.3   Wiederholung des IFRS 12 in Stichworten

■ Ausschließlich konzernspezifische Angabepflichten mit Bezug zu den Standards IAS 28, IFRS 10 und IFRS 11;

■ Im Wesentlichen Angaben über Annahmen zur Abgrenzung des Konsolidierungskreises und detaillierte Angaben zu den Einflüssen/Abhängigkeiten zwischen den in den Konzern einbezogenen Unternehmen.

Stichwortverzeichnis

The manufacturer's authorised representative in the EU is Springer
Nature Customer Service Centre GmbH, Europaplatz 3, 69115 Heidelberg,
Germany. If you have any concerns regarding our products, please
contact ProductSafety@springernature.com

Printed and bound by CPI Group (UK) Ltd, Croydon, CR0 4YY
24/04/2026
02096335-0017